MATTHES & SEITZ BERLIN

PAPERBACK

László F. Földényi

HEINRICH VON KLEIST

Im Netz der Wörter

Aus dem Ungarischen
von Akos Doma

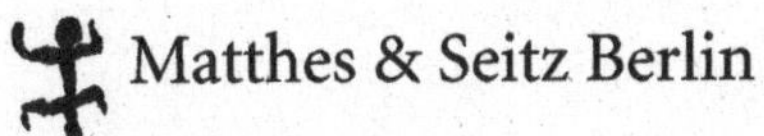

ACH – ÄHNLICHKEIT – AUGENBLICK – BASSA MANELKA
BEGIERDE – BESTIMMUNG – BILDUNG – BLICK (ANBLICK)
BLITZ – BROCKES – BRUST – CHERUB – DASS
DEMOKRATISCH – DRITTES – EINGEZOGENHEIT
ELEKTRIZITÄT – ENTSETZEN – ERGIESSUNG – FALL – FENSTER
FEUER – FIEBER – FLÜCHTIG – FURIE – GARTENLAUBE
GEDANKENSTRICH – GEWÖLBE – GOTT –GOTTES SOHN
GRAZIE – GRIMMIG – GÜRTEL – UM DEN HALS FALLEN
HAUPTSACHE – HEFTIG – HEITERKEIT –HIRN – HÖLLE
INNERE – KANTISCHE PHILOSOPHIE – KENTAURIN – KEULE
KUSS – LOGOGRIPHISCH – MÄDCHENHAFT – METAPHER
MITTELSTRASSE – MORDLUST – NATUR – NUSS – OBERLIPPE
OHNMACHT – PARADIES – PARADOXIE – PEITSCHE – PLÖTZLICH
RACHSUCHT – RASSELN – RECHTSCHAFFEN – REFRAIN
RUHIG – SCHACHT – SCHEINEN – SCHLÜSSELLOCH
SCHWEINEKOBEN – SPIEGEL – STARRSINN – STATT – STOCKEN
STOSS – STUHL – TEUFEL – TRÄUMERISCH – TUCH
UMARMEN – UN- – UNAUSSPRECHLICH – UNBEGREIFLICH
UNBEWUSST – UNVERSTÄNDLICH – UNWILLE – VATER
VERSCHLINGEN – VERSEHEN – VERSÖHNUNG – VERTRAUEN
VERWIRRUNG – VERZÜCKUNG – WAHNSINN DER FREIHEIT
WAND – WELT – WERKZEUG – ZERSTREUT
ZIGEUNERIN – ZUFALL

Vorwort

Ein schonendes Buch.

Es verschont den Leser, erspart ihm die Mühe des *Auslesens.* Es befreit ihn von der Last, so zu tun, als ob … Es erlaubt ihm, der Versuchung nachzugeben, umherzublättern, rückwärts zu lesen, kreuz und quer darin zu stöbern. Schließlich gibt es kein Buch, das man mit nie nachlassender, stets gleichbleibender Aufmerksamkeit lesen könnte. Möge also auch das zum Zuge kommen, was sonst keine Erwähnung findet: das dem Nichteinverständnis entspringende, ungeduldige Umherblättern, die Unaufmerksamkeit, das Überspringen von Worten und Gedanken, die zuweilen unüberwindliche Langeweile. Oder gar das Herausreißen der Blätter. Möge das Buch zerfallen. Schließlich ist darin auch die heimliche Freude über seinen eigenen Zerfall mit eingebaut. Möge das, was sonst verhüllt bleibt, in seiner ganzen Nacktheit hervortreten. Ein schonendes Buch. Es lässt der Freude freien Lauf. Befreit die Freiheit des Lesers. Mit gutem Gewissen aufzuhören. Rückwärts zu lesen. Oder es nur in der Mitte aufzublättern. Es erspart dem Leser, das Gähnen zu unterdrücken. Möge er das Buch ruhigen Gewissens nach welchem Artikel auch immer beiseitelegen. Womöglich für immer.

Es verschont Kleist. Vor der bedrückenden Last einer Monographie, dem Schreckgespenst einer Komposition, die sich vornimmt, vom Aufbruch bis zur Ankunft alles umfassend und in einem zu sehen. Vor der Klaustrophobie. Ihrer Gattung gemäß und mit den ihr zur Verfügung stehenden Mitteln versucht die Monographie unweigerlich, einen Lebenslauf zu rekonstruieren, ein Lebenswerk von Neuem erstehen zu lassen. Dabei nimmt sie sich vor jenen Labyrinthen, Sackgassen, Misserfolgen, Fiaskos und jenem hysterischen → STOCKEN in Acht, vor denen sie ihren »Helden« keinesfalls bewahrt. Das schonende Buch verschont also Kleist – erspart ihm den monographischen Sadismus, jene lähmende Kälte des Ganzen, unter der er, solange er lebte, ohnehin genug zu leiden hatte. Jene als planmäßig und logisch hingestellte Einheit, jenes Unabänderlichkeit suggerierende »Entwicklungsbild«, das auf alles eine Erklärung sucht (und findet), überall Prämissen und Folgen wittert. Es erspart ihm den Stempel der Unabänderlichkeit. Jenes Phantombild, das der Gattung der Monographie Leben einhaucht, das wirkliche Bild – wie ein Parasit – verstößt und seinen auserwählten Helden unter dem Deckmantel des Verständnisses, der Annahme und der helfenden Deutung suggerierten Ideen zum Fraß vorwirft.

»For Godsake hold your tongue, and let me love«, schreibt John Donne in einem Gedicht, dem er bezeichnenderweise den Titel »The Canonization« gab. Lässt sich die Liebe kanonisieren? Und lässt sich der Genuss, ja die Wonne des Lesens mit der Qual und der mühevollen Arbeit der Deutung vereinbaren? Lässt sich die Kanonisierung eines Werkes mit seiner unwiederholbaren Einmaligkeit in Einklang bringen? Ich meine, ja. Doch muss man dabei ebenso auf die Ausschließlichkeit eines in der Wonne geborenen und darin eintauchenden Lesegenusses verzichten wie auf die Freudlosigkeit der Deutung. Das ist jedoch keine Frage des Kompromisses. Im Gegenteil. Damit die Möglichkeit einer liebevollen Besprechung geboren wird, müssen erst die Extreme bis zur Voreingenommenheit radikalisiert werden. Das *Objekt* der Liebe muss, damit es wirklich zum Leben erwachen kann, erst zu einem Objekt entarten. Erst auf dem Umweg grenzenloser Fremdheit lässt es sich erobern. Die bloße Fremdheit (die seelenlose Interpretation) entspringt nicht der Liebe zum Werk und führt auch nicht zur Liebe. Genauso wenig eignet sich jedoch die schwärmerische Andacht zur Eroberung. Dafür sind sowohl Egoismus als auch Selbstaufgabe vonnöten. Man muss unverzeihlich objektiv werden und darf zugleich nicht der Versuchung einer Vereinnahmung nachgeben. Man muss das Werk auf eine Stecknadel spießen – aber nicht um der Einreihung, Klassifizierung und Systematisierung willen (damit ich, der Interpret, es umbringe), sondern damit ich, der ich verglichen mit dem Werk ein Halbtoter bin, an seiner rätselhaften Lebendigkeit teilhabe.

Anstelle einer Monographie also eher ein NETZ. Nicht um das Werk und seinen Verfasser darin einzufangen, sondern im Gegenteil: um die Liebe zum Werk bewahren zu können. Genauer: jene Energie, die die Voraussetzung der Liebe (der Bewunderung, der Zuneigung, der Anhänglichkeit, der krankhaften Überwältigung) ist. Um das Werk also *kanonisieren* zu können, ohne ihm die Fesseln des Kanons anzulegen. Auch deshalb widersetzt sich Kleists Werk der Gattung der Monographie. Denn eines der Geheimnisse von Kleists Stärke liegt gerade in seiner Unfähigkeit, sich in die vorhandenen literarischen Kanons einzugliedern. Statt es »sich« in einem der bereits bestehenden Kanons »bequem zu machen«, schafft er einen neuen Kanon aus dem »Nichts«. Er ist kein parasitärer, sondern ein lebenspendender Schriftsteller. Statt die vorgegebene Tradition auszuschlachten, schafft er selbst eine neue Tradition, die man jedoch – da sie sich als unnachahmlich erwiesen hat – nicht einmal als Tradition bezeichnen kann. Nicht er begibt sich in den Rahmen der Tradition, sondern er holt die Tradition in seinen eigenen selbst geschaffenen Rahmen hinein. Auch deshalb eignet er sich nicht für die Rolle des Helden einer Monographie. Schiller oder Lessing tun es umso mehr; eine Monographie über sie zu schreiben, ist ebenso selbstverständlich wie über Fielding, Balzac, Tolstoi oder Thomas Mann. Nicht als ob nicht auch sie die Tradition umgeformt und neue Kanons geschaffen hätten. Doch sie taten es »aufbauend«, indem sie das System der bereits vorhandenen Traditionen und Kanons weiterentwickelten. Auch Kleist formt die Tradition um – doch er baut sie nicht um, sondern *reißt sie nieder.* Er schafft einen neuen Kanon, indem er die Kanons zerstört. Den Abbruch und die Zerstörung macht er gleichsam zur Voraussetzung der Literatur. Nicht um die Literatur niederzureißen. Im Gegenteil: um sie noch mehr zu verfestigen. Dabei handelt es sich bereits um eine neue Art Literatur. Um eine, deren Festigkeit nicht mehr auf Kohärenz, sondern auf der schrecklichen Gegensätzlichkeit und Spannung der Elemente beruht und die deshalb so viele Risiken in sich birgt, weil Kleist von vornherein nicht gewillt ist, diese Spannung zu löschen oder abzuleiten. Die Federn jener Autoren, die sich für eine Monographie eignen, gravitieren schon immer einem solchen stillschweigend vorausgesetzten *Mittelpunkt* entgegen, der gleichsam die Voraussetzung des Werkes ist. Dieser Mittelpunkt ist der Sitz des Autors selbst: sein → RichtSTUHL, von dem er alles überblickt und alles in der Hand hält. Die Widersprüche und Spannungen ebenso wie deren Lösung und Aufhebung. Auch Kleist hat einen solchen → RichtSTUHL. Dieser befindet sich jedoch nicht außerhalb des Werkes, sondern in dem Werk selbst. Auch er sieht alles – aber seine Sicht ist keine Übersicht; auch er hält seine Hand über alles – aber nicht alles in seiner Hand. Auch er registriert die von ihm erzeugten Spannungen und Widersprüche; doch statt sie zu lösen, überlässt er sich ihnen, liefert er sich ihnen aus. Wodurch das Werk jedoch – und darin liegt das Geheimnis dessen, dass er sogar beim Niederreißen einen Kanon errichten konnte – keinesfalls einstürzt. Ja, nicht einmal bruchstückhaft wird. Es ist um nichts weniger fest als irgendein Werk Goethes oder Schillers.

Wie vor ihm Sterne oder nach ihm Kafka, Musil, Proust oder Joyce gehört auch Kleist zu jenen, die durch Zerstören schaffen. Seine Werke werden gerade dadurch kohärent, dass jedes ihrer Elemente auseinanderstrebt. Deshalb widersetzen sie sich dem Zwang einer Monographie: Während die Monographie zwangsläufig unter dem Bann der Hierarchisierbarkeit (dem Bann der Enthüllung der Themen, Motive, Voraussetzungen, Ursachen, Wirkungen, Verwandtschaften, Analogien, Ähnlichkeiten, Gegensätze, Annäherungen, Entfernungen und Entsprechungen) steht, versucht das NETZ die bei Kleist genauso offensichtliche Kohärenz dadurch zu rekonstruieren, dass es sie zerstört – wie auch Kleist die Worte, die die Knoten des vorliegenden NETZES bilden, so in seine Geschichten und Dramen eingewebt hat, dass er diese durch sie auch »zerschrieb«. Eine »konstruktive« Monographie ist zwangsläufig empfänglich für Zusammenhänge, Verknüpfungen und Überbrückungen; hingegen achtet das NETZ auf seine »destruktive« Art vor allem auf das, was unerklärlich, unlösbar, grundlos, irrational, widersprüchlich ist. Auf jene hermetisch abgeschlossene Einheit verzichtend, die noch Kritikern wie Cleanth Brooks vorschwebte, der als Titel seines berühmten Buches einen Ausdruck aus dem oben zitierten Gedicht von Donne wählte *(The Well Wrought Urn)*, versucht das NETZ seine Liebe zu dem Werk gerade dadurch aufrechtzuerhalten, dass es der vermeintlichen Einheit der analysierten Werke keine Beachtung schenkt. Es erachtet die Kohärenz als eine Utopie, die nur dadurch zu erreichen ist, dass man sich zuerst radikal in ihr Gegenteil vertieft. So wie der Weg zur Unschuld nach Meinung des Erzählers in dem Aufsatz über das *Marionettentheater* nur über einen erneuten Sündenfall führen kann. Entlang der Begriffe des NETZES geht nicht in erster Linie die »Bedeutung« oder »Botschaft« der Kleist-Texte auf (wenn ich eine Botschaft verschicken will, gehe ich zum Postamt, sagte Hemingway), sondern jene Kohärenz, die aus der Inkohärenz errichtet ist. Jene Logik der Leidenschaft, die immer schon unlogisch – und dennoch unfehlbar und unabänderlich ist.

Das NETZ spaltet das Werk in winzige Splitter auf (es vermag dies, da es kein literarisches Werk gibt, das sich nicht infolge seiner unauflöslichen, inneren Gegensätze zu diesem Opfer anböte), liefert jedoch keinen Schlüssel zu seiner erneuten Zusammensetzung. Es bietet keine Mitte (keine letzte Erklärung, eindeutige Lösung oder Konzeption, der sich alles unterordnen ließe), doch gerade deshalb verbannt es auch nichts an die Peripherie. Die Worte, die es untersucht, verweisen nicht nur auf etwas anderes, sondern sind im entsprechenden Augenblick selbst endgültige Äußerungen. Das, was sie »sagen«, ist unanfechtbar. Sie können sich nicht einmal gegenseitig herausfordern. Statt sich einem »Gehalt« zu unterwerfen, werfen sie sich gegeneinander und verdichten sich schließlich zu den straffsten – und gespanntesten – Schriften der Weltliteratur. Es gibt keine »dahinterliegende« Bedeutung, die sie aufrechterhielte – sie halten sich selbst aufrecht. Das NETZ ließe sich endlos weiterknüpfen, da jeder neue Anlauf (jeder neue Artikel) immer neue, noch nicht wahrgenommene Schichten zum Vorschein brächte und die bereits gesichteten zugleich unterminierte. Doch ließe es sich auch jederzeit abbrechen, da es kein absehbares Ende, keine Lösung, kein endgültiges Urteil und keine Schlussfolgerung gibt. Im Gegenteil: Laufend zerfällt alles und überlässt das »Schlusswort« der Heterogenität. So wie Kohlhaas das leidenschaftliche Opfer unversöhnlicher Eigenschaften wird, projiziert auch das NETZ miteinander unvereinbare Elemente übereinander. Wie die barocke Allegorie fühlt es sich an den Bruch- und Passstellen, in den Spalten der Literatur und der Existenz heimisch – im Strudel alles Irreparablen und Unwiedergutmachbaren. Deshalb ist es auch extrem voreingenommen: Es wählt willkürlich aus Kleists Worten aus, übergeht vieles, was andere zum Innehalten zwänge, und verweilt manchmal auch dort, wo es unbegründet ist. Das NETZ tötet (verbannt) den ihm unendlich überlegenen Text. Doch nähme es das nicht auf sich, erschiene nicht auch der Text selbst, Kleists Œuvre, wie ein Gewebe des Todes. Das NETZ: das sich über dem Text ausbreitende Netz des Todes. Geistesverwandte des Kleist-Netzes finden sich nicht unter den literarischen Monographien, sondern unter Wörterbüchern wie dem *Dictionnaire Critique*, das in den 30er-Jahren als Beilage der von Georges Bataille herausgegebenen Zeitschrift *Documents* erschien, oder dem von Robert Lebel und Isabelle Waldberg herausgegebenen surrealistischen *Encyclopaedia Acephalica* (1947). Beide Werke verfolgten das Ziel, sich auf dem Umweg des Todes des Lebens zu bemächtigen.

Ein schonendes Buch. Ich lese Kleist. Das, was er mitteilen will, und das, was er nicht erzählen will. Ich projiziere beides übereinander: Das ist das NETZ. Ich lese ihn – durch-lese ihn – verlese mich. Ich lese ihn zu Ende, lese ihn aus, lese mich in ihn hinein. Ich erwarte von ihm die Befreiung. Ich verschone nicht nur den Leser, sondern auch Kleist, nicht nur die Literatur, sondern auch mich selbst. Ich erspare mir die für das Verfassen einer Monographie zuweilen unerlässlichen geistigen Leerläufe, den Zwang, auch das auszufüllen, was unausfüllbar, das zu überbrücken, was unüberbrückbar ist. Ich verschone mich selbst, erspare mir, den Gesetzen einer Gattung zu gehorchen, die mir in diesem Fall gerade all diejenigen entzöge, denen ich mich nähern möchte: Kleist, den Leser, die Literatur. Ich erspare mir also das im Namen der Literatur ausgeführte Attentat. Dessen einziges Opfer letztendlich nicht Kleist, sondern der Attentäter selbst wäre. Ich verschone mich also und erspare mir die geistige Kastration.

Berlin – Budapest – Feldafing, 1996–1998

ACH!

In *Die Verlobung in St. Domingo* schießt Gustav seine Geliebte Toni, halb verrückt vor Enttäuschung, dass sie ihn hinters Licht geführt hat, in die → BRUST. Obwohl er gerade dieser scheinbaren Täuschung verdankt, dass sie beide gerettet werden. Ihr bleibt keine Kraft, die Situation aufzuklären. »›Ach!‹ rief Toni, und streckte, mit einem unbeschreiblichen Blick, ihre Hand nach ihm aus: ›dich, liebsten Freund, band ich, weil – –!‹« (II 193) Ein Aufschrei (Ach!) – eine Bewegung (das Ausstrecken der Hand) – ein → BLICK (der → UNBESCHREIBLICH ist) – ein abgebrochener Satz – dann zwei → GEDANKENSTRICHE lang Stille – und schließlich ein Ausrufezeichen. Die *Sinnlosigkeit* der Situation zeigt auch das *Bild* des Textes selbst. Die beiden → GEDANKENSTRICHE und das Ausrufezeichen deuten an, was nicht *gesagt* werden kann, lassen das → UNAUSSPRECHLICHE als Bild spürbar werden. Die versammelte Verwandtschaft macht Gustav inzwischen auf seinen Irrtum aufmerksam, worauf er sein Gesicht verdeckt – er sieht nicht mehr, er hat keine Bilder mehr vor sich! – und aufschreit: »Oh! rief er, ohne aufzusehen, und meinte, die Erde versänke unter seinen Füßen« (ebd.). Dann streckt er die Hände aus diesem Abgrund empor und → UMARMT das Mädchen, das noch einmal, ein letztes Mal, spricht: »›Ach‹, rief Toni, und dies waren ihre letzten Worte: ›du hättest mir nicht mißtrauen sollen!‹« (Ebd.) Da rauft sich Gustav erst die Haare, wiederholt dann, gleichsam → UNBEWUSST und mechanisch: »[I]ch hätte dir nicht mißtrauen sollen«, und schießt sich am Ende in den Kopf.

Kleists Figuren seufzen nicht dann auf, wenn ihnen die Worte fehlen, sondern wenn sich diese in ihnen so aufgestaut haben, dass sie gar nicht mehr sprechen können. Sie wollen so vieles *auf einmal* erzählen, dass sie kein Wort mehr herausbringen. Dann wird die Handlung für einen → AUGENBLICK durch ein wortloses (aber umso beredteres) Schweigen unterminiert. Das ACH (zusammen mit einem Ausrufezeichen, → GEDANKENSTRICH oder Komma) unterbricht die Handlung nicht nur in Form eines Seufzers (eines Stöhnens, Jammerns, Röchelns, Jauchzens oder Aufschreis), sondern auch als typographisches Phänomen. Der Seufzer (*Ach!*) ist ein Ausdruck jenes typisch Kleist'schen Radikalismus, demgemäß sich die Situation nur dann klären kann, wenn sie zuvor unwiderruflich durcheinandergerät. Und die Klärung führt meist zu einer endgültigen → VERWIRRUNG »auf höherer Ebene«, mit Mord und verspritztem → HIRN an den → WÄNDEN. Das *bedingungslose → VERTRAUEN*, das Gustav von Anfang an Toni gegenüber verspürt und das auch seine Liebe zu ihr bezeugt, und das *tiefe Misstrauen*, das ihn verblendet, bilden eine Zange, deren Druck man nicht lange aushalten kann. Weder Gustav noch Toni hält ihn lange aus. Diese Unerträglichkeit verdichtet sich im ersten »Ach!«. Darin findet die Unbeschreiblichkeit der Situation, die sich schon in Tonis → BLICK widerspiegelt, ihren Widerhall. Gustav sieht diesen → BLICK, und die Erde unter seinen Füßen gerät ins Wanken. Und während er »oh« ruft, ertönt das zweite »Ach« der tödlich verwundeten Toni gar nicht mehr aus ihrem Hals, sondern aus jenem *Schlund*, aus dem ihr niemand mehr heraushelfen kann. Das »Ach« ist nicht einfach der Widerhall des Todes, sondern das Geräusch jener Reibung, die das Hinabrutschen in den Schlund des Todes begleitet.

Das war nicht immer so. Im frühen, 1799 entstandenen Aufsatz über das *Glück* findet sich fünfmal das »Ach«, doch dient es, wie auch der Titel des Aufsatzes zeigt (*Aufsatz, den sichern Weg des Glücks zu finden und ungestört – auch unter den größten Drangsalen des Lebens – ihn zu genießen*), jedes Mal zur

»Ach es liegt in der Tugend eine geheime göttliche Kraft, die

Stärkung des → VERTRAUENS und Steigerung der Begeisterung. Auch erweitert es nicht den Horizont des Lesers und bleibt somit ein bloßes Füllwort. Das erklärt sich durch Kleists damalige Unselbstständigkeit. Er übernimmt und erlernt die im Aufsatz geäußerten Gedanken mit einer solchen inneren Einfühlung, dass er sich förmlich in sie verliebt; da er jedoch unfähig ist, die Gedanken der Aufklärungsphilosophie, die er als gehorsamer Schüler wiederholt, weiter zu vertiefen, versucht er, Tiefe und Originalität durch Begeisterung und einen sentimentalen Ton zu ersetzen.

Eine der Folgen seiner sogenannten → KANT-KRISE wird gerade darin bestehen, dass Kleist lernt, mit den Seufzern sparsam umzugehen. Er gebraucht sie nicht seltener, sondern distinguierter: zumeist in solchen Grenzsituationen, in denen das »Ach!« nicht einfach eine Leere ausfüllt, sondern selbst zur »Leere« wird, zu einer unausfüllbaren Lücke im Gespräch.

Als Agnes in *Die Familie Schroffenstein* im → AUGENBLICK ihres Todes aufschreit: »Ach!« (2569), handelt es sich um eine theatralische Routinesituation. Doch dieses »Ach!« setzt nicht nur ihrem Leben ein Ende, sondern beschließt auch die Kette von Irrtümern, Missverständnissen, Täuschungen und Verdächtigungen. Am Ende des ersten Aktes von *Das Käthchen von Heilbronn* verspricht Käthchen dem Grafen, ihm in allem gehorsam zu sein. Als er ihr befiehlt, zu ihrem → VATER heimzukehren, antwortet sie: »Ich habe es dir versprochen« (646) – und fällt sofort in → OHNMACHT. Und als sie nach einigen Minuten zu sich kommt, sagt sie bloß: »Ach!« (65) Ihre Liebe kann sie fürs Erste

den Menschen über sein Schicksal erhebt, in ihren Tränen reifen höhere Freuden, in ihrem Kummer selbst liegt ein neues Glück. Sie ist der Sonne gleich, die nie so göttlich schön den Horizont mit Flammenröte malt, als wenn die Nächte des Ungewitters sie umlagern.« (II. 305–6) Ein paar Jahre später wird das »Ach« aus den »Nächten des Ungewitters« erklingen, ja, sich selbst in die Nacht verwandeln, die von der geheimen, göttlichen Kraft nicht mehr zu unterscheiden sein wird.

nur dadurch beweisen, dass sie ihm gehorsam ist, wodurch sie sich jedoch von der Erfüllung ihrer eigenen Sehnsüchte entfernt. Das »Ach!« und die → OHNMACHT sind ein Ausdruck dieser selbstzerstörerischen Geste: Käthchens Seele bricht hier förmlich entzwei. In *Prinz Friedrich von Homburg* schrickt Natalie (die von Kleist übrigens allzu sehr im Hintergrund gehalten wird), mit der Todesangst des Prinzen konfrontiert, vor seiner Furcht zurück. Natalie, die bis dahin in vielem an die ebenfalls verwirrte Chimène aus Corneilles *Cid* erinnert, wird mit einer unlösbaren Situation konfrontiert, wie sie der Cid seiner Heldin erspart.

Auch Homburg erinnert an Rodrigo aus dem *Cid:* Auch dieser siegt in einer Schlacht ohne den Befehl des Königs (IV. Akt, 3. Szene), der ihm genauso verzeiht wie der Kurfürst Homburg.

Nicht die *Taktiken* zur Bewältigung des Lebens sind für sie unlösbar, sondern der Sinn des Lebens selbst erscheint ihr vorübergehend fraglich. Während sie dem Kurfürsten von der Todesangst des Prinzen berichtet, seufzt sie sieben Mal (!) auf. Sie hätte nicht geglaubt, dass jemand so tief sinken könne, sagt sie und behauptet felsenfest: »[S]o zermalmt, so fassungslos, so ganz / Unheldenmütig träfe mich der Tod, / In eines scheußlichen Leun Gestalt nicht an!« (1171–3) Aber ihre stolze Rhetorik beweist gerade das Gegenteil dessen, was sie sagt: Erst in dem → AUGENBLICK, als sie über den Tod spricht, wird ihr bewusst, dass auch sie einst wird sterben müssen und sie keine Ahnung hat, wie sie sich dann verhalten wird. Es folgt ein → GEDANKENSTRICH (eine Pause) und dann ein mit einem erneuten Ausrufezeichen endender Satz: »– Ach, was ist Menschengröße, Menschenruhm!« (1174) »Ach!«, sagt sie und *wächst, während sie glaubt, vom Helden des Dramas noch nie so weit weg gewesen zu sein,*

»Eine Schwäche (fatigue) so alt wie die Welt, die Empfindung der Last des eigenen Körpers, ein Gefühl unglaublicher Zerbrechlichkeit, das ein vernichtender

zu ihm empor. Das »Ach!« deckt nicht nur die Zerrissenheit der Seele auf, sondern ist auch ein hervorragendes dramaturgisches Mittel.

In *Penthesilea* »dosiert« Kleist die »Achs« am überlegtesten. In 14 von 16 → FÄLLEN erklingen sie aus dem Mund der Protagonistin, zumeist als Ausdruck abgrundtiefer Erschöpfung.

Die gleichzeitige Bewegung des *Stürzens* und *Steigens* macht sie in der Seele so *zerrissen* (»Ach, meine Seel ist matt bis in den Tod!«, 1237), sie veranlasst sie auch, gerade Achilles zu zerfleischen, der allein sie am Leben erhalten könnte. Indem sie Achilles tötet, zerreißt sie ihre eigene Seele.

Im 24. Auftritt steigert Kleist die Spannung mit einer in der Dramenliteratur beispiellosen Kühnheit bis an die Grenzen des Erträglichen, indem er Penthesilea nicht zu Wort kommen lässt. Obwohl sie ständig anwesend ist, sagt sie nichts, sondern lässt, verzückt und bewusstlos – und doch wach –, die anderen über ihre schreckliche Tat sprechen. Und als sie zum ersten Mal spricht, sagt sie verständlicherweise nur: »Ach Prothoe!« (2828) Und danach vermag sie das Elysium von der hinfälligen und gebrechlichen → WELT ebensowenig zu unterscheiden wie den → KUSS vom Biss und das Leben vom Tod.

Und da ist natürlich noch das berühmteste »Ach!« der Weltliteratur, Alkmenes Seufzer, diese letzte *»Äußerung«* in *Amphitryon,* dieses Verstummen, das ebenso beredt ist wie das Schweigen des Volkes am Ende von Puschkins *Boris Godunov,* das hier jedoch nicht nur eine politische, sondern auch eine existenzielle Bedeutung hat. Schon Jean Paul hat dazu notiert, es

Schmerz wird, ein Zustand schmerzhafter Gefühllosigkeit, eine Art in der Haut lokalisierter Gefühllosigkeit, die mir keine Bewegung verbietet, sondern das innere Gefühl eines Gliedes verändert und der schlichten aufrechten Haltung den Wert einer siegreichen Anstrengung verleiht.« (Antonin Artaud: *Der Nabel des Niemandslands,* 56)

»würde zu *viel* bedeuten, wenn es nicht auch zu *vielerlei* bedeutete« (LS 177). Bei Molière hätte ein solcher Seufzer einen unmissverständlich erotischen Unterton, was die *Harmlosigkeit* der Geschichte noch unterstreichen würde. (So wie Lucindes simulierte Seufzer in *Der Arzt wider Willen* – »Han, hi, hom, han, han, hi, hom« [II. Akt, 4. Szene] – der komischen Wirkung dienen. Vgl. Didi-Huberman, 271–2.)

Bei Kleist hingegen handelt es sich um einen Ausdruck totaler → VERWIRRUNG. In diesem Seufzer erlischt ihre Liebe zum sterblichen Gatten, während ihre Liebe zum unsterblichen → GOTT ihr Ziel verfehlt. Das Misstrauen ufert ins Metaphysische aus. Ihre ihr ganzes Wesen zersprengende → BEGIERDE, die von einem → GOTT (genauer: *dem* → GOTT) geweckt wurde, hat nach dem Zusammenbruch des → GottVERTRAUENS nichts mehr, worauf sie sich richten könnte.

Die → BEGIERDE entweicht ins Nichts (vielleicht in das gleiche Nichts, in das der Kurfürst am Ende des ersten Auftritts von *Prinz Friedrich von Homburg* den Prinzen → DREIMAL entlässt?), während dieses Nichts Alkmenes Wesen auszufüllen beginnt. Auch daher ist ihr Seufzer wie der Seufzer eines *Automaten*: mechanisch und bar jeder Seele.

In Alkmenes letztem Seufzer wird nicht einfach die Liebe durch den Schmerz ersetzt. Ginge es nur darum, ließe sich das »Ach!«, wie die vielen »Achs« in der Literatur des Sentimentalismus, bruchlos in die Ordnung der Sprache einfügen. Alkmenes Seufzer jedoch unterminiert die *Allmacht* der Sprache: Der *sterbliche* Gatte und der *unsterbliche* → GOTT versuchen *gemein-*

Beim Erscheinen von *Amphitryon* 1807 zitiert August Klingemann den Schluss der Molière-Fassung: »Sur telles affaires toujours / Le meilleur est de ne rien dire« und stellt ihn Kleists stillem und tiefsinnigem »Ach!« gegenüber, »wo Unschuld und Sünde in den kleinsten Laut zusammenschmelzen.« (LS 176)

»[A]ls der Gott oder vielmehr – da es sich um einen christlich umgedeuteten Jupiter handelt Gott in seine Heimat zurückkehrt, verkehrt sich die unnennbare Lust, die er ihr schenkte, in einen ebenso namenlosen Schmerz.« (W. Kittler, 79)

Olympia, das Automatenmädchen in E. T. A. Hoffmanns *Der Sandmann* antwortet auf alles mit einem bloßen »Ach, ach, ach …!«, was ein Ausdruck ihrer Leblosigkeit, für Nathaniel jedoch der Beweis allerhöchsten Lebens ist. (Vgl. W. Kittler, 54–5) Es ist nicht ausgeschlossen, dass Hoffmann, der 1811 die Kulissen für die Bamberger Auffüh-

sam, sie davon zu überzeugen, dass sich die → WELT wohl einrichten und bewältigen lässt, also den Regeln der rationalen Logik gehorcht. Für sie lässt sich die → WELT ausdrücken. Aus dieser → WELT stürzt Alkmene am Ende des Stückes heraus – doch es gibt keine andere Welt, in die sie »übergehen« könnte (denn Jupiter setzt – Wittgenstein vorwegnehmend – ein Gleichheitszeichen zwischen der → WELT und ihrer sprachlichen Formulierbarkeit). Aus deren → WELT herausgerissen, ist Alkmene auch der *Sprache* beraubt. Das macht ihren Seufzer *gefährlich* und *unberechenbar.* Alkmene bieten sich mehrere Möglichkeiten (Selbstmord, die Ermordung → GOTTES, Raserei, Hysterie, Katatonie, Paralyse usw.), doch sie alle können sie genauso wenig mit der → WELT → VERSÖHNEN, wie ihr Seufzer sich in einen Dialog einfügen lässt.

rung von *Das Käthchen von Heilbronn* entwarf, in dem 1815 veröffentlichten *Der Sandmann* Olympia das inzwischen berühmt gewordene »Ach!« Alkmenes in den Mund legte.

Die *Gegenwart,* die der Mensch dem → GOTTESerlebnis verdankt, wird von der *Abwesenheit* abgelöst. Alkmenes Seufzer ist ein Ausdruck der Selbstentfremdung der Seele. Die Gegenwart ist jener außergewöhnliche → AUGENBLICK, in dem der Mensch dem → GÖTTLICHEN begegnet – und es in sich selbst entdeckt: → GOTT erwacht in ihm selbst zum Leben. »Was du, in mir, dir selbst getan, wird dir / Bei mir, dem, was ich ewig bin, nicht schaden«, sagt Jupiter Alkmene (2321–2), und dieses nicht mehr weiter zu verkomplizierende grammatikalische Labyrinth zeigt genau, dass auch Jupiter nur dadurch zu seinem eigenen göttlichen Wesen findet, dass er *in sie eindringt* – so wie auch Alkmene ihre → GÖTTLICHKEIT erst durch und in Jupiter erfährt.

Das lateinische Wort *praesens* (Gegenwart) bezieht sich nicht nur auf die verbale Präsenz, sondern auch auf die Macht der → GÖTTER: »Beistand heischt der Chor und spürt die gnadenreiche Nähe der Allmacht« (*praesentia numina sentit*), schreibt Horaz (*Epistulae* II. I. 134). Das Wort hat sich ursprünglich aus der Bedeutung »rings-

Obwohl nach der letzten Regieanweisung der Gipfel des Olymp erscheint, kehrt

Jupiter nicht in die göttliche Sphäre zurück, sondern in etwas, was sich am ehesten als Alkmenes *Abwesenheit* bezeichnen lässt. Und auch Alkmene fällt am Ende der letzten Szene, als Jupiter seine Identität lüftet, nicht deshalb in → OHNMACHT, weil sie als irdische Frau nicht in den Olymp aufsteigen kann, sondern weil sie als Sterbliche zwar die Unsterblichkeit erfahren hat, aber dennoch ihr sterbliches Leben fortsetzen muss. Alkmenes Tragödie besteht nicht darin, dass der → GOTT, in den sie sich verliebt, sie hintergeht und dann verlässt, sondern darin, dass die Liebe, als die am ehesten erfahrbare Offenbarung des → GÖTTLICHEN, nicht imstande ist, das ganze Leben auszufüllen. Man kann das Leben nicht in der ständigen *Gegenwart* leben, denn das »Natürliche« ist, dass man es in der ständigen Abwesenheit leben muss. Das Natürliche ist gerade das, was von den → GOTTESerlebnissen her betrachtet am wenigsten natürlich ist: dass der Mensch den überwiegenden Teil seines Lebens fern seiner eigenen Mitte lebt, in → UNBEWUSSTER Entzweiung. Und gerade das Erlebnis der Liebe weckt in Alkmene dieses Bewusstsein: dass das Leben selbst (das gebrechliche, irdische Leben) der größte Anschlag auf das Leben (das wahre Leben) ist. Es *muss* eine Wahrheit geben (in der der Mensch mit sich selbst restlos eins ist), behauptet Kleist – doch *Amphitryon* wird gerade deshalb zu einer wahren, der Griechen würdigen und in seiner Zeit so einsamen Tragödie, weil es uns mahnt: Der → AUGENBLICK der Wahrheit, die Gegenwart der → GÖTTER ist noch verheerender und entfernt den Menschen noch mehr von sich selbst als das → UNBEWUSSTE Leben fern der → GÖTTER. Kleist wendet

herum« gebildet, was auch mit dem *sexuellen* Charakter von Alkmenes → GOTTESerlebnis im Einklang steht.

sich gegen jene europäische, metaphysische (christliche) Tradition, die den Platz der Wahrheit, als der letzten Instanz, fern des Lebens ausweist und damit den Unterschied zwischen Mensch und → GOTT unendlich vertieft. Der → AUGENBLICK der Gegenwart ist bei Kleist deshalb außergewöhnlich, weil seinen Figuren erst da bewusst wird, wie weit sie sich von allem – vor allem von sich selbst – entfernt haben. Die Entfremdung von ihrem eigenen → INNEREN erreicht ihren absoluten Höhepunkt in der Gegenwart. Wie Jupiters grammatikalisch kaum mehr zu verkomplizierende Aussage mahnt: Die Erfahrung der Zerrissenheit ist die Gewissheit der Gegenwart. Das »Ich« versucht sich in Richtung des »Du« zu öffnen; doch statt im anderen sich selbst zu finden (wie die zeitgenössischen mystischen Deuter der Liebe – Novalis, Franz von Baader, Friedrich Schlegel – annehmen), verliert es den anderen genauso wie sich selbst. Die Gegenwart ist der → AUGENBLICK des Verlustes, die Liebe der der Verstoßung. Beide sind nicht miteinander identisch, aber auch nicht voneinander zu trennen. Noch nie unternahm Alkmene eine solche Anstrengung, das Unüberbrückbare zu überbrücken. Die Gegenwart bedeutet: ständig nach jenem Mittelpunkt zu greifen, der, gleich einer Fata Morgana, da ist und doch uneinholbar bleibt. Sie ist keine Ferne, keine Nähe, sondern ein Taumel, bei dem das Gefühl der Entfernung (des Herausstürzens) zur Bedingung des Gefühls der Heimkunft und der Selbstfindung wird.

Diese entgegengesetzte Bewegung »drückt« jenes »Ach!« »aus«; aber indem Alkmene *aus der Sprache* herausstürzt, über-

Alkmenes letzter Seufzer kann auch dem Schrecken ent-

brückt sie auch diesen Unterschied. In *Amphitryon* existiert nur ein *einziges* Leben, und doch verfügt es über zwei Gesichter, die sich zwar zum Verwechseln ähneln – so wie man auch Jupiter und Amphitryon nicht voneinander unterscheiden kann –, zwischen denen jedoch kein größerer Unterschied bestehen könnte. Das eine ist die Kehrseite des anderen – der → GOTT: ein Mensch, der Mensch: ein → GOTT; doch damit man diese schwindelerregende *Einheit* erfährt, muss man sich so verlieren, dass man gerade in diese neu entdeckte Einheit nicht mehr zurückkehren kann.

»Laß ewig in dem Irrtum mich, soll mir / Dein Licht die Seele ewig nicht umnachten«, bittet Alkmene Jupiter (2305–6) und schreit, bevor sie in → OHNMACHT fällt, auf: »Schützt mich, ihr Himmlischen!« (2312) Sie kann nur jene anflehen, die sie am meisten hintergangen haben. Da wird ihr bewusst, dass → GOTT, wenn er existiert, nur im innersten → INNEREN wohnen kann und dass der Mensch erst dann »lebt«, wenn

springen. Der Vereinigung von Mensch und → GOTT können nicht nur Helden (Herakles), sondern auch Ungeheuer (Minotaurus) entspringen.

»Nichtswürdiger! Schändlicher!
Mit diesem Namen wagst du mich zu nennen?
Nicht vor des Gatten scheugebietendem
Antlitz bin ich vor deiner Wut gesichert?
Du Ungeheuer! Mir scheußlicher,
Als es geschwollen in Morästen nistet!
Was tat ich, daß du mir nahen mußtest,
Von einer Höllennacht bedeckt,
Dein Gift mir auf den Fittich hinzugeifern?
Was mehr, als daß ich, o du Böser, dir
Still, wie ein Maiwurm, ins Auge glänzte?
Jetzt erst, was für ein Wähn mich täuscht', erblick ich.
Der Sonne heller Lichtglanz war mir nötig,
Solch einen feilen Bau gemeiner Knechte,
Vom Prachtwuchs dieser königlichen Glieder,
Den Farren von dem Hirsch zu unterscheiden?

→ GOTT in ihm zum Leben erweckt wird, und »stirbt«, wenn die Seele sich tödlich entleert. Mit dieser Leere wird Alkmene konfrontiert – jener nur an Shakespeare messbare Fluch, den sie kurz zuvor Amphitryon entgegenschleudert (2236–62), beweist, dass sie diese Leere zu erahnen beginnt; und das letzte »Ach!« kündet von der Wüste, die sie erwartet. Es enthüllt nicht nur, dass ihr Leben vor ihrer Begegnung mit Jupiter eine Wüste ist, sondern weist auch nach vorne. Vieles am Schluss des Stückes ist zu Ende, doch manches nimmt erst da seinen Anfang.

»Ach!« Es bleibt ungewiss, ob Alkmene aushalten wird, was sie erwartet.

Verflucht die Sinne, die so gröblichem
Betrug erliegen. O verflucht der Busen,
Der solche falschen Töne gibt!
Verflucht die Seele, die nicht so viel taugt,
Um ihren eigenen Geliebten sich zu
merken!
Auf der Gebirge Gipfel will ich fliehen,
In tote Wildnis hin, wo auch die Eule
Mich nicht besucht, wenn mir kein
Wächter ist,
Der in Unsträflichkeit den Busen mir
bewahrt. –
Geh! deine schnöde List ist dir geglückt,
Und meiner Seele Frieden eingeknickt.«
(2236–62)

ÄHNLICHKEIT

Warum sie an jenem gefürchteten → DRITTEN vor ihm wie vor einem → TEUFEL geflohen sei?, fragt Graf F... seine Gattin, die Marquise von O...., worauf sie ihm um den Hals fällt (statt ihm fest in die Augen zu schauen!) und erwidert: »[E]r würde ihr damals nicht wie ein Teufel erschienen sein, wenn er ihr nicht, bei seiner ersten Erscheinung, wie ein Engel vorgekommen wäre«. (II. 143)

Was unterscheidet einen Engel von einem → TEUFEL? Nichts, denn beide erscheinen in der Gestalt ein und derselben Figur. Beide sind eine Art »Erscheinung«: wirklich, und doch nicht. Sie → SCHEINEN das zu sein, was sie sind, und dennoch erweist sich, dass sie gerade das Gegenteil dessen sind – wobei dieses Gegenteil seinerseits nur → SCHEIN ist, eine Erscheinung, deren Wirklichkeit wiederum eine Erscheinung ist. Durch die Gestalt des → TEUFELS schimmert der Engel hindurch, durch die des Engels der → TEUFEL; und hinter beiden wird Graf F... sichtbar, der beide Gestalten wie Kleider trägt, obwohl die Falten dieser Kleider, die ihn von außen umhüllen, auch mit den innersten Falten seines Herzens identisch sind. Einmal erweisen sich diese Kleider als zu eng, ein andermal sitzen sie lose an ihm. Es verwundert nicht, dass Graf F... die Ereignisse immer weniger begreift. Obwohl er der Auslöser aller → VERWIRRUNG ist, bewegt er sich ziemlich befremdet und ungelenk. Als wäre er zuweilen gar nicht anwesend. Auch seine Schatten, die ihn begleiten, sind bald größer, bald kleiner als er.

Die Ähnlichkeit von → TEUFEL und Engel manifestiert sich in Graf F... gleichsam »ohne sein Zutun«. Zwar steht sein Schicksal auf dem Spiel, doch → SCHEINT er diese seltsame Vereinigung seiner »Schatten« nur zu erdulden. Aber nicht nur er beobachtet erstaunt dieses seltsame Phänomen der → WELT. Bevor er durch das Beil hingerichtet wird, bemerkt der zum Tode verurteilte Michael Kohlhaas beim Gespräch mit der alten → ZIGEUNERIN »eine besondere Ähnlichkeit zwischen ihr und seinem verstorbenen Weibe Lisbeth« (II. 96), woran auch nichts ändert, dass seine Gattin jung verstorben ist. In *Die Verlobung in St. Domingo* seufzt der Schweizer Gustav beim → ANBLICK der jungen Toni tief auf, da er eine »wunderbare Ähnlichkeit« (II. 173) zwischen der Mestizin (!) und seiner während der Revolution hingerichteten Geliebten, der Französin Mariane Congreve, bemerkt. In *Die heilige Cäcilie* liegt Schwester Antonia zu Hause mit einem → NervenFIEBER, das sich so verschlimmert, dass sie am Abend des Sturms auf die Kirche stirbt. Doch zu Beginn des Angriffs erscheint sie auf dem Altan, frisch, gesund, wenn auch ein wenig blass, und beginnt auf der Orgel die Messe zu spielen, bei deren Klängen die Bilderstürmer → PLÖTZLICH bekehrt werden. Auf die Frage ihrer Gefährtinnen, wie sie so → PLÖTZLICH zu sich gekommen sei, erwidert sie bloß: »gleichviel, Freundinnen, gleichviel« (II. 218).

Der Findling wiederum beruht von vornherein auf einer »auffallende[n]« (II. 208) Ähnlichkeit zwischen einem lange verstorbenen genuesischen Ritter, dem engelhaften (→ CHERUBINISCHEN) Colino, und Nicolo, der seine Eltern verloren hat und als Adoptivkind den Platz eines weiteren Toten, des kleinen Paolo, in der Familie einnimmt. Eine »starre Schönheit« (II. 200) kennzeichnet den Jungen, sein Gesicht verändert »seine Mienen niemals«. Als er das Bild des toten Colino, dessen großes Auge »ihn starr ansah« (II. 207), entdeckt, erschrickt er, ohne zu wissen, warum, und eine Fülle von Gedanken fährt ihm durch den Kopf So reift in ihm der Entschluss, Elvire zu erobern, deren Gesicht übrigens ebenso starr und »von Affekten nur selten bewegt [...]« ist wie seines (und wahrscheinlich einst auch Colinos). Sein Entschluss ist verständlich, denn er sieht Colino zum Verwechseln

»Gott, mein Vater!« – ruft auch die Marquise von O...., als

ähnlich: »›Gott, mein Vater! Signor Nicolo, wer ist das anders, als Sie‹«, ruft auch die kleine Clara, als sie Nicolo neben dem Bild erblickt (II. 208). Und wäre es, wenn die Ähnlichkeit schon so groß ist, nicht natürlich, dass die gemütskranke Elvire sich endlich mit dem vereinigt, über den sie bis dahin nur hinter einer sorgfältig verriegelten Tür, nackt und sich bis zur → VERZÜCKUNG reizend, fantasieren konnte?

Nicolo gleicht Colino, Toni Mariane Çongreve, die → ZIGEUNERIN Lisbeth, Schwester Antonia der unbekannten Antonia. Und vielleicht ähnelt auch Käthchen Kunigunde, die Marquise von O...., wenn sie wie eine → FURIE tobt, Penthesilea, und Agnes Schroffenstein der Jungfrau Maria, so wie auch die Marquise von O.... gelegentlich wie ein Ebenbild Mariä ist – und dann wagen wir uns noch an die Ähnlichkeit zwischen Penthesilea und der Jungfrau Maria ... Sie alle sind sich ähnlich, sind zuweilen sogar *identisch* miteinander – doch sie sind keine *Doppelgänger.* Trotz der *Ähnlichkeit* der Motive besteht ein radikaler Unterschied zwischen Kleists bzw. Gogols oder Hoffmanns Bearbeitung des Themas. Letztere gebrauchen das Motiv in erster Linie, um ihre Helden in den Wahnsinn zu stürzen oder zumindest mit jenem Abgrund zu konfrontieren, vor dem sie stehen. Die Bedrohung der Seele ist die Gefahr, der die Menschen in der neuen, von den Wurzeln der Tradition losgelösten Gesellschaft ausgesetzt sind: Die Wurzellosigkeit führt bei Gogol bzw. Hoffmann dazu, dass ihre Helden durch eine Art zentrifugale Kraft sowohl aus ihren traditionellen Bindungen (Gemeinschaft, Kirche, göttliche Garantie, Kosmos) als auch aus sich

der Name des Jägers Leopardo als der des möglichen → VATERS, fällt (II. 135). Was sie sich dabei wohl denkt? Dass → GOTT der → VATER sei? Oder fällt ihr, wie Heinz Politzer meint, der eigene → VATER ein? (Politzer, 98) Und die kleine Clara: erblickt sie in Colino → GOTT? Oder sieht sie Nicolo als den Schatten → GOTTES? Oder glaubt sie, mit einer Reinheit, die ihres Namens würdig ist, dass ihr → VATER, wer er auch sein mag, rein ist? – Ähnlich (»Gott, mein Vater!«) ruft auch Margarete in der Idylle *Der Schrecken im Bade* aus, als sie beobachtet wird, während sie *nackt* (!) badet. Und auch Johanna in Schillers *Die Jungfrau von Orleans* (1801) ruft am Ende des 10. Auftritts im IV. Aufzug aus: »Gott! Mein Vater!«, unmittelbar bevor ihr → VATER *gegen* sie aussagt.

selbst herausgerissen werden. Das Motiv des Doppelgängers ist ein Ausdruck psychischer Gleichgewichtsstörung: Ein Teil des Ichs der Figuren »bricht heraus«, und sie beginnen sich selbst als ihr eigenes → SPIEGELbild zu sehen – als ihr Ebenbild. Sie wissen nicht, wie sie wieder mit sich eins werden können. Das Ebenbild ist bedrohlich, erschreckend und schattenhaft – obwohl es doch genauso ist wie das sogenannte »Ich«. Der Abgrund zwischen beiden ist unüberbrückbar; aber nicht deshalb, weil Himmel und Erde (→ HÖLLE) sie voneinander trennen, sondern weil die Figuren selbst ratlos sind, was sie mit ihrem eigenen Schatten anfangen sollen. Damit nämlich wieder eine *Einheit* entstehen kann, bedarf es auch einer Kraft, die sich weder auf das »Ich« noch auf das »Ebenbild« beschränkt, sondern beide in der Gestalt eines → DRITTEN vereint – und dabei auch in ihnen selbst Wurzeln schlägt. Die Idee einer solchen Einheit taucht bei den Doppelgängern gar nicht erst auf. Was sie kennzeichnet, ist die Unüberbrückbarkeit des Unterschieds zwischen dem »Ich« und dem »Ebenbild«, seine Steigerung ins Unendliche. Das macht sie komisch – im Sinne von Baudelaires »comique absolu« –, was auf den ursprünglich ironischen Charakter der Doppelgänger-Thematik verweist. Baudelaire hält die Verdoppelung *(dédoublement)* für die Voraussetzung der Ironie: Bewusstwerdung bedeutet hier die Spaltung des Bewusstseins, sodass das Erwachen ein für alle Mal zum Verlust des Ichs führt. (Vgl. de Man, 1993, 212–3)

Hier überwindet Kleist seine Zeitgenossen bzw. die Doppelgänger-Thematik. Auch er führt die *psychische* Gleichgewichtsstörung vor Augen, doch belässt er es nicht dabei: Die Störung ufert bei ihm ins *Metaphysische* aus, und die *gesellschaftliche, gemeinschaftliche* Wurzellosigkeit, der sich auch seine Figuren gegenübersehen, vertieft sich zu einem Abgrund der *Existenz*. Auch er *zeigt* die Spaltung, doch statt sie zu stilisieren und »künstlerisch« (»realistisch« oder »fantastisch«) zur Entfaltung zu bringen, richtet sich sein Bemühen vor allem darauf, die Möglichkeit der *Vereinigung* zu finden. Jedes Mal, wenn er dieses Thema berührt, lässt er sich ohne Umsicht immer tiefer in den gähnenden Abgrund hinunter. Nicht um das »Funktionieren« der Seele zu schildern, sondern um den Boden des Abgrundes zu finden, seinen Grund, auf dem sich die Gegensätze von oben miteinander → VERSÖHNEN lassen und die Persönlichkeit wieder mit sich in Einklang gebracht werden kann. Kleists Figuren geraten zuweilen genauso an den Rand des Wahnsinns wie die Gogols oder Hoffmanns; aber im Gegensatz zu diesen haben sie nichts »Bizarres«, »Außergewöhnliches« oder »Fantastisches« an sich. Die Lage, in die sie geraten, kann ebenso wenig als ironisch bezeichnet werden wie die Struktur, die Sichtweise oder der Ton der Erzählungen selbst. Ob eine Figur (Nicolo) mit ihrem eigenen Ebenbild konfrontiert wird oder die Spaltung anderer beobachtet (Alkmene), sie sehnt sich, sobald sie ihre Furcht, Verblüffung oder Angst niedergerungen hat, sofort nach *Gewissheit.* Und wenn am Ende alles in → VERWIRRUNG und Tragödie endet, so hat das seinen Grund nicht in der Spaltung der Persönlichkeit, sondern im *Zerrinnen der Gewissheit.*

»Széthulltam arra az egy darabra, ami mindig is voltam.« (»Ich zerfiel zu dem einen Stück, das ich immer schon war.«) Dezso Tandori: *Haiku.*

Alkmene vergleicht Jupiter mit einem *Bild:* mit Amphitryons Ebenbild. »Ich hätte für sein Bild ihn halten können, / Für sein Gemälde, sieh, von Künstlerhand, / Dem Leben treu ...« – und es folgt die entscheidende Beobachtung: »... ins Göttliche verzeichnet«. (1189–92) *Beide* Männer sind sich vollkommen ähnlich (so sehr, dass sie in einer idealen Aufführung von *einem* Darsteller verkörpert werden müssten).

Und dennoch: man kann sich keinen größeren Gegensatz vorstellen als den, der beide voneinander trennt. Es ist der Gegensatz von Himmlischem und Irdischem, → GÖTTLICHEM und Sterblichem. »Wie soll ich Worte finden [...],/ Das Unerklärliche [...] zu erklären?« (1122–3), fragt Alkmene. Unerklärlich ist nicht, dass der → GOTT zur Erde hinabgestiegen ist, auch nicht, dass beide Männer sich zum Verwechseln ähnlich sehen, sondern dass zwei Männer miteinander *identisch* sind, die es

Der tragische Konflikt der *Unterschiede* und *Ähnlichkeiten* zwischen dem idealen und dem gebrechlichen Geliebten wird auch Racines Phädra zum Verhängnis (*Phädra,* 1677). Phädra sehnt sich zwar nach Theseus, doch da ihr Gatte wankelmütig und flatterhaft ist, verliebt sie sich in seinen Sohn Hippolyt, der seinem → VATER in ihren Augen zum Verwechseln ähnlich ist (II. Akt, 5. Szene). Es ist nicht ausgeschlossen, dass das zu jener Zeit häufig dramatisierte Amphitryon-Thema (Jean de Rotrou, 1636, Molière, 1668) Racine beeinflusst hat.

trotzdem nicht sind. Oder – aus Alkmenes → BLICKwinkel betrachtet – wie ein und derselbe Mann auf göttliche *und* nicht göttliche Art existieren kann (das begreift auch die Marquise von O.... an Graf F... nicht), wie er sich *gleichzeitig* unter- und übertreffen kann. Wenn Goethe schreibt, »das Stück Amphitryon von Kleist enthält nichts Geringeres, als eine Deutung der Fabel ins Christliche« (LS 182a), denkt er, wie andere Zeitgenossen auch, an die Unbefleckte Empfängnis bzw. die Ähnlichkeit zwischen der Empfängnis Jesu und der Herakles'. In Wirklichkeit ist die Geschichte jedoch nicht deshalb christlich, sondern weil die Ähnlichkeit/Identität von Jupiter und Amphitryon den Dualismus der menschlichen Existenz selbst, ihren menschlich-göttlichen, geschöpflich-schöpferischen Charakter in Erinnerung ruft. Das Attribut »christlich« kann sogar in Anführungszeichen gesetzt werden, da es sich nicht nur um eine Grundfrage des Christentums, sondern *einer jeden* Religion handelt. (Einem ähnlich unlösbaren Problem sieht sich auch Racines Phädra gegenüber, die sich nach eigenem Bekunden deshalb in Hippolyt verliebt, weil er Theseus ähnelt – doch während Theseus zur → HÖLLE fährt, bewahrt Hippolyt sein göttliches Wesen – vgl. *Phädra*, II. Akt, 5. Szene.) Alkmene wird nicht mit einer *bestimmten* Religion (der griechisch-römischen Mythologie oder deren christliche Umdeutung) konfrontiert, sondern sie hat am *religiösen Erlebnis* an sich teil. Darin findet sie zunächst grenzenlose Wonne, dann unerträgliche Qual. »Wie Schaudern jetzt, → ENTSETZEN mich ergreift / Und alle Sinne treulos von mir weichen« (1139–40). Die Betonung liegt nicht darauf, dass *zwei* Menschen einander schauspielernd nachahmen (wie bei Plautus), nicht auf ihrer komischen Ähnlichkeit (wie bei Molière) und auch nicht auf der doppelten Existenz *eines* Menschen (wie in der Doppelgänger-Thematik), sondern auf der Frage, *warum der Mensch nicht restlos mit sich selbst eins sein kann.* Bald ist er göttlich, bald menschlich (Amphitryon), bald teuflisch, bald engelhaft (Graf F..., Nicolo), bald lebendig, bald tot (Toni, die → ZIGEUNERIN), bald ein gütiger Alter, bald ein blutrünstiger Wilder (Piachi). Wenn Kleist zuweilen Figuren auftreten lässt, die mit sich selbst *eins* und nicht Legierungen sind (deren karikaturesk verzeichneter Prototyp Kunigunde in *Das Käthchen von Heilbronn* ist), so tauchen bei ihm die Attribute teuflisch-engelhaft, göttlich-menschlich, lebendig-tot gar nicht auf. Michael Kohlhaas, Käthchen oder die Marquise von O.... sind deshalb so überwältigend und unwiderstehlich, weil sie, obwohl sie unter der Gebrechlichkeit der → WELT (das heißt der ständigen Zerrissenheit der Schöpfung) leiden, daran nicht zugrunde gehen, sondern trockenen Fußes durch sie hindurchwaten. Der runde Heiligenschein, den man sich um ihre Häupter denken kann, versinnbildlicht die Einheit von Schöpfer und Schöpfung, Engelhaftem und Menschlichem, Irdischem und → GÖTTLICHEM, Sterblichem und Unsterblichem.

Nach der Lehre der Bibel schafft → GOTT den Menschen nach seinem Bild und *Ebenbild* (Moses, 1.1,26). Und doch ist der Mensch nach Johannes gerade deshalb Mensch, weil er → GOTT *nicht ähnlich* ist (Johannes 1.3,2). Mit anderen Worten, er ist deshalb göttlich, weil er menschlich ist. Grenzenlose Nähe und grenzenlose Ferne stehen sich im gleichen Wesen Auge in Auge gegenüber.

Nichts ist »einem andern so unähnlich und ähnlich zugleich, wie Gott und jegliches Geschöpf unähnlich und ähnlich zugleich sind«. (Meister Eckhart, zitiert nach: Wackernagel, 190)

Dieser tiefe Unterschied schafft eine Ähnlichkeit zwischen Nicolo und Colino, Jupiter und Amphitryon, dem teuflischen und dem engelhaften Graf F...; Alkmene, die Marquise von O...., Elvire oder Penthesilea wiederum sehen diese Unversöhnlichkeit und sehen zugleich auch, dass sie keine Folge der menschlichen (psychischen) oder der weltlichen (gemeinschaftlichen, gesellschaftlichen) Gebrechlichkeit ist, sondern *der Schöpfung selbst.*

Innerhalb der Grenzen dieser Schöpfung muss man auch die *Ähnlichkeit* ertragen, suggerieren Kleists Figuren. Und natürlich auch die damit verbundene Verschiedenheit. Um die *Einheit,* die *Identität* zu finden, muss man jedoch zuerst die Verschiedenheit ins Unendliche steigern. Denn nur ein erneuter → SündenFALL kann, wie Herr C... im Essay über das *Marionettentheater* feststellt, die Folgen des ersten → SündenFALLS, das → PARADOX der Ähnlichkeit und der Verschiedenheit, auslöschen. Dieser → SündenFALL wiederum ist nichts anderes als die Erfahrung von Tod und Vergänglichkeit, ohne dass diejenige, der sie erleidet, Hoffnung auf irgendeine Erlösung hätte. Denn während sie einander ähneln, beginnen Kleists Figuren, in nicht mehr steigerbarem Maß ihre eigene Individualität zu erleben: Gerade beim → ANBLICK ihres ihnen zum Verwechseln ähnlichen Gegen-Ichs wird ihnen bewusst, wie sehr sie selbst einmalige und einzigartige Wesen sind. Die Ähnlichkeit lässt sie → PARADOXERWEISE am Erlebnis der Unwiederholbarkeit teilhaben – an der Einsicht, dass es nichts gibt, dem sie untergeordnet werden können. Es gibt keine Person, keine Gemeinschaft, keine Gesellschaft, die die Last der Einmaligkeit von ihnen nehmen könnte. Die Erfahrung der *Ähnlichkeit* ist auf → PARADOXE Weise identisch mit der der *Einmaligkeit*, die der Verdoppelung mit der der Unwiederholbarkeit. Deshalb ist die Last der Einmaligkeit und Einzigartigkeit bei Kleist *tödlich*. Die Ähnlichkeit ist bei ihm die Ähnlichkeit des *Todes*, der *alle* gleichermaßen ereilt, obwohl ihn jeder auf *einmalige* und *einzigartige* (unwiederholbare) Weise erlebt. Mit den Worten Michel Foucaults: »Die Wiederholung verrät die Schwäche des Selben, sobald dieses sich im Andern nicht mehr verneinen und wiederfinden kann. Aus reiner Äußerlichkeit und Ursprungsgestalt wird sie innere Schwäche, Mangel der Endlichkeit, Stammeln des Negativen: die Neurose der Dialektik.« (Foucault, 1977, 42–3) Je mehr sich die Figuren ähneln, umso mehr entfernen sie sich voneinander. Am Ende gibt es keine Dialektik mehr, die Engel und → TEUFEL miteinander vereinen könnte – und keine, die sie hermetisch voneinander trennen könnte.

AUGENBLICK

Im Mai 1799 gesteht Kleist in einem Brief an Ulrike, wie sehr er eine Ausartung seiner eigenen Natur befürchte, und wähnt dann ein paar Zeilen später auch in Ulrike eine »dunkle Seite« (II. 487–8) zu entdecken. Was er damit meint, erschließt sich aus dem darauffolgenden Gedankengang. Die Menschen sprechen und handeln, schreibt er, doch fällt ihnen nicht ein, nach dem Warum ihres Tuns zu fragen. »Sie selbst wissen es nicht, dunkle Neigungen leiten sie, der Augenblick bestimmt ihre Handlungen. Sie bleiben für immer unmündig und ihr Schicksal ist ein Spiel des → ZUFALLS.« Eines freien, denkenden Menschen sei das nicht würdig: Jener »bleibt da nicht stehen, wo der Zufall ihn hinstößt; oder wenn er bleibt, so bleibt er aus Gründen, aus Wahl des Bessern.« (ebd.)

Keine zwei Jahre später, am 5. Februar 1801, schreibt er Ulrike wieder über die Unart. Doch inzwischen hat er eine diametral entgegengesetzte Meinung: »[I]st es nicht eine Unart nie den Augenblick der Gegenwart ergreifen zu können, sondern immer in der Zukunft zu leben?« (II. 630) Die »dunkle Seite«, die er jahrelang verdrängen wollte, strebt immer mehr ans Licht. Solange er sie unterdrücken und in Schranken halten konnte, schrieb Kleist als »Philosoph« über sie und versuchte, seine »Besonnenheit« mit Hilfe von Klischees aufrechtzuerhalten – »aufklärerisch kontrolliert« (Bohrer, 1987, 53). Doch je mehr das Licht von der Dunkelheit überschattet wird, umso persönlicher wird auch der Ton, den er anschlägt. Auf seine *persönlichen* Fragen jedoch vermag ihm keine *Philosophie* eine Antwort zu geben. Nach seiner → KANT-KRISE schreibt er Wilhelmine am 21. Mai 1801: »ach, ich sehne mich unaussprechlich nach Ruhe. Für die Zukunft leben zu wollen – ach, es ist ein Knabentraum, und nur wer für den Augenblick lebt, lebt für die Zukunft.« (II. 653)

Aber wie kann man ausschließlich für den Augenblick leben? Ein paar Tage später schreibt er, er beginne einzusehen, dass der Mensch zu mehr da sei, als bloß zu *denken* (II. 654). Aber was soll er tun, wenn er nicht denkt? Am 29. Juli bekundet er erneut seine Ratlosigkeit, diesmal gegenüber Adolfine von Werdeck –

und wieder nähert er sich seiner Unart mit einem → ACH: »Ach, es ist meine angeborne Unart, nie den Augenblick ergreifen zu können, und immer an einem Ort zu leben, an welchem ich nicht bin, und in einer Zeit, die vorbei, oder noch nicht da ist.« (II. 677)

Und damit nimmt etwas seinen Anfang, was er im Juni 1807 als den »ewige[n] → REFRAIN« bezeichnen wird. Zwar nennt er da den Tod den ewigen → REFRAIN des Lebens (II. 783), doch versteht er unter Tod in Wirklichkeit das »tödliche Leben«; und das Leben ist deshalb tödlich, weil zum Verständnis der augenblicklichen Erscheinungen eine Ewigkeit vonnöten wäre. In Ermangelung dieser bleibt alles → UNBEGREIFLICH und → UNVERSTÄNDLICH.

»Ach!« und »Unart«. Während seiner Krise führt Kleist ein Tagebuch mit dem Titel *Geschichte meiner Seele* (LS 51b) und schreibt, wenn er in seinen Briefen *ähnlich* klingende Sätze braucht, diese daraus ab. Die »Ehrlichkeit« kommt über rhetorische Wendungen zum Ausdruck, was zeigt, dass die Wurzeln von Kleists Sprachgebrauch im *vor*romantischen 18. Jahrhundert liegen.

Kleist entdeckt den Sinn des Lebens im *Augenblick,* obwohl er gerade diesen Augenblick am wenigsten zu deuten vermag. Indem sie auf den Augenblick hören, stellen seine Helden die *Deutbarkeit* der Existenz selbst infrage. Es handelt sich dabei aber nicht um eine irrationale Geste, eine *action gratuit.* Denn Kleists Figuren hören nie auf, nach dem *Sinn* zu suchen – selbst wenn sie seinetwegen sich von der *ganzen* → WELT abwenden müssen. Sie werden der → WELT (der Zeit) untreu, doch nur, um dadurch ihre Treue zu jener anderen → WELT zu beweisen, die mit dieser identisch, von ihrer Gebrechlichkeit und Hinfälligkeit jedoch frei ist. Gerade das, was am gebrechlichsten ist – der Augenblick –, nimmt der → WELT ihre Gebrechlichkeit. Das Schwächste erweist sich als das Stärkste. Das hat mit den sogenannten »Augenblickserlebnissen« der Mystik jedoch wenig zu tun. Bei Kleist zerreißt der Augenblick die Figuren: Sie können in solchen Momenten gerade deshalb aus der → WELT herausgerissen werden, weil sie dann am meisten in ihr gefangen sind. Daher kann sie die Verlorenheit an den Augenblick mit Angst und überirdischer Freude zugleich erfüllen. Dann werden sie zuweilen auch hysterisch. »Ach, der furchtbare Augenblick!« (1494), sagt Alkmene aus Angst, dass Jupiter in seiner wahren Gestalt vor ihr erscheint. Und doch gibt es nichts, was ihr größere Wonne und Freude bereiten könnte. Augenblicke sind in Kleists Dramen wie bodenlose Löcher, in die die Figuren hineinstürzen, und wenn sie hinausgelangen, beginnen sie, die → WELT in neuen Farben zu sehen. Aber was in dem Loch geschieht, lässt sich nur rückwirkend erschließen – daraus, wie sich die → WELT verändert hat. Denn das, was in dem Augenblick vor sich geht, ist → UNBESCHREIBLICH.

Kohlhaas fällt wie ein Engel des Gerichts über Wenzels Schloss her, verspritzt sogar das → HIRN eines seiner Gegner, eilt dann zu den brennenden Ställen, wo die Pferde des Schlossherren gerade von einem Knecht gerettet werden. »Kohlhaas, der, in eben diesem Augenblick, in einem kleinen, mit Stroh bedeckten Schuppen, seine beiden Rappen erblickte, fragte den Knecht: warum er die Rappen nicht rette?« (II. 33), und beginnt, mit der flachen Seite seines Schwertes auf ihn einzuschlagen. Als dieser jedoch totenbleich mit den Pferden hervortritt, sieht er Kohlhaas nicht mehr; und als er ihn findet, wendet sich jener mehrmals von ihm ab und geht, ohne sich um die geretteten Pferde zu kümmern, vor die Burg und »erharrte [...] schweigend den Tag« (ebd.).

Der *Augenblick* ist unauftrennbar; unentwirrbar vermischen sich in ihm Aspekte und Überlegungen, die sich nur schwer oder gar nicht miteinander vereinbaren lassen. Kohlhaas freut sich vermutlich, seine Pferde zu sehen; vielleicht kommt ihm wieder der Gedanke der → VERSÖHNUNG; doch auf seiner Hand klebt bereits Blut und → HIRN; seine Frau fällt ihm ein; er erinnert sich der → ZIGEUNERIN (von der der Leser natürlich erst später erfährt); er findet Wenzel nicht; er ist ratlos, was er mit dem Herren anfangen soll, wenn er seine Pferde zurückerhalten hat; und er spürt auch die Maßlosigkeit des ganzen Unterfangens. Der Moment, als er die Pferde *erblickt,* der *Augenblick,* reißt ihn aus der → WELT; und wie die → ELEKTRIZITÄT, die – wie Kohlhaas vor der Burg – »nur auf den Augenblick harrt« (*Allerneuester Erziehungsplan,* II. 330), entladen sich die Spannungen. Doch davon wird Kohlhaas nur noch → UNBEGREIFLICHER, als er ohnehin schon ist.

In einem Augenblick ziehen sich Kleists Helden aus der → WELT zurück. Der Augenblick bedeutet das Ende des Dialogs und der Verständigung. Einen Augenblick betrachtet Penthesilea das griechische Heer, und ihr Antlitz wird ausdruckslos, als sei es aus Stein gehauen (63–65). Dann erblickt sie Achilles und errötet, »als schlüge rings um ihr / Die Welt in helle Flammenlohe auf«. (70–71) Einen *Augenblick* entleert sie sich ganz, um sich dann vollständig aufladen zu können. Erst wird sie lebloser als Stein, dann verbrennt sie alles um sich. Ein glühender Stein. Die Liebe ist der Augenblick, in dem die ganze Existenz einen Riss bekommt. Nie ist in der Weltliteratur die Geburt der Liebe so genau beschrieben worden. Penthesilea erstarrt nicht bei Achilles' → ANBLICK, sondern umgekehrt: Erst *im Erstarren* erblickt sie Achilles. *Nicht durch die Geburt der Liebe bekommt die Existenz einen Riss, sondern der Riss in der Existenz ist Voraussetzung der Liebe.* In *Penthesilea* ist es die Liebe, womit die *Wunde* der Existenz verbunden werden muss – doch dadurch wird auch die Liebe mit Blut getränkt. Nicht »Urgrund«, sondern Folge ist in dem Stück die Liebe – man muss sich auf sie vorbereiten. Wie, das ist ein Geheimnis. Das Geheimnis des Augenblicks. Auch Käthchen springt beim Weggehen des Grafen in einem Augenblick aus dem → FENSTER (182) – doch käme es dazu nicht, hätte sie sich in ihrer Seele (im Traum, → UNBEWUSST) nicht schon vorher auf die Liebe vorbereitet.

Das Verhältnis von *Augenblick* und *Liebe* in *Penthesilea* zeigt, dass es sich dabei nicht um ein sentimentales Beiwerk handelt. Die Verfasser der sentimentalen Romane, die die Darstellung → BLITZartig einschlagender Erschütterungen buchstäblich zur Mode machten, konnten diese stets besonnen (und keinesfalls sentimental) inmitten anderer Ereignisse des Lebens einbetten. Die gewaltsam aufrechterhaltene Neutralität der Erzählperspektive schränkt die Wirkung der Erschütterung von vornherein ein. Die Erlebnisse des Augenblicks dienen nicht dazu, den Fortgang des Lebens zu sprengen, sondern ihn zu »bereichern«. In der Epik des 18. Jahrhunderts stellt der Augenblick ein Ornament dar, das auf den Lauf der Zeit (ihre »Objektivität«) keinen Einfluss hat. Und damit geben die Romanciers des Sentimentalismus trotz bester Absichten, und obwohl sie ihre sich an den Augenblick klammernden Helden ihrer ausschließlichen Sympathie versichern, der → WELT und der Zeit recht.

Bei Kleist bekommt der Augenblick eine radikal neue Funktion. Nur in den griechischen Tragödien bricht das Unbekannte mit solcher Gewalt in das Leben der Figuren ein, um in »Gestalt« des Augenblicks alles zu zerreißen und die ganze Existenz infrage zu stellen. Doch während die → GÖTTER bei ihnen die Menschen grausam auf die Probe stellen und ihre Ordnung, selbst wenn sich die Irdischen, wie bei Euripides, gegen sie wenden, niemals bleibend verletzt wird, wird in Kleists Werken durch die Macht des Augenblicks jede erdenkliche Ordnung zerbrochen und fragwürdig. Ja: nichtig. Die irdische ebenso wie die himmlische. Der Augenblick ist, was die Dauer betrifft, ein ungreifbares Nichts. Dennoch ist dieses Nichts bei Kleist mächtig genug, um sich auf die Dauer selbst auszuwirken. Und wenn eine der wichtigsten → BESTIMMUNGEN der Dauer (der → WELT, des Geflechts der Umstände) darin besteht, dass sie dem Menschen hilft, sein Leben zu ordnen, dann hört das bei Kleist auf. Seine Helden können deshalb so grenzenlos in → VERWIRRUNG geraten, → ZERSTREUT sein und sich in den Augen anderer bis zur → UNVERSTÄNDLICHKEIT und → UNBEGREIFLICHKEIT entstellen, weil die ganze Existenz für sie endgültig durcheinandergeraten ist. Nach dem Augenblick macht sich das Nichts breit, und Bedeutendes und Unbedeutendes (zwei Pferde bzw. das Schicksal ganzer Länder), → SCHEIN und Sein (Amphitryon und Jupiter), Gesetz und Willkür (Homburg), Gut und Böse (Nicolo und Colino), → TEUFEL und Engel (Graf F...) sind nicht mehr voneinander zu unterscheiden. Letztendlich verwischt sich der Unterschied zwischen → GOTT und Mensch, Schöpfer und Schöpfung. Doch nicht auf eine pantheistische Weise (wie dies Jupiter in *Amphitryon* möchte). Nicht → GOTT wird grenzenlos gegenwärtig (auch die mystische Deutung des Augenblicks liegt Kleist fern), sondern der Mensch bleibt grenzenlos allein. Kleists Figuren können nirgendhin mehr fliehen: ihnen bietet sich keine zuverlässige Transzendenz mehr (ihre entgleiste Existenz ist die einzige Transzendenz), und alles ist bloßer → SCHEIN, wobei dieser → SCHEIN zugleich die einzige Wirklichkeit ist. Oben und unten, Schöpfer und Schöpfung, das Nichts und das Sein spiegeln einander wider – so wie die Luft für Sosias zu einem → SPIEGEL wird (712) und so wie dem jungen Freund des Erzählers im Essay über das *Marionettentheater* beim → BLICK in einen Spiegel das große *Augenblickserlebnis* zuteilwird, von dem an die Zuverlässigkeit der → WELT für ihn zu zerrinnen beginnt (II. 343). Kleist stellt die ganze europäische Tradition der Metaphysik infrage: Nach dem Einbruch des Augenblicks können seine Helden nicht mehr entscheiden, ob sie sich für → GÖTTER oder Menschen halten sollen, sind sie ratlos, ob dieser Augenblick der Anfang oder das Ende ihres Lebens ist. Unter dem Eindruck des Augenblicks gehören die Figuren nirgendhin: weder zum Staat (Kohlhaas) noch zur Familie (die Marquise von O....), noch zur Menschheit (die geistesgestörten Brüder in *Die Heilige Cäcilie).* Sie sind keiner Sache untergeordnet, sie repräsentieren niemanden. In ihnen nimmt der Augenblick Gestalt an, und unter dessen Eindruck *vertreten sie ausschließlich sich selbst.* In ihnen erwacht das *Nichts* zum Leben.

Freilich ist dieser Augenblick nicht immer so dramatisch. Dennoch greift Kleist meist auf den *Augenblick* zurück, um die zeitgleichen Vorgänge der metaphysischen Entleerung und der nicht irdischen Aufladung spürbar zu machen. Als Graf F... die Annonce der Marquise liest, tritt er *einen Augenblick* ans → FENSTER und sagt: »[N]un ist es gut! nun weiß ich, was ich zu tun habe!« (II. 130) Als Gustav eine schreckliche Geschichte erzählt und hinzufügt, dass in dem → FALL sogar die Engel auf der Seite der Ungerechten sind, um dadurch die menschliche und göttliche Ordnung aufrechtzuerhalten, tritt er »bei diesen Worten auf einen Augenblick an das Fenster« (II. 171), worauf sich eine innere Unruhe seiner bemächtigt. Zugleich erwacht auch seine Liebe zu dem *hinter seinem Rücken stehenden* (!) Mädchen – und von da an nimmt die Tragödie unaufhaltsam ihren Lauf. Und auch in *Prinz Friedrich von Homburg* tritt der Kurfürst gemäß einer Regieanweisung einen Augenblick ans → FENSTER (1425), um dann die → VERWIRRUNG, die durch Homburgs Sieg und seine anschließende Todesangst entsteht (die beide das Werk des Augenblicks sind!), aufzulösen. Der → VATER der Marquise von O.... verlässt nur einen *Augenblick* das Zimmer, und das nutzt seine Tochter, um ihrer Mutter ihre Schwangerschaft mitzuteilen (II. 109). Sie könnte dazu auch eine andere Gelegenheit finden; aber mit sicherem Gespür verknüpft Kleist die Aufdeckung des Geheimnisses mit dem Augenblick, und obendrein mit dem Augenblick, als der → VATER hinausgeht. Schließlich wird es der → VATER sein, der, während seine Tochter seine Knie → UMARMT, eine Pistole von der → WAND reißt und im gleichen Augenblick auch abfeuert (II. 125). Die *vielen* mit der Person des → VATERS verknüpften Augenblicke sind verräterischer als viele, viele Absätze und werfen Licht hinter die Fassade der dargestellten Situationen.

Während des → PARADOXEN Vorgangs der Entleerung und der Erfüllung wird die → WELT bei Kleist in Klammern gesetzt: Es handelt sich um eine Art Kenose bzw. Pieroma Christi, während der sich die Figuren in der Seele von allem entfernen und, mit dem Nichts geladen, die → WELT mit ganz anderen Augen sehen. Es lässt sich nicht sagen, womit sie unter dem Eindruck des Augenblicks konfrontiert werden. Dann ist Kleist am rätselhaftesten; die oft erwähnte → UNAUSSPRECHLICHKEIT und → UNVERSTÄNDLICHKEIT treten unter dem Eindruck der Macht des Augenblicks auch thematisch in Erscheinung. In *Die Familie Schroffenstein* glaubt Sylvester, dass ihn der Augenblick → GOTT näherbringt: »Was mich freut, / Ist, daß der Geist doch mehr ist, als ich glaubte, / Denn flieht er gleich auf einen Augenblick, / An seinen Urquell geht er nur, zu Gott« (896–9). Aber es ist keinesfalls gewiss, dass das der Absicht des Verfassers entspricht. Denn er legt Ruperts Frau Eustache die Worte in den Mund: »Ah! Der Augenblick nach dem Verbrechen / Ist oft der schönste in dem Menschenleben« (1912–3). Die Frau denkt an die Buße, vielleicht geht ihr gerade das Beispiel Christi durch den Kopf. Das Stück jedoch gewinnt seine dramatische Spannung daraus, dass diese Aussage – bezogen auf die Figur Ruperts – sich auch so verstehen lässt, dass gerade der Augenblick der Übertretung göttlicher Gesetze und Gebote am schönsten ist. Zwar folgen die Opfer des Augenblickserlebnisses bei Kleist dem *Muster von* Christi Schicksal (Entleerung – Aufladung), doch an einem bestimmten Punkt weicht ihr Schicksal stets von dem seinen ab.

Eustaches grundsätzlich *moralisierende* Einstellung läuft vor allem auf die → VERSÖHNUNG mit der → WELT und den Gesetzen hinaus. Aber die »dramaturgische« Funktion des Augenblicks in Kleists Dramen und Erzählungen besteht gerade in der Zurückweisung der weltlichen → VERSÖHNUNG im Interesse eines höheren Friedens.

Dieser Frieden hat freilich wenig zu tun mit Kants »ewigem Frieden«. In Kleists Œuvre wird dieser Frieden vor allem durch den Filter der Konflikte und → PARADOXIEN spürbar. Indem er das Gebot des Augenblicks für dringlicher als jede Überlegung hält (*Prinz Friedrich von Homburg, Von der Überlegung*) und seine Unberechenbarkeit über den Verstand und die übersichtliche Logik stellt (*Über die allmähliche Verfertigung der Gedanken beim Reden*), isoliert sich Kleist verständlicherweise von seinen Zeitgenossen, die mit dem Ideal der → BILDUNG vor Augen vor allem auf Mitteilbarkeit, Verständlichkeit und organische Abrundung besonderen Wert legen. Goethes grundsätzlich negative Beurteilung erklärt sich nicht allein aus seiner persönlichen Abneigung: In der neuzeitlichen Kunst haben nur Shakespeare und Racine gewagt, so frei und vorurteilslos mit der Subversivität des Augenblicks umzugehen wie Kleist. Nicht um – wie ein Terrorist – alles zu zerstören und die Kultur zu verwüsten, sondern um – wie Kohlhaas – im Zerstören neu zu erschaffen. Der Gedanke des *ewigen Friedens* ist Kleist nicht fremd; aber er ist unfähig, ihn, friedlich und taktisch, nach praktischen, pragmatischen Gesichtspunkten auszurichten.

Statt aus einem vorher angehäuften Wissensschatz aus dem Unbekannten das zu schöpfen, was nicht nur praktisches Wissen ist: Dazu dient der Augenblick. Dieses »Wissen« kann Brücken schlagen zwischen der hinfälligen, gebrechlichen → WELT und dem Zustand vor dem → SündenFALL. Dieses Wissen ist keine Frucht der Erkenntnis. Der dem »Dornauszieher« ähnelnde Junge ist in dem *Augenblick* am schönsten, als er sich um nichts kümmert. Er wird zwar aus der → WELT herausgerissen, doch zugleich gerät er in eine enge Symbiose mit der ganzen Existenz. Diese Symbiose entsteht unter dem Eindruck des Augenblicks. In diesen Momenten durchbrechen Kleists Figuren die Zeit und können, wie auch wenn sie vor dem → FENSTER stehend nachdenken, die zeitgebundene → WELT endlich als ein befreiendes Schauspiel betrachten.

»Wo liegt die Verpflichtung der höchsten göttlichen Weisheit, die Wahrheit im Augenblick der glaubensvollen Anrufung selbst, anzuzeigen und auszusprechen?« *Der Zweikampf* (II. 254)

»eine zu große Reizbarkeit der Nerven« – beschreibt Goethe (dessen *Faust* ebenfalls mit dem Augenblick ringt) Kleist zusammenfassend und fügt bezüglich *Michael Kohlhaas* hinzu: »Es gebe ein Unschönes in der Natur, ein Beängstigendes, mit dem sich die Dichtkunst bei noch so kunstreicher Behandlung weder befassen, noch aussöhnen könne.« (LS 252, 384) »Augenblicksbetrachtungen gibt es ... wenige«, schreibt Franz Kafka über Goethes Tagebuch in seinem eigenen Tagebuch (29. September 1911).

BASSA MANELKA

1810–11 versucht Kleist, in den *Berliner Abendblättern* seine Leser über alles zu informieren – über Politik, Wirtschaft, sogar → KriminalFÄLLE. Sein Interesse gilt ganz Europa, von Helgoland bis Paris, von Italien bis Polen. Nur Ungarn wird irgendwie übersehen. Vielleicht dank Herders Weissagung. Dennoch bringt Kleist in den *Berliner Abendblättern* Ungarn zweimal zur Sprache – ungewollt. In seiner *Anekdote aus dem letzten preußischen Kriege* erzählt er die Geschichte eines preußischen Reiters, der nach der Schlacht bei Jena, statt zu fliehen, in einem von Franzosen eingeschlossenen Dorf mit todesverachtendem Mut – oder vielmehr Gleichmut – ein Glas Branntwein nach dem anderen hinunterkippt. Drei französische Reiter erscheinen bereits am Ende des Dorfes, doch der Preuße nimmt sich sogar noch Zeit, sich eine Pfeife anzuzünden. Daraufhin ruft er: »Bassa Manelka!«, stürmt auf die Franzosen los, wirft sie aus dem Sattel, ruft wieder: »Bassa Teremtetem!« (II. 265), und reitet triumphierend davon.

Der preußische Reiter flucht nicht auf Deutsch, sondern auf Ungarisch – und zwar auf allervulgärste Weise. Er verflucht den, der die Seele des anderen erschaffen hat – den → HerrGOTT. Er ist natürlich nicht der erste Deutsche, der etwas auf Ungarisch sagt – und auch nicht der letzte. Seitdem im 18. Jahrhundert auch ungarische Husaren im preußischen Heer mitwirkten, übernahmen die deutschen Soldaten von ihnen nicht nur Galon, Tschako und Säbel, sondern auch die Flüche. Vor Kleist schreiben auch andere diese Worte nieder, ohne zu ahnen, welcher Sprache sie entstammen. So zum Beispiel ein anderer Kleist, Ewald, dessen Gedichte – schon zu Heinrichs Lebzeiten – jener Mihály Vitéz Csokonai ins Ungarische überträgt, der wie kein Zweiter in der ungarischen Literatur bis heute das Vulgäre mit der gewähltesten anakreontischen Literatursprache zu verbinden wusste. In der 1785er-Gesamtausgabe von Ewald von Kleist rufen die Toten auf dem Schlachtfeld in einer Traumszene: »Tarem tetem! Bassa manelka!« In der ein paar Jahre später erschienenen (und dem ungarischen Sprachraum näherliegenden) Wiener Ausgabe wird dies viel eindeutiger abgedruckt: »Teremtette! Baszom a lelket!« (Kunszery, 217) Und auch später erscheint es häufig bei Clemens Brentano, Wilhelm Hauff, August Kopisch, Wilhelm Raabe und Theodor Fontane.

Eine andere Anekdote, die Kleist nach Wiener Quellen umarbeitet, spielt in friedlicheren Zeiten. Ihr Titel lautet *Wassermänner und Sirenen,* und sie stellt dem Leser die Wunder des ungarischen Königssees, des Fertö-tó, vor. Genauer gesagt, jenes nackte, vierbeinige Wesen, das aus dem See gefischt wird und von dem sich herausstellt, dass es ein Mensch ist. Das etwa siebzehn Jahre alte Geschöpf wird sofort nach Kapuvár in die Nähe von Sopron gebracht; »seine Bildung war kräftig und wohlgestaltet, bloß die Hände und Füße waren krumm, weil er kroch; zwischen den Zehen und Fingern befand sich ein zartes, entenartiges Häutchen, er konnte, wie jedes Wassertier, schwimmen, und der größte Teil des Körpers war mit Schuppen bedeckt.« (II. 287)

Bassa Manelka und Wassermänner. Fluchende Husaren und Märchenwesen. Was sie alle gemeinsam haben: Man kann sich mit ihnen nicht verständigen. Vergeblich wird der Husar zur Eile gemahnt, er hört auf niemanden; vergeblich wird der Wassermann eingekleidet, wird ihm das Sprechen (vermutlich auf Ungarisch) beigebracht, die → BILDUNG verfängt bei ihm nicht: Bei der ersten sich bietenden Gelegenheit, so berichtet Kleist, springt er ins Wasser und verschwindet für immer. Sie eignen sich zu keiner zivilisierten Unterhaltung. Der eine wütet, der andere lebt in der → WELT der Fantasie. Sie sind unansprechbar. Und wenn sie einmal sprechen, taugt auch das nicht viel. So sagen ihnen die an-

»Bassa Manelka: Die aus dem Türkenkriege stammenden Flüche setzen die Franzosen mit den ›Feinden der Christenheit‹ auf eine Stufe«, schreibt *Klaus Müller-Salget* in seinen Notizen zur DKV-Ausgabe (III. 924) – und wie Herder und Kleist vergisst auch er die *christlichen* Ungarn, die die Flüche, von denen man annahm, dass sie türkischen Ursprungs seien, die jedoch mit größerer Wahrscheinlichkeit aus dem alten Finnougrischen stammen (vgl. Bárczi, 240–1), vermittelt haben. Viel gebührender notiert *Helmut Sembdner*: »ungarische Flüche aus der Husarentradition« (II. 912).

Dem aus dem Fertö-tó gefischten Wasserwesen wird später Leni aus Kafkas *Prozeß* ähneln; zwischen ihrem rechten Mittel- und Ringfinger spannt sich ein »Verbindungshäutchen«. (Kafka: *Der Prozeß*, 96)

deren, die Nicht-Ungarn, auch keine große Zukunft voraus. Als Herder 1778 seine Sammlung von *Volksliedern* herausgibt, nimmt er sogar die Lieder der Eskimos in seine Auswahl auf. Die ungarischen hingegen lässt er aus – was ihm manche bis heute vorwerfen. Herder sagt das baldige Aussterben der Ungarn voraus – und wir reagieren, wie nicht anders zu erwarten ist: fluchend und uns selbst lobpreisend.

Seitdem neigt die ungarische Literatur dazu, mit dem Gespenst des nationalen Aussterbens zu kämpfen. Was auch ein Ausdruck nationaler Isolation und Verschlossenheit ist. Das lässt sich jedoch nicht nur auf Herder zurückführen. Im Gegenteil. Dass Herder die ungarische Dichtung nicht zur Kenntnis nimmt, lässt sich auch als eine Antwort auf diese Verschlossenheit verstehen: Das »Fehlen« der ungarischen Volkslieder ist ein Echo auf das trotzige Schweigen. Die historischen Gründe für diese Verschlossenheit sind gemeinhin bekannt; Ungarn wurde schon so oft, bald vom Osten, bald vom Westen, besetzt und zerwühlt, dass ihm schließlich, verständlicherweise, nichts anderes übrig blieb, als sich krampfhaft an die eigene nationale Identität zu klammern. Betrachtet aus der Perspektive der anderen europäischen Nationen, führt das zweifellos zu Entstellungen. Wir klammern uns am meisten an das (segnen das), was am wenigsten greifbar ist – unsere sogenannte nationale Identität; und am wenigsten können wir damit etwas anfangen, was am greifbarsten ist – unsere eigentümliche, Ost und West miteinander verbindende, aber mit keinem von beiden identische Lage. Daher kann Endre Ady in seinem Gedicht *Lied eines ungarischen Jakobiners* schreiben: »Blut quillt aus den Fingerspitzen, / Tasten wir mit unsrer Hand, / Ob wir da sind, ob du das bist, / Müdes, armes Ungarland.« (Übers.: Heinz Kahlau)

In solchen → AUGENBLICKEN findet man Trost im Fluchen: Der Rückzug in einen Fluch spendet Segen. Womit andere – der preußische Wirt, der Erzieher des Wasserwesens – verständlicherweise nichts anfangen können. Die Ungarn verlieren sich in märchenhafter Ferne, im Nebel der Anekdoten. Unsere Flüche zerrinnen im Ausland in nichts; von ihrer Schwere, ihrer Verwünschung, ihrer schrecklichen Wut bleibt nichts übrig. Treffend schreibt der ungarische Autor Béla Tóth, ein Zeitgenosse Adys am Anfang des Jahrhunderts, in seinem Feuilleton *Vom Lob des Fluchens:* »Oh, du großer Daniel Sanders, nicht einmal du weißt, was jenes durch die ungarischen Husaren Zietens in Deutschland eingebürgerte und durch Heinrich von Kleist zum Klassiker avancierte *manelka* ist; zum Glück, denn würde es das Fremdwörterbuch herausfinden, würden Germaniens Töchter, die mit dem Wort täglich hundertmal ihrem Herzen Erleichterung verschaffen, in Ohnmacht fallen.« (Kunszery, 218)

BEGIERDE

Nicht lange nachdem er von seiner rätselhaften Würzburg-Reise, die er für das wichtigste Unterfangen seines Lebens hält, deren Ziel er jedoch keinem verrät, nach Berlin zurückgekehrt ist, schreibt Kleist am 13. November 1800 einen langen Brief an seine Verlobte Wilhelmine. In dem flatterhaften und überschwänglichen Brief versichert er sie ständig seiner Liebe, seiner Treue und der Beständigkeit seiner Gefühle. Der Ton des Briefes verrät jedoch, wie sehr er darunter leidet, dass eine auch ihm → UNBEGREIFLICHE Begierde ihn von innen zerreißt. Er schwärmt von seiner Liebe, doch zugleich sehnt er sich nach etwas, was ihm niemand geben kann. Er sucht seinen *Platz* (mehrmals deutet er auch an, dass er verreisen möchte), findet ihn aber nirgends. Jedenfalls nicht auf dieser Erde. »[U]nd wenn ich auf dieser Erde nirgends meinen Platz finden sollte, so finde ich vielleicht auf einem andern Stern einen umso bessern« (II. 586), schreibt er. Doch vorerst gibt er sich mit Frankreich zufrieden – das, von Berlin aus gesehen, genauso weit weg zu sein → SCHEINT wie ein ferner Planet. Und warum sehnt er sich danach, dort zu sein? »Erstlich, weil es mir in dieser Entfernung leicht werden würde, ganz nach meiner Neigung zu leben, ohne die Ratschläge guter Freunde zu hören, die mich und was ich eigentlich begehre, ganz und gar nicht verstehen; zweitens, weil ich so ein paar Jahre lang ganz unbekannt leben könnte und ganz vergessen werden würde, welches ich recht eigentlich wünsche.« (II. 589–90)

Diese Stimme ist ehrlicher als alle Liebesbeteuerungen. In den Klischees, die er Wilhelmine gegenüber äußert, findet sich keine Spur von *Begierde*. Erst als er über die Möglichkeit nachdenkt, von ihr wegzufahren, bemächtigt sich diese seiner. Mit fast erotischer Begeisterung fantasiert er darüber, wie er sich entfernt, und über die Leere (den Raum zwischen den Sternen), die ihn von ihr, die er angeblich über alles liebt, trennt. Die wirkliche Begierde (Gibt es die? Kann man sie überhaupt Begierde nennen?) richtet sich auf nichts; sie will nichts erlangen. Im Gegenteil, sie reißt den Begehrenden aus allem heraus. Die Begierde als reine Negativität: Sie füllt Kleists Wesen aus. Seine Begierde richtet sich darauf, *auszubrechen, sich zu entfernen, vergessen zu werden.* Schon damals, Ende 1800, erkennt er klar, dass ihm die *literarischen* Vorbilder (und Idole) den Weg nicht weisen können. Rousseau, Schiller, Wieland oder Kant bieten ihm höchstens die Möglichkeit, ihr Vorbild nachzuahmen und neu zu leben. Doch Kleist möchte immer mehr sein *eigenes,* unnachahmliches Leben leben. Aus Würzburg heimgekehrt und mit seiner → KANT-KRISE ringend, baut er mit selbstzerstörerischer Folgerichtigkeit das Wenige ab, was ihm noch gegeben ist.

Ewiges Vergessenwerden ist auch der größte Wunsch des Marquis de Sade. In seinem Testament schreibt er unter anderem: »Wenn das Grab zugeschaufelt ist, sollen Eicheln darauf gesät werden, damit später, wenn der Boden des besagten Grabes neu bewachsen und das Gebüsch dicht wie zuvor ist, die Spuren meiner Gruft von der Erdoberfläche verschwinden, wie ich mir schmeichle, daß mein Andenken aus dem Gedächtnis der Menschen verschwinden wird.« (Bataille, 1987, 99)

Es ist jedoch verräterisch, dass er zur gleichen Zeit ernsthaft darüber nachzudenken beginnt, Schriftsteller zu werden. Mit dem Schreiben könnte er die um ihn entstandene Leere aufwiegen. Was er nicht ahnt: Auch das Schreiben wird für ihn zu einem Ausdruck der ihn umgebenden Leere werden. Die Negativität der Begierde verwandelt sich während des Schreibens in tödliche Positivität. Der ehrlichste Satz, den er an Wilhelmine, seine Liebe, schreibt, findet sich am Ende seines allerletzten Briefes (20. Mai 1802): »Liebes Mädchen, schreibe mir nicht mehr. Ich habe keinen anderen Wunsch als bald zu sterben.« (II. 726) Er möchte nicht, dass sie ihm schreibt – denn zu der Zeit schreibt er bereits selbst. Er arbeitet an *Die Familie Ghonorez* und hat auch mit *Robert Guiskard* und *Der zerbrochne Krug* angefangen. Seine Todessehnsucht befriedigt er vorerst auf diese Weise. Denn seine Begierde richtet sich auf den Tod, wenn auch auf dem Umweg des Lebens. Das Schreiben ist für Kleist ein genauso widersprüchlicher und zerstörerischer Vorgang wie für seine Figuren die Befriedigung ihrer Begierde. Auch Kohlhaas möchte auf

Schritt und Tritt das Leben in Besitz nehmen; aber so radikal und ausschließlich, dass seine Besitznahme zerstörerisch wird. Je näher Kohlhaas dem Objekt seiner Begierde (den beiden Pferden) kommt, umso stürmischer entfernt er sich auch davon. Ja, zuweilen ist die Begierde so gebieterisch, dass sie vor dem Objekt geboren wird, auf das sie sich richten kann und durch das sie somit nie restlos befriedigt wird.

In seiner maßlosen Begierde vergewaltigt Kohlhaas förmlich das Leben, wodurch er auch seinen eigenen Untergang vorbereitet. Als er mit Luther verhandelt, möchte er am Ende des Gesprächs beichten und bittet ihn um die Spende des Sakraments. Luther → SCHEINT bereit dazu, doch er ermahnt Kohlhaas: »Der Herr aber, dessen Leib du begehrst, vergab seinem Feind.« (II. 48) Kohlhaas *begehrt* den Leib des Herren, möchte ihn in Form von Brot und Wein *verzehren* – doch dazu muss er erst verzeihen. Und so verzichtet er darauf, um am Ende stattdessen etwas anderes aufzuessen: den Zettel, der für den sächsischen Kurfürsten von existenzieller Bedeutung ist und auch ihm selbst das Leben retten könnte.

Luther und Kohlhaas können keine Übereinkunft erzielen. Jenem bedeutet die Begierde die → VERSÖHNUNG mit der → WELT, Kohlhaas' Begierde hingegen weist über die → WELT hinaus. Zwischen diesen beiden Formen der Begierde gibt es keine Berührungspunkte, so wie es auch in Kleists anderen Werken nur äußerst selten zu einer Übereinstimmung zwischen den unterschiedlich ausgerichteten Begierden kommt. In *Penthesilea* begreift Achilles die Begierde als eine *weltliche,* also erfüllbare (sexuelle) Begierde: »Was *mir* die

»Es ist der Aufbegehrende, der auf etwas, das er bisher doch so wenig hatte, daß es ihm nicht einmal fehlen konnte, plötzlich einen Anspruch erhebt wie auf ihm rechtmäßig Gehöriges, das ihm nur einstweilen unbegründet vorenthalten wird«, schreibt Heiner Weidmann (Weidmann, 18).

Karl Heinz Bohrer deutet das Verschlucken des Zettels als Ausdruck von Kohlhaas' Todessehnsucht. (Bohrer, 1981, 177)

Göttliche begehrt, das weiß ich« (595), spricht er und gebraucht das Attribut »göttlich« in einem durchaus alltäglichen Sinn: In seiner Partnerin sieht er eine göttliche (sprich: prächtige) Frau. Für Penthesilea dagegen ist die Liebessehnsucht wirklich göttlich und somit maßlos. Und auch asexuell. Und wird sie doch sexuell, dann zerstört sie den, auf den sie sich richtet. Auch der Graf in *Das Käthchen von Heilbronn* wird von einer doppelten Begierde aufgerieben. Zwar liebt er Käthchen, doch kann er mit der Begierde, die er für sie empfindet, bis zum Schluss des Stückes nichts anfangen: »Zum Weibe, wenn ich sie gleich liebe, begehr ich sie nicht« (707–8). Kunigunde hingegen nähert er sich wie ein Mann: »So wahr, als ich ein Mann bin, die begehr ich / zur Frau!« (1372–3) Diese zwei Arten von Begierde lassen sich nicht miteinander vereinbaren. Zum Teil, weil das als »göttlich« empfundene Liebesgefühl und die sexuelle Begierde bei Kleists Helden nur selten miteinander in Einklang gebracht werden. Sogar in *Amphitryon,* in dem dies vorübergehend der → FALL ist, rächt sich die Harmonie, und der Abgrund, der die Helden voneinander trennt, wird endgültig unüberbrückbar. Am typischsten ist vielleicht Gustavs Gefühl in *Die Verlobung in St. Domingo:* als er Toni zu seiner Geliebten gemacht hat, vermischt sich seine Begierde mit Angst (II. 175). Obwohl er schon beim ersten → BLICK bereit wäre, ihr sein Leben zu opfern, erfüllt ihn die körperliche Begierde mit Gewissensbissen. Nicht weil er sich um sie Sorgen macht, sondern wegen sich selbst. Die körperliche Begierde stößt ihn gleichsam in die → WELT zurück.

Die Unvereinbarkeit der Begierden ist jedoch nicht ausschließlich Ausdruck einer sexuellen Störung. Dort, wo Vergewaltigung (*Die Marquise von O....*, *Der Findling*) und Einverleibung (*Penthesilea*) einen sexuellen Unterton haben, erhebt sich zuletzt die Frage, ob es ein zuverlässiges Fundament, eine letzte Wahrheit gibt, die – nach dem Verzehr, der Vergewaltigung des Lebens – noch erreicht werden kann. Die Angst, die Gustav empfindet, ist nicht bloß ein Ausdruck seiner Gewissensbisse. Sie ergibt sich vielmehr daraus, dass er, nachdem er alles bekommen hat, erkennt, was ihm noch alles bevorsteht. Und vielleicht beginnt er gerade im → AUGENBLICK der Vereinigung zu erahnen, dass die Begierde, die er von Anfang an für sie empfindet, zu gewaltig ist, als dass sie sich auf die körperliche Besitznahme reduzieren ließe, und dass die wahre Befriedigung für sie beide verhängnisvoll werden wird. Indem sie sich der Begierde hingeben, bekommen sie zwar einander, bejahen aber auch den Tod, der sie vergewaltigen wird.

BESTIMMUNG

Wie an einen bedrückenden Traum wird Kleist an dieses Wort zurückgedacht haben. Auch seine sogenannte → KANT-KRISE hätte er leichter überwinden können, hätte er sich nicht zuvor, etwa bis zum Ende seiner rätselhaften Würzburg-Reise (Herbst 1800), so krampfhaft an den Entwurf eines Lebensplanes und unmittelbar danach an die Klärung der menschlichen Bestimmung geklammert.

Der *Glaube* an die Bestimmung, den er mit vernünftigen Gründen zu untermauern sucht, hält Kleist nur verhältnismäßig kurze Zeit in seinem Bann – und zwar bevor er die Möglichkeit einer schriftstellerischen Laufbahn erwägt. Von seinem literarischen Schaffen her betrachtet, ist es weniger wichtig, *worauf* sich dieser Glaube richtet, als *wohin* sein Zerrinnen führt. Solange er der Meinung ist, dass die Idee des »allgemein Menschlichen« und die unverwechselbare, einmalige menschliche Persönlichkeit miteinander vereinbar sind, glaubt Kleist, dass der Mensch *allgemein* eine Bestimmung hat. Der Gedanke der Bestimmung beschäftigt ihn so lange, bis er überzeugt ist, dass der Mensch Herr seines *eigenen* Schicksals ist und selbst entscheidet, was er aus sich macht. Diesen zentralen Gedanken der Aufklärung kann er jedoch nie wirklich verinnerlichen. Rückwirkend betrachtet, lässt sich nur schwer vorstellen, wie er davon ausgehen konnte, dass er als → UNAUSSPRECHLICHER, → UNBEGREIFLICHER Mensch sich ideologischen Ideen würde unterwerfen können. Doch bevor er von der Literatur »gerettet« wird, wünscht er sich gerade das mehr als alles andere. Aber seine begeisterten Worte über die Bestimmung sind verräterisch. Der sentimental-schwärmerische Ton dient gerade dazu, die Kraftlosigkeit des verkündeten Glaubens zu kaschieren.

Kleist will deswegen klar erkennen, was seine Bestimmung ist, um dadurch gegen all die Ungewissheit und Angst gefeit zu sein, die ihn ständig quälen und die er in sich nicht besiegen kann. Es erübrigt sich, die Gedanken Kleists, der kein Philosoph, ja um 1800 herum nicht einmal ein besonders bedeutender Denker ist, über die Bestimmung mit den Auffassungen seiner Zeitgenossen (vor allem jener, die auch er liest, wie Wieland, Wünsch, Fichte oder Jacobi) zu vergleichen.

Zu Wielands, Jacobis und Fichtes Einfluss vgl. Friedrich Braig: *Heinrich von Kleist,* 1925.

Während Letztere die Bestimmung mit einem positiven Zukunftsbild legieren und gleichsam *nach vorne* blicken, ist der Begriff der Bestimmung für Kleist ein Mittel der *Flucht* und des *Rückzugs aus den Gegebenheiten.* Wieland oder Wünsch suchen die Bestimmung des Menschen innerhalb der → WELT und entwerfen zu dem Zweck ein kohärentes philosophisches System, das die Vervollkommnung *dieser* → WELT verspricht. Obwohl auch Kleist nichts mehr herbeisehnt als die Vollkommenheit, sucht er diese im Gegensatz zur → WELT. Statt nach der Eroberung des Lebens zu trachten, sucht er, es von sich auf Distanz zu halten. Um durch nichts beeinflusst zu werden – und, von allem losgelöst, endlich Frieden mit sich zu finden. Der große Gedanke der Aufklärung, das Gebot der *Autonomie,* schlägt bei Kleist auffällig in sein Gegenteil um (ohne dass er sich je mit dem Gedanken der Autonomie des handelnden Subjekts befasste). Er nimmt die Eigengesetzlichkeit wirklich ernst: Während er (äußerst oberflächlich) die Gedanken anderer wiederholt, gelangt er statt zur Einsicht in die Machtfülle des Menschen zur Erfahrung seines totalen Ausgeliefertseins.

Von dem Gedanken der Bestimmung erhofft er sich → VERTRAUEN zum Leben. Doch je krampfhafter er sich danach sehnt, umso mehr wird es zu einer Fata Morgana. Das geht so weit, dass hinter seinen Worten, die sich auf das → VERTRAUEN richten, Angst spürbar wird – die unausgesprochene Todesangst. Der erste Satz seines im Herbst 1800 entstandenen Aufsatzes *Über die Auf-*

klärung des Weibes entlarvt sich selbst: »Alle echte Aufklärung des Weibes besteht am Ende wohl nur darin, meine liebe Freundin: *über die Bestimmung seines irdischen Lebens vernünftig nachdenken zu können.*« (II. 315) Kleist glaubt (oder möchte glauben), dass er die Bestimmung des irdischen Lebens auch in sich begründen könne, ohne sich dadurch in besondere Widersprüche zu verwickeln. »Über die Bestimmung unseres *ewigen* Daseins nachzudenken [...], das, liebe Freundin, ist selbst für Männer unfruchtbar und oft verderblich.« (II. 315–6) Das Attribut »verderblich« ist genauso verräterisch wie das Attribut »irdisch«: Gesundheit und Fruchtbarkeit kann sich der Mensch nur hier, auf Erden, erhoffen. Die Bestimmung (die er in dem kurzen Aufsatz elf Mal erwähnt) hilft gegen *Verderbnis* und → *Ver*FALL im Diesseits – die Betonung liegt auf Diesseits. Möglich, dass die Religion etwas ganz anderes lehrt, riskiert er die Bemerkung; aber man muss sich nicht stur an die Vorschriften der Religion halten. Dann folgt eine Abschweifung: »Denn mit demselben Gefühle, mit welchem Du bei dem Abendmahle das Brot nimmst aus der Hand des Priesters, mit demselben Gefühle, sage ich, erwürgt der Mexikaner seinen Bruder vor dem Altar seines Götzen.« (II. 316–7) Das ist ein echter Versprecher. Denn dieser *Penthesilea* vorwegnehmende Vergleich lässt auf ein *ehrlicheres* Anliegen schließen, als es der Gedanke der Bestimmung ist. Und dann folgt ein neuer, noch verräterischerer Gedanke: »Ich schränke mich [...] mit meiner Tätigkeit ganz für dieses Erdenleben ein. Ich will mich nicht um meine Bestimmung nach dem Tod kümmern, aus Furcht darüber meine Bestimmung für dieses Leben zu vernachlässigen.« (II. 317–8)

Wovor fürchtet sich Kleist? Vor der Vernachlässigung der diesseitigen Bestimmung. Und wann wäre das der Fall? Wenn er über das Leben nach dem Tod nachdenken würde. Und was ist wohl das Bedrohlichste für die Ordnung der → WELT? Die innere Zerrissenheit und Zwietracht des Menschen. Und woher rührt die Zerrissenheit des Menschen? Kleists ein paar Jahre älteres Ich würde antworten: vom Tod, dem ewigen → REFRAIN des Lebens.

Der Todesgedanke geistert in dem Aufsatz – jedoch verpackt in eine fast wahnwitzige Vernünftigkeit. Mit dem Todesgedanken verpackt Kleist auch die Leidenschaften, möchte auch diese mit dem Stempel des Verstandes versehen. In dem Aufsatz, der seiner *Liebe* gewidmet ist, umgeht Kleist jede Leidenschaft genauso geschickt und dezent wie eine schleichende Katze die Gegenstände auf einem überfüllten Schreibtisch.

Doch zuweilen verfängt er sich in ihnen, ohne es zu merken. Am 18. September 1800, ein paar Tage nach seinem Aufsatz über das *Glück*, schreibt er Wilhelmine über seinen Freund Ludwig → BROCKES – an dem er *leidenschaftlicher* hängt als je an Wilhelmine. Und er erzählt ihr, wie seine Gedanken über die Bestimmung entstanden sind: »weil mich *Brokes* umgibt [nicht *neben* ihm ist, sondern ihn *umgibt!*], der unaufhörlich mit der Natur im Streit ist, weil er, wie er sagt, seinc ewige Bestimmung nicht herausfinden kann, und daher nichts für seine irdische tut. Doch darüber in der Folge mehr.« (II. 566) In der Tat schreibt er noch viel über → BROCKES. Vor allem im Januar des darauffolgenden Jahres, als → BROCKES von Berlin abreist und Kleist in selbstmörderischer Stimmung allein zurückbleibt – um alsbald von seiner → KANT-KRISE ereilt zu werden. Doch vorerst ist → BROCKES noch anwesend – und gerade diese leidenschaftliche Freundschaft wird Kleist lehren, dass das Leben auch aus *Wonne* besteht. → BROCKES *sucht nicht* seine Bestimmung, weil er mit Wonne in den → AUGENBLICK eintaucht. Kleists sture Suche nach der Bestimmung ist ein Akt des Widerstandes gegen → BROCKES. Und der wahre Auslöser dieses Widerstandes ist die Angst, dass er von seinen → MÄDCHENHAFTEN Gefühlen fortgerissen und in den Abgrund der Leidenschaften getrieben werden könnte. Die Idee der Berufung ist ein *gewaltsam* aufrechterhaltenes Hindernis, das sich als geeignet erweist, Kleist gegen sich selbst zu wenden. Kleist, der leidenschaftlichste Dichter der Weltlitera-

Angeblich hasste Kleist Katzen. »Die Katze war mir übers Fläschchen / Mit Ananas gekommen«, sagt Sylvester in *Die Familie Schroffenstein* (1164–5), worauf Tieck hinzufügt: »Einen Katzenkenner, wie mich, der vertraut mit den Tierchen war, geht es hart an, daß eine Katze eingemachte Ananas naschen soll.« (LS 275 b)

tur, stößt auf der *Flucht* vor den Leidenschaften auf die Leidenschaften. Dabei lernt er, wie man die Leidenschaften dauernd bremsen, geradezu besessen überwachen und sie doch, wie durch ein Wunder, ausufern lassen kann. Während er über die Bestimmung grübelt und sich auf das »Leben« vorbereitet, macht er sich trotz bester Vorsätze die Sprache der tödlichen Leidenschaften zu eigen.

Solange Kleist glaubt, den Menschen könne nichts daran hindern, sich zu vervollkommnen, verfällt er nicht auf den Gedanken, Schriftsteller zu werden. Die *Idee* der Vervollkommnung und die *Praxis* der Kunst erscheinen ihm nicht miteinander vereinbar. So vollkommen seine Kunstwerke auch sind, sie entstehen aus der radikalen Erfahrung der Unvollkommenheit der → WELT. Und das, obwohl die Vorbilder seiner Jugend (Lessing, Wieland, Schiller, Wünsch, Goethe) die Idee der idealen Vollkommenheit, der vielseitigen Bildung und Ausbildung zum Teil gerade *als Schriftsteller* entwickelt haben. Kleist ist ein gehorsamer Schüler; er will unbedingt an die Verwirklichung dieser Idee glauben. Er will es allzu sehr. Nur kann er darüber eben nicht *schreiben* – es entstehen allenfalls Aufsätze und Briefe voller Klischees. Für Wieland oder Wünsch bedeutet die Vollkommenheit eine Erhöhung, vom Einzelnen zum Allgemeinen, vom Partikulären zum Absoluten. Sie sind Vollblutklassiker.

Doch obwohl auch er vor allem nach Vollkommenheit strebt, hält Kleist – nach seiner → KANT-KRISE – diesen nach »oben« führenden Weg für eine Vergewaltigung des Lebens. Er begnügt sich jedoch auch nicht damit, sich restlos dem Einzelnen, dem Partikulären hinzugeben. Er grenzt sich auch von den Romantikern ab. Er ist nicht gewillt, der → WELT Gewalt anzutun – aber er kann auch nicht ertragen, dass die → WELT ihm Gewalt antut. Eine → DRITTE

»Die Natur schien sich vorgesetzt zu haben, in ihm zu beweisen, daß die Weisheit nicht weniger ein Geschenk von ihr sey als der Genie; und daß […] der Natur allein zukomme, diese glückliche Temperatur der *Elemente der Menschheit* hervorzubringen, welche, unter einem Zusammenfluß eben so glücklicher Umstände, endlich zu dieser *vollkommenen Harmonie aller Kräfte und Bewegungen des Menschen,* worin Weisheit und Tugend zusammen fließen, erhöht werden kann«, schreibt Wieland über Archytas in *Agathon* (1766–7), einem Werk, das auf den jungen Kleist nachweislich großen Einfluss ausgeübt hat. Die Fortsetzung der Charakterisierung beinhaltet jedoch ein unausgesprochenes *Verbot,* das Kleists Aufmerksamkeit kaum entgangen sein wird: »*Archytas* hatte niemals weder eine glühende Einbildungskraft noch heftige Leiden-

Möglichkeit besteht jedoch nicht. Für Kleist bedeutet das *Schreiben* das Ringen mit dem Unmöglichen, um jene *Vollkommenheit* zu finden, die *der* → WELT *entspricht* und doch nichts mit ihr zu tun hat. Seine Dichtung ist eine einzige gewaltige, → HEFTIGE, leicht erregbare, mit Fantasie geladene, leidenschaftliche »Bildung«, die, während sie selbst nach oben wächst, laufend alle anderen Bildungen (die Bildung, die Ausbildung), die das Allgemeine auf Kosten des Einzelnen durchsetzen wollen, niederreißt. Kleists großes Problem ist die Frage: Gibt es eine Vollkommenheit, lässt sich eine Form von Bildung entwickeln, die den Rechten des Einzelnen und des Allgemeinen *gleichermaßen* Geltung verschafft, ohne dass das eine unter der Ausschließlichkeit des anderen litte? Lässt sich die Klassik mit der Romantik vereinbaren?

Wie ein gewaltiges → GEWÖLBE stellt sich Kleist lange die Bildung und Ausbildung vor. Und erst als dieses → GEWÖLBE einstürzt, fängt er an, *als Schriftsteller* zu schreiben. Bis dahin denkt er: unter dem Schutz dieses → GEWÖLBES kann dem Glück nichts im Wege stehen.

Treffend bemerkt E. M. Cioran, dass Kleists Tod sein ganzes Œuvre auch rückwirkend überschattet: Wenn wir ihn lesen, können wir von den Umständen seines Todes nicht absehen. Dieser Schatten fällt auch auf den 1799 entstandenen Aufsatz über das *Glück*. Sein Glaube an die *Bildung* und das Glück erscheint wie der Gegenpol seines gewaltsamen Todes zwölf Jahre später. Als hätte er sich das Leben auch deshalb genommen, um seiner jahrelangen, beharrlichen Verkrampfung und Selbsttäuschung ein Ende zu setzen. Als sammelte er schon

schaften gehabt [...] [D]ie Eindrücke der Gegenstände auf seine Seele [...] waren nicht so lebhaft und von keiner so starken Erschütterung begleitet, wie bey denen, welche, durch zartere Organe und reizbarere Sinne zu den enthusiastischen Künsten der Musen bestimmt, den zweydeutigen Vorzug einer zaubernden Einbildungskraft und eines unendlich empfindlichen Herzens theuer genug bezahlen müssen.« (Wieland, 176–7)

»Ich getraue mich, schon jetzt zu behaupten, daß wenn wir, bei der möglichst vollkommenen Ausbildung aller unser geistigen Kräfte [...], wenn wir bei der Bildung unsers Urteils, bei der Erhöhung unseres Scharfsinns durch Erfahrungen und Studien aller Art, mit der Zeit die Grundsätze des Edelmuts, der Gerechtigkeit, der Menschenliebe, der Standhaftigkeit, der Bescheidenheit, der Duldung, der Mäßigkeit, der Genügsamkeit usw. unerschütterlich und unauslöschlich in unsern Herzen ver-

damals Argumente dafür, warum man nicht tun dürfe, was er einst tun würde. Die Bildung ist freilich nur eine von vielen möglichen Argumenten und Ideen. Glück, Bildung, Lebensplan, → BESTIMMUNG, Liebe – Kleist bekommt viele Anstöße von seinen Vorgängern und Zeitgenossen.

flochten, unter diesen Umständen behaupte ich, daß wir nie unglücklich sein werden«, schreibt er 1799 (II. 304).

Dann verwirft er eine Idee nach der anderen; und als ihm nichts mehr bleibt und er seelisch immer entblößter wird, fängt er zu schreiben an. Doch dazu muss er mit der ganzen damaligen Kulturtradition brechen, muss sich von jenem Bildungsideal abwenden, mit dessen Hilfe sich das deutsche Bürgertum schützen und aufrechterhalten wollte.

Den Einfluss von Rousseau, Wieland, Kant, Friedrich Schlegel und Schiller haben Ulrich Gall, Hans Joachim Kreutzer und Ludwig Muth ausschöpfend dargestellt.

Der Zusammenbruch des Bildungsideals bei Kleist verdeutlicht auch die innere Problematik und Schwäche dieses kulturellen Erbes bzw. Schutzschildes. Solange Kleist daran glaubt, klammert er sich so krampfhaft an seinen Glauben, dass zuweilen der Eindruck entsteht, als wolle er den Bildungsbürger parodieren. Dieser Eindruck entstünde jedoch nicht, hätte nicht das *Bildungsideal* selbst etwas zutiefst Parodistisches an sich. Kleist kann über die Bildung nur unter Verwendung von Klischees sprechen – weil das Thema voller Klischees ist. Vor allem wenn wir es aus der Perspektive der späteren Dramen und Erzählungen Kleists betrachten, die nicht nur die Bildung, sondern auch alle anderen Schutz- und Abwehrmechanismen entlarven, mit deren Hilfe die Figuren ihrem Schicksal und Verhängnis entrinnen wollen.

Wie können wir vielseitig gebildet vollkommen werden? Indem wir angesichts eines Problems erst den Verstand, dann die Urteilskraft und schließlich die Vernunft befragen, erklärt er Wilhelmine in einem Brief vom 30. Mai 1800. »Auf diesem Wege wäre ich also durch eine Reihe von Gedanken, deren jeden ich, ehe ich mich an die Ausführung des Ganzen wage, auf einem Nebenblatte aufzuschreiben pflege, auf das verlangte Resultat gekommen und es bleibt mir nun nichts übrig, als die zerstreuten Gedanken in ihrer Verknüpfung von Grund und Folge zu ordnen und dem Aufsatze die Gestalt eines abgerundeten, vollständigen Ganzen zu geben.« (II. 507) Beachten wir den Ausdruck »zerstreute Gedanken«! Die Bildung, die das unauflösbare Netz der Ratio über alle Erscheinungen wirft, erlaubt keine → ZERSTREUUNG und → ZERSTREUTHEIT – wovor sich Kleist vermutlich mehr fürchtet als vor allem anderen.

»Unter mehrern Sonderlichkeiten, die an ihm auffallen mußten, war eine seltsame Art der Zerstreuung, wenn man mit ihm sprach«, beschreibt *Christoph Martin Wieland* Kleist (10. April 1804 – LS 89).

Noch ist die → ZERSTREUTHEIT, die sich später in entscheidenden → AUGENBLICKEN all seiner Helden bemächtigt, der Idee des *Ganzen* untergeordnet. Dass sich Kleist jedoch, indem er sich an die *glänzende und leuchtende Vernunft* klammert, von seiner eigenen *dunklen Seite* befreien will, macht einer seiner früheren Briefe deutlich: »Bei dem ewigen Beweisen und Folgern verlernt das Herz fast zu fühlen«, schreibt er Ulrike (II. 494), was deshalb schlimm sei, weil es notwendig sei, »sich einmal ganz seinen Ergießungen zu überlassen«. Kleist weiß aus eigener Erfahrung, dass der Idee des *Ganzen* die ziellose → ZERSTREUUNG und die (überaus erotisch geladene) → ERGIESSUNG gegenüberstehen. Bezeichnenderweise beginnt er in dem Brief an Ulrike → PLÖTZLICH auch über seine eigenen Ängste in einem persönlichen Ton zu sprechen: »Es ergreift mich zuweilen plötzlich eine Ängstlichkeit, eine Beklommenheit, die ich [...] aus allen Kräften zu unterdrücken mich bestrebe« (II. 496). Und womit tröstet er sich in solchen Fällen? Damit, »daß es nicht die *Bildung für die Gesellschaft* ist, die mein Zweck ist.« (II. 497) Bildung, Ausbildung – doch für wen? Nicht für das *Ganze* (die Gesellschaft), sondern für *sich selbst.*

Solche Versprecher bleiben zunächst selten – Kleist ringt noch lange mit seiner eigenen dunklen Seite. Erst muss Amphitryon »kommen«, bevor er entdeckt, dass die Aufklärung und die Dunkelheit, der Tod, eng zusammengehören. »O! hier im Busen brennts, mich aufzuklären / Und ach! ich fürcht es, wie den Tod« (1835–6), spricht Amphitryon, als er erkennt, dass er sich, je mehr er sich in der Welt *zu Hause* fühlen und mit seiner Frau und seinem Volk *in Eintracht* leben möchte, umso mehr mit sich selbst entzweit und immer zerrissener, → *ZERSTREUTER* wird. Der junge, noch *nicht als Schriftsteller* tätige Kleist will nicht wahrhaben, dass gerade ihm das nicht gegeben ist, wonach seine Vorläufer und Vorbilder streben: das harmonische Verhältnis des Einzelnen zur Gesellschaft. Zwar betont er die Bildung, doch schwimmt er unbemerkt *gegen* die Hauptströmung des klassischen deutschen Idealismus. Kleists Unpersönlichkeit ist nicht nur voller Klischees, sondern *persönlich im negativen Sinn:* Er gebraucht die Unpersönlichkeit so radikal, dass man daraus, wie aus einer negativen Form, auf seine wirklichen, *persönlichen* Gefühle schließen kann. Über die *Bildung* schreibend, hebt er nicht wirklich die Bildung, sondern jene Dämmerung, Dunkelheit, Trübheit, Unvernunft, → UNAUSSPRECHLICHKEIT und → ZERSTREUTHEIT hervor, die die Bildung *verdrängen soll.* So wohlklingend Kleists Aussagen über die Bildung auch sind, sie tönen hohl, da er ratlos ist, wie er mit seiner eigenen defensiven bzw. grundsätzlich negativen Haltung umgehen soll. Und so tadelt bzw. unterminiert er auch ungewollt das so bewunderte klassisch-idealistische Bildungsideal. »Wir wollen alle unsere Fähigkeiten ausbilden, eben nur um diese Bestimmung [d. h. die → BESTIMMUNG des Menschen] zu erfüllen«, schreibt er Wilhelmine am 18. September 1800. Die allseitige Ausbildung der Persönlichkeit: Dieses Ideal schwebt ihm vor. Kleist macht sie auf das Werk seines Lehrers Christian Ernst Wünsch mit dem Titel *Kosmologische Untersuchungen* aufmerksam, dem er den Gedanken der unaufhaltsamen Vervollkommnung entnommen hat und dessen zweite Ausgabe (1791–96) er selbst häufig zitiert – wobei er als Synonym für das Attribut »kosmologisch« bezeichnenderweise »weltbürgerlich« gebraucht (18. November 1800, II. 596). Doch schon eine Woche später schreibt er Ulrike in einem ganz anderen

Ton: »[N]ie ist mir die Zukunft dunkler gewesen als jetzt, obgleich ich nie heitrer hineingesehen habe als jetzt.« (II. 601)

Als sich Kleist den gleichzeitigen, → PARADOXEN → AUGENBLICKEN von Düsterkeit und → HEITERKEIT nähert, beginnt das → *GEWÖLBE des Bildungsideals* Risse zu bekommen. Am 16. November 1800 erwähnt er zum ersten Mal das berühmte → GEWÖLBEgleichnis. Warum stürzt das → GEWÖLBE nicht ein, wenn es durch nichts gehalten wird? Weil alle Steine auf einmal herabstürzen wollen, lautet die Antwort. Nicht aus einem Buch habe er das gelernt, schreibt er Wilhelmine, sondern – von der *Natur.* Kleist beruft sich auf die Natur und versucht unausgesprochen jenen Vorgängern und Zeitgenossen zu folgen, die die *Einheit* der Natur- und Geisteswissenschaften verkündet und einen Bildungsbegriff geschaffen haben, der Natur und Gesellschaft, Körper und Seele, den Einzelnen und den Staat miteinander in Einklang bringt (Herder, W. v. Humboldt, Schelling, Hegel, Schleiermacher, J. W. Ritter – vgl. Engelhardt, 1990, 109). Aber obwohl er den Eindruck eines *folgsamen Schülers* erwecken will, verrät sich Kleist. Zwar beruft er sich auf die Natur, doch gesteht er zugleich, dass ihm diese Erkenntnis am wichtigsten Tag seines Lebens, in der *tiefsten Verzweiflung,* gekommen sei – und er gerade aus diesem → PARADOX Trost geschöpft habe. Nicht aus einer alle Gegensätze → VERSÖHNENDEN Natur schöpft er Trost, sondern aus einem → PARADOX. Das wirkliche Wissen verdankt er nicht der → NATUR, sondern einer nicht weiter zu steigernden Dunkelheit. Um dem Gedankengang seines oben zitierten Briefes zu folgen: Wirkliche innere Sammlung findet man nicht in der Logik (der Dialektik, der Identitätsphilosophie, dem mystischen Erlebnis der Alleinheit), sondern wenn man das übermächtige Erlebnis des → ZerFALLS und der → ZERSTREUUNG in sich nicht verdrängt.

Doch noch findet Kleist nicht zur eigenen Größe. Das Gleichnis, das in *Penthesilea* wieder eine entscheidende Rolle spielt, wird noch immer verstellt von Ansätzen, die sich auf das Bildungsideal beziehen.

»Steh, stehe fest, wie das Gewölbe steht,
Weil seiner Blöcke jeder stürzen will!
Beut deine Scheitel, einem Schlussstein gleich,
Der Götter Blitzen dar, und rufe, trefft!«

Penthesilea (1349–52)

Es sind lauter bedrückende und klägliche Ideen. Was fängt Kleist mit dem → GEWÖLBEgleichnis an? Er beginnt, die Natur auszufragen. Etwa so: Was bedeutet es, dass der Mensch im Gegensatz zum Tier nicht zur Erde schaut, sondern zum Himmel hinaufsehen kann? Was ist die Ursache dafür, dass wir mehr Ohren als Münder haben? »Wenn Dir beim Stricken des Strumpfes eine Masche von der Nadel fällt, und Du, ehe Du weiter strickst, behutsam die Masche wieder aufnimmst, damit nicht der eine aufgelöste Knoten alle die andern auflöse und so das ganze künstliche Gewebe zerstört werde – welche nützliche Lehre gibt Dir das für Deine *Bildung*, oder wohin deutet das?« (II. 595 – meine Hervorhebung, L. F. F.) Es ist ein trauriger → ANBLICK, wie sich Kleist dazu *zwingt*, eine existenzielle Erkenntnis auf kindliche Ideen zu verschwenden. Aber er tut es nicht, weil er selbst kindlich ist (obwohl überlieferte Bilder zeigen, dass er – wie Mozart – bis zu seinem Tod ein Kindmann blieb), sondern weil ihn die ganze Tradition, die gewaltige Last des deutschen Idealismus dazu zwingt, sich dem abstrakten Ideal der Bildung zu unterwerfen.

Dieses Ideal lehrt Kleist nicht, wie man auf seine eigene Erfahrung hört. Es verhilft ihm nicht zu einer *Sprache*, mit deren Hilfe er die dunklen und hellen Momente *gleichzeitig* zum Ausdruck bringen könnte. Es verbannt den, der sich der bindenden Tradition dieser Bildung entziehen will, in einen luftleeren Raum.

»Folge […] nie dem dunklen Triebe, der immer nur zu dem Gemeinen führt«, schreibt Kleist (II. 612) und beruft sich dabei auf Posa und Max Piccolomini. Vor den

»Das Lächeln der Lippe […] hat ganz etwas geschlechtlos Kindhaftes […] Kleist war und blieb als Mensch eine nicht fertig gewordene Römerseele mit dem Gemisch knabenhafter Gelüste.« (*Gustav Kühne*, 1848 – LS 555 a) »Wenn sich überhaupt irgendeine Ähnlichkeit finden läßt, so erinnert er an die mysteriösen Bubenköpfe gewisser kurzlebiger Cäsaren, die die größten Schandtaten verübten, noch bevor sie recht erwachsen waren.« (*Arthur Eloesser*, 1911 – LS 558 a) Das Festhalten an der Bildung: etwa die Sehnsucht, ein Erwachsener zu sein und die Geheimnisse *reifer Menschen* enträtseln zu können?

dunklen Instinkten geschützt zu sein: das erhofft er sich von der Bildung. Der dunkle Instinkt: die negative Seite der ganzen christlichen und bürgerlichen Kultur, die sich in einer solch *omnipräsenten* Kultur stets nur als *zersetzendes Nichts* manifestieren kann. Lange schrickt Kleist vor jenem *Nichts* zurück, das er *am Grund* und *im Hintergrund* des Wissens, der Lebensentwürfe, der Bildung und der → BESTIMMUNG wittert. Als er dieses Nichts nicht mehr aufhalten kann, stürzt er in eine tiefe Krise (→ KANT-KRISE) und fängt anschließend zu *schreiben* an. Die Idee der Bildung und Ausbildung verschwindet endgültig aus seinem Vokabular (Kreutzer, 73). Die Art und Weise, wie Kohlhaas Sachsen in Brand steckt, Piachi Nicolo ermordet, Pedrillo den Säugling erschlägt, Penthesilea Achilles verzehrt oder der Prinz von Homburg beim → ANBLICK des offenen Grabes zurückschrickt – all das verdeutlicht den unausweichlichen Zusammenbruch des Bildungsideals, an dem sich auch Kleists späteres Schicksal, Hölderlins und Nietzsches Wahnsinn oder die kommende Erschütterung der deutschen Kultur ablesen lassen.

Hölderlin und Kleist »hielten das Clima der sogenannten deutschen Bildung nicht aus«. (Friedrich Nietzsche, 1–352)

Schon das Verschwinden des Begriffs *Bildung* aus dem Wortschatz des *Schriftstellers* Kleist verdeutlicht, dass seine Werke sich nicht dazu eignen, den Leser zu bilden und einen guten Staatsbürger aus ihm zu formen. Zwar ist vor allem das das erklärte Ziel Homburgs oder Kohlhaas', aber ihr Beispiel ist eher abschreckend und schon die extrem widersprüchlichen Urteile der Nachwelt verräterisch. Während in Bezug auf Wilhelm Meister, Don Carlos oder Heinrich von Ofterdingen schon immer ein

Nicht nur Hermann löst extreme Urteile aus; bekannt ist auch die Ablehnung Homburgs durch Fontane bis hin zu Bismarck oder die Apotheose

unausgesprochener Konsens bestand, umgibt Kleists Helden bald extreme Bewunderung, bald regelrechter Hass.

Keiner seiner Zeitgenossen wird *sowohl* von der politischen (vgl. Rolf Busch, 1974) *als auch* von der ihr entgegengesetzten, existenzialistischen Deutung (Blöcker, 1961) derart (wenn auch zeitlich hintereinander) für sich vereinnahmt. Das beweist jedoch nicht nur die Willkür der Interpreten, sondern auch die *Freiheit* der Werke. Kleists Werke widerstehen auch den wohlmeinendsten Deutungsversuchen. Sie lassen sich nicht vereinnahmen. Sie bieten keine Möglichkeit, aus ihnen eine *Lehre* zu ziehen, lassen sich nicht auf irgendeine *Bedeutung* reduzieren, beinhalten keine Botschaft, die *entschlüsselt* werden muss (obwohl Kleist dem nicht immer zustimmen würde). Sie lassen keine *einheitliche* Weltdeutung zu, vielmehr wird diese von vornherein durch die vielen Versprecher, Widersprüche und → PARADOXIEN, die ungewollte Ironie und Vielschichtigkeit der verwendeten Perspektiven (und ihre zeitweilige »Widersprüchlichkeit«) unterminiert. Unter Kleists Zeitgenossen brechen nur diejenigen so radikal und umfassend mit dem stillschweigenden Konsens und befreien die Literatur von allen bürgerlichen Fesseln, die zur bestehenden »guten« Weltordnung in Opposition stehen und das »Böse« emanzipieren wollen – wie etwa der Marquis de Sade, Blake oder Matthew Gregory Lewis.

Kleist kann man freilich nicht vorwerfen, sich auf die Seite des »Bösen« gestellt zu haben. Doch seine Werke repräsentieren auch nicht das »Gute«. Kleist hat die Literatur vor allem befreit. Er gehört zu den Initiatoren jener Entwicklung, die die Lite-

Penthesileas durch Adam Müller bzw. ihre Brandmarkung zu einem psychiatrischen Fall durch Richard von Krafft-Ebing; und während Kafka oder Thomas Mann Kohlhaas außerordentlich hoch schätzen, sieht ihn Jean Cassou 1937 im allerfinstersten Licht und identifiziert ihn mit Hitler selbst (NR 483).

Matthew Gregory Lewis' Roman *The Monk* hat auf viele Schriftsteller, vom Marquis de Sade bis Antonin Artaud, befruchtend gewirkt; Lewis selbst entnimmt das Thema einer 1808 erschienenen Erzählung (*Mistrust, or Blanche and Osbright: a Feudal Romance*). Kleists Stück *Die Familie Schroffenstein* (vgl. LS 136 b).

ratur *als Literatur* zum Gegenstand des Genusses machte. Indem er sich vom Ideal der Bildung abwendet, entdeckt Kleist den Genuss der Ungebundenheit oder – mit seinem eigenen Ausdruck gesprochen – des → AUGENBLICKS.

BLICK, ANBLICK

»Warum fiel solch ein fremdes Zeichen mir, / Das kein verletzter Sinn verwechseln kann, / Warum nicht auf den ersten Blick mir auf?« (1178–80), fragt Alkmene Charis, als sie erkennt, dass der Buchstabe, den sie für ein A gehalten hat, ein J ist. War ihr Blick getrübt? Oder im Gegenteil allzu klar – kam er statt aus dem *Auge* aus dem Innersten des Herzens? Und der *Anblick* des Buchstabens J: War er schwach und verschwommen? Oder so durchdringend, dass er jeden anderen Anblick auslöschte? Als vorher Sosias in Merkur sich selbst entdeckt, nennt er den Anblick des → GOTTES »entgeisternd« (140) – so wie später auch Alkmene das Wort *Anblick* mit »Entgeisterung« verbindet (905). Nichts kann Sosias vertrauter sein als der Anblick Merkurs. Und doch beraubt ihn gerade dieser seines Geistes – indem er ihn aus allzu großer Nähe trifft. Als er sich selbst erblickt, verliert er seinen teuersten Schatz, seinen eigenen Geist. Durch den *Blick* kommt er sich nahe, während er sich auf eine auch ihm → UNVERSTÄNDLICHE Weise verliert. Der *Anblick* konfrontiert ihn mit sich selbst und entfremdet ihn dadurch auch sich selbst.

Der Anblick und der Blick (das Erblicken) reißen Kleists Helden ständig aus sich selbst heraus. Sie ereilen sie so → PLÖTZLICH und unvorbereitet, dass sich jene nicht einmal wehren können. Sie erstarren; aber im nächsten → AUGENBLICK kommen sie wieder zu sich. Ihr Verhalten bis dahin ändert sich jedoch völlig, und auch ihr Weg nimmt eine neue Richtung. Hierbei handelt es sich um eines der wichtigsten »dramaturgischen« Mittel Kleists: Die Handlung seiner Novellen, der Fortgang seiner Dramen wird oft durch bedeutsame, vielsagende Blicke und Anblicke verändert. Penthesilea sagt Prothoe Folgendes über Achilles Anblick: »Fühl ich, mit aller Götter Fluch Beladne, / Da rings das Heer der Griechen vor mir flieht, / Bei dieses einzgen Helden Anblick mich / Gelähmt nicht, in dem Innersten getroffen / Mich, *mich* die Überwundne, Besiegte?« (646–650) Im Manuskript steht ursprünglich nur »Fluchbeladne«. Denn Penthesilea wird nicht von den → GÖTTERN, sondern durch Achilles' Anblick verflucht. Dieser Anblick spielt eine ähnliche Rolle wie die → GÖTTER in den griechischen Dramen: Er ist das *Schicksal,* das die Helden *aus ihrem Innersten* ereilt; während sie mit der *Außenwelt* (den → GÖTTERN, den Umständen, der kosmischen Ordnung) kämpfen, müssen sie auch mit sich selbst ringen. Als Penthesilea Achilles zum ersten Mal erblickt, »[ver]färbte« (70) sich ihr Gesicht, und sie wirft ihm einen »finstern Blick«, der später zu einem »trunkne[n]« Blick wird (93) zu: Die »äußere« Verfärbung und die »innere« Dunkelheit verschmelzen zu einem Taumel, der sich sowohl auf die Außenwelt (Achilles) als auch auf Penthesilea selbst verhängnisvoll auswirken wird. Wie bei den Griechen ist das *Schicksal* auch bei Kleist eine »objektiv«, »von außen« einwirkende Macht; aber die Betonung, die auf dem Blick und dem Anblick liegt, bedingt, dass diese äußere Macht die Figuren »aus ihrem Innersten« trifft. Wie die Helden Shakespeares tragen auch sie ihr Schicksal und Verhängnis in sich – doch es gemahnt auch an Shakespeare, dass sich dieses innere Schicksal auch auf die ganze Existenz und die universelle Ordnung auswirkt.

»Der bloße Anblick wird zum Schicksal«, schreibt Müller-Seidel (1961, 80) über Käthchen. Es lässt sich hinzufügen, dass sich Käthchens Blick, gleich einem Medusenblick, genauso schicksalhaft auf den Grafen auswirkt.

1917 schreibt Johannes Bathe eine erschöpfende Studie über die Bedeutung der Gesten in Kleists Erzählungen und untersucht dabei auch die Rolle der *Blicke.* Er stellt eine lange Liste von Attributen zusammen, die die Kleist'schen Blicke beschreiben, und kommt zu der Folgerung, dass Kleist statt einer *inneren* Darstellung lieber das *Äußere* zeigt und statt die Gedanken seiner Helden lieber ihre Blicke beschreibt (Bathe, 41–2).

Johannes Bathe: *Die Bewegungen und Haltungen in Heinrich von Kleists Erzählungen, Tübingen,* 1917. Einige Attribute der Blicke sind: mit unendlicher Angst, höhnisch, mit tötender Wildheit, hochglühend, missvergnügt, wie ein Wetterstrahl, sprachlosen Grimms, voll Verachtung, etwas sonderbar beklommen, traurig, herzlich, → TRÄUMERISCH ...

Dies trifft jedoch nur zum Teil zu. Die Kleist'schen *Blicke* lassen sich nämlich nicht von dem *Anblick* trennen, auf den sie sich richten, sie sind unvermeidlich an eine bestimmte *Situation* gebunden. Und das gilt auch umgekehrt. In Kleists Erzählungen findet man selten »Beschreibungen«: Statt sich »über« die Figuren zu erheben und die Situation zu beschreiben, in die er sie später – wie in fertige Kulissen – hineinstellen wird, lässt er alles aus der Perspektive der Figuren sichtbar werden. Auch wenn sich diese Perspektiven zuweilen widersprechen. (→ SCHLÜSSELLOCH, → ZIGEUNERIN) Die einzelnen Anblicke werden erst durch den Blick, der sich auf sie richtet, sichtbar und muten daher nicht wie ein neutrales Milieu, sondern als eine Projektion des → INNEREN an – eines »Inneren«, das seinerseits durch den »äußeren« Anblick, wie durch einen Stromschlag, zum Leben erweckt wird. Der Anblick und der Blick dienen bei Kleist weder zur realistischen (naturalistischen) *Beschreibung* noch um die (sentimentale oder romantische) Bewegung der *Seele* anzudeuten, sondern verwandeln – indem sie die Entwicklung der *verhängnisvollen Situationen* vorbereiten – den Text selbst in einen Strudel.

In einer Schlüsselszene von *Die Verlobung in St. Domingo* fragt Toni Gustav: »[W]underlicher Herr, was fällt Euch in meinem Anblick so auf?« (II. 173) Da erzählt ihr Gustav das Schicksal seiner in Frankreich hingerichteten Liebe, Mariane Congreve, die an seiner Stelle in den Tod gegangen ist. Als Gustav die unter der Guillotine stehende Frau retten will, nutzt diese die Möglichkeit zur Flucht nicht. Vom Gerüst »antwortete [sie] auf die Frage einiger Richter, denen ich unglücklicher Weise fremd sein musste, indem sie mich mit einem Blick, der mir unauslöschlich in die Seele geprägt ist, von mir abwandte: diesen Menschen kenne ich nicht!« (II. 174) – worauf sie geköpft wird und er in → OHNMACHT fällt. Die wundersame → ÄHNLICHKEIT, die Gustav zwischen Mariane und Toni bemerkt, lässt sich auf mehrere Faktoren beziehen. Zunächst gibt es die *äußere* → ÄHNLICHKEIT. Dabei besteht ein erheblicher Altersunterschied zwischen beiden Frauen, und zudem ist Toni eine Mestizin. Der Erzähler jedoch kümmert sich nicht darum. Nicht aus Unachtsamkeit, sondern weil er den Anblick von vornherein mit einer inneren Vision, ja, fixen Idee verbindet. Statt auf Tonis Bitte, Marianes Äußeres zu beschreiben, greift Gustav einen außerordentlichen Blick aus der Vergangenheit heraus, der in einen noch außerordentlicheren Blick mündet. Hinzu kommt, dass der erste Blick zweideutig ist: Womöglich fällt Gustav nicht deshalb in → OHNMACHT, weil

Mariane stirbt, sondern weil sie ihn *wirklich* nicht wiedererkennen will. Tonis *Anblick* erinnert ihn nicht an Marianes Äußeres, sondern an ihren *Blick,* der ihn zugleich freispricht und brandmarkt. Und damit nimmt der Erzähler auch Tonis Schicksal vorweg. So wie Mariane wegen Gustav stirbt, wird auch Toni wegen Gustav sterben. Der Anblick wird ihr zum Verhängnis – und im → AUGENBLICK ihres Todes sieht sie Gustav »mit einem unbeschreiblichen Blick« (II. 193) an. Und dieser Blick wird sich kaum von Marianes unvergesslichem Blick unterscheiden.

Der Blick und der Anblick stürzen die Figuren in unauflösliche Verwicklungen. Als Kohlhaas seine eigene → BRUST endlich in Ordnung sieht und sich voll innerer Zufriedenheit bereit macht, seinen Besitz zu verkaufen, wirft ihm seine Frau Blicke, »in welchen sich der Tod malte« (II. 25). Kleist geht auf ihre Blicke nicht nur deshalb ein, um ihre Gefühle zu beschreiben, sondern um dadurch einen weiteren Blick vorzubereiten. Denn auf ihrem Sterbebett sieht Elisabeth ihren Mann erneut an, diesmal jedoch »mit einem überaus seelenvollen Blick« (II. 30), und während sie ihn zur Vergebung mahnt, stirbt sie. Aber dieser Blick ist, wie schon das rätselhafte »überaus« andeutet, genauso zweideutig wie Marianes Blick auf dem Schafott. Möglicherweise entscheidet sich Kohlhaas deshalb für die sofortige Rache, weil ihn seine Frau, obwohl sie etwas anderes sagt, mit ihrem Blick dazu ermuntert. Schließlich hat sich ihr Blick schon zuvor mit dem Tod aufgeladen, und nun schaut sie von jenseits des Todes zurück – von dort, wo es auch dann eine Vergebung gibt, wenn es sie in der Welt noch nicht gibt. Als dann die → ZIGEUNERIN erscheint, ist ihr Blick »kalt und leblos, wie aus mormornen Augen« (II. 92). Und *wegen dieses Blickes* ähneln sich die junge Frau und die alte → ZIGEUNERIN: In ihren Blicken lädt sich die Seele mit dem Tod auf.

Vielfältige Anblicke bieten sich den Figuren, und auch ihre Blicke sind vielfältig. Doch nie ist etwas »verschwommen«. Kleist möchte nicht Stimmungen vermitteln, versucht nicht, etwas »abzubilden«. Wie Paul Klee könnte auch er von sich sagen, dass kein Strich von ihm je → ZUFÄLLIG ist. Der Blick kann je nach Situation seelenvoll oder kalt, → UNAUSSPRECHLICH oder sprechend, → FLÜCHTIG oder forschend, funkelnd oder ungewiss, zweideutig oder → ENTSETZLICH sein. Man kann daraus nicht ohne Weiteres auf den Gemütszustand schließen: Der Blick richtet sich nach dem sich ihm bietenden Anblick, zugleich verwandelt er diesen Anblick und gibt den Ereignissen eine neue Richtung. Am 31. Januar 1801 beschreibt Kleist in einem Brief an Wilhelmine ausführlich die Persönlichkeit seines Freundes → BROCKES und sieht eine seiner anziehendsten Eigenschaften in Folgendem: »Immer seiner ersten Regung gab er sich ganz hin, das nannte er seinen Gefühlsblick, und ich selbst habe nie gefunden, dass dieser ihn getäuscht habe.« (II. 620) Auch wenn Kleist den Ausdruck nie wieder gebraucht, kennzeichnet dieser »Gefühlsblick« auch seine späteren Helden: Käthchen genauso wie Gustav, Penthesilea genauso wie Johann in *Die Familie Schroffenstein.*

Im gleichen Brief schreibt dann Kleist, diese seltsame Klarsicht nunmehr auf sich selbst beziehend: »Vielleicht hat die Natur Dir jene Klarheit, zu Deinem Glücke versagt, jene traurige Klarheit, die mir zu jeder Miene den Gedanken, zu jedem Worte den Sinn, zu jeder Handlung den Grund nennt. Sie zeigt mir alles, was mich umgibt, und mich selbst, in seiner ganzen armseligen Blöße, und der farbige Nebel verschwindet, und alle die gefällig geworfnen Schleier sinken und dem Herzen ekelt zuletzt vor dieser Nacktheit – O glücklich bist Du, wenn Du das nicht verstehst. Aber glaube mir, es ist *sehr schwer immer ganz uneigennützig* zu sein.« (II. 621)

Uneigennützig sein: Der Ausdruck hat nichts mit Tugend oder Moral zu tun. Der Gedanke der Aufklärung (die Erhellung der *Anblicke)* schlägt hier in sein Gegenteil um. Denn Kleist denkt an jenes Ausgeliefertsein, bei dem sich der Mensch der

→ BROCKES' »Gefühlsblick« ist verwandt mit dem, was der Naturwissenschaftler Johannes Müller, der eine Generation jünger als Kleist war, als das »Ganze« bezeichnet hat: Nach seiner Ansicht reagiert der Organismus »als Ganzes« auf äußere Einwirkungen, und diese »spezifische Energie«, mit der er sich dabei auflädt, verwandelt auch die »äußeren Einwirkungen« (vgl. Uexküll, 325). Übrigens weist Müller 1826 in einer Schrift über Gesichtsausdrücke nach, dass wenn man mithilfe eines Drahtes Zunge und Auge mit einem Eisen und einem Kupfer berührt, das Versuchsobjekt ein Licht wahrnimmt, das »von innen« entspringt – statt »aufzunehmen«, erweckt das Auge dann, als sehendes Auge, den Anblick selbst zum Leben. Doch schon vor Müller analysiert der französische

Welt (der Existenz, dem Kosmos) nicht mehr entgegenstellt, sondern sich als deren Teil sieht. In diesen Fällen kann er sich nicht einmal wehren. Das ist die wirkliche → OHNMACHT. Dann lässt sich nicht mehr entscheiden, ob Penthesileas Blick oder Achilles' Anblick tragischer ist. Der eine bereitet den Untergang des anderen vor. Vergeblich mahnt Prothoe ihre Herrin, Achilles' Blick zu meiden (721): Wenn Kleists Helden etwas *erblicken,* sehen sie nicht mehr mit den eigenen Augen. Nicht *sie* sehen das, was sich ihnen zeigt, sondern das, was sie erblicken, zieht in sie ein, um sich selbst zu betrachten und den, der schaut, ganz aus sich selbst herauszureißen. Und es bietet ihnen auch keinen Trost, dass dann ein *universelles Auge* aus ihnen blickt. Der Blick und der Anblick stellen, indem sie alles ins Leben erwecken und *schöpferisch* werden, gerade die Schöpfung, die universelle Ordnung und den letzten Sinn der Existenz unwiderruflich infrage.

Arzt und Philosoph Pierre-Jean-Georges Cabanis in seinem 1802 erschienenen (und 1804 ins Deutsche übertragenen!) Buch *Rapports du physique et du moral de l'homme* ausführlich die Wechselwirkung der Sinnesorgane, ihr *Zusammenwirken,* das zu einer Übereinstimmung zwischen der äußeren Wahrnehmung (z. B. dem Blick) und der inneren Wahrnehmung (z. B. dem Gefühl) führt. (Vgl. Staum, 191)

BLITZ

»Es traf sich …«, schreibt Kleist jedes Mal, wenn die Handlung in seinen Erzählungen eine neue Wende nimmt. Und das, was »eintrifft«, schlägt meist blitzartig in das Leben der Figuren ein. Blitzartig schreiten die Geschichten voran, entlang Rissen, scharfen Wendungen und Einschnitten. Und in dem einen oder anderen → AUGENBLICK der Verdichtung erinnert nicht nur die Struktur an einen Blitz, sondern der Blitz selbst tritt in Erscheinung. Als Graf F… an jenem gefürchteten Dritten um elf Uhr das Zimmer betritt, »schlug [die Marquise] mit einem Blick funkelnd, wie ein Wetterstrahl, auf ihn ein, indessen Blässe des Todes ihr Antlitz überflog.« (II. 140) Ihr → BLICK ist *wie* ein Blitz, sagt Kleist; doch aus dem Zusammenhang der Handlung wird klar, dass der → BLICK nicht nur wie ein Blitz ist, sondern *der Blitz selbst* – so wie das Gesicht in der zweiten Hälfte des Satzes nicht nur totenblass ist, sondern auf seinen Zügen der Tod selbst zum Vorschein kommt. Wenn sich der Handlungsbogen nicht mehr weiter spannen lässt, beginnen die Figuren sich blitzartig ihres Menschseins zu entkleiden.

Der Blitz (Wetterstrahl, Donnerkeil, Blitzstrahl, → BlitzGOTT, Blitz-Element) schlägt genauso unerwartet ein, wie Penthesilea bei Achilles' → ANBLICK zusammenfährt oder Käthchen beim → ANBLICK des Grafen vom Strahl → PLÖTZLICH aus der Höhe hinunterspringt. Als träfe sie der Blitz – nicht von oben, sondern aus dem an-

»Als ich die Tür eindonnerte« (979), erinnert sich Rupert (»Blitzjunge«, sagt Adam über ihn – 969) an die Szene, als er zu Eve hineinstürmt, die ihn, wie er annimmt, gerade mit Adam betrügt. Hier entlädt sich die erotische Spannung in Form von Blitz und Donner.

deren. Dazu könnte es jedoch nicht kommen, wären sie nicht von vornherein offen für den Blitzschlag. Ja, sie sind so geladen mit innerer Spannung, dass sie gleichsam darauf warten, wann sie der Blitz endlich trifft. Darin zeigt sich die eigentümliche Übereinstimmung zwischen der physischen und der moralischen Welt, würde Kleist sagen (II. 321) – und dabei vermutlich weniger an Kants und Schillers anthropologische und ästhetische Abhandlungen als vielmehr an Pierre-Jean-Georges Cabanis' Buch *Rapports du physique et du moral de l'homme* (1802) denken, das in deutscher Übersetzung *(Über die Verbindung des Physischen und Moralischen in dem Menschen)* 1804 in Halle erscheint. (Die Parallelen zwischen Moral und Physik tauchen bei Kleist übrigens zum ersten Mal 1799 im Aufsatz über das *Glück* auf!) Um die Identität beider »Welten« zu beweisen, greift Cabanis das damals modische, sogenannte physiologische Argument (vgl. Staum, 177–8) auf und studiert eingehend die bei der Kontraktion von Muskeln erfahrbare → ELEKTRIZITÄT bzw. die auf elektrischem Wege vor sich gehende Verbreitung der Impulse in den Nerven – unter anderem durch Darstellung der Ansichten Voltas und Galvanis. Es kann keineswegs als → ZUFALL gewertet werden, dass Kleist in seinem Aufsatz über die allmähliche Verfertigung der Gedanken gerade mithilfe der Analogie der → ELEKTRIZITÄT jenen Energiestrom erklärt, der zwischen zwei Menschen fließen kann: Einerseits beweist er damit die Übereinstimmung zwischen der physischen und der moralischen Welt, andererseits die Geburt des Gedankens als *Blitz.*

Der Blitz, der *von oben* einschlagen müsste, kommt aus der Richtung der anderen Person; doch statt wenigstens einer Seite Erleichterung zu verschaffen, werden bei Kleist alle noch angespannter. Durch den Blitz wird alles *eins* – doch das, was entsteht, wird spannungsgeladener als alles andere sein. Prothoe sagt zu Penthesilea: »Beut deine Scheitel, einem Schlussstein gleich, / Der Götter Blitzen dar, und rufe, trefft! / Und laß dich bis zum Fuß herab zerspalten« (1351–3).

Dieser Blitzschlag erfolgt wirklich. Penthesilea sagt zu Achilles: »Geblendet stand ich, als du jetzt entwichen, / Von der Erscheinung da – wie wenn zur Nachtzeit / Der Blitz vor einen Wandrer fällt [...]« (2212–4). Doch sie stürzt, vom Blitz getroffen, nicht zu Boden, sondern zieht gegen Achilles, mit der Absicht, sich selbst in einen Blitz zu verwandeln: »Daß ich [...] wie ein

Donnerkeil aus Wetterwolken, / Auf dieses Griechen Scheitel niederfalle!« (2435–8) Der Schlussstein, in Kleists → GEWÖLBEgleichnis das nicht mehr weiter zu spannende → PARADOX der Existenz, kann nicht einstürzen, doch erträgt er es auch nicht, stets in der Höhe zu sein und alles zu halten. Er kann nicht vernichtet werden, doch kann er auch nicht weiter existieren. Und wenn Kleist zu einem dieser Momente kommt – und in seinen Erzählungen und Stücken strebt er nach nichts mehr als nach ihnen –, schlagen die Blitze laufend ein, und alles hüllt sich in bläuliche oder weißliche Glut.

Am Ende von Marquis de Sades *Justine* ereilt auch Justine dieses Schicksal: Der Blitz dringt von oben in ihren Körper ein und spaltet sie so, dass er sie wieder durch das Geschlechtsteil verlässt.

Zuweilen ist es ein → GOTT oder ein Engel, der als Blitz in die irdische Welt einschlägt (*Der Griffel Gottes, Der Engel am Grabe des Herrn*).

Im November 1801 fällt ihm im Louvre auf einem Bild Raffaels ein Erzengel auf, »von dem man recht sagen kann, daß er *heranwettert,* einen Teufel niederzuschmettern.« (An Adolfine von Werdeck, Paris, November 1801, II. 701)

Und doch ist der Blitz bei Kleist kein Zubehör einer transzendenten Macht. Selbst in *Amphitryon* gleicht Jupiter nicht deshalb einem Blitz, weil er ein → GOTT ist (was Alkmene bis zum Ende des Stückes auch gar nicht weiß), sondern weil er ein *Mensch* ist, der sich wie ein → GOTT benimmt. Seine Gegenwart wirkt deshalb wie ein Blitz, weil er in Gestalt eines Sterblichen erscheint, der sich in der Situation gleichsam selbst übertrifft und nicht menschliche Kräfte erlangt. Als am Ende von *Das Erdbeben in Chili* die anfängliche Apokalypse und das darauffolgende → PARADIES vom Schrecklichsten, was sich Kleist in der Schöpfung vorstellen kann, nämlich von der *irdischen Welt,* abgelöst werden, erhebt sich Don Fernando, »dieser göttliche Held« (II. 158), zum Kampf gegen den Pöbel. Wie ein → GOTT fällt er, sich an der *Kirchenmauer* abstützend, über die Irdischen her. »Mit jedem Hiebe wetterstrahlte er einen zu Boden«, so wie das eines → GOTTES würdig ist. Bald liegen sie zu siebt vor ihm ausgestreckt – so wie auch Kohlhaas mit sieben Dienern aufbricht –, doch diesmal stehen die Sieben weder für den Himmel noch für die → HÖLLE, sondern für die Erde. Meister Pedrillo gelingt es dennoch, eines der Kinder von Don Fernandos → BRUST zu reißen, und er zerschmettert es, nachdem er es im Kreis geschwungen hat, am Eckpfeiler der Kirche. Daraufhin erlöschen die Blitze, die bis dahin unzählbar umherflogen. »Hierauf ward es still«, fährt Kleist fort, und diese Stille ist schrecklicher als jede vorherige → VERWIRRUNG und jedes Kampfgetümmel.

Am Anfang von *Die Marquise von O....* steht alles um die belagerte Burg herum in Flammen, der Kriegslärm tobt, Schüsse »blitzen« durch die Nacht; aber als die russischen Soldaten die Frau, die sie vergewaltigen wollen, erblicken, »bei ihrem Anblick, plötzlich still ward« (II. 105).

Vergeblich ist alle Bemühung des *göttlichen* Helden. Das Ergebnis der Blitze ist das tote Kind »mit aus dem Hirne vorquellenden Mark« (II. 158). Wenn es keine →HÖLLE und keinen Himmel, sondern nur das irdische Leben gibt, können die Blitze eben auch nicht mehr ausrichten. Sie beleuchten ständig die Unzulänglichkeit der Welt – die Tatsache, dass diese aus sich selbst nur Dunkelheit und → HIRN erzeugen kann. Sie schimmern dunkel. Es gibt nur die Erde – die durch das Fehlen einer Transzendenz in Stücke gespalten wird. Dieses Fehlen ist der Blitz. Seines Namens würdig, zerstört er alles, konfrontiert die Figuren mit ihrer Unzulänglichkeit und ein für alle Mal mit der Vergeblichkeit ihrer Sehnsucht, den → GÖTTERN gleich zu werden.

BROCKES

Die kurze, aber umso intensivere Freundschaft zwischen Ludwig von Brockes und Kleist erweckt den Eindruck, als wäre sie vom jungen Brecht oder Fassbinder erfunden worden. Kleists Beziehung zu dem neun Jahre älteren Mann erinnert an die Beziehung zwischen Shlink und Garga *(Im Dickicht der Städte)*, Baal und Ekart *(Baal)* oder Franz und Reinhold (im Film *Berlin Alexanderplatz)*. Die gleiche leidenschaftliche Anhänglichkeit, der gleiche Anspruch auf Ausschließlichkeit, aber auch die gleiche Qual, der gleiche Schmerz. Und ein hysterisches Necken.

Nach Heubi legiert Kleist einmal angeblich seinen eigenen und Brockes' Namen zu einem gemeinsamen Pseudonym (Heubi, 29); nach Hermann Davidts' – übrigens äußerst weit hergeholten – Berechnungen stellt Kleist die beiden ähnlich klingenden Namen (Nicolo – Colino) in *Der Findling* aus den Buchstaben seines und Brockes' Namen zusammen (Davidts, 41).

Es ist eine Beziehung zwischen *Verführer* und *Verführtem*, wobei man bald nicht mehr weiß, wer wen verführt hat. Denn verführen kann man nur jemanden, der für die Verführung offen und anfällig ist; andererseits kann nur der zum Verführer werden, der den anderen von innen kennt und durchleben kann, was in dessen → BRUST vorgeht. Außerdem erweist es sich immer erst im Nachhinein, dass es sich um eine Verführung gehandelt hat. Denn solange die Verführung läuft, hat der Verführte keine Gelegenheit, sich über sich selbst oder den anderen klar zu werden; und auch der wirkliche Verführer setzt seine ganze Kraft darauf, dem anderen nahezukommen. Wenn das Wort *Verführung* fällt, ist der entscheidende Teil der Partie bereits vorbei. Dann ist es Zeit für Wehmut, Reue, Abwägung. Und wie in Kleists Fall für den Kampf mit dem → UNBEGREIFLICHEN. Die

Treue zum Verführer bedeutet, sich von dem angezogen zu fühlen, der nicht zu erobern ist. Das führt dazu, dass der Verführte schließlich taumelnd in den Abgrund seiner eigenen Seele stürzt.

Kleist trifft Ludwig von Brockes (1767–1815), bevor er zu schreiben beginnt. Doch die Erlebnisse, die er ihm verdankt, gehen nicht spurlos an ihm vorbei. Auch Brockes ist verantwortlich dafür, dass während ihrer gemeinsamen (rätselhaften) Würzburgreise im Herbst 1800 Kleists Verlobung mit Wilhelmine, die zu Hause bleibt, gelockert und dann gelöst wird; und im Januar 1801 spielt Brockes' Abreise aus Berlin (die in Kleists Augen in Wahrheit einen Bruch darstellt) eine entscheidende Rolle beim Ausbruch jener Krise, die die Kleist-Literatur seine → KANT-KRISE getauft hat. Die Freundschaft ist – um nach den verhältnismäßig spärlichen schriftlichen Äußerungen Kleists zu urteilen – intensiv, voller Verdrängungen und nicht eingestandener Gefühle. Während dieser wenige Monate dauernden Beziehung »lernt« Kleist, wie man etwas *anderes* sagt, als man meint. Während er sich fleißig in Verdrängung übt, lernt er jedoch nicht, wie man damit haushält. Aus den Widersprüchen will er sich mithilfe immer neuer Widersprüche befreien. Statt der ersehnten → RUHE nimmt der Strudel in ihm und um ihn herum zu. Die vielen → UNBEWUSSTEN, unterbewussten Gesten, die auch in den Dramen und Erzählungen von entscheidender Bedeutung sein werden, lassen sich auch auf die Freundschaft mit Brockes zurückführen.

Am 16. August 1800 kündigt er Ulrike an, dass er abreisen wird – in einer geheimnisvollen Sache. Doch nicht allein: Er sucht einen edlen und weisen Freund, mit dem er sein Ziel besprechen kann, denn allein fühlt er sich zu schwach. Hier findet sich der erste Versprecher, wenn auch nur seiner Schwester gegenüber: »Wärst Du ein Mann gewesen – o Gott, wie innig habe ich dies gewünscht!« (II. 514) Dann wiederholt er: »Wärst Du ein Mann gewesen«, und fügt als Begründung hinzu: »denn eine Frau konnte meine Vertraute nicht werden«. Statt Ulrike schenkt er Brockes sein → VERTRAUEN, den er vier Jahre zuvor, 1796, neunzehnjährig auf der Insel Rügen kennengelernt hat. Es ist ein Rätsel, wie sie die Bekanntschaft aufrechterhalten haben; nun jedenfalls findet ihn Kleist in Pasewalk, wohin er am 17. August 1800 von Berlin aus reist. Am 20. schreibt er einen Brief – nunmehr an Wilhelmine, in dem er begeistert erzählt, dass er den Freund gefunden hat, den »ich am innigsten wünsche« (II. 525). Im gleichen Absatz teilt er ihr mit, dass es, sollte sein Plan (dessen Inhalt er weder damals noch später verrät) gelingen, kein glücklicheres Paar als sie beide geben wird. Seine Begeisterung erregt den Verdacht, dass er, obwohl er von Wilhelmine spricht, in Wirklichkeit Brockes meint. Am folgenden Tag, dem 21. März, schreibt er ihr: »Bei meinem Freunde Brockes habe ich alles gefunden, was ich bedurfte [...]« (II. 528). Vielleicht spürt er selbst, dass diese Worte verletzend auf sie wirken könnten, und macht im gleichen Satz eine beschwichtigende Geste, durch die er sich noch mehr *verspricht:* »[...] und dieser Mensch müßte auch Dir jetzt vor allen andern, *nach mir* vor allen andern teuer sein« (ebd.). Mit Wilhelmine, dem *Mädchen,* will er sich den *Mann* teilen – etwa um auf diese Weise Brockes näherzukommen, ohne den Rahmen der »Schicklichkeit« zu sprengen? Jedenfalls schreibt er zwei Absätze weiter unten: »Wahre, echte Freundschaft kann *fast* die Genüsse der Liebe ersetzen –«, doch dann schreckt er vor dieser Kühnheit zurück und macht einen Rückzieher: »Nein, das war doch noch zu viel gesagt.« Dadurch gewinnt das hervorgehobene »fast« seine wahre Bedeutung, nämlich: »viel mehr als«.

An Brockes' Seite findet er viel mehr als je an Wilhelmines Seite. Am 1. September 1800 berichtet er, wie er eines Nachts neben Brockes auf dem Dach eines Wagens liegt »und blickte grade hinauf in das unermeßliche Weltall. Der Himmel war malerisch schön. Zerrissene Wolken, bald ganz dunkel, bald hell vom Monde erleuchtet, zogen über mich weg. *Brockes* und *ich,* wir suchten beide und fanden Ähnlichkeiten in den Formen des Gewölks, er die seinigen, ich die meinigen. Wir empfanden den feinen Regen nicht, der von oben herab uns die Gesichter sanft benetzte« (II. 536–7). Dann, fährt er fort, zieht er sich den Mantel über den Kopf, drückt sie *in Gedanken* an seine → BRUST und schläft in ihren Armen ein. Was er ihr nicht berichtet, ist, dass er *in Wirklichkeit* an Brockes' → BRUST liegt und in seinen Armen einschläft. Am 31. Januar 1801 erinnert er sich fast schluchzend vor Schmerz, dass Brockes von ihm gegangen ist: »Wenn ich in der Nacht zuweilen schlafend an seine Brust sank, so hielt er mich, ohne selbst zu schlafen.« (II. 622–3)

Von der Reise schickt er Wilhelmine laufend umfangreiche Briefe. Sein Briefwechsel aus dieser Zeit erinnert an die kritischsten Tage in Clarissas Leben in Richardsons *Clarissa Hariowe,* als sie an einem *einzigen* Tag mehr Briefe schreibt, als man überhaupt lesen kann. Am 5. September zum Beispiel schreibt er um 8 Uhr morgens aus Chemnitz, um 11 Uhr aus Lungwitz, um 3 Uhr nachmittags aus Zwickau und um 8 Uhr abends aus Reichenbach. Doch je mehr er sich *öffnet,* umso mehr spürt er, dass ihn allein Brockes verstehen kann: »Wie froh bin ich, daß doch wenigstens *ein Mensch* in der Welt ist, der mich ganz versteht.« (II. 548) Jedenfalls versichert er sie laufend – verdächtig häufig – seiner Liebe. Aus Würzburg, dem → BESTIMMUNGSort, wo Brockes nicht nur *neben* ihm ist, sondern ihn »umgibt«, schreibt er ihr: »[W]enn ich denke, daß dieses Papier, auf das ich jetzt schreibe, das unter meinen Händen, vor meinen Augen liegt, einst in *Deinen* Händen, vor *Deinen* Augen sein wird, dann – küsse ich es, heimlich, damit es *Brokes* nicht sieht.« (II. 570) Warum spricht er wohl Brockes' Namen in einem so intimen → AUGENBLICK aus? Warum spielt er auf ihn an – gerade bei der Erwähnung des ihr zugedachten → KUSSES? Und warum küsst er das Papier heimlich? Damit Brockes nicht auf sie eifersüchtig wird?

Ende Oktober 1800 kehrt Kleist nach Berlin zurück – doch allein. Statt zu ihr nach Frankfurt weiterzueilen, schreibt er: »O ich darf nur an *Brokes* denken –! Wie vieles Gute, Vortreffliche, tut täglich dieser herrliche Mensch –!« (II. 586) Und während er den Mann erwartet, bittet er das Mädchen um Aufschub: erst um ein paar, dann um sechs und bis zum Ende des Briefes um zehn Jahre. Ende November trifft Brockes in Berlin ein; und im gleichen Brief, in dem

»Amphibion Du, das in zwei Elementen stets lebet, Schwanke

er zum ersten Mal das → GEWÖLBEgleichnis aufzeichnet, das später auch in *Penthesilea* wiederkehrt (und auch als Gleichnis für Brockes' Abwesenheit und Wiederkunft gedeutet werden kann!), mahnt er seine Freundin: »O hättest Du auch bei Dir eine Freundin, die Dir das wäre, was dieser Mensch mir!« (II. 598) Was sie sogar so verstehen kann, dass er Kleist genauso wichtig ist, als wäre er seine Freundin.

Und dann folgt jener große Brief vom 31. Januar 1801, in dem er ihr mitteilt, dass Brockes, »von dem mein Herz ganz voll ist« (II. 618), für immer aus Berlin abgereist ist. »Ja wenn Du unter den Mädchen wärest, was dieser unter den Männern« (II. 619), schreibt er und spielt erneut, uneingestanden, mit der Möglichkeit der Geschlechtsumwandlung.

nicht länger und wähle Dir endlich ein sichres Geschlecht. Schwimmen und fliegen geht nicht zugleich, drum verlasse das Wasser, Versuch es einmal in der Luft, schüttle die Schwingen und fleuch!« (Das 1800 verfasste Gedicht ist Ulrike gewidmet; doch vermutlich hat Kleist dabei auch an sich selbst gedacht.)

Nach zwei bedeutungsvollen → GEDANKENSTRICHEN fährt er fort: »Zwar dann müßte ich freilich auch erschrecken.« Vor seiner eigenen Angst zurückschreckend, schließt er so: »Denn müßte ich dann nicht auch sein, wie er, um von Dir geliebt zu werden?« Die → VERWIRRUNG ist perfekt; er würde nicht nur seinen Freund mit Wilhelmine vertauschen, sondern möchte sich auch mit ihm identifizieren, um als Brockes durchleben zu können, wie es ist, wenn eine Frau einen Mann liebt. »Du liebst ihn doch auch?«, fragt er sie ein paar Absätze weiter unten (II. 622). Seine → MÄDCHENHAFTEN Gefühle überwältigen ihn vollends.

Aus Brockes' Feder sind Aufzeichnungen überliefert. Aus ihnen lässt sich schließen, dass Brockes wohl ahnt, welche Gefühle er in dem jüngeren Mann auslöst. Er macht den Eindruck eines guten Psychologen, der die verschiedenen Verhaltensweisen (Eifer-

»Möchte Ihnen doch mein Verlust ganz ersetzt sein, ich wüßte Sie so gern glücklich, und ich weiß, daß Sie das ohne Freundschaft, wie Sie sie für mich empfanden, nicht sein können; das sagte mir so oft Ihr heiterer Blick, wenn wir uns trafen, das sagten mir Ihre Tränen, als wir schieden.« (II. 700) Sigismund Rahmer schreibt diesen Brief Brockes zu (Rahmer, 419); nach Ansicht Sembdners hingegen hat ihn Kleist an Brockes geschrieben. Wer hier weint, lässt sich ebenso wenig entscheiden wie die

sucht, Eitelkeit, Unsicherheit, Glück usw.) genau beobachtet und dem auch die verdrängten, → UNBEWUSSTEN Motive nicht entgehen, wobei er sogar das Wort → UNBEWUSST gebraucht (Rahmer, 211). Nachdem er sich von Kleist getrennt hat, beschreibt er in seinen Notizen auch jene jungen Männer, die über hervorragende geistige Fähigkeiten verfügen, während sie im Grunde ihres Herzens eine tödliche Leere verspüren; sie »suchen und streben nach einem unbekannten Etwas, wovon sie sich selbst keine Rechenschaft zu geben vermögen [...]« (Rahmer, 210). Brockes schreckt wohl selbst vor Kleist zurück. Nicht weil er die Leere in dessen Herzen spürt, sondern weil er vermutet, dass diese Leere stärker als alles andere ist und auch den verzehren wird, der sie ausfüllen will. Er will Kleists Schicksal nicht teilen. Er will sich mit dem Sterben Zeit lassen. Lange ist er mit Cäcilie von Werthern verlobt. Am 23. September 1815 würde er sie heiraten – würde er nicht in Bamberg, auf dem Weg zur Hochzeit, in den Armen seiner Braut tot zusammenbrechen.

Frage, wer Penthesileas Tod beweint. Nach Pfuel, von dem sich Kleist genauso angezogen fühlt wie von Brockes, schluchzt Kleist (LS 198), nach Kleist wiederum Pfuel (II. 796).

Gemeinsam mit ihnen will Kleist Selbstmord begehen: Carl von Pannwitz, Ernst von Pfuel, Henriette Vogel.

BRUST

Als Kohlhaas zu ahnen beginnt, dass sein Unterfangen auf unüberwindliche Hindernisse stoßen wird, bereitet ihm nichts mehr Freude. Weder seine Pferde, sein Besitz, seine Kinder noch seine *Frau.* Seltsamerweise wird sie, die bis dahin im Hintergrund der Ereignisse steht, gerade durch Kohlhaas' Gleichgültigkeit interessant. Die *vernachlässigte* Frau tritt in den Vordergrund. Als Kohlhaas seinen Besitz verkaufen will, betrachtet sie ihn mit → BLICKEN, »in welchen sich der Tod malte« (II. 25). Doch statt die Frau (und den Tod) zu beachten, versinkt er immer mehr in seine eigenen Sorgen. Später beginnt sie nervös im Zimmer auf und ab zu gehen; »ihre Brust flog, daß das Tuch, an welchem der Knabe gezupft hatte, ihr völlig von der Schulter herabzufallen drohte.« (II. 26) Eine glänzende Taktik: Wenn sie schon nicht mit ihren → BLICKEN die Aufmerksamkeit ihres Mannes auf sich lenken kann, will sie sich auf das herabfallende → TUCH und die darunter aufblitzende Brust verlassen – eine weibliche Praktik, die nach wie vor dazu dient, die Aufmerksamkeit ihres Mannes von seinen Sorgen abzulenken. Doch vergeblich: Kohlhaas zeigt keinerlei Interesse für das schwache Geschlecht. Oder er *will* sie nicht wahrnehmen. Als er sie fragt, ob er den Kampf aufgeben soll, »Lisbeth wagte nicht: ja! ja! ja! zu sagen« (II. 28) (bezeichnenderweise fehlt dieser Satz aus der ersten Fassung der Erzählung!); stattdessen drückt sie ihn → »HEFTIG« an sich »und überdeckte mit

Als Graf F… die Marquise von O…. in ihrer → EINGEZOGENHEIT überrascht, drückt er »einen glühenden Kuß auf ihre Brust« (II. 129). Doch die Frau schrickt zurück, vielleicht weil das offen geschieht, wonach sie sich heimlich sehnt: »Ich *will nichts* wissen«, antwortet sie ihm und »stieß ihn heftig vor die Brust zurück« (ebd.).

heißen Küssen seine Brust« (ebd.). Wenn er schon nicht auf ihre Brust aufmerksam wird, fällt sie über seine Brust her. Aber auch auf diesen unverhüllt sexuellen Vorstoß reagiert Kohlhaas nicht.

Auch sie nimmt die *Brust* des anderen ins Visier, → HEFTIG – ohne dabei *irgendetwas* zur Kenntnis nehmen zu wollen! An einanders Brust greifend, entfernen sie sich voneinander.

Dann hat die Frau einen noch kühneren → EinFALL. Sie erzählt ihrem Mann von einem ehemaligen Geliebten und schlägt vor, dass sie diesen, der dem Kurfürsten von Brandenburg nahesteht, aufsucht und bittet, ihrem Mann zu helfen. Statt eifersüchtig zu sein, wird Kohlhaas endlich munter. *Jetzt* erst küsst er sie mit großer Freude. Was sie auch so verstehen kann, dass es ihn erregt, wenn er sie zu einem anderen Mann schicken kann, der ihr gegenüber nicht gleichgültig ist und vielleicht mehr als einen → KUSS von ihr begehrt. Diese seltsame Situation voller Verdrängungen lässt sich kaum auf befriedigende Weise lösen. Wie bekannt, verreist die Frau und verunglückt dabei. Der Erzähler wählt seine Worte äußerst behutsam; die von der Wache umzingelte Frau bekommt in der dicht gedrängten Menge »einen Stoß, mit dem Schaft einer Lanze, vor die Brust« (II. 29). Erneut wird die *Brust* zur Zielscheibe; und die sexuelle Bedeutung der Reise wird durch die bestimmte Bewegung (den → STOSS) eines überaus symbolhaften Instruments (einer steifen Lanze) unmissverständlich klar. Die vielen unterschwelligen sexuellen Gesten bereiten den Tod vor. Täte Kohlhaas zu Beginn das, was seine Frau (und die → NATUR) von ihm erwartet, müsste sie nicht sterben. Doch die verdrängte und verleugnete Sexualität rächt sich und führt zum Tod. Nicht nur zu ihrem, sondern – auf dem Umweg des Todes vieler Unschuldiger – auch zu sei-

In *Die Familie Schroffenstein* spricht der hoffnungslos verliebte Johann so zu Agnes: »Nimm diesen Dolch, Geliebte – Denn mit Wollust, Wie deinem Kusse sich die Lippe reicht, Reich ich die Brust dem Stoß von deiner Hand.« (1054–6) Und nach dem Zusammenstoß der Liebenden in *Penthesilea* sagt Prothoe Folgendes über die Königin: »[…] Sie raffte von dem Stoß sich, Der ihr die Brust zerriss, gewaltsam auf« (1478–9).

nem Tod. Denn erst nach dem Tod seiner Frau beginnt Kohlhaas mit dem Morden. Als Erstes wirft er sich vor ihrem nunmehr leeren Bett nieder (etwa so wie Elvire vor dem Gemälde des geliebten Colino), dann ergreift er beim → ÜberFALL auf die Burg als Erstes einen Junker bei der *Brust* und verspritzt ihm das → HIRN. Seine Frustration vor dem leeren Bett mündet in einen sadistischen Akt.

Das Verspritzen des → HIRNS ist auch eine Folge verdrängter bzw. irregeleiteter sexueller → BEGIERDEN. In *Der Findling* verspritzt Piachi Nicolos → HIRN, als dieser mit seiner Frau das tut, was er selbst nie zu tun gewagt hat; und in *Die Verlobung in St. Domingo* verspritzt Gustav sein eigenes → HIRN – nachdem er mit seiner Pistole Toni mitten in die *Brust* geschossen hat. (So wie Kleist Henriette Vogel in die Brust und sich selbst in den Kopf schießt. Auf die → ÄHNLICHKEIT zwischen Gustavs und Tonis bzw. Kleists und Henriette Vogels Tod macht als Erster *Achim von Arnim* in einem am 6. Dezember 1811 an die Brüder Grimm geschriebenen Brief aufmerksam. (NR 72a)

Die *Brust* ist nicht mehr der Sitz unschuldiger Empfindungen wie noch im Sentimentalismus. Oder sind sie auch da nicht unschuldig? (Richardsons *Clarissa* lässt sich auch schon als Geschichte der Verdrängung der → BEGIERDEN lesen.) Brust gehört zu Kleists wiederkehrenden Wörtern (es findet sich mindestens 245-mal in seinem Werk); und auch wenn er das Wort oft metaphorisch, als Klischee für die emotionale Aufladung gebraucht (was zuweilen auch komisch wirkt), wird es in entscheidenden Momenten vielschichtig, ohne dass eine der Bedeutungen Ausschließlichkeit erlangte. Als in *Der Findling* Elvire zum ersten Mal Nicolo erblickt, drückt sie ihn »an ihre Brust« (II. 201), was auch ein Ausdruck reiner Höflichkeit sein könnte – ginge ihrer Bewegung nicht Kleists Bemerkung voraus, dass er fremd und steif vor ihr steht. Ein paar Zeilen später erfährt der Leser jedoch, dass in Nicolos *Brust* schon früh eine Zuneigung zum weiblichen Geschlecht erwacht, und später kommt auch Elvires gestörte Sexualität ans Licht. Schon in dieser ersten → UMARMUNG deuten sich die späteren → VERWIRRUNGEN an.

Die *Brust* ist der Sitz gewaltsam verdrängter Gefühle, die, wenn sie ausbrechen, wie außer sich geratene → METAPHERN den

Penthesilea »grenzt in einigen Stellen völlig an das Hochkomische, z. B. wo die Amazone mit *einer* Brust auf dem Theater erscheint und das Publikum versichert,

Brustkorb selbst zerreißen. Mit der Brust beginnend, verzehrt Penthesilea Achilles, als wollte sie *ihre eigene fehlende Brusthälfte* zurückerlangen.

daß alle ihre Gefühl sich in die zweite, noch übriggebliebene Hälfte geflüchtet hätten.« (Goethe, LS 281)

Alkmene stößt dadurch einen bleibenden Stachel in Jupiters vor Liebe erglühende *Brust,* dass sie nachts an Amphitryons Brust liegt und ihren Mann küsst (1290–7). In *Der neuere (glücklichere) Werther* legt sich der hoffnungslos verliebte Junge erst nackt in das leere Bett seiner Liebe und schießt sich, als er (vermutlich beim Onanieren) erwischt wird, mit seiner Pistole in die *Brust.* In *Die Hermannsschlacht* erwacht in Thusnelda eine aufrichtige Liebe zu Ventidius, doch als sie entdeckt, dass sie getäuscht wurde, lässt sie ihn von einem Bären zerfleischen, der seine Krallen als Erstes natürlich in seine weiche Brust vergräbt (2413). In *Der Zweikampf* werden die Verwicklungen zum Teil auch dadurch ausgelöst, dass der *verliebte* Friedrich von Trota auf seine eigene *Brust* hört und sich auf Littegardes Seite stellt, auf das Gebot seiner Brust hin ihre Unschuld beschwört, und sein Gegner, genauer: sein *Rivale,* beim Zweikampf zweimal in eben diese Brust sein Schwert stößt! Dennoch sagt er später über die gleiche Brust, dass sie voller Sünden sei (II. 249) – und auch Littegardes hysterischer → ANFALL im Kerker lässt sich zum Teil damit erklären. (Über diese Sünden schweigt der Mann übrigens genauso wie Kleist – doch um was könnte es sich anderes handeln als um die auch vor sich selbst verheimlichte sexuelle → BEGIERDE, die in ihm für die Frau erwacht ist – die später ihrerseits nicht so hysterisch wäre, würde sie zuvor nicht unbedingt rein vor der Welt erscheinen wollen.)

CHERUB

Wie mag das Auge eines Cherubs aussehen?

Als sich der → VATER der Marquise von O.... von seiner Tochter getäuscht fühlt, ruft er erstaunt aus: »[O], die verschmitzte Heuchlerin! Zehnmal die Schamlosigkeit einer Hündin, mit zehnfacher List des Fuchses gepaart, reichen noch an die ihrige nicht! Solch eine Miene! Zwei solche Augen! Ein Cherub hat sie nicht treuer! –« (II. 132).

In Matthew Gregory Lewis' Roman *The Monk* (1796) ist Luzifer von ähnlichem Äußerem: »A Figure more beautiful, than Fancy's pencil ever drew [...] a mysterious melancholy impressed upon his features, betraying the Fallen Angel« (Lewis, 276–7). Lewis, dessen Roman den Marquis de Sade genauso beeinflusst hat wie Byron oder Antonin Artaud, schrieb seine Erzählung *Mistrust, or Blanche and Osbright a Feudal Romance* (1808) nach dem Thema von *Die Familie Schroffenstein*.

Ist sein → BLICK also treu? Oder im Gegenteil: täuschend?

Ein Cherub rettet Käthchen durch ein Portal aus dem brennenden Schloss; ein Jüngling im Lichtschein, mit blondem, gelocktem Haar. Er ist nicht der einzige rettende Engel bei Kleist. In *Der Findling* rettet Colino, der junge genuesische Edelmann, die »zwischen Himmel und Erde schwebend[e]« Elvire aus dem brennenden Schloss; in *Das Erdbeben in Chili* verhelfen die »Engel des Himmels« – wiederum durch ein Portal – Josephe zur Flucht aus dem brennenden Gebäude; und auch Graf F... wird von der Marquise von O.... für einen Engel gehalten, als er sie in der brennenden Burg aus den Händen der zudringlichen Soldaten befreit.

Muss man sich in tödliche Gefahr begeben, damit einem ein Cherub erscheint?

Der Cherub ist ein Gesandter des → PARADIESES. Aber der Ort seines Wirkens ist die gebrechliche Welt. Und seine Hilfe gilt denen, die tiefer als alle anderen gesunken sind. Dort am Tiefpunkt erscheint er als helfender Engel.

Manche halten ihn freilich für einen → TEUFEL. Als Juan in *Die Familie Ghonorez* seinen blinden → GroßVATER führt, teilt er ihm mit, dass sie nicht nach Hause, ins Glück, zurückkehren können: »S' ist inwendig zugeriegelt.« (2736–7) Dann fährt er fort – wobei Kleist diese Worte später streicht –: »Es steht ein Teufel hinter Dir, der wird gleich peitschen, wir sind bald am Ziel.« Das Glück, dessen Tor verriegelt ist, ist das → PARADIES, aus dem sie, so Juan, der → TEUFEL vertreibt. An anderer Stelle ist es jedoch der Cherub. Im Aufsatz über das *Marionettentheater* heißt es: »[D]as Paradies ist verriegelt und der Cherub hinter uns; wir müssen die Reise um die Welt machen, und sehen, ob es vielleicht von hinten irgendwo wieder offen ist.« (II. 342)

Der Cherub *vertreibt* den Menschen aus dem → PARADIES, doch dabei treibt er ihn schon einem neuen paradiesischen Zustand entgegen. Wer nur *nach hinten* schaut, hält ihn für ein teuflisches Wesen (wie Theobald, der Waffenschmied, den Grafen vom Strahl); wer jedoch auch *nach vorne* schaut, entdeckt in ihm den Engel (wie Käthchen im Grafen vom Strahl). Der Cherub ist sowohl die *Vergangenheit* als auch die *Zukunft* des gefallenen Menschen. Ein zeitloses Wesen.

In der Person des Cherubs bricht das ganz *andere* in die Welt ein – etwas, wovon der aus dem → PARADIES vertriebene Mensch höchstens eine Ahnung haben kann. So wie Herr C..., der in dem Aufsatz über das *Marionettentheater* seinen Wettkampf mit dem Bären erzählt. Der Bär wendet keinerlei Taktik an: stattdessen blickt er seinem Gegner in die Augen, »Aug in Auge, als ob er meine Seele darin lesen könnte« (II. 345). Er gewinnt überlegen. Nicht dank seiner Geschicklichkeit, sondern – und hier müssen wir unsere Bedenken außer Kraft setzen und dieser absurden, komischen und verdächtig unglaubwürdigen Geschichte Glauben schenken – weil er nicht vom Baum der Erkenntnis gegessen und somit seine Unschuld bewahrt hat. Er durchschaut alles – mit jenem »Gefühlsblick«, den Kleist an → BROCKES so sehr bewundert (II. 620), und der alles, worauf er sich richtet, entblößt und in seiner eigenen Nacktheit sichtbar macht. Statt der *Reflexion,* die die Welt mit einem Netz von Ideen, Logik, Vernunft, Verstand und → BEGIERDEN überzieht, setzt sich bei ihm der alles durchdringende, → BLITZartige → BLICK durch. Das Fehlen der Reflexion bringt im Bären die → GRAZIE zum Vorschein. Herr C... erahnt in ihm ein paradiesisches Wesen. Hinter dessen Fell sich ein Cherub versteckt.

Ähneln also die Augen des Cherubs denen eines Bären?

Ja. Sie sind treu, hilfsbereit, Glück versprechend. Aber auch alles durchdringend, alles entblößend, → ENTSETZLICH. Wie der → BLICK jenes anderen Bären in *Die Hermannsschlacht,* der Ventidius in dem Garten zerfleischt, welcher genauso sorgfältig verriegelt ist wie das Tor des → PARADIESES. Oder genauso → ENTSETZLICH wie Kohlhaas' → BLICK sein muss, als er mit dem »Cherubsschwert« vor dem Volk erscheint, oder wie der → BLICK jenes Cherubs, der den Grafen vom Strahl auf seinem Sterbebett besucht (2365–6).

Ein solcher → BLICK muss auch der Marquise von O.... eigen sein: wild und sanft, treu und bedrohlich, engelhaft, aber auch an den → BLICK einer → FURIE erinnernd. Was Wunder also, dass dasselbe Auge im Grafen F... einmal einen Engel, ein andermal einen → TEUFEL erblickt.

Wer, wenn ich schriee, hörte mich denn aus der Engel
Ordnungen? und gesetzt selbst, es nähme
einer mich plötzlich ans Herz: ich verging von seinem
stärkeren Dasein. Denn das Schöne ist nichts
als des Schrecklichen Anfang, den wir noch grade ertragen,
und wir bewundern es so, weil es gelassen verschmäht,
uns zu zerstören. Ein jeder Engel ist schrecklich.«

(R. M. Rilke: *Duineser Elegien, I.*)

DASS

Als 1808 Karl August Böttiger *Die Marquise von* O.... (die Kleist so sorgfältig korrigierte, dass er sogar die vier Punkte hinter dem »O« genau beachtete!) nicht nur wegen ihrer vermeintlichen Geschmacklosigkeit, sondern auch wegen der vielen sich häufenden *daß*-Sätze zurückwies, hätte Kleist, wenn er Lust gehabt hätte, ihm zu antworten, ihm deutlich machen können, dass das, was später als »daß-Komplex« in die Kleist-Fachliteratur einging (Davidts, 66), in Wirklichkeit der Komplex des Grafen F... ist. Denn in dem berühmt-berüchtigten Gliedersatz gebraucht nicht Kleist, sondern Graf F... 15 (und danach noch weitere 17) dass-Sätze, während der Erzähler mit geradezu sadistischer Wonne beobachtet, wie der Graf in den Maschen seines selbst geflochtenen sprachlichen Netzes zappelt. Der Graf haspelt mit unwiderstehlicher *Leidenschaft* – und der Erzähler notiert mit haarsträubender *Leidenschaftslosigkeit,* was er sagt. Somit spielt sich das »Drama« auf zwei Ebenen ab: Einerseits befindet sich Graf F... in einer wahrhaft dramatischen Lage (einer Falle), andererseits entsteht die dramatische Spannung zwischen dem Haspeln des Grafen und dessen kühler und distanzierter Wiedergabe. Die Situation verschärft sich durch die sprachliche Spannung, zugleich wird die Sprache durch die Absurdität der Situation in eine unmögliche Lage gebracht. Der Graf erweckt den Eindruck eines Halbverrückten. Doch auch der Text beginnt den Verstand zu verlieren.

Graf F... hat früher keinesfalls gehaspelt. Im Gegenteil. Es kommt vor, dass er sich mit einem einzigen → GEDANKENSTRICH begnügt (oder der Erzähler hält ihn für jemanden, der sich mit so viel begnügt) – etwa im brennenden Schloss, mit der ohnmächtigen Marquise in den Armen. Zu haspeln beginnt er, als er die durch seine frühere *Wortkargheit* verursachte → VERWIRRUNG als bedrohlich und verhängnisvoll für sich empfindet. Das geschieht zudem unter ungewöhnlichen Umständen. Denn aus dem → *SCHEINTOD* wieder erwacht, stürmt der Graf von Neuem – nunmehr zum zweiten Mal – in das Heim des Obristen von G... und möchte die Marquise wieder für sich gewinnen.

Diesmal nicht durch Taten, sondern durch Worte. Und ebenso *überstürzt, hastig* und *unüberlegt* wie seine Tat war, ist nun auch seine Ansprache. Der Graf übt dauernd Gewalt aus. Er stürmt hinein, missachtet die Verblüffung der anderen, gibt auf nichts und niemanden acht. Mit einem Wort: Er nimmt sie nicht besonders zur Kenntnis. Obwohl er gerade in ihr Leben einbrechen will. Aber so kann er es nur zerrütten. Statt sich hinzusetzen und ohne Luft zu holen, bittet er → PLÖTZLICH die Marquise um ihre Hand. Der → VATER ist umsichtiger. Statt sich auch zu überstürzen, macht er nicht mittels der *Sprache* reinen Tisch, sondern bietet dem Grafen einen → STUHL an. Auf seine Worte reagiert er mit einer Handlung. Der Graf seinerseits setzt sich schnell und fährt, die Wortkargheit der anderen ausnutzend, fort zu sprechen, wie ein Wasserfall, in dem sich ein *dass* an das andere klammert. Doch da spricht nicht mehr er, sondern der Erzähler schildert, *wie* der Graf spricht.

Der Erzähler beschreibt nicht, wie der Graf ist; mit keinem Wort erwähnt er, dass er zerzaust ist, sich überstürzt, keine Luft holt, haspelt, errötet und niemanden anschaut. Zur Schaffung und Veranschaulichung der Situation genügt ihm der Bogen eines *einzigen* Satzes. Die *grammatikalische Struktur* wird zur Offenbarung einer *existenziellen Grenzsituation.* Als er seinen Satz (genauer gesagt, der Erzähler die indirekte Rede) mit einem Punkt schließt, unterbricht ihn der Obrist. Doch der Graf ergreift erneut das Wort und lässt sich zu drei weiteren *dass*-Gliedersätzen hinreißen, bis er die ratlose Familie schließlich mit der Last von insgesamt 32 *dass-Sätzen* zurücklässt. Diese »wußte [...] nicht, was sie aus dieser Erscheinung machen solle« (II. 113–4). Es verwundert nicht, dass sie ratlos sind: Der → VATER und die anderen Familienmitglieder haben nicht mit Worten, sondern mit Gesten versucht, den Wortschwall aufzuwiegen. Doch zwischen den unterschiedlichen Selbstäußerungen kann kein Dialog entstehen. Und dies zeigt spürbarer als alles andere, dass es zwischen dem monomanen Graf (dessen Wille sich auf *einen einzigen* Punkt richtet) und der sich *anfangs* noch besonnen verhaltenden (später jedoch ebenfalls wahnsinnig werdenden) bürgerlichen Familie kein Verständnis gibt. Statt eines Dialogs gibt es Räuspern, Verwunderung, Misstrauen und Unverständnis.

Die Herausgeber der kritischen Kleist-Ausgaben, Helmut Sembdner bzw. Klaus Müller-Salget, begründen den unregelmäßigen Bogen der Kleist'schen Sätze, die jede vernünftige Überlegung herausfordernde Regelwidrigkeit seiner Interpunktion und seine sich aus der Unter- und Überordnung ergebenden Sprachlabyrinthe damit, dass Kleist vermeintlich nicht die Regeln der geschriebenen, sondern der gesprochenen Sprache vor Augen hat und mit dem Satzrhythmus, den Betonungen und der Platzierung der Anführungszeichen den Eindruck gesprochener Sprache erwecken will. Nach ihrer Ansicht folgt Kleist dem inneren Gehör und erwartet von seinen Lesern ein eigenartiges, nicht vornehmlich auf dem Lesen beruhendes Verständnis. Das entscheidende Argument hierfür liefert Luise von Zenge, die Schwester Wilhelmines, der Verlobten Kleists, nach deren Angaben Kleist 1806 in Königsberg ein häufiger Gast der Familie war und ihnen gerne aus seinen noch nicht veröffentlichten Erzählungen vorlas: »Die Kunst, vorzulesen, war ein Gegenstand, über den Kleist nachgedacht hatte und oft sprach. Er fand es unverzeihlich, daß man dafür so wenig tue und jeder, der die Buchstaben kenne, sich einbilde, auch lesen zu können, da es doch ebenso viel Kunst erfordere, ein Gedicht zu lesen, als zu singen, und er hegte daher den Gedanken, ob man nicht, wie bei der Musik, durch Zeichen auch einem Gedichte den Vortrag andeuten könne.« (LS 145)

Graf F…'s seltsame, die deutsche Sprache verletzende Sätze sind jedoch *indirekte* Äußerungen. Nicht er deklamiert, sondern der Erzähler veranschaulicht, wie der Graf gesprochen hat. Überdies klingen seine Sätze keinesfalls wie Sätze, die man in der gesprochenen Sprache gebraucht: Sie sind

»Rühle […] hat die ganze Finesse, die den Dichter ausmacht,

viel umständlicher, gekünstelter. Es sind *unmögliche* Sätze, mit denen nur die Unmöglichkeit der Geschichte selbst wetteifern kann. Überzeugender erscheint die Argumentation von Roland Reuß: Seiner Ansicht nach kann man die Kleist'sche Syntax nicht aus der Intentionalität der gesprochenen Sprache erklären, sondern dadurch, dass Kleist auf diese Weise etwas veranschaulichen will, was in dem, was er direkt erzählt, nicht gegenwärtig ist, sondern nur »im Rücken des unmittelbar Ausgesprochenen« (Reuß, 8).

Dennoch stehen ausschließlich Worte auf dem Papier; was »nicht ausgesprochen« wird, wird auch nur durch die Niederschrift nicht ausgesprochen. Aus alledem folgt, dass Kleist, obwohl er zweifellos nicht ein *guter Stilist* im herkömmlichen Sinn sein will (er unterwirft die Sprache nicht vorgefertigten Gedanken und Ideen), beim Schreiben nicht nur den Eindruck der *gesprochenen Sprache* anstrebt (Sembdner, Müller-Salget) und auch nicht in erster Linie dem Leser »im Rücken« liegende Inhalte nahebringen will (Roland Reuß). Worin liegt also der Grund für seinen eigenartigen, unvergleichlichen Sprachgebrauch?

Der eigenartige Gebrauch der Interpunktion bzw. die Verschlungenheit der Satzstrukturen hängt vermutlich mit dem für Kleist immer schon schicksalsvollen Problem der unüberbrückbaren Kluft zwischen Ideal und Wirklichkeit, zwischen der letzten, verlockenden Unfassbarkeit und der enttäuschenden, endlichen Wirklichkeit zusammen. Dies unterstreicht auch sein Aufsatz *Über die allmähliche Verfertigung der Gedanken beim Reden,* in dem er

und kann auch das sagen, was er *nicht* sagt. Es ist besonders welche Kräfte sich zuweilen im Menschen entwickeln, während er seine Bemühung auf ganz andere gerichtet hat.«
[An Ernst von Pfuel, Juli 1805. (II. 757)]

über die Rolle der unartikulierten Töne, häufigen Bindewörter, überflüssig anmutenden Erläuterungen und anderer das Sprechen in die Breite ziehender Kunstgriffe sinniert sowie darüber, inwiefern diese unabdingbare Vorbereiter des → PLÖTZLICH in seiner ganzen Klarheit aufleuchtenden Gedankens sind. Und in einem 1811 erschienenen fiktiven Brief (*Brief eines Dichters an einen anderen)* schreibt er darüber, wie zweitrangig für ihn das richtige Metrum, der Rhythmus, der Wohlklang, die Reinheit und Richtigkeit des Ausdrucks und überhaupt die Sprache ist. Und er fährt fort: »Nur weil der Gedanke, um zu erscheinen, wie jene flüchtigen, undarstellbaren, chemischen Stoffe, mit etwas Gröberem, Körperlichen, verbunden sein muß: nur darum bediene ich mich, wenn ich mich dir mitteilen will, und nur darum bedarfst du, um mich zu verstehen, der Rede. Sprache, Rhythmus, Wohlklang usw. und so reizend diese Dinge auch, insofern sie den Geist einhüllen, sein mögen, so sind sie doch an und für sich, aus diesem höheren Gesichtspunkt betrachtet, nichts, als ein wahrer, obschon natürlicher und notwendiger Übelstand; und die Kunst kann, in bezug auf sie, auf nichts gehen, als sie möglichst *verschwinden* zu machen.« (II. 347–8)

Mit seinem eigenartigen »Stil«, seiner Modifizierung des »Sprachbildes« strebt Kleist eine radikale Umwertung des Systems an, nach dem der *Gedanke* unfassbar, das *Sprechen* damit verglichen schon etwas »schwerfälliger« und das *Schreiben* im Vergleich zum Sprechen noch »minderwertiger« ist. Er versucht, die Unterordnung des Schreibens aufzuheben und es aus jenen Fesseln zu befreien, die es von vornherein (schon vor der Formulierung) zum bloßen Vermittler und zur Hülle wohlgeformter Gedanken machen. In diesem Zusammenhang nimmt Kleists »anarchische« Schreibweise, die sowohl die gesprochene Sprache als auch den klassisch verstandenen, geschmückten »künstlerischen« Stil untergräbt, das Ende dessen vorweg, was Jacques Derrida die »Epoche des Logos« genannt hat: »In diese Epoche gehört die Differenz zwischen Signifikat und Signifikant, zumindest aber der befremdende Abstand ihres ›Parallelismus‹ und ihre wie immer verhaltene gegenseitige Äußerlichkeit. Die besagte Zugehörigkeit findet ihre Organisation und Abstufung in einer Geschichte. Die Differenz zwischen Signifikat und Signifikant gehört zutiefst in die Totalität jener großen, von der Geschichte der Metaphysik eingenommenen Epoche [...] Es können also innerhalb dieser Epoche die Lektüre und die Schrift, die Produktion oder die Interpretation der Zeichen und der Text im allgemeinen als Zeichengewebe in die Sekundarität verwiesen werden. Ihnen gehen eine Wahrheit und ein Sinn voraus, die bereits durch das Element und im Element des Logos konstituiert sind.« (Derrida, 1974, 27–30)

Kleists Schreibweise ist deshalb so einzigartig und außergewöhnlich, weil er sich nicht nach irgendeinem (stillschweigend) vorgefassten Sinn richtet: Er versucht, alles zu sich selbst in Bezug zu setzen. Durch seine eigenartige Organisation verkündet dieser »Stil« von vornherein eine bestimmte maßgebende und ausschließliche Deutung der Welt. Und zwar nicht nur durch den »Inhalt« des Satzes, sondern durch die bloße Existenz der Sätze selbst. Die Sätze sagen etwas anderes aus, als was durch sie gesagt werden soll. Graf F... *sagt* seine Gliedersätze *auf*, doch er ist nicht sein eigener Herr: Der *Satz geschieht* ihm gleichsam, und sein bloßer Klang deutet auch unabhängig von dem, was mitgeteilt wird, an, dass der Graf in eine schreckliche Falle geraten ist. Graf F... spricht, doch hinter seinem Rücken zwinkert der Erzähler dem Leser zu. Es geschieht das, was der amerikanische Literaturwissenschaftler Stanley Fish anderthalb Jahrhunderte später so formulieren wird: Der Satz ist etwas, »that *happens* to, and with the participation of the reader. And it is this event, this happening – all of it and not anything that could be said about it or any information one might take away from it – that is, I would argue, the *meaning* of the sentence.« (Zitiert nach Freund, 93)

Aus dieser seltsamen → OHNMACHT der »daß«-Sätze strömt die gleiche Bedingungslosigkeit und Unerbittlichkeit wie auf eigene Weise aus der Gestalt des Michael Kohlhaas. Und indessen entfaltet sich in ihnen das Drama der verzweifelten Anstrengung. Einerseits möchte Graf F... unbedingt den Anschein eines sinnvollen Zusammenhangs aufrechterhalten. Er haspelt zum Teil auch, um seine Zuhörer zu überzeugen: Es existiert eine *gemeinsame* Sprache, eine *gemeinsame* Seinserfahrung, es ist möglich, dass das, was *er* sagt, auch *die anderen* verstehen und nicht unbedingt für Wahnsinn halten. Andererseits ist gerade die Struktur der Sätze verräterisch. Sie lässt genau spüren, dass in der Tiefe keinerlei Zusammenhang besteht und dass auch der Sprecher (Graf F...) instinktiv spürt, dass ihn keiner versteht. Er täuscht einen Sinn und eine Verständlichkeit vor, doch zugleich verzerrt sich seine Gestalt zu immer größerer → UNVERSTÄNDLICHKEIT. Graf F... verkörpert Kleists Stil: unaufhaltsam wogende Berechnung, flutartig sich manifestierender Rationalismus. Als zwänge er die Sprache mit der → PEITSCHE, sich begreiflich auszudrücken. Nicht das Verständliche artet in → UNVERSTÄNDLICHKEIT aus, sondern umgekehrt. Das → UNVERSTÄNDLICHE verdichtet sich zur Verständlichkeit. Es verwundert nicht, dass beim Lesen der vielen *dass* gleichsam auch noch zu hören ist, wie der Erzähler mit seiner Federspitze das Papier aufkratzt (»peitscht«). Nicht nur einmal, im Jahr 1807, sondern jedes Mal wieder, wenn jemand die Erzählung liest. Es ist nicht nötig, *laut* zu lesen, man muss auch nicht unbedingt hinter »den Rücken« der Worte spähen. Das → UNBEGREIFLICHE wird in diesem »kratzenden« Ton spürbar, das Aussprechbare → VERSCHLINGT das → UNAUSSPRECHLICHE. Und die Worte werden sowohl übervoll (→ UNBEGREIFLICH) als auch entleert (niedergeschriebene Buchstabenkörper) – wie Graf F..., der in den Augen der Marquise in einer Person als Engel *und* als →TEUFEL erscheint.

DEMOKRATISCH

Ein einziges Mal schreibt Kleist dieses Wort – 1809, als er sich über die Rettung Österreichs Gedanken macht. Seine Aufzeichnungen beginnen mit den Worten: »Jede große und umfassende Gefahr gibt, wenn ihr wohl begegnet wird, dem Staat, für den → AUGENBLICK, ein demokratisches Ansehen.« (II. 380) Er denkt an die Vereinigung gegen die Franzosen, den allgemeinen Aufstand, den ins Leben zu rufen die Deutschen bis dahin versäumt hatten und den die Niederlage bei Wagram (5.–6. Juli 1809) besonders zeitgemäß machte. Die *demokratische* Organisation ist eines der Mittel dazu. Das Wort klingt in Kleists Mund nur so lange überraschend, solange wir es streng politisch auslegen. Er selbst hat ihm wohl eine umfassendere Bedeutung zugeschrieben. Er hat wohl an den mittleren Teil von *Das Erdbeben in Chili* gedacht, an die »demokratische« Einrichtung jenes kurzzeitig (für einen → AUGENBLICK) erblühenden paradiesischen Zustandes, den er schon im Herbst 1806 skizziert hat: »Auf den Feldern, so weit das Auge reichte, sah man Menschen von allen Ständen durcheinander liegen, Fürsten und Bettler, Matronen und Bäuerinnen, Staatsbeamte und Tagelöhner, Klosterherren und Klosterfrauen: einander bemitleiden, sich wechselseitig Hülfe reichen, von dem, was sie zur Erhaltung ihres Lebens gerettet haben mochten, freudig mitteilen, als ob das allgemeine Unglück alles, was ihm entronnen war, zu *einer* Familie gemacht hätte.« (II. 152)

Dieser demokratische Zustand hätte nicht ohne die vorhergehende schreckliche Verwüstung zustande kommen können, in deren Verlauf die ganze → NATUR aus den Fugen gerät. Nicht als Ergebnis einer vorhergehenden *politischen* Entscheidung wird die Menschheit zu *einer* Familie, sondern als Ergebnis eines göttlichen Urteils. Die Bewohner der Erde können gegen das Erdbeben keinen Einspruch erheben – folglich können sie sich auch nicht für die als ideal erlebte Einrichtung entscheiden. Doch → GOTT ist in der Erzählung nicht die Verkörperung der Güte, sondern der *Unberechenbarkeit* und Launenhaftigkeit. Die Politik ist deshalb »göttlich« – verhängnisvoll –, weil ihr die Menschen ebenso ausgeliefert sind wie → GOTTES Entscheidungen. Die Menschen (die Bewohner St. Jagos) empfinden das Erdbeben als etwas *Grauenhaftes* – so wie viele Deutsche die Französische Revolution –, aber als sie sich zu einer »idealen« Gemeinschaft zusammenscharen, ist ihre »Organisation« ebenso → ZUFÄLLIG und unberechenbar wie das Erdbeben selbst. Sie sind zwar glücklich – doch dieses Glück ist die Zufriedenheit von Tieren, die *vorübergehend* der Schlachtbank entkommen sind. Obwohl sie eine *Gemeinschaft* bilden, entbehrt diese jeder »politischen« Organisation. Statt einer Gesellschaft schaffen sie eine Gemeinschaft. Sie werden von einer panischen Angst zusammengetrieben. Diese Gemeinschaft mutet nur deswegen *organisch* an, weil ihre Glieder *wie Eingeweide* aufeinander angewiesen sind. Deshalb erscheint die Gemeinschaft vielen göttlich. Doch so wie Graf F... bald als Engel, bald als → TEUFEL erscheint, ist auch die Gemeinschaft – gerade wegen ihrer göttlichen Natur – unzuverlässig. Sie kann, wie das Ende der Erzählung zeigt, jeden → AUGENBLICK ins → ENTSETZLICHE ausarten. Jene, die gerade noch ideale »Bürger« waren, benehmen sich im nächsten Moment wie Ungeheuer. Erst retten sie einander aufopferungsvoll das Leben – um bald darauf die → HIRNE von Säuglingen zu verspritzen. Und das nicht irgendwo, sondern am Eckpfeiler jener Kirche, die nicht nur das Haus → GOTTES, sondern auch der Mittelpunkt der Gemeinde ist. *In* Das Erdbeben in Chili *ist nicht nur die allgemeine → VERSÖHNUNG demokratisch, sondern auch das allgemeine Blutvergießen.* Jeder hält das, was er im gegebenen Moment tut, für angebracht – doch keiner übernimmt für seine Taten die Verantwortung. Weder zur Zeit des Unglücks noch während des idyllischen Friedens und erst recht nicht in der Schlussszene, die in ein allgemeines Gemetzel ausartet. Doch was ist das für eine *Gemeinde,* die kein Verantwortungsbewusstsein kennt, oder genauer: die dem Einzelnen die Last der Verantwortung abnimmt? Das ruft Edmund Burkes Bemerkung in Erinnerung, dass die gefährliche Lehre der uneingeschränkten Volksgewalt auf der Erkenntnis gründet, dass man das Volk als Ganzes nicht zur Rechenschaft ziehen kann. »Darum ist die vollkommene Demokratie das schamloseste aller politischen Ungeheuer«. (Krienen, 71)

»[F]ürchterlich schien [Jeronimo] das Wesen, das über den Wolken waltet« (II. 147), ist über → GOTT, den höchsten Regenten, in *Das Erdbeben in Chili* zu lesen. Diesen auch politisch auslegbaren Satz wirft Kleist zum ersten Mal sechs Jahre zuvor in einem am 15. August 1801 an Wilhelmine von Zenge gerichteten Brief auf. Verfasst nicht irgendwo, sondern in *Paris.* Darin ist zu lesen: »O wie unbegreiflich ist der Wille, der über die Menschengattung waltet« (II. 682). Diese Erkenntnis ist nicht das Ergebnis von Kleists theologischen und metaphysischen Überlegungen, sondern bildet einen Teil seiner Gedanken über den *französischen Staat* und die *Aufklärung.* Indem er das Wirken des französischen Staates beobachtet, gelangt er zu dieser Einsicht. In Bezug auf die Werke Rousseaus, Helvetius' und Voltaires bemerkt er: So sehr sie die Wissenschaft auch emporgehoben hätten, hätten sie mit ihren Werken doch nicht zu verhindern vermocht, dass der französische Staat unaufhaltsam in sein Verderben rennt. Der *Staat,* schreibt er, eignet sich nicht dazu, irgendeine Art von *Wahrheit* zu begründen: Er dient ausschließlich den Interessen des *Profits,* was, sieht man sich in Frankreich um, zur Verbreitung von überflüssigem Wohlstand und Verschwendung führt, was wiederum Verbrechen und Zügellosigkeit nach sich zieht. Kleist bewertet die Aufklärung wohlwollend: Ohne sie, belehrt er Wilhelmine, bliebe der Mensch ungebildet wie ein Tier; genügt er jedoch den Erfordernissen der Moral und klärt sich auf, öffnet er der Sünde Tür und Tor. Daher seine Ratlosigkeit: Bleibt der Mensch unwissend, bewahrt er zwar seine Tugendhaftigkeit, wird aber ein Opfer des Aberglaubens; klärt er sich hingegen auf, überwindet er zwar den Aberglauben, geht jedoch den Weg der Sünde. »Und so mögen wir denn vielleicht am Ende tun, was wir wollen, wir tun recht« (II. 682), schreibt er und fährt fort: »Ja, wahrlich, wenn man überlegt, daß wir ein Leben bedürfen, um zu lernen, wie wir leben müßten, daß wir selbst im Tode noch nicht ahnden, was der Himmel mit uns will, wenn niemand den Zweck seines Daseins und seine Bestimmung kennt, wenn die menschliche Vernunft nicht hinreicht, sich und die Seele und das Leben und die Dinge um sich zu begreifen, wenn man seit Jahrtausenden noch zweifelt, ob es ein *Recht* gibt kann Gott von solchen Wesen *Verantwortlichkeit* fordern?« (II. 682–3)

Die Aufklärung und der ihr entspringende Liberalismus tragen nach Kleist den Keim ihres eigenen Untergangs in sich. Wie kurz vor ihm der Marquis de Sade wendet sich auch Kleist von der Warte der Aufklärung aus, und ihren Geist für sich beanspruchend, gegen die Aufklärer. Genauer gesagt, er wendet sich gar nicht gegen sie, sondern durchspielt die Möglichkeit, was wohl geschähe, wenn die Lehren der Aufklärung konsequent in die Tat umgesetzt würden. Dabei entsteht ein wahrhaft Kleist'scher Vergleich, der bereits Penthesileas letztem Kannibalsmahl den Weg bahnt (und es zugleich von jeder Schuld freispricht): Die gleiche innere Stimme, die den Christen zur Verzeihung veranlasst, veranlasst den Ureinwohner, seinen Feind zu braten und aufzufressen. Keiner von beiden ist zu verdammen: Beide sind gefangen in einem System von Gepflogenheiten, das *nicht demokratisch* zustande gekommen ist, sondern auf Überlieferung beruht, ohne die eine *Gemeinschaft* nicht existieren kann. Der *Staat* (hier: der französische Staat) verhält sich zu dem durch keine rationale Argumentation und keine Institution zu beeinflussenden, blinden System von Gepflogenheiten so wie die *Gesellschaft* zur *Gemeinschaft*, deren Gegensatz später durch Ferdinand Tönnies in allen Details ausgearbeitet wurde. Kleists frühe Einsicht findet in *Das Erdbeben in Chili* ihren Widerhall und nimmt nunmehr apokalyptische Dimensionen an: Die Unschuld (die paradiesische Idylle) kann erst nach Zerstörung der Zivilisation (St. Jago) geboren werden, wenn die Institutionen nicht mehr bestehen und weder die kirchliche noch die weltliche Regierung mehr im Amt ist, sondern die Menschen als *Gemeinschaft* aufeinander angewiesen sind. Sobald sie sich wieder im Rahmen der Institutionen, am Kirchplatz und auf der Agora, einfinden und die Demokratie walten lassen, verwandeln sich die gleichen Menschen in blutrünstige Wilde. Die Staatlichkeit ist *von vornherein* eine Brutstätte der Sünde.

Nach anfänglicher Begeisterung lehnen die Deutschen die Französische Revolution nach 1797 vor allem wegen ihrer Willkür ab, und wie Burke nennen auch sein deutscher Übersetzer, Friedrich Gentz (mit dem Kleist in persönlichem Kontakt steht), sowie Kleists enger Freund, Adam Müller, die Jakobiner »rasende Theoretiker« (Carl Schmitt, 1982, 41). Doch auch all jener, die – von Fichte über Schelling, Schleiermacher, Friedrich Schlegel bis einschließlich Novalis – die »organische Natur« ihrer eigenen Gemeinschaft preisen, bemächtigt sich, wie *Die Hermannsschlacht* beweist, nicht die politische Besonnenheit, sondern (latent oder offen) der → WAHNSINN DER FREIHEIT. In seinen Vorträgen *Über das Ganze der Staatskunst* (1808–09) deutet Adam Müller den Staat vor allem als »Idee«, als organische Totalität;

doch *bleibt* die rhetorisch-sentimentale Ausführung seiner Gedanken, die Betonung der Poesie, Natürlichkeit und Schönheit des Staates trotz jeder *Erhabenheit* (oder gerade ihretwegen) hinter der praktischen Wirksamkeit *zurück*. Das Pathos dient dazu, das Ausgeliefertsein der in die Ecke Getriebenen zu tarnen. Mit den Worten Carl Schmitts: »Die Realität, deren Macht sich jeden Tag faktisch erwies, blieb als irrationale Größe im Dunkeln [...] So verschieden, systematisch und gefühlsmäßig, die Voraussetzungen, Ergebnisse und Methoden sind, über den Unterschied von Optimismus und Pessimismus hinweg, ist die Angst des einzelnen Individuums herauszuhören und sein Gefühl, betrogen zu sein. Wir sind hilflos in der Hand einer Macht, die mit uns spielt.« (Schmitt, 1982, 115)

Die alle Menschen zusammenschweißende *Demokratie* ist das Ergebnis einer äußeren Gefahr, die sich am ehesten mit einer Naturkatastrophe vergleichen lässt. Diese äußere Gefahr ist wie eine negative Form; die hierhinein »gegossene« Demokratie ist nicht »positiv«, sondern in erster Linie ein Ausdruck der Negativität der Form, die sie bestimmt. Wie das Verhängnis schlägt die Politik auf die Menschen ein. Die Gefahr ist ebenso übermenschlich wie die Kraft, die benötigt wird, um sie abzuwenden. Der zweite Satz aus dem Pamphlet »Über die Rettung von Österreich« führt die → *FEUERSbrunst* als Beispiel dafür an, was nur mithilfe eines demokratischen Zusammenschlusses besiegt werden kann. Und wenn die Gefahr groß ist, muss die Demokratie nicht vor allem für Recht und Gerechtigkeit sorgen, sondern für *Stärke*. Der französischen Gefahr habe man bis dahin tatenlos zugesehen, sagt Kleist; nunmehr sei »das Äußerste«, der demokratische Zusammenschluss, vonnöten. Die *apokalyptische* Gefahr bedarf einer Antwort, die selbst die Ausmaße eines Weltgerichts hat. Ob dieses Weltgericht jedoch demokratisch ist? (Und ist Kohlhaas, der wie ein »Engel des Gerichts« (II. 32) über seine Feinde herfällt, ein Demokrat?)

Kleists Demokratieverständnis hat nicht viel mit der bürgerlich-liberalen Denkart zu tun. Doch in diesem Zusammenhang lässt es sich auch schwer als konservativ bezeichnen. Schließlich ruft er sogar den österreichischen Kaiser dazu auf, etwaige dynastische Interessen zu vernachlässigen, da die Existenz seines Throns ein minderwertiges und untergeordnetes Ziel sei. Das Hauptziel ist nämlich nicht politisch: Der Krieg muss für → GOTT, die Freiheit, die Gesetze, die Sittlichkeit und die Besserung eines verkommenen und entarteten Geschlechts geführt werden.

Das entscheidende Wort: *verkommen.* Die verkommene Nation muss gerettet werden. Demokratie bedeutet für Kleist nicht den politischen, sondern den nationalen Zusammenschluss, ja die allgemeine, gewaltige und gewalttätige Erhebung. Der demokratische Zusammenschluss muss nicht die Rechte des *Individuums* sichern, sondern für den universellen Gegenschlag sorgen. Die Welt ist wie ein Pendel: Sie schwingt von der Höhe in die Tiefe und wieder hinauf. Und die Demokratie ist wie ein »mechanischer« Apparat, der die Bewegung des Pendels sichert. Im Pamphlet »Über die Rettung von Österreich« ist das Böse *unten* und das Gute *oben* und die Demokratie hat die Aufgabe, für den *Aufschwung* zu sorgen. Doch wichtiger als Worte ist, wie *Das Erdbeben in Chili* zeigt, die Bewegung dahinter, der Rhythmus der Existenz. In dieser Erzählung ist nämlich *oben* das Böse und *unten* das Gute – und die Demokratie führt hier einen Aufschwung zum Bösen herbei. Die *pendelartige* Bewegung sichert den Übergang zwischen Gut und Böse, Leben und Tod, Himmelfahrt und → HÖLLENfahrt – und auch wenn es *politisch* nicht gleichgültig ist, was unten und was oben ist, ist vom *apokalyptischen* Standpunkt aus die *Bewegung* wichtiger als die Übereinkunft.

Kleist erwartet von der Demokratie nicht die Sicherung der Menschenrechte, sondern sieht in ihr den Vorboten des Weltgerichts. Das *politische* Instrument der Demokratie ist schließlich auch das Instrument des *Todes* – selbst wenn es vorübergehend dem Überleben dient. Denn

»›[D]ie ›*Rechte des Menschen*‹. Gegen diese findet keine

für die apokalyptische Sichtweise stellt – auch wenn sie den Tod nicht offen bejaht – nicht das Leben den höchsten Wert dar. In *Die Verlobung in St. Domingo* wirft Kleist indirekt auch die Frage der Menschenrechte auf (ohne das Wort »Demokratie« zu gebrauchen), was eine endlose Kette von Katastrophen einleitet. Kleist hat zwar Edmund Burkes Buch über die Französische Revolution (*Reflections on the Revolution in France,* 1790), in dem der englische Denker die auf der Alleingültigkeit der Menschenrechte beruhende Ideologie zurückweist, nicht gelesen, doch kennt er gut Friedrich Gentz, der Burkes Buch ins Deutsche übersetzt hat (1793), und erwähnt Burke einmal in den *Berliner Abendblättern* mit Namen.

So wie die Verkündigung der Menschenrechte nach Burkes Ansicht über eine unaufhaltsame Eigendynamik verfügt, die einer endlosen Kette von Begehrlichkeiten Tür und Tor öffnet und schließlich zur Katastrophe führt, entwickelt sich auch in dieser Erzählung eine eigenartige Verkettung der Ereignisse. Erst erheben sich die Franzosen gegen die alte Ordnung, dann erheben sich die Herrscher der französischen Kolonien gegen Frankreich, dann erheben sich die »Neger«* gegen ihre Herren, dann beginnen sich die »Neger« gegenseitig auszubeuten (in der Erzählung besetzt Congo Hoango das *Haus* des vertriebenen Herren, lässt die anderen »Neger« hingegen im *Stall* wohnen), und es ist nur eine Frage der Zeit, bis auch die unter-

Verjährung statt, gegen diese kann kein Vertrag verbinden: bei diesen gelten keine Einschränkungen, keine Vergleichsvorschläge; die geringste Abweichung von der Strenge ihrer Forderung ist Betrug und Tyrannei […]. Der Tadel dieser spekulativen Köpfe, der immer bereit ist, wenn die Staaten nicht nach ihren Theorien gebaut sind, trifft eine alte wohltätige Regierung ebensogut als die schreiendste Tyrannei oder die frischeste Usurpation. Sie liegen im beständigen Kriege mit allen Regierungen, nicht um Mißbräuche anzugreifen, sondern bloß, um die Frage nach Befugnis und Vollmacht zur Herrschaft abzuhandeln.« (Burke, 131) Zu Burkes Wirkung in Deutschland vgl. Dag Kriekens Studie (1995).

* Sowohl Burke als auch Kleist verwenden in ihren Texten das Wort »Negro« bzw. »Neger«. Der historischen Genauigkeit wegen wird dieser Begriff hier auch verwendet, allerdings in Anführungszeichen, um ihn als Zitat kenntlich zu machen und die Gewalt, die diesem Begriff unweigerlich eingeschrieben ist, nicht zu verschleiern.

legenen »Neger« sich ihrer Rechte bewusst werden und sich erheben. Das Bild der Schweizer Familie bildet einen *idyllischen* Kontrapunkt zur durcheinandergeratenen Weltordnung, und so wie die Liebe zwischen Josephe und Jeronimo in *Das Erdbeben in Chili* ist auch Gustavs und Tonis Verbindung ein *sicherer* Punkt, der den Tod *jenseits* der Ereignisse als den Ort des Friedens bestimmt.

Diese tragischen Lieben sind: *demokratische Lieben.* Für Kleist ist die Demokratie dasjenige *Mittel,* mit dessen Hilfe der Mensch (die Nation) nicht nur einer Gefahr, dem allgemeinen Durcheinander, sondern der Welt selbst entrinnen kann. Er glaubt, dass mit dem *politischen* Mittel der Demokratie die *Politik* selbst zu überwinden sei. Mit einer *solchen* metaphysischen Demokratie sind Partisanenkrieg *(Die Hermannsschlacht, Die Verlobung in St. Domingo),* Terror *(Michael Kohlhaas),* Selbstjustiz *(Das Erdbeben in Chili)* und sogar sexuelle Gewalt *(Die Marquise von O....)* durchaus vereinbar. Denn hat nicht die Marquise, nachdem ihr Graf F... als *politischer* Sieger Gewalt angetan hat, teil an jenem erhebenden Erlebnis, das am treffendsten die Mutter als »Umwälzung der Weltordnung« (II. 122) bezeichnet? Politisch ist das als erfolgreich zu bewerten, was die ganze Welt durcheinanderbringt, suggeriert Kleist. Die *Gefahr* einer gebrechlichen und hinfälligen Welt kann durch die tödliche (erlösende, jenseitige) Demokratie besiegt werden. Denn unerschütterlich ist allein der tote Punkt.

DRITTES

Wenn man es braucht, ist es spurlos verschwunden. Aber wenn man es nicht sucht, lauert es überall, hinter den verschiedensten Masken. Bald als unmerkbarer, aber alles durchdringender → BLICK, bald als → BLITZ, bald als ein einziger, leiser Seufzer (→ ACH!), bald als das → ENTSETZEN. Es kann sogar als bloßer → GEDANKENSTRICH erscheinen. Einmal nimmt es menschliche Gestalt an (als → CHERUB, als Marionette, als → ZIGEUNERIN), ein andermal schlüpft es in ein Tierfell (Bär); es kann ein harmlos anmutender Gegenstand (→ TUCH), aber auch eine → METAPHER sein, die wie eine → PEITSCHE knallt. Doch bevor man es entlarven und mit dem Finger darauf deuten könnte: Ja, da, da ist das fehlende Dritte!, ist es bereits in nichts zerronnen. Das Ungreifbare ist sein Seinselement. Es erinnert an das, was Goethe später das Dämonische nennt, das »als ein mächtiges Drittes [...] jede Leidenschaft zu begleiten pflegt« (*Gespräche mit Eckermann,* 5. März 1830). Aber während das Dämonische bei Goethe letztendlich die Aufgabe hat, die Gegensätze auf einer höheren Ebene miteinander zu → VERSÖHNEN, damit »hieraus ein Drittes hervorgehe« (*Dichtung und Wahrheit,* 20. Buch), tritt das »Dritte« bei Kleist als die Unversöhnlichkeit der Gegensätze in Erscheinung. Erst aus seiner Abwesenheit kann man darauf schließen. Es ist eine selbstständig gewordene Verneinungspartikel: → UN.

Gibt es das überhaupt?

Schon in seinem ersten Stück, dem 1802 entstandenen *Die Familie Ghonorez*, erwähnt Kleist das fehlende Dritte. Die Zeilen, die darauf anspielen, rettet er auch in die endgültige Fassung, *Die Familie Schroffenstein,* hinüber. Das Haus Schroffenstein besteht aus *drei* Linien: Rossitz, Warwand und Wyk. Zwischen den ersten beiden tobt – wegen eines Erbvertrags und vermeintlicher Meuchelmorde – eine Fehde, die sich im Laufe des Stückes verschärft und keine Hoffnung auf → VERSÖHNUNG lässt.

Mit seinem guten dramaturgischen Gespür lässt Kleist eine Figur auftreten, die – als ein Dritter – Frieden stiften könnte: Jeronimus, der Vertreter des Hauses Wyk, der dritten Schroffenstein-Linie. Dieser versucht in der Tat alles, um Rupert und Sylvester miteinander zu → VERSÖHNEN. Aber Kleist lässt – diesmal nicht nur als geschickter Dramaturg, sondern auch als tiefer Skeptiker – Jeronimus alsbald beseitigen. Er wird ermordet, und mit ihm stirbt die *dritte* Linie aus. Erst dadurch fällt das Fehlen des Frieden stiftenden Dritten wirklich auf.

Das Stammschloss der Familie Kleist heißt Ruschitz (Rossitz) – und der Rechtsstreit der beiden übrig gebliebenen Linien der einst aus drei Linien bestehenden Familie endete erst 1797, vier Jahre vor der Entstehung von *Die Familie Ghonorez* bzw. (später) *Die Familie Schroffenstein.* (vgl. W. Kittler, 41–2)

Es bleibt nur ein ermutigendes Zeichen: die Liebe zwischen dem Rossitzer Ottokar und der Warwander Agnes, die, ginge sie in Erfüllung und fände sie das Einverständnis der → VÄTER, Frieden bringen und als dramaturgischer Faden die Handlung abrunden könnte. Aber den Liebenden fehlt nicht nur das → VERTRAUEN zu den → VÄTERN, sondern auch zu sich selbst. Jedenfalls glaubt Ottokar, dass es jenseits ihrer Liebe etwas geben müsse, was in beiden Vätern den Gedanken des Friedens weckt.

»– Ja könnte man sie nur zusammenführen!
Denn einzeln denkt nur jeder seinen einen
Gedanken, käm der andere hinzu,
Gleich gäbs den dritten, der uns fehlt.
– Und schuldlos wie sie sind, müßt ohne Rede
Sogleich ein Aug das andere verstehn.« (1423–8)

Wer könnte jener Dritte sein, auf den Ottokar hofft? Der (oder das) zwischen den → VÄTERN vermitteln und die Missverständnisse zwischen ihnen → ZERSTREUEN könnte? Wer könnte diese Rolle verkörpern? Jedenfalls kein Mensch, denn wer es auch auf sich nähme, würde sofort im Auftrag eines der beiden Grafen ermordet werden. Genauso wenig könnte es ein lebloser Gegenstand sein, auch wenn die Gegenstände in dem Stück (der abgeschnittene kleine Finger, die vertauschten Kleider) eine nicht zu unterschätzende Rolle spielen.

Kleist will sich nicht in das Fehlen dieses Dritten einfinden. Und bis zum Ende des Stückes wird er auch fündig. Doch der → AUGENBLICK der → VERSÖHNUNG fällt mit der Katastrophe zusammen: Die → VÄTER schlachten ihre eigenen Kinder ab und reichen sich über die Leichen hinweg die Hände – mit abgewandten Gesichtern. Ist das → GOTTES Wille? Eustache, Ruperts Frau, meint früher, »Gott zeigt den Weg selbst zur Versöhnung« (1988). In den letzten Zeilen dankt denn auch Ursula, die Totengräberswitwe (!), höhnisch → GOTT für diesen Frieden: »Gott sei Dank! / So seid ihr nun versöhnt.« (2721–2) Und damit man diesen → GOTT ja nicht für den → GOTT der → VERSÖHNUNG hält, versichert in der letzten Zeile des Stückes Ruperts unehelicher Sohn, der inzwischen geistig umnachtete Johann, den Zuschauern: »Ich bin zufrieden mit dem Kunststück.« (2725)

Kleist tut alles, um den Zuschauern zu versichern: Ohne → VERSÖHNUNG (Wahrheit, Vermittlung, Aussprache) gerät die Welt aus den Fugen, bleibt hinfällig und gebrechlich, wird wie ein offenes Grab. Doch mit der gleichen unerbittlichen Folgerichtigkeit zeigt er auch, dass Wahrheit und Klarsicht, die seines Erachtens ursprünglich jedem Menschen eigen sind, mit dieser gebrechlichen und → UNBEGREIFLICHEN Welt unvereinbar sind. Die Welt ist für Kleist ein Labyrinth von Irrwegen und Sackgassen, in dem kein unmittelbarer Ausblick auf etwas möglich ist. Dagegen ist für ihn die Wahrheit (Aussöhnung) etwas Unmittelbares, das wie ein → BLITZ ist: Sie bedarf nicht einmal der Worte.

Den fehlenden Dritten, auf den Ottokar hofft, erwartet keine geringere Aufgabe als die → VERSÖHNUNG dieser beiden Unvereinbarkeiten. Lässt sich so etwas vorstellen? Ja. Und doch nicht. Einerseits muss er existieren, denn sein bloßer Gedanke ist schon ein Beweis seiner Möglichkeit. Andererseits kann es nicht sein, dass er existiert, denn gerade die Existenz (die gebrechliche Welt) schließt seine Möglichkeit aus. Der »Dritte« ist das Objekt ewiger Hoffnung, obwohl gerade seine Abwesenheit der alleinige Beweis seiner Existenz ist. Erst durch seine Ungreifbarkeit und → UNBEGREIFLICHKEIT wird er greifbar. Was Wunder also, dass Kleist keine Worte für ihn findet. Denn in Wahrheit weiß man gar nichts über ihn. Er ist nicht *etwas,* was bereits vor den Worten existiert, zu dem man dann – mit der nötigen Begabung und Fertigkeit – die passenden Worte finden kann, sondern etwas, was sich erst beim Erklingen der Worte und Sätze abzuzeichnen beginnt. Überdies beziehen sich die Worte und Sätze gar nicht auf ihn. Sie umreißen vielmehr eine negative Form, anhand derer man auf das fehlende Positiv schließen kann, das sich niemals gießen lässt.

Kleists Figuren erahnen den fehlenden Dritten – im Gegensatz zu den Millionen von vorhandenen »Ersten« und »Zweiten« – meist erst, als sie von ihm zu sprechen beginnen. Genauer gesagt, nicht einmal *über* ihn, sondern *aus* ihm heraus, als sein ungebetenes Sprachrohr. Es verwundert nicht, dass sie dann allzu leicht in → VERWIRRUNG geraten, ja zuweilen sogar → UNVERSTÄNDLICH werden. Sie versuchen, für etwas Worte zu finden, wofür es keine Worte gibt. In den → AUGENBLICKEN der Leidenschaft werden sie förmlich zerrissen, und sie sind bereit, für ihren inneren Frieden (die Einheit ihrer Seele) die ganze Welt zu opfern. Aber nicht durch die Glättung der Gegensätze erscheint ihnen das erreichbar, sondern durch ihre Steigerung ins Unendliche. Das erklärt, warum sie beharrlich Situationen für sich schaffen, in denen sich alles mit seinem eigenen Gegenteil auflädt. → KÜSSE und Bisse *(Penthesilea)* werden dann genauso zum einzigen Echo eines dritten, unbekannten Wortes wie → RECHTSCHAFFEN und → ENTSETZLICH in *Michael Kohlhaas*. Deshalb kann auch Graf F… in einer Person als Engel und als → TEUFEL erscheinen *(Die Marquise von O….)* und ein andermal ein einzelner Mensch sich in zwei einander wirklich ausschließende Wesen spalten *(Amphitryon)*. Und auch in den → LOGOGRIPHISCHEN Lösungen, die bei anderen Schriftstellern eher aus verspielten oder gekünstelten Ideen bestehen (etwa im 12. Kapitel des III. Buches von *Wilhelm Meisters Lehrjahre)*, ist das Bemühen erkennbar, Worte zu schöpfen, die *gleichzeitig zwei* Namen (Nicolo – Colino in *Der Findling)* und darüber hinaus Engel und → TEUFEL bedeuten können.

Colino – Nicolo. Dasselbe und doch nicht. Kleist greift auf eine *unmöglich* anmutende Lösung zurück: Er versucht, zwei unterschiedliche Tonfolgen miteinander zu vereinbaren – mit dem Ziel, eine dritte hervorzubringen, die weder Colino noch Nicolo ausgesprochen wird und doch beides zugleich bedeutet. Dieses → UNAUSSPRECHLICHE und unmögliche Dritte wäre das, was beide Figuren miteinander vereinen könnte, ohne dass sie je miteinander zu → VERSÖHNEN wären – und zwar nicht mithilfe einer dialektischen Auflösung (also umsichtig), sondern mit der besessenen Geste derer, die Grenzen überschreiten. So wie sich auch die beiden Grafen in *Die Familie Schroffenstein* erst dann → VERSÖHNEN würden, wenn es ein Drittes gäbe, dessen Name zugleich Rupert und Sylvester bedeutete.

Sie würden sich jedoch auch dann nicht → VERSÖHNEN. Denn → VERSÖHNUNG existiert nur in jener → UNBEGREIFLICHEN, nicht diesseitigen Welt, in der sogar eine Sprache vorstellbar ist, in der man *gleichzeitig*, in einem Atemzug → KUSS *und* Biss (Kbiuß), → ENTSETZLICH *und* → RECHTSCHAFFEN (erntsechtetzschliaffchen), Nicolo *und* Colino (Nciolicolnoo), Engel *und* → TEUFEL (Etngeeuflel), Sylvester *und* Rupert (Sryulpvesetrert) aussprechen kann. Das wären neue, noch nie gehörte und nicht einzuordnende Worte – → *KENTAURENworte*. Sie würden Weisheit bescheren – wie die → KENTAUREN in der antiken Mythologie; aber sie würden zugleich auch jede existierende Sprache zerrütten – mit der → HEFTIGKEIT eines → KENTAUREN. Oder der Penthesileas, die von den Griechen, die verständnislos vor dem → ANBLICK der blutrünstigen und doch zerbrechlichen Amazone verharren, gleich zweimal → KENTAURIN genannt wird (118, 548). Odysseus sagt über sie:

»So viel ich weiß, gibt es in der Natur
Kraft bloß und ihren Widerstand, nichts Drittes.
Was Glut des Feuers löscht, löst Wasser siedend
Zu Dampf nicht auf und umgekehrt. Doch hier
Zeigt ein ergrimmter Feind von beiden sich,

Angesichts des Streits zwischen den beiden Grafen meint Ludwig Tieck 1821, dass Kleist »das Für und Wider im Verlauf der Begebenheit dialektisch entwickelt«. Diesen Gedanken übernehmend, schreibt Hinrich C. Seeba im Kommentar zur kritischen Ausgabe von *Die Familie Schroffenstein* Folgendes über den Gegensatz beider Grafen: »Das *tertium comparationis* des Verstehens ist ›der dritte Gedanke‹, in dem der Gegensatz des Denkens dialektisch aufgehoben würde [...], wenn jeder von ihnen bereit wäre, die Vereinzelung ihres jeweils eindeutigen, für allein richtig gehaltenen Gedankens zu verlassen.« (Seeba, I. 600, 588) Betrachtet man das Verhältnis der beiden Grafen zueinander, so stellt das Fehlen des »dialektischen Verständnisses« in der Tat einen *Defekt* dar; das Stück *als Ganzes* verdankt jedoch gerade dieser Unmöglichkeit seine Kraft. Dieser Mangel ist so tief und unausfüllbar, dass das Stück

Bei dessen Eintritt nicht das Feuer weiß,
Obs mit dem Wasser rieseln soll, das Wasser,
Obs mit dem Feuer himmelan soll lecken.« (125–32)

Kleist unterscheidet immer genau zwischen der *inner*weltlichen und einer davon radikal verschiedenen (aber nicht unbedingt jenseits des Todes befindlichen) Existenz. Aber man würde ihn rettungslos Missverstehen (und gliche als Leser seinen inmitten ewiger Missverständnisse umherirrenden Figuren), wenn man daraus folgerte, dass jenes fehlende, von Ottokar beschworene oder nach Odysseus nicht existierende → DRITTE die Aufgabe hat, eine *Synthese* herzustellen. Rupert und Sylvester lassen sich genauso wenig miteinander → VERSÖHNEN wie → FEUER und Wasser, und aus den Worten Nicolo und Colino lässt sich genauso wenig ein drittes, *sinnvolles* Wort formen wie in Graf F... Engel und → TEUFEL zu einer Einheit miteinander verschmelzen können. Die Radikalität des »alles oder nichts« lässt sich mit keinem dialektischen Kunststück überbrücken, bietet keine Möglichkeit zu einem hermeneutischen Verständnis. Hegels synthetisierende Methode erweist sich bei der Lektüre Kleists als genauso ungeeignet wie Schleiermachers hermeneutische Vorgehensweise, und Schlegels Hoffnung auf die harmonische Eigendynamik der »progressiven Universalpoesie« ist ihm genauso fremd wie die mystische Abrundung des dichterischen Universums, wie sie Novalis vorgeschwebt hat.

Während Kleist seine Figuren in extreme Situationen zwingt, versetzt er auch die Literatur in eine radikal neue Lage: Er

gerade durch ihn ganz und vollständig wird, so wie »das Bild des Hohlspiegels, nachdem er sich in das Unendliche entfernt hat, plötzlich wieder dicht vor uns tritt« (II. 345). Kleist lässt die *Negativität* des fehlenden Dritten als *positive Kraft* erscheinen, die dadurch *schöpferisch* wird, dass sie *alles zerstört.*

»[D]ie Fragen nach einer Realität über das Verhältnis, über den Gegensatz hinaus [sind] in sich widersprechend, unsinnig und leer« – schreibt Adam Müller in seinem Werk *Die Lehre vom Gegensatz.* – »Sobald wir irgendeine Einheit, sei's nun unter der Gestalt eines Prinzips, einer Endursache, eines Dinges an sich, vollständig, absolut und isoliert aufstellen, ebensobald stürzt sie versteinert und tot wieder zurück; [...] der bloße Wille, eine solche absolute Einheit oder absolute Mannigfaltigkeit aufzustellen, [ist] in sich widersprechend und unmöglich [...].« (Adam Müller, II. 203–8)

zerstört die im herkömmlichen Sinn verstandene Metaphysik (sprengt sie durch seine ihr gegenüber bezeugte Gleichgültigkeit), wodurch das *Schreiben* wie ein Feld toter Schlacke erscheint. Es gibt keine »dahinterliegende« Wahrheit, welcher die mit unendlicher Energie geladenen Worte dienen könnten, sodass sie nach innen zerspringen. Statt einer Explosion findet eine ständige Implosion, ein dunkles, inneres Glühen, statt. Kleists Text glüht (wenn auch auf ganz andere Weise) genauso wie die Texte Gogols, Kafkas, Célines und Becketts glühen. Es ist ein unendlich vielschichtiger Text – und doch *bloß* ein Text, in dem jedes Wort beladen und verdichtet ist. Ihre Dichte und Schwere (und gelegentliche Schwerfälligkeit) verdanken die Worte jedoch nicht einem Sinn jenseits des Textes, einer fremden Idee, sondern den anderen Worten. In Kleists Texten ist jedes Wort ein → KENTAURENwort, ja, ein Wort wie eine tausendköpfige Hydra.

Gäbe es einen → GOTT, eine platonische Idee, nach der man sich wie nach dem Polarstern richten könnte, wären vielleicht alle Konflikte und Gegensätze in Kleists Œuvre lösbar. Dann könnten sich einst Colino und Nicolo die Hand reichen, Rupert und Sylvester sich im Kreise der *wiederauferstandenen* jungen Leute → UMARMEN, Penthesilea und Achilles heiraten, Alkmene für immer mit Amphitryon glücklich sein. Aber hinter Kleists Helden steht kein zuverlässiger → GOTT, der jedem irdischen Misstrauen ein Ende setzte. Gerade die Abwesenheit des »Dritten« macht Kleists Kunst so eigenartig und unverwechselbar.

Diese Abwesenheit verdeutlicht auch, dass die europäische Kulturtradition einen

Kleist setzt die *Drei* häufig mit Nachdruck ein. Der Kurfürst entlässt den Prinzen von Homburg im ersten Auftritt des Stückes gleich *drei Mal* ins Nichts. Graf F… meldet sich am *Dritten* auf die Zeitungsannonce im Haus der Marquise von O…. *Drei Mal* setzt Kohlhaas Wittenberg in Brand. *Drei Mal* hintereinander beruhigt Jupiter Alkmene (1574). *Dreihundert* → PEITSCHENschläge möchte Amphitryon – in ohnmächtiger Wut – Sosias versetzen lassen, ausgeteilt von *drei* Händen (1860–1). In *Das Käthchen von Heilbronn* muss man nach Theobalds Worten nur neun (*3 × 3*) Monate warten, um herauszufinden, ob der Graf Käthchen entehrt hat oder nicht. Und im Aufsatz über das *Marionettentheater* erwähnt Herr C. *drei Mal*, dass der Bär den Schlag seines Gegners abgewehrt hat.

Riss bekommen hat: Statt auf einen dahinterliegenden Sinn zurückzuverweisen, »verselbstständigen« sich die Worte und erwachen als subversive Kräfte zum Leben. Deshalb erweckt jeder Kleist-Text den Eindruck, als hörte man beim Lesen, wie die Spitze der Feder über das Papier kratzt. Hier entsteht eine Literatur, für die es *nur* ein Diesseits gibt – während keine Sekunde infrage gestellt wird, dass diese Welt dennoch nur ein Schatten und ein Widerschein ist. Doch das, wessen Widerschein sie ist, kann sich nur durch seine Abwesenheit manifestieren.

Hinter Kleists Helden lässt sich keinerlei metaphysische Dimension entdecken – und das erklärt auch ihre Zerbrechlichkeit, Verletzbarkeit, Reizbarkeit, → ZERSTREUTHEIT, Blindheit, ihr gelegentliches → STOCKEN und ihre Hysterie. Zugleich sind sie aber auch unwiderstehlich, stark, unerschütterlich, gefasst, eroberungslustig, unbeirrbar, klarsichtig und zielbewusst, was beweist, dass die *hinter* ihnen fehlende göttliche, metaphysische Garantie *in ihnen selbst* zum Leben erwacht. Wenn sie zu stottern beginnen (so wie auch Kleist oft gestottert und sich beim Sprechen verheddert hat), dann nicht deshalb, weil sie das passende Wort nicht finden, mit dem sie diese Idee oder jene Vorstellung, die wie des »Kirchpfeilers Ecke« seit ewigen Zeiten existiert und nach der sie sich bloß richten müssten, plastisch ausdrücken könnten – sondern weil dieser Eckstein der Seele (an dem sie dann selbst zerschmettert werden, bis das Mark aus ihrem → HIRN vorquillt – II. 158) erst beim Sprechen in ihnen entsteht.

»[E]r ist der unbefangenste, fast zynische Mensch, der mir lange begegnet, hat eine gewisse Unbestimmtheit in der Rede, die sich dem Stammern nähert«, schreibt Achim von Arnim an Wilhelm Grimm über Kleist ein paar Monate vor dessen Tod (LS 347).

Kleists Helden richten sich deshalb nicht nach einer Transzendenz, weil sie selbst die lebende, zerbrechliche und doch unerschütterliche Verkörperung jeder Transzendenz sind. Und auch um → GOTT kümmern sie sich nicht viel, denn dieser ist nicht außerhalb von ihnen, sondern erwacht in ihnen selbst zum Leben, in jenen → AUGENBLICKEN der Entschlossenheit (Kohlhaas), Sturheit (Guiskard), Zärtlichkeit (Toni), Verblendung (Hermann), Unbeirrbarkeit (Käthchen), Verblüffung (Alkmene) und Todesangst (Homburg), in denen sie vielleicht gerade an → GOTT am wenigsten denken.

Das fehlende Dritte ist also keine Idee, kein → GOTT, kein moralisches Urteil, keine äußere Pflicht und kein inneres Gebot. Und auch keine lauernde Figur und kein verborgener Gegenstand. Das fehlende Dritte ist jener Abgrund, der sich niemals zuschütten lässt, jener »blinde Fleck«, der sich zwischen dem → RECHTSCHAFFENEN und dem → ENTSETZLICHEN, dem Engel und dem → TEUFEL auftut. Es ist räumlich und zeitlich nicht lokalisierbar: Die Gegensätze, in denen es Gestalt annimmt, manifestieren sich *gleichzeitig, zeitgleich,* in derselben Stimmung. Untrennbar voneinander und doch unterscheidbar.

Die Worte, die Versprecher, die wie fixe Ideen wiederkehrenden sprachlichen Wendungen, die Gesten, die Situationen, die sich überschlagenden → METAPHERN, die → GEDANKENSTRICHE: *In* und *hinter* diesen macht sich das fehlende Dritte bemerkbar, das, hält man Kleists Œuvre vor Augen, letztendlich nicht hier oder dort, in dieser oder jener Situation auftaucht, sondern sich als ein einziges, endloses Minenfeld vor dem Leser erstreckt. Kleists Œuvre als kohärentes sprachliches Universum: Das ist

»Der Text dagegen vollzieht das unendliche Zurückweichen des Signifikats (des Bedeuteten), der Text ist aufschiebend; sein Bereich ist der des Signifikants (des Bedeutenden); den Signifikanten darf man sich nicht als den ›ersten Teil‹ des Sinns, seinen materiellen Vorraum vorstellen, sondern ganz im Gegenteil als sein *Danach;* ebenso verweist das *Unendliche* des Signifikanten

die einzige positive Offenbarung des fehlenden Dritten.

Kleist zu lesen, bedeutet, sich als Leser sogar ungewollt auf die Suche nach dem *Leben spendenden Mangel,* dem fehlenden Dritten, zu begeben. Sein Werk deckt dieses fehlende Dritte gleich einer Hülle zu und macht es gerade durch die Verhüllung spürbar. Wie bei einem Möbiusband lauert in jeder Äußerung auch ihr Gegenteil. Im Engel der → TEUFEL (Graf F...), im → RECHTSCHAFFENEN Alten der grausame Wilde (Piachi), im Kühnen der Furchtsame (der Prinz von Homburg), in der Verhaltenheit die Hysterie (Littegarde). → KENTAURENworte, → KENTAURENsituationen, → KENTAURENtexte. Das »Dritte«, dessen die beiden Schroffenstein-Grafen bedürften, lauert nicht *zwischen* ihnen, sondern *um sie herum* – als eine aus Worten gewebte Leinwand. Diese Leinwand müssen sie sich in Ermangelung eines Zaubergewands überwerfen – so wie sich Ottokar und Agnes am Ende des Stückes ausziehen und nach dem Kleidertausch wieder anziehen. Erst durch diese »Verwandlung« beginnen sie, einander wirklich zu sehen – im → SPIEGEL des Sekunden später eintretenden Todes.

Das Gewebe der Sprache ist die Hülle des Todes. Durch diese Hülle schimmert – wie auf Veronikas → TUCH – das in ewige Negativität sich hüllende Dritte, das jedoch – im Gegensatz zu dem auf Veronikas → TUCH erscheinenden Christus – niemandem Erlösung bringen wird.

nicht auf irgendeine Idee des Unaussprechlichen (des unbenennbaren Signifikats), sondern auf die des *Spiels;* die Hervorbringung des immerwährenden Signifikanten (nach der Art des gleichnamigen Kalenders) im Bereich des Textes (oder vielmehr: dessen Bereich der Text ist) geschieht nicht auf einem organischen Weg des Heranreifens oder auf einem hermeneutischen Weg der Vertiefung, sondern vielmehr gemäß einer seriellen Bewegung von Verschiebungen, Überschneidungen und Variationen; die den Text regelnde Logik ist keine verständnisvolle (definieren, was das Werk ›sagen will‹), sondern eine metonymische; die Arbeit der Assoziationen, der Kontiguitäten, der Beziehungen koinzidiert mit einer Befreiung der symbolischen Energie«. (Roland Barthes, »De l'œuvre au texte«, 1213)

EINGEZOGENHEIT

Zweimal erlebt die Marquise von O.... die vollkommene Eingezogenheit. Das erste Mal nach dem Tod ihres Mannes. Da lebt sie »nur« in größter Eingezogenheit (II. 104). Dabei ist sie nicht allein: Sie zieht ins Haus ihres → VATERS, wo sie sich neben der Erziehung ihrer Kinder der *Pflege ihrer Eltern* widmet. Warum sie gepflegt werden müssen, verschweigt Kleist. Das ist deshalb seltsam, weil sich bald zeigt, wie sehr die Marquise von O.... den anderen ausgeliefert ist. Nicht nur der Zudringlichkeit der russischen Soldaten, dem »Schutz« des Grafen F..., sondern auch dem Willen ihrer Eltern – vor allem ihres → VATERS. Ja, sogar seinen Launen.

Das zweite Mal muss sich die Marquise wegen eben einer dieser Launen zurückziehen. Der → VATER, der offensichtlich keiner Pflege und Zuwendung bedarf (es sei denn einer gelegentlichen Psychotherapie, was 1807 jedoch noch zweifelhaft erschien), verstößt seine Tochter, die daraufhin »beschloß, sich ganz in ihr Innerstes zurückzuziehen« (II. 126). Diese Eingezogenheit ist jedoch von einer radikal anderen Natur als die zu Beginn der Erzählung. Während der → VATER seine Tochter das erste Mal wie ein Magnet »anzog«, »stößt« er sie nun von sich. Er will sie erschießen. Der *Schuss,* der mit dem Geschlechtsleben der Marquise in Zusammenhang steht und zudem in dem Schlafzimmer (!) fällt, in das sich der → VATER zurückgezogen hat, hat eine unmissverständlich sexuelle Bedeutung. Dieser Schuss reißt die Marquise ein für alle Mal aus der Welt: Zum ersten Mal gehorcht sie nicht dem Befehl ihres → VATERS; sie nimmt ihre Kinder mit sich, und → PLÖTZLICH eröffnet sich ihr die *vollkommene Freiheit.* Die zweite *Eingezogenheit,* die Kleist »klösterlich« nennt, ist auch ein *Auszug:* kein *Rückzug* in die Geschlossenheit wie am Anfang der Erzählung, sondern ein Ausdruck der Öffnung, der Aufgeschlossenheit ihrer Seele. Sie betritt das → INNERE, ja das Innerste des → INNEREN, das, wonach Kleist seit seinem frühen Martini-Brief (18. März 1799) Heimweh empfindet. Dieses → INNERE wird erst nach Überwindung eines unüberwindbar erscheinenden Hindernisses zugänglich. Zum Beispiel muss eine Pistole abgefeuert werden, worauf ihre → BRUST fast »zerreißt«. In dem Spalt, der sich infolge dieses Zerreißens bildet, gewinnt das bis dahin verschwommene Selbst der Marquise wie beim Licht eines → BLITZES scharfe Konturen: »Durch diese schöne Anstrengung mit sich selbst bekannt gemacht, hob sie sich plötzlich, wie an ihrer eigenen Hand, aus der ganzen Tiefe, in welche das Schicksal sie herabgestürzt hatte, empor.« (II. 126)

Die → BRUST, die zerreißt, die Anstrengung, die zur Selbsterkenntnis führt: Das sind die Voraussetzungen jener großen »Selbstzufriedenheit« (II. 126), die die Marquise erlebt und die die in den Augen der *Welt* vorerst geschlagene Frau *in der Seele* zur Siegerin macht. Fortan trifft sie alle Entscheidungen; ihr Verstand wird schärfer, und obwohl sie das große Rätsel, an dem sie teilhat, auch fortan nicht versteht, kann nichts mehr ihre → RUHE erschüttern. »Ihr Verstand, stark genug, in ihrer sonderbaren Lage nicht zu reißen, gab sich ganz unter der großen, heiligen und unerklärlichen Einrichtung der Welt gefangen.« (II. 126) Danach ist es nur noch eine Frage von Tagen, bis sie sich in ihr Schicksal fügt, »in ewig klösterlicher Eingezogenheit« zu leben (ebd.).

Auch Franzeska [...] wählt die »klösterliche Eingezogenheit« in der Anekdote *Sonderbare Geschichte, die sich, zu meiner Zeit, in Italien zutrug,* die als ein ironisches Gegenstück zu *Die Marquise von O....* gelesen werden kann. (II. 272)

Zwar lebt die Marquise inmitten dieser klösterlichen Eingezogenheit noch *in der Welt,* aber in ihrer Seele verweilt sie schon *außerhalb* der Welt. Indem sie in das → INNERE (die Tiefe) stürzt, *wird sie auch emporgehoben;* wegen der → PLÖTZLICHEN Wendungen versteht sie anfangs nicht, was mit ihr geschieht, doch dann gewinnt ihr Verstand genauso an Kraft wie ihre → BRUST: Keiner von beiden zerreißt, obwohl beide von völliger Zerrissenheit bedroht werden.

Die Eingezogenheit: Das ist der Auszug aus der Welt, deren »unerklärliche« und »heilige« Einrichtung nur von außen, aus einem nicht irdischen → BLICKwinkel zu begreifen ist. Dazu muss man erst der Zerrissenheit ausgesetzt werden, so wie Alkmene, die angesichts der sich um sie (und in ihr) ausbreitenden Unordnung ganz *für sich allein* sein will (1007). Oder wie Käthchen von Heilbronn, das von ihrem → VATER und Gottfried ebenfalls *ins Kloster* geschickt werden soll und das Gefühl hat, durch die Worte seines → VATERS gekreuzigt zu werden: »Du legst mir deine Worte kreuzweis, wie Messer, in die Brust!« (1489–90) Auch seine → BRUST will zerreißen, wie die der Marquise von O.... Beide sind Gefangene eines Rätsels, das in der Welt die Maske der Sexualität bzw. der Liebe trägt. In Wirklichkeit handelt es sich um die rätselhafte → UNBEGREIFLICHKEIT der Einrichtung der Welt. Diese *wahrzunehmen* und sich damit *anzufreunden*, darin liegt für die Marquise von O.... die Bedeutung der Eingezogenheit, für Käthchen die der »Abgezogenheit« (1449). Ein *Ab*stieg, der zu einem *Auf*stieg führt – so wie man sich, aus dem → PARADIES zurückweichend und das Unendliche durchschreitend, von Neuem am Tor des → PARADIESES einfindet (II. 342).

ELEKTRIZITÄT

Am 13. November 1800 teilt Kleist Wilhelmine mit, dass er in die französische Schweiz umsiedeln möchte, »weil ich so ein paar Jahre lang ganz unbekannt leben könnte und ganz vergessen werden würde, welches ich recht eigentlich wünsche« (II. 590). Kaum zwei Wochen später schreibt er Ulrike: »Ja, wenn man den warmen Körper unter die kalten wirft, so kühlen sie ihn ab – und darum ist es wohl recht gut, wenn man fern von den Menschen lebt« (II. 601). Im nächsten Absatz fährt er fort: »[N]ie ist mir die Zukunft dunkler gewesen als jetzt, obgleich ich nie heitrer hineingesehen habe als jetzt« (ebd.). Und am 5. Februar des darauffolgenden Jahres, zur Zeit der Zuspitzung seiner → KANT-KRISE, entsteht sein großer, verzweifelter Brief an Ulrike: »Ach, du weißt nicht, Ulrike, wie mein Innerstes oft erschüttert ist [...] Ach, liebe Ulrike, ich passe mich nicht unter die Menschen, es ist eine traurige Wahrheit, aber eine Wahrheit« (II. 627–8).

Das große Ziel: sich zurückzuziehen, *neutral* zu bleiben. Die Sachlichkeit zu bewahren, und sei es, dass man sich dabei selbst Gewalt antut – so wie es Kohlhaas tut, als er Herse verhört, obwohl er in der Tiefe seines Herzens weiß, was geschehen ist –, und dabei dem Strom der Gefühle und Leidenschaften zu widerstehen. Für eine solche Neutralität muss man sich verstecken, für immer der Vergessenheit anheimfallen – aus der Welt herausgerissen werden. »Denn nur *in* der Welt ist es schmerzhaft, wenig zu sein, außer ihr nicht«, schreibt er Wilhelmine am 10. Oktober 1801 (II. 695). *In* der Welt zu sein, bedeutet für Kleist gleichsam, ständig *Stromschlägen* ausgesetzt zu sein. Die Welt ist von vornherein *geladen* (mit Leidenschaften, Inhalten, Bedeutung). Wer sich jedoch – wie Kleist – nach Neutralität sehnt, muss dies als eine ständige Herausforderung, als eine Prüfung empfinden. Und die ständige *Wachsamkeit* lässt sich auf Dauer kaum ertragen.

Sich aufladen und dann untertauchen, wie ein elektrischer Kondensator – wie die Kleistsche Flasche, die Ewald G. von Kleist 1745 erfand und auf die Kleist in seiner Studie *Über die allmähliche Verfertigung der Gedanken beim Reden* im Zusammenhang mit Mirabeau verweist. Mirabeau wird beim → ANBLICK des Zeremonienmeisters von Gereiztheit erfasst, wird immer angespannter und lässt sich zu seiner eigenen Überraschung zu Bemerkungen hinreißen, die er wenige Sekunden zuvor noch gar nicht im Sinn hatte. »Und wie in dem elektrisierten dadurch, nach einer Wechselwirkung, der ihm inwohnende Elektrizitätsgrad wieder verstärkt wird, so ging unseres Redners Mut [...] zur verwegensten Begeisterung über« (II. 321). Das Gesetz der Elektrizität, das er in seiner satirischen Studie »Allerneuester Erziehungsplan« ausführlich erläutert (und zwar keinesfalls satirisch, sondern äußerst umsichtig), kann den Menschen in ungeahnte Höhen und Tiefen stoßen. Entscheidend ist die *Unvermitteltheit* und → PLÖTZLICHKEIT des Stromschlags: Man kann sich auf ihn nicht einstellen. Auch Mirabeau begreift nicht, was mit ihm geschieht; vielleicht platzt in ihm etwas, als er das Zucken der → OBERLIPPE des Zeremonienmeisters bemerkt, worauf er selbst vom Strom fortgerissen wird.

Das *Zucken* ist wie der → BLITZ: Früher oder später geraten Kleists Figuren alle in den Zustand der Zuckung, der Verrenkung, der → VERZÜCKUNG. Sie laden sich mit Elektrizität auf, und wenn sie sich entladen, muss meist ihre ganze Umgebung darunter leiden.

»[E]lektrische Donnerwetterpost« (II. 387), fantasiert Kleist in den *Berliner Abendblättern*. Aber das ist keineswegs so komisch, wie es beim ersten Hören klingt.

Einerseits ist die Elektrizität, wie auch der → BLITZ, eine → METAPHER, die in Kleists Augen ein Beweis für die Übereinstimmung zwischen der physikalischen und der moralischen Welt ist (II. 321); andererseits ist sie ein »dramaturgisches« Mittel. Die Novellen und Stücke schreiten immer abgerissen voran, von einem → AUGENBLICK der → UNVERSTÄNDLICHKEIT und → UNBEGREIFLICHKEIT zum nächsten, während sich diese immer wieder entladen.

Zuweilen erinnert der Handlungsablauf selbst an die Form eines → BLITZES: Der lineare, geradeaus nach vorne strebende Handlungsstrang in *Michael Kohlhaas* wird → PLÖTZLICH unterbrochen und der Leser durch die Episode mit der → ZIGEUNERIN wieder in einen vorherigen Zustand zurückgeworfen, den er durch das, was er im Nachhinein darüber erfährt, jedoch anders bewertet, so als hätte Kleist auch das mit in den Handlungsstrang eingewebt. Von da an wird der Handlungsablauf immer öfter unterbrochen und »entlädt« sich am Ende eines Zickzackkurses in Kohlhaas' beruhigendem Tod. Die Übereinstimmung zwischen der moralischen und der physikalischen Welt wäre nämlich nicht vollständig, würde sich nicht auch die ästhetische Welt zu ihnen gesellen. Erst dadurch entsteht endgültig jener Stromschlag, der die vorhandene Welt für immer aus ihrer Bahn wirft.

Zur Parallele zwischen der physikalischen und der moralischen Welt vgl. Weidmann, 58. – Der → UrurgroßVATER von Kleists Freund → BROCKES veröffentlichte 1721 sein Werk *Irdisches Vergnügen in Gott, bestehend aus Physikalisch- und Moralischen Gedichten,* das sich während des ganzen 18. Jahrhunderts eines großen Leserkreises erfreute. Die Einheit der physikalischen und der moralischen Welt versuchte P.-J.-G. Cabanis in seinem 1804 auch in Deutsch erschienenen Werk *Rapports du physique et du moral de l'homme* unter anderem mithilfe der Elektrizität nachzuweisen.

ENTSETZEN

Kohlhaas teilt seiner Frau mit, dass er mit den Kindern nach Schwerin, das heißt ins Ausland, reisen muss, worauf Lisbeth ausruft: »Über die Grenze?« (II. 28) Ein paar Minuten zuvor, als sie ihren Mann ansieht, spiegelt sich noch der Tod in ihrem Gesicht, und noch immer hat sie ihre → RUHE nicht wiedergewonnen. Daher versteht sie unter Grenze wohl nicht nur die Grenze Brandenburgs, sondern auch jenen unsichtbaren Streifen, der sie, die noch lebt (aber bald tot sein wird), von ihrem Mann trennt, der gleichfalls lebt, aber in den Augen der Lebenden → UNBEGREIFLICHEN Gesetzen gehorcht. Hier an der Schwelle zwischen Leben und Tod stellt sich heraus, warum der Erzähler Kohlhaas in der dritten Zeile der Geschichte den → RECHTSCHAFFENSTEN und zugleich entsetzlichsten Menschen nennt. Hier, vor den Augen seiner Frau, beginnt in Kohlhaas das Entsetzliche Gestalt anzunehmen. Seine Frau erahnt als Erste, dass ihn, der *zugleich* entsetzlich und → RECHTSCHAFFEN ist, eine unüberschreitbare Grenze von den anderen trennt. Wer sich auf der anderen Seite befindet, entartet bis zur → UNVERSTÄNDLICHKEIT.

Nicht seiner Grausamkeiten, sondern seiner → UNVERSTÄNDLICHKEIT wegen ist Kohlhaas entsetzlich. Wer sich mit ihm verstehen will, wird ebenfalls vom Entsetzen gepackt. »Und das Entsetzen erstickte ihr die Sprache« (II. 28), setzt der Erzähler die Szene fort. Kleist »malt« kein »romantisches« Momentbild, sondern formuliert so präzise wie möglich: Wegen der → UNBEGREIFLICHKEIT ihres Mannes ist auch die Frau entsetzt, sie wird gleichsam zerrissen. Sie ist buchstäblich außer sich: Zwar lebt sie noch, aber es deutet sich in ihr schon die spätere → ZIGEUNERIN an, die Gesandte aus dem Jenseits. Das Entsetzen: die Spaltung der Existenz. Dieses Entsetzen lässt sich jedoch nicht zu der Deutung des Entsetzens in der mittelalterlichen Mystik in Bezug setzen: Bei Kleist bleibt die Spaltung irreparabel. Statt in der göttlichen Sphäre zu sich zu finden, entfremden sich seine Figuren immer mehr von sich selbst. In der mittelalterlichen Mystik kann das *Entsetzen* sogar zur Erfüllung führen. Bei Kleist verweist das Wort nicht auf ein *Zwischenstadium:* Vielmehr steht es für die endgültige Ausbeutung, den restlosen Zerfall der Seele. Es ist nicht mehr das Entsetzen, sondern das *Grauen.*

Im → AUGENBLICK des Entsetzens und des Grauens bricht das ganz → ANDERE, das Nichtirdische, in das Leben der Figuren ein. Zu seiner Beschreibung sind Worte nicht geeignet.

Elvire, »starr vor Entsetzen, wie ihre Zunge war, nicht sprechen konnte« (*Der Findling,* II. 204).

Entweder verstummen die Figuren oder der Erzähler bemerkt (mit seiner Lieblingswendung): »Doch wer beschreibt das Entsetzen«. Das Entsetzen ist ein Abgrund, der sich im → INNEREN der Figuren auftut. Dennoch handelt es sich nicht um einen »Seelenzustand«. Durch den »Spalt« des Entsetzens blickt der Leser nicht in die Seele, sondern hinter die Seele – in die neue Konstruktion der Existenz, die »diesseits« der Seele nicht sichtbar ist. Im → AUGENBLICK des Entsetzens laden sich die Figuren mit tödlicher Unpersönlichkeit auf. Die eine hat in diesem → AUGENBLICK das Gefühl, vernichtet zu werden (die Marquise von O....); die andere erstarrt zur Salzsäule und ist unfähig zu handeln (Jeronimo); wieder eine andere, die Marquise von Locarno, reagiert »überreizt« und zündet das Schloss an, ohne Rücksicht darauf, dass auch ihr Mann darin verbrennen wird. Freilich gibt es auch solche, die aus dem Entsetzen seelische Kraft schöpfen (Josephe).

Das Entsetzen hat die gleiche Funktion wie die Pest, deren seelische Natur Antonin Artaud beschreibt. Man wird »in den aufgewühlten Gemütszuständen des Pestkranken gleichsam die fest gewordene, stoffliche Seite einer Unordnung sehen, die, auf andren Ebenen, den Konflikten, den Kämpfen, Katastrophen und Niederlagen entspricht, die die Begebenheiten für uns mit sich bringen.« (Artaud, 1996, 28) Die Pest schreitet in *Robert Guiskard* mit »Entsetzensschritten« voran (14), »Vom Freund den Freund hinweg, die Braut vom Bräutgam, / Vom eignen Kind hinweg die Mutter schreckend!« (20–1) Eine »pestartige Krankheit« führt auch Nicolo mit Piachi zusammen, der den Jungen »in der ersten Regung des Entsetzens« (II. 199) von sich stoßen will, ihn im nächsten → AUGENBLICK jedoch (eine neuerliche Regung: diesmal auf Geheiß des Mitleids!) hochhebt. Fortan besiegelt die *Pest* in Gestalt des Entsetzens sein Leben. Das Entsetzen, als »eigenständige Kraft«, erweist sich als mächtiger als jede Bemühung, die es verdrängen will.

»[W]eiche fern hinweg!«, ruft Luther beim Anblick Kohlhaas': »dein Odem ist Pest« (II. 45). Auch die Marquise von O.... weicht dem Grafen F..., als sie in ihm den → TEUFEL erblickt, »gleich einem Pestvergifteten« aus (II. 141).

Das Entsetzen erscheint als die Unmöglichkeit jener großen Harmonie, die Schiller in seiner *Ode an die Freude* entwirft: statt Einheit herrscht Entsetzen. Die Figuren haben die besten Vorsätze und wollen sich *verstehen,* wie auch der Kurfürst und Homburg darum wetteifern, wer sich besser in die Gedanken des anderen hineinversetzen kann. Doch je näher sie sich kommen, umso auffälliger wird die unüberbrückbare Entfernung zwischen ihnen. Wegen dieser Unfähigkeit zur → VERSÖHNUNG und zum *gegenseitigen* Verständnis, wegen der Unauflöslichkeit des Entsetzens, ist Kleists Kunst *tragisch.* Nicht durch die Überbrückung der Gegensätze, sondern durch ihre Verschärfung versucht er, Ordnung in die → WELT zu bringen. Dem neuzeitlichen europäischen Denken, das auf alles eine beruhigende Antwort sucht und daher alles einem *einzigen* ordnenden Prinzip unterwirft, muss Kleists Standpunkt → UNVERSTÄNDLICH und unannehmbar erscheinen.

Die Quelle von *Robert Guiskard* (K. W. F. von Funck: *Robert Guiscard, Herzog von Apulien und Calabrien,* 1797) findet Kleist in Schillers (!) Zeitschrift *Die Horen.*

Es ist zum Beispiel bezeichnend, wie Hans Heinz Holz Kleists Aufsatz *Über die allmähliche Verfertigung der Gedanken beim Reden* mit der Tradition des klassischen Idealismus in Einklang zu bringen versucht, um Kleist für die → BILDUNG zu »retten«: »Der Gedanke wird nicht deshalb *in statu nascendi* vorgeführt, weil der Vortragende nichts Fertiges vorzuweisen hätte, sondern weil die Wahrheit nur im Ganzen der Entwicklung liegt.« (Holz, 30–1) Wider diesem Standpunkt, der Kleist auch unausgesprochen Hegel anpassen will, für den das *Ganze* die Wahrheit ist und die Wahrheit sich in der *Entwicklung* offenbart, bemerkt Heiner Weidmann zu Recht, dass der Vorgang der Verfertigung der Gedanken beim Reden »nicht ein dialektischer oder hermeneutischer oder sonst einer von der bekannt versöhnlicher Art [ist]: es ist der Vorgang des Aufbegehren-Machens und Aufbegehrens«. (Weidmann, 14)

Kleists Helden werden deshalb in die Verzweiflung und ins Entsetzen getrieben, weil es keinen letztgültigen Sinn gibt, den man selbst über den Tod hinaus mit sich nehmen kann. Je mehr sie sich an einen *sicheren* Sinn klammern, der *auf alles* eine beruhigende Erklärung bereithielte (Kohlhaas), umso verzweifelter sind die Mittel, derer sie sich bedienen. Auf der Suche nach dem universellen Sinn beweisen sie mit jedem Schritt gerade die Unmöglichkeit eines solchen Sinns. Sie sind jeden → AUGENBLICK *bedacht, wägen* ständig *ab,* lassen den *Sinn* niemals im Stich. Daher ähnelt ihre Tragödie der Tragödie Ödipus': Über das Bedenken geraten sie an das Unbedachte, über die Erwägung an die Unwägbarkeit. In diesen Ausrutschern formt sich das Ent-

Was Roland Barthes über die Denotation als dem letzten Mythos bzw. die Konnotation, die wiederum die Klarheit der Kommunikation stört (Barthes, *S/Z,* 10–4), schreibt, formuliert Adam Müller zu Beginn des 19. Jahrhunderts so: »Das Beschreibende selbst wird freilich in der Beschreibung nie dargestellt und erreicht, weil es, indem es beschrieben wird, zum Beschriebenen wird, dem ein höheres Beschreibendes wieder entgegensteht, das in der fortgesetzten Beschreibung wieder zum höheren Beschriebenen für das immer weiter steigende, immer unerreichbare Beschreibende wird, und so ins Unendliche fort. [...] [Doch dann] die Fragen nach einer Realität über das Verhältnis, über den Gegensatz hinaus in sich widersprechend, unsinnig und leer sind.« (Müller, 202–3)

setzen. Alles → SCHEINT auf seinem Platz zu sein, und doch ist nichts auf seinem Platz, auf dem Platz eines jeden sitzt etwas anderes. Auf der Suche nach seinem eigenen Platz entsetzt sich jeder.

ERGIESSUNG

Wie kann man vermeiden, dass man im Leben, im Strudel des Lebens, in seinem überschäumenden Gischt ertrinkt?

Bevor der junge Kleist zu schreiben beginnt, vertraut er auf die allmächtige Kraft der Vernunft. Am 30. Mai 1800 schreibt er Wilhelmine Folgendes über die Bildung von Urteilen: »Auf diesem Wege wäre ich [...] durch eine Reihe von Gedanken, deren jeden ich, ehe ich mich an die Ausführung des Ganzen wage, auf einem Nebenblatte aufzuschreiben pflege, auf das verlangte Resultat gekommen und es bleibt mir nun nichts übrig, als die → ZERSTREUTEN Gedanken in ihrer Verknüpfung von Grund und Folge zu ordnen und dem Aufsatze die Gestalt eines abgerundeten, vollständigen Ganzen zu geben.« (II. 507)

Das ist Kleist, wie er *vergewaltigt* – nicht Wilhelmine, sondern sich selbst. Obwohl er eigentlich sie nehmen will; aber er presst seine → BEGIERDE in die Form abgerundeter Gedanken. Dass sein Rationalismus hier der negative Ausdruck seiner → BEGIERDE ist, zeigt ein Brief, den er ein halbes Jahr zuvor, am 12. November 1799, Ulrike – und nicht seiner Verlobten! – schreibt: »Wenn man sich so lange mit ernsthaften abstrakten Dingen beschäftigt hat, wobei der Geist zwar seine Nahrung findet, aber das arme Herz leer ausgehen muß, dann ist es eine wahre Freude, sich einmal ganz seine Ergießungen zu überlassen.« (II. 494)

Die wahre Freude besteht in der Ergießung, der Befriedigung. Darin, was er an der Seite seiner Verlobten finden müsste. Doch je mehr er sie aufschiebt, umso weniger klar erkennt er die Natur dieser → BEGIERDE. Sie entstellt sich, wird formlos und verliert ihr Ziel. Und statt am Ende frei zu fließen, verstopft und versperrt sie alles. Und wenn sie doch ausbricht, hat der Begehrende zu Recht das Gefühl, dass ihn etwas mit sich reißt, was er eigentlich selbst steuern müsste. Statt produktiv und befruchtend zu wirken, erstickt und zerstört die ausströmende, zerfließende → BEGIERDE alles. Indem sie geboren wird, bereitet sie bereits ihr eigenes Verderben vor. Als Gustav in *Die Verlobung in St. Domingo* Toni zu seiner Geliebten macht, sinkt sie, in deren Kopf Sexualität und Tod seit jeher miteinander verknüpft sind (die sexuelle Vereinigung ist »ihr bei Todesstrafe verboten« II. 161), statt glücklich zu sein, auf ihr Bett, während »ihre Tränen in unendlichen Ergießungen auf das Bettkissen niederflossen« (II. 175). Diese *Ergießung* – wie der Samenerguss des Mannes ein paar Minuten zuvor – gewinnt ihre Bedeutung im doppelten Tod am Ende der Erzählung.

In *Penthesilea* hofft Diomedes, dass man die Lage *mit Verstand* meistern könne (229–30). Penthesilea fällt jedoch »[m]it eines Waldstroms wütendem Erguß« (120) über die Griechen und Trojaner her, die Verkörperung der unbändigen, schrankenlosen → BEGIERDE.

Penthesilea: Verkörperung *und* Opfer ihrer eigenen verhängnisvollen → BEGIERDE. Sie möchte weinen (Befriedigung finden), wie der Graf vom Strahl, der, statt Käthchen zu seiner Geliebten zu machen, im Fluss seiner Tränen Befriedigung findet – oder Tränen vergießend sich *befriedigt?* –; »einen Erguß *so eigentümlicher Art*« nennt er seine Tränen rätselhaft (699 – meine Hervorhebung, L. F. F.). Als Penthesilea endlich das tut, wonach sie sich die ganze Zeit sehnt, und sich auf Achilles' nackten Körper stürzt, ist es bereits zu spät: Der Ausbruch ihrer → BEGIERDE ist so, als verspritzte die → HÖLLE ihre Samen. Als erfüllte sich der Fluch Theobalds, des → VATERS von Käthchen, auch für sie: »[R]innt, ihr Säfte der Hölle, tröpfelnd aus Stämmen und Stielen gezogen, fallt, wie ein Katarakt, ins Land, daß der erstickende Pestqualm zu den Wolken empordampft; fließt und *ergießt* euch durch alle Röhren des Lebens, und schwemmt, in allgemeiner Sündflut, Unschuld und Tugend hinweg!« (342–7 – meine Hervorhebung, L. F. F.)

Die Amazonen fallen »wie Wassersturz« über die Griechen her. »Vergebens drängen wir dem Fluchtgewog / Entgegen uns: in wilder Überschwemmung / Reißts uns vom Kampfplatz strudelnd mit sich fort.« (249–53)

FALL

»Heilloser und entsetzlicher Mann!« (II. 45), ruft Luther Kohlhaas zu, als dieser vor ihn tritt, um zu widerlegen, dass er ein ungerechter Mann sei. Luther spricht ihm das Heil ab, bezeichnet ihn als → ENTSETZLICH und entartet, als einen, der seinen Platz in der Welt nicht findet. Kohlhaas, der eine Rechtfertigung für seine Taten sucht, beruft sich auf seine → VERSTOSSUNG aus der menschlichen Gemeinschaft. »Verstoßen! rief Luther, indem er ihn ansah. Welch eine Raserei der Gedanken ergriff dich? Wer hätte dich aus der Gemeinschaft des Staats, in welchem du lebtest, verstoßen? Ja, wo ist, so lange Staaten bestehen, ein Fall, daß jemand, wer es auch sei, daraus verstoßen wäre?« (ebd.) Kohlhaas ist ehrerbietig, er will nicht widersprechen, zudem fehlt es ihm an Gegenargumenten. Aber Luthers Worte überzeugen ihn nicht. Er drückt die Hand zusammen und wiederholt daher, auf seinem Recht beharrend, dass er sehr wohl verstoßen worden sei. Denn ihm sei gerade das genommen worden, was ihn überhaupt erst in die Gemeinschaft hat »flüchten« lassen (nämlich seine friedliche Tätigkeit und der Schutz des Gesetzes), »und wer mir ihn versagt, der stößt mich zu den Wilden der Einöde hinaus« (ebd.). Und unter den Wilden steht er nunmehr mit der → KEULE in der Hand in Gegnerschaft zur ganzen menschlichen Gemeinschaft.

Luther und Kohlhaas verstehen sich nicht. Luther – jedenfalls so wie er bei Kleist gezeichnet wird – kann sich eine Distanz, wie sie zwischen → GOTT und den Menschen besteht, *zwischen* den Menschen nicht vorstellen. Für ihn ist der *Fall* unvorstellbar, dass Menschen aus der menschlichen Gemeinschaft verstoßen werden. Das kann sich Kohlhaas umso besser vorstellen. Und obwohl er seine eigene Verstoßung und *Fremdheit* betont, behauptet er damit stillschweigend auch, dass die Distanz, die ihn von den Menschen trennt, nicht → VERSEHENTLICH und → ZUFÄLLIG, sondern schicksalhaft ist. Kohlhaas' *Fall* ist außergewöhnlich – doch gerade durch seine Außergewöhnlichkeit bestätigt er die Regel. Als wäre es von vornherein so im Buch seines Schicksals niedergeschrieben. Seine häufige Melancholie noch *bevor* er seiner Pferde beraubt wird, sein Missmut, seine

Trauer über die → GEBRECHLICHKEIT der Welt: lauter Hinweise, die dafür sprechen. Vielleicht ist der Raub der Pferde ein → ZUFALL; Luther mahnt Kohlhaas, nicht zu weitläufige Folgerungen aus diesem einmaligen Fall zu ziehen. Kohlhaas wäre jedoch nicht der, der er ist, wenn er den Fall an sich nicht als unendlich bedeutungsvoll erachtete. Er steigert ihn ins Maßlose und verleiht ihm damit göttliche Dimensionen. Luther ist verständlicherweise erregt: Er sieht sich nicht einem → GOTTESleugner und auch nicht dem Bösen gegenüber, sondern jemandem, der – als der Engel des Gerichts – göttliche Lorbeeren anstrebt. Aus dem einmaligen Fall macht er eine Welt, aus dem → ZUFALL eine Notwendigkeit. Und neigt deshalb dazu, seine Verstoßung nicht nur rechtlich und moralisch, sondern auch apokalyptisch zu deuten. Er sei so verstoßen worden wie der erste Mensch aus dem → PARADIES – wobei die Maßlosigkeit der Verstoßung zu beachten sei und nicht etwa die → GÖTTLICHKEIT jener, die ihn verstoßen haben. Im Gegenteil. Kohlhaas bekommt jedenfalls einen ähnlichen → STOSS wie seine Frau Lisbeth gegen die → BRUST, und als Folge dessen stürzt er und kommt zu Fall.

Wie die Vertreter der weltlichen Mächte sieht Luther in Kohlhaas' *Fall* einen rechtlichen Fall; dieser jedoch sieht darin einen *Sturz,* den *Sturz* aus der Welt. Für Luther hat sich der Sündenfall schon *einmal* ereignet; Kohlhaas jedoch bewertet seinen eigenen Fall als einen neuen, *zweiten* Sündenfall. Er wird verstoßen, greift daraufhin zur → KEULE und wird zu einem Wilden. Aber nicht weil er selbst ein Opfer des Bösen wird. Kohlhaas ist nicht böse – im Gegenteil, er ist so → RECHTSCHAFFEN wie man es nur sein kann. Doch gerade das *Höchstmaß* seiner → RECHTSCHAFFENHEIT hindert ihn daran, sich mit dem *Mittelmaß* abzufinden. Er sehnt sich nach dem Maximum, und das führt dazu, dass er aus der Welt stürzt. Er wird »böse«, obwohl das Böse keine Macht über ihn hat. Kleist interessiert sich ohnehin nicht für das Böse und die Sünde. Dennoch müssen sich Kohlhaas und Kleists andere Helden früher oder später dieser Frage stellen. Und die Radikalität des Rosshändlers wirkt buchstäblich bis in die Wurzeln: Obwohl er in den Augen der Welt böse wird, vermeidet er gerade den Sog des Bösen. Er lädt Schuld auf Schuld, und doch erweckt er immer mehr den Eindruck eines reinen Menschen. Und als er hingerichtet wird, erwartet er → HEITER die Vollendung seines

Schicksals. Durch den *zweiten Sündenfall* gewinnt er das → PARADIES.

Für ihn erfüllt sich die Weissagung Herrn C...'s im Aufsatz über das Marionettentheater. Damit er in den Zustand der Unschuld *zurückfällt*, muss er erneut vom Baum der Erkenntnis essen. Der *Rückfall* ist eine *nach unten* gerichtete Bewegung, deren Endpunkt dennoch *oben* ist: außerhalb der Welt, außerhalb der Geschichte – denn »das ist das letzte Kapitel von der Geschichte der Welt« (II. 345). Kohlhaas' Geschichte ist die Geschichte dieses zugleich nach unten und nach oben gerichteten Falles, der die Welt der Geschichte (Luthers sowie der Herrscherhäuser Brandenburgs und Sachsens) als eine gewaltige Klammer (die Klammer des Lebens) gleichsam von außen verschließt.

Paul de Man zitiert den *Fall* (den Sturz) bei Baudelaire, der darin eine der auslösenden Ursachen für die »Verdoppelung« sieht (de Man, 1993, 213–4), und zitiert aus Hoffmanns *Prinzessin Brambilla* die Zeilen: »Der Moment, in dem der Mensch umfällt, ist der erste, in dem sein wahrhaftes Ich sich aufrichtet.« (ebd., 218) Die »Verdoppelung« wird hier zur Voraussetzung des Selbstbewusstseins. Bei Kleist hingegen löst das Problem der → ÄHNLICHKEIT der Figuren einen neuen Verlust des Selbstbewusstseins auf höherer Ebene aus, so wie der *Fall* auf Umwegen zu einer neuen Unschuld führt.

Der Sündenfall ist die → METAPHER für die → PARADOXIE der menschlichen Existenz. Indem der Schöpfer den Sündenfall guthieß, säte er in seine Geschöpfe das *Misstrauen* gegen sich selbst. Der Zweifel am Schöpfer (dem Allmächtigen) beraubt jedoch nicht den Schöpfer seiner Ganzheit, sondern lässt im Geschöpf den Gedanken seiner eigenen Allmacht aufkeimen. Der Schöpfer lässt seine Geschöpfe dadurch an seinem göttlichen Wesen teilhaben, dass er ihnen erlaubt, sich von ihm abzuwenden – durch den Sündenfall. Und die Folge des Sündenfalls – der Tod – ist eine Waffe in der Hand des Menschen, die ihn göttlich macht: So besitzt er etwas (die Sterblichkeit), worüber gerade → GOTT nicht verfügt.

Kleist bewahrt diese → PARADOXE Natur des Sündenfalls – ohne sich dabei in theologische Fragen zu verwickeln oder das Verhältnis von Schöpfer und Geschöpf zu analysieren. Der *Sündenfall* ist bei ihm ein *Fall,* der den Sturz (der stets nach unten gerichtet ist) mit dem Aufstieg verbindet – das Bösewerden mit der Läuterung, die Trübung mit der Aufklärung, das → VERSEHEN mit der Klarsicht. Die offensichtlichste Anspielung auf den Sündenfall findet sich in *Der zerbrochne Krug,* in dem Adams Sündenfall (d. h. sein »einfacher« Sturz), bei dem er das Gefühl hat, gerade ins Grab (in den tödlichen Tod) zu stürzen (409), für die anderen das Kommen eines neuen → PARADIESES bedeutet – dessen Tor (das diesmal zu Eves Zimmer führt) hier genauso → RASSELT wie überall, wo das → PARADIEStor vorkommt.

»Gestrauchelt bin ich hier; denn jeder trägt / Den leidgen Stein zum Anstoß in sich selbst«, sagt Richter Adam am Anfang von *Der zerbrochne Krug.*

Mit einem Sündenfall beginnt auch das Stück *Die Familie Schroffenstein,* in dem der Erbvertrag zwischen beiden Familien genauso untrennbar verbunden ist mit den später eintretenden Tragödien wie der Apfel mit dem Sündenfall (185–6); aber auch in *Amphitryon* und *Die Marquise von O....* erscheint das Problem des Sündenfalls. Die Beziehung zwischen dem Sterblichen und → GOTT bzw. dem Menschen und dem Engel / → TEUFEL, ihr tragisches und unauflösliches Angewiesensein aufeinander, führt zwar zur Empfängnis christusähnlicher Wesen, doch das bedeutet trotzdem keinen beruhigenden Abschluss. Diese Frage, die im christlichen Kulturkreis geradezu die Bedeutung eines Ecksteins innehat, wird von Kleist aus einer Perspektive betrachtet, die über das Christentum hinausweist. Für ihn ist dieser »Stein« ein unverdaulicher Bissen: So wie für den Eckstein der Kirche, an dem am Ende von *Das Erdbeben in Chili* das → HIRN des unschuldigen Säuglings verspritzt wird, lässt sich auch für seine Existenz keine beruhigende Erklärung finden. Kleist hält das Problem des Sündenfalls für unlösbar und unerklärlich: Er weist auf die grundsätzlich dissonante Natur der Existenz hin, der der Mensch genauso ausgeliefert ist wie Jupiter in *Amphitryon.* Um diesem tragischen (göttlich-teuflischen) Kreis zu entkommen, muss man einen neuen Sündenfall begehen. Dies wiederum führt zur Steigerung der → PARADOXIEN ins Unendliche. Und aus deren Bedrängnis kann den Menschen höchstens die Nichtexistenz retten.

FENSTER

Als Jeronimus in *Die Familie Schroffenstein* auf Geheiß Ruperts mit einer → KEULE erschlagen wird, erfährt der Zuschauer nur indirekt, was geschieht. Ruperts Gemahlin Eustache stellt sich ans Fenster und erzählt schaudernd, was sie draußen sieht. Die Nachricht von Jeronimus' Tod erreicht rasch auch Sylvesters Familie. Da tritt auch Sylvester ans Fenster und wendet seiner Frau Gertrud – und den Zuschauern – den Rücken zu, als wollte er gar nicht hören, wie sie ihm Jeronimus' Tod erzählt. Dann folgt eine der schönsten Szenen in Kleists ganzem Werk: Sie spricht zu ihm, doch statt ihr zu antworten, redet er über die Bewegungen eines fernen Segelbootes.

GERTRUDE: Wenn
Ich wüsste, wie du jetzt gestimmt, viel hätt ich
Zu sagen dir.
SYLVESTER: Es ist ein trüber Tag
Mit Wind und Regen, viel Bewegung draußen. –
Es zieht ein unsichtbarer Geist, gewaltig,
Nach *einer* Richtung alles fort, den Staub,
Die Wolken, und die Wellen. –
GERTRUDE: Willst du mich, Sylvester, hören?
SYLVESTER: Sehr beschäftigt mich
Dort jener Segel – siehst du ihn? Er schwankt
Gefährlich, übel ist sein Stand, er kann
Das Ufer nicht erreichen. –
GERTRUDE: Höre mich,
Sylvester, eine Nachricht hab ich dir
Zu sagen von Jerome.
SYLVESTER: Er, er ist
Hinüber – *er wendet sich* – ich weiß alles.
(2017–29)

Als betrachtete er eine Szene von Caspar David Friedrich. Der Zuschauer sieht nicht das ferne Segelboot, sondern nur den Rücken des am Fenster stehenden Mannes, der nun genauso → ZERSTREUT ist, wie es später der Prinz von Homburg sein wird. Und als er sich wieder umdreht, weiß er bereits, was er zu tun hat. → PLÖTZLICH fällt jedes Erbarmen von ihm ab, von da an sinnt er nur noch auf Rache (2055). Während er am Fenster weilt, zerbricht etwas in ihm. Vielleicht die Zeit? Kleist verrät nicht, was geschieht. Der Graf *sieht* etwas, aber man weiß nicht, was. Der Dramatiker sieht auch etwas, aber nicht dasselbe wie er: Er beobachtet eine Szene im Theater. Der Zuschauer schließlich ist Zeuge einer Szene, bei der der Verfasser die zu jenem Zeitpunkt wichtigste Information zurückhält (man weiß nicht, worauf genau sich der → BLICK richtet). Das verleiht der Szene ihre dramatische Spannung. Auf diese Weise wird später Tschechow ganze Szenen aufbauen: Die unausgesprochenen Gedanken, die skizzenhaften und → FLÜCHTIGEN Informationen treiben seine Dramen voran.

Jede Geschichte entfaltet sich in einem *Rahmen,* der durch die Perspektive des Verfassers bestimmt wird. Durch das Erzählen öffnet er ein *Fenster* und stellt sich *zusammen* mit dem Leser (Zuschauer) ans Fenster, um mit ihm *gemeinsam* anzuschauen, was sich draußen (drinnen) abspielt. Jedenfalls weckt er im Leser (Zuschauer) die Illusion, als würden sie alles *gemeinsam* ansehen. Kleist fasst diese klassische → METAPHER gelegentlich wörtlich auf und stellt dann eine Figur ans Fenster. Dadurch gerät jedoch alles ins Wanken. Bis dahin wiegt er den Zuschauer (Leser) in der Illusion, dass er mit seinem Werk das »Fenster« zur Welt öffnet. Sie betrachten *gemeinsam,* was »dort draußen« geschieht. Die wirklichen Fenster erschüttern jedoch die klassische Widerspiegelungstheorie. Verfasser und

Der Gedanke des Verweilens am Fenster kommt Kleist schon früh. Am 19. September 1800 erzählt er Wilhelmine, wie er am Fenster zu stehen und die abendliche Brise zu genießen pflegt: »[U]nd schließe die Augen […] und denke nichts, und horche«. (II. 569) Aber im gleichen Brief berichtet er auch etwas anderes: Wenn → BROCKES und er die Zeit nicht totschlagen können, stellen sie sich ans Fenster

Leser (Zuschauer) sind hier getrennt voneinander: Der Verfasser hält Informationen zurück und wird für den Leser dadurch unzuverlässig. Dazu käme es jedoch nicht, würde in diesen → AUGENBLICKEN nicht auch der Verfasser selbst unsicher werden. Auch er versteht nicht ganz, was geschieht. Tat er bis dahin so, als entginge ihm, dem »objektiven« Berichterstatter, nichts, so wird er in dem → AUGENBLICK, als er eine Figur ans Fenster treten lässt, selbst ratlos. Er sieht noch etwas (die am Fenster stehende Figur), sieht jedoch nicht mehr, was jener sieht. In dem → AUGENBLICK, als sich das wirkliche Fenster vor der Figur öffnet, schließt sich das metaphorische Fenster des Verfassers – so wie Marcel Duchamps nach zwei Seiten sich öffnende Tür, die, schließt man sie aus der Richtung des einen Zimmers, sich in die Richtung des anderen öffnet, und umgekehrt.

Statt den → BLICK auf die »äußere« Welt zu öffnen, verschließt das Fenster den → BLICK des Zuschauers (Lesers). Statt die »Welt« widerzuspiegeln, wird das Fenster selbst zu einem → SPIEGEL. Sich vor diesen → SPIEGEL stellend, blickt Eustache dem Tod ins Gesicht (ihr Gesicht mag dann so aussehen wie Lisbeths in *Michael Kohlhaas,* als darin »sich der Tod malte« – II. 25); und Sylvester macht sich bereit, den Tod auszuteilen.

Wer stellt sich noch ans Fenster? Fast jeder in diesem oder jenem → AUGENBLICK, in den Novellen genauso wie in den Stücken. Und zwar gewöhnlich dann, wenn den Figuren die Argumente ausgehen oder wenn sie fassungslos vor den Ereignissen stehen oder ihre → VERWIRRUNG verbergen wollen oder den anderen den Rücken

und machen Bemerkungen über die Fußgänger (II. 572). Am 10. Oktober erwähnt er, dass er stundenlang am Fenster stehen kann (II. 577). Aus Würzburg heimgekehrt, steht er am 22. November nachdenklich am Fenster und blickt in eine ungewisse und wirre Zukunft. Diese Zukunft lässt nicht lange auf sich warten: In dem großen Brief seiner Krise vom 22. März 1801 schildert er, ein paar Zeilen nachdem er erwähnt hat, wie unselig sich die → PHILOSOPHIE Kants auf ihn ausgewirkt hat, dass ihm, seitdem er erkannt hat, dass er in dieser irdischen Welt vergeblich nach der Wahrheit sucht, seine innere Unruhe nicht mehr erlaubt, ein Buch in die Hand zu nehmen; stattdessen geht er lieber untätig in seinem Zimmer auf und ab oder »ich habe mich an das offne Fenster gesetzt« (II. 634).

kehren wollen, ohne sie zu beleidigen.

»Rasender, unbegreiflicher und entsetzlicher Mensch!«, sagt Luther über Kohlhaas (II. 46) »und sah ihn an«. Luther *betrachtet* Kohlhaas, dieser wiederum tritt ans Fenster. Auch er *betrachtet* etwas. »Eingerahmt« vom Fenster, sieht Luther in ihm bereits den Gesandten des Jenseits.

Später tritt der sächsische Kurfürst ans Fenster, »indem er über das ganze Gesicht rot ward« (II. 51); wieder später tritt im Zimmer des Großkanzlers der von Kohlhaas beleidigte Freiherr ans Fenster – ebenfalls über das ganze Gesicht errötend (II. 61). In *Die Marquise von O....* denken Mutter und Tochter über die mögliche Heirat nach, und die Mutter bittet auch ihren Mann um seine Meinung. Was tut der → VATER (dessen Namen – Lorenzo – wir erst da erfahren)? »Der Kommandant, der alles gehört hatte, stand am Fenster, sah auf die Straße hinaus, und sagte nichts.« (II. 118)

Die Geste des Ans-Fenster-Tretens kommt jedoch einer Antwort gleich. Spä-

Eine ähnliche Szene findet sich in Schillers *Wallensteins Tod* (1799), in der Szene zwischen Wallenstein und Gordon (V. Aufzug, 5. Auftritt):

»Hätt ich vorher gewußt, was nun geschehn,
Dass es den liebsten Freund mir würde kosten,
Und hätte mir das Herz, wie jetzt, gesprochen –
Kann sein, ich hätte mich bedacht – kann sein,
Auch nicht – Doch was nun schonen noch?
Zu ernsthaft
Hat's angefangen, um in nichts zu enden.
Hab' es denn seinen Lauf!«

Dann folgt die Regieanweisung: »indem er ans Fenster tritt«, die Kleist in *Michael Kohlhaas* wörtlich übernimmt

ter schleicht auch Graf F..., nachdem ihn die Marquise abgewiesen und vor seiner Nase die Tür, deren Schloss genauso → RASSELT wie das des → PARADIESES, zugeschlagen hat, ans Fenster und überlegt, ob er nicht hineinklettern solle (was zur Vollendung der kurz zuvor unterbrochenen erotischen Szene führte). Aber er überlegt es sich anders, fährt ab – und erfährt kurz darauf von der besagten Zeitungsannonce. »Darauf, nachdem er einen Augenblick, während er das Blatt zusammenlegte, an das Fenster getreten war, sagte er: nun ist es gut! nun weiß ich, was ich zu tun habe!« (II. 130) Zwei Menschen nähern sich der Marquise in erotischer Erregung: ihr → VATER, der gerade in dem → AUGENBLICK ans Fenster tritt, als zum ersten Mal die Möglichkeit besteht, dass seine Tochter von einem *anderen* Mann ergattert wird – und Graf F... der am Fenster stehend *sekundenschnell* seinen Entschluss fasst, so wie Sylvester in *Die Familie Schroffenstein.*

Nachdem Gustav in *Die Verlobung in St. Domingo* Toni und Babekan die → ENTSETZLICHE Rache des pestkranken Mädchens erzählt hat, beginnt er, entsetzt über seine eigene Geschichte, von der Notwendigkeit der Wahrung der menschlichen und göttlichen Ordnung zu sprechen. »Er trat bei diesen Worten auf einen Augenblick an das Fenster, und sah in die Nacht hinaus, die mit stürmischen Wolken über den Mond und die Sterne vorüber zog« (II. 171). Auch er tritt nur *einen* → AUGENBLICK ans Fenster. In diesem → AUGENBLICK verdichten sich das soeben geschilderte → ENTSETZEN, die Gedanken über die Rache des Himmels und die menschliche und göttliche Ordnung und die Nacht, die genauso stürmisch wie Gustav in dem → AUGENBLICK leidenschaftlich ist – und als Folge von alledem überkommt ihn *Unbehagen.* Er hat das Gefühl, dass sich Mutter und Tochter zuwinken. »So übernahm ihn ein widerwärtiges und verdrießliches Gefühl« (II. 171). Später, nunmehr oben in seinem eigenen Zimmer, stellt er sich erneut ans Fenster (II. 171) und erzählt, gleichsam unter dem Eindruck der *Dunkelheit* draußen, Toni die Geschichte von Mariane Congreve. Beseelt durch diese tragische Geschichte, macht er sie zu seiner Geliebten – nachdem er erneut mit Tränen in den Augen ans Fenster tritt (II. 174). Später betrachtet Toni bei dem Mondschein, der durch das Fenster fällt, den schlafenden Gustav, der sich wie im Himmel zu fühlen → SCHEINT – um Sekunden später durch dasselbe Fenster die Stimme des teuflischen Congo Hoango zu vernehmen (II. 183–4). Und schließlich tötet Gustav Toni im gleichen Zimmer – und schießt sich dann am *gleichen* Fenster in den Kopf.

Angst, eine Hinrichtung, ein dramaturgisch nicht motiviertes (und daher umso bedeutungsvolleres) Segelboot, Himmel, → HÖLLE, stürmische Nacht, Unbehagen, verdrängte sexuelle → BEGIERDE, Selbstmord, → UNVERSTÄNDLICHKEIT, Errötung, → HIRN. Mit dem Öffnen der Fensterläden öffnet sich das Schicksal der Figuren. Und zugleich werden die bis dahin losen Fäden des Textes miteinander verknüpft. Die → UNBEGREIFLICHKEIT und Ausweglosigkeit der Schicksale verdichtet sich. Die Figuren stellen sich an ein Fenster, aus dem sich der → BLICK nur nach außen öffnet, *über* den Text *hinaus;* wenn jemand hineinsehen möchte, findet er sich vor einem Blendfenster wieder.

FEUER

Als der treue Sekretär Friedrich Wilhelm Riemer Goethe ein Exemplar von *Das Käthchen von Heilbronn* überreicht und dabei erwähnt, wie viele in Weimar davon entzückt seien und es auch auf der Bühne gern sähen, erwidert Goethe: »Ein wunderbares Gemisch von Sinn und Unsinn! Die verfluchte Unnatur!« Und damit wirft er das Stück, zum großen Schrecken Riemers, der das Exemplar nur ausgeliehen hat, in das lodernde Feuer des Ofens und fügt hinzu: »Das führe ich nicht auf, wenn es auch halb Weimar verlangt.« (LS 385)

Goethe tut dasselbe, was ein halbes Jahrhundert später John Ruskin tut, als er Goyas Kupferradierungen, die *Caprichos*, verbrennt. Er unterzieht Kleists Werk einer *Feuerprobe.*

Käthchen muss seine erste »Feuerprobe« im gleichen Theater bestehen (Uraufführung: 17. März 1810) wie Tamino 1791 (*Die Zauberflöte*, 1791, Wiener Theater).

Doch das Stück besteht die Probe, wie auch Käthchen, als es durch das Feuer schreitet, oder Elvire, die der Feuersbrunst ebenfalls mithilfe der → CHERUBIM (Engel) entkommt (*Der Findling*), oder die Marquise von O.... oder Josephe (*Das Erdbeben in Chili*). Mit Feuer und Schwert verurteilt der Erzengel Michael (*Michael Kohlhaas*) die *ganze* Welt zum Feuertod. Diese besteht die Probe nicht, sondern zerfällt zu Staub, wie etwa die Burg des Wenzel von Tronka, das Kloster von St. Jago, das Schloss von Locarno oder die Plantagen von St. Domingo. Und wer nicht vernichtet wird, ist aus anderem Stoff gemacht als die Welt, ist keine Legierung wie Kunigunde, sondern aus einem Block – aus Diamant – gehauen.

Das gilt auch für Kleists Œuvre. Sein »heftiger, auf einen Punkt hintreibender Wille« (II. 114), dem alle seine Buchstaben gehorchen, besteht leicht die Herausforderung jenes schwachen, verhalten blinkenden Feuers, das alles in das Licht der Umsicht, der Besonnenheit, der Mäßigung, des Gehorsams und der → VERSÖHNLICHKEIT hüllt und verlogen das Halbdunkel zum natürlichen Licht erklärt.

Fünfmal bringt Kleist das Bild des Feuers und des Schwertes mit Kohlhaas (dem Erzengel Michael) in Verbindung; und in *Das Erdbeben in Chili* wird die *ganze* Welt zum Feuertod verurteilt.

FIEBER I.

Es ist meist → HEFTIG und fast immer ein Fieber der Nerven. Dieses Fieber ist wie ein → FENSTER. Wird eine der Figuren fiebrig, öffnet sich der Text wie ein → FENSTER (oder wie eine einem Rosenblatt ähnelnde »handtellergroße Wunde« – Kafka, vgl. → SCHWEINEKOBEN); doch während der Fieberkranke → EinBLICK in eine unbekannte und → UNBEGREIFLICHE (jenseits des Textes liegende) Welt (die Welt des Fiebers) bekommt, bleibt der Leser im Netz des Textes stecken. Er kann nur erahnen, was auf der anderen Seite passiert – wie das Krankheitsbild und die Vorgeschichte sind.

Käthchen stürzt sich aus dreißig Fuß Höhe (durch ein → FENSTER) in die Tiefe und bricht sich die Knochen. Und doch wird es nicht in erster Linie deshalb bettlägerig. Es bekommt → HEFTIGES Fieber, rührt sich sechs Wochen lang nicht, spricht kein Wort, und keiner vermag ihm sein Geheimnis zu entlocken (192–6). Später freilich wird das Geheimnis gelüftet; aber dadurch wird das Geheimnis des *Fiebers* nicht gelöst. Das Fieber des Grafen ist genauso rätselhaft; auch er liegt todkrank mit Nervenfieber danieder (2148–9). Sein Fieber wird mit seiner seltsamen Melancholie erklärt (1154). Deren Grund kennt man jedoch nicht, und warum er von Melancholie fiebrig wird, ist erst recht unerklärlich.

Warum erkrankt Elvire so häufig in *Der Findling?* Kleist teilt jedes Mal mit: wegen ihrer ruhelosen Stimmung, der überstandenen Schrecken oder ihrem anfälligen Nervensystem. Auf den ersten → BLICK → SCHEINT er damit die Bedürfnisse der sentimentalen Leserschaft zu befriedigen: siehe da, eine *schöne* Seele, die nicht fähig ist, die Last der *unschönen* → WELT zu ertragen. Aber Kleist widerlegt sich selbst – und zwar ungewollt. Und dadurch entsteht im Text eine *Spannung,* die an Elvires innere Spannung heranreicht. Indem Kleist seine Protagonistin erkranken lässt, verletzt er auch die anerkannten Normen der Literatur: Naheliegende Erklärungen (die beweisen würden, dass der Schriftsteller *Herr* über seinen Text ist) werden fragwürdig, und zwar gerade durch das, was nicht in den Text gehörte: die Versprecher, die Abschweifungen. Diese beweisen jedoch nicht, dass der Verfasser seinem Text *überlegen* ist, sondern dass er ihm *ausgeliefert* ist: Hier verwickelt sich Kleist in seinen eigenen Geschichten und ist stellenweise nicht mehr Herr über sie. Statt einen vorher bestimmten Lauf zu nehmen, schwillt die Geschichte an und reißt auch den Verfasser mit sich. Zwar möchte Kleist den Leser *genau* über die Umstände informieren – aber wenn dann jemand erkrankt, stellt sich heraus, dass er genauso ratlos ist wie der Leser. In diesen → FÄLLEN wird der Text genauso *fiebrig* wie die Figur.

Die Krankheit, das Nervenfieber: die → METAPHER für das Anschwellen der Geschichte. Die dreizehnjährige Elvire weicht, nachdem Colino sie wie ein → CHERUB dem → FEUER entreißt und daraufhin erkrankt, → DREI Jahre (!) nicht vom Krankenbett des jungen Ritters. Was während dieser langen Zeit zwischen den beiden geschieht, wird von Kleist verschwiegen; er betont nur eine einzige emotionale Regung: Bevor er stirbt, reicht er ihr noch einmal »freundlich« (II. 203) die Hand. Die *Untertreibung* ist verräterisch – das (unbeabsichtigte) Zurückhalten von Information → PEITSCHT die Fantasie des Lesers auf. Diese Mitteilung, die in einem anderen Kontext gleichgültig wäre, wird durch das Verschweigen bereichert. Die Ökonomie des Textes gleicht jener der modernen Dichtung: Weniger ist mehr.

Auch Elvire wird reicher, indem sie ihre Gefühle verdrängt (die Ökonomie der Seele). Darauf sind ihre → HEFTIGEN Nervenfieber zurückzuführen. Zwei Jahre nach Colinos Tod heiratet sie achtzehnjährig den wesentlich älteren Piachi (der aller Wahrscheinlichkeit nach 51 Jahre alt ist). Die »Bereicherung« ist augenscheinlich: Statt des jungen *Edelmannes* mit den Augen eines Engels heiratet Elvire, die Tochter eines bürgerlichen Handwerkers (→ TUCHfärbers), den *bürgerlichen* Immobilienhändler – wobei dieser Bindung vermutlich ein Vertrag zwischen → VATER und Bräutigam vorausgeht (die Ökonomie des Reichtums). Kleist schafft eine Situation wie bei Molière: Ein junges, hübsches Mädchen verliebt sich in einen gut aussehenden jungen Mann, soll jedoch mit einem alten Kaufmann verheiratet werden. Aber im Gegensatz zu Molière siegen bei Kleist am Ende die Alten über die Jungen – und sie ist so hilflos, dass sie ihre Lage nicht einmal als Niederlage empfindet. Zudem könnte Piachi auch Elvires *Liebhaber* sein (er ist nicht so alt, wie ihn der Erzähler machen möchte), und doch benimmt sie sich ihm gegenüber, als wäre er ihr → *VATER* (Elvire als Ware – ihr »von Affekten nur selten bewegtes Antlitz«, II. 206). Ein Mann, der kein Ehemann, sondern ein → VATER ist – und somit: ein → VATER, der zugleich auch Ehemann ist. Dieser inzestuöse Charakter der Beziehung wird vom Erzähler nicht entfaltet (das geschieht bereits in *Die Marquise von O....*), ja, er möchte (dem Leser und auch sich selbst) unbedingt glaubhaft machen, dass das so seine Richtigkeit hat. Doch der Text lässt sich nicht irreführen. Gleich nach der Hochzeit bekommt Elvire ein »hitzige[s] Fieber« (II. 203), das sie später immer wieder ins Bett zwingt. »Niemand, außer Piachi, kannte die Ursache dieser sonderbaren und häufigen Erschütterungen«, schreibt der Erzähler (II. 203), und indem er sich mit Piachi identifiziert, verfehlt er gerade die vermeintliche *Ursache.* Denn im nächsten Satz führt er die späteren Erkrankungen bereits auf das Fieber nach der Hochzeit zurück, das Elvire mit einem »überreizten Nervensystem« zurückgelassen habe (ebd.).

Ursache der Erkrankungen ist also die Krankheit, glaubt der Erzähler und geht der Sache genauso wenig nach wie Piachi und Elvire. Bei Molière wäre die »eingebildete Krankheit« *(maladie imaginaire)* das Mittel, mit dessen Hilfe die Figuren ihr eigenes Schicksal bestimmen. Bei Kleist hingegen gibt es eine »eingebildete Gesundheit«, die als schicksalhaftes Ausgeliefertsein erscheint. Das → HEFTIGE Fieber ist ein Symptom dieser eingebildeten Gesundheit. Als Elvire später Nicolo in einem Kostüm erblickt, in dem er Colino gleicht, bekommt sie angesichts der → ÄHNLICHKEIT erneut tagelanges, heftiges Fieber, das »eine sonderbare Schwermut« (II. 204) zur Folge hat. Auch hier schweigt der Erzähler – obwohl seine Aufmerksamkeit sonst auch solche Kleinigkeiten erfasst, wie zum Beispiel, dass an diesem Abend Nicolos Schlafzimmer zu dessen Bestürzung geschlossen ist und sich Elvire aus irgendeinem Grund gerade in der Nähe aufhält (wofür es freilich eine verdächtig naheliegende Erklärung gibt). Zudem empfindet Elvire Nicolos Zuneigung zum weiblichen Geschlecht als sündhaft – das heißt, seine Abenteuer reizen ihre Fantasie. Das wiederum erregt den Verdacht, dass Elvire vielleicht nicht deshalb fiebrig wird, weil sie annimmt, der tote Colino sei wieder auferstanden, sondern weil sie sich in der Abwesenheit Nicolos, der Colino auch ohne Kostüm ähnelt, in sein Zimmer einsperren will, um sich der → VERZÜCKUNG (Selbstbefriedigung) hinzugeben, und zwar nicht in ihrem eigenen Zimmer, vor dem Bild Colinos, sondern in Nicolos Bett, wo er sie dann beinahe erwischt – so wie Piachi später Nicolo in

Elvires Zimmer erwischt. (Dieser Verdacht wird genährt durch die Anekdote *Der neuere (glücklichere) Werther,* die Januar 1811, ein halbes Jahr vor *Der Findling,* entsteht und in der sich der verliebte Charles C... in Abwesenheit seiner Herrin in ihr Bett legt.)

Dieses spätere Erwischtwerden führt zu einem erneuten Nervenfieber – diesmal zu einem tödlichen. Und es ist wohl deshalb das → HEFTIGSTE Fieber bis dahin, weil diesmal wirklich das geschieht, was ihr bis dahin gefehlt hat und sie stets fiebrig werden ließ: Nicolo macht sie zu seiner Geliebten. Das Fantasieren erreicht sein Ziel, die Liebe vollzieht sich – und doch gerät alles auf einen Irrweg. Und das wirft rückwirkend auch auf die engelhaft »unschuldige« Elvire neues Licht. Damit sie ihr Liebesverlangen endlich ausleben kann, muss erst ein Ritter sterben, muss sie einen »rechtschaffenen alten« Mann heiraten, der in ständiger Zurückweisung leben muss (und sich dadurch in einen rasenden Mörder verwandelt), muss sie ihre sexuelle → BEGIERDE fantasierend allein ausleben – und das Böse schließlich gerade in dem Menschen verkörpert sehen, der für sie zugleich auch die Verkörperung des Guten ist. (→ TEUFEL und Engel – Nicolo und Colino: Ist das Graf F..., in zwei Figuren gespalten?) *Das Gute geht auf dem Umweg des Bösen in Erfüllung – und sein Mittel dazu ist die Krankheit.*

In *Die heilige Cäcilie oder die Gewalt der Musik* stirbt Schwester Antonia an einem → HEFTIGEN Nervenfieber; dadurch rettet sie die Kirche und auch das Seelenheil der Brüder – eine Errettung, die in einer erneuten Krankheit, dem Wahnsinn der Jungen, zum Ausdruck kommt.

Wenn das Leben zu einer Falle wird, bekommen die Figuren Fieber. Kleists Texte sind deshalb so *fiebrig,* weil der Erzähler unbedingt den Eindruck erwecken will, als könnten die Figuren, denen seine Sympathie gilt, den Fallen der Seele leicht ausweichen. Doch gerade diese scheinbare Naivität ist die Falle, in der sie wie auch der Erzähler gefangen sind. Der Ton des Erzählers suggeriert eine »göttliche« Objektivität. Aber wenn er zum Beispiel Nicolo als bösartig und als → TEUFELSbrut schildert, betrachtet er ihn schon unbemerkt durch den Filter von Elvires Verdrängungen und Ängsten, wodurch gerade die »objektive« Bewertung fragwürdig wird. Der Erzähler (als ein Schüler der realistischen englischen Romanciers des 18. Jahrhunderts) will den Leser *über alles* informieren – und wird dabei zum Gefangenen dessen, was er enthüllen müsste. Einerseits wird Kleists Sprache durch einen äußerst genauen Gebrauch der Worte, eine alles erfassende, fast schon von der Umständlichkeit der Juristensprache geprägten Aufmerksamkeit und eine objektiv und emotionslos anmutende und jeder Leidenschaftlichkeit entbehrende Erzählweise charakterisiert – andererseits wird diese Objektivität durch Versprecher unterminiert, verschmilzt die Emotionslosigkeit des Erzählers mit der Leidenschaftlichkeit der Figuren, vermischt sich seine Perspektive mit der Perspektive bald dieser, bald jener Figur. Letztendlich wird der Erzähler von der »Objektivität« geknebelt, wodurch er einen immer *fiebrigeren* Eindruck erweckt. Erkrankt jemand bei Kleist, geraten nicht nur die Figuren in die Falle, sondern auch der Erzähler selbst. Beim Erzählen einer gegebenen Geschichte hält er krampfhaft an einer äußeren, allwissenden Perspektive fest, obwohl er im Laufe der Geschichte gerade diese unbemerkt verliert. Er betrachtet die Falle des Lebens *aus der* → FERNE, obwohl er längst ihr Gefangener ist.

Dennoch geht es nicht um Geschichten psychischer Verdrängungen oder unverarbeiteter, ins → UNBEWUSSTE abgeschobener Inhalte. Bei Kleist gerät niemals die Seele in die Falle, sondern die Existenz selbst. Auch die Zerrüttung der Seele ist nur ein Symptom der Zerrüttung der Existenz. Deshalb ist die → WELT bei ihm eine so wunderbare (oder eben gebrechliche) Einrichtung. Nicht nur die Figuren bekommen → HEFTIGES und glühendes Fieber, sondern die Existenz selbst entflammt – die → FEUERsbrunst ist bei Kleist stets die Folge der Spannungen eines schrecklichen, nicht diesseitigen Dramas. Als Graf F... in der brennenden Burg die Marquise von O.... rettet, betrachtet sie ihn zu Recht als einen Engel – doch als sich an jenem verhängnisvollen → DRITTEN derselbe Mann auf die Annonce meldet, sieht sie in ihm genauso zu Recht den → TEUFEL. Obwohl sie im Recht ist, bekommt sie → HEFTIGES Fieber. Das verdeutlicht, dass nicht nur die Marquise, sondern die ganze Welt geheilt werden muss. Diesen Versuch unternimmt Kohlhaas, der – wieder ein Versprecher und eine zurückgehaltene Information! – sich bereits *vor* der Geschichte mit den Pferden (II. 15–6) über die gebrechliche Einrichtung der Welt im Klaren ist. (Kohlhaas' Entschlossenheit und Unerschütterlichkeit: Sind sie womöglich die Folge einer früheren Gemütskrankheit, die – siehe Elvire – ihrerseits das Ergebnis eines Fiebers war?)

Das Nervenfieber: eine Krankheit. Doch womit verglichen? Mit der Gesundheit? Indem Kleists Figuren *erkranken, »entkranken«* sie meist auch – dem Leben, genauer gesagt, der gebrechlichen Welt. »Mein Freund, du bist doch krank, nicht?«, fragt Alkmene ihren Mann in *Amphitryon* (921), als sie seine → VERWIRRUNG gewahrt – und ohne zu ahnen, dass sie das gleiche Schicksal erwartet. Worauf er erwidert: »Krank – krank nicht.« (ebd.) Er ist sich selbst nicht sicher. Doch sein Zaudern ist in sich schon eine Art Symptom. Es ist der Vorbote jener → OHNMACHT, die sich am Ende des Stückes seiner – und bald darauf auch seiner Frau – bemächtigen wird. Die unlösbaren Situationen machen die Figuren krank – da bei Kleist jedoch nicht in erster Linie der Körper (und auch nicht die Seele), sondern die gebrechliche Existenz krank ist, wirkt die Krankheit in seinen Werken wie ein letzter, großer → ANFALL, durch den man ein für alle Mal der Gebrechlichkeit entkommen kann. Kleist mindert keine Sekunde die Schwere der Krankheit, noch möchte er Krankheit und Gesundheit relativieren. Aber er ist sich auch einer höheren, nicht diesseitigen Gesundheit bewusst. Die Krankheit ist bei ihm wie der → SündenFALL; und so wie ein zweiter → SündenFALL zum Hintereingang des → PARADIESES führt, erhält man im Laufe der Krankheit → EinBLICK in die Welt einer vollkommen neuen, übermenschlichen Gesundheit. Das erklärt, warum Kleists Erzählungen und Dramen, obwohl sie in Krankheiten schwelgen und mit dem Krankhaften ständig in Berührung kommen, im Innersten dennoch Gesundheit verströmen. Sie sind nicht »ansteckend«. »Mein Leib ward jeder Krankheit mächtig noch. / Und wärs die Pest auch, so versichr' ich euch: / An diesen Knochen nagt sie selbst sich krank!«, sagt Guiskard (463–5). Die Krankheit erkrankt an sich selbst, und dabei entsteht in ihr jenes → UNBEGREIFLICHE, was sich nunmehr weder als Krankheit noch als Gesundheit bezeichnen lässt.

FIEBER II.

War Kleist krank? Wilhelmines Mann, Wilhelm Traugott Krug, schreibt aufgrund seiner Königsberger Erfahrungen (Mai 1805–August 1806): »Er war so unglücklich organisiert, dass er sich fast immer in einem fieberhaften Zustande befand [...]. Daher war ich auch gar nicht betreten, als ich sein tragisches Ende vernahm. Ich wunderte mich vielmehr, dass er noch so lange ausgedauert hatte.« (LS 146) Den Ausdruck »fieberhafter Zustand« gebraucht Krug metaphorisch, um Kleists häufige düstere Stimmung und In-Sich-Gekehrtheit zu erklären. Die gleiche Phase seines Lebens beschreibt Bülow etwas sachlicher: »Auch war seine Gesundheit schon schwer angegriffen, er hatte häufig Fieber und lag oft ganze Tage lang, wie er freilich sagte, mehr aus Unlust als aus Unwohlsein, zu Bett, oder ließ sich doch, in sein Zimmer verschlossen, vor keinem Menschen sehen.« (Zitiert nach: Günzel, 220)

Kleist selbst betrachtet seinen Zustand illusionsloser und verzichtet auf → METAPHERN. Dennoch ist auch seine Diagnose unklar. Am 16. November 1805 schreibt er dem Freiherrn von Stein aus Königsberg: »Ich habe diesen ganzen Herbst wieder gekränkelt: ewige Beschwerden im Unterleibe, die mein Brownischer Arzt wohl dämpfen, aber nicht überwinden kann.« (II. 758) Am 30. Juni 1806 glaubt er am Rand eines Abgrundes zu sitzen, »das Gemüt immer starr über die Tiefe geneigt, in welcher die Hoffnung meines Lebens untergegangen ist« (II. 763). Zehn Tage später schreibt er: »Ein fortdauernd kränklicher Zustand meines Unterleibes, der mein Gemüt angreift, und mich bei allen Geschäften, zu denen ich gezogen zu werden, das Glück habe, auf die sonderbarste Art ängstlich macht, macht mich, zu meiner innigsten Betrübnis, unfähig, mich denselben fernerhin zu unterziehen.« (II. 765) Im Herbst, am 24. Oktober, beklagt er sich in einem Brief an Ulrike: »Ich leide an Verstopfungen, Beängstigungen, schwitze und phantasiere, und muß unter drei Tagen immer zwei das Bett hüten.« (II. 770) Im Februar 1807 teilt er Ulrike aus der französischen Gefangenschaft mit: »[I]ch bin gesunder als jemals« (II. 777) – wobei die Aufregungen der Gefangenschaft vermutlich befreiend auf ihn gewirkt haben! Aber am 30. Oktober, wieder in Deutschland, klagt er erneut: »[M]eine Nerven sind zerrüttet, und ich bin nur periodenweise gesund« (II. 795).

Seine Königsberger Krankheit, die auf eine Neurose hindeutet, bildet die Fortsetzung einer früheren, 1803 ausgebrochenen, schweren Krankheit. Damals, im Herbst 1803, scheint er von → FURIEN verfolgt zu sein: »[M]it blinder Unruhe« und »aus Lebensüberdruß« bricht er aus Frankreich zu einer Reise auf (II. 745), die mit seinem völligen Zusammenbruch in Mainz endet, »wo ich endlich krank niedersank, und nahe an fünf Monaten abwechselnd das Bett oder das Zimmer gehütet bin.« (ebd.)

Ursache und Natur seiner Krankheit versteht er jedoch selbst nicht und teilt über seine fünfmonatige Leidenszeit nur so viel mit: »Ich bin nicht imstande vernünftigen Menschen einigen Aufschluss über diese seltsame Reise zu geben. Ich selber habe seit meiner Krankheit die Einsicht in ihre Motiven verloren, und begreife nicht mehr, wie gewisse Dinge auf andere erfolgen konnten.« (ebd.) Die Reise wie auch der unmittelbar vorausgegangene *Bruch* mit Pfuel sowie die Vernichtung (das *Zerreißen)* des *Guiskard*-Manuskripts sind für ihn allesamt Brüche. Sein Leben zerfällt genauso wie die Figur Kunigundes – die immer schwerer werdende Neurose mündet in eine Psychose, von der ihn auch Georg Wedekind, sein Arzt in Mainz, nicht ganz heilen kann.

Würzburg, Frankreich, Königsberg, Dresden, Berlin – Kleists Zustand ist wechselhaft und verschlechtert sich dennoch unaufhaltsam. Aber auch die Krankheit kann

Sigismund Rahmers Bestandsaufnahme: »Man hat [...] diagnostiziert: schwere Neurasthenie und Hysterie; erbliche Belastung (Hereditarier) und psychopathische Minderwertigkeit – *sit venia verbo* –; Kleist präsentiert sich uns als Paranoiker mit Verfolgungswahn, Größenwahn etc., als chronischer Melancholiker mit Selbstmordtrieb und schweren Depressionszuständen, die seine gelegentliche Internierung notwendig machten, er bietet das ausgesprochene Krankheitsbild der *Dementia praecox* mit allmähligem geistigen → ZerFALL bis zu ausgesprochenem Blödsinn, er leidet an sexuellen Abnormitäten – Sadismus; Päderastie wird vermutet – und schließlich ist er Alkoholist und Opiophage.« (zitiert nach W. Kittler, 216)

seine Kreativität und Genialität nicht untergraben. Wobei er sich von ihr auch nicht freimachen kann. Genie »umfaßt den ganzen inneren Menschen und kann in nichts geringerem bestehen, als in der Energie und innigsten Eintracht dessen was sowohl in der Sinnlichkeit als auch in der Geistigkeit des Menschen das selbständige und unbeschränkte Vermögen ist.« (A. W. Schlegel, II. 76) Kleists Œuvre aus seiner Krankheit (seinen Krankheiten) erklären zu wollen, zeugt von der gleichen Befangenheit, wie seine Krankheiten gar nicht erst zur Kenntnis nehmen zu wollen. Kunstwerke nähren sich aus vielen Wurzeln – so *auch* aus der Krankheit; aber das fertige Kunstwerk lässt sich weder mit der Etikette der Krankheit noch der Gesundheit versehen.

Der zerbrochne Krug deutet in Goethes Augen »auf eine schwere Verirrung der Natur [hin], die den Grund ihrer Entschuldigung allein in einer zu großen Reizbarkeit der Nerven oder in Krankheit finden kann« (LS 252).

Es ist in Kleist »etwas Rätselhaftes und Geheimnisvolles, das tiefer in ihm zu liegen schien, als daß ich es für Affektation halten konnte«, schreibt über ihn Wieland (LS 89). Günter Blöcker spricht bezüglich Kleist von der »Über-Gesundheit« (Blöcker, 58); er stellt die Kränklichkeit des *Autors* vor den metaphysischen Hintergrund der Krankheit seiner *Figuren*. Kleist selbst bestreitet elf Tage vor seinem Selbstmord, dass sein Zustand als Krankheit zu bezeichnen sei: »[E]s ist mir ganz unmöglich länger zu leben; meine Seele ist so wund, daß mir, ich möchte fast sagen, wenn ich die Nase aus dem Fenster stecke, das Tageslicht wehe tut, das mir darauf schimmert. Das wird mancher für Krankheit und überspannt halten; nicht aber Du, die fähig ist, die Welt auch aus andern Standpunkten zu betrachten als aus dem Deinigen.« (II. 883)

Kleists Gesundheit bzw. Krankheit ist seit der Jahrhundertwende Thema vieler Auseinandersetzungen; umstritten ist nicht nur das Ziel seiner Würzburger Reise (zur Heilung sexueller Impotenz oder Phimose – vgl. Zimmermann, 100), sondern auch die Bewertung seiner körperlichen Verfassung im Ganzen. Der Nervenarzt

Die Welt aus radikal anderem → BLICKwinkel zu betrachten: Das ist für Kleist nicht nur eine theoretische Herausforderung. Auch seine körperliche Krankheit durchlebt er als eine neue Perspektive. Für ihn gerät nicht die Welt in Form der Krankheit durcheinander, sondern die Krankheit bietet eine Perspektive, aus der die Gebrechlichkeit der Welt sichtbar wird. Die Neurose als persönlichste Betroffenheit durchlebt er als Zerrissenheit der unpersönlichen Existenz. Deshalb findet er kein geeignetes Maß zur Beurteilung seiner Krankheit: Die → WELT erweist sich dazu als ungeeignet, ein nicht diesseitiges Maß hingegen existiert nicht. Das *Unmögliche* offenbart sich für ihn in Gestalt der Krankheit. Er wird körperlich von ebenjenem Unmöglichen niedergestreckt, das zugleich in Form von Werken zum Ausdruck kommen will.

Isidor Sadger unterwirft 1897 Kleists Person einer Sexualanalyse, die 1903 Sigismund Rahmer mit einem ganzen Buch beantwortet (*Das Kleist-Problem auf Grund neuer Forschungen zur Charakteristik und Biographie Heinrich von Kleists,* 1903), in dem er Kleist für geistig und moralisch vollkommen gesund erklärt (was, so Sadgers Erwiderung, zum Ziel hat, »in Kleist den königlich-preußischen Nationaldichter zu entdecken« (Kanzog, 293–4).

FLÜCHTIG

Flüchtig ist der → BLICK und dauert so kurz, dass man nicht sagen kann, ob er flüchtet oder angreift. Der → BLICK unterbricht als → AUGENBLICK den Lauf der Zeit, und die Unbestimmbarkeit seiner Richtung lässt den Raum illusionär werden. Die Handlung bricht ab und fährt nach diesem Ruck nicht mehr dort fort, wo sie abgebrochen ist. Sie fährt, kaum merklich, auf einer anderen Ebene fort.

Elvire verwickelt sich immer mehr in das Schicksal Nicolos (*Der Findling*), der sich ihr gegenüber viel natürlicher verhält als sie sich ihm gegenüber. Als Elvire nach längerer Abwesenheit heimkehrt, hilft ihr Nicolo »sehr freundlich« aus dem Wagen, wogegen sie ihm »nur einen flüchtigen, nichtsbedeutenden Blick« zuwirft (II. 209). Der flüchtige → BLICK ist in diesem → FALL ein flüchtender → BLICK; er wird dadurch bedeutsam, dass er den Anschein erwecken will, als habe er nichts zu bedeuten. In dem flüchtigen, nichtssagenden → BLICK deutet sich das Schicksal an, das Elvire erwartet. Im → AUGENBLICKlichen kommt das Endgültige zum Vorschein. »Den Kuß des Todes flüchtig laßt ihn schmecken!«, hetzt die erste Amazone ihre Gefährtinnen auf Achilles (1405) – und diese Flüchtigkeit wird ihm zum Verhängnis. *Das Flüchtige ist das wirklich Bleibende.* Die Wahrheit flieht und flüchtet vor dem Menschen, der diese Unfassbarkeit für die einzige Wahrheit seines Lebens hält. Der flüchtige → BLICK: Die flüchtende Wahrheit deutet sich für einen → AUGENBLICK in den Zügen der in der Unwahrheit lebenden Figur an. Als beide Kurfürsten die → ZIGEUNERIN bitten, die Glaubwürdigkeit ihrer Worte zu beweisen, blickt auch sie die beiden *flüchtig* an (II. 91). Mit diesem → BLICK misst sie sie jedoch von Kopf bis Fuß. Der → BLICK ist flüchtig und erfasst doch alles. Nicht nur ihren Körper, sondern auch ihr Schicksal. Auch dem Junker tritt, als er den Konflikt mit Kohlhaas zu erahnen beginnt, *eine flüchtige Blässe* ins Gesicht (II. 15): Schon möchte er vor seinem Schicksal, das er nicht kennt, *fliehen,* doch gerade dieser *Wunsch zu fliehen* treibt ihn seinem Schicksal entgegen. *Er flieht gerade in sein Schicksal.* Auch Graf F... *erblasst flüchtig,* als er zu erahnen beginnt, welch unmöglicher Zustand ihn erwartet, dass er zu einem Engel und einem → TEUFEL zerfallen muss (II. 127). Und in *Die Verlobung in St. Domingo* zaudert Toni *flüchtig,* bevor sie sich Gustav an die → BRUST legt. Dieses flüchtige Bedenken besiegelt ihren späteren Tod (II. 173).

Die *Flüchtigkeit* ist der Vorbote des Todes. Der Prinz von Homburg lässt das Tor des Friedhofs »flüchtig« öffnen, um das Grab, das ihn erwartet, zu sehen (1726) – und beschließt dann, dass er *doch* bereit ist zu sterben, ja, dass er fortan nichts anderes wünscht. General Hulin blickt den Verräter nur *flüchtig* an, bevor er ihn erhängen lässt (II. 262) – und in dieser Flüchtigkeit deutet sich die tödliche Dimension der Politik an. Als Josephe in *Das Erdbeben in Chili* aus dem brennenden Kloster flieht, dessen herabstürzender Giebel → ZUFÄLLIG (?) die zu Hilfe eilende Äbtissin erschlägt, drückt sie dieser *flüchtig* die Augen zu (II. 148). Diese Flüchtigkeit ist wie eine aufgeschobene Antwort auf die Frage, warum gerade diejenige sterben muss, die am ehesten am Leben bleiben müsste? Auch Kohlhaas lässt, als er auf dem Schafott steht, seinen → BLICK *flüchtig* über die Menge schweifen (II. 102) und stößt dann vor seinem Tod den sächsischen Kurfürsten in tödliche Verzweiflung. Zuvor misst auch schon der Prinz von Meißen Kohlhaas flüchtig mit den Augen – von Kopf bis Fuß! –, nachdem der Erzähler Kohlhaas kurz zuvor einen »Würgeengel« genannt hat. Der → BLICK des Prinzen von Meißen bestätigt gleichsam die Feststellung des Erzählers. Er blickt Kohlhaas an, als hätte man ihm ins Ohr geflüstert, jener sei ein Würgeengel. Der *Erzähler* und *eine der Figuren* zwinkern einander hinter dem Rücken des Protagonisten zu. Die *Flüchtigkeit* unterbricht hier nicht nur Zeit und Raum, sondern für einen → AUGENBLICK auch den Erzählfaden.

Der → BLICK, wenn er flüchtig ist, verbindet sich mit der tiefen Einsicht. Man muss die Dinge nicht gründlich untersuchen – es genügt der → *Gefühls*BLICK, den Kleist an → BROCKES so bewunderte. Wahre Einsicht entsteht dann, wenn man von der → WELT und ihren Einzelheiten *absieht,* schließlich »ist die Wahrscheinlichkeit [...] nicht immer auf Seiten der Wahrheit«. (II. 278) Natürlich hat auch der flüchtige → BLICK einen Gegenstand. Aber er wird nicht durch diesen Gegenstand ausgelöst, und deshalb kann ihn der → BLICK auch nicht endgültig an sich binden. Aus dem → UNBEGREIFLICHEN (der Tiefe der Seele) kommt der → BLICK und verliert sich auf dem Umweg der Gegenstände (der Welt) wieder im → UNBEGREIFLICHEN. Er ist deshalb flüchtig, weil er von dem, worauf er sich richtet, *absieht*. Und dabei umfasst er mit einem → BLICK die ganze Welt.

Der flüchtige → BLICK ist der Punkt, »wo die beiden Enden der ringförmigen Welt in einander« greifen, würde Herr C… aus dem Aufsatz über das Marionettentheater sagen (II. 343). Es ist der Moment, in dem sich → GOTT und die Materie treffen. Der Anfang und das Ende der Schöpfung. Und zugleich die Kunst. Denn wenn Kunst – wie Kleist meint – in dem → AUGENBLICK entsteht, in dem die Dichtung auch das erzählen kann, was der Dichter nicht ausspricht (II. 757), dann bedarf das, was wirklich wichtig ist, keiner Worte. In Kleists Gedanken hallt die Vorstellung des Malers Conti aus Lessings *Emilia Galotti* wider. Die Genialität Raffaelos, der keine Hand hat, bietet nur demjenigen Trost, der sich vor der Welt in das unberührte → INNERE flüchtet. Kleist bleibt jedoch auch da nicht stehen. Seine Flucht ist so radikal, dass sie auch das → INNERE durchstößt und »an dessen jenseitigem Ufer« in der völligen Unpersönlichkeit wieder zum Vorschein kommt. Das macht die Innerlichkeit seiner Werke so gespenstisch. Die Flüchtigkeit ist der Ausdruck dieser *leidenschaftlichen Unpersönlichkeit.*

Die → WELT muss erst verschwinden, bevor sie in ihrer ganzen Bedeutung existieren kann. »Wer die Welt in seinem Innern kennen lernen will, der darf nur flüchtig die Dinge außer ihm mustern«, schreibt Kleist am 29. Juli 1801, ein halbes Jahr nach der Zuspitzung seiner → KANT-KRISE (II. 677). Die Dichtung: der Zustand des → PARADIESES; und das, was zwischen dem ersten (ursprünglichen) und dem zweiten (endgültigen) → SündenFALL geschieht, ist nichts anderes als die Geschichte – dieser flüchtige → BLICK → GOTTES.

»Nur weil der Gedanke, um zu erscheinen, wie jene flüchtigen, undarstellbaren, chemischen Stoffe, mit etwas Gröberem, Körperlichem, verbunden sein muß: nur darum bediene ich mich, wenn ich mich dir mitteilen will, und nur darum bedarfst du, um mich zu verstehen, der Rede. Sprache, Rhythmus, Wohlklang usw. und so reizend diese Dinge auch, insofern sie den Geist einhüllen, sein mögen, so sind sie doch an und für sich, aus diesem höheren Gesichtspunkt betrachtet, nichts, als ein wahrer, obschon natürlicher und notwendiger Übelstand; und die Kunst kann, in bezug auf sie, auf nichts gehen, als sie möglichst *verschwinden* zu machen.« (*Brief eines Dichters an einen anderen,* II. 347–8)

FURIE

Jetzt nimmt ein Kampf seinen Anfang, wie er seit dem Rasen der Furien auf Erden nicht mehr ausgefochten wurde, erzählt Odysseus seinen Gefährten. Aber dann schildert er nicht das Blutvergießen, sondern ein seltsames, bis dahin noch nie erlebtes Phänomen. Neben der Kraft und ihrem Widerstand, dem feuerlöschenden Wasser und dem alles einäschernden → FEUER erscheint auf dem Schlachtfeld eine → DRITTE, im Grunde unvorstellbare Kraft, die das → FEUER mit dem Wasser eint und beide zugleich vernichtet. Es ist keine *dialektische* Macht, sondern das *Unmögliche,* das die Gegensätze nicht behebt, sondern ins Unendliche steigert.

Sie ist halb → GRAZIE, halb Furie, sagt Achilles über Penthesilea (2457) und vergleicht sie mit den → KENTAUREN. Nicht ihrer Grausamkeit wegen ist Penthesilea wie eine Furie, sondern weil in ihr auch die → GRAZIE vollständig zur Geltung kommt. In Kleists Werken tritt die Furie stets dann in Erscheinung, wenn sich auch die → GRAZIE entfalten kann. Nur aus → VERSEHEN bringt Penthesilea Achilles um, statt ihn zu → UMARMEN. Wollte sie ihn »nur« umbringen, wäre ihre Tat bloßes Blutvergießen. Und wollte sie ihn »nur« → UMARMEN, müsste man in ihr die verzweifelt Liebende sehen. Aber sie bringt ihn um und → UMARMT ihn *zugleich.* So schauerlich ihre Tat ist, sie ist zugleich auch überwältigend. Deshalb ist Penthesilea eine Furie: Mit einer Tat straft sie die andere Lügen. Und sie selbst, als zerbrechliche Frau, wird hin- und hergerissen zwischen den auch ihr → UNVERSTÄNDLICHEN Extremen. Die Furie erscheint dann, wenn bei der Enthüllung der Wahrheit ein noch umfassenderer, metaphysischer Irrtum einsetzt – etwas, was mit menschlichem Verstand und Willen nicht wiedergutzumachen ist. Die Furie wird dann geboren, wenn die Existenz selbst den Menschen hinters Licht führt.

Aber Kleists Helden begreifen das Ausgeliefertsein nicht mit ihrem »Verstand«; sie können es nur durchleben und erleiden. Sie begehen die schlimmsten und schädlichsten Taten nach bestem Wissen und Gewissen. Und dann sind sie nicht *wie* Furien, sondern sind selbst Furien. Die → METAPHER wird zur Wirklichkeit. Das Unmögliche nimmt in ihnen Gestalt an: die gleichzeitige Einsicht in die Unmöglichkeit der Existenz und das Erleiden dieser Existenz. Das ist es, was *bei gesundem Verstand* nicht möglich ist. Entweder sieht man die Unmöglichkeit der Existenz ein, hält diese Einsicht jedoch, da man seinen gesunden Verstand bewahrt, für nicht verhängnisvoll für sich selbst – oder man erleidet diese Unmöglichkeit und verliert den Verstand, ohne irgendeine Einsicht oder Übersicht zu erlangen. Kleists Furien jedoch – gleich den Helden der griechischen Tragödien – *leiden und werden dabei erwachsen:* Ihre Besonnenheit bewahrend, erleiden sie die Wahrheit.

»Du Furie, gräßlicher, als Worte sagen –!«, spricht Gertrud in *Die Hermannsschlacht* über Thusnelda (2390), als diese Ventidius durch einen Bären zerfleischen lässt. Thusnelda wird wegen ihres *eigenen* Irrtums zur Furie; solange es um die Irreführung *anderer* geht, spricht sie nur in Klischees über die Furien (1054).

Nicht nur Penthesilea wird zur Furie. Die Marquise von O.... blickt, als sich an jenem fürchterlichen → DRITTEN Graf F... auf die Annonce meldet und das Zimmer betritt, »mit tötender Wildheit, bald auf den Grafen, bald auf die Mutter ein; ihre Brust flog, ihr Antlitz loderte: eine Furie blickt nicht schrecklicher.« (II. 141) Nicht nur aus *Enttäuschung* benimmt sie sich so, sondern weil sie miterleben muss, wie die Ordnung der → WELT aus den Fugen gerät. Derjenige, den sie liebt – der Graf –, kann nicht mehr als Mensch vor ihr erscheinen: Er ist entweder ein Engel oder ein → TEUFEL. Natürlich wäre das noch kein Grund, dass sie sich so benimmt. Aber indem Kleist sie zu einer Furie macht, entlarvt er sie auch. Nicht nur der Graf schwankt hin und her zwischen Himmel und → HÖLLE, sondern auch die Marquise: Auch sie findet ihren Platz in der Welt nicht und erkort sich daher → UNBEWUSST einen Mann aus, der entweder ein Engel oder ein → TEUFEL ist. Mit ihrem extremen Benehmen nimmt sie Nastassja Filippowna aus *Der Idiot* vorweg, die, zwischen Rogoschin und Myschkin schwankend wie sie auch, alle Schranken durchbricht, die den Charakter bürgerlicher Romanhelden einfassen. Beim → ANBLICK des Grafen wird die Marquise damit konfrontiert, dass auch sie ihren Platz in der Weltordnung nicht findet. Nicht Zorn, Enttäuschung oder → RACHSUCHT machen sie zu einer Furie, sondern dass ihr in dem Moment die Unmöglichkeit ihrer Lage bewusst wird. Was Wunder, dass sie bald darauf das → HEFTIGSTE → FIEBER bekommt.

Eine Jungfrau Maria, die zur Furie wird. Ähnlich benimmt sich auch Alkmene, die von Kleist zwar nicht als Furie bezeichnet wird, aus deren großem Hassmonolog gegen ihren Mann (2236–62) jedoch nach Wolf Kittlers treffender Bemerkung »metaphysicher Haß« strömt: In den Augen der Frau entspricht der Unterschied zwischen Liebe und Hass dem Unterschied zwischen Sein und Nichtsein (Kittler, 79). Es ist noch hinzuzufügen, dass Alkmene hier deshalb an Penthesilea erinnert, weil auch ihr Hass sich von der Liebe nährt. Ihre Gestalt ist nicht deshalb tragisch, weil statt ihres erreichbaren Mannes ein unerreichbarer → GOTT sie in seinen Bann schlägt, sondern weil für sie dadurch gerade das Erreichbare unerreichbar wird. Erst verwechselt sie das Wahre und das Falsche, was, wie bei Molière, auch zu einer komischen Situation führen könnte. Aber Kleist lässt das Falsche und das Wahre eins werden, ohne sie dabei zu relativieren oder eines von beiden zu eliminieren. Alkmene ist deshalb eine Furie, weil ihr → VERTRAUEN in die Liebe metaphysisch ist und gerade dieses absolute → VERTRAUEN zur Quelle des Irrtums wird. Sie wird nicht von Jupiter getäuscht, nicht von ihrem Mann enttäuscht, sondern durch das Gefühl der → UNVERSTÄNDLICHKEIT der Existenz erschüttert. Das abschließende → ACH! ist das Vorzeichen jenes → HEFTIGEN → NervenFIEBERS, das auch die Marquise von O.... befällt.

Eine wahrhaftige Furie ist auch Littegarde (*Der Zweikampf*), als sie von Herrn Friedrich im Gefängnis besucht wird. Nicht deshalb verflucht sie den Mann, der sich auf ihre Seite stellt, weil er den Zweikampf verliert, sondern weil sie an die Unfehlbarkeit des → GOTTESurteils *glaubt* und somit auch daran glauben muss, womit sie sich nicht abfinden kann: ihre eigene Schuld. Nicht die Niederlage des Kämmerers verletzt Littegarde, auch nicht, dass sie vielleicht hingerichtet wird. Für sie steht → GOTTES Sein oder Nichtsein auf dem Spiel. Entweder sie glaubt an → GOTT oder nicht. Aber sie glaubt und glaubt *zugleich* auch nicht. Wegen dieser »Zerknirschung« (II. 251) wird ihre Seele wie die eines → KENTAURS. »Gott ist wahrhaftig und untrüglich; geh, meine Sinne reißen, und meine Kraft bricht. Lass mich mit meinem Jammer und meiner Verzweiflung allein!«, sagt sie (ebd.), und er fällt bei diesen Worten in → OHNMACHT. Sie befinden sich beide in einer ähnlichen Lage wie Penthesilea und Achilles in der letzten Schlacht: Sie werden von einer Macht niedergestreckt, über die sie beide nicht Herr sind, obwohl sie beide diese Macht verkörpern.

GARTENLAUBE

Gibt es doch einen Ort, an dem man sich vor der → WELT zurückziehen kann? Die Gartenlaube → SCHEINT ein solcher Ort zu sein. Und ist sie es wirklich, so bietet sie Schutz vor der Gebrechlichkeit der Welt. Und enthüllt dem Menschen dabei auch die Wahrheit. Lässt ihn am Wissen teilhaben – aber dieses Wissen ist nicht das Wissen der menschlichen Reflexion, sondern das der Marionette und → GOTTES.

Oder doch nicht?

Als die Marquise von O.... das Haus ihres → VATERS verlässt, zieht sie sich in ihr innerstes → INNERE zurück und wählt die ewige → EINGEZOGENHEIT des Klosters (II. 126). Während ihr Verstand ganz von »der großen, heiligen und unerklärlichen Einrichtung der Welt gefangen« bleibt (ebd.), versucht sie, sich in der *Gartenlaube* des Schlosses von V... mit ihrem neuen Leben anzufreunden. Sie strickt wie die Jungfrau Maria und fühlt sich da, in der Gartenlaube, stark genug, um sich der ganzen Welt zu widersetzen. Aber die Welt verfolgt sie auch dorthin – in Gestalt Graf F...'s, der sie, als er nach V... hinausreitet, »in ihrer lieblichen und geheimnisvollen Gestalt« (II. 128) erblickt und dann drei Schritte vor ihr stehen bleibt. Diese *drei* Schritte sind genauso gefährlich wie »jenes fürchterliche → DRITTE«, an dem die Marquise »auf jeden Lasterhaften gefaßt schien« (II. 143). Die Marquise errötet tief (die schwache Frau), der Graf hingegen lächelt (der starke Mann). Dann → UMARMT er sie behutsam, was ihr nicht zuwider ist, denn statt sich aus seiner → UMARMUNG zu lösen, senkt sie den → BLICK »schüchtern« zu Boden. Sie beginnen, sich miteinander zu unterhalten, bis die Marquise sich erkundigt: »Hat man Ihnen denn in M... nicht gesagt –? – fragte sie, und rührte noch kein Glied in seinen Armen.« (II. 129) Würde er ihre Frage verneinen, würde sie sich gewiss auch weiterhin nicht rühren. Aber auf die Antwort des Grafen, der ihr mitteilt, dass er alles erfahren habe und zugleich auch von ihrer Unschuld überzeugt sei, ruft sie aus und löst sich aus seiner → UMARMUNG. Aber er weicht nicht: Immer → HEFTIGER beteuert er, dass er trotz allem an ihre Unschuld glaubt, »wobei er einen glühenden Kuss auf ihre Brust drückte« (ebd.).

In der *Phöbus-Fassung* steht noch: »wobei er auf ihre Brust glühend niedersah«.

Und damit beginnt der Streit, in dessen Verlauf sie immer gewalttätiger und er immer mutloser wird. Der Streit endet mit einem Ausruf der Marquise: »Ich *will nichts* wissen« (ebd.), spricht sie, woraus man schließen kann, dass sie bereits weiß, wer der → VATER des Kindes ist. Und als sie ihm dann → HEFTIG gegen die → BRUST → STÖSST, wird klar, dass sie sich ihm am liebsten erneut hingäbe. Doch darauf – und das ist nicht ihre Entscheidung, sondern die des Erzählers! – muss sie noch warten. Erst muss sie den Engel als → TEUFEL sehen, bevor sich ihre → BEGIERDE erfüllen kann. Und so verlässt er fürs Erste eilig die Gartenlaube.

Die Gartenlaube: Schauplatz der inneren Zurückgezogenheit, an dem die Marquise ein Vorgefühl der Erfüllung hat. Die Gartenlaube ist jedoch auch der Schauplatz der Aufschiebung der Erfüllung. In ihr beginnt sich der Bogen jenes allumfassenden Kreises anzudeuten, der die ganze Welt umspannt, von der Schöpfung über den → SündenFALL bis zum Kommen des neuen → PARADIESES.

»Ich hätte nicht um Rom und seine Tempel, / Nicht um des Firmamentes Prachtgebäude, / Des lieben Mädchens Laube hingetauscht«, heißt es im Gedicht »Die beiden Tauben«, dessen Klischees erst durch den Schluss ein wenig aufgewogen werden: »Ist sie entflohn, die Zeit der Liebe – ?« In *Die Familie Schroffenstein* bzw. in der Dichtung *Der Schrecken im Bade* wird die Gartenlaube (die Idylle) auch zum Schauplatz von Aufruhr, Täuschung und der Erfüllung des Bösen.

Die Figuren in *Das Erdbeben in Chili* gehen unter dem schattigen Laub des Granatwaldes → HEITER auf und ab; diese → HEITERKEIT ist jedoch deshalb → »UNAUSSPRECHLICH« (II. 153), weil sich in der Idylle ein Frieden und eine Erfüllung andeuten, die sich, wie die Symbolik des Granatapfels suggeriert, erst im nahenden Tod erfüllen können. Nicht nur das neu einsetzende Leben zerstört diese Idylle, sondern auch diese Idylle weckt Ansprüche und Hoffnungen, die im Leben unerfüllbar sind. Die Idylle provoziert gleichsam die Aggression. Diejenigen, die sie zerstören – vor allem Meister Pedrillo – sind bösartig; ihre Bösartigkeit ist jedoch genauso metaphysisch wie der Frieden des Idylls. Die Gartenlaube: der *Durchgang* zu jenem paradiesischen Zustand, zu dem man erst nach dem erneuten → SündenFALL Zutritt erhält.

Die Gartenlaube ist jener *Ort,* der die Figuren der *Zeit* enthebt. Sie ist wie ein *Rahmen aus Laub* (ein »Laubwerk zu Einfassungen«, würde Kant sagen – vgl. Culler, 198): Sie repräsentiert die »Wirklichkeit«, im Vergleich zu der das, was innerhalb des Rahmens ist, virtuell ist – wohingegen das »Bild« innerhalb des Rahmens (das Leben, die Idylle, die Fantasie, die Utopie, die Sehnsucht) diese »Wirklichkeit« virtuell macht. Die Gartenlaube veredelt die »Wirklichkeit« zum Traum – dieser Traum legt sich jedoch wie ein Alptraum über die, die in ihm leben. Raum und Zeit werden wirklich ungreifbar – und damit noch bedrückender als der Raum und die Zeit der »wirklichen« Gegebenheiten. Der Marquise von O.... oder den Flüchtlingen des Erdbebens in Chili erscheinen Vergangenheit und Zukunft in neuem Licht; und der Graf vom Strahl und Käthchen treten vor dem Holunderstrauch, »der eine Art von natürlicher Laube bildet« (2018), in die Welt des Traumwandelns über, wo sich Vergangenheit und Zukunft vor ihnen auftun – jene *Wahrheit,* von der der Graf lange Zeit genauso wenig wissen will wie die Marquise von O.... In der Gartenlaube erscheint den Figuren ihre → BESTIMMUNG erfüllt. Wenn sie diese betreten, wollen sie *nichts mehr.* (Die Marquise von O.... weicht der Wahrheit aus, als sie die Wahrheit schon besitzt.) Deshalb

Die Gartenlaube spielt in den Wilhelmine-Briefen die Rolle eines geheimen, vereinbarten Zeichens. Was passiert wohl in der Gartenlaube der Familie Zenge? Sie ist geschlossen und dunkel (II. 541), dorthin ziehen sich eines Abends Kleist und W. zurück, und ihnen wird eine große Freude zuteil (II. 545). Aber W. weint auch (II. 552). Nicht weil er zudringlich wird, sondern weil er ihr einen zweideutigen Gedanken anvertraut (II. 552), worauf sie ihm gegenüber misstrauisch wird. Und was passiert da noch? W. strickt, wie später auch die Marquise von O...., lässt den Nähkorb fallen, und Kleist liest die Nadeln auf, über die er später ein Gedicht zu verfassen gedenkt (II. 553). Und sie lesen im Mondschein *Luise* von Voß (II. 631). In seinen Briefen – aber *fern* von ihr – kehrt Kleist mit Genuss zur Gartenlaube zurück. Der Gedanke an die Gartenlaube ersetzt ihre Person; eine Fantasie, die er sich

ist die Gartenlaube zeitlos – oder genauer: → AUGENBLICKLICH, → FLÜCHTIG, fliehend, entschwindend – und deshalb erinnert sie an das → PARADIES. Das jedoch, wie Herr C... lehrt, erst dann zugänglich wird, wenn man erneut vom Baum der Erkenntnis isst. Und wo sonst könnte dies geschehen als in einer Gartenlaube (Eden), wo die Erlangung der Wahrheit einen neuen → FALL in die Wege leitet (die Verwandlung Graf F...'s in einen → TEUFEL), damit beide auf diesem Umweg ins → PARADIES gelangen, mit vielen kleinen Russen auf ihren Armen? Doch bis dahin bleibt das Tor der Gartenlaube, dieses Vorhofes zum → PARADIES, verschlossen – so wie auch die Marquise von O.... das Tor vor dem ihr hinterhereilenden Grafen mit einem → HEFTIGEN → RASSELN des Riegels zuschlägt.

so lange ausmalt, bis sie wichtiger wird als die Wirklichkeit.

»Heute müssen die Kleistworte wie die Posaunenstöße des jüngsten Gerichts über das große Grab der deutschen Ehre und des deutschen Glückes dröhnen«, schreibt Franz Wyk 1920 in seinem Artikel »Kleist und unsere Not«, der in der Zeitung *Die Gartenlaube* (!) erscheint (zitiert nach Busch, 63).

GEDANKENSTRICH

Der berühmteste Gedankenstrich, den Günther Blöcker als den bedeutendsten Gedankenstrich der Welt bezeichnet (Blöcker, 240), gehört natürlich der Marquise von O.... Graf F... bemerkt, wie die russischen Soldaten im flammenden Schloss die Marquise bedrängen. Dieser → ANBLICK entflammt auch ihn. Er vertreibt die Soldaten, ja schlägt einem von ihnen so → HEFTIG ins Gesicht, dass Blut aus seinem Mund hervorquillt. Nach dieser gewalttätigen Bewegung, die für ihn sonst völlig untypisch ist, verfällt er ins andere Extrem: Er beginnt auf Französisch zu *palavern* und *Komplimente zu machen.* Das Gespräch ist jedoch einseitig: Die Marquise erwidert nichts, weil sie »von allen solchen Auftritten sprachlos war« (II. 105). Dann führt er sie in einen anderen, von den Flammen verschont gebliebenen Flügel des Gebäudes, wo sie schließlich in → OHNMACHT fällt. »Hier traf er, da bald darauf ihre erschrockenen Frauen erschienen, Anstalten, einen Arzt zu rufen; versicherte, indem er sich den Hut aufsetzte, daß sie sich bald erholen würde; und kehrte in den Kampf zurück.« (II. 106),

Gottfried Benn bezeichnet diesen Gedankenstrich als den »gewaltigsten« in der deutschen Literaturgeschichte (Wichmann, 122). Er ist stark, mächtig und vor allem natürlich *gewalttätig.* Nicht nur der Graf vergewaltigt die Marquise, sondern auch Kleist den Leser. Nach der Veröffentlichung der Phöbus-Fassung (Februar 1808) schreibt Varnhagen an Fouqué, dass ihm die Erzählung zwar gefalle, sie aber dennoch nicht das Werk eines Dichters sei. »Der große Cervantes würde nimmer sagen: in dem °°° Kriege, ein Obrist der °°° Truppen, bei der Bestürmung von M °°°, die Marquise von °°°.« (LS 260) Fouqué entgeht jedoch das, worauf Kleist sorgfältig achtet und auch in der Buchfassung von 1810 beibehält: Hinter den Namen der Marquise setzt er konsequent vier Punkte, während er den Namen des Grafen mit nur drei Punkten versieht. Diese *Botschaft* berührt zwar nicht das Schicksal der Figuren in der Erzählung, aber sie → SCHEINT doch eine Information für den *Leser* bereitzuhalten. Doch Kleist weiht den Leser nicht in das Geheimnis seiner Vorgehensweise ein. Deshalb entstehen, jedes Mal wenn die Punkte auftauchen, buchstäblich *Löcher* im Text.

Kleist erzählt genauso umsichtig und jede Einzelheit beachtend wie Kafka; doch während die Abkürzung des Namens (K.) bei Kafka einen organischen Teil der erzählten Geschichte bildet, lässt sich die Reduzierung der Namen auf den Anfangsbuchstaben bei Kleist nicht aus der Geschichte ableiten. Bei Kafka wird der Erzählfaden durch den abgekürzten Namen noch straffer; bei Kleist hingegen beginnt entlang der Punkte und Abkürzungen das Gewebe des Textes selbst aufzugehen. Und deshalb unterscheiden sie sich auch grundsätzlich von den graphischen Lösungen in Sternes *Tristram Shandy.* In Sternes Roman hat der Erzähler die Geschichte ständig fest im Griff, und die sichere Stellung des Erzählers wird nicht einmal dort erschüttert, wo Trim mit seinem Stock einen Schnörkel in der Luft zeichnet oder der Erzähler acht Zeilen Text durch Punkte ersetzt oder dem Leser Yoricks Tod durch eine schwarze Seite mitteilt. Bei Kleist hingegen fehlt einerseits jede Selbstreflexion, andererseits sind die Gedankenstriche und Punkte doch nicht »selbstverständlich«. Deswegen wirken sie wie ein Strudel. Sie *hängen* aus dem Text *heraus,* weisen über ihn hinaus, als hätten sie mit der Geschichte nichts zu tun – und doch gehören sie zum Text, sind organische Bestandteile der Handlung. Um mit einem Vergleich aus der bildenden Kunst zu sprechen: Man kann sie sowohl als gefundene Gegenstände *(objet trouvé)* oder als Lösungen in der Art der Trompel'Œil sehen als auch als »realistische« Phänomene, innere Bestandteile der dargestell-

»[S]o – – so lege Dich ruhig auf Dein Lager [...] und *hoffe* – nicht zu heiß, aber auch nicht zu kalt – auf bessere Augenblicke, als die schönsten in der

ten Szene. Sie sind gleichzeitig zwei- und dreidimensional.

Deshalb kann der bedeutungsvolle Gedankenstrich zu einem außergewöhnlichen Beispiel beredten Schweigens werden. Lanser unterscheidet zwischen dem Autor, dessen Stimme »extra-fictional« ist, und dem Erzähler, dem »narrator within the fictional discourse« (Lanser, 128–32). Der Gedankenstrich in Kleists Erzählungen macht das Verhältnis eben dieser beiden »Figuren« problematisch: Autor und Erzähler sind hier sowohl identisch als auch nicht. Der Erzähler kann sich nicht entscheiden, ob er *von außen,* als »objektiver« Beobachter über die Ereignisse berichten soll, oder *von innen,* aus dem → BLICKwinkel der Personen. Es lässt sich nicht sagen, ob der Erzähler (aus Schamgefühl) zu dieser Lösung greift oder ob umgekehrt der Gedankenstrich die Bewusstseinslücke der Marquise von O.... markiert – woraus folgte, dass wir die Ereignisse durch ihre Augen sehen (oder in diesem → FALL: nicht sehen). Der Autor, der *Bescheid weiß* und – als Erzähler – *doch nicht Bescheid weiß.* Wegen dieser Ratlosigkeit »fällt« der Text genauso »in Ohnmacht« wie die Marquise; doch im Gegensatz zu ihr, deren Bewusstlosigkeit eindeutig missbraucht wird, manifestiert sich die »Ohnmacht« des Textes als positive Kraft: Sie reißt sowohl den Leser als auch den Autor mit sich (»vergewaltigt sie«). Die Unbestimmbarkeit des »Stellenwertes« des Gedankenstriches (als Waffe des Erzählers oder als Offenbarung des Seelenzustandes der Figur?) → PEITSCHT den Text auf. Die Struktur der Sprache »spiegelt« nicht den gegebenen Vorgang »wider«, sondern dieser Vorgang (der Gewaltakt) vollzieht sich

Vergangenheit – auf bessere noch? – Ich sehe das Bild, und die Nadeln, und Vossens ›Luise‹ und die Gartenlaube und die mondhellen Nächte, – und doch – – Still! – ›Wer rief?‹ – Mir wars als drücktest Du mir den Mund mit Küssen zu.« (An Wilhelmine von Zenge, 22. März 1801)

Das Auge des *Lesers* stockt beim Gedankenstrich. Später stockt es beim Wort »Leser« (II. 127). Kleist spricht den »Leser« an – was er in seiner Erzählungen nur in *Die Marquise von O....* tut! –, aber der wirkliche Leser verspürt ebenso wenig Gemeinsamkeit mit dem »erfundenen« Leser

in der Struktur des Textes selbst. Statt zu reproduzieren, wird das Schreiben selbst schöpferisch.

Das erklärt, warum Kleist zahlreiche, für den Leser wichtige Informationen zurückhält. In der ersten Fassung von *Michael Kohlhaas,* die 1808 in der Juniausgabe des *Phöbus* erscheint, verrät der Erzähler nicht, was der Held nach dem Tod seiner Frau, nachdem sie ihn zuvor zur Verzeihung gemahnt hat, denkt: »Kohlhaas dachte: – – –; küßte sie, indem ihm häufig die Tränen flossen, drückte ihr die Augen zu, und entließ den Geistlichen.« (II. 293) In der Dezemberausgabe des *Freimüthigen* schreibt Karl August Böttiger: »Was wir [...] aus den Gedankenstrichen, als Kohlhaasens Weib gestorben war [...] machen wollen, können wir [...] nicht einsehen.« (LS 296a) Würde er jedoch aufmerksamer lesen, müsste er bemerken, dass diese drei Gedankenstriche auf drei frühere Gedankenstriche anspielen. Als Kohlhaas' Frau schluchzend niedersinkt, sagt er erregt zu ihr: »[S]oll ich heute zum ersten Mal wünschen, daß es anders wäre?« (II. 28), worauf sie errötet.

Die Bedeutung der drei Gedankenstriche lässt sich nur erraten. Denkt Kohlhaas, es wäre besser, er hätte niemals geheiratet? Das erklärte auch die drei Gedankenstriche nach dem Tod seiner Frau: Endlich ist der → AUGENBLICK der herbeigesehnten Einsamkeit gekommen. Diese letzteren drei Gedankenstriche lässt Kleist in der Endfassung (leider!) entfallen. Dennoch spürt er wohl, dass die erste Dreiergruppe so bedeutungsvoll ist, dass sie noch einer späteren Entsprechung bedarf. Und deshalb legt er Kohlhaas' Frau, als dieser sie fragt, ob er mit Wenzel Frieden schließen soll, folgende

wie der Leser von *Tom Jones,* der, statt Fieldings Worte auf sich selbst zu beziehen, amüsiert (oder gleichgültig) beobachtet, wie der Autor am Anfang seines Romans einen fiktiven Leser zum Festmahl einlädt. Während der Leser von *Die Marquise von O....* deren Geschichte verfolgt, sieht er sie nicht *unmittelbar,* sondern durch den Filter des stummen (und einseitigen) Gesprächs zwischen dem Erzähler und dem erfundenen Leser.

unhörbaren Worte (die es in der *Phöbus*-Fassung noch nicht gibt) in den Mund: »Lisbeth wagte nicht: ja! ja! ja! zu sagen –« (ebd.). Auch das entspricht drei Gedankenstrichen. Auch wenn diesmal nicht der Leser mit ihnen konfrontiert wird, sondern Kohlhaas, der das dreifache Ja nicht »hört«, sondern nur das *bedeutungsvolle* Schweigen seiner Frau vernimmt. Das *Ja* verwandelt sich in einen Gedankenstrich, wodurch es die Bedeutung *nein* erhält. Der *Gedankenstrich* verändert die Bedeutung, ohne etwas an ihr zu ändern. Er wird so zu einer Art Möbiusband: Vorder- und Rückseite der Situationen und Szenen werden gleichzeitig sichtbar, was in der Handlung einen wahren Strudel auslöst.

Ähnliche Rätsel könnte Böttiger auch woanders entdecken, auch wenn Kleist den Fluss der Geschichte nicht immer durch einen Gedankenstrich unterbricht. Was flüstert zum Beispiel Donna Elisabeth Don Fernando in *Das Erdbeben in Chili?* Was sagt Elvire Piachi in *Der Findling,* bevor dieser Nicolo aus dem Haus wirft? Gesteht sie ihm stumm – für den Leser unhörbar –, dass sie Nicolo gehört hat? Oder verhöhnt sie – zum ersten Mal in ihrem Leben – ihren impotenten Mann? Oder lässt sie ihn wissen, dass es sie schon immer vor ihm geekelt hat? Oder kündigt sie an, dass sie mit Nicolo fliehen will? Noch → UNBEGREIFLICHER ist, warum er daraufhin seine halb bewusstlose Frau mit Nicolo zurücklässt, zu einem *Freund* rennt und gerade auf dessen *Bett* ohnmächtig niedersinkt. Ist es Angst vor der Frau? Latente Homoerotik? Alles ist möglich – denn Kleist *teilt gerade das nicht mit,* was entscheidend sein könnte.

Als Gustav in *Die Verlobung in St. Domingo* Toni die Unschuld nimmt, bemerkt Kleist, statt die Szene zu beschreiben: »Was weiter erfolgte, brauchen wir nicht zu melden, weil es jeder, der an diese Stelle kommt, von selbst liest.« (II. 175) Doch wer ist dieses »wir«? Der Autor? Wozu dann die Mehrzahl? Etwa, um beim Verstummen die Leser *auf seiner Seite* zu haben? Und wer bildet dann die Truppe der »jeder«? Das *wir und* das *jeder* ragen gewaltsam – phallisch – wie Gedankenstriche aus dem Text heraus. Der Gedankenstrich, dessen *erotische* Bedeutung hier ebenso offensichtlich ist wie in *Die Marquise von O....* oder am Ende der zweiten Szene im zweiten Akt von *Amphitryon,* steht nicht *für* einen Geschlechtsakt, sondern vollzieht diesen selbst. Statt zu sehen und zu hören, was sich zwischen den Figuren abspielt – wie in einer klassischen Erzählung –, vergewaltigen sich Autor, Text und Leser beim Erscheinen des → UNAUSSPRECHLICHEN und doch »erklingenden« Gedankenstrichs gegenseitig.

Kleist drängt die vorhandene Tradition in eine Grenzsituation und eröffnet der Literatur dadurch neue Möglichkeiten. Wie Fielding im ersten Kapitel von *Tom Jones* lädt auch er den Leser vor (den er ein einziges Mal – ausgerechnet in *Die Marquise von O....* – beim Namen nennt, II. 127). Doch nicht, um ihn zum Festmahl einzuladen und ausgiebig zu bewirten, sondern um ihn zu verwirren. »Leser«: Mit diesem *Wort* signalisiert der Erzähler in *Die Marquise von O....*, dass die Geschichte der Marquise eine Fiktion ist (»Geschichtserzählung« – II. 127), die nicht mit der Wirklichkeit verwechselt werden darf.

ALKMENE: Nachdem wir von der Tafel
aufgestanden –
AMPHITRYON: So gingen –
AMPHITRYON: Ginget –
ALKMENE: Gingen wir – – – nun ja!
Warum steigt solche Röt ins Antlitz dir?
(965–8)

Andererseits gebraucht ein *Erzähler* dieses Wort, der selbst Teil und Erbauer einer fiktiven Welt ist – wodurch auch der Leser zu einem fiktiven Wesen umgewertet wird. Nicht mich, den tatsächlichen Leser (der das Buch in der Hand hält), spricht er an, sondern ich, der Leser, lese, als mein Auge das Wort »Leser« streift, von jemandem, der mit mir nicht identisch ist. Während der *fiktive* Autor bemüht ist, Wirklichkeit und Fiktion auseinanderzuhalten, erzählt er einem *fiktiven* Leser eine *Fiktion* – und dabei reibt sich diese Dreiheit und zehrt aneinander, ohne zu einem beruhigenden Ende zu kommen. Auch diesem Mangel an Synthese entspringt die Stärke und Spannung der Erzählung, entstammt die ungeheure Menge nie aufgelöster Verdrängungen, unbegründeter seelischer Erschütterungen und → UNBEGREIFLICHER Reaktionen, an denen dieses kurze Werk reicher ist als der ganze, ungleich längere *Tom Jones.* Die Verdrängungen der Marquise von O.... entsprechen sowohl der Fiktionalität des Lesers (dessen Existenz nicht aufgelöst wird) als auch der scheinbaren Allwissenheit des Erzählers.

Denn der Erzähler tut ständig so, als wisse er alles – und scheut daher auch den Gebrauch der *Gedankenstriche* nicht. Obwohl er sie deshalb gebraucht, weil auch er nicht alles weiß. Also lässt er im Text ein Loch, damit andere (der Leser, die Marquise) hineinfallen. Diese wiederum sehen den Erzähler nicht. Aber nicht deshalb, weil jener »über ihnen«, »außerhalb von ihnen« oder in einer verglichen mit der ihren hyperfiktiven Welt wäre, sondern weil er schon von vornherein am Boden der Falle ist. Als Gefangener seiner selbst gegrabenen Grube.

GEWÖLBE

Gleich einem gewaltigen Gewölbe umspannt Kleists Œuvre das zweimal gebrauchte Gewölbegleichnis. Am 16. November 1800, dem »wichtigsten Tage« (II. 593) seines Lebens, glaubt Kleist während eines Spaziergangs durch Würzburg beim → ANBLICK der untergehenden Sonne den Niedergang seines Glückes zu sehen. »Da ging ich, in mich gekehrt, durch das gewölbte Tor, sinnend zurück in die Stadt. Warum, dachte ich, sinkt wohl das Gewölbe nicht ein, da es doch *keine* Stütze hat? Es steht, antwortete ich, *weil alle Steine auf einmal einstürzen wollen* – und ich zog aus diesem Gedanken einen unbeschreiblich erquickenden Trost, der mir bis zu dem entscheidenden Augenblicke immer mit der Hoffnung zur Seite stand, daß auch ich mich halten würde, wenn alles mich sinken läßt.« (II. 593) Kleist hütet sich hier noch merklich, aus diesem → PARADOX tiefere Schlüsse zu ziehen. Statt es existenziell zu vertiefen, ruft er erst Wilhelmine zu enttäuschend trivialen Gedankenübungen auf. Oder will er etwa seine wirklichen Gedanken nicht mit seiner Verlobten teilen – damit sie nicht so vor ihm zurückschrickt wie Achilles vor Penthesilea?

Neun Tage später schreibt er Ulrike: »[N]ie ist mir die Zukunft dunkler gewesen als jetzt, obgleich ich nie heitrer hineingesehen habe als jetzt«. (II. 601) Welcher Sache sieht er entgegen? Einer medizinischen Operation? Einer politischen Aufgabe? Muss er eine schwer zugängliche Information besorgen? Oder wartet das alles zusammen auf ihn? Der an Ulrike gerichtete Satz bezieht sich gewiss auf einen konkreten, doch bis zum Schluss in Dunkel gehüllten Umstand. Aber die Schilderung seines → AUGENBLICKlichen Gemütszustandes weist darüber hinaus ins Unbekannte – wo sich Düsternis und → HEITERKEIT, gleichsam das Unendliche passierend, wieder kreuzen. Ein Jahr später, im Winter 1801, muss er einen gewissen Herrn C... treffen, einen Tänzer der städtischen Oper (doch um welche Stadt handelt es sich, was verbirgt sich hinter dem Anfangsbuchstaben M.?), der ihn auf diese (1810 ausgearbeitete) Lösung aufmerksam gemacht hat. Und sechs Jahre später kehrt er in *Penthesilea* zum Gedanken des Gewölbes zurück. Der → FALL und der Aufstieg, die nach unten ziehende Kraft, die dennoch nach oben weist: Das wird Penthesilea sein; selbst ihre Zähne gleichen einem Gewölbe: Ihr Mund beißt nur deshalb, weil jeder einzelne ihrer Zähne küssen möchte.

→ KÜSSE, Bisse, küssen, beißen, umbringen, → UMARMEN – und dabei die ganze Tiefe und unermessliche Höhe zu *einem einzigen* Bogen spannen. Penthesilea, die *wie eine → GÖTTIN* liebt und am Ende des Stückes doch als *lebender Leichnam* erscheint: Nur ein nichtmenschliches Wesen vermag beide Extreme auszuhalten. »Nur ein Gott könne sich, auf diesem Felde, mit der Materie messen; und hier sei der Punkt, wo die beiden Enden der ringförmigen Welt in einander griffen.« (II. 342–3) Der Bogen des Gewölbes zeigt vom Anfang der Schöpfung zu ihrem Ende – ohne irgendwo das → PARADIES zu berühren. Wenn der Bogen ganz ist und sich in einen genauso regelmäßigen Kreis (genauer: Kugel) verwandelt wie der Anfangsbuchstabe des Namens der Marquise von O.... – dann vollendet sich die Schöpfung.

Bis dahin gibt es nur Gewölbe, die inmitten der Katastrophen der hinfälligen und gebrechlichen (ständig einstürzenden) Welt emporragen. Wie jene → »ZUFÄLLIGE Wölbung«, die sich während des Erdbebens unter den übereinander einstürzenden Gebäuden bildet und dadurch Jeronimo vor dem allgemeinen Verderben bewahrt – um ihn dann einem noch schrecklicheren Tod auszuliefern. Aber das *Gewölbe* zwischen dem (beabsichtigten) Selbstmord und dem am Ende der Geschichte eintreffenden Tod lässt sich nicht mehr als → ZUFALL sehen. Und wenn man diesen Bogen in Gedanken weiterzieht und zu einem Kreis ergänzt,

»[W]ie ich übern Lindengang mich näh're Bei Marthens, wo die Reihen dicht gewölbt, Und dunkel, wie der Dom zu Utrecht, sind, Hör ich die Gartentüre knarren« (899–902) – erzählt Ruprecht, wie er sich Eves Zimmer (dem → PARADIES) nähert und schließlich ausgesperrt wird.

Zeitgleich mit Kleist malt Goya mit Vorliebe Gewölbe, die stets Schauplatz des Grauens sind. (*Im Lazarett der Pestkranken, Im Gefängnis, Das Irrenhaus* [GW 919–929 (1808–12), GW 968 (1812–19)]) Das Gewölbe verschluckt und verzehrt die Lebenden – wie in jener Serie, in der unter einem Gewölbe Kannibalen, die auch an Penthesilea erinnern, ein Blutbad anrichten.

stellt sich heraus, dass die paradiesische Idylle in der Mitte der Geschichte (der höchste Punkt des *diesseitigen* Gewölbes) das symmetrische → SPIEGELbild des tiefsten Punktes der *nicht diesseitigen,* der → HÖLLE entsprechenden Hälfte ist. Selbstmord, Mord, → PARADIES und → HÖLLE: Das sind die vier Spitzen jenes Kreuzes, auf das die ganze Existenz aufgespannt ist. Die Gewölbe umspannen jedoch, solange sie sich nicht zu einer Kugel vervollständigt haben, immer nur drei Punkte. Auf den vierten kann man nur schließen. Und zwar aus jenem Mangel, der verhindert, dass die im Bogen des Gewölbes entstandene Spannung auf irgendeine Weise aufgelöst werden kann.

GOTT

In der Anekdote *Der Griffel Gottes* zerstört der Herrgott mit einem → BLITZ den aus Erz gegossenen Grabstein, der zu Ehren einer polnischen Gräfin errichtet wurde, die ihre Untergebenen bis aufs Blut gequält hat. Von dem kostbaren Grabstein bleiben nur ein paar Buchstaben übrig, »die, zusammen gelesen [...] lauteten: *sie ist gerichtet!*« (II. 263)

Über den *aus Erz* gegossenen *Grabstein* wundert sich auch schon ein zeitgenössischer Journalist nach der Veröffentlichung der Anekdote. (LS 414a)

Kleist teilt nur die *neue* Aufschrift mit; die *alte, ursprüngliche* erscheint ihm nicht wichtig genug, um notiert zu werden. Obwohl es – angesichts Kleists seltsamer Vorliebe für → LOGOGRIPHISCHE Spiele – interessant wäre zu wissen, welchen pietätvollen Gedanken Gott mit seinem Griffel überschrieben hat. Die Anekdote legt jedoch nahe, dass das keine Rolle spielt. Wie die ursprüngliche Aufschrift auch gelautet haben mag, die *göttliche Schrift* hat sie auf jeden → FALL annulliert. Gott schreibt sich mit einem Buchstabenberg in den Stein (das Erz) ein; durch die *Zertrümmerung* des ursprünglichen Grabmals weist er sich aus. »*[S]ie ist gerichtet!*« – aus diesen Worten kann man nicht mehr auf das Original schließen. Der *neue* Text steht in keinem Bedeutungszusammenhang mit dem alten – der eine verweist nicht auf den anderen. Gott *teilt* zwar den Irdischen etwas *mit,* doch das, was die Irdischen mitzuteilen haben, ist ihm vollkommen gleichgültig. Er legt keinen Wert auf den Dialog – sein → »WERKZEUG«, der → BLITZ, beleuchtet auch das Scheitern der Hermeneutik. Denn selbst wenn die göttliche Äußerung (bezüglich der irdischen Taten der Gräfin) wahr ist, scheint Gott, so wie er durch dieses Verfahren Kleists gezeichnet wird, diese Äußerung nicht deshalb zu tun, um den Menschen wohlgesonnen zu sein. Er könnte auch etwas ganz anderes sagen – und die Sterblichen müssten es genauso hinnehmen.

Gott, der die → WELT zertrümmernd von sich Kunde gibt – das ist das *Negativ* einer Aufnahme Gottes, von dem man kaum einen *positiven* Abzug machen kann. Obwohl Kleist vor allem danach strebt – nach einem positiven Gottesbild, das seine Helden in Bezug auf die letzte Gewissheit und Wahrheit beruhigt. Doch sobald ihm eine der Figuren zu nahe kommt und seine positiven Umrisse sich abzuzeichnen beginnen, macht Gott kehrt. Er flieht vor den Menschen, *auch wenn er sich dadurch verleugnet,* ja Lügen straft. Das positive Bild lässt sich nicht beschaffen, das negative hingegen lässt sich, sosehr es auch Gott ähnelt, nicht mit ihm identifizieren. Die Figuren müssen sich mit der Leere, die zwischen dem ersehnten und erhofften, aber nie sichtbaren Positiv und dem verworfenen und gefürchteten Negativ begnügen, mit jenem Niemandsland, in dem sie an Gottes Glaubwürdigkeit und Zuverlässigkeit zweifeln müssen.

Dieser Zweifel treibt sie in ihr eigenes Verderben. Ja, der Zweifel ist die → HÖLLE selbst. Alkmenes Tragödie besteht darin, dass Jupiter sie, als er sie zu seiner Geliebten macht, zugleich auch betrügt, indem er sich für Amphitryon ausgibt. Aber auch Alkmene betrügt Jupiter, denn während sie ihn liebt, → UMARMT sie die ganze Zeit ihren Mann, auf den sich alle ihre Fantasien richten. Daher kann der Gott, der Hüter der »letzten Gewißheit«, von sich behaupten: »O einen Stachel trägt er, glaub es mir, / Den aus dem liebeglühnden Busen ihm / Die ganze Götterkunst nicht reißen kann.« (1295–7) *Der Betrüger, der betrogen wird.* Jupiter ist noch »amphitryonhafter« als Amphitryon selbst: In seinem ursprünglichen, göttlichen Wesen kann er Alkmene nicht bekommen, in der Gestalt Amphitryons hingegen nimmt er sie nicht mehr *nur* als Gott. Auch er kann sich nicht dafür verbürgen, dass die Welt *einheitlich* und *lückenlos* wird: Das positive und das negative Bild, die höchstens ein Gott als eins sehen könnte, werden gerade seinetwegen für immer miteinander unvereinbar. Und da Jupiter in sich gespalten ist, ist Alkmene das einzige *göttliche* Wesen in dem Stück. Sie allein verrät ihre inneren Gefühle nicht, kleidet sie nicht in eine andere Hülle. Ihre Gefühle sind *felsenfest* und *unerschütterlich* – und gerade das macht ihre Tragödie so maßlos. Sie wächst über den Gott hinaus (der in seiner Gespaltenheit genauso menschlich wird wie Saturn in Keats' *Hyperion*) – und wächst dabei ins *Nichts* hinaus.

»I am gone / Away from my own bosom; I have left / My strong identity, my real self« (112–4), spricht Saturn, der höchste Gott, in Keats' *Hyperion.*

Jenseits der menschlichen Hinfälligkeit und Zerrissenheit existiert keine höhere Garantie. Als Jupiter andeutet, dass er nicht Amphitryon, sondern der höchste Gott sei, ruft Alkmene aus: »Verlorner Mensch!« (1348), und später sagt sie schaudernd: »Mensch! Schauerlicher!« (1446)

»Sohn der Finsternis«, »Der ungeheure Mensch« – so bezeichnet auch Amphitryon Jupiter (2113–4).

Gott ist bei Kleist nichts anderes als der Mensch in seiner tiefsten Verlorenheit. Goethe nennt *Amphitryon* – ablehnend – »mystisch« (LS 182a) und verurteilt das Stück wegen dessen Vermischung christlicher und antiker Elemente, wogegen Adam Müller gerade die christliche Umwertung der Handlung lobt. Doch das Stück handelt nicht in erster Linie von den Umständen, die zu Herakles' Empfängnis (die an jene Christi erinnert) führen, sondern davon, dass Gott (genauer: der Gott) → PLÖTZLICH erscheint, in das Leben der Menschen eingreift, ohne sie zu fragen, sie täuscht und seinen Spott mit ihnen treibt und am Ende sogar ihren Glauben an seine eigene Existenz erschüttert. Alkmene wird – wie die Helden der griechischen Tragödien – dadurch erwachsen (göttlich), dass sie, indem sie die Gegenwart des Gottes erleidet, nicht einmal mehr von den Göttern etwas wissen will. Sie hat nichts mehr, wofür sie leben soll – und gerade in diesem → AUGENBLICK der Entleerung erlangt sie göttliche Größe. Nicht vom Mysterium der Menschwerdung Gottes handelt *Amphitryon*, sondern von der Unvereinbar-

»[F]ürchterlich schien [Jeronimo] das Wesen, das über den Wolken waltet.« (*Das Erdbeben in Chili,* II. 147)

»Wer kann das Unbegreifliche begreifen?« (642), fragt Sylvester Aldöbern in *Die Familie Schroffenstein* und sagt später zu Jeronimus: »Ich bin dir wohl ein Rätsel? / Nicht wahr? Nun, tröste dich, Gott ist es mir.« (1213–4)

keit der menschlichen und der göttlichen Ordnung – obwohl der Mensch (und der Gott) nichts sehnlicher wünscht, als dass diese beiden eins werden. »O Gott! Amphitryon!«, ruft Alkmene bei der unerwarteten Rückkehr ihres Mannes aus (777). Noch nimmt sie den Namen Gottes als *Empfindungswort* in den Mund. Das wird ihr jedoch zum Verhängnis. Noch spricht sie Gott und Amphitryon *gleichzeitig* an. Doch dramaturgisch ist ihr Ausruf zweideutig: hier, in dieser Szene, nimmt die Entzweiung von Gott und Ehemann, die später durch keine göttliche oder menschliche List mehr zu heilen sein wird, ihren Anfang. So gesehen, könnte das Stück gar nicht unchristlicher sein. Das Kind, das geboren wird (Herakles), wird weniger Christus als einem Minotaurus ähneln – der ebenfalls der Hochzeit eines Unsterblichen mit einer Sterblichen entstammt. Alkmene liebt den Gott in ihrem Mann und ihren Mann in dem Gott – aber sie hat gerade daran nicht teil, was sich *eigentlich* ereignen müsste: die mystische Einigung. Novalis, Friedrich Schlegel oder Franz von Baader hatten – in der Nachfolge Jakob Böhmes – in der Amphitryon-Geschichte die Geburt der Religion, die Entdeckung der Sophia, des Ebenbildes Gottes, betont. Auch Kleist sucht *Gott,* auf dem Umweg der Liebe zwischen dem Gott und einer Irdischen. Doch das, was er findet, ist die völlige → VERWIRRUNG. Alkmene bricht zusammen und fällt in → OHNMACHT, die Marquise von O.... verwandelt sich in eine → FURIE, Littegardes Seele wird im Gefängnis »zerknirscht«. Sie alle ringen mit Gott (Jupiter, dem engelhaften Grafen F..., dem Gottesurteil) und begreifen immer weniger, was mit ihnen geschieht. Und Gott finden sie erst, als sie einsehen müssen, dass Gott nichts anderes als ebendiese → UNBEGREIFLICHKEIT ist. Am 4. August 1806 schreibt Kleist in einem Brief: »Es kann kein böser Geist sein, der an der Spitze der Welt steht: es ist ein bloß unbegriffener!« (II. 766) So lässt sich die zur gleichen Zeit (Herbst 1806) entstandene Erzählung *Das Erdbeben in Chili* als eine Geschichte verstehen, die nicht nur von den launenhaften (oder gesetzmäßigen) Wandlungen menschlicher Bosheit und Seligkeit handelt, sondern auch von den *ständigen* Manifestationen Gottes. Nicht → HÖLLE und → PARADIES wechseln sich ab, sondern *ein und derselbe* Gott zeigt seine verschiedenen Gesichter. Nicht beim Erdbeben erscheint er, auch nicht in dem Hain, der den paradiesischen Frieden erahnen lässt, und auch nicht beim Blutvergießen vor der Kirche – er ist vielmehr *ständig und ununterbrochen* gegenwärtig.

Wenn Gott erscheint, bricht der Mensch genauso zusammen wie der Grabstein in *Der Griffel Gottes.* Doch statt ihn durch seine Leiden zu erlösen, überzeugt ihn Gott von seiner eigenen → UNBEGREIFLICHKEIT und Unmöglichkeit. Im Besitz dieser *negativen Überzeugung* versuchen Kleists Helden, das *positive* Gottesbild zu finden. Deshalb ist ihre Lage so ungeheuer → PARADOX. Man kann ihre Geschichte auch so verstehen, dass sie Gottes »Schuld« (seine Verborgenheit und → UNBEGREIFLICHKEIT) dadurch wiedergutmachen (das Negative ins Positive umwandeln) wollen, dass sie den → SündenFALL noch einmal begehen. Das erklärt ihre unbefleckte Reinheit (Kohlhaas, Nicolo, Alkmene, die Marquise von O...., Penthesilea), ist aber auch die Ursache ihrer Tragödie. *Als Menschen* gelingt es ihnen nicht, das zu verwirklichen, wonach sie nach Herrn C...'s Meinung streben sollten: die beiden Extreme der Marionette und Gottes in sich zu vereinen. *Als Götter* hingegen können sie das nicht tun, denn dadurch würden sie sich selbst genauso betrügen, wie es die Götter mit ihnen getan haben.

GOTTES SOHN

Woran erkennt man, dass er Gottes Sohn ist? Am ehesten daran, dass seine Herkunft geheimnisvoll ist. Dass er so aufgefunden wird, als sei er ein Geschenk → GOTTES. Ein Findling. Der → ZUFÄLLIG in das Leben der anderen hineinplatzt. Aber dieser → ZUFALL ist das Schicksal selbst. Er ist ebenso unberechenbar, wie seine Herkunft unbekannt ist. Ein Anarchist.

Wie tritt er auf?

Antonio Piachi reist mit seinem *Sohn* Paolo, den ihm seine erste Frau gebar, nach Ragusa. Diese erste Frau lässt Kleist genauso in Vergessenheit geraten wie im dritten Absatz Paolo. An ihre Stelle lässt er Nicolo treten, der keinen → VATER und keine Mutter hat, todkrank ist und Piachi wie den Erlöser um Hilfe anfleht. Der Händler will dem Jungen nicht helfen, worauf dieser in → OHNMACHT fällt. Nicht weil er so krank wäre. Bei Kleist fallen die Figuren dann in → OHNMACHT, wenn sie sich nicht ergeben wollen, aber ratlos sind, was sie tun sollen. Nicolos → OHNMACHT ist die nicht in Worte zu fassende *Antwort* auf Piachis ebenso wenig in Worte zu fassende Reaktion. Denn als Piachi den aus dem *Unbekannten* hervortretenden Jungen zum ersten Mal erblickt, will er »in der ersten Regung des Entsetzens den Jungen weit von sich schleudern« (II. 199). Er *sagt* nichts, doch seine Absicht lässt sich von seinen Augen ablesen. Diese »Regung« beantwortet Nicolo mit einer viel → HEFTIGEREN Geste (er fällt in → OHNMACHT), worauf eine Regung ganz anderer Art über den Händler Herr wird: »[S]o regte sich des guten alten Mitleid« (ebd.). Obwohl er keine Ahnung hat, was er mit dem Jungen anfangen soll, nimmt er ihn zu sich.

Mit diesen beiden Regungen besiegelt Piachi *sein eigenes Schicksal.* Seinen leiblichen Sohn opfert er für einen anderen, den sie bald darauf »Gottes Sohn« nennen (II. 200). So verhilft er als Hebamme einem → KENTAURENhaften (und insofern: christusähnlichen) Jungen zum Leben, dessen → VATER das »Entsetzen« und dessen Mutter das »Mitleid« sind. Und der selbst starr, schweigsam, verschlossen, klug, von kalter Schönheit und ernster Miene ist. Und als er Piachis Tränen damit beantwortet, dass er mit stillen und geräuschlosen Bewegungen → NÜSSE aus seiner Tasche zieht und sie mit seinen Zähnen knackt, steht ein unansprechbares, »göttliches Kind« vor uns. Wer jedoch unansprechbar ist, ist auch unberechenbar.

So hätte auch Colino, der junge Genuese, der Elvire aus der → FEUERSbrunst rettet und – als Christus – »für sie litt und starb« (II. 203), ausgesehen – wäre er am Leben geblieben! Nicolo führt gleichsam sein Leben fort; und da er ihm zum Verwechseln ähnlich sieht, ahmt er auch sein Leben nach. »Imitatio Christi«. Ein junger Held, der an Christus erinnert, und ein »höllischer Bösewicht« (II. 213). Mitleid und → ENTSETZEN. Die Hochzeit von Himmel und → HÖLLE. Mit deren Frucht man kein Wort wechseln kann. Am Anfang der Geschichte zerbricht Colinos Schädel, und man muss aus seinem → HIRN immer neue Knochensplitter entfernen (II. 203). Und am Ende der Geschichte wird Nicolos → HIRN an der → WAND verschmiert (II. 214).

In Matthew Gregory Lewis' Roman *The Monk* (1795) ist Luzifers Gestalt »more beautiful, than Fancy's pencil ever drew« (Lewis, 276). In den Augen des achtzehnjährigen nackten Jünglings schimmert »wildness«, »and a mysterious melancholy impressed upon his features, betraying the Fallen Angel.« (276)

Nicolo ist *Gottes Sohn,* und darin liegt keine Ironie. Er zerstört nicht das Leben der anderen, sondern öffnet »als Christus« ihre Augen. Und jene gehen daran zugrunde, dass sie all ihren bisherigen Verdrängungen ins Auge sehen müssen. Sie müssen Farbe bekennen. Das ist die → BESTIMMUNG der *göttlichen Jünglinge:* Sie sind unansprechbar (auch Colino kommt am Krankenbett nur selten zu sich), man kann sich nicht mit ihnen unterhalten oder mit ihnen verhandeln, und sie zwingen die anderen (die → WELT) endlich in den → SPIEGEL zu schauen. Sie enthüllen vor den anderen den Abgrund der Selbsterkenntnis. Nicht ihre *Herkunft* macht sie göttlich, sondern jenes

Entsetzen und jene → UNVERSTÄNDLICHKEIT, die in ihrer Gegenwart über andere Herr wird. Als Nicolo in das Heim seiner Pflegeeltern kommt, wachsen Elvires und Piachis Angst, Staunen, Leidenschaft und ihre bis dahin verdrängte → BEGIERDE ins Unermessliche, wodurch Nicolo in himmlischem (oder was auf dasselbe hinausläuft: teuflischem) Licht erscheint.

»Du junger, rosenwang'ger Gott« (1620), »Du junger Kriegsgott« (1807), spricht Penthesilea, und dann wiederum: »Ach, diese blutgen Rosen! / Ach, dieser Kranz von Wunden um sein Haupt!« (2907–8)

So ist auch Achilles: Er versetzt Penthesilea in Raserei; erst will sie ihn mit Rosen bekränzen (2584), und dann isst sie von ihm, als wäre sein Körper eine Hostie.

So wird wohl auch das Kind sein, das die Marquise von O.... erwartet, dessen → VATER sowohl ein »junger Gott, [...] bleich im Gesicht« (II.110), also ein Engel (Mitleid) als auch ein → TEUFEL (→ ENTSETZEN) ist. Und auch Alkmenes Sohn unterscheidet sich wohl nicht sehr von ihm, denn auch er als Gottes Sohn erbt über seine Gene das Unmögliche und Unfassbare von seinen Eltern. Schließlich ist in Alkmenes Augen auch schon sein → VATER, Amphitryon, ein »Göttersohn« (1197) – wobei sie ihn allerdings später bei einem → AnFALL wahrhaft Shakespeare'schen Ausmaßes verflucht. Junge → GÖTTER sind sie allesamt; sie zerspalten alles um sich, bis Ordnung einkehrt und lassen niemanden in Frieden alt werden.

In *Die Verlobung in St. Domingo* fällt Toni vor dem Bild der Jungfrau Maria auf die Knie (wie Elvire vor dem Gemälde, das Colino darstellt!) und betet zum Erlöser. In den ersten beiden Fassungen heißt es: »Sie flehte den Erlöser, ihren Sohn an [...].« In der Schlussfassung ergänzt Kleist: »[...] ihren göttlichen Sohn« (II. 183). Der göttliche Sohn ist natürlich Gustav selbst. In *Das Käthchen von Heilbronn* betet der Graf zu den *guten* Göttern (673); in der sogenannten Detmolder Fassung hingegen sind es die *jungen* Götter, worin ein Beweis für Kleists Autorschaft zu sehen ist (vgl. Sembdner, 1981. 15).

GRAZIE

Mit ihren winzigen Händen, ihrer zerbrechlichen Gestalt und ihrem biegsamen Mädchenkörper ist Penthesilea die Verkörperung der Grazie. Selbst als Meroe im 23. Auftritt erzählt, wie Penthesilea ihre Zähne in Achilles' weiße → BRUST vergräbt und das Blut aus ihrem Mund und von ihrer Hand tropft, fällt der ersten Priesterin das Wort »Grazie« ein: »In jeder Kunst der Hände so geschickt! / So reizend, wenn sie tanzte, wenn sie sang! / So voll Verstand und Würd und Grazie!« (2678–80)

Penthesilea ist geschickt in allen Künsten und Fertigkeiten. Nicht nur im Tanz und Gesang, sondern auch in der Kunst des Kampfes, im Reiten, Fechten und Laufen. Als Frau überflügelt sie auch die Männer. Dem weiblichen, (→ MÄDCHENHAFTEN) Achilles muss sie als Mann vorkommen. Umso mehr, als in ihm wiederum die → MÄDCHENHAFTEN Züge nicht fehlen. Er sieht in ihr eine Frau, der er sich als Mann unterwerfen kann, so wie sich bis dahin die Frauen ihm unterworfen haben. Penthesilea gibt Achilles Gelegenheit, aus seinem eigenen Geschlecht zu schlüpfen und auch die Gefühle des anderen Geschlechts zu durchleben. Penthesilea vereinigt in sich nicht nur das Beste aus allen Künsten, sondern auch aus beiden Geschlechtern. Und gerade deshalb kann sie nicht erobert werden – obwohl sie sich am meisten danach sehnt, von Achilles erobert zu werden.

Die Priesterin charakterisiert sie genau: Sie ist *reizend* – sie zieht die anderen an,

»Kleist und ich trieben damals [1809] eifrig das Kriegsspiel, welches gerade durch den auch in unserm Kreise verkehrenden Hauptmann *Pfuel,* jetzigen Generallieutenant und Staatsminister a. D. sehr verbessert worden war.« (Friedrich Christoph

reizt sie jedoch zugleich auch und stößt sie von sich. Das absolut geschlechtslose Wesen, demgegenüber keiner gleichgültig bleiben kann, dessen Panzer aber dennoch undurchdringlich bleibt für jedes Verlangen, das sich nach ihm richtet. Sie vereinigt in sich die Extreme beider Geschlechter, ist radikal, hysterisch und lässt beim Aufeinanderprallen der Extreme jenen tiefen Mangel aufblitzen, den sie mit jeder ihrer Gesten kompensieren möchte. Genau so, im Abgrund dieses Mangels, ist sie vollkommen. Sie verkörpert jenes Ideal, das Kleist in nur ganz wenigen Menschen findet. Etwa in *Ernst von Pfuel,* der einer der besten Schwimmer seiner Zeit ist, dazu außergewöhnlich gut turnt, läuft, reitet und ficht. Und *schwimmt.* Auch gemeinsam schwimmen sie viel. Vermutlich nackt, wie Agnes in *Familie Schroffenstein* oder Margarete in der Idylle *Der Schrecken im Bade.*

Dahlmann, 1858. LS 317b) Zur zeitgenössischen Bedeutung der Gymnastik, des Fechtens, Reitens, Schwimmens, usw. vgl. W. Kittler, 333–54.

Am 7. Januar 1805 erinnert sich Kleist aus Berlin an ein gemeinsames Bad mit Pfuel: »Du stelltest das Zeitalter der Griechen in meinem Herzen wieder her, ich hätte bei Dir schlafen können, Du lieber Junge; so umarmte Dich meine ganze Seele! Ich habe Deinen schönen Leib oft, wenn Du in Thun vor meinen Augen in den See stiegest, mit wahrhaft *mädchenhaften* Gefühlen betrachtet. Er könnte wirklich einem Künstler zur Studie dienen. Ich hätte, wenn ich einer gewesen wäre, vielleicht die Idee eines Gottes durch ihn empfangen. Dein kleiner, krauser Kopf, einem feisten Halse aufgesetzt, zwei breite Schultern, ein nerviger Leib, das Ganze ein musterhaftes Bild der Stärke, als ob Du dem schönsten jungen Stier, der jemals dem Zeus geblutet, nachgebildet wärest.« (II. 749)

In *Penthesilea,* das Kleist etwa anderthalb Jahre nach dem Brief an Pfuel beginnt, spricht Penthesilea mit ähnlichen Worten über den Opferstier: »Zuerst den Stier, den feisten, kurzgehörnten, / Mir an den Altar hin; das Eisen stürz ihn, / Das blinkende, an heilger Stätte lautlos, / Daß das Gebäu erschüttere, darnieder.«

Kleist *liebt* Pfuel; doch er kann mit ihm genauso wenig anfangen wie Achilles mit Penthesilea. Mit seiner ganzen Seele hängt er sich an ihn, und daraus schöpft er auch die Idee → GOTTES. Er erkennt → GOTT nicht, sondern *durchlebt* ihn, indem er im Körper des anderen versinkt. Zugleich wird ihm auch das Erlebnis der → UNBEGREIFLICHKEIT → GOTTES zuteil. Die Schönheit des Körpers, die Vereinigung der Seele mit der Schönheit, → GOTTES Unendlichkeit und → UNBEGREIFLICHKEIT und das Opfer (der Stier), bei dem die Seele durch Vernichtung emporgehoben wird: Das alles zusammen formt die Grazie, verglichen mit der alles andere einen → RückFALL bedeutet.

(1645–8) Was Wunder, dass er sich nach Vollendung des Stückes unter Tränen in das Zimmer Pfuels, mit dem er zu der Zeit *zusammenwohnt,* begibt, um Penthesilea zu beweinen, die Grazie – die genauso endet wie der Stier.

Sechs Jahre später, im Dezember 1810, beschwört Kleist erneut das gemeinsame Bad in Thun herauf. Anlass dazu ist seine Schrift *Über das Marionettentheater,* das Gleichnis vom Jüngling, der, als er nach dem Schwimmen vor einem großen → SPIEGEL steht und sich abtrocknet, → PLÖTZLICH seiner eigenen Schönheit bewusst wird und erkennt, wie sehr er einem *Kunstwerk* gleicht. Wie ein Jahrhundert später Prousts Held Marcel ist auch der Jüngling im Aufsatz über das Marionettentheater dann am meisten entzückt, wenn er das Leben als etwas einem Kunstwerk Gleichendes erlebt. Das hat jedoch nichts mit einschlägiger Ästhetisierung zu tun. Der Junge steht nicht vor der *Originalplastik,* sondern vor einem → SPIEGEL und erblickt, indem er *sich selbst betrachtet,* das, was nicht mit ihm identisch ist. → STATT eines Kunstwerks erblickt er im → SPIEGEL einen Fremden, der einem Kunstwerk gleicht – einen Fremden, mit dem er sich jedoch aus dem Innersten heraus identifizieren kann. Ja: Erst mithilfe

Das auch von Homoerotik nicht freie gemeinsame Bad ist eines der großen Andenken an die Freundschaft von Orest und Pylade in Goethes Drama *Iphigenie auf Tauris:* »[D]enn was ich worden wäre, / Wenn du nicht lebtest, kann ich mir nicht denken, / Da ich mit dir und deinetwillen nur / Seit meiner Kindheit leb' und leben mag«, gesteht Pylades, und Orest sagt: »Und dann wir abends an der weiten See / Uns aneinander lehnend ruhig sassen, / Die Wellen bis zu unsern Füssen spielten, / Die Welt so weit, so offen vor uns lag: / Da fuhr wohl einer manchmal nach dem Schwert, / Und künft'ge Taten drangen wie die Sterne / Rings um uns her un-

dieses Fremden gelangt er in das »innerste → INNERE« seines Selbst. Während er sich im → SPIEGEL betrachtet, wird auch er aus dem → SPIEGEL betrachtet. Er ist dem im → SPIEGEL erblickten Bild immer mehr ausgeliefert. Das Bild (das → SPIEGELbild – aber auch das Kunstwerk, als Andenken) obsiegt über das Leben, der → AUGENBLICK (der → AUGENBLICK der Wahrnehmung) über die Zeit. Der → AUGENBLICK der Geburt der Grazie ist auch der → AUGENBLICK der Macht und des Ausgeliefertseins. Der Jüngling wird durch die Verdoppelung (den → SPIEGEL) zum Opfer der → ÄHNLICHKEIT, was er nur dadurch beenden könnte, dass er mit dem identisch wird, was über ihn herrscht, nämlich mit dem → SPIEGELbild – wenn er also zu dem ins Unendliche gesteigerte → SPIEGELbild seines Selbst werden würde.

Die → ÄHNLICHKEIT zwischen dem *lebenden Körper* und der *kalten Marmorplastik* macht ihn der Gegenwart der *Grazie* bewusst, weckt in ihm jedoch auch das Gefühl eines unendlichen Mangels. Ihm fehlt die *Vollkommenheit* des → SPIEGELbildes – und dieser Mangel wird später zum wahren Inhalt seines Lebens. Er gerät deshalb in → VERWIRRUNG, weil er erkennt, dass er gerade dem niemals *dauerhaft* gleichen wird, dem er sich für einen → AUGENBLICK am nächsten gefühlt hat. Der → AUGENBLICK der Bewusstwerdung der Grazie bedeutet nicht bloß die Erkenntnis der Schönheit und deren selbstvergessenes Erlebnis, sondern auch, dass in dem → AUGENBLICK das Unmögliche möglich wird: Leben und Kunst werden eins, der Marmor und das lebende Fleisch ununterscheidbar. Doch gerade im → AUGENBLICK der Erfahrung

zählig aus der Nacht.« (II. 1.)

dieser Identität wird am deutlichsten, dass sie doch niemals identisch sein können. Das tiefste Einssein verbindet sich mit dem größten Anderssein. Das Fleisch wird marmorartig (tot), und der leblose Marmor erwacht zum Leben, als wäre er ein Körper. Es ist wohl kaum ein → ZUFALL, dass das Kunstwerk, das den Jüngling aufwühlt, den → AUGENBLICK der *Dornentfernung* verewigt. Die *Marmorplastik* stellt einen *Jungen* dar, der seine *Wunde heilt,* und der *lebende Jüngling* erstarrt, als er sich selbst gewahrt. *Im → AUGENBLICK der Geburt der Grazie beginnt der Marmor zu bluten, und das Fleisch wird zu Stein.* Und da all das vor einem → SPIEGEL geschieht, bedeutet dem Jüngling die Grazie die wonnevolle Verwundung: den genussvollen Schmerz, die wollüstige Selbstaufgabe.

Das muss *im ersten → AUGENBLICK* auch Achilles empfinden, als Penthesilea in ihn hineinbeißt. Doch die Grazie währt nur einen → AUGENBLICK. Im nächsten → AUGENBLICK empfindet Achilles *nur* noch Schmerz und der sich abtrocknende Jüngling nur noch den Mangel. Der Fortgang der Geschichte ist bekannt: Seiner eigenen Grazie *bewusst* geworden, *betört* er gleichsam *sich selbst* und versucht, vor dem → SPIEGEL immer wieder jene vermeintlich natürlichen Bewegungen zu wiederholen. Doch vergeblich: Er verliert einen Reiz nach dem anderen, bis auch die letzte Spur von Lieblichkeit von ihm gewichen ist. Der Jüngling wird nicht Opfer der *Erkenntnis,* sondern versucht, mit der Erkenntnis jene Leere auszufüllen, die nach dem Zerrinnen der Grazie in ihm entstanden ist.

Doch die Geschichte nimmt, während sie dem Leser mitgeteilt wird, eine seltsame

»Up till now, we have read the young man's blushing (»er errötete ...«) as mere shame, a wound of the ego, but it now appears that the redness may well be the blood of an injured body. The white, colourless world of statues is suddenly reddened by a flow of blood however understated.« (de Man, 1984. 279)

Wendung. Das gemeinsame Bad findet *drei* Jahre vor dem Gespräch des Erzählers mit Herrn C... statt. Danach übt der Jüngling *ein* Jahr lang. Seine Schönheit und Lieblichkeit hat er also *zwei* Jahre vor dem Gespräch endgültig verloren. Und dennoch rückt der Erzähler die Geschichte unvermittelt in eine zeitlose Ferne: »Noch jetzt lebt jemand, der ein Zeuge jenes sonderbaren und unglücklichen Vorfalls war« (II. 344). Die Gegenwart rückt unerwartet und auf rätselhafte Weise in eine zeitlose Ferne. So kann den Jungen keiner mehr erkennen. Nur »einer« – und zwar der Erzähler selbst. Dadurch verrät sich der Erzähler jedoch selbst. Wenn alles vor solchen Urzeiten geschehen ist, müsste auch er ein *bärtiger alter Mann* sein – was jedoch wenig wahrscheinlich ist. Der Erzähler *tarnt sich selbst, damit der Junge nicht entdeckt wird.* Die »Zeitverwirrung« deutet an, dass dieser unglückliche Zustand *noch immer* anhält.

Wie gelangt wohl ein *großer* → SPIEGEL an das Ufer eines Sees?

Es ist wohl nicht der unbekannte Jüngling, sondern der schwerfällige, sich ungeschickt benehmende und bewegende, mit sich ewig unzufriedene Kleist selbst, der, wie jeder verlassene Liebende, wahrscheinlich Tag für Tag *zu Hause* vor dem → SPIEGEL versucht, Pfuel nachzuahmen – jener Kleist, der in Gesellschaft von Frauen stumm, schwitzend und unbeholfen herumsitzt und der – unter Tränen – gerade Pfuel als Erstem den Tod Penthesileas erzählt. Jener Penthesilea, in der die Züge von Pfuel selbst zu entdecken sind. Im Aufsatz über das Marionettentheater ist das *Opfer* Kleist selbst – genauer gesagt, der Erzähler der Geschichte des Jungen. *Ihm* liegt daran, die Grazie zu finden, *ihm* bedeutet der Gedanke eines zweiten → SündenFALLS eine

Herausforderung. Es verwundert nicht, dass er zum Ende der Geschichte »ein wenig zerstreut« ist (II. 345). Als der Erzähler dort ankommt, ist er zugleich nachdenklich, → ZERSTREUT, erschrocken und begeistert. Und natürlich auch ungläubig und skeptisch. Und dem Leser wird klar, dass der Erzähler, während er sich erst nach den Marionetten erkundigt, dann den → FALL des badenden Jünglings erzählt und sich schließlich die absurde Geschichte des Bären anhört (und ihr glaubt, weil er ihr *glauben will*), fortwährend die Antwort auf eine quälende Frage sucht, die *kein einziges Mal erklingt*. Denn es geht die ganze Zeit um sein eigenes Glück. Nicht für den etwas überheblichen, aber gewiss selbstsicheren Herrn C... ist die Erlangung der Grazie von Bedeutung, sondern allein für ihn, der gerade unter seinem verwirrten *Selbstbewusstsein* leidet. Die *Grazie:* kein Problem der Kunst, keine philosophische oder ästhetische Herausforderung, sondern eine Seinsfrage. Sie ist die Voraussetzung dafür, dass man die Mitte des Daseins entdeckt – und erst wenn man sie besitzt, kann man sich verwirklichen. Indem man zum Beispiel die absolute Liebe gewinnt (*Das Käthchen von Heilbronn*). Oder indem man den Schmerz, den das Leben von vornherein mit sich bringt (die vom Dorn verursachte Wunde), in Wonne verwandelt. Oder indem man sein Leben zu einem Kunstwerk stilisiert, ohne dass deshalb eine Leere in einem entstünde. Denn wenn sich → GOTT und die Materie berühren (II. 342), können sich auch die Rede (die Form) und die innerste, alle Worte übersteigende Sehnsucht zu einer vollkommenen Einheit zusammenschließen (*Brief eines Dichters an einen anderen*, II. 348).

Und Kleist findet die Grazie. Aber er bemerkt sie nicht. Er *sucht* sie ständig und *leidet* – wie der → TonFALL des Erzählers im Aufsatz über das *Marionettentheater* bezeugt – unter ihrem Mangel. Obwohl er sie längst besitzt. Er stößt auf sie, wo er sie am wenigsten vermutet. Aber nicht im Labyrinth der Begriffe, wo sie die Kleist-Philologie seitdem beharrlich sucht, und auch nicht dort (in der Nähe der Anmut), wo Kant und Schiller ihren Platz scheinbar für immer bestimmt haben. Nein, die Grazie entfaltet sich in dieser sonderbaren »Zeitverwirrung« des Erzählers im Aufsatz über das Marionettentheater, in diesem seltsamen Schwanken, diesem Versprecher – gleichsam im Nichts. In jener seltsamen Gehemmtheit, die den Erzähler veranlasst, *eine leidenschaftlich übertriebene (und so wie erzählt, unglaubwürdige)*

Geschichte mit kühler Distanzierung vorzutragen. Die → PARADOXE gegenseitige Abhängigkeit des künstlerisch bearbeiteten, aber *kalten Marmors* und des *lebenden,* aber vergänglichen Körpers voneinander lässt sich auch im → *Ton*FALL der Wiedergabe der Geschichte aufspüren. *Das* ist Kleists wahre Stimme: das Glanzstück der gehemmten Leidenschaften, der eingedämmten Uferlosigkeit. *Die Stimme des in Marmor gebannten Fleisches.* Und indem er sich dieser Stimme bedient, intensiviert sich die Geschichte des Jünglings von einem *veranschaulichenden Beispiel* (als das sie der Erzähler wohl gedacht hat) zu einer wahrhaft dramatischen Szene. *Im Laufe dieser Intensivierung erwacht die Grazie zum Leben.* Indem er die Geschichte ihres Verlustes erzählt, erschafft Kleist die Grazie.

Das wird durch die ganze Dramaturgie des Aufsatzes und die Zusammensetzung der verwendeten Erzählstimmen vorbereitet und ausgeführt. Der Erzähler des Aufsatzes (nennen wir ihn A) erzählt die Begegnung zwischen dem eingeführten Erzähler (nennen wir ihn B) und Herrn C... und stellt diese Begegnung zugleich dar. B spricht zwar in der ersten Person Singular, aber er lässt sich dennoch gut von A unterscheiden, der dem Leser Gelegenheit bietet, B auch von »außen« zu sehen und seine → VERWIRRUNG, Zögerlichkeit, → ZERSTREUTHEIT, Anspannung oder eben sein Minderwertigkeitsgefühl gegenüber Herrn C... zu bemerken.

Während sich B und C... miteinander unterhalten und eine Art »Schauspiel« aufführen, erzählen sie auch Geschichten: Sie *benehmen sich* wie Darsteller in einem Drama und *erzählen* wie Erzähler in einem

»[D]aß nämlich die eine Form der Dichtung und Märchenerzählung ganz in Nachahmung besteht, die Tragödie nämlich, wie du sagst, und die Komödie, die andere aber ganz im Bericht des Dichters« (Platon, *Der Staat,* 394c).

Epos. Doch sie sind nicht gleichrangig. Die Reden Herrn C...'s klingen wie erzählte (indirekte) Monologe, während B ständig in der ersten Person Singular spricht. Dennoch erwecken B's Reden durchweg den Eindruck, als wären sie ebenfalls erzählte Monologe – sodass Herrn C...'s »offen« (direkt) indirekte Reden stärker und überwältigender als B's »getarnt« (indirekt) direkte Reden sind. Die »Regieanweisungen« machen die Situation also nicht nur »lebensnah«, sondern helfen, ein *Drama der Stile* zu entfalten. Sie sind deshalb mindestens so wichtig wie die Gedanken, die der Erzähler und Herr C... miteinander teilen. Die eigenartigen Gesten der Verbindlichkeit, die zuweilen eher befremdend als einnehmend wirken, die Höflichkeiten, die in die indirekte Rede eingeflochtenen emotionalen Ausdrücke, die auf Gefühlsäußerungen hindeutenden Bemerkungen, Herrn C...'s gelegentliches Lächeln, B's bald stumm, bald verstört zu Boden gesenkter → BLICK, sein angesichts der → PARADOXE keineswegs unbefangenes Lachen, Herrn C...'s Rauchen, seine freundliche Zuwendung, B's glücklicher, fast kindlicher Aufschrei, sein geistesabwesendes Sinnieren am Ende, das A nicht mehr durch eine neue Geste auflöst – das alles deutet auf ein Drama, das bis zum Schluss subtil im Hintergrund gehalten wird. Und das, worum es in diesem Drama geht, ist nur zum Teil identisch mit dem Thema des Gesprächs. Indem er über die Marionetten *spricht,* möchte B das Geheimnis der Erlangung der Grazie erfahren und muss dabei auch achtgeben, dass er dem *klugen* Herrn C... nicht unterliegt. Seine eigene vermeintliche Grazie ist der Einsatz. Wenn wir uns das Gespräch szenisch vergegenwärtigen, sehen wir, wie → VERWIRRT und angespannt B ist und wie sich Herr C... bemüht, ihn zu beruhigen – wenn auch mit Gedanken, die keinesfalls beruhigend sind.

Und während sich diese Szene abspielt, entfaltet sich vor unseren Augen die Grazie, die allerdings nicht ganz identisch ist mit dem, was Herr C... im Bären und B im badenden Jüngling entdeckt zu haben glaubten. Die Grazie wird während dieser seltsamen *verschweigenden Aussprache* geboren: in den Parallelen zwischen dem gefährlichen und unberechenbaren (*blut*rünstigen) Bären (In *Die Hermannsschlacht* lässt Thusnelda ihren Geliebten (!) von einem Bären zerfleischen) und dem verführerisch schönen und unerreichbaren, göttlichen Jüngling (wenn der Jüngling Achilles ist, ist der Bär dann Penthesilea?), in B's *leiden-*

schaftlicher Zurückhaltung, aber auch in der von *erotischer* Spannung nicht freien Mischung aus Annäherung und Entfernung zwischen dem verlockend weisen und besonnenen Herrn C… (Sokrates) und dem verwirrten, nervösen und mit seiner Fragerei doch kokettierenden B (Phaidros). Dabei entfaltet sich die Grazie des *Textes,* des verborgenen Dramas, die Grazie des *vollkommenen Kunstwerks,* das deshalb vollkommen ist, weil es, während es die Grazie als Thema umkreist, dies auf allergraziöseste Weise tut. Herr C… und B unterhalten sich, führen sich auf, tasten sich vor, ringen mit Worten, versuchen, einen für beide annehmbaren Standpunkt zu finden – und merken gar nicht, dass sie das *Ergebnis* schon vorher gefunden haben, es bereits besitzen. Das ist die wahrhaftige Grazie: wenn die Antwort der Frage zuvorkommt.

Die Grazie: die → UNBEWUSSTE Vollkommenheit. Die Schrift *Über das Marionettentheater* ist ein vollkommener, graziöser Text, der zudem vom Verlust der Grazie handelt. Kleist *schreibt* so, wie Penthesilea *liebt:* Er übt sich in Grazie, während er deren Fehlen beweint, so wie sie ihren Geliebten mit → KÜSSEN bedeckt, während sie ihn → VERSCHLINGT.

GRIMMIG

In ihrer → OHNMACHT fallen die Figuren mit grimmiger Wut über die Welt her. Sie wissen nicht, was sie tun sollen; und doch verspüren sie einen Tatendrang in sich wie noch nie zuvor. Das ist der Grimm; oft vergessen die Helden sogar zu sprechen, und statt jene zur Rechenschaft zu ziehen, auf die sie wütend sind, oder sich wenigstens mit ihren Gegnern auf ein Gespräch einzulassen, verspritzen sie → PLÖTZLICH deren → HIRN. Damit beginnt Kohlhaas, »dessen grimmige Brust, vom Kitzel schnöder Selbstrache gereizt« (II. 43) wird, seinen Rachefeldzug. Ähnlich verfährt auch Piachi mit Nicolo; und sogar der Graf vom Strahl stößt im Bewusstsein seiner eigenen absoluten Wahrheit Theobald mit den Worten zu Boden: »Was hindert mich, im Grimm gerechten Siegs, / Daß ich den Fuß ins Hirn dir drücke?« (2456–7)

Die grimmige Wut, die häufig in Sadismus ausartet, ist in Kleists Werken Ausdruck der inneren Zerrissenheit der Figuren. Als Piachi die Rolle des erniedrigten und betrogenen Ehemannes nicht mehr erträgt, zerschmettert er Nicolos Schädel. Dazu käme es nicht, würde er nicht jahrelang seine gesunden Instinkte ersticken. Würde er sich von Elvire trennen oder sie einmal gründlich ohrfeigen, würde sich alles friedlicher lösen. Auch Graf F... wird in dem Moment »grimmig« (II. 129), als er erkennt, dass er nicht hätte zulassen dürfen, dass sich die Marquise in der → GARTENLAUBE aus seiner → UMARMUNG löst. Der starke (gewalttätige) Mann erweist sich im entscheidenden Moment als schwach und beginnt, sich daher mit der ganzen → WELT anzulegen.

Die grimmige Wut ist der Ausdruck übersteigerter Lebenskraft. Die frühere Sanftmut, Melancholie, Güte und → RECHTSCHAFFENHEIT der Helden erscheinen nun in neuem Licht. Erst in dieser Wut gewinnt ihre frühere Passivität ihre wahre Bedeutung: Sie schlägt unvermittelt in Aktivität um. Nicht allmählich, sondern → PLÖTZLICH ausbrechend, ausgelöst durch einen → BLITZ, einen Funken. Im → AUGENBLICK der grimmigen Wut fühlen sich die Figuren so allein, dass sie sogar ihre Fähigkeit zu sprechen verlieren. Die Extreme, die sie dann innerlich zerreißen, sind mit Worten nicht zu überbrücken. »So viel ich weiß, gibt es in der Natur / Kraft bloß und ihren Widerstand, nichts Drittes. / Was Glut des Feuers löscht, löst das Wasser siedend / Zu Dampf nicht auf und umgekehrt. Doch hier / Zeigt ein ergrimmter Feind von beiden sich«, sagt Odysseus über Penthesilea (125–9). Sie ist sowohl das → FEUER als auch das Wasser, die Kraft wie auch ihr Widerstand – oder keiner von beiden. Das ist die grimmige Wut: der Lichtbogen, der sich zwischen dem nicht diesseitigen und dem maßlos diesseitigen Zustand spannt. Was Wunder, dass Penthesileas Gefährtinnen sie später für unnennbar halten (2607). Und auch Luther spricht von Kohlhaas' Grimm, nachdem er ihn rasend, → ENTSETZLICH und → UNBEGREIFLICH genannt hat (II.46). Piachi wiederum hebt am Schafott die Hände »mit einer grimmigen Gebärde« (und nicht mit Worten fluchend!) *empor* (II. 215): Er fleht zum Himmel, dass er zur → HÖLLE fahre.

»[S]prachloser Grimm«, beschreibt der Erzähler den → BLICK des Kämmerers in *Michael Kohlhaas* (II. 58).

Dort, wo die »grimmige Wut« in Erscheinung tritt, wird sogar die Gestalt des Textes, der sie beschreibt, beschädigt. Der Erzähler verinnerlicht diesen unmöglichen Zustand so sehr, dass sogar die *Erzählperspektive* kippt. Als Achilles Penthesilea mitteilt, dass der → SCHEIN trüge und nicht er ihr Gefangener sei, sondern umgekehrt, tröstet er sie mit den Worten: »Gefangen bist du mir, ein Höllenhund / Bewacht dich minder grimmig, als ich dich« (2256–7). Bis dahin wird Penthesilea durch das Wort »grimmig« charakterisiert. Indem es nun Achilles auf sich selbst bezieht, unterwirft er sich ihr *sprachlich,* obwohl sie seine Gefangene ist. Die Sprache entlarvt ihn – bis er am Ende das Opfer seiner eigenen Vergleiche und → METAPHERN wird. Penthesilea wird ihre Liebe dadurch beweisen, dass sie Achilles gemeinsam mit ihren → HÖLLENhunden, die er in einem »harmlosen« Vergleich beschwört (Tigris, Leäne, Sphinx, Melampus, Dirke, Hyrkaon), wütend vergewaltigt. Achilles will Penthesilea besser bewachen als → HÖLLENhunde – Penthesilea hingegen verwandelt sich, als sie ihn mit ihren Zähnen zu zerfleischen beginnt, selbst in eine Ausgeburt der → HÖLLE. Ihre Liebe zu ihm zeigt sie dadurch, dass sie seine *Worte* auf sich selbst bezieht und in die Sprache der *Praxis* »übersetzt« – so wie sie später auch ihrem eigenen Leben mithilfe einer *Wirklichkeit gewordenen* → *METAPHER* ein Ende setzen wird. Achilles' und Penthesileas grimmige Wut sind → SPIEGELbilder voneinander – und während sie einander »nachahmen«, schimmert ihre Wut auch durch den Körper des Textes.

Als Babekan in *Die Verlobung in St. Domingo* Congo Hoangos Bande als »dies grimmige, aus der Hölle stammende Räubergesindel« (II. 165) bezeichnet, *simuliert* er zwar vor Gustav, sagt zugleich aber auch die *Wahrheit*.

Der Erzähler benimmt sich genauso zweideutig. Mit seinen *Attributen* verurteilt er zwar Congo Hoango. Er sei ein »grimmiger Mensch« (II. 160), der Krieg, den er führt, sei ein »grimmiger Krieg« (161), »grimmig« sei auch seine Hand (166) – doch zugleich zeichnet er Hoangos Wesen, die Wandlung seiner → »RECHTSCHAFFENEN Gemütsart« zur »Wut« eines »grimmigen Menschen« (II. 160) mit solcher Empathie, dass er sich mit dem, wovon er sich verbal distanzieren will, auch *identifiziert*. Und dadurch *wird der Erzähler selbst zu einem wütenden,* → *UNVERSTÄNDLICHEN*

In den *Vorlesungen über die Philosophie der Weltgeschichte* (1837) geht Hegel auch auf Afrika ein, doch nur um festzustellen: Dieser Erdteil hat keinen Anteil an der Geschichte der Menschheit. Wenn er über Afrika schreibt, erfasst den nüchternen Hegel das gleiche Grauen, das Goethe erfasst, wenn er sich über Kleist äußern soll. Hegel fürchtet sich vor dem blendenden Gold, der Dunkelheit und der Nacht, fürchtet sich vor den Toten, den schwarzen Helden, die sich umbringen, wenn sie beleidigt werden, fürchtet sich vor den Frauen, die, wenn es zum Morden kommt, genauso grausam wie die Männer sind (Hegel, 234). (Auch Penthesilea zieht mit *afrikanischen Elefanten* gegen Achilles!) Es ist nicht ausgeschlossen, dass Hegel, als er anlässlich seiner zwischen 1822 und 1831 gehaltenen Vorlesungen über Afrika spricht, auch an Kleists Congo Hoango denkt; 1828 fällt ihm jedenfalls Folgendes zu Kleist ein: »das *absichtliche* Streben, über das *Ge-*

»*Neger*« (»Ich bin ein Neger«, könnte er mit Rimbaud sagen), der genauso viel Freude wie Congo Hoango daran hat, die Liebenden eines → ENTSETZLICHEN Todes sterben zu lassen (nicht durch die Kugel, sondern durch die Fantasie des Erzählers wird Gustavs → HIRN an der → WAND verschmiert!).

Denn mit diesem doppelten Tod befriedigt der Erzähler gerade den innigsten Wunsch Congo Hoangos, den er wiederum *am Leben lässt.* Der Text wendet sich gegen den Autor, straft ihn gleichsam Lügen. Der Grimm des Schreibens ist der Ausbruch der verdrängten → RACHSUCHT. Wodurch die Erzählung wie auch *Michael Kohlhaas, Penthesilea* oder *Der Findling* den Eindruck erweckt, als würde ein »Neger« in eine Gruppe von Weißen hineinplatzen. Goethe oder Hegel hätten diese Literatur sogar »afrikanisch« nennen können. Nicolo, Piachi, Penthesilea, Kohlhaas, Hermann, Congo Hoango: lauter gegen Weimar ziehende, grimmige Kannibalen, mit einem preußischen »Neger« an ihrer Spitze.

gebene und *Wirkliche* hinweg zu gehen, und die eigentliche Handlung in eine *fremde geistige* und *wunderbare* Welt zu versetzen, kurz ein gewisser Hang zu einem willkürlichen Mystizismus.« (NR 279)

Bezüglich der »*Neger*« verweist Jean Genet in einem Interview auf eine Spieldose aus dem 18. Jahrhundert, auf deren Deckel eine Plastik prangt: von vier Seiten verneigen sich vier »Neger«-sklaven bis zum Boden vor einer weißen Prinzessin aus Porzellan. Woran denken wohl diese »Neger«? fragt Genet. Daran, dass sie die weiße Prinzessin *auffressen,* antwortet er. (Edmund White, 527)

GÜRTEL

Alkmenes Gürtel. Sie bekommt ihn von Jupiter geschenkt, aber erst für Amphitryon wird er wirklich wichtig. Wolf Kittler verweist darauf, dass bei Molière Jupiter (alias Amphitryon) als Geschenk nur ein Diadem mitbringt, das den gesellschaftlichen Rang des siegreichen Feldherrn versinnbildlicht, bei Kleist hingegen auch einen Gürtel, der mit erotischer Bedeutung geladen ist (Kittler, 66). Dieser Gürtel betont jedoch nicht nur die sexuelle Natur der Beziehung zwischen den Figuren, sondern wird auch zum Anlass eines *Missverständnisses.* Und da Alkmene felsenfest von ihrer Gewissheit *überzeugt ist,* färbt dieses Missverständnis sogar auf die Sexualität ab. Mit derselben Geste, mit der Kleist im Stück die sexuelle Ebene zur Geltung bringt, bringt er sie auch durcheinander.

Als Amphitryon am Tag nach Jupiters Besuch heimkehrt und seine Gattin, um zu beweisen, dass sie recht hat, auch den Gürtel erwähnt, den sie als Geschenk erhalten hat, fragt Amphitryon gleichsam nebenbei: »Was, einen Gürtel? du? Bereits? Von mir?« (888) Da lenkt Alkmene, verstört und ohne zu antworten, das Gespräch auf das Diadem. Das kommt Amphitryon schon bekannt vor – und während er sich dem Diadem zuwendet, betrachtet er gleichsam nachdenklich den Gürtel an Alkmenes → BRUST, der ihr Kleid zusammenhält. Zunächst fällt kein Wort über den Gürtel. Später erwähnt ihn erneut Alkmene: Sie habe das Diadem im Tausch für einen → KUSS bekommen, sagt sie, und habe es sich so umgehängt wie den Gürtel, den wiederum Jupiters Hand um ihre → BRUST gelegt hat. Erst da beginnt Amphitryon zu begreifen, und Alkmene, die bis dahin fließend geredet hat, spricht nun immer stockender und verstummt, als es zum → AUGENBLICK des Liebesaktes kommt. → STATT Worte stehen → DREI → GEDANKENSTRICHE.

Was ist geschehen? Wie in *Die Marquise von O....* versinnbildlichen die drei → GEDANKENSTRICHE den Liebesakt. Oder doch nicht? Bald darauf gesteht Alkmene Jupiter, von dem sie noch nicht ahnt, dass er nicht mit ihrem Mann identisch ist, dass sie ihrem innersten Gefühl zu Misstrauen beginnt (1251) – und da beginnt Jupiter, sich in Beteuerungen zu ergehen. Er sieht Amphitryon zum Verwechseln ähnlich – sogar die Hunde schmiegen sich an ihn wie an jenen –, sodass seine Schwüre wahr und aufrichtig sind. Da er dennoch nicht Amphitryon ist, sind sie aber auch unwahr. Seine Worte sind *zugleich* wahr und unwahr. Jede seiner Äußerungen ist maßlos – auf göttliche Weise – wahr und unwahr. In Bezug auf den *Gürtel* bedeutet das, dass Alkmene, während sie sich mit Jupiter liebt, ihrem Mann treu bleibt – *Betrug* und *Treue* lassen sich nicht mehr voneinander unterscheiden: »Du bist, du Heilige, vor jedem Zutritt / Mit diamantnem Gürtel angetan«, sagt Jupiter zu ihr (1259–60). Der diamantene Gürtel: ein Keuschheitsgürtel, der keinen Fremden an sie heranlässt. Liebt sie sich mit Jupiter, ist Amphitryon ausgeschlossen, liebt sie sich mit Amphitryon, Jupiter. Da jedoch beide Männer identisch sind und auch nicht, *liebt* Alkmene jedes Mal *so, dass sie den Liebesakt zugleich auch ablehnt.* Sie tut das im besten Glauben – und ihre Tragödie besteht gerade darin, dass Jupiter sie dazu zwingt, alle ihre Liebesakte rückwirkend umzuwerten. Deshalb ist nicht davon auszugehen, dass sich Alkmene nach dem letzten → »ACH!« je wieder mit jemandem lieben wird: Ihr Liebesleben ist für immer verdorben. Die Handlung des Stückes ist zum Teil auch die Geschichte dieses Verderbens, der Zerstörung der Sexualität. Der Gürtel ist ein → SeidenTUCH, und wenn er gelöst wird, fällt das Kleid zu Boden; aber er ist auch ein aus Diamanten geschmiedeter Panzer, der die Männer verscheucht, so wie in *Die Familie Schroffenstein* Agnes' Nacktheit Johannes verscheucht.

Die Dramaturgie der sich gleichzeitig annähernden und entfernenden Sexualität lotet Kleist in *Die Familie Schroffenstein* aus. In der ersten Szene des fünften Aufzugs hätte Ottokar ohne Weiteres die Möglichkeit, Agnes zu seiner Geliebten zu machen, zumal ihr das offenkundig nicht zuwider wäre. »Wir machen diese Nacht / Zu einem Fest der Liebe«, spricht er (2418–9). Doch statt das in die Tat umzusetzen, beginnt er, es hinauszuzögern. Statt zu *handeln,* beginnt er zu *reden.* Und zwar nicht über irgendetwas: Er beginnt wortreich, ihre baldige Hochzeitsnacht auszumalen – so als befände er sich in einer größeren Gesellschaft. Sie ist gewiss gelangweilt von seinem Gerede – es spricht für Kleists glänzendes dramaturgisches Gespür, dass Ottokar sich sogar erkundigt: »Schläfst du, Agnes?« (2462) Dann schwatzt er weiter, ohne sich darum zu kümmern, was sie will, und *erzählt* ihr, wie er sie in der Hochzeitsnacht küssen wird. Er gibt ihr auch einen → FLÜCHTIGEN → KUSS – aber im gleichen Moment eilt er schon nach hinten und beginnt, mit Barnabe zu flüstern, die am Eingang der Höhle Wache hält. Und damit nimmt eine der seltsamsten Liebesszenen der Weltliteratur ihren Anfang, in der Ottokar, während er Agnes auszieht – was damit beginnt, dass er ihr die *Schleifen* (den Gürtel) löst –, zwischen dem Vorder- und Hintergrund der Bühne hin- und herrennt. Die Bühnendramaturgie (Ottokar möchte wissen, ob sie nicht verfolgt werden) und die psychologische Dramaturgie dieser Bewegung stimmen nicht miteinander überein, neutralisieren sich jedoch auch nicht. Die Folge ist ein seltsames Vibrieren: *Er fürchtet sich vor den Verfolgern und begehrt sie, zugleich freut er sich auf die Verfolger, da er sich vor dem Liebesakt fürchtet.* Sie ihrerseits versteht die Situation immer weniger. Auch hier zeugt es von Kleists hervorragendem Gespür für Bühnenwirksamkeit, dass er ihm den Satz in den Mund legt: »Du frierst, / Nimm diesen Mantel um« (2496–7). Agnes, die er halb ausgezogen hat, zittert vor Unverständnis, was ihm als willkommener Vorwand dient, sie wieder anzuziehen. Worauf Agnes erwidert: »Du bist ja seltsam« (2497), und hinzufügt: »Ich möchte lieber gehen« (2498). Eine eindeutige, schroffe Bemerkung. Sie hat ihn satt. Sie möchte sich mit ihm lieben, aber er spielt nur Komödie – und zwar buchstäblich: Er tauscht Kleider mit ihr.

Um sich Agnes nicht nähern zu müssen, verwandelt sich Ottokar lieber selbst in ein Mädchen und lässt sich so niederstechen. Und Agnes, die das alles nicht begreift, stirbt sinnlos. Die maßlose Liebe, die einen Umweg beschreiben muss, um das begehrte Objekt zu erlangen. Die ursprünglich reinen Instinkte verkommen und führen zum Tod. Alkmene, die mit aufrichtiger Hingabe liebt; und Jupiter, der aus purer Liebe die Liebe korrumpiert und Alkmenes → BEGIERDE ausmerzt. Achilles, der am liebsten ausgiebig lieben und möglichst viele Frauen ergattern möchte; und Penthesilea, die dasselbe wünscht, aber ihre → BEGIERDE nur auf dem Umweg von Mord und Tod stillen kann.

Keiner von ihnen ist krank, keiner pervers. Kleist erklärt die Korruption der Sexualität nicht mit dem Wirken der Seele, der Instinkte oder der → BEGIERDEN, sondern mit der radikalen → VERWIRRUNG der Existenz. Diese korrumpiert die Liebe – und noch vieles mehr. Damit diese schwere Störung behoben werden kann, genügt es nicht, die gestörte Geschlechtlichkeit zu bereinigen. Bei Kleist ist die Sexualität eine der Möglichkeiten, mit dem Unmöglichen zu ringen. Damit alles eine Lösung findet, müssen die Figuren in das Unmögliche eintauchen – die → VERWIRRUNG muss sich immer höher in ihnen auftürmen. Doch statt sich den → GÖTTERN zu nähern, entfernen sie sich in der babylonischen → VERWIRRUNG – in den → DREI → GEDANKENSTRICHEN, in Alkmenes Seufzer und in Penthesileas letztem Schweigen – immer mehr von ihnen.

UM DEN HALS FALLEN

Vier bemerkenswerte Beispiele für das Um-den-Hals-Fallen.

Als Kohlhaas beschließt, seinen ganzen Besitz zu Geld zu machen, will er auch seine Frau und seine Kinder fortschicken – über die Grenze nach Schwerin. Ihr bleibt in ihrem → ENTSETZEN das Wort im Hals stecken. Als sie kurz zuvor ihren Mann anblickt, spiegelt sich der Tod in ihrem Gesicht; dann wird sie wirr, ihre → BRUST hebt und senkt sich, und ihr → TUCH rutscht ihr beinahe von den Schultern; und dann verstummt sie. Ihr Mann weckt in ihr den Eindruck eines Fremden – Kohlhaas' einziger Wunsch ist nunmehr, dass er »durch keine Rücksichten gestört werde« (II. 28). In seinen Augen hat sie aufgehört zu existieren – sie steht zwar noch neben ihm, doch im Geiste weilt er schon ganz woanders. Nachdem sie totenblass geworden ist, ihr Kleid sich gelockert hat und sie verstummt ist, unternimmt sie noch einen letzten Versuch, ihren Mann wiederzugewinnen. »›O! Ich verstehe dich!‹ ruft sie. ›Du brauchst jetzt nichts mehr, als Waffen und Pferde; alles andere kann nehmen, wer will!‹« (ebd.) Ihre Aussage ist eindeutig; sie spricht den Mann in ihrem Gatten an und spielt auf die Möglichkeit an, dass sie an der Seite eines anderen vielleicht ein → RUHIGERES Leben führen könnte. Eine Frau, der das → TUCH von den Schultern zu rutschen droht und die mit dem Gedanken spielt, von jemandem entführt zu werden. In diesem Moment ist Kohlhaas betroffen; bis dahin hält er seine Frau und seine Kinder noch für einen Segen, jetzt sagt er: »[S]oll ich heute zum ersten Mal wünschen, daß es anders wäre?« (ebd.). Seine Frage ist eine Aussage: In der Tat, er bedarf seiner Frau nicht mehr. Dann folgt eine charakteristisch Kleist'sche Lösung: → DREI vielsagende → GEDANKENSTRICHE, die der Leser nach Belieben ergänzen kann. (In *Amphitryon* ersetzten → DREI → GEDANKENSTRICHE die Beschreibung des Liebesaktes – 968, II. Akt, 2. Szene.) Jedenfalls *errötet* seine Frau im nächsten Satz. Weshalb? Welche Bewegung mag Kohlhaas während dieser Pause gemacht haben? Welche Gedanken sind ihr durch den Kopf gegangen? Dann *fällt sie ihm um den Hals.* Vorübergehender Waffenstillstand – worauf ein altes Geheimnis jäh gelüftet wird.

Lisbeth erzählt von einer alten Liebesbeziehung (die sie bis dahin vor ihrem Mann geheim gehalten hat!) und teilt ihm ihre Absicht mit, ihren einstigen Verehrer aufzusuchen. Und statt eifersüchtig aufzuspringen, ist Kohlhaas endlich, zum ersten Mal glücklich – und lässt sie ziehen. Die Wiederaufnahme der alten Bekanntschaft führt jedoch zu ihrem Tod. Die Geste des Um-den-Hals-Fallens und das innere Gefühl *decken sich nicht:* Das Gefühl und dessen Ausdruck entzweien sich. Kohlhaas ist so radikal und wild entschlossen, dass seine Frau ihre eigene Zerrissenheit erst auf dem Umweg des Todes, als übersinnliches Wesen (→ ZIGEUNERIN), überwinden kann.

Die Marquise von O.... wird, als sich Graf F... an jenem verhängnisvollen → DRITTEN auf die Annonce meldet, vom → HEFTIGSTEN → NervenFIEBER gepackt; und auf die Frage, warum sie ihren → PLÖTZLICHEN Entschluss geändert habe, warum sie doch nicht heiraten wolle und warum ihr der Graf verhasster als alle anderen sei, blickt sie mit großen Augen → ZERSTREUT auf ihren → VATER und *sagt nichts.* (II. 142) Als sie dennoch einwilligt, den Grafen zu heiraten, würdigt sie ihn in der Kirche nicht einmal eines → FLÜCHTIGEN → BLICKES. Dieser sagt → STOCKEND ein paar Worte, die keiner versteht, und betritt monatelang nicht das Haus seiner Frau. Nach der Geburt seines Kindes besucht er doch seine Frau, die ihm nur einen *einzigen* → BLICK zuwirft. Der Graf jedoch überreicht dem Kind eine Gabe von 20.000 Rubeln und bestimmt seine Frau zu seiner alleinigen Erbin, wodurch sich der Lauf der Dinge → PLÖTZLICH verändert. Von diesem Tag an erscheint er immer häufiger im Haus. Allerdings nicht auf Wunsch seiner Frau – sondern der Mutter! Ein neuerliches Liebeswerben beginnt, gefolgt nach einem Jahr von einer neuerlichen Hochzeit und schließlich von einer ganzen Reihe von kleinen Russen. Das vorausgegangene Jahr hat sich aufgelöst wie ein böser Traum – ohne jedoch nichtig geworden zu sein. Sie erwähnen es nicht, sprechen nicht über das, was in dem Jahr passiert ist, beschäftigen sich auch nicht mit der Frage, warum die Marquise ihre Meinung geändert hat, erwähnen mit keinem Wort das *Geld;* man erfährt auch nicht, was der Graf während der vielen Monate getan hat, warum er nicht versucht hat, sich seiner Frau zu nähern. Über all das schweigen sie – und auch der Erzähler schweigt dazu. So wie jener denkwürdige → GEDANKENSTRICH am Anfang bleibt auch dieses Jahr eine *Lücke* in der Geschichte.

Nur ein einziges Mal wird dieses Jahr erwähnt: im allerletzten Satz der Erzählung. Auf die Frage des Grafen, warum sie vor ihm geflüchtet sei, als wäre er ein → TEUFEL, *fällt* sie ihrem Mann, statt ihm in die Augen zu schauen, *um den Hals* und antwortet: »[E]r würde ihr damals nicht wie ein Teufel erschienen sein, wenn er ihr nicht, bei seiner ersten Erscheinung, wie ein Engel vorgekommen wäre.« (II. 143) Das Wort »Teufel« spricht nach der Hochzeit *zuerst* der Mann aus; sagte er es nicht, würde es der Marquise vielleicht gar nicht einfallen. Ihre Antwort ist frappant und gleicht dem guten Schlusswort eines Theaterstücks. Den Grafen wird sie jedoch kaum befriedigen, wie sie auch dem Leser reichlich Anlass zum Nachdenken bietet. Das *Um-den-Hals-Fallen:* das Aufschieben der Antwort, eine Pause, überbrückt durch eine Geste, ein neuerlicher → GEDANKENSTRICH.

In *Das Erdbeben in Chili* besiegelt das *Um-den-Hals-Fallen* einen Kindertausch. Im Blutbad vor der Kirche am Ende der Erzählung gehen beide Hauptfiguren, Jeronimo und Josephe, zugrunde, stirbt Juan, das Kind Don Fernandos und Elvires, sowie Don Fernandos Schwägerin, Donna Constanza. Dagegen überleben Don Fernando, Donna Elvire, die rätselhafte Donna Elisabeth, die die ganze Zeit *Angst hat* (und gleichsam im Voraus weiß, was passieren wird – als wäre Kohlhaas' Frau Elisabeth in diese Geschichte hinübergewandert), Don Pedro, Donna Elvires → VATER – und Philipp, das Kind Jeronimos und Josephes. Kleist unterläuft im *Wirrwarr der Namen* kein einziger Fehler: als sähe er die Ereignisse auf einer *Bühne* vor sich. Er achtet sorgfältig darauf, wer zurückbleibt und wer zur Messe geht und in welcher Reihenfolge die Opfer sterben. Aber als der Schrecken ein Ende hat und sich die Gemüter beruhigt haben, wird alles verschwommen und → UNVERSTÄNDLICH. Don Fernando, »dieser göttliche Held« (II. 158), fürchtet sich, zu Hause die Wahrheit zu sagen, vertröstet und beschwichtigt seine Frau. Kleist, der *kinderlose Schriftsteller,* nimmt es als gegeben hin, dass Donna Elvire nicht aufbricht, um wie eine Löwenmutter ihr Kind zu suchen (ihr Mann hat wie ein Löwe gekämpft!). Das tote Kind hinterlässt nicht nur in der Familie eine *Leere,* sondern auch in der Erzählung. Bezeichnenderweise teilt der Mutter nicht ihr eigener Mann mit, dass ihr Kind gestorben sei, sondern → ZUFÄLLIG *irgendjemand.* Daraufhin fällt sie ihrem Mann *eines Morgens* um den Hals und küsst ihn – und dieses Um-den-Hals-Fallen deutet rückwirkend an, dass sie ihren Mann wahrscheinlich *lange* nicht mehr geküsst hat, dass er sie wohl gemieden, *nachts* nicht mehr → UMARMT hat. Das Um-den-Hals-Fallen überbrückt eine verborgene, unausgesprochene, aber umso verheerendere Spannung, ohne sie jedoch aufzulösen. Denn der kleine Philipp, den sie als Pflegekind adoptieren, hält für sie viele Rätsel bereit. Ob aus ihm wohl jener Nicolo wird, der in *Der Findling* ebenfalls den Platz eines Kindes in der Familie einnimmt, um dann das Schicksal einer anderen *Elvire* zu besiegeln?

Und schließlich: In *Die Verlobung in St. Domingo* beendet das Um-den-Hals-Fallen einen sehr sorgfältig, szenisch genau aufgebauten Auftritt. Toni bittet Gustav in ihr Zimmer. Der Mann, der sich zuvor am → FENSTER auf die Ellbogen gestützt hat, löst seine Halsbinde und nimmt das Mädchen auf seinen Schoß. Sie fangen zu sprechen an, und sie bemerkt an seinem *Hals* das goldene Kreuz, das sie fortan in ihrer *Hand baumeln lässt.*

Die körperliche Annäherung wird immer offensichtlicher, aber auch immer gehemmter. Sie rückt gelegentlich das → TUCH auf ihrer → BRUST zurecht, dann befingert sie die Taille ihres Kleides – mit einem Wort, sie bietet sich ihm ständig an, obwohl sie sich natürlich davor auch fürchtet, da es für sie die Todesstrafe nach sich ziehen könnte. Auch Gustav nähert sich ihr, die er liebt, auf einem Umweg: Statt sie zu bestürmen, beginnt er, ihr von Mariane Congreve, einer früheren Geliebten, zu erzählen, von deren Tod und von dem → AUGENBLICK, als sie ihn – ob ehrlich oder nur vorgetäuscht, lässt der Erzähler offen – auf dem Schafott verleugnet. Er berichtet noch kurz, wie er

Bevor sich der sächsische Kurfürst in *Michael Kohlhaas* Kohlhaas' Erzählung über die → ZIGEUNERIN anhört, verbirgt Heloise die goldene Kette, die an seinem *Hals* hängt. Kohlhaas wiederum trägt an seinem *Hals jene* Kapsel, die das Geheimnis des Schicksals des Kurfürsten in sich birgt. Und wie am Ende der Geschichte Kohlhaas' *Hals* durchgeschnitten wird, wird auch die Kapsel den *Hals* des Kurfürsten durchtrennen.

nach der Hinrichtung in → OHNMACHT fällt, setzt das Mädchen dann ab und tritt erneut ans → FENSTER, wo er tief gerührt sein Gesicht in einem → TUCH vergräbt (II. 175). *Der erschlaffende Mann, der das Mädchen auf dem Umweg seines Selbstmitleids erobert – und Toni, das schwache Mädchen, das* → PLÖTZLICH *die Initiative ergreift:* »[S]ie folgte ihm mit einer plötzlichen Bewegung, fiel ihm um den Hals, und mischte ihre Tränen mit den seinigen«. (ebd.) Das *Um-den-Hals-Fallen* bildet den Abschluss einer komplexen Gefühlsstrategie. Man weiß nicht, wer der Verführer und wer der Verführte ist oder wer mehr zu bedauern sei. Hinzu kommt, dass er ein *Todes*erlebnis hinter sich hat und sie vom *Tod* bedroht wird – der sich ihrer auch bemächtigen wird, allerdings nicht durch Congo Hoango, sondern gerade durch ihren Geliebten. Das Um-den-Hals-Fallen: ein Endpunkt; doch weil die Gefühle immer komplexer werden (obwohl alles zugleich auch völlig klar und rein ist!), wird es auch zum Ausgangspunkt neuer Verwicklungen.

In *Die Familie Schroffenstein* fürchtet sich Agnes bei ihrer ersten Begegnung vor Ottokar, obwohl sie zugleich auch in ihn verliebt ist. Als er ihr Wasser reicht, nimmt sie zu Recht an, dass es vergiftet ist. Sie trinkt es dennoch aus – und er trinkt seinerseits aus dem Glas, um sie zu beruhigen. In diesem → AUGENBLICK des »Liebestodes« »fällt [sie] ihm um den Hals« (1334).

Es ist, als würde der Text abreißen: Es folgt eine Lücke, ein → GEDANKENSTRICH – den Kleist mit dem Satz nach der Geste des Um-den-Hals-Fallens noch mehr unterstreicht: »Was weiter erfolgte, brauchen wir nicht zu melden, weil es jeder, der an diese Stelle kommt, von selbst liest« (ebd.), schreibt er. Obwohl es gar nicht so selbstverständlich ist, was passiert. Gustav *redet* während der Szene dauernd an den Dingen *vorbei* – als wollte er das, was ohnehin geschehen muss, aufschieben; dennoch hat das, was er erzählt, eine entscheidende Bedeutung. In der → PARADOXEN Geste des Um-den-Hals-Fallens erreicht diese

Sich-entfernende-Annäherung einen Höhepunkt. Im → AUGENBLICK des *Um-den-Hals-Fallens* finden die Personen endlich zueinander; doch die Szene ist keinesfalls erotisch, sondern eher beklemmend. Auf der Flucht vor ihren wahren Gefühlen verbergen sich der Mann und die Frau auch voreinander. Und inzwischen spielt auch der Erzähler Versteck. Er führt den Leser immer tiefer in das Labyrinth des Textes – um ihn dort mit einem → GEDANKENSTRICH, einer auffallend nichtssagenden Aussage, einer → UNBEGREIFLICHEN Träne oder einer unergründlichen Errötung allein zu lassen. Die Figuren, der Autor und der Leser – sie alle suchen im selben Labyrinth nach dem Ausgang, den Kleist natürlich schon lange im Voraus sorgfältig zugemauert hat.

HAUPTSACHE

Ich fühle mich immer → HEITERER und heiterer, schreibt Kleist Wilhelmine am 10. Oktober 1801 aus Paris und hofft, »daß endlich die Natur auch mir einmal das Maß von Glück zumessen wird, das sie allen ihren Wesen schuldig ist« (II. 691). Wie es zur Tilgung dieser Schuld kommen soll, weiß er freilich nicht, »obgleich sich mein Herz fast überwiegend immer zu *einem* neigt« (692).

Was ist dieses *eine?* Wilhelmine mag vielleicht fragen: »*Wer* ist dieses eine?« Auch Kleist denkt wahrscheinlich an sie und ihr *gemeinsames* zukünftiges Glück. Aber er spricht es nicht *offen* aus, sondern gleitet zwischen den Lebensentwürfen und → BESTIMMUNGEN hin und her, wie zwischen Szylla und Charybdis. Zwischen den vielen *Nein* sucht er einen Ausweg zu dem *einen* (dem Ja). Und dabei bejaht er in Selbsttäuschung die vielen *Nein* und schmiedet einen sonderbaren Plan nach dem anderen, die allesamt nicht auf ihn zugeschnitten sind. Aber was dieses *eine* betrifft, wird er immer ratloser – er hält es für → UNAUSSPRECHLICH, → UNBEGREIFLICH, er *weiß* immer weniger, was ihn anzieht, während er immer sicherer *spürt,* was ihn abstößt. Während seiner sogenannten → KANT-KRISE reift sein Gefühl zur Gewissheit, er *weiß* nunmehr, dass ihn in der → WELT nichts anzieht und das eine, für das er sein Leben gäbe, außerhalb von ihr zu suchen ist. Seine Schuld vermag das Schicksal nicht zu *tilgen.* Entweder bezahlt es alles *auf einmal* oder *nie.*

»Die Wissenschaften habe ich ganz aufgegeben« – schreibt er im oben zitierten Brief – »Ich kann Dir nicht beschreiben, wie ekelhaft mir ein wissender Mensch ist, wenn ich ihn mit einem handelnden vergleiche […], unsere Gelehrten, kommen sie wohl, vor allem Vorbereiten, jemals zum Zweck? Sie schleifen unaufhörlich die Klinge, ohne sie jemals zu brauchen, sie lernen und lernen, und haben niemals Zeit, die Hauptsache zu tun.« (693)

Die *Hauptsache.* Etwas, von dem man *weiß,* obwohl es jenseits allen Wissens ist, was *sich fühlen lässt,* obwohl es sich auch nicht auf Gefühle reduzieren lässt. Es hängt mit dem *Handeln* zusammen, meint Kleist; aber dieses Handeln ist auch gewalttätig, denn die Hauptsache sprengt jeden Rahmen. Scharf wie eine *Klinge*, schafft sie Ordnung in der Welt des Wissens und der Gefühle. Die *Schuld des Schicksals* und die *Klinge:* Sucht man die Hauptsache, fühlt man sich zugleich als Ausgebeuteter und als Wegelagerer. Die Hauptsache ist das Gebot, das aus dem Innersten kommt; doch von je weiter innen es kommt, umso → UNBEGREIFLICHER ist es. Es richtet sich auf die ganze Welt – und reißt den Menschen gerade aus der Welt heraus.

»[N]ie in meinem Leben, und wenn das Schicksal noch so sehr drängte, werde ich etwa tun, das meinen innern Forderungen, sei es auch noch so leise, widerspräche.« (10. Oktober 1801, II. 694)

»Denn nur *in* der Welt ist es schmerzhaft, wenig zu sein, außer ihr nicht.« (10. Oktober 1801, II. 695)

Die Klinge gehorcht dem Druck des *Herzens,* das nur zu dem *einen* neigt, so wie Graf F...'s → »HEFTIGER, auf einen Punkt hintreibender Wille« (II. 114). Aber der gleiche Druck kann die Klinge auch gegen sich selbst richten: Die Klinge, die das Herz hält, schneidet am Ende das Herz selbst aus dem Körper.

Warum soll das Herz, wenn es auf die Knie niederfallen kann (»O du, / Vor der mein Herz auf Knien niederfällt«, *Penthesilea,* 2799–2800), nicht auch ein Handgelenk und eine Handfläche haben? Auch den *Phöbus* schickt Kleist Goethe »auf den ›Knien meines Herzens‹« (II. 805).

Am 13. März 1803 schreibt Kleist Ulrike Folgendes aus Leipzig: »Ich weiß nicht, was ich Dir über mich → UNAUSSPRECHLICHEN Menschen sagen soll. – Ich wollte, ich könnte mir das Herz aus dem Leibe reißen, in diesen Brief packen, und Dir zuschicken.« (II. 729–30) Der Wille, der auf einen Punkt hintreibt, *entblößt* das Herz.

Wie jede → METAPHER meint Kleist auch diese ernst – mindestens genauso wie van Gogh, der sich das Ohr abschneidet, um auf diese Weise Gauguins Gehör zu finden. Das Herz zu entblößen, bedeutet, es seiner äußeren Hülle, des Körpers, zu berauben und es dem *Tod* darzubieten. Der *sentimentale* Wunsch nach Entblößung des Herzens bereitet den *gewaltsamen Tod* vor. Penthesilea hat das Gefühl, als habe man ihr Herz in Achilles' Körper verpflanzt, und beginnt, um es in seinem *wahren Wesen* schauen zu

Später will Edgar Allan Poe ein Buch mit dem Titel »Mein bloßgelegtes Herz« schreiben, während Baudelaire einem Stück der *Journaux intimes* den Titel gibt: *Mon cœur mis à nu.* (vgl. Bohrer, 1987, 20)

können, dessen → BRUST zu zerfleischen. (Nichtsdestoweniger vergießt Kleist kein Blut und reißt sein eigenes Herz nicht heraus. Nachdem er Ulrike sein Leid über seine eigene → UNAUSSPRECHLICHKEIT geklagt hat, teilt er ihr im nächsten Absatz mit, dass er Unterricht in Deklamation nimmt!)

Die *Hauptsache:* das, was im Innersten verborgen, aber nicht aussprechbar ist, und daher wie ein Wucherer mit dem Schwert zur Rechenschaft gezogen werden muss. Nicht *Grausamkeit* leitet Penthesilea, sondern die bittere und doch süße Sehnsucht, das zurückzugewinnen, was *ihr gehört,* und das → *UNAUSSPRECHLICHE aussprechen zu können.* Kleist selbst verbindet in einem frühen Brief (10. Oktober 1800, II. 575) die → UNAUSSPRECHLICHKEIT mit der bittersüßen Freude, und später in *Die Familie Schroffenstein* erwähnt er, auch hier auf das Liebesverlangen bezogen, das, was im Leben am wichtigsten sei: das *Unendliche* in einem Atemzug *auszusprechen:*

> »Es darf kein Schatten mehr dich decken, nicht
> Der mindeste, ganz klar will ich dich sehen.
> Dein Innres ists mir schon, die neugebornen
> Gedanken kann ich wie dein Gott erraten.
> Dein Zeichen nur, die freundliche Erfindung
> Mit einer Silbe das Unendliche
> Zu fassen, nur den Namen sage mir.« (753–60)

Der einzige Name, in dem die ganze Unendlichkeit zum Ausdruck kommt: der Name → GOTTES. Das ist die *Hauptsache:* den Namen → GOTTES auszusprechen. Die Hoffnung darauf entspricht der Hoffnung, dass die Existenz nicht länger → UNAUSSPRECHLICH und undurchdringlich bleibt, sondern im Lichte der Wahrheit erscheint. Kleist befasst sich nicht viel mit → GOTT. Aber wie Ottokar in den oben zitierten Zeilen sucht auch er unausgesprochen das Erlebnis des sogenannten »Göttlichen«. Die Hauptsache ist, dass »Gott« nichts Abstraktes und Allgemeines bleibt, sondern mit dem Namen des geliebten Objekts (der geliebten Person) identisch wird. → *GOTT als nicht mehr steigerbare Individualität zu erleben:* Für Kleist liegt die Hauptsache in der Befreiung jenes Schwerpunktes, auf den hin alles gravitiert. Auch das Herz ist eine Manifestation dieses Schwerpunktes; der jedoch seinerseits ständig in ohnmächtiger Schwerkraft auf etwas anderes, einen außerhalb von ihm befindlichen Schwerpunkt zurast (gravitiert). Deshalb ist → GOTT, der letzte Schwerpunkt, bei Kleist untrennbar mit dem Tod verbunden. In der Entkleidungsszene des letzten Aufzugs sehnt sich Ottokar so sehr danach, das Unergründliche zu enthüllen und zu entblößen, dass er Agnes, statt sie zu seiner Geliebten zu machen (am → GOTTESerlebnis teilhaben zu lassen), → UNBEWUSST dem Tod ausliefert.

Die Entdeckung der *Unmittelbarkeit* ist die große Hoffnung des 18. Jahrhunderts. Aber sobald sich diese Unmittelbarkeit nicht mehr damit begnügt, in philosophisch-moralische Kategorien eingezwängt zu sein, sondern nach Ausschließlichkeit und Absolutheit verlangt, ist ihr Schicksal besiegelt. Die Unmittelbarkeit artet in Fremdheit aus. Was ist die Hauptsache? Die Hauptsache, meint der junge Kleist, ist, dass sich das innerste Erlebnis ohne jede Vermittlung zum Vorschein bringen lässt. Das setzt jedoch voraus, dass er auch der zwei Jahrtausende alten europäischen Kulturtradition den Rücken kehrt. Die restlose *Identität* zwischen dem Erlebnis und seiner Darstellung: Das erscheint Kleist, bevor er zu *schreiben* beginnt und *das Unvereinbare miteinander zu vereinbaren* lernt, am wichtigsten – gerade weil er unter deren Unmöglichkeit am nachhaltigsten leidet. Vielleicht leidet nur noch Antonin Artaud derart unter der Dualität des Erlebnisses und seines Ausdrucks sowie ihrer Unüberbrückbarkeit. Wie später für Artaud ist die Hauptsache für Kleist eine *Herausforderung:* ein Aufruf zur Besitznahme des Lebens. Die totale (göttliche) Besitznahme unter Beibehaltung der Lebendigkeit (des Persönlichen): Artaud erscheint das durch die Sprengung von Form und Sprache möglich, was dennoch zu Kunst führt, Kleist dagegen durch den allmählichen Rückzug aus dem Leben, was sich mit der allergenauesten Formulierkunst verbindet.

Die unausgesprochene Sehnsucht nach → GOTTwerdung hält für die Welt Zerstörung bereit. Die Bewahrung des Lebens, des lebhaften und lebendigen, die hinfällige Welt übersteigenden Lebens: Dieses bewegt sowohl Kohlhaas als auch Penthesilea. Aber sie können es nur auf dem Umweg des Todes verwirklichen. Und auch Agnes' Leben in *Die Familie Schroffenstein* wird erst durch ihren Tod von allen Schatten gereinigt und befreit.

Sollte also die Prophezeiung des Todes die Hauptsache sein? Nur zum Teil – insofern sich etwas, was eine *Hauptsache* ist, überhaupt in ihre Einzelteile zerlegen lässt. Denn wie viele seiner Zeitgenossen ist auch Kleist nicht in den Tod, sondern in die Unmittelbarkeit verliebt – zugleich erkennt er jedoch klarer als alle seine Zeitgenossen, mit einem Gespür, das noch schärfer, da tragischer als das Hegels ist, die Unmöglichkeit der Unmittelbarkeit; das fängt schon damit an, dass das *Medium* des Kunstwerks, die Repräsentation, gerade die Aufhebung der Unmittelbarkeit zur Voraussetzung hat, und hört damit auf, dass der Wunsch nach Unmittelbarkeit zu Terror und Tod führt. »*Ich möchte Dir, mein süßes Licht, / Dies Wesen eigner Art erschienen sein*« (474–5), sagt Jupiter Alkmene. Kann man noch dort nach Unmittelbarkeit streben, wo sogar ein → GOTT unter deren Unmöglichkeit am meisten leidet?

Die Sehnsucht nach Unmittelbarkeit wird deshalb zu einer Quelle der Tragödie, weil nicht nur der Mensch → GOTT nicht von Angesicht zu Angesicht sehen kann, sondern auch → GOTT nicht fähig ist, sich zu enthüllen und sein wahres Wesen zu offenbaren. Goethe und Adam Müller haben auf den christlichen Charakter von *Amphitryon* hingewiesen. Das Stück wird jedoch dadurch tragisch, dass Kleist das Christentum gleichsam überspringt und Alkmenes → FALL als Verkünder einer noch unbekannten, nicht mehr christlichen Zukunft erzählt. Statt des unmittelbaren Sehens gibt es nur das → VERSEHEN. In *Der Findling* muss Elvire eine *Brille* aufsetzen, um die Dinge richtig zu sehen, was auch ihre Tragödie auslösen wird. Und dabei weiß man nicht einmal, im Vergleich zu was man sich »versieht«. Und dennoch ist klar, dass sich Kleists Helden mit dem, was ausschließlich und unüberwindbar ist (das Missverständnis, das → VERSEHEN, das Verfehlen), nicht abfinden können. Die Negativität müsste als befreiende Kraft von vornherein in ihnen wirken. Und doch widerstehen sie ihr alle, ohne zu ahnen, dass die bremsende Kraft, der sie gehorchen, der Vorbote der höchsten Negativität, des Todes, ist.

HEFTIG

Gelegentlich dient es nur zur Betonung. Wenn ohnehin schon alles in Heftigkeit ausartet, fügt Kleist, um sicherzugehen, noch hinzu: »heftig«. Unnötigerweise, denn dadurch wird die gegebene Situation weder vertieft, noch gewinnt sie mehr Komplexität – sie wird vielmehr überstilisiert, was die gewünschte Wirkung eher mindert. Das kommt freilich nur selten vor. Beispielsweise in *Penthesilea* und zum Glück auch dort nur in den Regieanweisungen, die auf der Bühne nicht erklingen. »Der Donner rollt heftig« (2427), teilt der Autor mit, als sich Penthesilea, mit allen Anzeichen des Wahnsinns behaftet, niederkniet und ihre Hunde in → ENTSETZLICHES Gebell ausbrechen. Dann zieht sie »unter heftigen Gewitterschlägen« (2446) davon. Kleist gebraucht das Wort hier nicht zur Betonung, sondern gibt sich höflich. Er versorgt den Zuschauer bzw. Leser mit überflüssigen Informationen.

Aber meist steigert die Heftigkeit, die über seine Figuren Herr wird, nicht einen ohnehin schon »heftigen« Zustand, sondern schafft – als eigenständiges Wort – selbst eine neue Situation. Statt als stilistisches Mittel zu dienen, hat es hier eine dramatische Funktion – und das sogar in den Erzählungen. Es beschreibt nicht die Stimmung und Empfindungen, sondern reißt einen Abgrund – einen → SCHACHT – in den Text und führt die Zerrissenheit des Bewusstseins selbst vor Augen. »Mir war, als ob, im heftigen Getümmel, / Mich des Peliden Lanze traf: umrasselt / Von meiner erznen Rüstung, schmettr' ich nieder« (1560–2), erzählt Penthesilea Prothoe von ihrem Traum, den sie als Wirklichkeit erleben möchte. Die Heftigkeit begleitet hier den Kampf, den sie mit ihrem *Geliebten* führt, und verflicht sich zudem mit dem → SCHEIN, wodurch auch ihr späterer Irrtum (→ KÜSSE – Bisse) vorweggenommen wird. Der Sturz zu Boden (nach unten) nimmt auch den letzten Monolog des Stückes vorweg, in dessen Verlauf Penthesilea in den → SCHACHT ihres Herzens – den Tod – hinabsteigt. Zudem stürzt Penthesilea, als sie von der Lanze getroffen wird, von ihrer Rüstung »umrasselt« zu Boden – wobei das Geräusch des → RASSELNS bei Kleist stets das Ausgesperrtsein aus dem → PARADIES bedeutet. Das Wort »heftig« ist das *Attribut* zu

»Getümmel«. Seine Funktion ist dennoch mehr als nur attributiv. Denn nicht wegen der Ausdauer und Unerschrockenheit der Gegner ist der Kampf so heftig, sondern wegen der *gemeinsamen* Erfahrung der Liebe, der Täuschung, der Niederlage, des Abstiegs, der Unbeweglichkeit (des Eingesperrtseins in die Rüstung) und des Ausgesperrtseins aus dem → PARADIES.

In der Heftigkeit verflechten sich die widersprüchlichen Gefühle, Leidenschaften und → BEGIERDEN. Als drückte sie ein Reifen zusammen – und die Situation artet deshalb in Heftigkeit aus, weil alles auf einmal ausbrechen möchte. Dazu ergibt sich jedoch meist keine Gelegenheit. Wie das → GEWÖLBE, das als Ganzes deshalb nicht einstürzt, weil jeder einzelne seiner Steine einstürzen will, zeichnet sich auch die Heftigkeit dadurch aus, dass jedes ihrer »Elemente« ausbrechen möchte, aber keines dazu in der Lage ist. Mit heftigem → RASSELN fällt das Schloss vor Graf F… zu, als er hinter der in »klösterlicher → EINGEZOGENHEIT« lebenden Marquise von O…. hereilt, an deren Seite er das → PARADIES gewinnen möchte (II. 129). Diese Heftigkeit ist genauso schicksalhaft wie jener *Affekt,* in dem die Marquise im vorhergehenden Satz den Grafen, der ihr einen glühenden → KUSS auf die → BRUST gedrückt hat, von sich → STÖSST – so wie Kohlhaas' Frau in der großen Verdrängungsszene die → BRUST ihres Mannes mit heißen → KÜSSEN bedeckt, während sie ihn »heftig an sich« drückt (II. 28). So sehr die Heftigkeit auch einem Ausbruch gleicht, sie ist eine Begleiterscheinung *verdrängter* → BEGIERDEN. Ja, gerade dadurch wird etwas heftig, dass es der Verdrängung Vorschub leistet.

In *Das Erdbeben in Chili* flüstert Donna Elisabeth, die einzig wirklich *ängstliche* Figur in der Erzählung, *heimlich* und doch *heftig* mit Donna Elvire (II. 154).

Etwas heftig verdrängen – seine wahre Stimme entdeckt Kleist erst, als er ein Wort mit gegensätzlichen Bedeutungen auflädt und bis zur Grenze der sprachlichen Erträglichkeit zerdehnt.

In *Die Marquise von O....* schafft die »Heftigkeit« beharrlich wiederkehrende sprachliche Knotenpunkte. Und doch ist der Ton der Erzählung durchweg außerordentlich zurückhaltend, ja emotionslos, und die Marquise selbst ist, obwohl sie stets heftig reagiert, genauso unansprechbar, starr und → RUHIG wie Elvire in *Der Findling* oder Penthesilea in ihrer letzten Szene. Am Anfang der Geschichte versucht man, die Marquise inmitten des heftigsten Kampfes zu vergewaltigen (II. 105), aber diese heftige Tat wird letztendlich in einem → AUGENBLICK vollzogen (während ihrer → OHNMACHT), der am wenigsten heftig ist. Die Gleichzeitigkeit von Heftigkeit und völliger Bewusstlosigkeit bleibt auch im Folgenden typisch für die Marquise. Auf die Nachricht ihrer Schwangerschaft neigt sie ihren Kopf heftig zitternd an die → BRUST der Hebamme (II. 124), weint sich dann heftig über den Irrtum ihrer Eltern (II. 125) aus und verlässt dennoch äußerst → RUHIG, fast wie eine Marmorstatue, ihr Zuhause, um die Einsamkeit zu wählen. Als sich der Graf bei ihr meldet, wird sie vom heftigsten → FIEBER niedergestreckt (hat sie der Graf erneut vergewaltigt?), doch sobald sie genesen ist, wird sie geradezu Unheil verkündend → RUHIG. Außer ihr kann vielleicht nur noch ihr → VATER so heftig sein: Die »zerstörende Heftigkeit«, die ihn kennzeichnet (130), versetzt ihn in so extreme Zustände, wie sie unter normalen Umständen kaum miteinander zu vereinbaren sind.

Wenn man heftig wird, wird nicht nur die Seele ergriffen, sondern auch die Welt bekommt einen geheimnisvollen Riss. Die Heftigkeit ist kein Seelenzustand, sondern eine metaphysische Situation. Wenn die Seele heftig wird, »sträubt sie sich« nicht und »wird schön« (wie etwa bei Luise und Ferdinand in *Kabale und Liebe),* sondern wird von den entgegengesetzten Kräften des Himmels und der → HÖLLE auseinandergerissen. Als Piachi am Anfang von *Der Findling* Nicolo heftig schluchzend fragt, ob er bereit sei, mit ihm zu gehen und den Platz des toten Paolo einzunehmen (II. 200), ist sein Weinen deshalb so heftig, weil er die → HÖLLE, die sich am Ende der Erzählung andeutet, bereits erahnt. Als Kohlhaas am Anfang von *Michael Kohlhaas* mit seinen Pferden einen → AUGENBLICK im strömenden Regen halten muss

(II. 9), ist das Strömen des Regens auch deshalb so heftig, weil in dem → AUGENBLICK das Weltgericht seinen Anfang nimmt. Und als Elvire in *Der Findling* mehrere Tage fiebrig im Bett liegt, ist ihr → FIEBER deshalb so heftig, weil sie zuvor Nicolo mit Colino verwechselt und dabei erkannt hat, was bei gesundem Verstand unvorstellbar ist: Der Himmel (in der Person Colinos, des → CHERUBINISCHEN Jünglings) kann auch hier auf Erden Wirklichkeit werden und Gestalt annehmen – aber nur so, dass er ihr dabei höllisch und → TEUFLISCH erscheint.

»Das Unglück macht mich heftig, wild, und ungerecht; doch nichts Sanfteres, und Liebenswürdigeres, als Dein Bruder, wenn er vergnügt ist.« (An Ulrike von Kleist, 14. Juli 1807 – II. 786)

Es gibt keine friedliche → LÖSUNG, keine → MITTELSTRASSE. Die Heftigkeit richtet sich, wie der Wille des Grafen F... (II. 114), stets auf einen *einzigen* Punkt; doch diesen Punkt erreicht man nur, wenn man sich ihm *gleichzeitig aus zwei Richtungen* nähert, von oben und von unten, von → GOTT und von der Materie. Das ist der Punkt, »wo die beiden Enden der ringförmigen Welt in einander griffen« (II. 343), Quelle und ruhender Pol zugleich, der Punkt der unversöhnlichen Zweiheit. Die Hochzeit von Himmel und → HÖLLE, der → AUGENBLICK des heftig »vernichtenden Schwertes« (»destructive sword« – William Blake).

HEITERKEIT

Kaum einen Monat nach dem Tod seiner Mutter schreibt der fünfzehneinhalbjährige Kleist seiner Tante, Auguste Helene von Massow, einen Brief. Den *allerersten,* der von ihm erhalten geblieben ist. Nicht von zu Hause, aus dem Kreis der verbliebenen Verwandten, die ihn trösten könnten, sondern aus Frankfurt am Main, wo sein Heer gerade Rast macht. Gehorsam berichtet er von seinen Reiseerlebnissen, den Dörfern und Städten, die sie passieren, den Bergen und Landschaften, deren → ANBLICK zu beschreiben er für seine Pflicht hält, von seiner Unterkunft, den Mahlzeiten und sogar von seinem Diener. Der erstaunlich *unpersönliche* Brief des *trauernden* Jungen ist ein Schulbeispiel von *Selbstdisziplin.* Nur ein einziges Mal wird in dem geradezu *soldatisch* geordneten Brief, an dessen Ende er beispielhaft höflich und mit einer floskelhaften Wendung sogar seiner Mutter gedenkt, seine Gefasstheit erschüttert: als er über den → ANBLICK einer sich in bläulichen Dunst hüllenden Landschaft berichtet: Unter dem doppelten Schutz eines → GEDANKENSTRICHES und einer *Klammer* schreibt er: »– (Sonderbar ist es was solch ein Anblick bei mir für Wirkungen zeigt. Tausend andere heitert er auf; ich dachte an meine Mutter und an Ihre Wohltaten. Mehr darf ich Ihnen nicht sagen. –)« (II. 465)

Weshalb darf er nicht mehr sagen? Wegen der Selbstdisziplin. Die Unterdrückung der Trauer macht vieles erträglich. Aber nicht nur deshalb. Die Heiterkeit, von der er spricht, ist ihm kaum fremd – sonst wäre sie ihm nicht der Erwähnung wert. Ja, gemessen an dem → TonFALL, muss man von vornherein von ihr ausgehen. Der Gebrauch des *Indefinitpronomens,* stets Begleiterscheinung eines charakteristisch unpersönlichen, phrasenhaften Stilideals, hat nicht nur die Funktion, *allgemeine,* das heißt unverbindliche Wahrheiten zu verkünden, sondern auch, *sich dahinter zu verstecken.* Es eignet sich hervorragend, eine *persönliche* Wahrheit so auszusprechen, dass sie zugleich *unterdrückt wird.* Hinter den »tausend anderen« verbirgt sich *ein einziger* Mensch: Kleist selbst, dem im gegebenen → AUGENBLICK wahrscheinlich wirklich *heiter* zumute ist, während die Stimmung der in Dunst sich hüllenden Landschaft mit der aufgehenden Sonne auch zu seiner Trauer passt. Die Heiterkeit, die in der Trauer zum Vorschein kommt – und die Trauer, die sich zur Heiterkeit gesellt: Das ist es, worüber er nicht mehr sprechen darf. Nicht weil es ihm verboten wäre, sondern weil es sprachlich nicht machbar ist, diesen widersprüchlichen Gefühlen *gleichzeitig* Ausdruck zu verleihen. Verboten ist es natürlich auch. Aber nicht durch seine Vorgesetzten oder Schullehrer, sondern durch jenes Stilideal, das das Indefinitpronomen der ersten Person Singular vorzieht und selbst im Sentimentalismus noch die Unpersönlichkeit idealisiert, wenn auch auf dem Umweg eines scheinbar maßlos ausufernden (in Wirklichkeit jedoch sehr wohl unter Bewachung stehenden) Persönlichwerdens.

In einem Brief an Ulrike, geschrieben am *letzten* Tag seines Lebens und datiert »am Morgen meines Todes«, gebraucht Kleist erneut das Wort *Heiterkeit:* »Ich kann nicht sterben, ohne mich, zufrieden und heiter, wie ich bin, mit der ganzen Welt, und somit auch, vor allen anderen, meine teuerste Ulrike, mit Dir versöhnt zu haben.« (II. 887) Dann beendet er den kurzen Brief mit der Formulierung: »[M]öge Dir der Himmel einen Tod schenken, nur halb an Freude und unaussprechlicher Heiterkeit, dem meinigen gleich: das ist der herzlichste und innigste Wunsch, den ich für Dich aufzubringen weiß.« (ebd.)

Diese Formulierung ist mindestens so höflich wie jene im allerersten Brief. Sie ist sprachlich so korrekt und stilistisch so spitzfindig, als bereitete sich ihr Verfasser nicht auf den Tod vor, sondern als wollte er einen Musterbrief vorlegen: Seht her, so sieht ein angemessener Abschiedsbrief aus! So wie Swidrigailoff am Morgen seines Selbstmordes in *Schuld und Sühne* alles um sich vergisst und sich lange und geistesabwesend darin vertieft, die störenden Fliegen zu fangen – so schwebt auch dem *schreibenden* Kleist, der sich auf seinen Selbstmord vorbereitet, noch immer ein *Idealpublikum* vor Augen: Diesem schreibt er den in tadelloser Form gehaltenen Brief. Statt sich das Herz herauszureißen und anstelle des Briefes den noch zitternden, blutenden Fleischbrocken hochzuhalten – wie er das in einem früheren Brief angedeutet hat –, gebraucht er sprachliche Formulierungen und Lösungen, die nicht nur seine Zeitgenossen mit Vorliebe gebrauchen (vgl. Bohrer, 1987, 145–7), sondern auch er früher häufig abgeschrieben hat. Man kann Kleists letzten Briefe auch als *Kunstwerke* lesen. Einerseits weil der Tod eines *anderen* für uns niemals zum *eigenen* Todeserlebnis werden kann und wir somit nicht umhinkönnen, ihn als eine »Sache« zu betrachten (er starb, weil …, er starb, obwohl … usw). Andererseits weil Kleist mit einem Stift in der Hand *nicht fähig ist,* das, was er zu sagen hat, *nicht zu einem Kunstwerk zu stilisieren.* Und → PARADOXERWEISE wirken seine letzten Briefe gerade deshalb *tödlich bedrückend.* Das Fehlen der *Unmittelbarkeit* des Todes schafft in diesen Briefen eine *Leere,* die sich nicht *ausfüllen,* sondern nur mit vollendeten Formeln verhüllen lässt. Gerade das, was in ihnen *fehlt,* macht die Abschiedsbriefe *vollkommen.* Und das ruft sowohl die tiefe Verwandtschaft zwischen dem *Kunstwerk* und dem *Leben* als auch ihre Unüberbrückbarkeit in Erinnerung.

»Ich will Abschied von Dir nehmen auf ewig, und dabei fühle ich mich so friedliebend, so liebreich, wie in der Nähe einer Todesstunde«, schreibt er Heinrich Lohse am 23. Dezember 1801 (II. 709). Aber der Abschied gilt nicht für immer, und auch Kleist stirbt vorerst nicht.

Die *Heiterkeit* ist die → »METAPHER« dieses → PARADOXES. Die Formulierung → »UNAUSSPRECHLICHE Heiterkeit« borgt Kleist von sich selbst: In *Das Erdbeben in Chili* gehen Jeronimo und Josephe nach ihrer Errettung »mit unaussprechlicher Heiterkeit« unter dem schattigen Laub des Waldes spazieren. Auch die Verbindung zwischen Tod und Heiterkeit stammt von ihm selbst: In *Die heilige Cäcilie* sterben die Brüder »eines heitern und vergnügten Todes« (II. 228). Der Zustand *gleichzeitiger* Heiterkeit und Niedergeschlagenheit ist auch für den → VATER in *Die Marquise von O….* typisch, der »zwar sehr heiter war, aber noch von Zeit zu Zeit schluchzte« (II. 139) (was ziemlich seltsam ist). Heiter ist auch Kohlhaas' Gesicht, während sich im → BLICK seiner Frau der Tod spiegelt (II. 25), und diese rätselhafte Heiterkeit bewahrt er sogar bei seiner Hinrichtung.

In seinem Brief an Prinz Wilhelm von Preußen vom 20. Mai 1811 berichtet Kleist von allen »Unedelmütigkeiten« und »Unbilligkeiten«, die

Die Heiterkeit ist bei Kleist nicht nur eine → AUGENBLICKliche Stimmung, sondern eine Art »fünfter Sinn« – ein Geschenk des Schicksals, der Sterne, des Wesens. Und somit auch ein *Verhängnis*. In *Der Zweikampf* stürzt Littegarde → PLÖTZLICH aus dem *heiteren* Glück in den Abgrund des Elends (II. 238); doch dazu kommt es nur deshalb, weil in ihrer Heiterkeit von vornherein die Möglichkeit der Unberechenbarkeit (des Sturzes) lauert: Der Himmel selbst schickt ihr, »aus heiterer Luft, dies sonderbare Verhängnis« (II. 234).

ihm bei der Redaktion der *Berliner Abendblätter* zuteilwerden und »meine Heiterkeit untergraben« (II. 866).

Noch in seinem ersten Aufsatz, der Studie über das Glück, schreibt Kleist, über Christi Unerschütterlichkeit sinnierend: »[A]ch, die Unschuld wandelt ja heiter über sinkende Welten« (II. 306). Später jedoch verschmelzen die *metaphysische* Heiterkeit und die *hinfällige* Welt immer mehr miteinander, wodurch die Existenz bis zur Unerträglichkeit *gespannt* wird. In *Amphitryon* führt Kleist den in der Heiterkeit lauernden Abgrund auf fast noch heitere Weise vor. Nachdem sie sich zum ersten Mal geliebt haben, bezeichnet Alkmene ihre Nacht mit Jupiter als *heiter* (488), worauf der → GOTT diese *Naivität* durch die Wiederholung des Wortes *ironisiert* (493). Alkmene jedoch merkt die Ironie nicht und kommentiert das → ENTSETZEN ihres heimkehrenden Mannes mit den Worten: »[H]at dir vielleicht / ein Gott den heitren Sinn verwirrt…?« (840–1) Ohne zu ahnen, wie sehr sie die Wahrheit errät, fügt sie ihrem Verdacht hinzu: »Vielleicht daß eine Sorge dir des Krieges / Den Kopf beschwert, dir, die zudringliche, / Des Geistes heitre Tätigkeit befangen?« (922–4) Ein → GOTT kann sich Ironie erlauben, ein Sterblicher jedoch darf

»Heiter« schlägt der sächsische Kurfürst bei der Jagd vor, sich Kohlhaas' Geschichte anzuhören (II. 80) – was dazu führen wird, dass er selbst in → OHNMACHT fällt und untröstlich unglücklich wird. Heiter fordert er das Schicksal gegen sich heraus.

einen → GOTT nicht ironisieren. Molières Fassung wahrt noch diese Grenzen. Kleists *Amphitryon* ist deshalb tragisch, weil der → GOTT, indem er sich von einem Sterblichen nicht mehr unterscheidet, die Ironie, die er gebraucht, letztendlich auch gegen sich selbst wendet: Von je weiter *oben* (draußen) er das Schicksal der Sterblichen beobachten will, umso *tiefer* (weiter hinein) gerät er in ihre Welt. Die Ironie ufert aus, beginnt sich selbst zu untergraben und öffnet den Weg zur Tragödie. Aber auch das, was sich danach andeutet, entbehrt jeder »göttlichen Substanz«. Alkmene leidet vergeblich (denn ihr Leid erlöst niemanden), ihr Opfer ist sinnlos (denn der → GOTT, der eines solchen Opfers wert wäre, existiert nicht), und wenn sie ihrem Schicksals auf den Grund sieht, vermag sie darin keinen »tieferen« Sinn zu entdecken. Sie beschreitet den gleichen Weg wie die Helden Sophokles', Shakespeares oder Racines, ohne deren Schlussfolgerungen ziehen zu können – zugleich ist sie Lichtjahre von Lessings, Schillers oder Goethes Helden und Heldinnen entfernt, die ihr → VERTRAUEN in die letzte Ordnung des Lebens selbst noch im → AUGENBLICK ihres Scheiterns nicht verlieren.

Die Heiterkeit gräbt sich bei Kleist ihr eigenes Grab, ohne dass sie deshalb in nichts zerränne. Die Situation bleibt gerade deshalb heiter, weil sich jeder ihrer → AUGENBLICKE tragisch färbt und für immer das Ende der Heiterkeit hervorruft. Die Heiterkeit »funktioniert« auf gleiche Weise wie das → GEWÖLBE, das deshalb stehen bleibt, *»weil alle Steine auf einmal einstürzen wollen«* (II. 593). Nichts ist natürlicher, als dass Kleist neun Tage, nachdem er dieses Gleichnis entdeckt hat, schreibt: »[N]ie ist mir die Zukunft dunkler gewesen als jetzt, obgleich ich nie heitrer hineingesehen habe als jetzt.« (II. 601)

HIRN

Wenn sich die Reifen des Bewusstseins nicht mehr weiter spannen lassen und die Schädelknochen zu bersten beginnen, quillt (rinnt, sickert, spritzt) das Hirn heraus. In ihm vermischen sich alle Körpersäfte: das *Blut,* das bis dahin → RUHIG und unbemerkt im Organismus gekreist ist oder als Folge einer → PLÖTZLICHEN Erschütterung schneller fließt und das Gesicht erröten lässt; der *Schweiß,* der aus den Poren bricht, als hätte man Körper und Seele zuvor verstopft, und dann → HEFTIGES → FIEBER, → OHNMACHT und → UNBEWUSSTHEIT ankündigt; und die *Träne,* die zunächst der Begleiter schöner Gefühle ist, ein Schleier, der die → WELT verhüllt und dann in untröstliches Schluchzen ausartet, BLOOD SWEAT AND TEARS.

Und natürlich: das Sperma. Ein »Erguß so eigentümlicher Art«, sagt Graf vom Strahl über seine Tränen in *Das Käthchen von Heilbronn* – während er vermutlich bei der Selbstbefriedigung darüber fantasiert, wie er Käthchen, deren Seele er an jenem Morgen nackt (!) gesehen hat (691), in sein Gemach führt.

Auch das Hirn ist ein solcher »Erguß eigentümlicher Art«. Ein Nebenprodukt des gewaltsamen Todes. Der Tod vergewaltigt das Leben. Und befruchtet es zugleich auch: besät es mit der Saat des Todes. Plünderung, Zurücknahme, Vernichtung. Inverse Sexualität. Das Hirn: weißlicher, pappiger, spermaartiger Ausdruck des sich → HEFTIG ausbreitenden Nichts. Das

Die Verlobung in St. Domingo ist auch die Geschichte der Vermischung der Körpersäfte und Ausscheidungen. Bevor der weinende Gustav Toni zu seiner Geliebten macht, »fiel [sie] ihm um den Hals, und mischte ihre Tränen mit den seinigen« (II. 175). Später, nach dem Verlust ihrer Unschuld, sind auch die Laken feucht. Diskret bemerkt Kleist nur so viel: Die *Tränen* des Mädchens fließen »in unendlichen → ERGIESSUNGEN auf das Bettkissen« nieder (ebd.). Als Gustav Toni am Ende der Erzählung erschießt, wälzt sie sich erneut in Körpersäften – diesmal »in seinem Blut« (II. 193). Danach wischt er sich »den Schweiß von der Stirn« (ebd.) und erschießt sich selbst, sodass »des Ärmsten Schädel war ganz [...] zerschmettert, und hing [...] zum Teil an den Wänden umher« (II. 194).

In seinem Werk *Traité complet de l'hysté-*

→ INNERE des *Körpers* wird sichtbar. Mehr noch: Im schrecklichen → AUGENBLICK des verspritzenden Hirns sieht man nichts als das → INNERE. Hirn, Urin, Blut, Schweiß, Sperma, Schleim: Der Körper *öffnet sich.* Statt dem Geist Geltung zu verschaffen, lässt ihn der Körper allein, meldet sich durch die Öffnungen selbst zu Wort und »spricht« ausschließlich für sich. Es wird sichtbar, was unsichtbar – unter der Oberfläche (außerhalb der Szene) – bleiben müsste. Es bricht, im ursprünglichen Sinn des Wortes, *Obszönität* aus. Und dadurch wird eine ganze europäische Tradition verletzt: Tabus fallen, Schamhaftigkeiten zerrinnen in nichts. Der *Geist,* genauer gesagt, die → BILDUNG, auf die man den Geist in der Neuzeit zu reduzieren versucht hat, versagt. Das *Bindemittel* der Kultur bröckelt ab, und es tritt das neue Bindemittel des *Nichts* an seine Stelle – in Form von Hirn, Blut und Urin.

Anfang und Ende, Befruchtung und Unfruchtbarmachung. *Der Findling* beginnt mit der Geschichte zweier Knaben. Inmitten des Todes gewinnt Nicolo das Leben, indem er mit Paolo Plätze tauscht. Das Leben wird zur Frucht des Todes. Nach dieser Eröffnung begibt sich der Erzähler zeitlich zurück zum → AUGENBLICK der *Empfängnis* der Handlung. (Durch die Auflösung der zeitlichen Linearität *vergewaltigt* er gleichsam die Geschichte.) Diese liegt in einer Kopfverletzung, die sich Colino, der genuesische Jüngling, holt, als er die junge, aber schon *heranreifende* (!) Elvire aus dem brennenden Haus rettet. Ein → CHERUB, der eine unschuldige Seele vor der → HÖLLE bewahrt. Den → GÖTTERN jedoch gefällt das kaum: Vergeblich bohrt der Arzt den

rie von 1846 sieht H. Landouzy in der gesteigerten Ausscheidung der Körpersäfte ein Symptom von Hysterie, was ihn zu einer Kategorisierung der Säfte führt: Speichel, Spucke Geifer, Schweiß, »milchige Sekretionen«, Tränen, Urin, Blutschweiß, »uterinale oder vaginale Hypersekretion« usw. Wie Didi-Hubermann treffend beobachtet: »Der Körper, der *alles* ausscheide, scheidet *(sécrète)* auch das Geheimnis *(secret)* seines Leidens aus, seinen Stoff.« (Didi-Hubermann, 301–2)

»Ein Römer ist, in diesem armen Ort, / Mit einer Wöchnerin in Streit geraten, / Und hat, da sie den Vater rufen wollte, / Das Kind, das sie am Busen trug, ergriffen, / Des Kinde Schädel, die Hyäne, rasend / An seiner Mutter Schädel eingeschlagen.« (*Die Hermannsschlacht,* 906–10)

Schädel des Jungen an, vergeblich entfernt man auch mehrere Knochensplitter aus seinem Hirn, »alle Kunst war, durch eine unbegreifliche Schickung des Himmels, vergeblich« (II. 203). Der → UNBEGREIFLICHKEIT des Himmels kommt nur die Unbegreiflichkeit von Elvires Anhänglichkeit gleich. Die Zeit, in der ihre Liebe aufblüht, sind jene drei Jahre, die sie an seinem *Bett* verbringt. Die Komponenten dieser Liebe sind: die Kopfverletzung, die Krankheit, das Ausgeliefertsein und die → OHNMACHT des Jungen, die Askese des Mädchens, der Verzicht auf die Freuden der Pubertät, das Krankenbett als Ersatz für das Ehebett und schließlich der Tod.

Das ist die »Empfängnis« der Erzählhandlung. Die »Unfruchtbarmachung« wiederum geschieht auf dem Umweg von Elvires *Tränen, Errötungen* und → *HEFTIGEN* → *FIEBERanfällen*. Die Geschichte schließt mit einer zweiten »Kopfverletzung«: Piachi wirft Nicolo zu Boden »und drückte ihm das Gehirn an der Wand ein« (II. 214).

Wie kann Piachi das Hirn des am *Boden* liegenden Nicolo an der → *WAND* eindrücken? (Und wie kann Hoango in *Die Verlobung in St. Domingo* in der *Mitte* des Zimmers stehend die Pistole von der → *WAND* reißen?)

Dann zwingt er den toten Jungen zwischen seine Beine und stopft ihm das ominöse Dekret in den Mund. Damit schließt sich der Kreis. Colino hat mithilfe seines austretenden Hirns der jungen Elvire *Gewalt* angetan (die Natur vergewaltigt, ihr für immer die Lebensfreude genommen); Nicolo hat Paolo mit dem Tod *vergewaltigt*, später *vergewaltigt* er Elvire realiter, die wiederum den von Colino »geerbten« Tod in ihrem Körper trägt (ihre Unschuld, die sie vermutlich auch in ihrer Ehe nicht verloren hat, ist Colinos Erbe); und schließlich wird der von diesem Tod befallene Nicolo, den Elvire »auf geschlechtlichem Weg« tödlich angesteckt hat, von Piachi mit dem phallischen Dekret *vergewaltigt,* wird sein Hirn an der → WAND verschmiert. Indem er den Jungen »vergewaltigt«, tut Piachi nichts anderes als das, wonach er sich während seiner ganzen Ehe gesehnt hat, was ihm jedoch von Elvire stets verwehrt wurde. Hätte er mit seiner Frau ein »normales« Geschlechtsleben geführt, müsste er auch Nicolo nicht so behandeln. Doch bei Kleist gibt es kein »Wenn«. Wie ein unaufhaltsames Verhängnis besiegelt Colinos Kopfverletzung das Schicksal aller, die direkt oder indirekt mit ihm in Berührung kommen.

Als Piachi Nicolo mit seine Frau ertappt, kümmert er sich nicht um die Frau, sondern läuft zu einem *alten* Freund (von dem der Leser natürlich zum ersten Mal etwas erfährt) und sinkt dort, ohne ein Wort zu sagen, → OHNMÄCHTIG auf dessen *Bett* (II. 213). Diese Geste der Vertrautheit lässt vermuten, dass Piachi alles – auch sein Geschlechtsleben – mit diesem Freund geteilt hat.

Der friedliebende und → RECHTSCHAFFENE Kohlhaas »explodiert« im → AUGENBLICK des Todes seiner Frau. Zuvor hat er sie, die ihn mit vielen kleinen, aber unmissverständlichen Gesten zu verführen versucht hat, abgewiesen. Später erlaubt er, ja begrüßt *freudig,* dass die Frau bei ihrem einstigen Verehrer Trost sucht (unter dem Vorwand, ihrem Mann helfen zu wollen – in dem sie das Gegenteil der Liebe, den Tod, spürt). Schließlich sinkt er, nunmehr vergeblich, vor ihrem leer gebliebenen *Bett* nieder und schwört Rache. Er bricht als ein Engel des Gerichts auf (II. 32); doch dieser Engel ist ebenso → »UNBEGREIFLICH« wie der Himmel in *Der Findling.* Als Kohlhaas in der Nacht des → DRITTEN Tages nach der Beerdigung seinen Rachefeldzug durch das Verspritzen eines Hirns beginnt, befriedigt er nicht nur sein Gerechtigkeitsgefühl, sondern auch andere bis dahin verdrängte → BEGIERDEN. Wie bei Piachi findet auch bei Kohlhaas eine sexuelle Wonne auf diesem Umweg ihre Erfüllung. Und nicht nur ihm bereitet die Gewalttätigkeit Wonne. Als Graf vom Strahl Käthchens → VATER (seinem Rivalen, der sich am meisten wegen des Grafen um seine Tochter sorgt!) damit droht, sein *Hirn* zu verspritzen, beruft er sich genauso auf sein Gerechtigkeitsgefühl wie Kohlhaas.

»Was hindert mich, im Grimm gerechten Siegs, / Daß ich den Fuß ins Hirn dir drücke?« (*Das Käthchen von Heilbronn*, 2391–2)

Doch seine grundlose → HEFTIGKEIT, die zur gegebenen Szene in keinem Verhältnis steht, zeigt, dass der Graf, wenn er mit dem Verspritzen des Hirns droht, in Wirklichkeit mit dem Gedanken spielt, Käthchen zu seiner Geliebten zu machen, aber keine Ahnung hat, wie er die Hindernisse überwinden soll, die ihn *innerlich* davon abhalten, seine → BEGIERDE zu befriedigen. (Außerdem wird die Geschichte durch einen Umstand verkompliziert, von dem der Graf noch nichts weiß: nämlich dadurch, dass Käthchens *wirklicher* → VATER, der Kaiser, viel eher als ihr → PflegeVATER, Theobald, verdiente, dass man sich an ihm rächt; denn dieser hat wohl Käthchens Mutter, Gertrud, einst vergewaltigt, da das einfache Mädchen »sehr weinte« (2420), als der Kaiser es zu seiner Geliebten machte). Auch in *Die Verlobung in St. Domingo* lässt sich die sexuelle Bedeutung von Gustavs verspritztem Hirn kaum leugnen. Sein Selbstmord ist eine verzweifelte (nekrophile) Geste, um den Missverständnissen ein Ende zu setzen, die seine → BEGIERDEN getrübt und auf ein totes Gleis gelenkt haben. Indem er sein eigenes Hirn verspritzt, nimmt er noch einmal das nunmehr tote Mädchen.

Doch auch die Sexualität ist nur ein Instrument zur Befriedigung einer noch tieferen metaphysischen → BEGIERDE. Jene Hirne zertrampelnden oder im eigenen Hirn badenden Protagonisten sind Opfer und ohnmächtige Zuschauer des Kampfes zwischen Leben und Tod.

»Ja, wenn man *Tränen* schreiben könnte – doch so – –«, schreibt Kleist an den Freiherrn von Stein (II. 766–7).

So wie Penthesilea, wenn sie Achilles zerfleischt, versuchen auch Piachi, Kohlhaas, Colino, Nicolo, der Graf vom Strahl und Gustav, dem ganzen *Leben* Gewalt anzutun – in einem gleichsam ekstatischen Zustand. Sie vergehen sich an dem Leben und befruchten es mit dem Tod (dem Samen des Hirns). Wie der Engel des Gerichts »wetterstrahlt« Don Fernando, dieser »göttliche Held«, am Ende von *Das Erdbeben in Chili,* die Mitglieder der satanischen Horde »zu Boden«. Auch hier steigert sich die Spannung zwischen → GOTT, → TEUFEL und → BLITZ ins Unerträgliche und entlädt sich schließlich am Eckstein der *Kirche* im austretenden Hirn eines zerschmetterten Kindes. Es lässt sich kaum entscheiden, ob das → *GOTTES* oder des → *TEUFELS* Wille ist. Wie man auch vom → BLITZ nicht sagen kann, welchem von beiden er ausschließlich als Waffe dient. Wenn er jedenfalls einschlägt, quillt das Hirn hervor. Und dann legt sich der Kampf zwischen den beiden Polen des Daseins. »Hierauf ward es still, und alles entfernte sich« (II. 158), schreibt Kleist. Aber diese Stille ist noch gespenstischer als der Kampf und das Hirn des kleinen Juan. In ihr lässt jenes Nichts unverhüllt seine Macht spüren, das sich durch keinen Körpersaft mehr wird verhüllen und verdrängen lassen.

HÖLLE

Die Angst, schreibt Kierkegaard, eilt immer voraus, überholt die Reue und kündigt die Folgen der begangenen Sünde an, bevor sie überhaupt eintreten (Kierkegaard, 136). Bei Kleist bewirkt sie nicht nur das. Sie bietet der Sünde auch eine Unterkunft, in die sie dann gleichsam »heimkehrt« und als Eindringling ihren Vermieter, die *Seele,* in → VERWIRRUNG und Verzweiflung stürzt und schließlich von zu Hause vertreibt.

In *Der Findling* zieht sich Nicolo die Kleider des toten Paolo an, nimmt einen Platz im Bett ein, vergewaltigt schließlich seine Stiefmutter, betrügt seinen → StiefVATER und treibt ihn zur Raserei.

Die obdachlos gewordene Seele, die sich an ihrem neuen Wohnsitz ängstigt: Das ist die Hölle. Die Seele fühlt sich wie *in* der Hölle. Die Hölle jedoch ist *in* der Seele. Beide umschließen sich. Sie lassen sich kaum voneinander unterscheiden, und doch kann man sie auseinanderhalten. Sosias glaubt genauso zu sein wie Merkur, den er (obwohl jener ein römischer → GOTT ist) ständig einen → TEUFEL nennt und zur Hölle schicken will. In Wirklichkeit fühlt er sich jedoch selbst wie ein betrogener → TEUFEL, der schon in der Hölle ist. Kleist gibt sich Mühe, die Beziehung zwischen Sosias und Merkur bis zum Schluss in komischem Licht zu zeigen. Dennoch entlädt sich gelegentlich Sosias' Angst: »Von Todesschrecken fühl ich mich ergriffen, / Die mir den Atem stocken machen. / Hätt ihn die Hölle ausgeworfen, / Es könnt entgeisternder mir nicht sein Anblick sein.« (137–40) Merkur »findet nach Hause«: Als → TEUFEL hält er sich an Sosias' Angst fest.

»Ein Gram, über den ich nicht Meister zu werden vermag, zerrüttet meine Gesundheit. Ich sitze, wie an einem Abgrund [ist das die Hölle? L. F. F.] […], das Gemüt immer starr über die Tiefe gebeugt, in welcher die Hoffnung meines Lebens untergegangen ist: jetzt wie beflügelt von der Begierde, sie bei den Locken noch heraufzuziehen, jetzt niedergeschlagen von dem Gefühl unüberwindlichen Unvermögens.« (30. Juni 1806 – II. 763)

Die → GÖTTER steigen herab auf die Erde und benehmen sich, als wären sie

→ TEUFEL. Sie berauben die Menschen auch ihres restlichen Verstandes. Auch Jupiter will Alkmene nicht daran hindern, in ihm einen → TEUFEL zu sehen: »Und wär ein Teufel gestern dir erschienen, / Und hätt er Schlamm der Sünd, durchgeiferten, / Aus Höllentiefen über dich geworfen [...]« (1282–4). *Dieser* Jupiter erinnert auffallend an Graf F... aus *Die Marquise von O....*, in dem man trotz seines *engelhaften* Wesens auch einen → *TEUFEL* sehen kann und der auch einmal versucht, einen Schwan mit *Kot* zu besudeln. Die Reinheit siegt über alles, behaupten Jupiter und Graf F... Aber das klingt nicht wirklich überzeugend. Denn schon dadurch, dass sie ein Auge auf sie werfen, fühlen sich die Frauen, die sie sich aussuchen, in der *Hölle*. Ihr anfängliches → VERTRAUEN artet in Misstrauen aus. Dieses wiederum artet, da es allgemein und uferlos ist, in eine Angst aus, der sie immer weniger widerstehen können.

Für Kleist bedeutet die Hölle das Missverhältnis, das zwischen der Seele und der Welt entsteht. Der Bo-

»Das Mißtraun ist die schwarze Sucht der Seele,
Und alles, auch das Schuldlos-Reine, zieht
Fürs kranke Aug die Tracht der Hölle an.
Das Nichtsbedeutende, Gemeine, ganz
Alltägliche, spitzfündig, wie zerstreute
Zwirnfäden, wirds zu einem Bild geknüpft,
Das uns mit gräßlichen Gestalten schreckt.«
(*Die Familie Schroffenstein*, 515–21)

den gleitet *unter* der Seele weg, und als sie sich auffangen will, kann sie sich an nichts festhalten. Der *Schlund* des Nichts → VERSCHLINGT sie – und durch diesen rutscht sie direkt in die Hölle hinunter. Erst als sie nach dem Mord an Achilles »zu sich kommt« und ihren Geliebten sehen möchte, verliert sich Penthesilea ganz: »Und wenn mir seine Wunde, / Ein Höllenrachen, gleich entgegen gähnt: / Ich will ihn sehn!« (2893–5) Ein paar Zeilen weiter unten vergleicht Penthesilea Achilles mit Christus (»Ach, diese blutgen Rosen! / Ach, dieser Kranz von Wunden um sein Haupt!« – 2907–8). Aber als sie sich in seine Wunden »vertieft«, findet sie keine Erlösung. Achilles' Wunden sind die nicht verheilenden Wunden in Penthesileas Seele; und der Höllenschlund öffnet sich in ihrer eigenen Seele. Mit einer seltsamen, verliebten Wendung hat er ihr einst versprochen, sie besser zu bewachen, als es *Höllenhunde* könnten (2256), wobei er vergaß, dass er sie früher selbst mit Höllenhunden verglichen hat (557). Und am Ende des Stückes wird Achilles buchstäblich von Penthesileas *Höllenschlund verschluckt;* während seine Wunden sie wiederum verschlucken. Penthesilea stürzt Achilles in die Tiefe (die Hölle), und er reißt sie mit sich. Ihr *Sturz* gleicht dem Sturz der Verdammten auf Gemälden des Jüngsten Gerichts (etwa bei Memling). Je enger sie sich umklammern, umso schneller fallen sie nach unten. Bei diesem gemeinsamen Sturz öffnet sich die Hölle der Seele. In einem Brief vom 7. Januar 1805 schreibt Kleist Pfuel (im Verhältnis beider deutet sich entfernt das Verhältnis Achilles' und Penthesileas an): »Wie flogen wir vor einem Jahre einander, in Dresden, in die

»Die Hölle gab mir meine halben Talente, der Himmel schenkt dem Men-

Arme! Wie öffnete sich die Welt unermesslich, gleich einer Rennbahn, vor unsern in der Begierde des Wettkampfs erzitternden Gemütern! Und nun liegen wir, übereinander gestürzt, mit unsern Blicken den Lauf zum Ziele vollendend, das uns nie so glänzend erschien, als jetzt, im Staube unsres Sturzes eingehüllt!« (II. 749)

Und ein paar Zeilen später fährt er fort: »Was soll ich, liebster Pfuel, mit allen diesen Tränen anfangen? Ich möchte mir, zum Zeitvertreib, wie jener nackte König Richard, mit ihrem minutenweisen Falle eine Gruft aushöhlen, mich und Dich und unsern unendlichen Schmerz darin zu versenken.« (ebd.) Die *Gruft,* auf die er anspielt, und die, wie Achilles' Wunden, auch den Prinzen von Homburg mit offenem Schlund anstarrt (687), ist identisch mit der *Hölle.* Nicht der → TEUFEL, der *Mensch selbst gräbt sie sich.* Als Kohlhaas am Grab seiner Frau stehen bleibt (II. 30), beerdigt er nicht nur sie, sondern steigt selbst in seine Hölle hinab. Noch am Tag der Beerdigung »übernahm [...] [er] das Geschäft der Rache« (II. 31), das sich schon bald als »die Hölle unbefriedigter Rache« erweist (II. 35). Als Sylvester in *Die Familie Schroffenstein* seine *eigene* Tochter mit den Worten umbringt: »Die Hölle ruft dich« (2569), bereitet auch er sich seine *eigene* Hölle. Und so wie er schickt auch Teuthold in *Die Hermannsschlacht* seine Tochter nicht nur ins Grab, sondern auch in die Hölle (1573–4). So tötet auch Odoardo Galotti seine Tochter in *Emilia Galotti.* Doch während das Chaos der Hölle, das in jedem Mord lauert, bei Lessing von vornherein von der Überzeugung gebändigt wird, dass die Welt auf diese Weise wie durch Zauber ihren Sinn

schen ein ganzes, oder gar keins« (II. 736), schreibt Kleist Ulrike. Aufgrund dessen nennt Heinrich von Treitschke Kleist ein Beispiel des »partiellen Genies« (Treitschke, 74).

gewinnt, ist bei Kleist nicht das Chaos der allgemeinen Sinnhaftigkeit untergeordnet, sondern umgekehrt. Bei ihm entfesselt sich durch den Mord wirklich die Hölle – jenes Chaos, dessen Ursprung in dem indogermanischen Wortstamm gheu- liegt, der mit Schlucken und Gähnen zu tun hat, und das seinen Schlund dem Menschen genauso entgegenstreckt wie die Hölle oder das Grab bei Kleist.

»Höllen-Ungetüm«, sagt der verliebte Ventidius über den Bären, den Thusnelda auf ihn hetzt und der ihn zerfleischt (2385). Verglichen mit diesem Bären, ist jener im Aufsatz über das Marionettentheater die Verkörperung der → GRAZIE selbst.

Das Chaos, die Hölle und das Grab drohen deshalb, die Figuren zu verschlucken, weil diese sie in sich tragen. Sie müssen nicht mit einer *äußeren* Kraft ringen, was ihnen selbst im → FALLE einer Niederlage noch Hoffnung ließe – da andere schon vollenden werden, was sie begonnen haben (bürgerliche Tragödie). Wie für Shakespeares Figuren besteht auch für Kleists Helden die größte Herausforderung in ihnen selbst. Sie tragen das Chaos, die Hölle, den Tod in sich – so wie Piachi in *Der Findling,* der die Absolution nicht deshalb zurückweist, um am Leben zu bleiben (wie dies ein *schlauer* Mörder täte), sondern um keiner *fremden* Instanz der Erlösung Macht über sich zu geben. Ihn beherrscht die Sehnsucht nach dem *eigenen* Tod, er möchte in die ausschließlich ihm vorbehaltene Hölle hinabsteigen, denn nur so kann er mit seinem *eigenen* Verhängnis, Nicolo, kämpfen. Aber Nicolo könnte sich ebenso wenig wie der engelhaft-teuflische Graf F... als »höllischer Bösewicht« erweisen (II. 213), würde er Piachi nicht zuvor als → »GOTTES SOHN« erscheinen (II. 200). Wie Kohlhaas, die Marquise von O.... und Penthesilea wird auch Piachi nicht allein durch seine Überzeugung, → BEGIERDE, seinen Glauben oder Instinkt so unaufhaltsam vorangetrieben, sondern auch durch das Chaos, die Hölle und den Tod, die in ihm lauern. Kleists Helden stürzen ab, gleich einer Bleikugel, die sich nicht von ihrer Bahn abbringen lässt. Dabei stürzen sie jedoch auch *in sich hinein.* Während dieses *inneren Sturzes* kommt das Verhängnis zum Vorschein, das die ganze Existenz zusammenhält. Die höllenschaffende (sie durch Tränen aushöhlende) Angst gewinnt metaphysische Dimensionen; die Hölle der Seele erweist sich als Friedhof der ganzen Existenz; und die innere Befindlichkeit wird zum Schicksal selbst.

INNERE

Ins Innerste des Inneren hinabzusteigen und dann noch tiefer einzudringen. Es dauert nicht lange, bis Kleist das *Innere* entdeckt; wie die Tugend, der Lebensplan oder die → BESTIMMUNG ist auch das Innere ein Vermächtnis der vergangenen Generationen, das Kleist dankbar aufnimmt. Er kostet es, versucht, es neu zu bestimmen, versieht es mit Klischees – und lässt es dabei immer mehr zu etwas *Unpersönlichem* verkommen. Obwohl er der Meinung ist, dass man ihm eine immer persönlichere Bedeutung zusprechen soll. Drinnen, weiter drinnen, am weitesten drinnen, am allerweitesten drinnen. Zwischen Frühjahr 1799 und Februar 1801 glaubt er noch, dass es genügt, sich auf die bloßen Worte zu verlassen. Die sogenannte → KANT-KRISE lässt ihn unter anderem erkennen, dass ihn das *Wort* als abstrakter Begriff gerade von dem entfernt, was er mit ihm ausdrücken will. Das »Innere« entpuppt sich als hohl tönende Worthülse. Der Ton des 18. Jahrhunderts, in dem sich Rationalismus, Sentimentalismus und Pietismus vermischen, klingt immer unechter.

Die Entleerung des Wortes ginge nicht so schnell vor sich, würde nicht Kleist beim Abstieg in das *Innere* statt der *Ganzheit* eine *Hülle,* eine *Oberfläche* ohne Tiefgang finden und beim weiteren Abstieg in sein *Allerinnerstes* aus sich selbst herausstürzen. Je *weiter er hineindringt,* umso *weiter nach außen* gelangt er. Während er sich an die Wurzeln der Persönlichkeit klammert (in ihre → SCHÄCHTE hinabsteigt), beginnt sich die vermeintliche Einheit, Greifbarkeit und Plastizität ebendieser Persönlichkeit aufzulösen.

Kleists frühe Briefe beweisen, dass er sich anfangs von Worten beirren lässt. Den *Abstieg in das Innere* hält er für einen Umweg. Im sogenannten Martini-Brief, datiert vom Anfang 1799, sowie im Aufsatz über das *Glück* sind *Glück* und *Tugend* die Ziele, die über ihn erreicht werden sollen. »Mit der innigsten Innigkeit« (II. 475, 303–4) muss man sie anstreben, schreibt er. Der schwärmerische Ton des Ausdrucks »innigste Innigkeit« deutet jedoch an, dass, obwohl die Tugend das ausgesprochene Ziel ist, sich dahinter auch ein unausgesprochenes verbirgt. Nämlich die Innigkeit selbst. Als *Rationalist* versucht Kleist, die Begriffe zu klären; als *Schwärmer* hingegen gerät er in → VERWIRRUNG, und während er Mittel und Ziel voneinander trennt, übersieht er, dass er sie schon verwechselt hat. Was Wunder, dass er die Tugend als ein sprachlich unnennbares, erhabenes Etwas bezeichnet, »für das ich vergebens ein Wort suche, um es durch die Sprache, vergebens eine Gestalt, um es durch ein Bild auszudrücken« (II. 475). Nicht Tugend und Glück sind hier wirklich unnennbar, sondern das *Innere,* von dem er mit so offenkundiger Selbstverständlichkeit spricht.

Der *Rationalist* und der *Schwärmer* kommen friedlich miteinander aus. Sie *passen sich* beide den Gegebenheiten an. Der Rationalist unterwirft sich dem Objekt der Untersuchung, der Schwärmer dem der Begeisterung. Verbal mögen sie die Welt zwar verurteilen; aber wenn nichts anderes, so suggeriert die Ordnung der grammatikalischen Strukturen, der Rhythmus der Gedankengänge und Gebrauch der → METAPHER doch die »Objektivität« der Welt und die Unmöglichkeit, gegen sie aufzubegehren. Dazu ein verräterisches Beispiel: Der junge Kleist glaubt, dass das Innerste der Seele fest wie ein Felsen sei und man das Glück, die Tugend, den Lebensplan usw. daran festketten könne (II. 485). Diese Klischee verrät wenig über das Innere, zeigt aber, dass die »Wirklichkeit« für Kleist etwas Massives und Unbewegliches ist. Nur mithilfe der *Sprache des Äußeren* kann der junge Kleist etwas über das *Innere* sagen.

Als dieses Bild der Wirklichkeit erste Risse bekommt, wird auch das → VERTRAUEN in das Innere erschüttert – und Kleist beginnt, zu einem Dichter heranzureifen. Noch im Mai 1799 teilt er Ulrike (beinahe drohend) mit, dass er »bis in das Geheimste und Innerste Deines Herzens« dringen will (II. 488). Diese Gier nach Besitznahme nimmt rasch immer terroristischere Züge an. Als er Wilhelmines *Innere* in Beschlag nehmen will, verwickelt er sich statt in *Dialoge* in nicht enden wollende *Monologe* und *verirrt sich im Labyrinth seines eigenen Inneren.* Er möchte unter allen Umständen die *andere* für sich gewinnen und erobern, doch stattdessen verliert er sich *selbst.* Als das Innere von einem *Sprachklischee* zum Problem der Ausdrucksmöglichkeit *persönlichen Erlebens* wird, verliert es seinen *innerlichen* Charakter und offenbart sich als eine den Menschen *von innen ausfüllende Leere:* als ein Zustand *zunehmend aufgeladener Entleerung.* Fortan ist das Innere bei Kleist nicht mehr eine *rationalistische Konstruktion*, auch nicht ein dem »Unendlichen« verwandtes, organisches (und romantisches) *Erlebnis*, sondern die → METAPHER dieses → PARADOXEN Zustandes.

Im Februar 1801, zu Beginn seiner sogenannten → KANT-KRISE, schreibt er Ulrike: »Ach, Du weißt nicht, wie es in meinem Innersten aussieht« (II. 626), und beklagt anschließend die Unbeschreiblichkeit dieses Inneren: »Daher habe ich jedesmal eine Empfindung, wie ein Grauen, wenn ich jemandem mein Innerstes aufdecken soll; nicht eben weil es sich vor der Blöße scheut, aber weil ich ihm nicht *alles* zeigen kann, nicht *kann*, und daher fürchten muss, aus den Bruchstücken falsch verstanden zu werden.« (ebd.)

Sich bis in die innersten Nischen des Herzens zu entblößen: Das ist noch eine Forderung des *18. Jahrhunderts*. Sich unmittelbar zu äußern und »von Angesicht zu Angesicht« zu öffnen: Das ist die Forderung der *romantischen* Zeitgenossen. Dass die »Ich legte still und beklommen das Buch auf den Tisch, ich drückte mein Haupt auf das Kissen des Sofa, eine unaussprechliche Leere erfüllte mein Inneres«, schreibt er Wilhelmine am 22. März (II. 635). Diese bildhafte Beschreibung des *Inneren* rückt Bohrer in die Nähe von Dürers *Melancholie* bzw. Goyas Kupferradierung *El sueno de la razon produce monstruos* (Bohrer, 1987. 227). Die *Angst*, die aus dem Briefabschnitt strömt, erinnert jedoch auch an John Keats' Gedicht »Isabella; Or, the Pot of Basil«:

»The Spirit mourn'd ›Adieu!‹ – dissolved and left
The atom darkness in a slow turmoil;
As when of healthful midnight sleep bereft,
Thinking on rugged hours and fruitless toil,
We put our eyes into a pillowy cleft,
And see the apangly gloom froth up and boil:
It made sad Isabella's eyelids ache,
And in the dawn she started up awake –«

Entblößung jedoch untrennbar verbunden, ja, im Wesentlichen identisch ist mit dem *Missverständnis* – das ist die Stimme Kleists. *Sich zu entkleiden*, bedeutet, *sich anzukleiden*. So wie das in der *Verkleidungsszene* zwischen Agnes und Ottokar am Anfang des fünften Auftritts von *Die Familie Schroffenstein* geschieht, die als Ausgangsidee des Stückes gedient hat. Die Entblößung führt zur Verhüllung und der Abstieg zum Aufstieg, wie in *Die Marquise von O....*, deren Heldin erst in die Tiefe stürzen muss, um danach aufsteigen zu können. Erst in dieser entgegengesetzten Bewegung (der Zerrissenheit der Seele) kann sie sich entschließen, »sich ganz in ihr Innerstes zurückzuziehen«. (II. 126)

Bei seiner Untersuchung des Inneren befasst sich Kleist nicht mit dem Funktionieren der *Seele*, interessiert sich nicht für den Aufbau der Psyche und will auch nicht außergewöhnlichen Erlebnissen Gestalt geben. Er befreit das Innere von jedem sentimentalen und romantischen Beiklang und verleiht ihm endlose Tiefe. Er lässt seine metaphysischen Dimensionen aufblitzen – jene Wurzeln des Inneren, die sich nicht »innen« befinden. Er vertieft das Innere so lange, bis es bodenlos wird und seine Figuren durch das »Loch«, das in der Tiefe ihrer → BRUST entsteht, direkt in das → UNBEGREIFLICHE stürzen. Das nicht mehr im Inneren, sondern außerhalb der Persönlichkeit ist. Aber indem sie aus sich herausstürzen, gelangen sie nicht zu einem höheren Ich (Novalis), werden nicht Teil des großen Naturzyklus (Lorenz Oken), kommen nicht mit der Weltseele in Berührung (Schelling), nähern sich nicht dem absoluten Geist (Hegel) und begegnen auch nicht → GOTT bzw. dem jenseits des Ich befindlichen Selbst (Baader). Der Gedanke der Erfüllung ist Kleist fremd, auch wenn seine Figuren immer wieder an mystischen Erlebnissen teilhaben. Als sie aus sich herausstürzen, vereinsamen sie völlig, und ihrem Austritt folgt kein Eintritt an anderer Stelle. Letztendlich werden sie sich selbst ausgeliefert sein. Erst indem sie aus ihrem Inneren ausgeschlossen werden, finden sie zu sich selbst. Bald schreiten sie wie Automaten unaufhaltsam (und → UNVERSTÄNDLICH) voran (so Kohlhaas), bald werden sie zwischen den Welten ihres Bewusstseins und ihres → UNBEWUSSTEN aufgerieben (Homburg, der Graf vom Strahl), bald erleben sie dieses *innere Außersichsein* in Form von Ausbrüchen ekstatischer → AUGENBLICKE.

Inneres und Innerlichkeit bilden bei Kleist keinen Gegenpol zur äußeren Welt, sie sind kein Zufluchtsort, an dem man abseits der »Wirklichkeit« in → EINGEZOGENHEIT leben kann. Das Innere ist das Allerwirklichste, wohin sich seine Figuren nicht zurückziehen, sondern das sie als die ausschließliche Wirklichkeit erleben. Das Innere, das der junge Kleist in seinen ersten Briefen für unnennbar hält, verzerrt sich in seinen Erzählungen und Dramen tatsächlich bis zur Unnennbarkeit. Das ist jedoch nicht mehr die Namenlosigkeit des Inneren, sondern des Universums, das ausschließlich kalte Fremdheit für einen hat – so wie das Innere Penthesileas, die, als sie von ihren Gefährtinnen als Unnennbar bezeichnet wird (2607), in ihr Inneres wie in einen → SCHACHT hinabsteigt, um dort auf das kalte, tötungsbereite Erz zu stoßen. Oder so wie das Innere Alkmenes in *Amphitryon*, die zuerst sagt: »Was brauchen wir, als nur uns selbst?« (428), worauf Jupiter sie beim Wort nimmt und sie auffordert: »[Ö]ffne mir dein Innres« (455). Doch was das innerste Innere, das allertiefste Ich, das Selbst beinhaltet, weiß auch Jupiter nicht einzuschätzen. Das letzte → »ACH!«, das Alkmenes Lippen verlässt, ist die Veräußerlichung ihres Inneren – zu diesem → UNBEGREIFLICHEN und unwirtlichen Seufzer verdichtet (oder verdünnt) sich die ganze Welt.

KANTISCHE PHILOSOPHIE

»Ja, wenn wir den ganzen Zusammenhang der Dinge einsehen könnten«, schreibt Kleist am 29. Juli 1801 aus Paris, vier Monate nachdem er seine sogenannte Kant-Krise zum ersten Mal erwähnt (II.679). Doch Anfang und Ende jeder Wissenschaft, fügt er hinzu, sind in Dunkel gehüllt; alles verweist auf etwas anderes, ohne dass sich die Reihe der Verweise abschließen ließe. Alles bedeutet etwas, aber es gibt keine letzte Bedeutung, die sich nicht in ein Signifikat und einen Signifikanten zerlegen ließe. Der neun Jahre später entstandene Aufsatz über das Marionettentheater (der die Begegnung des Erzählers mit Herrn C... nicht → ZUFÄLLIG in das Jahr 1801 zurückdatiert!) bietet zwar eine Lösung, doch ist diese nicht der Wissenschaft, sondern einer Art Lebenserfahrung zu verdanken. Um die *Bedeutung* an sich, unabhängig vom Signifikanten, in ihrer absoluten Ganzheit genießen zu können, und sei es nur als ein der Zeit entrissener → AUGENBLICK, muss man die ganze Schöpfung durchschreiten, einen neuen → SündenFALL begehen, zu einem Engel und zugleich zu einem → TEUFEL werden – muss das Leid also ins *Unendliche* steigern, damit es im Unendlichen, das *persönliche* Glück berührend, erlischt.

»Ach, es ist meine angeborne Unart, nie den Augenblick ergreifen zu können, und immer an einem Orte zu leben, an welchem ich nicht bin, und in einer Zeit, die vorbei, oder noch nicht da ist.« (29. Juli 1801 – II. 677)

Um sich diesen Glauben anzueignen, muss Kleist erst mit der euklidischen Geometrie brechen (vgl. J. S. Weiss, 118), jener rationalistischen Denkweise, an die er sich zu Beginn seiner Laufbahn hielt, als er sich noch hinter Lebensentwürfen und philosophisch und moralisch fundiert geglaubten Begriffen (Glück, Tugend, → BESTIMMUNG usw.) verschanzte. Während seiner sogenannten Kant-Krise erweisen sich diese Schanzen als Luftschlösser. Sie sind dennoch massiv genug, um ihm den → AUSBLICK auf das Unendliche, in dem sich im Grunde alles berühren müsste, lange zu verstellen.

Kleist führt diese Krise auf die »Kantische Philosophie« (II. 634) zurück. Die »sogenannte«. Denn man weiß nicht genau, um welche Art Philosophie es sich dabei handelt.

Die »Kant-Krise« ist eines der dankbarsten Themen der Kleist-Philologie. Sie lässt sich endlos analysieren und bis ins Kleinste zergliedern, man kann anhand ihrer die Kräfte und Widerstände gut aufspüren. Und vor allem natürlich das Interesse von Kleist selbst ablenken. Denn die Wirkung Kants (oder jedes anderen Philosophen) ist: Er verspricht auch unausgesprochen die »Erklärbarkeit« dieser Krise, auch dann, wenn ihm Kleist gerade die Erfahrung der → UNVERSTÄNDLICHKEIT und → UNAUSSPRECHLICHKEIT verdankt. Das → UNVERSTÄNDLICHE zu verstehen, das → UNBEGREIFLICHE zu begreifen: Die Philologie sucht eine rationale Erklärung für Kleists *allerpersönlichste* Krise. Aber indem sie die Krise zu »verstehen« glaubt, löst sie sie auch auf – und verliert dadurch eines der entscheidenden Elemente von Kleists *Werk* aus den Augen. Denn Kleist formt in seinem Werk die »negativen« Folgen seiner Krise zu einem »positiven« Ergebnis um – wohingegen die »Lösung« und »Erklärung« der Krise ein Loch, eine Leere in der Deutung seiner Werke hinterlässt. Kleist verzweifelt daran, dass er die Existenz als ein chaotisches Labyrinth erlebt, *jenseits* dessen nichts anderes mehr ist. Die Kleist-Philologie hingegen hält dieses Labyrinth auch unausgesprochen für eine entlegene, beiläufige Nische. Die Philologie spricht nicht die Sprache der Verzweiflung. Ihr Lebenselement ist nicht das → UNBEGREIFLICHE, sondern das Verständliche. Wäre dem nicht so, ließe sie sich auch nicht Philologie nennen.

»Vor kurzem ward ich mit der neueren sogenannten Kantischen Philosophie bekannt«, schreibt Kleist Wilhelmine am 22. März 1801. Dann greift er, um seine Verzweiflung verständlich zu machen, zum Beispiel der grünen Brille: »Wenn alle Menschen statt der Augen grüne Gläser hätten, so würden sie urteilen müssen, die Gegenstände, welche sie dadurch erblicken, *sind* grün – und nie würden sie entscheiden können, ob ihr Auge ihnen die Dinge zeigt, wie sie sind, oder ob es nicht etwas zu ihnen hinzutut, was nicht ihnen, sondern dem Auge gehört. So ist es mit dem Verstände.« (II. 634)

Das Beispiel der grünen Brille spielt jedoch als *Gleichnis* selbst die Rolle einer grünen Brille. Denn Kleist deutet sein *allerpersönlichstes* Problem anhand eines fremden, *unpersönlichen* Bildes. Kleist kann der *grünen Brille* an zwei Stellen begegnet sein: in Friedrich Maximilian Klingers Roman *Die Kettenträger* (1796), den Kleist im gleichen Brief erwähnt (Zimmermann, 114), oder im Werk seines Lehrers Ernst Christian Wünsch, *Kosmologische Untersuchungen* (dessen zweite Ausgabe – 1791–98 – er las), in dem neben der grünen Brille auch von roten und blauen Brillen die Rede ist (vgl. Wichmann, 35–6). Hinter dem Problem der grünen Brille verbirgt sich ein anderes, unausgesprochenes Problem: dass sich nämlich Kleist, der unter dem Fehlen einer *letzten Wahrheit* und *beruhigenden Abrundung* leidet, eines Gleichnisses bedient, das gerade dank seines rationellen, unpersönlichen Charakters stillschweigend *Sinn* suggeriert und eine scheinbare *Erklärung* für das Unerklärliche bietet. *Das wirkliche Zeichen der Krise ist nicht das, was er von Kant gelernt hat (wobei er Kant gar nicht zitiert!), sondern dass er selbst bei der Beschreibung seiner eigenen Krise eine Sprache gebraucht, die nicht auf diese Krise zugeschnitten ist.* Die präzise Formulierung ist hier nicht Ausdruck von Klarsicht, sondern des Fehlens einer angemessenen Sprache. Für Hegel deutet eine → UNVERSTÄNDLICHE Formulierung auf die → VERWIRRUNG der Gedanken hin. Mit Kleist verhält es sich umgekehrt: Gerade die sprachliche Verständlichkeit ist ein Symptom der → VERWIRRUNG der Gedanken.

Dieser Mangel kommt *zwischen* den Zeilen und Worten zum Ausdruck. Wenn Kleist schreibt, wir hätten nichts, *was* wir ins Grab mitnehmen könnten, ist die Formulierung zweideutig. Sie lässt sich als Klage verstehen, dass es keinen gibt, der bereit wäre, mit ihm zu sterben – aber auch als stille Überzeugung, dass er auch nach dem Tod weiterleben wird. Warum sollte er sonst etwas ins Grab mitnehmen wollen? Zwischen den Zeilen kommt Kleists *Gefühl eines tiefen Mangels* zum Vorschein – und die *allgemeine* Wahrheit, von der er spricht, bekommt einen *persönlichen* Bezug. Sie bezieht sich offensichtlich auf eine bestimmte Person. Wer kann das sein? Wilhelmine wohl kaum, denn im gleichen Brief erscheint ihm das *Reisen* als Balsam – und zwar nicht nach Frankfurt an der Oder (wo sie lebt), sondern in die entgegengesetzte Richtung, nach Paris.

Die Sehnsucht nach *Reisen* bedeutet in der gegebenen Situation: von dort fortzugehen, wo er sich nicht wohlfühlt. Im Brief vom 22. März schreibt er, dass die Krise seit drei Wochen in ihm wüte. Berlin nennt er schon am 5. Februar einen »traurigen Ort« (II. 626), von dem er so bald wie möglich abreisen möchte. »Ach, Du weißt nicht, wie es in meinem Innersten aussieht«, schreibt er Ulrike (ebd.). Und gleich darauf beklagt er die → *UNAUSSPRECHLICHKEIT* seiner innersten Gefühle – ehrlicher und vor allem: authentischer als Wilhelmine gegenüber. *Abreisen,* und zwar weil er das *Gefühl eines Mangels* hat. Und weil ihn alle anders sehen, als er sich selbst sieht. Kleists wirkliches Problem besteht nicht darin, dass *er sich eine grüne Brille aufgesetzt hätte,* sondern dass *ihn alle anderen durch eine grüne Brille sehen* – und sein wahres Wesen dabei verkennen.

»Daher habe ich jedesmal eine Empfindung, wie ein Grauen, wenn ich aufdecken soll; nicht eben weil es sich vor der Blöße scheut, aber weil ich ihm nicht *alles* zeigen kann, nicht *kann,* und daher fürchten muß, aus den Bruchstücken falsch verstanden zu werden.« (5. Februar 1801 – II. 626)

Kleists Klage wäre nicht so eindringlich, gäbe es nicht in seiner Nähe jemanden, der auch *ohne Brille* alles *genau* sieht. Und zwar Ludwig → BROCKES, den schwärmerisch geliebten, älteren Freund, der ihn im *Januar 1801* in Berlin allein zurücklässt: An ihm bewundert Kleist vor allem seine *Klarsicht:* »Immer seiner ersten Regung gab er sich ganz hin, das nannte er seinen Gefühlsblick, und ich selbst habe nie gefunden, daß dieser ihn getäuscht habe.« (II. 620) Nicht seines »philosophisch« äußerst trivialen Inhalts wegen eignet sich das Gleichnis der *grünen Brille* dazu, Kleists Krise zu entfesseln, sondern weil er endlich einen Men-

Eine *Brille* setzt im entscheidenden → AUGENBLICK die kurzsichtige Elvire in *Der Findling* auf, Jupiter wiederum nennt Alkmene kurzsichtig (1372), deren Schicksal durch ihre Unfähigkeit zur Klarsicht besiegelt wird.

schen trifft, der einer solchen Brille nicht bedarf, und dann von diesem Menschen verlassen wird.

Die sogenannte Kant-Krise ist untrennbar verbunden mit Kleists Verzweiflung über → BROCKES' Abreise. Eine Philosophie stürzt den Menschen nie in eine Krise, sie vertieft diese höchstens. Kleist stürzt nicht aufgrund seiner Kant-Studien in den Abgrund, sondern sucht sich, als er *in den Abgrund gerät,* Gedanken, die seiner Lage entsprechen.

»Mein einziges, mein höchstes Ziel ist gesunken, und ich habe nun keines mehr –« (22. März 1801 – II. 634).

Er klammert sich an *Tropen, Bilder, Redefiguren aus der Bedeutungslehre, Gemeinplätze, übernommene* Ideen und hofft, auf diese Weise seine eigene *einzigartige, unvergleichliche* Erfahrung auch anderen mitteilen zu können. Das »Philosophieren« wirkt sich auf Kleist im Gegensatz zu Novalis oder Friedrich Schlegel ausgesprochen nachteilig aus. Nicht nur weil er philosophisch erheblich weniger gebildet ist als die Jenaer, sondern weil er in der Philosophie von vornherein nicht das findet, was auf seine Zeitgenossen so anregend wirkt. Auf dem Gebiet der Philosophie ist Kleist nicht *produktiv,* sie wirkt sich vielmehr hemmend auf seine unbändige Leidenschaft aus. Erst als er auch jene eigene, unverwechselbare Sprache findet, die trotz ihrer Abstraktheit im Einklang mit seiner Erfahrung steht, wird er ein *Schriftsteller.* Nicht der Philosophie verdankt er neue Einsichten, noch wird er, wie mehrere Kleist-Forscher annehmen, aus Enttäuschung über die Philosophie Dichter, sondern er wird es *unabhängig von der Philosophie.*

Ernst Cassirer schreibt bezüglich der Kant-Krise: Es lässt sich behaupten, dass »Kleist in dieser Krise nicht nur zu einer neuen theoretischen Weltansicht gelangt ist, sondern daß er erst in ihr und durch sie seine künstlerische Grundrichtung wahrhaft begriffen hat.«

So wie Hamann das Recht auf Einmaligkeit als Antwort auf die »Metaphysik des Allgemeinen« zu verkünden sucht (vgl.

Majetschak, 234), wird auch Kleist im Zuge der Verständlichmachung seiner »Unverständlichkeit« zum Schriftsteller. In Kleist stehen sich der *Schriftsteller* und der *»Philosoph«* so gegenüber wie Kohlhaas und Luther: So sehr sie sich auch verständigen wollen, sie werden von einer → UNVERSTÄNDLICHKEIT getrennt, die keine Philosophie zu überbrücken vermag.

(Cassirer, 27) *Walter Müller-Seidel* schreibt: »Daß Kleist durch die Enttäuschung an dieser Philosophie auf den Weg der Dichtung verwiesen wurde, ist zu vermuten.« (Müller-Seidel, 217)

Zu Recht stellt Friedrich Gundolf fest, dass Kleist ein oberflächlicher und seichter Denker ist: Er klammert sich jeweils beharrlich an einen ausgewählten Begriff (Tugend, Glück, → BESTIMMUNG, Lebensplan, Wahrheit) und wendet sich, sobald er merkt, dass ihn jener nicht befriedigt, von ihm ab, um sich einen neuen zu suchen (Gundolf, 19–20). Als er zum Beispiel im März 1799 mit verliebter Stimme von der Tugend schwärmt, sucht er sie fast gewaltsam zu objektivieren, obwohl er ihr zugleich einen Platz im Innersten des → INNEREN zuweist – wodurch die erhoffte Objektivität augenscheinlich zusammenbricht (II. 475). Unbestritten ist der Einfluss der Tugendphilosophen des 18. Jahrhunderts; aber nicht indem er sich in die Moralphilosophie vertieft, gelangt Kleist zu deren Antinomie, sondern weil er seine persönliche Lebenserfahrung nicht mit der vorhandenen philosophischen Tradition in Einklang bringen kann. Wenn es das Schicksal so will, ist er protestantischer als die Protestanten, pietistischer als die Pietisten und katholischer als die Katholiken. Seine Radikalität ist immer maßlos, so wie es auch seine Isolation ist, zu der er eine Sprache sucht, die sowohl *einsam, einzigartig* und *außergewöhnlich* als auch *verständlich, artikulierbar und anderen mitteilbar* ist.

Die Krise des Jahres 1801 ist die auffälligste – aber nicht die erste. Sie reift in Kleist seit 1799 in Form »winziger« Krisen (vgl. Ide, 120) heran. Die Krise bricht immer dann aus, wenn sich das, wonach er gerade sucht, als nicht objektivierbar erweist. Die Tugend und das Glück »lassen« ihn genauso »im Stich« wie → BROCKES. Und das, was sich objektivieren lässt (zum Beispiel Wilhelmine oder ein Beruf), erscheint ihm nach anfänglicher Begeisterung immer furchterregender. Das kommt in der erschreckenden Unpersönlichkeit des Tons in den Wilhelmine-Briefen klar zum Ausdruck. Darin zeigt sich nicht Kleists Unverständnis und fehlende Erfahrung (das natürlich auch), sondern seine Selbsttäuschung: seine *Sehnsucht* nach einem *sicheren Halt* und zugleich seine → UNBEWUSSTE, *panische Angst* davor – was wird sein, wenn sich diese Sehnsucht tatsächlich erfüllt und er sie heiraten muss? Die Krise, die immer wieder in ihm ausbricht, nährt sich aus jener *inneren Leere,* die jeder Objektivierbarkeit widersteht und auch ihn selbst immer unbehauster werden lässt. Er treibt deshalb in die Krise, weil er erkennt: Die ständige *Suche* ist nichts anderes als die *Flucht* vor seiner inneren Leere. Das Sich-Entfernen bedeutet eine Annäherung: Je mehr er sich selbst verliert, umso mehr nähert er sich seiner eigenen Mitte. Da diese Mitte jedoch die Leere selbst ist, ist sie auch schrecklicher als alles andere. Und die Krise ist deshalb krisenhaft, weil sich weder ihr Ende noch die Möglichkeit einer Genesung abzeichnet.

Um diese Erfahrung zu machen, muss Kleist kein Philosoph sein – so wie auch Littegarde in *Der Zweikampf* keine Ahnung von Philosophie hat und in der Gefängnisszene (II. 250–1), in der ihre Seele zerbricht, da sie der *wahre* → GOTT gerade der *Wahrheit* beraubt, dennoch in eine Krise stürzt, die sich von Kleists Kant-Krise in nichts unterscheidet (davon abgesehen, dass die Worte, nach denen Kleist 1801 noch sucht, ihm 1811 schon zur Verfügung stehen).

Kleist »hält sich für einen großen Kantianer«, notiert Tieck, fügt jedoch hinzu, dass jener »offenbar keine Anlage zur Philosophie« hat (LS 271). Hat Kleist Kant überhaupt gelesen? Nur ein einziges Mal nennt er ein Werk Kants beim Titel: In einer Theaterkritik von 1810 zitiert er, wenn auch frei, aus der *Kritik der Urteilskraft* (II. 408). Nach Ludwig Muth ist die frühere Krise wohl auf den zweiten Teil dieses Werkes zurückzuführen. Aber der Gedanke, den er in seiner Kritik zitiert, findet sich nicht in der *Kritik der Urteilskraft,* sondern in der *Anthropologie* – deren zentraler, sich mit der Autonomie des handelnden Subjekts befassender Gedanke für Kleist jedoch eine verschwindend kleine Rolle spielt (Muth, 31). Was kommt sonst noch infrage? Nach Ernst Cassirer folgt Kleist in den Wilhelmine-Briefen stellenweise wortwörtlich Kants Werk *Die Religion innerhalb der Grenzen der bloßen Vernunft* (Cassirer, 7) – aber es ist auch vorstellbar, dass er bezüglich Kants Philosophie aus den eigenen Studiennotizen zitiert, um deren Nachsendung nach Berlin er in seinem Brief vom 14. August 1800 bittet. Nach Cassirer liest er auch Fichtes Werk *Die Bestimmung des Menschen* (Cassirer, 13). Ulrich Gall bestreitet dies, da sich Kant bereits 1799 von Fichte abgegrenzt habe, der fortan nicht mehr als Kantianer gilt. Gall bringt Kleists frühen Aufsatz über das Glück mit seiner Lektüre von Shaftesburys *Inquiry Concerning Virtue and Merit* in Verbindung (Gall, 15), führt den Gedanken eines Lebensentwurfes auf die Lektüre Epikurs zurück (Gall, 33), weist den Einfluss von Christian Wolffs *Vernünftige Gedanken von der Menschen Tun und Lassen* (1720) nach (Gall, 41) und sieht den unmittelbaren Auslöser der Kant-Krise in Karl Leonhard Reinholds Werk *Briefe über die kantische Philosophie* (1790–2), das Kleist selbst gutheißt, und dessen Verfasser in engem Kontakt zu Ernst Platner, jenem Physiologieprofessor steht, den Kleist auf dem Weg nach Würzburg in Leipzig persönlich aufsucht (Gall, 113). Reinhold ist Wielands Schwiegersohn, zudem hat auch schon Wielands *Sympathien* auf Kleist gewirkt, das er bereits als 10-Jähriger liest und dessen Gedanke, dass »die Vervollkommnung der Zweck der Schöpfung wäre« (II. 633), ihn ergreift. Gall zählt auch den in die dritte Ausgabe von *Agathon* (1794) eingefügten Archytas-Abschnitt zu den möglichen Einflüssen (Gall, 49). Dass die Idee der Tugend im Sommer 1800 durch das Ideal der Liebe und der → BILDUNG ersetzt wird, führt Gall auf den Einfluss Friedrich Schlegels zurück (Gall, 73), und beim Nachlassen seines Interesses an den Wissenschaften spielt zweifellos → BROCKES eine Rolle. Einerseits vermittelt er Kleist die Philosophie Bouterwecks (Kreutzer, 28), andererseits die Rousseaus (Ermatinger, 82), den (das 5. Stück der *Träumereien)* Kleist jedes Mal dann zitiert und *nachahmt,* wenn er aufrichtig (originell) erscheinen möchte (II. 674 – vgl. Wichmann, 49–50). Schließlich drängt sich der Einfluss von Lessings *Erziehung des Menschengeschlechts* (1777), der *Anthologie* (1782) des jungen Schiller sowie von Tiecks Roman *Die Geschichte des William Lovell* (1795–6) auf, aus dem Kleist jene Teile, die sich auf Paris beziehen, in seinen Briefen aus Paris zitiert (Hans Mayer, 44–6).

* * *

Als die → ZIGEUNERIN Kohlhaas zum letzten Mal im Gefängnis besucht, verabschiedet sie sich gleich zweimal von ihm: »[A]uf Wiedersehen Kohlhaas, auf Wiedersehen!«, und fügt dann hinzu: »Es soll dir, wenn wir uns wiedertreffen, an Kenntnis über dies alles nicht fehlen!« (II. 98).

Wo wird sie Kohlhaas, der bereits auf seine Hinrichtung wartet, wiedersehen? Dort, wo auch das Wissen lückenlos und sicher ist: im Jenseits. Kohlhaas auf dem Schafott: Er hat erreicht, wonach er sich gesehnt hat. Die → WELT hat aufgehört, hinfällig und gebrechlich zu sein. Der Tod hat ihr ein festes, unerschütterliches Fundament verliehen, gegen das Wissen kann man fortan nicht mehr aufbegehren. Kohlhaas ist von seiner Schwermut, die ihm schon *vor* der Konfiszierung seiner Pferde eigen ist, genesen. Er hat seine Kant-Krise gemeistert. Die Nähe des Todes → HEITERT ihn auf, und er betritt das Schafott in der Gewissheit, dass es doch eine Wahrheit gibt, die man auch über das Grab hinaus mitnehmen kann. Nämlich die Wahrheit des Todes, in dem alles seine Erfüllung und Vollendung findet. Auch das Leben, dessen Kohlhaas, da er nun im Besitz dieser Wahrheit ist, nicht mehr bedarf.

KENTAURIN

Sie ist in den Augen eines Tieres: ein Mensch; für den Menschen hingegen: ein Tier. Ein Tiermensch. Und doch: weder Tier noch Mensch. In ihr nimmt das im Menschen verborgene Nichtmenschliche Gestalt an. Aber auch jener Geist, der in allem Nichtmenschlichen, also auch im Tier, lauert, und der sich nicht auf die Seele reduzieren lässt. Sie ist die *Einheit* von Geist und Materie; und zugleich die *Unmöglichkeit* dieser Einheit. Das *Unmögliche,* das vorübergehend *möglich* wird. Das Nichtsein, das das Sein *erleiden* darf. Um *zum Leben erwachend,* an der Schrecklichkeit seines eigenen Wesens zu *sterben.*

Zweimal wird Penthesilea als Kentaurin (118, 548), einmal als »rätselhafte Sphinx« (207) bezeichnet. Sphinx heißt jedoch auch einer ihrer *Hunde.* Dieser Hund tut das Gleiche wie seine Herrin: Auch er beißt Achilles in den Körper. Penthesilea ist nicht nur Herrin dieses Hundes. Das Tier ist auch Teil ihrer Seele. Achtzig Jahre später, 1886 in Paris, vergleicht Jean-Martin Charcot die *Hysterie* mit einer Sphinx, da angesichts ihrer auch die gründlichste anatomische Untersuchung versagt.

»Die Hysterikerinnen sind tatsächlich (und immer bis zum Äußersten) heiß und kalt, feucht und trocken, unbeweglich und konvulsiv, synkopisch und voller Leben, niedergeschlagen und heiter, fließend leicht und schwer, im Aufruhr säuerlich, et cetera.« (Didi-Huberman, 87)

Sphinx. Wenn es sein muss, identifiziert sich Penthesilea sogar mit ihrem Hund. Eine → HundeGÖTTIN. Sie kann sich ohnehin wundersamen Verwandlungen unterziehen. Durch ihr Schicksal ahmt sie nach, was sie als ihr nahestehend empfindet. Wenn sie in die Sonne schaut und sich danach sehnt, die Luft mit Flügeln zu zerteilen (1338), wird sie dem → SonnenGOTT ähnlich – damit sie auf diese Weise Achilles anscheinen kann, der in dem Stück ebenfalls mit der Sonne verglichen wird. Durch einen Riss in den Gewitterwolken scheint die Sonne direkt auf Achilles' Scheitel, den Penthesilea mit Rosen bekränzen und küssen will (1062).

Zugleich hält sie jedoch auch ihren eigenen Scheitel den → BLITZEN der → GÖTTER hin – jenen Scheitel, der die Seele, die in sich zusammenfallen will, wie ein *Schlussstein* fest abstützt (1249–52). Später fällt sie jedoch selbst wie ein → BLITZ über Achilles' Scheitel her (2438). Ihre Gefährtinnen glauben, dass sie ihn mit Rosen bekränzen will; doch sie bedeckt ihn mit → KÜSSEN, die sich als Bisse entpuppen und sein Haupt wie ein Kranz von Wunden umfangen (2907–8). Dadurch beginnt jedoch auch Penthesilea dem Erlöser zu ähneln, und als später Prothoe ihr Haupt mit Wasser besprenkelt, ist es, als taufe sie sie.

Als Penthesilea den Hund nachahmt, wird sie

Antonin Artaud: *Mit mir Hunde-Gott*

»Mit mir Hunde-Gott durchbohrt die Zunge
wie ein Pfeil die Kruste
der gewölbten Doppelkalotte
der Erde, die ihn juckt.

Hier ist das Wasserdreieck,
das im Wanzenschritt dahergeht
aber unter der glühenden Wanze
zum Messerstich wird.

Unter den Brüsten der scheußlichen Erde
hat sich der Hündinnen-Gott
zurückgezogen von Erdbrüsten und
gefrorenem Wasser,
die seine lappige Zunge verfaulen lassen.

Hier ist die Hammer-Jungfrau,
die Erdkeller zu zerstören,
deren furchtbares Steigen
der Schädel des Sternenhundes fühlt.«

zu einem Hundemenschen. Als sie die Sonne nachahmt, zu einem Sonnenmenschen. Aber indem sie die Sonne nachahmt, ahmt sie auch das Schicksal Achilles' nach. Dann ist sie eine Mann-Frau. »Man führt sie röchelnd, mit zerrißner Brust« (1150), sagt die Oberste über sie.

Ihr → ANBLICK ruft Achilles in Erinnerung, der wegen des Pfeiles, der seinen Hals durchbohrt, genauso röchelt und dessen → BRUST von Penthesilea genauso zerrissen wird. Zugleich ahmt auch Achilles Penthesilea nach. Denn man würde ihn nicht den »Unbegreiflichen« (1131) nennen, glaubte er später nicht, dass sich in der Person Penthesileas das Äther selbst geöffnet habe, damit seine Liebe, die »Unbegreifliche« (1811), als Glanzerscheinung (1809) herabsteigt. Dieses Licht ist jedoch auch ein → BLITZ, der sich dadurch entlädt (zerstört), dass er zuerst selbst zerstört. Die »Todesumschattete«, sagt man über Penthesilea (1127), als sie sich Achilles, der »ein Todesschatten« ist (1132), nähert. Die *Umschattete* möchte mit dem *Schatten* verschmelzen, damit beide zu *einem einzigen* Schatten werden, der das Licht ebensowenig kennt, wie Christi Kreuz einen Schatten geworfen hat. Im letzten Auftritt steht Penthesilea, »die fortan kein Name nennt« (2607), als *negatives Kreuz* vor ihren Gefährtinnen.

Die Art, wie Penthesilea Achilles' Schicksal »nachahmt«, und umgekehrt, lässt sich nicht auf eine bloße Imitation reduzieren. Vielmehr findet eine *Mimesis* im eigentlichen Sinn des Wortes statt: Sie gibt sich mit ihrem ganzen Wesen dem hin, was sie nachahmt (vgl. Koller, 134). Auch im Körper eines *Kentauren* ahmt nicht der tierische Teil den menschlichen nach oder umgekehrt. Beide durchleben den jeweils anderen Teil, haben an ihm teil und bewahren dennoch ihr Selbst. Achilles und Penthesilea: Sie ahmen einander nach, denn so, *gemeinsam*, werden sie zu *einem einzigen* Kentauren, der allerdings wegen der Spannung der *Schatten* nicht lange lebensfähig ist. Penthesilea ahmt Achilles schon nach, bevor sie das »Original«, das sie nachahmen muss, überhaupt gesehen hat. Nachahmung bedeutet hier (wie auch in *Das Käthchen von Heilbronn*) die *Vorahnung* des eigenen Schicksals und auch die *Teilhabe* am Schicksal des anderen. Durch die Nachahmung löst sich die auf Ursache und Wirkung beruhende Struktur der Geschichte auf. *Es tritt vorher ein, was später geschieht, und es zeichnet sich erst später ab, was sich schon vorher vollendet hat.* Durch die Nachahmung erleidet Penthesilea Achilles'

Schicksal und umgekehrt – und so werden beide zu *passiven* Subjekten eines Schicksals, das sich dennoch ausschließlich auf ihre *aktive* Teilnahme und ihr Handeln hin zu entfalten beginnt. Auch Thusnelda in *Die Hermannsschlacht* wird später den Bären so »nachahmen«: »Er hat mich zur Bärin gemacht«, sagt sie über Ventidius (2321). Als der Bär diesen zerreißt, beginnt in Wirklichkeit Thusnelda seine → BRUST zu zerfleischen – so wie Penthesilea die → BRUST von Achilles.

Das alles geschieht → UNBEWUSST – aber nicht »unterbewußt«. Im Lauf des Stückes tun sich nicht die Schichten der Psyche auf, sondern es fällt Licht auf die gegenseitige Abhängigkeit zwischen dem Menschen und der ihn umgebenden kosmischen Fremdheit – so wie auch bei Ödipus nicht die psychischen (sexuellen) Projektionen der Persönlichkeit, sondern ihre göttlichen Aspekte schicksalsbestimmend sind; als deren Folge entspricht er gerade dadurch der göttlichen Ordnung, dass er sie mit jeder seiner Taten auch verletzt. Deshalb führt bei Kleist der Mangel an *Klarsicht,* das → VERSEHEN, zur Tragik. Es handelt sich dabei nicht nur um einen *Defekt,* vielmehr verhilft allein das → VERSEHEN (→ KÜSSE – Bisse) seinen Helden zur Klarsicht. Diese Klarsicht stürzt sie in die Verzweiflung: Sie (Alkmene, Rupert, Sylvester) sehen klar, dass es nichts gibt, im Vergleich zu dem sie klarsehen können (es sei denn der Tod, die letzte Verdunkelung, ist das einzig Reine und Klare), und dass sie sich daher ständig *versündigen* (schlecht sehen) müssen, ohne zu wissen, worin ihre Sünde besteht.

Das Verhältnis zwischen Goethe und

Dieser urtümliche Charakter der Tragik kommt im *Kentauren* zum Ausdruck. *Pen-*

thesilea wird von den Zeitgenossen noch nach moralischen Kriterien be- und verurteilt (LS 282). Von der moralischen Warte aus könnten sie jedoch mit gleichem Recht auch die griechischen Tragiker verurteilen; und auch bei ihnen könnten sie sich über den zutiefst »unlogischen Charakter« der Ereignisse beklagen (vgl. Fritz, 21). Warum wird Orest, wenn er recht daran tut, seine Mutter zu töten, dennoch von → FURIEN verfolgt? Warum muss Ödipus, wenn er nicht weiß, was er tut, dennoch leiden? Goethes Ablehnung Kleists ist natürlich nuancierter als die vieler anderer Zeitgenossen: »Auch erlauben Sie mir zu sagen [...], daß es mich immer betrübt und bekümmert, wenn ich junge Männer von Geist und Talent sehe, die auf ein Theater warten, welches da kommen soll.« (LS 224)

Kleist erinnert an das zwischen Thomas Mann und Musil; über Ersteren notiert Musil in seinem Tagebuch: »Th. M. u. ähnliche schreiben für die Menschen, die da sind; ich schreibe für Menschen, die nicht da sind.« (*Tagebuch*, 880)

Wenn er von der *Zukunft* schreibt, denkt Goethe vermutlich auch an die *Vergangenheit:* an die griechischen Tragiker und Shakespeare. Bei ihnen wie auch bei Kleist hat die *Tragik* nicht darin ihren Ursprung, dass der Mensch ein bestimmtes Schicksal erleidet, sondern dass das Leiden selbst das Schicksal ist: Durch sein Leiden wird der tragische Held zum Schöpfer seines Schicksals. In seinen Leiden unterwirft er sich nicht passiv einer auch unabhängig von ihm existierenden Ordnung, sondern umgekehrt: Erst durch sie schafft und vollendet er diese Ordnung. Um sich so etwas überhaupt vorstellen zu können, bedarf es einer so tiefen und tragischen Erfahrung der Existenz, wie sie Goethe zwar kannte, aber fürchtete. Die Katharsis, schreibt Goethe in seiner Abhandlung *Nachlese zu Aristoteles' »Poetik«* (1826), sei eine »aussöhnende Abrundung«, »welche eigentlich

»Und was ist denn nun diese bewunderte und gewiß bewundrungswürdige Emilia Galotti? Un-

von allem Drama, ja sogar von allen poetischen Werken erfordert wird« (Goethe, 1972, 122), wodurch er der Tragödie gerade ihre ursprüngliche Schärfe nimmt. Die griechischen Tragiker, Shakespeare oder Kleist sind ebenfalls Anhänger der »Abrundung«, aber sie verkünden den *letzten Sinn* nicht aufgrund des teleologischen, auf Ursache und Wirkung beruhenden Zusammenhangs der Existenz, sondern *trotz dessen Fehlens.* Eine teleologisch durchdachte Welt schließt die Möglichkeit der Tragödie ebenso aus wie jene Sicht der Welt, die jede *Ordnung* und jeden *Zusammenhang* leugnet. Erstere schafft die Grundlage für Dramen, die – um mit Friedrich Schlegels auf Lessing gemünzten Ausdruck zu sprechen – nur nach den Gesetzen der »dramatischen Algebra« (*Über Lessing,* 1797) geschrieben werden; letztere wird zur Quelle von Farcen und absurden Dramen (*Leonce und Lena, König Ubu*).

streitig ein großes Exempel der dramatischen Algebra. Man muß es bewundern dieses in Schweiß und Pein produzierte Meisterstück des reinen Verstandes; man muß es frierend bewundern und bewundernd frieren; denn ins Gemüt dringt nichts und kanns nicht dringen, weil es nicht aus dem Gemüt gekommen ist.« (Friedrich Schlegel, *Über Lessing,* 116)

Kleists *Penthesilea* rechtfertigt weder die dichterische Rechtsprechung noch den Nihilismus. Die *moralische* Bewertung verfehlt die Tragik des Stückes ebenso wie die medizinische. Die Vereitelung von Achilles' »List« beweist mehr als alles andere, dass Kleist nicht an die Dauerhaftigkeit einer Welt glaubt, die auf Absicht, Plan, Logik und Ratio errichtet ist. Für Achilles wird Penthesilea zum Verhängnis selbst; doch die Königin *bestraft* nicht nur (was das Stück zu einer bürgerlichen Tragödie werden ließe), sondern erleidet auch selbst die Strafe, wird auch sich selbst zum Verhängnis. Durch diese intensive *Beteiligung* zerspringt die bis dahin als beruhigend empfundene Struktur der Existenz und offenbart dahinter eine Ordnung anderer

»Ein grässliches Gemälde eines erdachten vollkommen weiblichen Sadismus biete der geniale, aber zweifellos geistig nicht normale Heinrich von Kleist in seiner *Penthesilea.* In seiner *Penthesilea* (22. Auftritt) schildert Kleist seine Heldin, wie sie, von wollüstigmordlustiger Raserei ergriffen, den in ihre Hände gelockten, in Liebesbrunst bisher verfolgten Achilles in Stücke reisst, ihre Meute auf ihn hetzt.« (Krafft-Ebing, 104)

Als Achilles seinen Tod erleidet, erfährt er Kleists frühe → KANT-KRISE am eigenen Leib. Im

Art. Diese Ordnung gewahrend und seines kosmischen Ausgeliefertseins bewusst werdend, kann der Mensch – nunmehr im Besitz eines gesteigerten Lebensgefühls – auch den Tod bejahen.

Es käme nicht zu einem solchen Ausbruch, wäre nicht die dahinter liegende, tragische Ordnung jahrhundertelang verdrängt worden. *Penthesilea* entsteht in der Tat für die Bühne der Zukunft. In einer Kultur, in der die Betonung auf → VERSÖHNUNG liegt, muss eine Stimme, die diese leugnet, anachronistisch klingen. Diese Stimme ist die Stimme der »Leoparden« und der »Wölfe«, »wenn sie zur eisigen Winterzeit, das Firmament anbrüllen« (II. 223).

Das »Versöhnungsgeschäft« (II. 153) ist nicht Kleists Geschäft. So wenig Kohlhaas, die Marquise von O…., die Bürger von Chili, die beiden Grafen von Schroffenstein und Alkmene sich → VERSÖHNEN, so wenig ist auch Penthesilea bereit, zur »besseren Einsicht« zu kommen. Den *Konflikt* bejahend, zieht sie sich in Begleitung afrikanischer Elefanten aus jeder menschlichen Gemeinschaft zurück – als folge sie dem späteren Gebot Hegels, der Afrika wegen dessen fehlender → BILDUNG (die die Voraussetzung jeder → VERSÖHNUNG ist) aus der Geschichte verbannt.

Auch Kleists Tragödien weisen über die Geschichte – die bürgerliche Geschichte – hinaus. Täten sie das nicht, wären sie nur Trauerspiele. Mit sicherem Gespür erkannte Goethe die Bühne der Zukunft; aber auf die Frage, wie die sich gegenseitig ausschließenden Pole → FEUER und Wasser, Positiv und Negativ, Mensch und Tier so *eins werden* können, dass sie dabei auch

Gegensatz zu ihm hört Käthchen – wie Schillers Jungfrau von Orleans – auf kein *Argument* ihrer *inneren Eingebung*, weicht sie mit der Sicherheit einer Schlafwandlerin der Falle der → KANT-KRISE aus.

»Ihr Antlitz hat nichts Menschliches mehr und sie bricht plötzlich in Gelächter aus wie die Hyäne«, schreibt Lautréamont über die *wahnsinnige Frau* (*Die Gesänge des Maldodor*, III, 2).

Bezüglich Afrika schreibt *Hegel* mit größtem Widerwillen über einen Frauenstaat: »Wie Furien haben sie alles in der Nachbarschaft zerstört, Menschenfleisch gegessen.« (*Die Vernunft in der Geschichte*, 233) *Heiner Müller* hält *Penthesilea* für ein afrikanisches Stück: »*Penthesilea* ist ein afrikanisches Stück, über Hölderlins orientalische Sophokles-Interpretation hinaus, die Elefanten sind kein Ornament, es sind die Elephanten, die Hannibal gegen Rom über die Alpen führte.« (Müller, 66)

radikal *verschieden* werden – wie sich die tödliche Zerrissenheit einer *Kentaurin* in einen maßlosen Ausbruch von Lebenskraft verwandeln kann: Darauf hatte er, der sich vor dem bloßen Gedanken an die Niederschrift einer Tragödie fürchtete, keine Antwort.

»Ohne ein lebhaftes pathologisches Interesse ist es auch niemals gelungen, irgendeine tragische Situation zu bearbeiten, und ich habe sie daher lieber vermieden als aufgesucht [...] Ich kenne mich zwar nicht selbst genug, um zu wissen, ob ich eine wahre Tragödie schreiben könnte, ich erschrecke aber bloß von dem Unternehmen und bin beinahe überzeugt, dass ich mich durch den bloßen Versuch zerstören könnte.« (Goethe an Schiller, 9. Dezember 1797)

KEULE

Nicht nur Hermann ruft seine Krieger dazu auf, den Feind mit der Keule zu erschlagen. *Germanien* selbst ermuntert ihre Kinder, auf diese Weise den *französischen* Feind zu vernichten. Aber nicht nur die *Deutschen* sind bei Kleist so → GRIMMIG. Mit einer Keule werden in *Das Erdbeben in Chili* der *Spanier* Jeronimo von seinem → VATER und die *Chileninnen* Josephe und Donna Constanze von Pedrillo bzw. einem unbekannten Bürger erschlagen. Und in *Die Familie Ghonorez* (1787) lässt Raimond den *Spanier* Antonio mit einer Keule erschlagen. Die uralte *germanische* Waffe lässt sich überall, gegen jeden einsetzen. Der Gebrauch der *nationalen* Waffe wird durch keine Sprachbarriere behindert. Die *deutsche* Waffe kommt jedem gelegen, wenn es darum geht, → PLÖTZLICH mit jemandem fertigzuwerden und einer unterschwelligen Spannung oder aufgestauten Verdrängung ein Ende zu setzen. Obwohl sich Kleist bemüht, den → SCHEIN der Archaisierung aufrechtzuerhalten, und die Keule gewöhnlich in den Dienst des *nationalen Pathos* stellt, kann er sich nicht selbst verleugnen. Mit Vorliebe schafft er Situationen, deren Spannung erst durch eine → HEFTIGE und gewalttätige Geste beendet werden kann (als der nach französischer Art *hofierende* Graf F… im brennenden Schloss …; als der → RECHTSCHAFFENE alte Piachi…; als der → RECHTSCHAFFENE Congo Hoango …; als die verliebte Thusnelda …; als die nach → KÜSSEN durstende Penthesilea …).

»Nehmt eine Keule doppelten Gewichts, / Und schlagt ihn tot!« (*Die Hermannsschlacht*, 2219–20)

Die Keule ist die Waffe des → PARADOXEN. Wer sie zur Hand nimmt, möchte mit ihr das Unlösbare lösen (das → UNVERSTÄNDLICHE verstehen, würde Sylvester in *Die Familie Schroffenstein* sagen – 642). Statt *Argumentation* und *Dialektik, Überredung* und *Erklärung, Exegese* und *Kommentar* sorgt die Keule für den Sinn. *Die Keule als Instrument der radikalen Hermeneutik.* Diese Art von Verständnis und Erklärung funktioniert nur → STOCKEND, mit unmotivierten Unterbrechungen und jähen Ausbrüchen. »Das Weltgericht / Fragt euch nach den Gründen nicht!«, singt der Chor in der Ode *Germania an ihre Kinder.* Aber nicht deshalb fragt es nicht, weil es die Tat billigt, sondern weil es *nicht fragen kann.* Die Worte (Argumente) verbinden die Menschen miteinander. Das *Weltgericht,* das zur Keule greift, möchte hingegen trennen. Das echte (Schiller'sche) Fest der Freude bedeutet für Kleist keine Harmonie, sondern jenen – im Strophenbau von Schillers *Ode an die Freude* – besungenen universellen Konflikt.

Das Weltgericht tut bei Kleist *offen,* was es bei Schiller verschämt, zwischen den Zeilen tut. Denn in Schillers Ode verfährt das Weltgericht genauso grausam wie bei Kleist – nur eben im Namen der Harmonie. Es hat kein Verständnis für jene, die keinen Freund, keine Frau, keine geliebte Person haben, die also *einsam* sind – *weinend* müssen sie aus dem Sternenzelt, das sich über den Glücklichen wölbt, ins *Nichts* fliehen. Statt Aufnahme ist Verbannung ihr Los.

Das *Weltgericht* ist bei Kleist das → UNBEGREIFLICHE selbst, das, was sich durch Begriffe nicht einfrieden lässt. Als Fürsprecher der *germanischen* Kinder billigt der *universelle* → GOTT, dass sie Napoleon mit einer Keule erschlagen. Ebenso gut könnten sie jedoch auch den *preußischen* König erschlagen. Jede Nation kann das *Weltgericht* um Hilfe anrufen; jeder kann den *universellen* → GOTT für sich beanspruchen: die Germanen genauso wie die Ungarn oder die Franzosen. Jeder – doch vor allem jene, die sich *schwach* fühlen und sich deshalb mit dem Glauben Mut machen, dass → GOTT auf ihrer, und zwar ausschließlich auf ihrer

Seite steht. Sie stellen ihre *Teil*wahrheit als *universell* hin.

Das universelle *Weltgericht* lässt sich jedoch nicht vereinnahmen. Ja, es rächt sich, wenn es in den Dienst nationaler Ziele gestellt werden soll. Es kann sogar seine eigenen Kinder erschlagen. Gewöhnlich enttäuscht → GOTT jene Nationen am meisten, die am meisten mit ihm rechnen. Denn → GOTT verfügt genauso frei (→ UNBEGREIFLICH) über seine Geschöpfe wie der → VATER in *Das Erdbeben in Chili,* der seinen eigenen Sohn erschlägt, oder Teuthold in *Die Hermannsschlacht,* der seine eigene Tochter umbringt (wie auch Rupert seinen Sohn, Sylvester seine Tochter, Piachi seinen Adoptivsohn umbringen – wie auch der → VATER der Marquise von O.... diese erschießen will und der Kurfürst den Prinzen von Homburg, der auch sein Sohn sein könnte, zum Tode verurteilt). Die Eltern nehmen genauso wenig Rücksicht auf ihre Kinder wie → GOTT auf seine Geschöpfe – was nicht nur über die damaligen Verwandtschaftsverhältnisse (und nicht nur über Kleists → GOTTESbild) etwas verrät, sondern auch über den widersprüchlichen Charakter der ost- und mitteleuropäischen *Nationalromantik* zu Beginn des 19. Jahrhunderts. Die Nation ist *zugleich* Wiege und Grab, Segen und Fluch, beherbergend und verstoßend, liebevoll und aggressiv. Sie spricht ihren *besonderen Interessen universelle Gültigkeit* zu, während sie die *universellen* Interessen zurückweist, weil sie ihrem eigenen, partiellen Standpunkt widersprechen.

Die Keule ist eine *nationale Waffe,* die *universelle* Grausamkeit bereithält. Wer sie zur Hand nimmt, nimmt auf keinerlei Banden Rücksicht. Er steht *allein* in der

Welt. Die Keule ist nicht nur Sinnbild der → GRIMMIGEN Wut, sondern auch der Verlassenheit. Das Weltgericht, das vielleicht gar nicht böswillig, sondern nur blind um sich schlägt, verhält sich wie Kohlhaas, als er Luther mitteilt, dass er sich das Recht auf die Keule dadurch erworben habe, dass er überall – »zu den Wilden der Einöde« (II. 45) – verstoßen worden sei.

»Es kann kein böser Geist sein, der an der Spitze der Welt steht; es ist ein bloß unbegriffener.« (II. 766)

Sieben Mal gebraucht Kleist in unmittelbarer Nähe des Wortes *Keule* den Ausdruck → VERSTOSSen (II. 45–6). Diese *sieben* Verstoßungen sind wie die *sieben* treuen Diener, an deren Spitze Kohlhaas als Engel des Weltgerichts über die Welt herfällt. Auch Wittenberg, die Stadt Luthers, zündet er am Pfingstabend an, der einerseits »das Fest der Sieben« (2. Moses 34, 22.5, 16.9.102), andererseits der Beginn der Entstehung Christi Gemeinde ist.

Sollte die Keule eine Waffe *Christi* sein? In Kohlhaas' Hand, ja. In der Hand Meister Pedrillos ist sie eher → TEUFLISCH. In der Hand Ruperts bzw. Raimonds ist sie ein Ausdruck der für sie typischen »entsetzlichen Gelassenheit« (1798): Jeder kann darin sehen, was er will. In Hermanns Hand schließlich ist sie eine *nationale* Waffe. Aber wenn wir bedenken, dass der *germanische* Teuthold seine eigene Tochter, die *germanische* Hally, ermordet, die auf Geheiß des *Germanen* Hermann von als Römer verkleideten *Germanen* entehrt wird (wobei Teutholds Geste obendrein eine charakteristisch *römische* Geste ist!), dann wirkt sich die nationale Waffe auch als *Bumerang* aus. In ihrer Zerstörungswut stellt die Keule auch denjenigen auf die Probe, der sie schwingt. Der *Hass,* mit dem er auf seinen Gegner einschlägt, macht ihn noch *hassenswerter* als den *Gehassten.*

Wer die Keule schwingt, kann also zu Recht Alkmene beipflichten, die während des grausamen Spiels, dessen Opfer sie wird, *zwischen* Amphitryon und Jupiter stehend, das Gefühl hat, sowohl *gekreuzigt* (Jesus) als auch von den Keulen der *Heiden* erschlagen zu werden: »Laß diesen tausend Blicken mich entfliehen, / Die mich wie Keulen, kreuzend niederschlagen.« (2268–9)

KUSS

In welcher Erzählung, welchem Drama oder Brief dieses Wort auch erscheint, *unweigerlich* fällt darauf der Schatten des Reims aus *Penthesilea:* »Küsse, Bisse, / Das reimt sich, und wer recht von Herzen liebt, / Kann schon das eine für das andre greifen« (2981–3), spricht Penthesilea, als ihr bewusst wird, dass sie Achilles aus → VERSEHEN nicht *zu Tode geküsst,* sondern → *VERSCHLUNGEN* hat. Sie behandelt ihn genauso wie Thusnelda den Römer Ventidius in *Die Hermannsschlacht,* als sie ihn – aus Enttäuschung und einer ins Maßlose gesteigerten Liebe – von einem Bären zerfleischen lässt. Als sie keinen Weg findet, ihn zu küssen, schickt sie schließlich einen anderen → STATT ihrer selbst. »Die Gräßliche!«, sagt Meroe über die Menschenfresserin Penthesilea (2977). Dasselbe sagt später auch Gertrud über Thusnelda: »Die Gräßliche« (2424).

Im Sommer 1801 besucht Kleist in Halberstadt den 83-jährigen Gleim, einen ehemaligen Freund Ewald von Kleists. Der greise Dichter erzählt Heinrich, wie er einst den kranken Ewald in einem selbst verfassten anakreontischen Gedicht, in dem der Tod ein Mädchen zu verführen versucht, zum Lachen gebracht habe. »Am Ende heißt es: Was willst du mit ihr machen? Kannst du doch mit Zähnen ohne Lippen, wohl die Mädchen beißen, doch nicht küssen.« (II. 657) Zum kultischen Zusammenhang zwischen Küssen und Essen (Kannibalismus) vgl. Perella, 1–9.

Der mit einem Biss endende, *grässliche* Kuss. Leidenschaft, die in ihr Gegenteil umschlägt. Penthesileas Kuss – obwohl längst nicht der letzte in Kleists Werk – drückt seinen Stempel auf *alle* Küsse seines Œuvres. Die Liebe wird hier unverhüllt vom Grauen durchblutet und selbst der Geschmack scheinbar harmlosester Küsse *rückwirkend und im Voraus* verdorben. Wenn wir von Kohlhaas' Frau lesen, dass sie »überdeckte mit heißen Küssen seine [ihres Mannes] Brust« (II. 28), regt sich bereits unser Verdacht. Denn anfangs überdeckt auch Penthesilea Achilles' → BRUST mit heißen Küssen, und auch der Bär, das

Alter Ego Thusneldas, beginnt Ventidius bei der → BRUST zu zerreißen. Zumal auch das Attribut *heiß* (glühend), bezogen auf den Kuss, nicht harmlos ist. Der Kuss wird bei Kleist stets wegen der *verdrängten* → BEGIERDE glühend. Graf F..., der sich angesichts seiner Schuld sichtlich fürchtet, drückt einen *glühenden* Kuss auf die → BRUST der Marquise von O...., die ihn → HEFTIG, mit der Bemerkung: »Ich *will nichts* wissen« (II. 129), von sich stößt. Was man auch so verstehen kann, dass die schon einmal vergewaltigte Frau sich sehr wohl nach dem Kuss sehnt, sich aber nicht vorstellen kann, wie sie diesen Kuss so bekommen kann, dass nicht der Mann über sie herfällt, sondern umgekehrt. Auch Nicolo in *Der Findling* bedeckt Elvires → BRUST und Lippen mit *heißen* Küssen (II. 213), als er sie bei ihren Vorbereitungen überrascht, *nackt* vor Colinos Bild zu onanieren. Elvire muss nicht mehr sagen, was die Marquise von O.... sagt, weil sie zuvor schon in → OHNMACHT fällt (wie übrigens auch Penthesilea und Thusnelda nach dem »Küssen« ohnmächtig werden) und nunmehr »unter dem Kuß des Todes« erblassend daliegt (II. 212). Wie die Marquise von O.... sehnt sich lange auch Elvire danach, von einem *lebendigen* Mann geküsst zu werden; da sie jedoch jeder Gelegenheit dazu ausweicht und ihre Lust ausschließlich in ihren Fantasien auslebt, ist der erste Kuss zugleich auch der Kuss des Todes.

»[S]chreib die sanftesten Worte und küsse sie, daß ich wenigstens meine Lippen dorthin drücken kann, wo Deine waren«, schreibt der *kranke* John Keats seiner Geliebten Fanny Brawne am 1. Juli 1819. »Küsse das Bild auf der Stirn, da küsse ich es jetzt auch«, schreibt Kleist Wilhelmine am 9. April 1801.

Ihre Lage erinnert an die Lage des Helden in Mary Shelleys *Frankenstein*, der sich vor Frauen fürchtet, die Natur (das weibliche Prinzip) vergewaltigt und ohne Frau ein neues Lebewesen erschafft, während er seine Verlobte ausschließlich im Traum küsst – wobei sie sich im → AUGENBLICK des Kusses in seine tote Mutter verwandelt. Auch bei Kleist trägt der Kuss das Siegel des tödlichen Verbotes. So wirft auch Kohlhaas' Frau ihrem Mann, bevor sie ihn küsst, → BLICKE zu, »in welchen sich der Tod malte« (II. 25). Vielleicht käme es nicht dazu, würde der ohnehin schwermütige Kohlhaas häufiger seine Freude an seiner Frau haben. Und dennoch: Trotz des Verbotes – oder gerade deshalb! – tauchen in Kleists Werken immer wieder Küsse auf – meist allerdings wie Knoten im Holz.

Küssen die *Frauen* die Männer, so sterben diese daran. Als würden sie von Salome geküsst. Von »hysterisch-heroischen Wesen« schreibt 1888 Nietzsche voll Verachtung bezüglich Senta, Isolde und Brünhilde und fügt hinzu: »Daß dieser Typus selbst in Deutschland nicht gänzlich degoutiert hat, hat darin seinen Grund, [...] daß bereits ein unvergleichlich größerer Dichter als Wagner, der edle Heinrich von Kleist, ihm daselbst die Fürsprache des Genies gegeben hatte.« (Nietzsche, 13. 249) Nietzsche denkt dabei an Penthesilea, die extremste Frauengestalt in der Dramenliteratur seit Shakespeare. Penthesilea, diese sowohl grazile und zerbrechliche Frau als auch unermüdliche Kriegerin, vereinigt alle *Extreme* in sich, wodurch auch das Gegenteil jeder auf sie gemünzten Behauptung wahr wird. In dieser → FLÜCHTIGKEIT ihres Wesens liegt ihre *Wahrheit* – in ihrem Kuss geht der Biss, in ihrem Biss der Kuss verloren, während beide dennoch in Erfüllung gehen. In seiner Rezension »Über die Frau« charakterisiert Diderot 1772 die Frauen folgendermaßen: »Die Ideen von Gerechtigkeit, Tugend, Laster, Güte, Bosheit schwimmen an der Oberfläche ihrer Seele [...] Sie sind zwar äußerlich zivilisierter als wir; aber innerlich sind sie wahre Wilde geblieben [...]. Das Symbol der Frauen im allgemeinen ist das der Apokalypse, über der geschrieben steht: Mysterium.« (Diderot, 172–3)

Achilles möchte Penthesilea um jeden Preis *bekommen:* Er würde sie als Mann besiegen und damit jener *Rolle,* die die europäische Kultur dem Mann und der Frau zuschreibt, Genüge tun. Zugleich flieht er auch vor ihr: denn in ihrer Gestalt tritt ihm jenes von Diderot erwähnte MYSTERIUM entgegen, das stets unlösbar und → UNBEGREIFLICH ist. Mit Penthesilea konfrontiert, beginnt Achilles die Unzulänglichkeit der Männerrolle zu spüren. Als die List, mit deren Hilfe er Penthesilea täuschen will, missglückt und die Ereignisse in Tragik ausarten, setzt einerseits die *Intrige,* eines der grundlegenden Mittel *bürgerlicher Dramaturgie,* aus (mit hervorragendem *dramaturgischem Gespür* führt Kleist die Wirkungslosigkeit dieser Dramaturgie vor Augen), andererseits versagt der Rationalismus selbst. Das erklärt die Häufung von Küssen und Bissen am Ende des Stückes. Achilles, *Rationalist* und Repräsentant der *Männerrolle,* schafft es nicht, die Frau zu erobern, deren Wesen im MYSTERIUM liegt – es gelingt ihm nicht, der Wahrheit habhaft zu werden. Auf seine Weise wird auch er Opfer der → KANT-KRISE. Mithilfe der schrecklichen Frauen und der in Bisse ausartenden Küsse rächt sich Kleist nicht nur an den Männern (seinem eigenen Geschlecht), sondern zeigt auch eine tausendjährige europäische Tradition in neuem Licht. Er befreit nicht die Frau, sondern stellt mithilfe der sich (auf schreckliche Weise) befreienden Frauen die europäische Kultur vor einen neuen Horizont, über den er zwar nichts weiß, der sich jedoch – als Negativum, als abschreckendes Grauen, als »weiblicher Sadismus« usw. – dennoch als gültiger erweist als jedes positive Zukunftsbild und jede auf friedlichem Weg verwirklichbare Möglichkeit. Durch die Gestalt Penthesileas sprengt er die vorgegebene, monolithische Welt der europäischen → BILDUNG und lässt den Ansatz einer freieren, geräumigeren Welt erkennen, die über viele Gesichter verfügt und auf vielerlei Arten »lesbar« ist, auch wenn anfangs nur ihre Schrecken sichtbar werden. Aber Kleist setzt nicht den Schrecken frei, sondern beschwört ihn nur, um mit seiner Hilfe das zu befreien, was bis dahin als MYSTERIUM verdrängt wurde.

Nietzsche beginnt sein Werk *Jenseits von Gut und Böse* mit den Worten: »Vorausgesetzt, daß die Wahrheit ein Weib ist –, wie? ist der Verdacht nicht gegründet, daß alle Philosophen, sofern sie Dogmatiker waren, sich schlecht auf Weiber verstanden? daß der schauerliche Ernst, die linkische Zudringlichkeit, mit der sie bisher auf die Wahrheit zuzugehen pflegten, ungeschickte und unschickliche Mittel waren, um gerade ein Frauenzimmer für sich einzunehmen?« (Nietzsche, 5.11) In seiner Schrift über *Nietzsches Stile* zitiert Jacques Derrida Nietzsches Aussage: »Man hält das Weib für tief – warum? weil man nie bei ihm auf den Grund kommt. Das Weib ist noch nicht einmal flach« (Derrida, 1986, 146). Bezüglich dieses (auch schon von Diderot beobachteten) Phänomens konstatiert er folgende drei Arten von Aussagen über Frauen: 1. Die Frau wird verurteilt als Herrscherin über die Lüge.

2. Die Frau wird verurteilt als Herrscherin über die Wahrheit. 3. »Die Frau wird jenseits dieser doppelten Negation, anerkannt, bejaht als affirmative, verhehlende, künstlerische, dionysische Macht. Sie wird nicht durch den Mann bejaht, sondern sie bejaht sich selbst, in sich selbst und im Manne.« (ebd.)

Das sich verselbstständigende, aus tausendjähriger Unterordnung erwachende weibliche Prinzip kann sowohl befreiend als auch zerstörerisch wirken. Käthchen und Penthesilea sind einanders Kehrseite (II. 797), das Plus und das Minus, der »Schmutz« und der »Glanz« (II. 797). Käthchen »befreit« durch ihre Maßlosigkeit den Grafen, obwohl ihr als Vorbild kein Märchenwesen, sondern ein schwer krankes, *hysterisches* Mädchen dient (vgl. W. Kittler, 205–7); und Penthesilea vernichtet Achilles so, dass sie ihn im Rahmen dieser Vernichtung nicht nur umbringt, sondern auch → UMARMT. Sie ist → GRAZIE und Ungeheuer in einem. Ihr letzter Liebesakt: ein → KENTAURENkuss. Als die Frau aus ihrem tausendjährigen Schlaf erwacht, kann sie nur als verhängnisvolle → KENTAURIN auftreten. Der Psychiater Krafft-Ebing sieht in Penthesilea nicht das schaurige Beispiel der Hysterie, sondern des »weiblichen Sadismus« (Krafft-Ebing, 104).

Zum Thema Kleist und die Hysterie vgl. W. Kittler: 209–16. Die Rolle der den Mann unterjochenden Frau im 19. Jahrhundert wird ausführlich in Ivan Nagels Buch: *Johann Heinrich Danecker. Ariadne auf dem Panther* analysiert.

Wie jene von Nietzsche erwähnten Wagner-Heldinnen erinnern auch Kleists Frauenfiguren an die weiblichen Gestalten auf *Böcklins* Gemälden, manche Frauengestalten *Ibsens* (Rebekka West, Hedda Gabler), *Maeterlincks* Melisande, *Wildes* Salome, *Puccinis* Manon Lescaut oder Turandot. Diese *von Männern* geschaffenen Frauen sind gespannt bis zum Zerreißen. Aus ihnen strömt die Ratlosigkeit der Männer, wie die »Wahrheit« zu erobern sei, wenn sich das, was sie für wahr hielten, als unwahr entlarvt. Diese Frauen *ertragen* (dulden) nicht, dass die Männer sie nach Lust und Laune behandeln, sondern wollen deren → BEGIERDEN selbst entgegengehen. Sie wissen jedoch nicht, wie sie das tun sollen. Eine tausendjährige Rolle können sie nur mit Gewalt ablegen, indem sie alles um sich zerstören. Obwohl sie sich nach den Männern *sehnen,* möchten sie am liebsten alle mit der verlassenen Gräfin Orsina in Lessings *Emilia Galotti* sagen: »Wann wir einmal alle, – wir, das ganze Heer der Verlassenen, – wir alle in Bacchantinnen, in Furien verwandelt, wenn wir alle ihn unter uns hätten, ihn unter uns zerrissen, zerfleischten, seine Eingeweide durchwühlten, – um das Herz zu finden [...]. Ha! das sollte ein Tanz werden! das sollte!« (IV. Aufzug, 7. Szene)

Aber Kleist ist nicht Lessing und Orsina nicht Penthesilea. Lessing fügt den Worten der Gräfin die Regieanweisung hinzu: »wie in der Entzückung«. Kleist schreibt nicht »wie«. Denn die Marquise von O.... wird, wenn die Zeit gekommen ist, wirklich zur → FURIE (II. 148) – was auch für Penthesilea (2457) und Thusnelda (2390) gilt – und gerät wahrhaftig in → VERZÜCKUNG. Sie alle erinnern an die → FURIEN, die Orpheus verfolgen: Sie tauchen die Welt in → ENTSETZEN. Zugleich fallen sie dem → ENTSETZEN auch selbst zum Opfer. Das erklärt, warum sie all ihrer → ENTSETZLICHKEIT zum Trotz ihre *Reinheit bewahren.* Sie sind nicht »theatralisch« wie die Gräfin Orsina oder Lady Milford in *Kabale und Liebe,* aber auch nicht »neurotisch« wie die großen

»Die Darstellung des Tragischen beruht

Hysterikerinnen der zweiten Hälfte des 19. Jahrhunderts. Indem sie zu → FURIEN werden, *erkranken sie nicht,* sondern bringen die göttliche und menschliche Ordnung so durcheinander, dass sie zu passiven Subjekten ihrer selbst geschaffenen Unordnung werden. Penthesilea bleibt bis zum → AUGENBLICK ihres Todes genauso diamantenrein wie Käthchen. Das *Ungeheure* wird bei Kleist zum reinigenden Bad der gebrechlichen → WELT. Und das ist Lessing genauso fremd wie Wilde oder Ibsen. Allein Hölderlin wagt es, über die *Tragödie* schreibend, das *Ungeheuere* ähnlich radikal zu befreien – ohne dass es ihm gelänge, seine Gedanken genauso überzeugend darzustellen (in Szene zu setzen) wie Kleist (vgl. Lacoue-Labarthe, 48–50).

vorzüglich darauf, daß das Ungeheure, wie der Gott und Mensch sich paart, und grenzenlos die Naturmacht und des Menschen Innerstes im Zorn Eins wird, dadurch sich begreift, daß das grenzenlose Eineswerden durch grenzenloses Scheiden sich reinigt.« (Hölderlin, *Anmerkungen zum Ödipus,* 1803)

Die Küsse der Frauen in Kleists Werken können ungeheuer sein. Als würde die Männer in Gestalt dieser Frauen jene Wahrheit *beißen,* die sie schon so lange suchen, aber nirgends finden. Aber nicht nur die Frauen küssen die Männer, sondern auch umgekehrt. Und wenn sich nicht die Frauen in Ungeheuer und → FURIEN verwandeln, werden die Männer schrecklich. Entweder sie *fliehen* (was sie in den Augen der Frauen → UNVERSTÄNDLICH und somit schrecklich macht) oder sie *überfallen* die Frauen.

Im 6. Auftritt von *Der zerbrochne Krug* stößt Ruprecht Eve von sich. In einem im Manuskript ausgestrichenen Teil sagt er, dass er lieber Soldat werde, um nur möglich weit weg von Eve zu sein, und »müßt' ich gleich mich mit / Den Menschenfressern in der Südsee schlagen« (nach Zeile 457). Ruprecht weist Eve ab, weil er vor seiner *eigenen* heimlichen Lust, dass sie ihn beißt, zurückschreckt.

Achilles' innigster Wunsch ist, Penthesilea so lange zu verfolgen, bis er die grazile Frau (Mädchen) mit den kleinen Händen (291) beim seidenen Haar packt und von ihrem gefleckten Tigerpferd (224–5) reißt. Danach würde er mit ihr das tun, was siegreiche Soldaten mit besiegten Frauen tun. Auch die Marquise von O.... ist ständigen Bestürmungen ausgesetzt: Leopardo (Leopard!), der Jäger, umschleicht die schlummernde Marquise in der Mittagshitze (warum? wie kommt er dahin? – II. 135); ihr → VATER schießt erst mit seiner Pistole auf sie, bedeckt dann ihren Mund mit heißen, lechzenden Küssen (II. 138); und all diese Verwicklungen haben ihren Anfang in einem »Flankenangriff« während der Bestürmung eines Schlosses, denn wie die Verwandten später feststellen, pflegt der Graf »Damenherzen durch Anlauf, wie Festungen, zu erobern« (II. 119).

»Im Stil des 18ten Jhdts: Plötzlich (schließlich) erfolgte die Übergabe der Festung an den eingedrungenen Feind. Orgasmus.« (Robert Musil, *Tagebücher,* 750)

Auch Jupiter erobert Alkmene auf diese Weise, ohne sie nach ihrer Meinung zu fragen – in fremder Gestalt vergewaltigt er die Frau eines anderen. [In *Das Käthchen von Heilbronn* hat wohl auch der Kaiser – sein Ansehen missbrauchend – Käthchens Mutter Gertrud im nächtlichen Garten des Schlosses vergewaltigt, just als im Osten der Jupiter (!!!) aufging – 2410.] Gerade das macht die christliche Tendenz von *Amphitryon* problematisch. Denn wenn Alkmene die Jungfrau Maria ist, wie die Zeitgenossen behaupten, dann wird das christliche Marienbild gründlich überschattet von der Art und Weise, wie Jupiter sie zu seiner Geliebten macht. Denn bei Kleist ist »Maria« (Alkmene, die Marquise von O....) den Ereignissen nicht nur ausgeliefert, sondern es lauert in ihr von vornherein die Möglichkeit, dass sie sich in eine → *FURIE* verwandelt. Eine rasende, menschenfressende Jungfrau Maria? Auch der Graf vom Strahl hat das Gefühl, dass ihn das reine und zarte Käthchen wie eine → FURIE verfolgt; und die jungfräuliche Agnes in *Die Familie Schroffenstein,* die man, solange man nicht weiß, wer sie ist, *Maria* tauft, entflammt zwar die Liebe Ottokars, doch Johann *treibt sie in den Wahnsinn.*

Am 30. Mai 1800 fragt Kleist Wilhelmine, wer beim Tod des anderen mehr verliere: der Ehemann oder die Ehefrau? Gemäß der *mannzentrierten* Einstellung des 18. Jahrhunderts ist es seiner Meinung nach der Ehemann. Aber bis zum Ende seiner Ausführungen gerät er in Erregung und sagt, dass der Mann deshalb mehr verliert, weil für ihn die Ehefrau die Quelle allen Glücks ist und ihm, wenn sie stirbt, nichts mehr bleibt. Kleist geht von der Überlegenheit des Mannes aus und gelangt unbemerkt zu dessen emotionalem Ausgeliefertsein.

Also küsst entweder die Frau oder der Mann. Aber nur in den seltensten → FÄLLEN küssen sie sich gleichzeitig (so zum Beispiel in *Die Verlobung in St. Domingo,* wobei dieser Kuss – die Hochzeitsnacht – schon von der tödlichen Bedrohung überschattet wird, die Gustav ebenso berühren wird wie Toni). Das ist auch der Grund, warum der *Kuss* bei Kleist *aggressiv* und *gewalttätig* und, dort wo er hemmungslos ist, sogar *tödlich* wird. Aber der *tödliche Kuss* bei Kleist hat nichts mit der europäischen Tradition des Liebestodes zu tun, die angefangen mit der Legende von Pyramus und Thisbe bis hin zur Geschichte von Tristan und Isolde, Heloise und Abaelard oder Pelleas und Melisande *Liebe* und *Tod* zum Mittel der *gemeinsamen* und *gegenseitigen* Verklärung macht.

Michael Maar weist darauf hin, dass über Kleists und Henriette Vogels gemeinsamen Selbstmord (der übrigens *kein* Liebestod war) als erster Adolf Wagner in der Ausgabe des Brockhaus-Lexikons von 1815 würdigend schrieb (NR 260) – jener Mann, der nicht nur ein Freund Tiecks, des Herausgebers von Kleists Schriften, sondern auch der Onkel Richard Wagners war. Wagners Musikdramen sind nachweislich sowohl durch den Tod der Liebenden in *Die Familie Schroffenstein* als auch durch das Schicksal der beiden Liebenden in *Penthesilea* beeinflusst worden. (Maar)

Wenn sich Kleists Figuren küssen, deutet das auf keinerlei mystische Erfüllung, ja, oft nicht einmal auf Liebe. Dennoch sind die Küsse nicht »gleichgültig« oder → FLÜCHTIG. Sie sind überlegt, berechnend, durchsetzt mit ungeheuer viel nicht erotischer → BEGIERDE. Deshalb haben sie auch etwas Schauerliches an sich. Im Grunde müssten sie Erotik ausstrahlen – in Wirklichkeit sind sie alles andere eher als erotisch. Sie sind geladen mit Spannungen und Verdrängungen. Doch seltsamerweise schafft gerade das jene *erotische Spannung,* die Kleists Werke so stark prägt. Allerdings nicht an den Stellen, wo sie die zeitgenössische Kritik zu entdecken wähnte, sondern gerade dort, *wo sich die* → BEGIERDEN *nicht treffen und emotionale Leeren entstehen, in denen die Figuren mit ihren unerfüllten* → BEGIERDEN *allein bleiben.* Gerade durch sein ständiges *Verschweigen* gibt Kleist am meis-

Die Entkleidungsszene des letzten Aufzugs in *Die Familie Schroffenstein* schließt »da; ganze Stück allerdings von der Bühne« aus, schreibt L. E Huber 1803

ten preis – so wie in *Die Marquise von O....* ein → GEDANKENSTRICH genügt, um eine Vergewaltigung zu ersetzen.

(LS 98a); und Dora Stock (das vermeintliche Vorbild Kunigundes) schreibt in einem Privatbrief: »Seine Geschichte der Marquisin von O. kann kein Frauenzimmer ohne Erröten lesen.« (LS 261)

Die Art, wie die Marquise auf dem Schoß ihres → VATERS sitzend von ihrer Mutter durch das → SCHLÜSSELLOCH beobachtet wird, ist genauso ein Beispiel *beredten Schweigens,* wie wenn Kleist die noch wachen Gefühle von Kohlhaas' Frau für den Kastellanen (II. 29) nur erahnen lässt oder die durchaus *körperliche* Zuneigung des sächsischen Kurfürsten zu seiner ehemaligen Geliebten Heloise, die zur Zeit der Geschichte bereits die Frau von Kunz ist, nur lückenhaft andeutet (vgl. Ellis, 79–80).

Der Kurfürst und Heloise gehen während der Jagd ständig Arm in Arm, der Kurfürst ist → HEITER, sein Hemd ist offen, und die Dame greift ihm, als sie Kohlhaas aufsuchen, ins Hemd, um die Kette, die an seinem Hals hängt, zu verstecken (II. 80–1).

Ebenso wenig *ausgesprochen,* aber über die Dramaturgie des *beredten Schweigens* umso nachdrücklicher betont wird, dass sich Elvire in ihre Schlafkammer einzuschließen und unbekleidet vor dem Gemälde zu masturbieren pflegt oder dass Nicolo vermutlich das Gleiche tut, als er erkennt, dass er dem Bild zum Verwechseln ähnlich sieht: »Nicolo verfiel [...] in die lebhafteste Bewegung« (II. 208). Tut dies Elvire bei der Betrachtung von Colinos Bild, so denkt Nicolo seinerseits nicht an das Bild, sondern an Elvire. Statt sich zu *küssen,* denken sie in getrennten Zimmern bei der Selbstbefriedigung aneinander.

Nach I. Sadger spielt Kleist in seinem Brief an → BROCKES ausdrücklich auf die *Onanie* an (Sadger, 21), die zu der Zeit als schwerwiegende Sünde galt. In seinem beliebten Buch *Kleine Kinderbibliothek* (1783) warnt Johann Heinrich Campe die Kinder eindringlich vor der Onanie, in der einer der Gründe für die Melancho-

Ferner stellt sich die Frage, warum Nicolo, als er eines Nachts heimkehrt, seine Schlafkammer verschlossen vorfindet? Sollte Elvire, seine Abwesenheit ausnutzend, in sein Bett geschlüpft sein? (Genau das geschieht nämlich in der Anekdote *Der neuere [glücklichere] Werther.)* Elvire besitzt zu allen Zimmern Schlüssel (II. 204), was diesen eine deutlich sexuelle Bedeutung verleiht (mit einem Schlüssel schließt sie sich ein, wenn sie masturbiert, mit einem Schlüssel dringt sie in die Schlafkammer Nicolos ein, der ihrem Geliebten zum Verwechseln ähnlich sieht). Ja, einmal kommt es sogar vor, dass sie, ohne anzuklopfen, sein Zimmer betritt – gerade als sich eine Frau bei ihm aufhält: »Zugleich war ihm Elvire niemals schöner vorgekommen, als in dem Augenblick, da sie, zu seiner Vernichtung, das Zimmer, in welchem sich das Mädchen befand, öffnete und wieder schloß. Der Unwille, der sich mit sanfter Glut auf ihren Wangen entzündete, goß einen unendlichen Reiz über ihr mildes, von Affekten nur selten bewegtes Antlitz.« (II. 206) Verständlicherweise ist danach Nicolo seinerseits entflammt: »Er glühte vor Begierde«, schreibt der Erzähler vier Zeilen weiter unten. Angesichts ihres *glühenden* Antlitzes beginnt auch er zu *glühen.*

Die Gereiztheit, die sich nicht bloß aus Ärger, sondern auch aus → UNWILLEN (das heißt nach Überwindung eines inneren Widerstandes) auf ihrem Antlitz breitmacht, ist nicht neu. Schon vorher deutet der Erzähler an, dass sie seit Colinos Tod Opfer eines »überreizten Nervensystems« ist (II. 203), was nach der Diagnose John Browns (1735–1788), eines zu jener Zeit in Deutschland modischen schottischen Arztes, ein Zeichen dafür ist, dass die Frau zwar übermäßiger Erregbarkeit (»excitability«) ausgesetzt ist, aber ihr Körper dennoch nicht in ausreichend erregtem Zustand (»excitement«) ist – Henkelmann, 49.

Das Missverhältnis, das in Elvires Körper entsteht, ist die Folge der Vielzahl von → BEGIERDEN, die in ihr wüten und nicht ausgelebt werden. Es verwundert nicht, dass die Gereiztheit auf ihrem Gesicht, als

lie gesehen wird. Im Julius-Hospital zu Würzburg wird Kleists Fantasie von einem jungen Irren gefesselt, der infolge Onanierens den Verstand verloren hat (II. 561). Manche (wie Sander L. Gilman) halten diesen jungen Irren für eine *Fiktion,* da er in keiner der Krankenhausunterlagen verzeichnet ist. (Vgl. Anke Bennhold-Thomsen, 170) In einem Brief an Wilhelmine vom 28. Juni 1801 verspricht sich Kleist: »Täglich habe ich mit der alten Innigkeit an Dich gedacht, und jede einsame Stunde benutzt, meine Wünsche im Traume zu erfüllen – Im Traume – denn in der Wirklichkeit – –« (II. 658).
Sollte es sich bei den in ihrer Einsamkeit onanierenden Nicolo und Elvire um Kleist und Wilhelmine handeln?

Im Sommer 1805 behandelte man Kleists hartnäckige körperliche Beschwerden nach den Methoden Browns – ohne Erfolg (II. 758). Goethe entdeckt »in einer gro-

sie in Nicolos Schlafkammer hineinplatzt, erotisch geladen ist. Was jedoch lange verdrängt wird, muss → HEFTIG ausbrechen. Elvire stirbt daran, dass sie bald »überreizt«, bald »unterreizt« ist und keine → MITTELSTRASSE findet. Nach Brown ist das Gleichgewicht der Reize → PARADOX: Sie erhalten den Organismus am Leben, während sie ihn zugleich auch zerstören (Neubauer, 24). Kleists Elvire hingegen wird durch sie nur zerstört: Ihr Dasein ist so voller Verdrängung, dass sich alles, was ihr Leben spenden könnte, als tödlich erweist. Als sie später von Nicolo vergewaltigt wird und in → OHNMACHT fällt, gibt er sich einen → AUGENBLICK der Betrachtung ihrer Reize (II. 212) hin. Wegen der → VERWIRRUNG der *Reize* (ihres Übergewichts und ihres Fehlens) kann es nicht zu einem echten *Kuss* kommen – stattdessen vergewaltigt er eine ohnmächtige Frau, so wie es Graf F… mit der Marquise von O…. tut. Und die Gewalttätigkeit, die den Kuss ersetzt, mündet in den Tod – Elvire stirbt ebenso wie Nicolo, dessen → HIRN der seinerseits gereizte Piachi verspritzt. Das an der → WAND verschmierte → HIRN: Nicolos irregeleitete Samenflüssigkeit.

Gundolf schreibt, dass Kleist zwischen 1806–8 in »erotischer Spannung« lebt (Gundolf, 88), und bemerkt bezüglich *Penthesilea,* dass beide Hauptfiguren deshalb zugrunde gehen, weil »beide lieben in einander das, was sie selber sind« (97). Das wird jedoch schon vor 1806 in der Verkleidungsszene in *Die Familie Schroffenstein* deutlich. Ottokar nennt Agnes' Nacktheit das »Unergründliche« (2488), aber er wird davon ebenso abgeschreckt wie angezogen. Er fürchtet sich genauso vor der Sexualität

ßen Reizbarkeit der Nerven« den Grund für die »Verirrung« von Kleists Natur. (LS 252) Kohlhaas wird nach Luthers Ansicht »vom Kitzel schnöder Selbstrache gereizt« (II. 43); »von Entsetzen überreizt«, steckt der Marchese in *Das Bettelweib von Locarno* Schloss und sich selbst in Brand (II. 198). Und auch der junge Freund des Erzählers im Aufsatz über das *Marionettentheater* erkrankt daran, dass ihn »ein Reiz nach dem anderen verließ« (II. 344). Nach Browns Diagnose wird er zum Astheniker. Browns Werke erscheinen 1806 in Frankfurt in drei Bänden in der deutschen Übersetzung von Andreas Röschlaub unter dem Titel *John Broum's sämmtliche Werke.*

wie Elvire in *Der Findling.* Treffend bemerkt Zimmermann, dass Ottokar immer dann am leidenschaftlichsten ist, wenn er sich am sichersten ist, dass er dabei gestört wird (Zimmermann, 55). Und so wird der Kuss gemäß der Kleist'schen Dramaturgie des beredten Schweigens bzw. des nähernden Sich-Entfernens abgebrochen: Sie als *Mädchen* zu küssen, wagt er nicht, und als er sie in *Jungenkleider* gehüllt hat, fällt schon der Tod über sie her. Er ist unfähig, die Nacktheit zu ertragen (so wie Johann, der Agnes nackt erblickt, sich in sie verliebt, sie dann bittet, ihn zu töten, und am Ende den Verstand verliert).

In der Idylle *Der Schrecken im Bade* fürchtet sich das *Mädchen* vor einem *Jungen,* der in Wirklichkeit ein Mädchen ist. Johanna ist ein Mädchen, aber sie beobachtet Margarete als Junge. Dadurch wird die Idylle schauerlich: Die Sexualität wird ständig bedroht durch die Angst vor ihr.

Indem sie Kleider tauschen, vertauschen sie zum Teil auch ihre Geschlechter. Aber indem sie miteinander identisch werden, verlieren sie einander auch, wie auch Penthesilea Achilles in dem Moment für immer verliert, als sie ihn → VERSCHLINGT.

Als die beiden Liebhaber in Kleists erstem Stück zueinanderfinden, halten sie sich an der Hand. Sie necken sich, wer zuerst aussprechen soll, dass er den anderen liebt. Schon hier sagt Agnes, was sie in der Verkleidungsszene am Schluss wiederholen wird: »Du bist so seltsam« (726 – 2497; in *Die Familie Ghonorez* findet sich nur das erste Zitat). Ein Wort ergibt das andere, schließlich sagt Agnes: »Du sprachst von Mord«, worauf Ottokar erwidert: »Von Liebe sprach ich nur« (774). *Aber sie küssen sich dabei nicht.* Als spürten sie, dass sie das ins Verderben stürzen würde: dass es die Liebe mit Mord durchtränken und den Kuss zu einem Biss entstellen könnte.

LOGOGRIPHISCH

Logogriphische Eigenschaft. In *Der Findling* begegnet ihr Nicolo, als er mit den kleinen elfenbeinernen Buchstaben zu spielen beginnt, mit deren Hilfe er in seiner Kindheit das Lesen und Schreiben gelernt hat. Die meisten Buchstaben sind im Lauf der Zeit verloren gegangen; es bleiben nur sechs übrig, aus denen sich Nicolos Name auslegen lässt. Während sich Elvire neben ihm mit kleinen Frauenarbeiten beschäftigt, beginnt Nicolo, in gedrückter Stimmung mit den Buchstaben zu spielen. Als sähe der Leser ein Gemälde von Kleists Zeitgenossen *Georg Friedrich Kersting* vor sich. Die Idylle wäre auch echt, würden die Buchstaben nicht eine Botschaft aus der *Vergangenheit* überbringen. Allerdings nicht nur aus Nicolos Vergangenheit. Aus den Buchstaben auf dem Tisch legt Nicolo gleichsam → ZUFÄLLIG Colinos Namen aus – jenes jungen → CHERUBINISCHEN Edelmannes, der Elvire in ihrer Kindheit gerettet hat, an seiner eigenen Verletzung jedoch starb und vor dessen Bild Elvire, wenn sie sich in ihr Schlafzimmer einschließt und sich auszieht, in einen Zustand der → VERZÜCKUNG zu geraten pflegt. Beim → ANBLICK von Colinos Namen staunt Nicolo, »dem diese logogriphische Eigenschaft seines Namens fremd war« (II. 210), »wie er noch nie in seinem Leben nicht getan« (ebd.). Das *Staunen* ist eine Fortsetzung jenes früheren *Schreckens,* den Nicolo empfindet, als er zum ersten Mal das Bild Colinos, das ihm zum Verwechseln → ÄHNLICH ist, erblickt. Zugleich bildet es den Höhepunkt jener süßen → TRÄUMEREI, die ihn bei dem fremdartig und doch vertraut klingenden Namen Colino erfasst. Nun zweifelt er nicht mehr daran, dass Elvire »unter dieser Versetzung der Buchstaben nur seinen eignen Namen verberge« (II. 210).

Zum Teil hat er auch recht. Denn die logogriphische Eigenschaft bestätigt seine früheren *Ahnungen.* Die Bewahrheitung seiner Vorahnungen hat jedoch verheerende Wirkung. Für Nicolo beginnt in dem → AUGENBLICK, als der Name des engelhaften Colino auftaucht, jener Sturz, der in der → HÖLLE enden wird. Das *Oben* und das *Unten* verbinden sich in den beiden unterschiedlichen und doch gleichen Namen. Für Elvire bedeutet das eine die *Vergangenheit,* das andere die *Zukunft* – und während sie das Oben und das Unten, die Vergangenheit und die Zukunft als *eins* sieht, wird sie entzweigerissen und hysterisch. Diderots Worte über die Frau scheinen auf sie gemünzt zu sein: »Die Frau besitzt einen Sinn, der bis zu den fürchterlichsten Krämpfen reizbar ist, sie beherrscht und in ihrer Phantasie Phantome jeder Art erweckt. Im hysterischen Delirium kehrt sie in die Vergangenheit zurück, schwingt sich in die Zukunft, alle Zeiten sind ihr Gegenwart.« (Diderot, 167)

Elvire, die *kurzsichtige* Frau, muss sich, um Colinos Namen entziffern zu können, über den Tisch beugen. Doch warum beugt sie sich überhaupt nieder? Gewiss wird sie von ihrem Schicksal dazu getrieben. Und von den zahllosen Verdrängungsmechanismen, mit deren Hilfe sie aus dem toten Colino ein *Idol,* aus dem lebenden Nicolo jedoch einen → TEUFEL gemacht hat. Dabei wäre Nicolo in ihren Augen kaum zu einem → TEUFEL verkommen, wenn sie Colino nicht so idolisiert hätte. Hätten ihre → MÄDCHENHAFTEN Instinkte gesünder reagiert, hätte sie Nicolo zu ihrem Geliebten gemacht und hätte in seiner Person auch den ihm zum Verwechseln ähnlichen Colino lieben können. Doch dazu kommt es nicht. Zwischen einem *bereits* toten (engelhaften) und einem noch lebenden (teuflischen) Mann hin- und hergerissen, ist ihr, als müsste sie zwischen Himmel und → HÖLLE wählen. Sie ist unfähig, sich zu entscheiden, und daran geht sie zugrunde. Nicht beider *Identität* wirkt zerstörerisch, auch nicht die *Unterschiede* zwischen ihnen, sondern ihre logogriphische Eigenschaft: *ihr Anderssein, das in ihrer → ÄHNLICHKEIT*

Nach Hermann Davidts will Kleist, als er die Namen Colino und Nicolo miteinander verknüpft, eigene, alte Erinnerungen heraufbeschwören. Während seiner Würzburg-Reise sucht er sich mit → BROCKES logogriphische Pseudonyme aus (Klingstedt und Buchholz bzw. Bernhofi) – und formt die Namen *Colino* und *Nicolo* aus den Buchstabenreihen *Ludwig von → BROCKES* und *Heinrich von Kleist.* (Zu dieser Folgerung gelangt Davidts anhand komplex zusammengesetzter Buchstabenreihen.) Obwohl diese Erklärung allzu weit hergeholt scheint, ist sie Kleist im Geiste nicht fremd – erst recht nicht, wenn man dessen schwärmerische Liebe zu → BROCKES bedenkt.

zum Ausdruck kommt, und ihre Ähnlichkeit, die in ihrem Anderssein zum Ausdruck kommt. So wie die Marquise von O.... ihre → HEFTIGSTEN → FIEBERanfälle dann erleidet, als sie den *engelhaften* Grafen F... und den an jenem verhängnisvollen → DRITTEN eintreffenden → *TEUFEL* weder miteinander *identifizieren* noch voneinander zu unterscheiden vermag.

Die logogriphische Eigenschaft ist ein Zeichen für die Abkehr vom ursprünglich rechten Weg sowie für die darauffolgenden *Irrfahrten,* die meist in den *Tod* führen.

Aus logogriphischen Gründen verirren sich die Römer in *Die Hermannsschlacht:* »Wars ein Versehen, daß man nach Pfiffimich, / Statt Iphikon geführt« (1881–2). Kurz darauf antwortet der Dritte Feldherr so auf Verus' Klage: »Ein Greuelsystem von Worten, nicht geschickt / Zwei solche Dinge, wie Tag und Nacht, / Durch einen eignen Laut zu unterscheiden« (1900–2). Eine logogriphische Eigenschaft steckt auch in der → ÄHNLICHKEIT der Namen von Armin und Marin in *Robert Guiskard* (131).

Am Ende von *Die Verlobung in St. Domingo* verwandelt sich der Name des Helden, *Gustav,* viermal in *August* (Gustau – August). Gustav, den der Erzähler ansonsten fast durchweg nicht bei seinem Namen nennt, sondern als »der Fremde« bezeichnet (49-mal), verwandelt sich nach Roland Reuß dann in August (und zwar nicht nur für den Erzähler, sondern auch für die anderen Personen, die ihn ansprechen!), als er seinen Glauben an Toni verliert, und verwandelt sich wieder in Gustav, als er sie tötet (Reuß, 40). Betrachten wir jedoch die vier Stellen, an denen es zu einem Namenswechsel kommt, zeigt sich, dass es sich nicht nur um den Verlust des *Glaubens* handelt. 1. Als er befreit wird, ist August freundlich, aber → ZERSTREUT (II. 192), und man befürchtet, dass er in → OHNMACHT fallen könnte: Er ist seelisch nicht anwesend. 2. Bei Tonis Eintritt verfärbt sich Augusts Gesicht, und er erschießt sie: Er benimmt sich wie ein Bote des Todes (des Jenseits), was Herr Strömli mit den Worten kommentiert: »Du ungeheurer Mensch!« (II. 192) Seine Verwandte schmettern ihm seinen »ursprünglichen« Namen ins Ohr:

Gustav, doch er hört nichts. Als Bewohner einer anderen (himmlischen oder höllischen) Welt hört er nicht auf seinen irdischen Namen. 3. August wird er von den Verwandten genannt, als die Sprache darauf kommt, dass Gustav ihnen mehrmals das Leben gerettet hat – wie ein himmlischer → CHERUB (so wie auch Colino und Graf F... an einen → CHERUB erinnern) – vgl. Berliner Ausgabe, 76. Der Namenswechsel erscheint nur im 4. Fall unbegründet – doch das ist kein Grund dafür, dass die Herausgeber *aller* kritischen Ausgaben nach den drei (!) verschiedenen, zu Kleists Lebzeiten erschienenen und vom ihm autorisierten Ausgaben (bis zum Erscheinen der Berliner Ausgabe) diesen Namenswechsel außer Acht lassen. (Das gilt sogar für Helmut Koopmann, den Herausgeber der Artemis-Ausgabe von 1994, obwohl er in den Anmerkungen den Namenswechsel für begründet hält.)

Diese Unaufmerksamkeit ergibt sich auch aus der kaum wahrnehmbaren »Krümmung« der »logogriphischen Eigenschaft«. Als krümmte sich → PLÖTZLICH der Himmel, um auf dem Umweg der → HÖLLE zu sich selbst zurückzufinden und sich zu schließen. Die Philologen und Herausgeber gehen über den Unterschied Gustav-August ebenso hinweg wie Alkmene den Unterschied zwischen A und J übersieht.

Die *kurzsichtige* Elvire muss zuweilen eine Brille aufsetzen. Alkmene ist ebenfalls kurzsichtig – auch wenn Jupiter dies im übertragenen Sinn von ihr sagt (1372). Oder sollte sie sich Kleist als *Brillenträgerin* vorgestellt haben?

Damit sie das in ihrem Gatten verborgene, göttliche Wesen erkennt und ihn so lieben lernt, als sei Amphitryon tatsächlich Jupiter, *muss sie ihn erst verlassen.* Damit sie ihn selbst, in seinem wahren Wesen, lieben kann, muss sie erst das lieben lernen, woran es ihm mangelt: *Erst über den Umweg des in Amphitryon zum Ausdruck kommenden Mangels kann sie sich Amphitryon nähern,* durch einen zweiten → SündenFALL (d. h. einen Ehebruch), wie es Herr C... im Aufsatz über das *Marionettentheater* vorausgesagt hat. Damit sich der Buchstabe J in ein A verwandelt (das → PARADIES), muss das A zuerst völlig verstummen (der → SündenFALL), und erst wenn es sich an seiner eigenen Fremdheit (seinem Mangel) gesättigt hat, kann es zu einem J werden, das nunmehr nach einem A klingt (das → PARADIES).

Aber Kleist gewährt Alkmene diese Möglichkeit nicht – ebenso wenig wie er Elvire ermöglicht, dass sie Colinos und Nicolos Namen *gleichzeitig* ausspricht, Toni, dass sie Gustav und August *gleichzeitig* liebt, Penthesilea, dass sie aus den Worten → KÜSSE und Bisse ein → UNAUSSPRECHLICHES → DRITTES formt, und der Marquise von O...., dass sie den Grafen F... *gleichzeitig* als → TEUFEL und als Engel sieht. Statt die Geschichte als *sprachlicher Kurzschluss* abzuschließen und eine *schnelle Lösung* herbeizuführen, bringt die logogriphische Eigenschaft alles durcheinander. Wie manche Wortspiele Shakespeares, die nach Samuel Taylor Coleridge »appear almost as if the first openings of the mouth of nature«, tun sich auch bei Kleists logogriphischen Einfällen erschreckende Weiten vor den Protagonisten auf.

»Puns often arise out of a mingled sense of injury, and contempt of the person inflicting it, and, as it seems to me, it is a natural way of expressing that mixed feeling. I could point out puns in Shakespeare, where they appear almost as if the first openings of the mouth of nature – where nothing else could so properly be said.« (Coleridge, II. 89)

Gefangen in der *Sprache,* irren sie alle zwischen Himmel und → HÖLLE umher. Die *Männer* zerfallen in Stücke, ihre Persönlichkeit spaltet sich, sie werden am Ende verbannt, sterben oder begehen Selbstmord. Die *Frauen* wiederum verzweifeln als Opfer der Sprache, werden fiebrig, verwandeln sich in lebende Tote oder sterben ebenfalls. Als Folge der logographischen Eigenschaft können die Protagonisten, auch wenn ihr Schicksal sie aufeinander zutreibt, nicht zueinander finden. Je näher sie sich kommen, umso mehr entfernen sie sich voneinander – so wie Agnes und Ottokar im letzten Aufzug von *Die Familie Schroffenstein,* als sie durch ihre *Verkleidung* nicht nur mit ihrem *Leben* die Logogriphie *üben,* sondern sich dabei auch endgültig verlieren. Als schriebe jemand mit einem großen *Griffel* das Schicksal dieser Protagonisten. Mit dem gleichen Griffel, den → GOTT in der Anekdote *Der Griffel Gottes* gebraucht, um die irdische Schrift *spurlos* zu verwischen (bis man nicht einmal auf sie schließen kann) und mit den gleichen Buchstaben sein *nicht irdisches* Urteil zu verkünden.

MÄDCHENHAFT

»Wahrhaftig, wenn ich sie so daliegen sehe, mit roten Backen und verschränkten Händchen, so kommt die ganze Empfindung der Weiber über mich, und macht meine Tränen fließen.« (2042–5) So empfindet Graf vom Strahl, als er das schlafende Käthchen in der vom Holunderbusch gebildeten Laube beobachtet. Als Mann betrachtet er sie, aber als Frau empfindet er. Die Möglichkeit, der sich Graf F… aus *Die Marquise von O….* gewiss auch diesmal bediente: nämlich das ohnmächtige Mädchen zu vergewaltigen, fällt ihm gar nicht ein.

Oder etwa doch? Empfindet er, erschrocken vor sich selbst, etwa deshalb als Frau, um *nicht* als Mann handeln *zu müssen?* Der Graf wird der Rolle, die ihm auferlegt ist, nur zum Teil gerecht. Statt das Schwert zu führen, Politik zu betreiben und Frauen zu erobern, vergießt er Tränen und identifiziert sich in seiner Seele mit der Frau, die von der Männerwelt nicht in → RUHE gelassen wird. Statt die Frauen zu beleidigen, wird er selbst zum Beleidigten. Gelegentlich erweckt er den Eindruck, als warte er darauf, dass ihm die Männer das antun, was er den Frauen antun müsste.

Ist diese Annahme übertrieben? Vielleicht. Tatsache ist jedenfalls, dass in *Penthesilea,* dem Gegenstück zu *Das Käthchen von Heilbronn, Achilles* trotz aller verbalen Beteuerungen seiner Männlichkeit unterliegt und sich als schwach erweist.

Er wird am Ende des Stückes förmlich vergewaltigt. Nach der Legende bringt ur-

»[W]er das Käthchen liebt, der kann die Penthesilea nicht ganz unbegreiflich sein, sie gehören ja wie das + und – der Algebra zusammen, und sind ein und dasselbe Wesen nur unter entgegengesetzten Beziehungen gedacht.« (8. Dezember 1808 – II. 818)

sprünglich Achilles Penthesilea um, doch Kleist wählt aus Benjamin Hederichs Lexikon (*Gründliches mythologisches Lexicon*, 1770) jene Fassung aus, in der sie ihn vernichtet. Indem Kleist die Frau zur Siegerin macht, behält er einerseits den Konflikt zwischen Mann und Frau bei, der für die Liebesverwicklung notwendig ist, erlaubt aber andererseits nicht, dass Achilles seiner Rolle als Mann gerecht wird. Der kämpferische Mann wird weiblich, die zarte, zerbrechliche Frau männlich. *Als Mann* hat Kleist Mitgefühl mit der Frau und gestaltet sie daher, um den → SCHEIN zu wahren, männlicher; damit jedoch auch der Mann seine weiblichen Gefühle bewahren kann, muss ihn Kleist weiblicher gestalten. Und als *beide Helden* sterben, bedeutet das auch eine Art Selbstmord: Im Mann erweist sich die Weiblichkeit, in der Frau die Männlichkeit als zerstörerisch.

Das Problem des Schwankens zwischen der Frauen- und der Männerrolle spricht Kleist bereits ganz früh, im Mai 1799, an. Einen Monat nachdem er seine Entlassung aus dem Heer erhält und damit für immer aus dem geschlossenen Männerbund austritt, in dem er nach manchen Mutmaßungen verführt worden ist (Braig, 33) und aus dem er vielleicht vor der auch ihn bedrohenden Homosexualität flieht (Wittels, 16), schreibt er Ulrike von der »Ausartung« seiner Natur und seiner diesbezüglichen Ängste. Im selben Absatz fügt er hinzu: »Wärst Du ein Mann oder nicht meine Schwester, ich würde stolz sein, das Schicksal meines ganzen Lebens an das Deinige zu knüpfen.« (II. 488) Als er ein Jahr später, im August 1800, → BROCKES erwähnt – allerdings nur als vage Andeu-

Innerhalb eines Jahres nach *Penthesilea* und *Das Käthchen von Heilbronn* verfasst Kleist seine Idylle *Der Schrecken im Bade*, in der Johanna, in *Männerkleider* gehüllt, die nackt badende Margarete beobachtet. Der Hinweis auf Diana und Aktaion erinnert an *Penthesileas* Tragik; und die Szene selbst verweist auf die Verkleidungsszene in *Die Familie Schroffenstein*, die als Ausgangsidee des ganzen Stückes diente (LS 70). Wolf Kittler bestreitet die homoerotische Ebene in *Die Familie Schroffenstein* (Kittler, 62); liest man das Stück jedoch vor dem Hintergrund von *Der Schrecken im Bade*, wird die → VERWIRRUNG der Geschlechter offenkundig. In der Idylle beobachtet ein Mädchen als Junge ein anderes Mädchen, froh, mit ihm nicht ins Bett gehen zu müssen – wodurch die Idylle einen Beigeschmack bekommt, der auch die angestrebte Lösung problematisch werden lässt. Als die erschrockene Margarete erkennt, dass statt des gefürchteten Jungen (»Abscheu-

tung –, schreibt er erneut: »Wärst Du ein Mann gewesen – o Gott, wie innig habe ich dies gewünscht! – Wärst Du ein Mann gewesen – denn eine Frau konnte meine Vertraute nicht werden, – so hätte ich diesen Freund nicht so weit zu suchen gebraucht, als jetzt.« (II. 514) Der junge Kleist sehnt sich nach einem Mann, wünscht sich jedoch, dass dieser seine Schwester sei. Das Inzesttabu soll ihn vor der Verletzung eines noch größeren Tabus bewahren – der Entfaltung der Homosexualität.

licher!«, »Häßlicher«) »nur« ihre Freundin sie nackt sieht, wird sie → PLÖTZLICH selbstischer wie ein Junge. Es fehlt nicht viel, und sie würde als mädchenhafter Junge die schroffe, mit männlicher Stimme sprechende Johanna verführen.

Bald darauf erscheint auf der Szene Ludwig → BROCKES, und Kleists Gefühle dem älteren Mann gegenüber erweisen sich schlagartig als ungleich tiefer und leidenschaftlicher als je seiner Verlobten Wilhelmine gegenüber. Das wird obendrein gerade aus seinen Briefen an Wilhelmine ersichtlich. Der Ton seiner *schwärmerischen* Briefe an Männer erklärt sich noch zum Teil durch die oberflächliche und obligatorische (also unpersönliche) Innerlichkeit der Jahrhundertwende vom 18. zum 19. Jahrhundert. Aber die Art, wie Kleist einer *Frau* von einem *Mann* vorschwärmt, verrät eine ungleich komplexere, mit Verdrängungen und Ängsten übervolle Gefühlswelt. → BROCKES, den er einmal als *älter* (II. 525), ein andermal als *jung* (II. 526) bezeichnet, spielt eine immer ausschließlichere Rolle in Kleists Leben. Das lässt sich unter anderem daran ablesen, wie er bei der Erwähnung von → BROCKES' Namen Wilhelmine beteuert, dass sie ihm wichtiger als alle anderen sei (II. 525, 528). Zum Teil erklärt es auch, warum er sie ständig erzieht und belehrt: Er versucht, ein *Wesen* zu »konstruieren«, das mit der lebendigen Frau nichts gemein hat.

»Amphibion Du, das
in zwei Elementen
stets lebet,
Schwanke nicht
länger und wähle
Dir endlich ein
sichres Geschlecht.
Schwimmen und
fliegen geh nicht
zugleich, drum verlasse das Wasser,
Versuch es einmal in
der Luft schüttle
die Schwingen und
fleuch!«

Obwohl das Gedicht an Ulrike adressiert ist, spricht er darin offenkundig *sich selbst* an.

»[W]äre ein Mädchen auch noch so vollkommen, ist sie *fertig,* so ist es nichts für mich. Ich selbst

Er lebt *an der Seite eines Mannes aus Fleisch und Blut* und träumt von einer *abstrakten Frau,* der er unter anderem wünscht, dass sie ihrerseits eine »weibliche Brockes« finden möge. Und als er sich selbst → UNVERSTÄNDLICH nennt, bezieht sich das zwar auf das geheimnisvolle Ziel seiner Reise nach Würzburg, doch dabei verrät er sich auch. Denn es muss sie in der Tat → UNVERSTÄNDLICH anmuten, dass Kleist, obwohl er ständig von ihrer bevorstehenden, gemeinsamen Idylle und der → GARTENLAUBE träumt, statt zu ihr heimzukehren, ihr von → BROCKES vorschwärmt und sich nicht von ihm trennen will. Und als die Trennung naht, bittet er sie um Aufschub: erst um sechs, dann um zehn (!) Jahre (II. 588–9). Im Nachhinein stellt sich heraus: Er erbittet sich sein ganzes restliches Leben!

muß es mir formen und ausbilden, sonst fürchte ich, geht es mir, wie mit dem Mundstück an meiner Klarinette.« (II. 549)

→ BROCKES' Abreise aus Berlin (Januar 1801) fällt zusammen mit dem Ausbruch der sogenannten → KANT-KRISE. Der Brief vom 31. Januar ist ein einziges, großes Liebesbekenntnis – an Wilhelmine geschrieben, aber an → BROCKES gerichtet, und alsbald gefolgt von seiner endgültigen Abreise und dann Trennung von ihr. An der Seite Ulrikes, die ihn in Männerkleidern begleitet, flieht Kleist aus Berlin nach Paris. Aber auch danach schreibt er seine leidenschaftlichsten Briefe an Männer: an Heinrich Lohse (23.–29. Dezember 1801), Ernst von Pfuel (7. Januar 1805), Otto August Rühle von Lilienstern (Ende November 1805). Diese Briefe sind beseelt von jenen »mädchenhaften Gefühlen« (II. 749), die später auch der Graf vom Strahl empfindet; zugleich befürchtet er aber auch, dass sein Ton unverhohlen homoerotisch wird. Er ist

→ ENTZÜCKT über sie (II. 622), so wie Alkmene über Jupiter oder Elvire über Colino; aber um die unverhohlen sexuelle Bedeutung des Wortes zurückzunehmen, nennt er seine Männerfreunde »Erscheinungen« (II. 619, 748), so wie die Marquise von O.... den Grafen F... im letzten Satz der Erzählung – übersinnliche Wesen also, denen gegenüber er guten (?) Gewissens auf seine körperliche → BEGIERDE verzichten kann, selbst wenn er sie am liebsten immer wieder → UMARMEN, ihnen an die → BRUST sinken (II. 623, 710, 749, 759), sogar mit ihnen zusammen schlafen möchte (II. 749).

»Du stelltest das Zeitalter der Griechen in meinem Herzen wieder her, ich hätte bei Dir schlafen können, Du lieber Junge; so umarmte Dich meine ganze Seele! Ich habe Deinen schönen Leib oft, wenn Du in Thun vor meinen Augen in den See stiegest, mit wahrhaft *mädchenhaften* Gefühlen betrachtet.« (An Ernst von Pfuel, 7. Januar 1805 – II. 749)

Die Frage, ob Kleist verführt wurde (Braig, 33), ob ihm das Onanieren wirklich einen solchen Schrecken einjagte, wie Sadger vermutet (Sadger, 9), ob er sich wirklich vor seinen homoerotischen Gefühlen fürchtete (Zimmermann, 261) oder ob sein Leben wirklich als ein »regelrechtes Museum« von Abwehrmechanismen gegen die Homosexualität (Wittels, 18) zu sehen ist – all das ist insofern interessant, als sich Kleist nachweislich in Verdrängung, der → VERWIRRUNG der Gefühle und der Irreleitung der → BEGIERDEN übt. Seine Werke sind deshalb Meisterwerke, weil in ihnen das »Rohmaterial« der Verdrängung aufhört, Verdrängung zu sein, und stattdessen zur Entfaltung solcher metaphysischer Spannungen führt, die sich nicht mehr ausschließlich auf sexuelle reduzieren lassen. Das vage Chaos von → BEGIERDEN und Gefühlen verdichtet sich zu einem Werk und klärt sich zu genau nachvollziehbaren Kraftlinien. Was im Leben eine psychische Störung oder krankhafte Verirrung zu sein scheint, steigert sich im Werk zum gesündesten Leben. So viele neurotische, ja psychotische Elemente Kleists Werke auch haben mögen, ihr Kern ist dennoch nicht weniger gesund als der eines jeden Werkes von Goethe. Doch selbst das Wort *Gesundheit* ist irreführend. Bezüglich der Werke scheint es angebrachter, von einer Art *übergeordneten Gesundheit* zu sprechen, die die Gefahr ausschließt, dass wir das, was als *geschriebenes* Werk vor uns liegt, zum Rohmaterial des Lebens reduzieren. Natürlich ist auch das ästhetische Werk *Rohmaterial;* indem Aristoteles bei der → BESTIMMUNG der Tragödie in der *Poetik* stets zur Frage der Rezeption zurückkehrt, so Max Kommerell, »ist am Anfang der europäischen Ästhetik, der Begriff des Ästhetischen, in sich aufgehoben« (Kommerell, 1957, 58).

»the *aesthetic* ... is not a separate category but a principle of articulation between various known faculties, activities, and modes of cognition. What gives the aesthetic its power and hence its practical, political impact, is its intimate link with knowledge, the epistemological implications that are always in play when the aesthetic appears over the horizon of discourse«, schreibt Paul de Man bezüglich Schillers Ästhetikbegriff (de Man, 1984, 264–5)

Aber nicht in dem Sinn, dass es genauso diffus wäre wie das ungegliederte Alltagserlebnis, sondern dass es sich davon absondert und zu einem selbstständigen System ordnet, das zwar genauso wirklich ist wie alles andere, was existiert, und trotzdem nicht wirklich ist, auch wenn es durchaus existiert. Es lässt sich nicht auf Erlebnisse reduzieren (nach Gadamers Untersuchung erscheint und verbreitet sich das Wort Erlebnis erst in der biographischen Literatur der 1870er Jahre – Gadamer, 56–7), aber es lässt sich auch nicht von ihnen trennen. Gadamer sagt: »Das ästhetische Erlebnis ist nicht nur eine Art von Erlebnis neben anderen, sondern repräsentiert die Wesensart von Erlebnis überhaupt [...]. Es scheint geradezu die → BESTIMMUNG des Kunstwerks, zum ästhetischen Erlebnis zu werden, d. h. aber, den Erlebenden aus dem Zusamenhange seines Lebens durch die Macht des Kunstwerks mit einem Schlage herauszureißen und ihn doch zugleich auf das Ganze seines Daseins zurückzubeziehen« (Gadamer, *Wahrheit und Methode,* 66). Oder mit den Worten Kleists: »[D]ie Leute fordern als erste Bedingung, von der Wahrheit, daß sie wahrscheinlich sei; und doch ist die Wahrscheinlichkeit, wie die Erfahrung lehrt, nicht immer auf Seiten der Wahrheit.« (II. 277–8)

So ist auch nicht verwunderlich, wenn »derjenige, der, in einer heitern Sommernacht, ein Mädchen, ohne weiteren Gedanken, küßt, zweifelsohne einen Jungen zur Welt bringt« (II. 329). Denn auch wenn es in der Wirklichkeit unvorstellbar ist, dass ein Mann ein Kind zur Welt bringt, wird in einem Kunstwerk durch die »weiblichen« und »mädchenhaften« Gefühle selbst das möglich. Aber nicht als eine »Ausartung« der → NATUR, sondern im Gegenteil als ihr Sieg über die gebrechliche, hinfällige → WELT.

METAPHER

In einem Brief an Pfuel vom 7. Januar 1805 schreibt Kleist: »Ich kann ein Differentiale finden, und einen Vers machen; sind das nicht die beiden Enden der menschlichen Fähigkeiten?« (II. 750) Kleist glaubt, im Besitz beider *Extreme* zu sein. Doch kann jemand die Extreme besitzen? Ist es nicht vielmehr so, dass jene ihn besitzen? Während sich Kleist dazu bekennt, ein Meister beider Fähigkeiten zu sein, lässt er durch die *metaphorische* Formulierung auch etwas anklingen, was er gar nicht ausspricht. Er habe *extreme* Fähigkeiten, behauptet er von sich. Seine Behauptung deckt sich jedoch nicht mit ihrem wahren Sinn. Denn Kleist spielt stillschweigend auf sein extremes emotionales Ausgeliefertsein an. Dies wird auch dadurch unterstrichen, dass seine These über die Verwandtschaft von Dichtung und Mathematik ausgerechnet im *leidenschaftlichsten Liebesbrief* seines Lebens zu lesen ist. Wirklich *extrem* ist für Kleist in dem → FALL seine blinde Leidenschaft für Pfuel. Und während er die Dichtung und die Mathematik als die beiden Enden der menschlichen Fähigkeiten bezeichnet, teilt er seinem Freund stillschweigend zwischen den Zeilen mit, dass ihm, solange er das »besitzt«, alles glücken wird. Auch Pfuel für sich wiederzuerobern. Dichtung und Mathematik kommen hier so miteinander in Berührung wie die Marionette und → GOTT im Aufsatz über das *Marionettentheater* [weshalb sich der Aufsatz nicht auf eine »poetologische Schrift« reduzieren lässt, wie Kanzog meint (Kanzog, 1989, 349), sondern schon seiner problematischen Gattung wegen sowohl ein poetischer als auch ein mathematischer und lebenstechnischer Versuch ist]. Und so wie diese *Berührung* die Gewinnung der → GRAZIE zum Ziel hat, geht es bei jener Berührung in Wirklichkeit um die Gewinnung der Liebe, des irdischen → PARADIESES. Um die Erlangung der *körperlichen Berührung* – wie Kleist in dem Brief offen andeutet: »Du stelltest das Zeitalter der Griechen in meinem Herzen wieder her, ich hätte bei Dir schlafen können, Du lieber Junge; so umarmte Dich meine ganze Seele! Ich habe Deinen schönen Leib oft, wenn Du in Thun vor meinen Augen in den See stiegest, mit wahrhaft *mädchenhaften* Gefühlen betrachtet.« (II. 749). Das Bild des nackt badenden Jungen erscheint nicht nur in diesem Brief: Im Aufsatz über das *Marionettentheater* wird das Problem der verlorenen → GRAZIE anhand des gleichen Bildes besprochen. Dichtung und Mathematik bieten *gemeinsam ein neues* Glück, das nicht auf einen früheren Zustand zurückverweist, nicht von einer schon aufgestellten Gleichung »ableitbar« ist. Es ist ein radikal neues, paradiesisches Glück, von dem es keinen Übergang in die → WELT gibt.

Dieser neue Zustand ist wie eine Metapher: Sie vereint Dinge, die im Grunde unvereinbar miteinander sind. Ein Bruch mit jeder Existenz *creatio ex nihilo.* So wie das → PARADIES mit dem Erlöschen des irdischen Lebens beginnt, entsteht auch die Metapher während der radikalen Sinnauslöschung. Aus der Dichtung wird Mathematik, aus der Marionette → GOTT, aus dem Mann ein Mädchen. Und doch nicht. In der Identität bleibt auch die Verschiedenartigkeit bestehen, ja, steigert sich noch. Es kommt zu einer Art → KENTAURENzustand. Wie ein → KENTAUR muss sich auch Kleist Pfuel gegenüber gefühlt haben – so wie auch Penthesilea von den Griechen zu Recht als → KENTAURIN bezeichnet wird. Jene Penthesilea, deren Tod Kleist – unter Tränen – zuerst dem im Zimmer nebenan wohnenden Pfuel mitteilt!

Kleist gebraucht das Wort »Metapher« ein einziges Mal. Am 10. Dezember 1810, nur zwei Tage vor dem Erscheinen des ersten Teils des Aufsatzes über das *Marionettentheater* (der später die meisten Interpreten zu einer metaphorischen Deutung verleitet hat), veröffentlichte er in den *Berliner Abendblättern* ein Fragment mit folgendem Wortlaut: »Man könnte die Menschen in zwei Klassen abteilen; in solche, die sich auf eine Metapher und 2) in solche, die sich auf eine Formel verstehn. Deren, die sich auf beides verstehn, sind zu wenige, sie machen keine Klasse aus.« (II. 338) Auch hier bringt er Dichtung und Mathematik in Verbindung miteinander. Wobei er sie hier einander gegenüberstellt. Doch nur, um anschließend zu verkünden: Es gibt einige wenige, die beide Fähigkeiten in sich vereinen. Doch dies ist eine so seltene Gabe, dass jene, die sie besitzen, fast gar nicht mehr zu den Menschen gehören. Sie können weder zu jenen gezählt werden, die an die objektive Beschreibbarkeit der Welt glauben, noch zu jenen, die ausschließlich ihrer inneren Erfahrung → VERTRAUEN und jede Objektivität zurückweisen. Sie gehören nicht zu jenen, die versuchen, alles *wörtlich aufzufassen* und den Gebrauch der Metapher, die ihres Erachtens die Wahrheit verfälscht, ablehnen. Noch gehören sie zu jenen, die sich auf die → UNBEGREIFLICHEN (und unzuverlässigen) Gefühle berufen und sich, indem sie sich bloß auf poetische Bilder verlassen, schwer an der Ratio versündigen.

Dieser Menschentyp bewegt sich heimisch in beiden Elementen, da er ihre Grenzen überschreitet. Er vereint sie nicht einfach (Kleist zeigt keinerlei Interesse für Lösungsversuche wie die Schelling'sche Identitätsphilosophie), sondern sieht sie als nicht existent. Er bricht radikal mit dem Mythos sowohl der »Objektivität« als auch der »Subjektivität«, ohne dass er deswegen aufhörte, existent (objektiv) oder → INNERLICH zu sein. Er ist ein vollkommenes, wenn auch unmögliches Wesen. Er ist das, was sich Novalis bereits ein paar Jahre zuvor erträumt hat: ein Dichter und Mathematiker. Oder das, was später Ulrich in Musils *Der Mann ohne Eigenschaften* sein wird: ein Mathematiker und Mystiker. Oben »Mathematiker«, unten »Dichter«. Oder umgekehrt. Jedenfalls ist er wie ein → KENTAUR. Oder im Femininum: eine → *KENTAURIN*. Denn Kleist stellt ihn sich weiblich vor.

»So viel ich weiß, gibt es in der Natur
Kraft bloß und ihren Widerstand, nichts Drittes.
Was Glut des Feuers löscht, löst Wasser siedend
Zu Dampf nicht auf und umgekehrt. Doch hier
Zeigt ein ergrimmter Feind von beiden sich,
Bei dessen Eintritt nicht das Feuer weiß,
Obs mit dem Wasser rieseln soll, das Wasser,
Obs mit dem Feuer himmelan soll lecken.«
(125–33)

Er ist Penthesilea, die von Odysseus eine »Kentaurin« genannt wird (118) und die weder als Kraft noch als Widerstand bezeichnet werden kann, obwohl Odysseus kein → DRITTES bekannt ist.

Diese Charakterisierung am Anfang des Stückes trifft auf Penthesilea in der Tat zu. Denn am Ende des Stückes, nachdem sie einerseits (»als Dichterin«) die Liebe erfahren, andererseits (»als Mathematikerin«) jede sich anbietende Kriegstaktik und Strategie ausprobiert hat, *vereint* sie diese beiden extremen Fähigkeiten, von denen Kleist Pfuel schrieb. Sie wird *zugleich* Dichterin und Mathematikerin, sie stellt eine Gleichung auf, indem sie eine Metapher schafft. Und das Ergebnis ist einerseits *präzise* wie eine logische Behauptung, andererseits *bringt* es die Ordnung der Sprache *durcheinander* wie eine vollendete Metapher.

Dieses Ergebnis ist Penthesileas *Tod*. Ihr Tod erinnert an den Tod Othellos, der ein Gleichnis erzählend seinem Leben ein Ende setzt.

Dennoch besteht ein entscheidender Unterschied zwischen beiden, der Un-

»... in Aleppo once
Where a malignant and a turbaned Turk
Beat a Venetian and traduced the state,
I took by th' throat the circumcised dog
And smote him thus.
He stabs himself«
(Shakespeare, *Othello*)

terschied zwischen einem *Gleichnis* und einer *Metapher.* Othello ersticht sich mit einer *wirklichen* Waffe, und die Waffe, sein Schwert, in das er sich stürzt, wird durch das Gleichnis weder spitzer noch stumpfer. Penthesilea bringt sich jedoch um, ohne etwas in der Hand zu halten. Ihr Tod ist kein Selbstmord, denn sie tötet sich *mit Worten;* aber es ist auch kein natürlicher Tod, denn sie setzt ihrem Leben doch ein Ende. *Sie schmiedet sich aus Worten eine Waffe.* Dieses Schwert ist *eine tätliche Metapher.* Bei Othello schneidet ein Schwert ins Fleisch, das auch unabhängig von dem Gleichnis existiert und auch für sonstige Zwecke zu gebrauchen ist. Das Gleichnis beweist die Entschlossenheit der Seele *hinter* dem Fleisch. Penthesilea hingegen sticht sich mit Worten ins Fleisch, und mit ihrem Körper »stirbt« auch ihre Waffe. Aber als sie noch lebt, ist sie »lebendiger« (gefährlicher) als jede wirkliche Waffe.

»Der Himmel weiß, meine teuerste Ulrike (und ich will umkommen, wenn es nicht wörtlich wahr ist) wie gern ich einen Blutstropfen aus meinem Herzen für jeden Buchstaben eines Briefes gäbe« (26. Oktober 1803 – II. 735). »Ja, wenn man *Tränen* schreiben könnte –« (4. August 1806 – II. 766–7).

Penthesileas »Waffe« ist so sehr eins mit ihr, dass sie sich nicht einmal an ein Gleichnis um Hilfe wenden kann.

Das Gleichnis hat eine Bedeutung, die auf eine vorherige Bedeutung verweist. Die Metapher hingegen löscht jede vorherige Bedeutung aus und wird zu einem Indikativ, der auch seine eigene Bedeutung in sich trägt – wobei sie sich trotzdem nur als »explodierte« (oder implodierte) Bedeutung manifestieren kann.

Von der Ordnung der Worte aus betrachtet, ist sie *anarchisch* (wie Kohlhaas stellt sie jede stillschweigende Vereinbarung auf den Kopf); doch weil sie ein Indikativ ist, schafft sie doch *Ordnung,* auch wenn diese – wie Kohlhaas' erträumte Ordnung – subversiv

»In the manner of a vibration spreading in infinitude from its center, metapher is endowed with the capacity to situate the experience at the

ist und sich nicht dazu eignet, zur Konvention zu werden.

In dem Privatbrief an Pfuel stellen Dichtung und Mathematik die zwei Extreme der aus einem Block gehauenen *emotionalen Leidenschaft* dar. In *Penthesilea* lässt sich die Existenz jenes *unmöglichen* → DRITTEN nicht auf die Leidenschaften und Gefühle beschränken. Die *Metapher,* mit der sich Penthesilea umbringt, *bringt die Ordnung der Existenz durcheinander* – zugleich *schafft sie* am Höhepunkt der Tragödie *eine neue Ordnung.* In dem Fragment, das er im *Berliner Abendblatt* veröffentlicht hat, fasst Kleist gleichsam zusammen, was er in *Penthesilea* und in seinen anderen Werken ausführt: dass man nämlich der Sprache eine Kraft verleihen kann, die es der Dichtung ermöglicht, radikal neue Wege zu beschreiten. Das wird der Weg der modernen Dichtung sein: Sie wird die Ordnung der Sprache durcheinanderbringen (Lautréamont, Rimbaud), um eine neue, autonome, sich keiner vorgegebenen Vorstellung beugende Ordnung zu schaffen. Doch dieser *Schritt nach vorne* ist zugleich auch ein *Schritt zurück* in die ferne Vergangenheit, zum frühen griechischen Geist, für den nicht nur die Tragik einer *Penthesilea* selbstverständlich war, sondern auch, dass sich »*der Geist der Mathematik* […] nicht von irgendeiner Manifestation des einen, unteilbaren Geistes isolieren lässt« (Suranyi, 11). So wie Mathematik und Dichtung (Metapher) bzw. → GOTT und die Marionette eine Verbindung miteinander eingehen, so verbinden sich in Kleists Œuvre der Gedanke des Tragischen aus einer fernen Vergangenheit und das Dichtungsideal einer noch unbekannten Zukunft, um den neuzeitlichen europäischen Rationalismus mit

heart of a universe that it generates. It provides the ground rather than the frame, a limitless anteriority that permits the limiting of a specific entity […]. The ›meaning‹ of the metapher is that it does not ›mean‹ in any definite manner.« (de Man, 1993, 235)

seinen eigenen, nicht rationalisierbaren Grenzen zu konfrontieren und dadurch auch die Kunst vom Zwang der Widerspiegelung, der Imitation (Realismus) zu befreien.

Kurz nach der Veröffentlichung des Fragments schreibt Kleist an Marie von Kleist: »Wirklich, in einem so besondern Fall ist noch vielleicht kein Dichter gewesen. So geschäftig dem weißen Papier gegenüber meine Einbildung ist, und so bestimmt in Umriß und Farbe die Gestalten sind, die sie alsdann hervorbringt, so schwer, ja ordentlich schmerzhaft ist es mir, mir das, was wirklich ist, vorzustellen. Es ist, als ob diese in allen Bedingungen angeordnete Bestimmtheit meiner Phantasie, im Augenblick der Tätigkeit selbst, Fesseln anlegte. Ich kann, von zu viel Formen verwirrt, zu keiner Klarheit der innerlichen Anschauung kommen; der Gegenstand, fühle ich unaufhörlich, ist kein Gegenstand der Einbildung: mit meinen Sinnen in der wahrhaftigen lebendigen Gegenwart möchte ich ihn durchdringen und be-

»... jetzt steig ich in meinen Busen nieder,
Gleich einem Schacht, und grabe, kalt wie Erz,
Mir ein vernichtendes Gefühl hervor.
Dies Erz, dies läutr' ich in der Glut des Jammers
Hart mir zu Stahl; tränk es mit Gift sodann,
Heißätzendem, der Reue, durch und durch;
Trag es der Hoffnung ewgem Amboß zu,
Und schärf und spitz es mir zu einem Dolch;
Und diesem Dolch jetzt reich ich meine Brust:
So! So! So! So! und wieder! – Nun ists gut.«
Sie fällt und stirbt. (3025–34)

greifen. Jemand, der anders hierüber denkt, kömmt mir ganz unverständlich vor.« (II. 873)

Kleist kann jene nicht verstehen, die Worte, als hinter der lebenden »Wirklichkeit« wartende, bloße »Gegenstände«, der »Phantasie« zurechnen. Aber in den Augen der Mehrzahl seiner Zeitgenossen ist Kleist, der die Worte »wahrhaft lebendig« und ins Fleisch schneidend machen wollte, ebenso → UNVERSTÄNDLICH. 1808, beim Erscheinen von *Penthesilea,* das buchstäblich in eine *ins Fleisch schneidende* Metapher mündet, verurteilt einer der Kritiker gerade den Gebrauch der Metaphern: »Die Kühnheit der Metaphern schweift gewöhnlich in die Regionen des Lächerlichen über.« (LS 282)

Nicht nur bei Penthesileas Selbstmord wird eine *ins Fleisch schneidende* Metapher geboren. Auch als sie Achilles verzehrt, wird das *Wort Fleisch:* Durch den Mund gelangt das *Fleisch* in den Körper, während *Worte* (→ KÜSSE – Bisse) aus ihm treten, die auf etwas ganz anderes verweisen. Der → AUGENBLICK der Begegnung von Wort und Fleisch ist selbst eine Metapher: Der *Mund führt* das eine in das andere *über,* was die ursprüngliche Bedeutung der Metapher unterstreicht.

Noch 1896 bemängelt Minde-Pouet, der Kleist sonst hoch schätzt, in dessen von der Sprachnorm abweichendem Stil: »lediglich die Manifestation einer übertriebenen Originalitätssucht« (zitiert nach Kanzog, 285). Aber schon 1922, zum Teil auch infolge der Verbreitung der literarischen Moderne, schreibt Gundolf über Kleists Vergleiche, dass sie nicht aus der Anschauung kommen, »sondern aus dem Wunsch etwas Extremes von Schnellkraft zu sagen« (Gundolf, 41), und sieht in ihm daher einen Geistesverwandten der Expressionisten. »Er zuerst legt unter den deutschen Dichtern das Gewicht mit Erfolg mehr auf die Sagung als aufs Gesagte, mehr auf die Gewalt als auf die Gestalt der Schau« (ebd.).

Gundolfs Urteil macht klar, warum Kleist der Metapher eine so herausragende Rolle zugeschrieben hat. Wie die Metapher, die für Penthesileas Tod »verantwortlich« ist, zeigt, wird die Königin ein Opfer der → VERWIRRUNG, die jedoch eine *vollkommene, makellose Ordnung schafft.* Penthesilea »erzählt« nicht, was sie zu tun beabsichtigt, kündigt den anderen nicht an, *was sie schon weiß,* sondern verliert das seelische Gleichgewicht erst *beim* Sprechen, auf dessen Wirkung hin. Sie erzählt nichts, was auch unabhängig von Worten existiert, sondern die Worte selbst werden schöpferisch. Penthesilea wird nicht ein Opfer von *Ideen* (Heldentod, Selbstaufopferung, Schande, Buße usw.), sondern von *Worten.* Sie stirbt an den Worten. Doch dazu kann es nur deshalb kommen, weil die Worte gewichtig werden. Sie wird das Opfer einer Dichtung, die dadurch eine neue, makellose Sprache schafft, dass sie die Sprache »durcheinanderbringt«. Es ist verständlich, dass Kleists Zeitgenossen angesichts seiner Metaphern befremdet waren. Denn Kleist strebt etwas an, was Hans Blumenberg »absolute Metaphern« genannt hat, »die sich nicht ins Eigentliche, in die Logizität zurückholen lassen« (Blumenberg, 9). Kleist ist nicht einfach unkonventionell (das natürlich auch), sondern wendet sich gegen eine jahrhundertealte Tradition. Er stellt die Dichtung nicht in den Dienst einer auch mit anderen Mitteln aufspürbaren Wahrheit, sondern schafft eine Wahrheit durch die Dichtung selbst. Diese der Dichtung entwachsene Wahrheit ist nicht identisch mit jener »Wahrheit«, deren Zerrinnen Kleist in seine sogenannte → KANT-KRISE getrieben hat. Diese »dichterische« Wahrheit eignet sich sogar dazu, die Nichtexistenz der (rationalen, teleologischen) Wahrheit vor Augen zu führen. Kleist *unterwirft* nicht die Worte einer Idee, sondern schafft mit Worten – nicht eine Idee, sondern ein Schicksal. Und dadurch unterbricht und verwirrt er zugleich auch die Tradition.

Denn lange stand man in der neuzeitlichen europäischen Tradition der Metapher, als einem vermeintlichen Hindernis für die *präzise Formulierung,* vorwiegend misstrauisch, ja ablehnend gegenüber. Hobbes etwa behandelt sie in *Leviathan* unter den Sinnlosigkeiten und schreibt: »The Light of humane minds is Perspicuous Words, but by exact definitions first snuffed, and purged from ambiguity [...]. And on the contrary, *Metaphors,* and senselesse and ambiguous words, are like *ignes fatui;* and reasoning upon them, is wandering amongst innumerable absurdities; and their end, contention, and sedition, or contempt.« (I. 5.) Hinter dem Anspruch auf präzise, eindeutige Formulierungen steht die berechtigte Angst vor Willkür und Subjektivität, die auch in der Lage sind, Worte mit einer Bedeutung zu versehen, die diese ursprünglich nicht haben. Wie Lakoff und Johnson es ausdrücken: »The objectivist sees all metaphors as cases of indirect meaning, where M ≠ M'. All sentences containing metaphors have objective meanings that are, in the typical case, either blatantly false [...] or blatantly true [...]. Understanding a sentence [...] as metaphorical always involves understanding it indirectly as conveying an objective meaning M' which is different from the literal objective meaning M.« (208)

»Die Metapher [...] ist immer eine Unterbrechung des Vorstellungsganges und eine stete Zerstreuung, da sie Bilder erweckt und zueinanderstellt, welche nicht unmittelbar zur Sache und Bedeutung gehören und daher ebensosehr auch von derselben fort zu Verwandtem und Fremdartigem herüberziehen.« (Hegel, zitiert nach Kurz, 9)

Während Kleist die Metapher gegen die rationalistische Tradition in Schutz nimmt, distanziert er sich jedoch auch von denjenigen (Rousseau, Hamann, Herder), die die Metapher im 18. Jahrhundert als Teil der sogenannten Affektenlehre gerade ihrer bilderschaffenden Kraft wegen emanzipieren wollen. Während nach Voltaires Ansicht die Metapher mit ihren Bildern »blendet« (Gründer-Ritter, 1180), streben jene, die die Bilder »befreien« wollen, vor allem nach Befreiung der Vorstellungskraft, was sinngemäß mit Kants Deutung der Genialität und der Genieästhetik zusammenhängt (vgl. Boehm, 15). Kleist jedoch entzieht die Metapher auch dem Rahmen der Affektenlehre und tut das, → PARADOXERWEISE, als Rationalist. Kleist als Dichter ist keinesfalls *Anti*rationalist (Gundolfs Behauptung, Kleist sei der Vollender des Sturm und Drang, ist nur schwer beizupflichten) – wohingegen er als Rationalist ausdrücklich für die Befreiung der Gefühle Stellung nimmt. Die Höhepunkte seiner Dichtung sind Momente der Verschmelzung dieser beiden Elemente. Er ist fähig, grenzenlose Leidenschaft mit Hyperrationalismus zu verschmelzen. Kleist steht mindestens so weit weg von Rousseau wie von Voltaire oder, im deutschen Sprachbereich, vom Sturm und Drang (trotz aller → ÄHNLICHKEIT ihrer Mittel und der entlehnten Elemente) wie von Hegel.

Die Metapher ist bei Kleist mehr als bloß eine semantische Figur. In seinen Werken ist die *Struktur der Existenz selbst* metaphorisch: Aus einander widerstrebenden und sich dennoch gegenseitig bedingenden Gegensätzen entstehen *metaphorische Situationen,* aus *Verschiedenem* wird *Identisches* geboren, was bei Kleist allerdings untrennbar mit einem abgrundtiefen, nicht nur psychischen, sondern auch existenziellen Zwiespalt verbunden ist. Seine Helden folgen ihrer Sehnsucht nach *Identität,* diese zwingt sie, der hinfälligen, gebrechlichen Welt den Rücken zu kehren. Aber das Einssein (die Identität) ist unerreichbar. Im Gegensatz zu den Mystikern lässt Kleist seine Helden zwar nicht am Erlebnis des Einsseins teilhaben, doch verwehrt er ihnen nicht das tiefe Erlebnis des *Fehlens* dieser Identität. Seine Protagonisten *wissen* meist *nicht,* wonach sie sich sehnen, und doch werden sie von außergewöhnlich → HEFTIGEN → BEGIERDEN verzehrt. (Deshalb spielen bei ihm *Träume, Vorahnungen, übersinnliche Ereignisse* und das → *UNBEWUSSTE* eine so herausragende Rolle.) Die Identität erlangen sie auf dem Umweg des fehlenden Einsseins – in der »Differenz«. Daran erkennen sie (in Träumen, im → UNBEWUSSTEN usw.), dass sie mit sich selbst *identisch* sind, ohne eine Ahnung zu haben, wie sie diese Identität erlangen könnten. Im Grunde ihres Herzens sind Kleists Helden überaus hart – ja, zuweilen, wie im → FALL Käthchens oder Penthesileas, hart wie Diamanten –, und doch sind sie im gleichen Maße ratlos, unschlüssig und zögerlich.

Jenen Helden, die aus ihrer Identität herausgerissen werden, bietet Kleist dadurch Gelegenheit zur »Rückkehr«, dass er sie am Erlebnis der → ÄHNLICHKEIT teilhaben lässt. Diese kommt in der »tätlichen« Metapher zum Ausdruck. Die Metapher funktioniert mithilfe von Gegensätzen und Kontrasten, und zwar so, dass sich die Bedeutungen dadurch gegenseitig stärken, dass sie einander auslöschen. Die »Ähnlichkeitsrelation« wirkt sich bei Kleist gerade durch die Gegensätze aus: Als seine Protagonisten mit ihren »Doppelgängern« konfrontiert werden, spüren sie einerseits ihre eigene Identität (spüren, dass die harmonische Existenz, die restlose Erfüllung auch ihnen gegeben ist), andererseits, zur gleichen Zeit, auch die Unmöglichkeit dieser Identität. In *Amphitryon* stellt sich die Frage der Identität für Sosias und Amphitryon erst in der Begegnung mit ihren Doppelgängern – als sie diese Identität endgültig verloren haben. Sosias nennt Merkur einen »Teufelskerl« (392), Amphitryon spricht vom »Teufelsrätsel« (616); sie verfangen sich in *Metaphern* und sprechen doch, ohne es zu ahnen, buchstäblich die Wahrheit. Nicht die Erwähnung des → *TEUFELS* ist metaphorisch, sondern die *Lage,* in die sie geraten sind. Gerade wenn sie sich in scheinbar *harmlosen* Tropen ausdrücken, sprechen sie die *Wahrheit* aus. Sie verfügen nicht über die Worte – diese sind stärker als sie. Und wenn sie Worte suchen, die ihnen gehorchen, stottern sie und verstummen. »Wie soll ich Worte finden, meine Charis, / Das Unerklärliche dir zu erklären?«, fragt Alkmene Charis (1122–3). Sie alle sind den *lebendig gewordenen Metaphern* ausgeliefert, was dazu führt, dass Alkmene das J für ein A hält. Die *Verschiedenheit* ist Ausdruck der → *ÄHNLICHKEIT:* das A verdrängt das J, doch das ist nur deshalb möglich, weil Alkmene zugleich darauf beharrt, gerade das A als ein J zu lesen. Wären das J und das A *gleichzeitig* aussprechbar und verfügten sie über einen *gemeinsamen* Klangkörper, und zwar so, dass sie dennoch voneinander zu unterscheiden wären, bedürfte man der Metapher nicht, doch das führte dazu, dass sich die Sprache bis zur »Unverständlichkeit« entstellt, so wie auch Antonin Artaud, als er eine »Sprache jenseits der Sprache« entdeckte, in der Nervenheilanstalt von Rodez »unverständlich« wurde. In eine ähnliche Falle gerät auch Elvire in *Der Findling:* Sie sehnt sich nach Colino, »bekommt« jedoch Nicolo stattdessen; der Engel wird identisch mit dem → TEUFEL, was nur durch ihre äußerst extreme Verschiedenheit möglich wird. In *Die Marquise von O....* ist Graf F... (als → TEUFEL und Engel) eine personifizierte Metapher; genauso funktioniert in *Die Verlobung in St. Domingo* die → ÄHNLICHKEIT und Verschiedenheit von Mariane Congreve und Toni; in *Michael Kohlhaas* treten die → ZIGEUNERIN und Elisabeth, in *Das Käthchen von Heilbronn* Kunigunde und Käthchen in eine metaphorische Beziehung zueinander. Jede *will* die andere *verdrängen,* gerät jedoch, mit *ihrem Doppelgänger* konfrontiert, in einen unauflösbaren Konflikt mit sich selbst. *Während die Persönlichkeit sich selbst gefunden zu haben glaubt, hat sie sich schon verloren.* Indem sich das »innerste → INNERE« öffnet (was seine einzige Aufgabe ist), verwandelt es sich in das »äußerste Äußere«. Die → BEGIERDE findet ihre Befriedigung dadurch, dass sie sich selbst auslöscht. Und das ist die Geburt der Metapher selbst, in der sich die Bedeutungen dadurch *gegenseitig stärken, dass sie einander auslöschen.* Kleist strebt nach einer mathematischen Genauigkeit, deren letztes Ziel nichts weniger als die Konstruktion der Wahrheit und die Erstellung ihrer Gleichung ist. Die besessene Suche nach der *Wahrheit* geht in Kleists Werken mit der dauernden *Verfehlung* der Wahrheit einher – die mathematische Genauigkeit mit der metaphorischen »Blendung« und dem → VERSEHEN.

Die Radikalisierung der Metapher (ihre Ausartung in eine Tätlichkeit) bzw. die schöpferische und verwirrende Kraft der Sprache sind für Kleist von existenzieller Bedeutung: Sie bilden die Voraussetzung seiner Kunst. »Und jedes Wort bewaffnet er [d. h. → GOTT] mit Blitzen«, sagt Rupert am Anfang von *Die Familie Schroffenstein,* und das Stück handelt auch davon, dass jedes *Wort* Ruperts zum Mord führt. Die Worte besitzen Zauberkraft. Der Aufsatz *Über die allmähliche Verfertigung der Gedanken beim Reden* handelt auch vom Finden des *existenziellen* Gewichts der Worte. Worte haben weder die Aufgabe, sich – als dichterische Bilder – der Wirklichkeit anzupassen (Realismus) noch eine neue, fantastische Wirklichkeit zu »erfinden« (Romantik). Kleists Ziel besteht darin: die Worte selbst *wirklich* zu machen. Insofern ist Kleist in der Tat der Mann der Zukunft, den Goethe treffend (aber nicht wohlwollend) in ihm sieht. Mit der Radikalisierung der Metapher bereitet er die »Sprache« der modernen Kunst vor; doch wäre es nicht dazu gekommen, hätte ihn nicht jene Erkenntnis geleitet, die Nietzsche später so ausdrückt, dass die Wahrheit nichts als ein »bewegliches Heer von Metaphern« und der »große Bau« der mit kalter und strenger Logik konstruierten, regelmäßigen geometrischen Körpern gleichenden Begriffe nichts »als das *Residuum einer Metapher*« sei. (Nietzsche, I. 882)

Am 13. September 1800 berichtet Kleist über seinen Besuch in der Nervenheilanstalt von Würzburg, wo besonders ein Priester seine Aufmerksamkeit auf sich zog. Der Kranke hatte den Verstand verloren, weil ihm auf der Kanzel ein Versprecher unterlaufen war: »Er hatte sich einst auf der Kanzel in einer Predigt versprochen und glaubte von dieser Zeit an, er habe das Wort Gottes verfälscht.« (II. 560) Die ungenaue Sprache verfälscht nicht nur die bereits vorhandene Wahrheit, sondern ist von vorneherein unfähig, Wahrheit zu schaffen, und mündet in den Wahnsinn.

MITTELSTRASSE

Dort, wo Kleist auf den ersten → BLICK unübertroffen zu sein scheint – nämlich bei der Darstellung extremer Leidenschaften –, hat er durchaus viele Vorgänger und Nachfolger. Auf diesem Gebiet sind viele sogar noch radikaler als er. Seine Kunst wirkt nicht deshalb so eigenartig und unvergleichlich, weil er die Extreme zeigt, sondern weil er diese zugleich auch ständig zügelt. So eruptiv die Ausartung, ja Verzerrung der Leidenschaften bei ihm auch ist, mit der gleichen inneren Überzeugung versucht er auch immer wieder auf das Diesseits der Grenze zurückzukehren. Am liebsten schritte er immer auf der *Mittelstraße* voran. Die komplizierte und spitzfindige Struktur seiner Sätze zeugt an sich schon von der gleichen Bedachtsamkeit und angespannten Aufmerksamkeit, die auch seine Figuren charakterisiert. Als sich Kohlhaas bereitmacht, seine Besitzungen zu verkaufen, erblasst seine Frau: »Sie wandte sich, und hob ihr Jüngstes auf, das hinter ihr auf dem Boden spielte, Blicke, in welchen sich der Tod malte, bei den roten Wangen des Knaben vorbei, der mit ihren Halsbändern spielte, auf den Roßkamm, und ein Papier werfend, das er in der Hand hielt.« (II. 25) Schon ein paar Zeilen zuvor erfährt der Leser, dass Kohlhaas seine → BRUST in völliger Ordnung findet, als er erkennt, mit welch gewaltiger Unordnung die → WELT behaftet ist. Der *äußere* → ZerFALL gesellt sich zur inneren Ordnung. Dieser Zwiespalt steigert nicht nur Kohlhaas' → INNERE Sammlung, sondern verstärkt auch das Chaos. Inmitten der Extreme könnte alles sogar dem Chaos anheimfallen. Einen Satz nach dem anderen schickt der Erzähler auf den Weg – so auch diesen zusammengesetzten Satz, der erst irgendwohin aufbricht, dann die Richtung ändert und sich anschließend hin und her windet. Am Ende jedoch findet er, wie ein sicherer Schuß, ins Ziel. Und das, obwohl bei jedem *Komma* die Gefahr besteht, dass sich mit dem Leser auch Lisbeth verirrt und vom sicheren Weg abkommt. Aber der Erzähler lässt die Ereignisse nicht ausarten. Seine *Behutsamkeit* und *Selbstbeherrschung* sind jedoch so *maßlos*, dass die Szene dadurch erst recht ausartet. Noch erschreckender als die Uferlosigkeit der Leidenschaften ist ihr *ungeheueres Ge-*

hemmtsein. Diese *innere Bändigung* macht Kleists Werke so gespannt; bei der Darstellung dieser leidenschaftlichen Zerrissenheit, die zwischen der Bändigung und der Unbändigkeit, dem Übertreten der Grenze und ihrer Beachtung entsteht, ist Kleist unübertroffen. Nicht die Leidenschaft ufert bei ihm aus und auch nicht die Verdrängung, sondern die *zwischen der Bändigung der Leidenschaft und ihrem Ausbruch entstehende Spannung.*

Kleist möchte die »Goldwaage der Empfindung«, der sich Alkmene jeden → AUGENBLICK bedient (1396), für immer im Zustand der → RUHE wissen. Doch die Waage ist zum Wiegen da; und Kleists Helden möchten alles so *genau* erkennen, so *endgültig* und gerecht beurteilen, dass sie am Ende die ganze Welt in die eine Schale legen, um ihre Hinfälligkeit durch ihre eigene *innere* Gewissheit aufzuwiegen.

Auch Kohlhaas' Rechtsgefühl ähnelt einer »Goldwaage« (II. 14); das hat jedoch zur Voraussetzung, dass schon *vor* dem Unrecht, das er erleidet, »ein richtiges, mit der gebrechlichen Einrichtung der Welt schon bekanntes Gefühl« (II. 15–6) in ihm herrscht. Zwischen dem inneren Rechtsgefühl und der gebrechlichen Welt kippt das Gleichgewicht ständig hin und her, wodurch eine *Verzerrung* der anderen folgt. In den Augen der Welt verzerren sich die Figuren ins → ENTSETZLICHE, für die Figuren hingegen wird die Welt unerträglich. → RECHTSCHAFFEN und → ENTSETZLICH ist Kohlhaas: Mit der Goldwaage sucht er die *goldene Mittelstraße.* Und während sich die ganze Welt als gewichtslos erweist, wird er so schwer, dass er nicht einmal mehr sich selbst erträgt.

»Was irgend Heinrich erfaßte, erfaßte er mit gewaltiger Liebe und Kraft, aber eben deshalb auch mit einer gewissen Ausschließlichkeit, die ihn oftmals verhinderte, das Gute und Schöne auf den Bahnen anderer zu bemerken, oder doch gehörig zu würdigen.« (Fouqué, LS 106) »Kleist hatte sein Leben auf den Wahlspruch gestellt: ›Alles oder nichts‹; nun lag das Nichts offen vor ihm, und in dieser fürchterlichen Krise begann sein Geist sich zu verwirren.« (*Pfuel,* LS 117)

Die eiskalte Leidenschaft, die die Figuren bald verstummen lässt, bald lähmt und bald aus sich herausreißt, ist die Folge der *gewaltsamen Suche nach der Mittelstraße.* Als schrien sie mit geschlossenem Mund: Je mehr sie auf der Mittelstraße, der die ganze Welt befriedenden Lösung, der → VERSÖHNUNG, beharren, umso augenscheinlicher weichen sie von ihr ab. Kleists Helden leben unter den gleichen Spannungen wie die Helden Shakespeares oder der griechischen Tragiker; und dabei sind sie genauso diszipliniert, beherrscht, ja eiskalt in der Seele wie die Figuren Corneilles oder Racines. Sie suchen die Mittelstraße; aber nicht auf mittelmäßige Weise, sondern möglichst extrem.

Die Gleichzeitigkeit der *Mitte* und des *Extrems* ist typisch für sie. Aristoteles hat als Erster die Einheit dieser beiden bemerkt. Bezüglich des auch für Kleists Helden charakteristischen Ehrgeizes schreibt er in der *Nikomachischen Ethik:* »So stellt sich also der Hochsinnige durch das hohe Maß der Selbsteinschätzung auf steile Warte. Insofern dieses Maß jedoch ein richtiges ist, trifft er die Mitte, denn er billigt sich ja nur das zu, was seinen Verdiensten angemessen ist« (1123 b). Und über das kugelrunde → HimmelsGEWÖLBE sagt er: »Das Äußerste und der Mittelpunkt sind seine Grenze« (*peri uranu biblia,* 293 b). Solche *kugelrunde* Wesen sind auch Kleists Figuren: Sie bilden ein eigenständiges Universum *innerhalb* der Welt und sind doch auch größer und voller als diese. Sie wachsen über das hinaus, was sie umfasst. Sie vervollständigen sich, indem sie unablässig die ganze runde (vollständige) Welt verletzen. Obwohl sie *in* der Welt sind, fühlen sie sich auch *außerhalb* von ihr. Ihr *inneres* Gefühl tritt mit *universellem* Anspruch auf, um den Preis, dass sie auf jede Art von *weltlichem* Kompromiss verzichten müssen. Kleists Figuren sind zwar → UNVERSTÄNDLICH; der Erzähler jedoch wird in seiner Überzeugung, dass diese (weltliche) → UNVERSTÄNDLICHKEIT die Voraussetzung einer *universellen* (nicht auf die Welt reduzierbaren) Verständlichkeit ist, niemals wankend. Obwohl seine Figuren → UNVERSTÄNDLICH sind, fehlt ihnen jede »Exzentrizität« und Extravaganz. Sie haben nichts mit den bizarren Figuren Klingemanns, Hoffmanns oder Büchners gemein – sie sind nicht »romantisch«. Mit ihrem Ernst und ihrer auf die ganze Existenz ausgerichteten Entschlossenheit und »Universalität« setzen sie aber auch das stets auf Konsens beruhende Menschheitsideal des klassischen, bürgerlichen Humanismus außer Kraft. Nicht nur in Goethe erweckt Kleist Abscheu. Auch Friedrich Schlegel wirft ihm vor, Genialität mit Tollheit zu verwechseln.

Wie der *Phöbus*, der sich sowohl gegen die Weimarer Klassik und die *Horen* als auch gegen die romantische Schule und das *Athenäum* wendet (vgl. Kanzog, 97), grenzt sich auch Kleists Werk sowohl von der Klassik als auch von der Romantik ab. Ihnen fehlt das Frieden verheißende Ideal der Schlegel'schen »*Universalpoesie*« ebenso wie der → VERSÖHNUNG verheißende, ethisch gefärbte *dichterische Humanismus* Goethes. Obwohl der *totale Frieden* einer der am beharrlichsten wiederkehrenden Gedanken in Kleists Werk ist, lässt er ihn, wie durch einen konkaven → SPIEGEL betrachtet, inmitten eines unendlich gesteigerten *Konflikts* gewahren. Günter Blöcker, der als Erster die Einsamkeit des Kleist'schen »absoluten Ich« und dessen Manifestation in seinen Werken eingehend untersucht hat, schreibt dazu: »[S]ein Werk [ist] die vollständige Bankrotterklärung des deutschen Idealismus [...]. Dabei übersehen die Verschreckten, daß dieser Bankrott unumgänglich, daß er notwendig war. Der abstrakte Humanismus der Klassik war an einen Punkt angelangt, wo er in sein Gegenteil umschlug: in die unmenschliche Versteinerung. Wollte man zu den menschlichen Grundlagen, zum Anthropologischen, zur humanen Substanz zurück, so mußte man den Marmor der ›Iphigenie‹ zertrümmern.« (Blöcker, 62–3)

Goethe: »Mir erregte dieser Dichter, bei dem reinsten Vorsatz einer aufrichtigen Teilnahme, immer Schauder und Abscheu, wie ein von der Natur schön intentionierter Körper, der von einer unheilbaren Krankheit ergriffen wäre.« (NR 274) *Friedrich Schlegel:* Kleist habe »nicht bloß im Werken, sondern auch im Leben *Tollheit* für Genie genommen und beide verwechselt.« (NR 33)

Aber hinter Iphigenies Marmor verbirgt sich auch das → ENTSETZEN. Als Schwester des halb verrückten Orest, mit der Last der ganzen Familie von Thyestes im Herzen, kann sich Iphigenie nur dadurch schützen, dass sie sich in einen Marmorblock verwandelt. Das verhindert, dass all das, woraus sich Iphigenies Vergangenheit zusammensetzt, zum Vorschein kommt: Mord, Selbstmord, → VATERmord, Inzest, Kannibalismus. Der marmorne Panzer gerät jedoch allzu fest. Goethe verfehlt die Mittelstraße, weil er sich krampfhaft weigert, zur Seite zu schauen, und ausschließlich nach vorne blickt. Kleist hingegen tut nichts anderes, als ständig zur Seite zu blicken. Doch gerade dadurch findet er seine eigene Mittelstraße. Er findet das Maß, indem er es zuerst verliert. Er wird nicht einfach maßlos, sondern die *Maßlosigkeit* wird ihm – im aristotelischen Sinn – zum *Maß.* Das ist der Grund, warum Iphigenies »Schwester« Penthesilea, statt zu einer verstörten Geisteskranken zu werden, noch in ihrem Tod als diamantene (und nicht marmorne) Frau in Erscheinung tritt.

In seiner *Ode an die Freude* lädt Schiller alle in das Sternenzelt ein, das sich über die in Brüderlichkeit vereinte Menschheit wölbt – alle, mit Ausnahme jener, denen es nicht gelungen ist, einen Freund oder Ehegefährten für sich zu gewinnen. Diese sollen sich weinend davonstehlen, sagt Schiller. Doch wohin? Hinaus aus dem Zelt – ins Nichts. In jenes *Nichts,* in das der Kurfürst den Prinzen von Homburg im allerersten Auftritt des Stückes gleich → DREIMAL (!) entlässt. Kleists Helden leben von vornherein in diesem »Nichts« (sie wachsen über die Welt hinaus, während sie in ihr sind). Dort versuchen sie ein neues Universum zu gründen, in dem *auch für die Weinenden Platz ist.* Dafür müssen sie jedoch erst mit der Welt des »Humanismus« brechen – so wie später auch Nietzsche oder Berdjajew im Namen eines tragischen, auch den Tod zum Objekt der Leidenschaft erklärenden Menschenbildes mit ihr brechen. Kleists Helden erinnern alle an Johann Mauconduit aus der Anekdote *Beispiel einer unerhörten Mordbrennerei.* Die »entsetzliche Barbarei« dieses »rechtschaffenen« Mannes ist »jedem Gemüte, das Ehrfurcht vor göttlicher und menschlicher Ordnung hat [...] unbegreiflich« (II. 285). Wie Kohlhaas, Nicolo oder Penthesilea zerrüttet auch Mauconduit mit seinem sprechenden Namen jede vorstellbare Ordnung. Er tut es jedoch nicht im Namen der Anarchie oder des Terrors, sondern einer *neuen, unvorstellbaren,* → *UNBEGREIFLICHEN Ordnung* – wie auch Käthchen, Guiskard oder Alkmene die ganze Existenz entlang völlig neuer Kraftlinien um*ordnen* wollen. Ihnen allen schwebt das Ideal der *Mittelstraße* vor.

Schon in seinem ersten erhalten gebliebenen Aufsatz erwähnt Kleist die »beglückende Mittelstraße« (II. 309), die er zwar *hasst,* aber dennoch für die *beste* Lösung hält. Der Gedanke der *Mittelstraße* beruht auf jener damals längst zu einer Klischee gewordenen, der Moralphilosophie vergangener Generationen entlehnten Idee, wonach das Glück der Lohn der Tugend sei. Auch Kleists Art, von der Tugend als etwas Erhabenem und Unnennbarem zu sprechen, ist ein Ausdruck der zu jener Zeit obligatorischen Schwärmerei. Doch inmitten der Klischees lässt Kleist auch seine eigene, unverwechselbare Stimme vernehmen, indem er den → HEFTIGEN Instinkt, der ihn *nach innen,* in die → SCHÄCHTE der → BRUST, lockt, mit dem *gemäßigten* und *äußeren* Glück zu verbinden versucht. Anfangs geschieht das noch mit fast kindlichem Ungeschick; doch in der *Unlogik* deutet sich bereits jene metaphysische Logik an, die es später ermöglichen wird, dass Graf F... die Marquise galant hofiert und gleich darauf vergewaltigt, dass Penthesilea küsst und beißt, dass der Graf vom Strahl schluchzt, während er Käthchen → PEITSCHT, dass Piachi ein → RECHTSCHAFFENER Alter ist und dennoch seine Hand in → HIRNmark taucht.

Diese *jenseitige Logik* macht es möglich, dass sich das → FEUER mit dem Wasser und die Kraft mit ihrem Widerstand verbindet und dabei, als Mittelstraße, ein noch nie gehörtes → DRITTES entsteht (*Penthesilea,* 125–32). Das ist jene Einheit des Extremen, der → *HEFTIGEN Radikalität* und der *Mittelstraße,* die die Umformung der vorhandenen Welt herbeiführt. Diese *unmögliche Einheit* ist der Einsatz, um den es in Kleists Dramen geht, und auf ihre Weise strebt Käthchen genauso danach wie Penthesilea. Käthchen, so schreibt Kleist, »ist die Kehrseite der Penthesilea, ihr andrer Pol, ein Wesen, das ebenso mächtig ist durch gänzliche Hingebung, als jene durch Handeln.« (II. 797) Es geht um die Zerrüttung und Umformung der gewohnten menschlichen Ordnung. Die Existenz dieser beiden Frauen setzt eine Welt voraus, in der auch das Handeln durch die Hingabe und die Hingabe durch das Handeln bestimmt sind. Hingabe bedeutet hier keine passive Hinnahme, sondern das tätige, aktive Ausbrechen aus der Welt, die Annäherung an das → GÖTTLICHE, und zwar nicht dank der Gnade, sondern *aus eigener Kraft.* Handeln wiederum bedeutet keine weltliche Tätigkeit, die das vorhandene Chaos meist nur steigert, sondern das »Herabführen« des → GÖTT-

LICHEN auf die Erde, was jedoch voraussetzt, dass sich der Handelnde erst einer Kraft ausliefert, die mächtiger als er ist. »Es liegt eine Art von Spott darin, erst ganz hilflos werden zu müssen, um königlich zu wohnen«, schreibt Kleist am 13. September 1800 beim → ANBLICK der *Irren* (!) im Würzburger Krankenhaus; und in *Das Erdbeben in Chili* steht: »[W]ie viel Elend über die Welt kommen mußte, damit sie glücklich würden!« (II. 150) Handeln und Hingabe drängen die Welt in die Klammer des Unglücks und des Glücks (der Heiligkeit). Seine Figuren versuchen ständig, der Anziehungskraft der gebrechlichen Welt zu widerstehen, wodurch sie den Eindruck erwecken, als seien sie »antigrav« (II. 342). Doch je »ätherischer« sie sind, umso schneller gravitieren sie einem ganz anderen Mittelpunkt entgegen, von dem man nicht sagen kann, ob er in bodenloser Tiefe oder ferner Höhe ist.

Die ständige Verletzung der Grenzen der menschlichen und göttlichen Ordnung mit dem Ziel, eine *gemeinsame* Ordnung zu schaffen. Mit dieser Grenze stimmt bei Kleist die Mittelstraße überein: eine unsichtbare, nicht existierende Linie, auf der seine Helden so voranschreiten, dass sie dennoch nie auf ihr stehen. Sie treten ständig daneben, und doch verfehlen sie sie nie, als wären sie Schlafwandler. Sie schreiten voran wie fleischgewordene *Oxymora.* Denn bei Kleist führt die Mittelstraße *nach vorne, nach außen* und verlässt dennoch, *gleich einem Punkt,* nie die *Mitte.*

MORDLUST

Ihr Schwert trägst du, schreibt Luther an Kohlhaas, und darum bist du »kein Krieger des gerechten Gottes« (II. 43). Luther sieht Kohlhaas so wie der Erzähler in *Das Erdbeben in Chili* Meister Pedrillo sieht, der »mit ungesättigter Mordlust« (II. 158) die Unschuldigen vor der Kirche mit seiner → KEULE erschlägt. Als der sächsische Kurfürst sich die in Kohlhaas' Besitz befindliche Kapsel verschaffen will, spricht er vom Rosshändler als einem »in seiner Rachsucht unersättlichen« Kerl (II. 84). Und in *Die Verlobung in St. Domingo* zeichnet sich Congo Hoango durch eine »unmenschliche Rachsucht« aus (II. 161). Auch das wird vom Erzähler über ihn gesagt.

Ist es wirklich die Mordlust, die Kohlhaas gefangen hält? Oder doch der Wunsch nach Gerechtigkeit? Ist er ein Mörder oder nicht? Und wenn ja, kann man ihn freisprechen? Oder wird umgekehrt auch sein vermeintliches Recht dadurch beschmutzt?

Die Ratlosigkeit, die sich des Lesers bemächtigt, besteht seit nunmehr fast zwei Jahrhunderten. In den Deutungen von *Michael Kohlhaas* ist sie zu einem wiederkehrenden Klischee geworden. Das hat jedoch tiefere Gründe als die Unentschiedenheit der Interpreten. Es ist, als wäre die Ratlosigkeit des Lesers von vorneherein in die Erzählung mit »einprogrammiert«. Als säßen auch wir Leser in irgendeiner Nische der Geschichte. Wir halten das *Buch* in der Hand und können uns dabei nicht nur in Kohlhaas' Geschichte vertiefen, sondern auch unser unsichtbares Ich aufmerksam beobachten. Dieses unsichtbare »Leser-Ich« hält, während es sich wie ein Parasit an Kohlhaas' Gestalt heftet und sich bald mit diesem, bald mit jenem Aspekt seines Charakters identifiziert, auch den Leser gefangen. Kleist hat, als er Kohlhaas' Geschichte schrieb, auch die Gestalt des in die Geschichte eingeflochtenen, chamäleonartigen Lesers geschaffen, der durch das → SCHLÜSSELLOCH späht. Einmal aus dem Text heraus, ein andermal von außen hinein. Indem Kleist eine Beurteilung Kohlhaas' unmöglich macht, zwingt er auch die Literatur in eine Grenzsituation. → UNBEWUSST verstößt er gegen jene neuzeitliche Regel der Epik, wonach die Kette der Ereignisse zusammenhängend und übersichtlich sein muss. Und er tut das, indem er den Ursprung des Sprechens unbestimmbar macht. Wie entsteht eine Meinung? Woher? Auf welcher Grundlage? Ob die abweichenden Meinungen miteinander in Einklang zu bringen sind? Wohl kaum. So wie Kohlhaas die Gestalt der → ZIGEUNERIN anders darstellt als der sächsische Kurfürst (wobei sich der Erzähler verdächtig in Schweigen hüllt!), ist es auch nicht zu entscheiden, ob wir den Rosshändler für einen ruchlosen Mörder halten sollen, der das → HIRN Unschuldiger verspritzt, oder ob wir ihn als einen Engel der Gerechtigkeit sehen sollen. Die → AUGENBLICKE der Ratlosigkeit (die sich mit dem Auftritt der → ZIGEUNERIN mehren) reißen Löcher in den Text und lösen den Zusammenhang auf. Um einen Ausdruck Roland Barthes' zu gebrauchen, die Stimme »verschwindet«: »doch kann es in diesem klassischen Text, auch wenn er ständig von der Aneignung des Sprechens besessen ist, zu einem Verlust der Stimme kommen, als würde sie in einem Loch des Diskurses verschwinden.« (S/Z, XX, 46)

Der »neben« (hinter) Kohlhaas stehende, unmerkbare fiktive Leser schlägt bald Brücken zwischen dem Leser und dem Rosshändler, bald reißt er diese ein. Und dadurch entsteht ein innigeres Verhältnis zwischen dem Leser und der Gestalt Kohlhaas' als je zuvor in der Geschichte des bürgerlichen Romans. Beschließt der Leser nämlich, Kohlhaas alles in allem für → RECHTSCHAFFEN zu halten, tut er dies auch, weil er den Verbrecher in sich selbst entdeckt: Spricht er Kohlhaas frei, so möchte er die Existenz seiner eigenen Mordlust leugnen. Sieht er in Kohlhaas jedoch einen → GRIMMIGEN Mörder, schrickt er vor seiner eigenen Güte zurück, die er für wirkungslos hält, für ungeeignet, die Gebrechlichkeit der → WELT zu verändern. Auf dem Umweg der Unmöglichkeit, Kohlhaas zu beurteilen, beginnt der Leser, den Spielraum, den ihm die bürgerliche Gesellschaft gewährt, als ungenügend zu empfinden. Das Ideal der → BILDUNG entpuppt sich als unverbindlich und ungeeignet, die grundsätzlichen Fragen des Lebens zu klären; und das → ENTSETZEN, das das → TEUFLISCHE Ich (Kohlhaas' wie auch des Lesers) aus den Fesseln der Unterdrückung befreit, ist mächtiger, als dass es sich in den Rahmen der Bürgerlichkeit einsperren und zu einer linearen, epischen, eine rationale Welt suggerierenden Konstruktion verdichten ließe.

Zurück zur Mordlust: Kohlhaas' Mordlust und → RACHSUCHT werden von einer *Person* in der Geschichte erwähnt, bei Pedrillo und Congo Hoango tritt jedoch der *Erzähler* selbst vor, um das Urteil zu fällen. Die *indirekte* Bewertung ist jedoch mindestens genauso *direkt,* wie die scheinbar *direkten* Behauptungen des Erzählers mit *Elementen der Vermittlung* belastet sind. Kohlhaas' Gestalt ist »moralisch« deshalb so schwer zu fassen, weil der Erzähler ihn aus ständig wechselnden Perspektiven zeigt; und während die anderen Figuren als verhältnismäßig geschlossene (eindimensionale) Charaktere erscheinen, wird Kohlhaas aus den unterschiedlichsten Perspektiven sichtbar, bald extrem idealisierend, bald extrem verzerrt. Luther findet ihn genauso → UNBEGREIFLICH, wie seine Frau es tut – und dennoch löst diese → UNBEGREIFLICHKEIT sehr unterschiedliche Reaktionen bei beiden aus. Als mordwütigen Engel sehen ihn auch Wenzel von Tronka und der sächsische Kurfürst, doch sind sie nicht einer Meinung, wenn es darum geht, Kohlhaas *gemeinsam* zu beurteilen. Und obwohl die → ZIGEUNERIN und Heloise übereinstimmend einen Auserwählten in ihm sehen, legen sie diese Auserwähltheit radikal anders aus. Dadurch wird jedoch nicht ihre Gestalt plastischer und individualisierter, sondern die Gestalt Kohlhaas' noch schwerer zu fassen. Die Perspektive des Erzählers ist nur eine neben denen der anderen Figuren; und Kohlhaas steht am Ende der Geschichte nicht nur deshalb völlig allein und isoliert in der → WELT da, weil er alle Fäden abgerissen hat, die ihn an deren Gebrechlichkeit gebunden haben, sondern weil auch der Leser nicht über eine letzte, zuverlässige Perspektive verfügt, aus der er ihn eindeutig beurteilen könnte.

→ PARADOXERWEISE steht Kohlhaas trotz aller Unbeständigkeit und Wechselhaftigkeit der Perspektive dennoch als ein absolut einheitlicher, fester Charakter vor uns. Versuchen wir, ihn in jene Welt einzubetten, gegen die er sich wendet, misslingt es uns: Irgendeine »Schicht« seines Wesens wird immer ungebunden bleiben. Man kann seine politischen Beweggründe, sein Rechtsempfinden, seine Gläubigkeit, seine sexuelle Verklemmtheit, seinen → STARRSINN, seine Bescheidenheit, seine explosionsartigen Ausbrüche, seine Melancholie, seine → HEITERKEIT, seine rücksichtsvolle Art, seine Empfindsamkeit oder seine → HEFTIGKEIT nicht auf einen *gemeinsamen Nenner* bringen. Jene, die im Lauf der Geschichte mit ihm zu tun haben, wie auch der Erzähler und das »Leser-Ich«, heben bald diese, bald jene Seite an ihm hervor und sind unfähig, bezüglich seiner Person zu einem Konsens zu kommen. Und dennoch zerfällt der Charakter des Rosshändlers nicht in Stücke. Seine Gestalt wird → PARADOXERWEISE umso einheitlicher und fester, je weniger eindeutig sie sich beurteilen lässt. Die Unvereinbarkeit der Perspektiven führt nicht dazu, dass seine Persönlichkeit wie die der Helden Hoffmanns auf romantische Weise zerfällt. Das erreicht Kleist dadurch, dass er die einzelnen Perspektiven niemals *relativiert:* Wie Shakespeare in seinen Dramen oder Dostojewski in seinen Romanen nimmt er im gegebenen Moment und in der gegebenen Situation alle Personen gleich ernst. Nagelschmidt genauso wie den Burgvogt des Wenzel von Tronka; und den Schäfer aus Wilsdruf behandelt er, solange er seinen Auftritt hat, genauso als eine Hauptfigur wie Elisabeth in ihrem Auftritt. Die außerordentlich ernst genommenen Perspektiven richten sich alle nach Kohlhaas; er ist sowohl jener konkave → SPIEGEL, der die unterschiedlichen Perspektiven so reflektiert, dass sie sich doch treffen, als auch jener *Punkt,* in dem die miteinander unvereinbaren → BLICKwinkel, das Unendliche einmal zurücklegend, sich wieder vereinen.

Kohlhaas ist → *UNBEGREIFLICH* für die Welt; denn würde man die verschiedenen Kraftlinien seines Wesens verlängern, liefen diese erst *jenseits* der → WELT zusammen. Deswegen ist er wie der Engel des Gerichts: kein *gespaltenes,* sondern ein *apokalyptisches* Wesen. Und deshalb ist er keinem moralischen Urteil unterworfen. Wenn sich Züge von Congo Hoango in ihm andeuten, muss man sich auch seine stille Art und → HEITERKEIT vergegenwärtigen; andererseits darf man in dem → RECHTSCHAFFENEN, seine Kinder liebkosenden Mann auch den Schatten Meister Pedrillos nicht übersehen. Aus dem → BLICKwinkel der Welt betrachtet, ist die → *RACHSUCHT* eine unerklärliche Explosion der Instinkte; aus der Perspektive des → GOTTESgerichts betrachtet, ist sie jedoch eine legitime Rechtsprechung. Die *Mordlust* wiederum ist nicht weit entfernt von der brutalen Gewalttätigkeit der russischen Soldaten, die beim → ANBLICK der Marquise von O.... in der brennenden Burg »lüstern waren« (II. 105).

Indem er sich selbst opfert, ist Kohlhaas nicht nur der Mordlust ausgeliefert, sondern begeht auch Lustmord. Als ein Engel des Gerichts vergewaltigt er – indem er → HIRNE verspritzt – die

Welt so, wie Piachi in *Der Findling* Nicolo vergewaltigt, und »schwängert« sie genauso unter Ausübung von Gewalt wie Graf F... die Marquise von O.... oder Jupiter Alkmene mit seiner ungezügelten Lust (»die Lust, die ausgelaßne«, 960).

Die *Lust* hat eine kaum verschleierte sexuelle Bedeutung in *Amphitryon* (960, 1241), *Penthesilea* (591, 844, 1523, 379) und *Die Marquise von O....* (II. 138).

Wie diese sät auch der Rosshändler die Saat des Nicht-Diesseitigen um sich. Mit seinem Tod befruchtet er die Welt und bereitet dadurch die Geburt einer nicht diesseitigen Perspektive vor.

Piachi »warf [...] den von Natur schwächeren Nicolo nieder«, hielt ihn »zwischen den Knien [...] und [stopfte] ihm das Dekret in den Mund« (II. 214).

NATUR

Es gibt verschwindend wenig Naturbeschreibung in Kleists Werken. Das ist deshalb auffällig, weil gerade im Bemühen, die Natur (die Gegend, die Landschaft) genau abzubilden, in ihm der Gedanke entsteht, Schriftsteller zu werden. Der trockene, besserwisserische und auch sprachlich anspruchslose Stil seiner Briefe an Wilhelmine bekommt dort die ersten Risse, wo es ihm gelingt, diese oder jene schöne Landschaft zu beschreiben. An diesen Stellen ist er spürbar inspiriert. So wird der Rhythmus seiner Sätze in einem Brief aus Würzburg (17. Oktober 1800) bei der Beschreibung des Mains und der umliegenden Berge immer leichter und luftiger. Im Vergleich zu den vorhergehenden Absätzen zeigt sich hier (II. 579), dass er die Sätze nicht durch anstrengende »Kopfarbeit« aus sich herausschwitzt, sondern gleichsam durch sie emporgehoben wird, dass die Feder wie von selbst über das Papier gleitet und die Worte unvermittelt zu atmen beginnen. Man merkt, dass es ihm schwerfällt, mit dem Schreiben aufzuhören. Sogar aus dem Abstand zweier Jahrhunderte spürt man die spontane Freude, mit der er sich der Eigendynamik der Sätze überlässt und den Flug genießt. Dann erschlaffen die Worte allmählich, der Rhythmus wird langsamer und dann schwerfälliger. Kleist ist sichtlich erschöpft. Dann folgt der abschließende Satz: »– Doch ich will ja kein Buch machen und will nur kurz und gut schließen.« (II. 581)

Und damit hat er auch schon ausgesprochen, was ihm während der Niederschrift der vorhergehenden Zeilen einfiel: Mit so viel Kraft könnte er sogar *Bücher* schreiben. Schon einen Monat später, am 13. November, bemerkt er in einem Brief aus Berlin an seine Verlobte: »Da stünde mir nun für die Zukunft das ganze schriftstellerische Fach offen.« (II. 587) Und schon in weniger als einem Jahr löst er sein Versprechen ein: In der Schweiz, in einer für einen Preußen außergewöhnlichen Naturumgebung, schreibt er das Stück *Die Familie Ghonorez,* die erste Fassung von *Die Familie Schroffenstein.*

Am Anfang des Stückes wird auch die Natur angesprochen. Doch nur, damit sie später nicht mehr erwähnt werde. Raimond sagt zu seiner Verlobten: »Ihr seid die Klageweiber der Natur. / Doch nichts mehr von Natur.« (40–2) Raimond (der sein Versprechen übrigens nicht hält und schon 15 Zeilen weiter unten sich erneut auf die Natur beruft!) scheint nicht nur Elvire abwürgen, sondern auch mit Kleists bisherigen Bemühungen abrechnen zu wollen. Denn während Kleist in der Zeit seines *Heranreifens* zum Schriftsteller in erster Linie mit Naturbeschreibungen kokettiert (II. 536–7, 545, 547, 576–7), blieben diese zumeist kraftlose Nachempfindungen. Doch während er sich in Wielands und vor allem Rousseaus *Stimme* übt (Meditation über das Glück im Schoß der Natur, die Oberflächlichkeit des Lebens in der Stadt, die Betrachtung der Naturphänomene als Farbspiele usw.), kommt er auf den Geschmack der *Sprache* und darauf, welch gutes Gefühl es ist, etwas präzise zu formulieren. Doch noch tut er dies, indem er sich an eine herkömmliche ästhetische Erwartungshaltung hält: Er *schreibt gut,* aber *nicht mit eigener* Stimme. Wenn er hingegen seiner eigenen Stimme Gehör verschaffen will, wirkt sein Stil meist trocken, angestrengt, gezwungen. Da unterrichtet und belehrt er Wilhelmine, versucht, aus ihr jemanden zu machen, der mit dem Mädchen aus Fleisch und Blut in Wirklichkeit wenig gemein hat. Mit anderen Worten, er will ihre *Natur* vergewaltigen. *Als Schriftsteller begeistert er sich für die Natur, in der Tiefe seines Herzens will er sie jedoch vergewaltigen.*

»[D]ie Natur ist hier […] mit Geist gearbeitet, und das ist ein erfreuliches Schauspiel für einen armen Kauz aus Brandenburg, wo […] der Künstler bei der Arbeit eingeschlummert zu sein scheint«, schreibt Kleist aus der Schweiz am 1. Februar 1802 (II. 717).

Diesen Widerspruch kann er verhältnismäßig leicht auflösen. Über die Natur schreibend, kann er deshalb auch mit *fremder* Stimme ehrlich sprechen, weil sich dort ein junger Mann Gehör verschafft, den die

Natur deswegen begeistert, weil er in ihr endlich *allein, einsam* und fern von allen sein kann.

Der gleiche Wunsch veranlasst ihn jedoch auch, die Natur seiner Verlobten zu vergewaltigen. Auch das spricht dafür, dass er sich allein und einsam wohlfühlt. Und vor anderen Menschen *Angst hat. Kleist reift dann zum Schriftsteller heran, als er seine Begeisterung für die Natur auf seine eigenen Ängste richtet.* Er formuliert auch weiterhin präzise; doch nunmehr baut er in den Rhythmus seiner Sätze auch seine Angst ein. Er lernt, das präzise in Worte zu gießen, was er für die Wurzel der → UNVERSTÄNDLICHKEIT und → UNBEGREIFLICHKEIT seines Wesens hält.

Am 13. November 1800 begründet er seinen Entschluss, in die Schweiz umzusiedeln, so: »weil ich so ein paar Jahre lang ganz unbekannt leben könnte und ganz vergessen werden würde, welches ich recht eigentlich wünsche.« (II. 590). Und am 25. November schreibt er Ulrike folgendes: »Ja, wenn man den warmen Körper unter die kalten wirft, so kühlen sie ihn ab – und darum ist es wohl recht gut, wenn man fern von den Menschen bleibt.« (II. 601)

Am 16. November 1800, gut einen Monat nach seiner schönsten Naturbeschreibung, bei der er auch über das → GEWÖLBE der Mainbrücke berichtet, schreibt er im Angesicht des → GEWÖLBES des Würzburger Stadttores jene Erkenntnis nieder, die später auch in *Penthesilea* Eingang findet: »Warum, dachte ich, sinkt wohl das Gewölbe nicht ein, da es doch *keine* Stütze hat? Es steht, antwortete ich, *weil alle Steine auf einmal einstürzen wollen* – und ich zog aus diesem Gedanken einen unbeschreiblich erquickenden Trost [...], daß auch ich mich halten würde, wenn alles mich sinken läßt.« (II. 593) Und er fügt sofort hinzu, dass er dieses Wissen nicht aus einem *Buch* geschöpft, sondern aus der *Natur* gelernt habe. Dabei handelt es sich jedoch nicht mehr um Rousseaus einsame (idyllische) Natur, sondern um seine eigene, vereinsamte und mit Zweifeln ringende innere Natur. »Nie ist mir die Zukunft dunkler gewesen als jetzt, obgleich ich nie heitrer hineingesehen habe als jetzt« (II. 601), schreibt er Ulrike neun Tage später. Die Natur hat sich in eine → »HEITRE Dunkelheit« verwandelt – in den unmöglichen Zustand der Seele.

Als er *diese* Natur findet, erwirbt Kleist die Fertigkeit des *Schreibens* – und verliert dafür sein Interesse an jener Natur, deren Ideal ihm durch das 18. Jahrhundert überliefert wurde. Und natürlich verliert er auch Wilhelmine: Statt der Natur eines anderen Menschen Gewalt anzutun (was besonders an den → FALL von Graf F... und die Marquise von O.... erinnert!), erregt ihn nun das Geheimnis *seiner eigenen Natur,* jene *unnatürliche Natur,* die nicht nur Amphitryon angesichts seines himmlischen Doppelgängers erahnt (908), sondern auch Achilles, als er das Gesetz der Amazonen unnatürlich nennt (1903).

Der Erzähler in *Der Findling* nennt Nicolos Gefühle für Elvire »unnatürlich« (II. 211). Doch in Wirklichkeit ist Elvires und Piachis Beziehung »unnatürlich«, und das Verlangen des 20- bis 21-jährigen Jungen nach der 28-jährigen, unbefriedigten jungen Frau ist durchaus natürlich (vgl. Ellis, 9–10).

Diese *Unnatürlichkeit* ist für Kleist das allernatürlichste Erlebnis. So wie Penthesilea mit ihrer → KENTAURENnatur eine Kraft verkörpert, die in der Natur nicht zu finden ist (125–32), wäre auch für Kleist, als er zu schreiben beginnt, das Natürlichste, was auch Raimund möchte: wenn er sich von *jeder Art* von Naturbild, einschließlich seiner eigenen inneren Natur, befreien könnte.

NUSS

Berlin, den 11. (und 12.) Januar 1801. Für Wilhelmine ein paar harte Nüsse zum Knacken. Aber nicht umsonst. Zuvor muss sie viele Seiten aus Kleists Feder lesen. Ausgedehnte Sentenzen, deprimierende Gemeinplätze, verdächtige Beteuerungen. Als versuchte Kleist, die → KANT-KRISE des vergangenen Jahres nicht zur Kenntnis zu nehmen, so zu tun, als sei nichts geschehen. Doch hie und da, inmitten der flammenden Begeisterung, verspricht er sich. Und erweckt dadurch den Eindruck, als käme es ihm nicht darauf an, ob Wilhelmine ihm gehören wird oder nicht, sondern als unternähme er alles, damit aus ihm nicht das werde, was trotzdem aus ihm wird: neben Shakespeare und Racine der größte Tragiker der Neuzeit.

Er dankt ihr für ihren letzten Brief, der auf ihn wie ein Tropfen Öl auf eine erlöschende Flamme gewirkt habe, die dadurch erneut auflodert. Sollte seine Liebe für sie am Erlöschen sein? Schnell korrigiert er seinen *Versprecher:* »Ja, liebe Wilhelmine, wenn jemals die Erinnerung an Dich in mir immer kälter und kälter werden sollte, so bin ich in meinem heiligsten Innern überzeugt, daß es einzig Deine Schuld sein würde, nie die meinige.« (II. 610) Erneut *verspricht* er sich: Die Erinnerung an jemanden keimt gewöhnlich *nach* der Trennung auf. Ahnt er vielleicht schon, dass er sie bald für immer, aus eigenem Wunsch verlassen und die »Erinnerung« an sie und ihre Tränen vergessen wird?

»Was! Du nimmst sie jetzt nicht, und warst der Dame versprochen?
Antwort: Lieber! vergib, man verspricht sich ja wohl.«
(Das Sprachversehen)

Doch zunächst verspricht er ihr das Blaue vom Himmel. Zum Beispiel, dass er sie nie für eine andere verlassen wird. Obwohl es durchaus Mädchen gäbe. Der arme, gehemmte, in Gesellschaft sich unbeholfen gebende Kleist erwähnt gleich zwei. Aber Wilhelmine sei ihnen überlegen. Und wenn sie sich noch mehr bemühte, dem in ihm lebenden Ideal zu entsprechen, schreibt Kleist, und wenn sie ihren ernsten Willen in die eine Waagschale legte, so würde die andere Waagschale mit allen Mädchen und Schätzen der Erde hinuntersinken. Die Gemeinplätze und gekünstelten Ideale richten ihr zerstörerisches Werk von sich aus an. Diesmal zum Beispiel lassen sie die Waage fehlerhaft funktionieren. Je vollkommener Wilhelmine ist, umso leichter wird sie – und entschwindet schließlich ins Nichts. Doch Kleist lässt sich noch immer nicht stören. Er predigt über die wohltuende Wirkung der Liebe (zum Beispiel darüber, daß sich ein verliebter Jüngling »sorgsamer, geschmackvoller, gewählter« kleidet, seine Haltung edler wird und er auf Spiel und Wein verzichtet – II. 611), schildert die wohltuende Wirkung La Fontaines und Höltys auf das Gemüt und führt schließlich, berauscht von der eigenen Eloquenz, das Beispiel Posas und Max Piccolominis an.

Ein Jahr später, am 20. Mai 1802, schließt er seinen letzten Brief an Wilhelmine mit den Worten: »Liebes Mädchen, schreibe mir nicht mehr. Ich habe keinen andern Wunsch als bald zu sterben. H. K.« (II. 726)

Höher emporschweben kann man nicht mehr. Und auch Kleist ermüdet. Aber Wilhelmine lässt er nicht in → RUHE. Nun mag das Geschenk kommen, mit dem er sie noch ein wenig quälen kann: »Hier noch einige Nüsse zum Knacken.« (II. 613) Und der künftige Autor von *Amphitryon*, *Penthesilea* und *Der Findling* legt von einem geistigen Niveau Zeugnis ab, das sich kaum mehr unterbieten lässt. Er fragt zum Beispiel, inwiefern die Flamme, die im Wind → HEFTIGER flackert, mit der Leidenschaft zu vergleichen ist? Oder inwiefern der Sturm, der kleine Flammen löscht, große hingegen noch größer macht, an das Unglück erinnert? Oder womit es zu vergleichen ist, dass man den Nebel, der alles andere verhüllt, sieht, nicht jedoch den, der einen selbst verhüllt?

Doch die harte Nuss müsste er selbst knacken: warum er sich selbst betrügt, wenn ihn sein Geschmack und seine Neigung in eine andere Richtung locken, warum er sein Glück an einem Ort sucht, der nicht von seinem inneren Antrieb dazu auserwählt wurde? Warum er meint, Wilhelmines → NATUR umformen zu müssen? Und warum er glaubt, dass er, obwohl sie ihm *so* nicht entspricht, später zufriedener mit ihr sein wird? Die Nuss: seine eigene Ratlosigkeit. Was Wunder, dass sich Wilhelmine niemals als stark genug erweist, sie zu knacken.

Nach seinem Bruch mit Odette ruft Swann am Ende des zweiten Teils des Romans aus: »Wenn ich denke, daß ich mir Jahre meines Lebens verdorben habe, daß ich sterben wollte, daß ich meine größte Leidenschaft erlebt habe, alles wegen einer Frau, die mir nicht gefiel, die nicht mein Genre war!« (Marcel Proust: *In Swanns Welt*, 503)

Die Schweiz, Anfang 1802. *Die Familie Schroffenstein (Ghonorez),* fünfter Aufzug, erste Szene. Rupert ersticht seinen eigenen Sohn, Ottokar, den er für die Tochter seines Gegners Sylvester hält. Einen → AUGENBLICK wirkt er → ZERSTREUT: »Warum denn tat ichs, Santing? Kann ich es / Doch gar nicht finden im Gedächtnis. –« (2517–8) Santing jedoch feuert Rupert weiter an, obwohl dieser in der Seele gar nicht anwesend ist: Jäh erkennt er, ob Gegner oder eigenes Kind spielt keine Rolle – jeder Tod fügt der Schöpfung eine unheilbare Wunde zu. Santing ist bei Verstand; statt wie Rupert zu sinnieren, beobachtet er den aus der Ferne nahenden Feind. Und Rupert ahnt, dass die Kette der → TodesFÄLLE noch nicht zu Ende ist, dass am Ende *jedes* Kind sterben wird. Er fragt, ob Sylvester und seine Leute schon nahen? Worauf Santing: »Herr, ich gebe keine Nuß / Für eine andre Meinung.« (2541–2)

Santings Nuss: das Unterpfand des eintreffenden Endes. Sie ist genauso leicht, wie die Tragödie gewichtig ist. Die löchrige Nuss ist mehr wert als die Aussicht auf die beglückende Befreiung. Es bleibt also der Tod, der nächste Mord, Johanns endgültiger Wahnsinn. Das ist es, wozu sich die Schöpfung erhärtet hat. Eine Nuss, die man vergeblich zu knacken versucht.

Sommer 1811, kaum ein Vierteljahr vor dem Doppelselbstmord am Wannsee. *Der Findling.* Antonio Piachi erbarmt sich in Ragusa des Waisenkindes Nicolo, nimmt es zu sich auf den Wagen und verliert als Lohn seiner guten Tat sein eigenes Kind. Der neue Junge, den Piachi im ersten Moment → ENTSETZT von sich schleudern wollte (warum tat er es nicht?), nimmt als → GOTTES SOHN den Platz des toten Paolo ein. Starr, mit schönem Gesicht, schwarzem Haar und unveränderlicher Miene sitzt er wie ein Christkind in der Ecke des Wagens. Wortlos, emotionslos und in sich gekehrt, sieht er nur manchmal mit sorgenvollem → BLICK um sich. »Von Zeit zu Zeit holte er sich, mit stillen und geräuschlosen Bewegungen, eine Handvoll Nüsse aus der Tasche, die er bei sich trug, und während Piachi sich die Tränen vom Auge wischte, nahm er sie zwischen die Zähne und knackte sie auf.« (II. 200–1)

Gleichgültigkeit und Trauer. Starres Gesicht und tränende Augen. In-sich-Gekehrtheit und Bewegtheit. Ein kalter Lebender auf dem Platz eines noch nicht erkalteten Toten. Geräuschlose Bewegungen und knackende Geräusche. Nicolo knackt die Nüsse so, wie Norman in Hitchcocks *Psycho* immer wieder anfängt, Kerne zu kauen. Kleist hat die Nüsse, die Wilhelmine zehn Jahre zuvor nicht knacken konnte, an Nicolo weitergegeben. Nichts fällt dem Jungen leichter. Er spaltet sie so, wie Piachi am Ende der Erzählung seinen Schädel spalten wird. Nicolo trägt sein → ZUFÄLLIG verschont gebliebenes Leben in der Tasche. Und Piachi weint. Er spürt, dass die wirkliche Aufgabe des Nüsseknackens noch auf ihn wartet.

OBERLIPPE

Achilles: »Und sag dem Sittenrichter nichts, dem grämlichen / Odyß, von dem, was ich dir anvertraue; / Mir widerstehts, es macht mir Übelkeiten, / Wenn ich den Zug um seine Lippe sehe.« (*Penthesilea,* 2449–52) Odysseus' Lippe bringt das Fass zum Überlaufen. Eine kaum wahrnehmbare Bewegung, doch dramaturgisch umso wirkungsvoller. Während er mit unbändigen Leidenschaften, dem Tod und der Liebe ringt, beherrscht Kleist auch alle Kunstgriffe seines Faches perfekt. Er konstruiert seine Dramen genauso wohlüberlegt, Effekt auf Effekt häufend und dennoch verhalten und ökonomisch wie die Größten der französischen Klassik – oder wie die französischen Meister der »gut gemachten Stücke« des 19. Jahrhunderts. Dabei »wägt« Kleist nicht nur »ab«, sondern geht auch riskante Unterfangen ein. Denn während sich Penthesileas und Achilles' schreckliche Tragödie abzeichnet, beginnt Kleist, als hätte er nichts anderes zu tun, sich dem Zittern von Odysseus' Lippe zu widmen, und verwickelt sich so in einen »Nebenkonflikt«. Vielleicht hat es nur Shakespeare gewagt, sich so leichtfertig, ja fast nachlässig Konflikten hinzugeben, die mit dem »Hauptfaden« scheinbar nichts zu tun haben. In Wirklichkeit handelt es sich natürlich um ein uraltes dramaturgisches Rezept: Die Abschweifung, die Entfernung bringt einen dem Hauptfaden der Handlung näher, als wenn sich der Autor um jeden Preis an diese hielte. Die leichtfertige – Shakespeare'sche – »Gelassenheit« und die strenge – französische – Architektur: In der »Szene« mit Odysseus' Lippe begegnen sich zwei große Traditionen.

Wenn Odysseus sich ihm nähert, zittert Achilles vor Nervosität. Und wenn er eintritt und ihm ungezwungen hinwirft: »Was?« (2489), schießt Achilles das Blut ins Gesicht, und er bricht sogleich aus: »Tu mir dein Gesicht weg, bitt ich dich!« Doch Odysseus würdigt ihn keines → BLICKES, er wendet sich an Diomedes und beginnt in der dritten Person Singular von Achilles zu sprechen, der sich gerade bereit macht, mit Penthesilea zu kämpfen. Sich noch immer nicht an seinen Rivalen wendend, sagt er: »Ist dieser Mann bei Sinnen, Sohn des Peleus? / Hast du gehört, was er –?« Achilles unterbricht ihn erneut, diesmal zurückhaltender: »Ich bitte dich, / Halt deine Oberlippe fest, Ulyß! / Es steckt mich an, bei den gerechten Göttern, / Und bis zur Faust gleich zuckt es mir herab.« (2496–9)

»Nicolo […] nahm, unter einem häßlichen Zucken seiner Oberlippe, seinen Hut, empfahl sich und ging ab.« (Der *Findling,* II. 212)

Odysseus will auch das nicht gehört haben; noch immer spricht er nur Diomedes an. Er wird immer höhnischer; fast sadistisch genießt er, dass er den anderen so nervös macht. Dann macht er eine Bemerkung, dass es den Anschein hat, als wolle sich Achilles um eines kleinen Abenteuers willen aus dem Heldenkrieg zurückziehen. Erneut wendet sich Achilles an Odysseus: »Er spricht von der Dardanerburg.« Da antwortet Odysseus zum ersten Mal – und das »Gespräch« nimmt seinen Lauf: »Odysseus: Was? Achilles: Was? Odysseus: Mich dünkt, du sagtest was. Achilles: Ich? Odysseus: Du! Achilles: Ich sagte: / Er spricht von der Dardanerburg.« (2512–4)

Odysseus' Lippen. Ein Funke, der alles zur Explosion bringt. Sie → ZUCKEN, und bei ihrem → ANBLICK zuckt auch Achilles' Faust. Mit solchen Lippen kann man sich nicht unterhalten. Würden sie wenigstens schäumen, wie Achilles' Lippen früher (228) oder wie Penthesileas Lippen später, als sie mit ihren Hunden der Raserei anheimfällt (2568). Aber hier zucken sie nur. Und dazu nur die Oberlippe. Ein selbstständiger Körperteil. Wird Odysseus angesprochen, »antwortet« diese Oberlippe. Ihr Zittern ist die Antwort. Und derjenige, dem sie gehört, bleibt stumm und unansprechbar. Odysseus ist in Achilles' Augen ein *zitterndes Gestein* – der leibhaftige Verstand, den man nicht ansprechen, nur mit der Faust zerschmettern kann. Die Überlegenheit, die alles besser wissen will, obwohl sie von nichts eine Ahnung hat. Am allerwenigsten von den Leidenschaften. Also, was er auch immer »anspricht«, der andere explodiert. Dazu genügt eine Kleinigkeit. Ein Blinzeln der Augen. Ein Nasenbohren. Ein Wippen. Ein Ohrenkratzen. Eine Schweißperle an der Schläfe. Der *Verstand* steht vor Achilles; doch nur sein *Körper* ist sichtbar. Und nur dieser lässt sich angreifen; Odysseus' Verstand ist uneinnehmbar. Der vom Verstand abgetrennte Körper, die Verkörperung all dessen, was dem Verstand unerträglich ist. Nicht Verkörperung: Kristallisation. Dem Verstand kann man nicht ins Gesicht schlagen, doch der Oberlippe kann man einen Hieb versetzen. Und dann ist auch der Verstand dahin. Odysseus ist klüger als alle anderen; doch er ist nicht Herr seines eigenen Körpers. Achilles klammert sich mit seinem → BLICK an Odysseus' Oberlippe: an das, was ihn am meisten irritiert. Und dadurch wird auch Odysseus verständnislos. Er wird dort »besiegt«, wo er am wenigsten damit rechnet. Seiner zitternden Lippe kann auch er nicht befehlen. Der Körper ist stärker; und hat Odysseus noch so sehr recht, am Ende geschieht doch das, was Achilles will. In Bezug auf Klugheit kann es Achilles mit Odysseus nicht aufnehmen; doch zumindest kennt er seinen eigenen Körper, ist sich über seine → BEGIERDEN im Klaren und kann seine Gedanken mit seinen Bewegungen in Einklang bringen. Wenn es ihm gelingt, Gestalt anzunehmen, ist der bescheidenere Verstand wirkungsvoller als der verlockend scharfe Verstand, der mit dem Körper nicht im Einklang steht. Odysseus ist nicht buckelig, er ist nicht lahm und hinkt nicht, sondern er ist nervös. Je klüger er ist, umso nervöser ist er. Wodurch schließlich auch seine Klugheit verdächtig wird. Und seine politische Weisheit versagt.

Auch Mirabeau verdankte seinen Sieg einem Zittern der Oberlippe. Bei der letzten Sitzung der monarchischen Ordnung, so ist im Aufsatz *Über die allmähliche Verfertigung der Gedanken beim Reden* zu lesen, kehrte der Zeremonienmeister, nachdem der Herrscher die Auflösung der Stände verordnet hatte, in den Sitzungssaal zurück und fragte die dort Verbliebenen, ob sie den Befehl des Königs nicht gehört hätten. Dabei versuchte er, seine Nervosität durch Überheblichkeit auszugleichen, und dies nutzte Mirabeau aus. Unsicher begann er zu reden, kam jedoch über Abschweifungen, Unterbrechungen und Pausen immer besser in seine Rede hinein. Und schließlich verkündete er triumphal:

Sie seien nicht bereit, ihre Plätze zu verlassen. Und dabei beobachtete er unablässig den Zeremonienmeister, dessen Oberlippe vielleicht erzitterte. »Vielleicht, daß es auf dieser Art zuletzt das Zucken einer Oberlippe war, oder ein zweideutiges Spiel an der Manschette, was in Frankreich den Umsturz der Ordnung der Dinge bewirkte.« (II. 321)

Wie in *Penthesilea* ist die Oberlippe auch hier eine winzig kleine, irrationale Sprengladung. Nicht nur für Mirabeau, sondern auch für den Leser. Denn das Motiv der *Oberlippe* bringt auch rückwirkend Ordnung in die vorherige Verschrobenheit und Spitzfindigkeit der Sätze mit ihren häufig verwendeten Anführungsstrichen und dem komplizierten Zusammenspiel von Mirabeaus Reden und den Kommentaren des Autors. Kleist dehnt die Sätze so lange, bis sie sich in einer »unlogischen« Regung entladen. Die Oberlippe »ordnet« den Text, während sie selbst, als unlogischer Punkt, den Textzusammenhang für einen → AUGENBLICK unterbricht. Durch einen verwegenen → EinFALL bringt Kleist Frankreichs Schicksal mit dem Zittern einer Oberlippe in Verbindung. Dabei wird auch der Text selbst verwegen. Logik und Widersinn wechseln sich ab, und während Kleist mit ihnen die Ordnung aufpflügt, verschafft er dem Text eine neue Ordnung.

Einerseits wirkt die Oberlippe *illustrierend:* Sie ist ein Beispiel für das Unerwartete und → PLÖTZLICHE. Andererseits tritt sie selbst *unerwartet* auf: So etwas würde man, wenn man in Geschichte bewandert ist, am Ende eines solchen Gedankenganges am allerwenigsten erwarten. Die Oberlippe verweist auf etwas und öffnet sich

»[D]as, was ich in dem Bilde selbst fin-

dabei auch selbst. Der Text selbst beginnt sich wie eine zitternde Oberlippe zu benehmen. Die Lippe: ein Thema, das sich selbst thematisiert. Sie verdeckt und deckt auf; sie verbirgt sich unter den anderen Worten, belebt den Text jedoch gerade durch ihre Geringfügigkeit und Beiläufigkeit. Sie ist ein dramaturgisches Hilfsmittel, doch auch um sie selbst kristallisiert sich ein Drama heraus. Sie bricht mit der Logik, um höheren, nicht nur logischen Ansprüchen Genüge zu tun. Anspruch und Abbruch, schreibt Kleist in Bezug auf Caspar David Friedrichs Gemälde der Seelandschaft.

Die Oberlippe lässt den Leser innehalten und schwingt ihn zugleich empor; er lenkt seine Fantasie auf den Körper, den Körper jedoch liefert er dem Schicksal (der Politik) aus.

den sollte, fand ich erst zwischen mir und dem Bilde, nämlich einen Anspruch, den mein Herz an das Bild machte, und einen Abbruch, den mir das Bild tat.« (II. 327)

OHNMACHT

Wer fällt in Ohnmacht?

In *Michael Kohlhaas* der tapfere Herse, nachdem er aus der Tronkenburg geworfen wurde; der sächsische Kurfürst, einmal, als er erfährt, dass Kohlhaas im Besitz der Kapsel ist, die das Geheimnis seines Schicksals in sich birgt, dann als er sieht, dass Kohlhaas diese verschluckt. In *Die Marquise von O....* die Marquise selbst, als Graf F... sie aus den Händen der zudringlichen Russen befreit (und noch bevor er sie vergewaltigt), dann als ihre Schwangerschaft zur Gewissheit wird; dann auch ihre Mutter, als der → VATER auf diese Nachricht hin seine Pistole abfeuert und die Familienidylle zerbricht. In *Das Erdbeben in Chili* Jeronimo, nachdem er der Lebensgefahr entronnen ist. In *Die Verlobung in St. Domingo* Gustav, als Mariane Congreve hingerichtet wird, ohne dass sie bereit wäre, ihn wiederzuerkennen. In *Der Findling* das Kind Nicolo, als ihn Piachi → ENTSETZT von sich stößt; später Elvire, als Nicolo in Colinos Kleidern vor sie tritt; und schließlich Piachi, als er, statt seine ohnmächtige Frau zu retten, sie mit Nicolo zurücklässt, zu seinem Freund rennt (vielleicht liebt er nur diesen unbekannten Anwalt wirklich aufrichtig?!) und bei ihm ohnmächtig zusammenbricht. In *Der Zweikampf* Herr Friedrich, als Littegarde halb verrückt in ihm erst einen Engel, dann einen → TEUFEL erblickt; später auch Littegarde selbst. In *Die Familie Schroffenstein* Rupert (schon lange vor Beginn der Geschichte), später auch Sylvester. In *Am-*

»Ich hab es dir versprochen«, spricht Käthchen und fällt in Ohnmacht. (646) Das etwa zeitgleich mit dem *Käthchen* entstandene Epigramm *Das Sprachversehen:* »Was! Du nimmst sie jetzt nicht, und warst der Dame versprochen?
Antwort: Lieber! vergib, man verspricht sich ja wohl.«

phitryon Alkmene bei der Entlarvung Jupiters. In *Penthesilea* (gemäß dem im Phöbus erschienenen Kleist-Kommentar) Penthesilea selbst, bevor sie von Achilles gefangen genommen wird. In *Das Käthchen von Heilbronn* Käthchen selbst, als sie gelobt, ihr Versprechen zu halten und vom Grafen abzulassen. In *Die Hermannsschlacht* Thusnelda, nachdem sie ihren Geliebten Ventidius von einem Bären zerreißen ließ; und Hally, die von vornherein nur ohnmächtig auf der Bühne zu sehen ist: Vor ihrer Ohnmacht wird sie vergewaltigt, später von ihrem → VATER erstochen und zerstückelt. In *Prinz Friedrich von Homburg* die Frau des Kurfürsten auf die falsche Todesnachricht ihres Gatten hin; und zum Schluss Friedrich selbst beim Schauspiel der tödlichen Verklärung.

Warum fallen sie in Ohnmacht?

Vor allem ihrer Ohnmacht wegen, der sie nicht Herr werden können, so wie Kohlhaas, der die erlittene Beleidigung zwar verflucht, sich aber »im Gefühl seiner Ohnmacht, seinen Ingrimm« verbeißt (II. 14). Die Ursache dieser Ohnmacht besteht nicht so sehr in der »äußeren« Last, die er tragen muss, als in seinem inneren Unvorbereitetsein. In *Der Zweikampf* glaubt Herr Friedrich an Littegardes Unschuld, ja, er glaubt noch daran, als alles darauf deutet, dass er im Zweikampf unterlegen ist. Doch indem er Littegarde glaubt, muss er das → GOTTESurteil anzweifeln. Danach will ihm Littegarde, als sei er Christus, erst den Fuß waschen und teilt ihm im nächsten → AUGENBLICK mit, dass ihr selbst der → ANBLICK der → HÖLLE süßer sei als er. Dennoch fällt nicht sie in Ohnmacht (das tut sie erst später), sondern Herr Friedrich, dessen Seele zwischen Himmel und → HÖLLE zerrissen wird. Nach Dorrit Cohn fallen Kleists Helden immer dann in Ohnmacht, als das Bild, das sie von sich und von der → WELT gemacht haben, erschüttert wird (Cohn, 134). Doch diese Figuren sind keine sentimentalen Romanhelden. *Sie fallen nicht deshalb in Ohnmacht, weil sie von der → WELT enttäuscht sind, sondern weil sie da erst die wirkliche Struktur der → WELT, die »Hochzeit« von Himmel und → HÖLLE erkennen.* Ihre Ohnmacht: ein Erwachen. Sie scheinen angesichts der Gebrechlichkeit der → WELT erschüttert zu sein (sie fallen in Ohnmacht); doch in Wirklichkeit beginnen sie erst dadurch, sich abzuhärten. Die Ohnmacht (das Niedersinken, das Zu-Boden-Fallen) ist auch ein Zeichen von Erstarkung (Erhebung).

Die »Bewußtwerdung« erfolgt durch den Verlust des Bewusstseins. Diejenigen, die in Ohnmacht fallen, haben ein bemerkenswert gut funktionierendes → UNBEWUSSTES Ich. Penthesilea, schreibt Kleist im Kommentar der Phöbus-Fassung, »ist, in einem Anfall von Wahnsinn, in Ohnmacht gefallen, und« – und hier sprengt die Ohnmacht die sentimentale Schablone der »Gefühlswallung« –, »während der Ohnmacht, vom Achill gefangen genommen.« (I. 857) Die Ohnmacht ist der *dramaturgische Wendepunkt,* die Peripetie: Die Raserei und die Liebe berühren sich im → AUGENBLICK der Ohnmacht, die Züge der ohnmächtigen Königin sind zwar noch ungeordnet, doch auch schon jenseitig (was auch eine Vorwegnahme der letzten Szene ist, in der Penthesilea ebenfalls aus einer Art Ohnmacht erwacht). »Mithilfe« der Ohnmacht erreicht sie das, wogegen sie *bewusst* ankämpft: dass sie Achilles gehört. Das, was sonst eines komplizierten, dramaturgischen Taktierens bedürfte, erreicht Kleist durch das kaum einen → AUGENBLICK währende Moment der Ohnmacht. Statt – wie die Heldin eines gut gemachten Stückes – Pläne zu schmieden, ihr Geheimnis Freunden anzuvertrauen, List anzuwenden, Intriganten auszuspielen und geschickt die Fäden zu ziehen, *fällt* Penthesilea *einfach in Ohnmacht.* Diese Einfachheit setzt sich jedoch aus unübersehbar vielen Schichten zusammen. Ihre Ohnmacht verdeutlicht, dass sich die Spannungen, die sie von innen beleben, mithilfe der *klassizistischen Dramentechnik* nicht mehr darstellen lassen. Die Ohnmacht bedeutet das Scheitern des Bewusstseins und der Berechenbarkeit. Doch bei Kleist hört das Bewusstsein infolge dieses Scheiterns nicht auf zu sein, sondern erweitert sich noch. Indem sie in Ohnmacht fällt, erreicht Penthesilea gerade das, was sie mithilfe ihres »Tagesbewusstseins« nicht schafft. Denn während sie, als sie *bei Bewusstsein* ist, den Mann besitzen (das heißt ihn überwältigen) möchte, kann sie sich ihm, indem sie in Ohnmacht fällt, darbieten (sie möchte unten bleiben – und ihr Körper sinkt zu Boden, *unter* den Körper des Mannes). Von da an windet sie sich unter dem Zwiespalt ihres Bewusstseins und ihres → UNBEWUSSTEN Ich, bis zum *gemeinsamen* Tod.

Auch die Marquise von O.... fällt im kritischsten → AUGENBLICK in Ohnmacht. Nicht als die widerwärtigen russischen Soldaten mit ihr gewalttätig werden, sondern als Graf F... sie wegführt und ihr dabei nach französischer Art Komplimente macht. Nach Dorrit Cohn fällt sie vom → ANBLICK des Grafen in Ohnmacht (Cohn,

133), nach Blöcker deshalb, weil in ihr, der Witwe, die Weiblichkeit erwacht (Blöcker, 178). Indem sie in Ohnmacht fällt, bietet sie sich genauso dar wie Penthesilea – jedoch in einer Weise, die an alles, nur nicht an eine Darbietung erinnert. *Durch die Ohnmacht verschleiert sie gerade das, was sie aufdeckt.*

Vergleichen wir diese Ohnmacht mit der Herrn Friedrichs, so lässt die Marquise von O.... durch diese verschleierte Aufdeckung in dem Engel auch das in ihm lauernde Gegenteil, den → TEUFEL, für den Leser im Voraus spürbar werden. Die Ohnmacht der Frau lockt aus dem Engel (dem Mann) den → TEUFEL hervor. Die gegensätzlichen Bewegungen der Seele führen nicht nur zur Ohnmacht, sondern beleuchten auch das Verhältnis von Himmel und → HÖLLE. Zudem ist diese Ohnmacht wie ein → GEDANKENSTRICH. Damit er später den besagten → GEDANKENSTRICH setzen kann, muss Kleist erst die Sicht der Marquise verschleiern. Durch die Ohnmacht der Marquise *fällt* auch der *Text in Ohnmacht.*

»Dieser Roman ist nicht für dich, meine Tochter. In Ohnmacht! Schamlose Posse! Sie hielt, weiß ich, die Augen bloß zu.« (*Die Marquise von O....*)

Der Erzähler treibt ein »doppeltes Spiel«: Er ersetzt die Vergewaltigung durch einen → GEDANKENSTRICH, da die Marquise in ihrer Ohnmacht von nichts weiß – da er die Information jedoch auch dem Leser vorenthält, ist der Leser gezwungen, sich mit der Marquise zu identifizieren, er »fällt« also selbst »in Ohnmacht«. Alle fallen in Ohnmacht: die Marquise, der Leser und auch der Text, in dem eine Lücke klafft.

Hans Heinz Holz' Kleist-Buch trägt den Titel: *Macht und Ohnmacht der Sprache.*

Statt auszusetzen, arbeitet das Unterbewusstsein der Helden während ihrer Ohnmacht lebhaft weiter. Doch während er unter (hinter) das Bewusstsein dringt, beobachtet Kleist nicht das Funktionieren der Seele. Statt zu »psychologisieren«, lässt er auch das → »INNERE« hinter sich. Von der Person gräbt er zu den Wurzeln der Person hinunter. Nach seiner Ohnmacht sagt Sylvester: »Was mich freut, / Ist, daß der Geist doch mehr ist, als ich glaubte, / Denn flieht er gleich auf einen Augenblick, / An seinen Urquell geht er nur, zu Gott, / Und mit Heroenkraft kehrt er zurück.« (897–900) → »GOTT« ist jedoch bloß ein beschönigendes Wort. Kleists Helden sind nie auf der Suche nach → GOTT, sondern nach → RUHE. Die ist für sie jedoch ein unmöglicher, nicht diesseitiger Zustand. Eine ständig aufrechterhaltene Spannung, die das Innerste und das Äußerste (→ GOTT und die Marionette) *zusammenhält,* ohne sie jedoch *miteinander zu vereinen.* Die Ohnmacht ist die Quelle jener Kraft, die nötig ist, um sie zusammenzuhalten. Als Alonzo (Sylvester) in *Die Familie Ghonorez* von seiner Ohnmacht spricht, sagt er Folgendes (Kleist strich diese Zeilen aus dem Manuskript aus): »Freilich ist / Nicht Sinken stets gleichviel mit Schwachsein. Manchen / Mag wohl ein Eindruck stürzen, nicht weil keinen, / Nein, weil er starken Widerstand ihm leistet.«

Im Gegensatz zu den Gesunden der gebrechlichen (zerbrechlichen) → WELT, geben diejenigen, die bei Kleist in Ohnmacht fallen, von einer höheren Gesundheit Kunde. Manche sterben daran. Aber ihr Tod beweist keinesfalls, dass die gebrechliche → WELT recht gehabt hat.

»– Nicht jeden Schlag
ertragen soll der Mensch,
Und welchen Gott faßt, denk
ich, der darf sinken,
– Auch seufzen. Denn der
Gleichmut ist die Tugend
Nur der Athleten.«

(*Die Familie Schroffenstein*, 964–7)

PARADIES

Das Paradies bei Kleist: die zukünftige Vergangenheit. Die sündige Gegenwart ragt wie eine Insel der Hinfälligkeit aus der unschuldigen Vergangenheit und Zukunft. Zuweilen scheint es umgekehrt zu sein: dann löst sich die paradiesische Gegenwart aus der schuldbeladenen Vergangenheit und Zukunft. In *Das Erdbeben in Chili* finden sich die Helden nach dem Zusammenbruch der hinfälligen → WELT (ihrem Anheimfallen an die Vergangenheit) im »Tal von Eden« (der Gegenwart) wieder (II. 149) – um bald darauf in die → WELT der wieder erwachten (zukünftigen) Sünde zurückzukehren, in der sich ihr Schicksal vollendet. »Wie viel Elend über die Welt kommen musste, damit sie glücklich würden!« (II. 150), denken die Helden, solange der paradiesische Zustand währt. Doch in ihrem diesbezüglichen Glauben erweisen sie sich als genauso kurzsichtig wie Elvire in *Der Findling,* die eine *Brille* aufsetzen muss, um die Vollendung ihres Schicksals zu erkennen, oder wie Alkmene, die von Jupiter kurzsichtig genannt wird, weil sie nicht die ganze Wahrheit sieht. Auch in *Das Erdbeben in Chili* müssen die Helden erkennen, dass der → WELT noch zu wenig Elend und Unglück zuteilwurde. Damit das Paradies dauerhaft, ewigwährend werde, muss die Welt erst verschwinden, müssen sich Hinfälligkeit und Elend ins Unendliche steigern. Zukunft und Vergangenheit geraten außerhalb der Zeit; und die Zeit wird zur fortlaufenden Gegenwart, in der immer dasselbe passiert.

In Kleists Erzählungen wechselt der Erzähler in wichtigen Szenen häufig unvermittelt von der Vergangenheitsform ins Präsens – so zum Beispiel, als der sächsische Kurfürst seine Begegnung mit der → ZIGEUNERIN erzählt (II. 92), in deren Person das *Jenseits*

Die paradiesische Unschuld »wandelt → HEITER über sinkende Welten« (II. 306), schreibt Kleist schon 1799 in seinem Aufsatz über das *Glück.* → HEITERkeit und Unschuld – und das Niedersinken. Der → FALL, der Sturz, das Straucheln – wie auch Richter Adam in *Der zerbrochne Krug* aus dem Bett steigend strauchelt und sich beinahe den Fuß *bricht* (um so ein Beispiel für die Gebrechlichkeit der → WELT zu geben). Freilich strauchelt er nicht dort, sondern stürzt aus Eves → FENSTER – und sein *Sturz* überschattet ihre → *HEITERE Unschuld.* Adam – diesmal als Schlange – führt die Unschuld in Eves *Heim* in Versuchung, und zwar innerhalb des *Zauns* (1674), der das Heim so umschließt, als sei es der Garten Eden.

in den Fortgang der Ereignisse einbricht. Die → ZIGEUNERIN: Sie verkörpert sowohl die Vergangenheit (die tote Lisbeth) als auch die Zukunft (die Prophezeiung). Ihre Existenz in der *Gegenwart* entlarvt die Hinfälligkeit der → WELT und indem der Kurfürst von der Vergangenheitsform → PLÖTZLICH ins Präsens wechselt, erkennt er gleichsam die elende → NATUR seines irdischen Lebens

Dieses niederländische Heim erinnert auch an das Landhaus der Marquise von O.... mit seiner → GARTENLAUBE, in das die Marquise → EINZIEHT. Da sie ihre Unschuld (Schuldlosigkeit) in der gebrechlichen → WELT (II. 143) nicht beweisen kann, muss sie sich in ihr → INNERSTES zurückziehen, »in ewig klösterlicher Eingezogenheit« leben (II. 126).

Das Wort Paradies entstammt dem awestischen *pairidaeza* (Einzäunung).

Die paradiesische Unschuld lässt sich nicht mit der → WELT vereinbaren. Zwischen beiden besteht kein Übergang; ein Bruch, ein Abgrund trennt sie voneinander. Die → WELT hält die Unschuldigen für schuldig, und umgekehrt. *Die Familie Schroffenstein* handelt vom Verlust der Unschuld und vom → SündenFALL; doch schon dieses erste Werk beweist, dass Kleist, selbst wenn ihm das Mysterienspiel vorschwebt, »nur« Tragödien schreiben kann. Er hat keinen »Sinn« für Übergänge. Obwohl er nichts mehr herbeisehnt als die → RUHIGE Lösung und die → VERSÖHNUNG. »Ein hold ergötzend Märchen ists der Kindheit, / Der Menschheit von den Dichtern, ihren Ammen, / Erzählt. Vertrauen, Unschuld, Treue, Liebe, / Religion, der Götter Furcht sind wie / Die Tiere, welche reden«, sagt Rupert am Anfang des Stückes nach der *Messe* (!) in der Kapelle (43–7). Doch im gleichen Monolog kündigt er auch den Krieg an, den er gegen die *Schlangen* führen will (68) – und vergisst dabei, dass auch er selbst eine wahrhaftige Schlange ist. Der Zwist zwischen den Brüdern beginnt mit Sylvesters früherer, mehrere Tage dauernder Ohnmacht, als Rupert zur Annahme kommt, dass Sylvesters Vermögen auf ihn übergeht. Als Sylvester zu sich kommt, erwacht er in einer neuen → WELT: der Welt des Krieges und der Zwistigkeit. Und diese → WELT wimmelt vor Schlangen. Der hoffnungslos verliebte Johann sieht zum Beispiel Ottokar als Schlange (895), da ihm dieser Agnes wegnimmt, und auch Agnes' Mutter warnt sie vor Ottokar wie vor einer Schlange: »O um Gotteswillen, Agnes, / Sei doch auf deiner Hut. – Er kann dich mit / Dem Apfel, den er dir vom Baume pflückt, / Vergiften.« (1110–3) Eine Schlange zu sein, bedeutet, den anderen zu täuschen; und *Die Familie Schroffenstein,* diese Tragödie der Täuschungen (in der es zuweilen so viele Täuschungen gibt, dass sie den Titel *Komödie der Irrungen* verdiente), handelt vom universellen Kampf der Schlangen, in dessen Verlauf die Figuren verkrüppelt, getötet und in den Wahnsinn getrieben werden. Nicht nur aus hoffnungsloser Liebe verliert Johann den Verstand, sondern auch wegen der vollendeten Sündhaftigkeit – für ihn ist das Leben selbst eine einzige, gewaltige Schlange, ein Vergleich, in dem bereits die Stimme des *reifen* Kleist anklingt: »Es hat das Leben mich wie eine Schlange, / Mit Gliedern, zahnlos, ekelhaft, umwunden.« (1048–9) Johann wird *aus Angst* verrückt: Er ist unfähig, sich in der Welt zurechtzufinden, und hält das Paradies (die Liebe) für unvereinbar mit dem gesunden Menschenverstand (der Normalität, der Ratio). Er ist die erste in einer Reihe Kleist'scher Figuren, die eine innere Kraft daran hindert, den Weg ihres eigenen Verhängnisses zu verlassen. Mit seinem Schicksal »durchtrennt« Johann die Welt, als sei sie ein über den Abgrund gespanntes Pergamentpapier.

Johanns Schicksal verdeutlicht, dass die Gebrechlichkeit der Welt zum Objekt des endlosen Leides gemacht werden muss. Damit das Paradies kommen kann, muss man die Welt verleugnen. Der *Terror* (der Wahnsinn, der Mord, die → PEIT-

SCHE, die → RACHSUCHT, die → GRIMMIGE → ZERSTREUTHEIT, die hysterische → OHNMACHT oder eben die erschreckende → VERZÜCKUNG) wird zur Waffe des Paradieses und der → GRAZIE werden. Doch wer bei Kleist diese Waffe führt, bewahrt seine Reinheit und absolute Unschuld. Denn Kleists *Terrorismus* ist nicht revolutionär, sondern aufrührerisch; nie kämpfen seine Figuren im Namen einer Ideologie gegen die → AUGENBLICKliche Einrichtung der → WELT, sie kämpfen vielmehr gegen die ganze Existenz.

»Die Symbolik des Terrorismus, die unserem Jahrhundert zu eigen ist, hat mich immer angezogen. Ich meine den totalen Terrorismus, der auf die Zerstörung jeder Gesellschaft zielt, der ganzen menschlichen Rasse. Aber ich habe nur Verachtung für die, die aus dem Terrorismus eine politische Waffe im Kampf um irgendeiner Sache willen machen.« (Luis Buñuel, in: Mattheus-Matthes, 9–10)

Zugleich nährt sich ihre Revolte im Gegensatz zu den Gnostikern nicht aus dem festen (fanatischen) Glauben an eine »Existenz jenseits der Existenz«, sondern aus der Erfahrung der Gebrechlichkeit der menschlichen Existenz. Nicht deshalb wird Kohlhaas zu einem Engel des Gerichts, weil er die → WELT einem bestimmten Zukunftsbild entsprechend umgestalten will (er ist kein Revolutionär!), doch auch nicht, weil er das Himmelreich auf Erden verwirklichen möchte (er ist kein Missionar!), sondern weil er sich schon vor der Konfiszierung seiner Pferde über die gebrechliche Einrichtung der → WELT im Klaren ist (II. 15–6). Kleists Figuren erscheint die → WELT deshalb so *gebrechlich,* weil sie schon über das Erlebnis der ungeheuren Gebrechlichkeit ihrer eigenen Existenz verfügen. Diese Erfahrung zwingt sie, das *Unmögliche* zu wollen. → PARADOXERWEISE verleiht ihnen gerade ihre Schwäche die Kraft, wie auch Penthesilea mit ihrer → MÄDCHENHAFTEN Figur und ihren kleinen, zerbrechlichen Händen stärker als der tapferste Krieger ist.

Das Paradies, das sie suchen, ist das Niemandsland, das sich zwischen der Kraft und der Schwäche erstreckt. Die Figuren müssen hier nach nichts streben, denn es ist der einzige »Ort«, an dem sie nicht das Gefühl haben, ausgeliefert zu sein. Doch um hier Fuß fassen zu können, müssen sie zuerst die ganze → WELT in ein einziges, gewaltiges Niemandsland verwandeln.

In der Fabel *Die Bedingung des Gärtners* zieht der Gärtner mit Spaten und Hacke aus, um seinen Garten (sein eigenes Paradies) vor der Überflutung zu schützen und die Quelle des Unglücks endgültig auszumerzen.

PARADOXIE

In seinem zweiten Brief an seine Verlobte Wilhelmine, den er Anfang 1800 schrieb, siezt Kleist sie noch und spricht sie wie ein Logikprofessor an. Er häuft Argument auf Argument, die ihr alle beweisen sollen: Es *lohnt* sich für sie sehr wohl, ihn zu lieben. Wenn aus keinem anderen Grund, so deshalb, weil man durch die Liebe edler und besser wird. Aber als er sie endlich darum bittet, ihm (duzend) zu schreiben: »*ich liebe Dich*« (II. 502), bekommt der Panzer der Logik Risse. Der flehende Verliebte erweckt einen noch bemitleidenswerteren Eindruck als der mit Verstand gewappnete Redner. Nicht weil das Flehen ohnehin selten erhört wird, sondern weil Kleist *nicht gut flehen kann.* Zwar versucht er, das Herz anzusprechen – wie das später auch das Kind Nicolo in *Der Findling* tut, als er beim → ANBLICK Piachis, »nach der Art der Flehenden, die Hände zu ihm ausstreckte und in großer Gemütsbewegung zu sein schien« (II. 199). In einer ersten Regung möchte ihn Piachi → ENTSETZT von sich stoßen, doch als jener in → OHNMACHT fällt, hebt er ihn dennoch in seinen Wagen – und besiegelt damit sein eigenes Schicksal. Ähnlich fleht der junge Kleist. Doch obwohl er sich auf die innersten Eingebungen seines Herzens beruft, hallen seine Worte hohl wider. Bezüglich seiner zukünftigen Studien schreibt er Folgendes: »Nein, nein, Wilhelmine, nicht die Rechte will ich studieren, nicht die schwankenden ungewissen, zweideutigen Rechte der Vernunft will ich studieren, an die Rechte meines Herzens will ich mich halten, und ausüben will ich sie, was auch alle Systeme der Philosophie dagegen einwenden mögen.« (II. 504)

Hohl tönende, Schiller'sche Worte. Die Rechte des Herzens statt der Rechte der Vernunft. Das klingt verdächtig logisch und selbstverständlich. Offenbar vermischt Kleist die Leidenschaft mit der Logik. Er lehnt die *Logik der Vernunft* ab, doch an ihrer Stelle verkündet er nicht die *Leidenschaft des Herzens,* sondern dessen *Logik.* Er verurteilt die Vernunft vom Standpunkt der wohlüberlegten Vernunft aus – er durchlebt die Leidenschaft nicht, sondern begründet logisch ihre Notwendigkeit. *Das Erflehen eisiger Leidenschaften.* Hätte Wilhelmine mehr Menschenkenntnis besessen, hätte sie Kleist abgewiesen. Denn was auf den ersten → BLICK wie ein Liebesbrief anmutet, ist in Wirklichkeit die Projektion der Ängste eines sich vor sich selbst fürchtenden jungen Mannes auf das erstbeste sich bietende »Objekt« – in diesem → FALL ein junges Mädchen.

Die Wilhelmine-Briefe kann man auch als *Roman der Selbsttherapie* lesen. Die Geschichte ihrer »Liebe« ist nichts anderes als die Geschichte einerseits der Überhandnahme der Beklemmung und der Angst, andererseits jener Entwicklung, in deren Verlauf Kleist lernt, mithilfe des *Schreibens* (zunächst: des Briefeschreibens) seine Ängste in Schranken zu halten. Dieses Lernen läuft nicht bewusst ab. Wie Piachi wehrt sich auch Kleist beharrlich dagegen, auf seine inneren Impulse zu hören. Doch das *Schreiben* verführt ihn immer wieder. Nicht zu den heißen (befreienden), sondern zu den erwähnten kalten (verdrängten) Leidenschaften. Und in diesen »schwelgend«, entwirft er unter dem Vorwand der eingebildeten Eheidylle die Logik von Himmel und → HÖLLE.

Im Laufe der Monate werden auch Ton und Stil der Briefe immer gespannter. Nicht vor Kleists Leidenschaftlichkeit, sondern deshalb, weil die Abwesenheit jeder Leidenschaft zuweilen metaphysische Perspektiven eröffnet. Und dann blitzt am Ende des Tunnels der Rationalität doch die Leidenschaft auf. Diese ist jedoch nicht mehr ausschließlich Kleists Leidenschaft, sondern die unpersönliche Leidenschaft der Existenz. Am 18. November 1800, zwei Tage nach jenem denkwürdigen → GEWÖLBEgleichnis, quält der *verliebte* Mann das Mädchen mit folgenden und ähnlichen Fragen: Warum sieht der Mensch zum Himmel, statt seinen Kopf zur Erde zu neigen? Warum hat er zwei Ohren, aber nur einen Mund? (II. 594) Und dann, nach so vielen deprimierenden Aufgaben, noch ein Beispiel: »Gesetzt [...], daß die Luftsäure (eine Luftart) sich aus der Fäulnis entwickele und doch auch vor der Fäulnis sichere; so müsstest Du nun fragen, welche → ÄHNLICHKEIT hat das wohl, wenn man es in irgend einer Hinsicht mit dem Menschen vergleicht? Da wirst Du leicht finden, daß sich aus dem Laster des Menschen etwas entwickele, das davor sichert, nämlich die Reue.« (II. 596–7)

Unsinn türmt sich auf Unsinn; und unter dem Druck der angehäuften Albernheiten kommt unvermutet ein Gedanke zum Vorschein, der bereits Kleists *eigener* ist und mit Wilhelmine wenig zu tun hat. Dieser auch zum Aufsatz über das *Marionetten-*

theater passende Gedanke bezieht sich in diesem Kontext auch auf das *Schreiben*. Es geht nicht nur darum, dass man immer tiefer sinken muss, um immer höher hinaufsteigen zu können, sondern auch darum, dass Kleist unter der Wirkung der ihn zerreißenden, gegensätzlichen Impulse *gezwungen ist, immer trivialere und rationalere Standpunkte einzunehmen, um rätselhafte und glänzende Einsichten erlangen zu können*. In den Wilhelmine-Briefen kommt die Tragikomödie jener → BILDUNG zum Ausdruck, deren Ideal Kleist lange schwärmerisch nachhing. Das Scheitern der → *BILDUNG* zeigt sich daran, dass ein aufrichtig lernbegieriger junger Mann, der inmitten seiner Angst und Beklemmung wirklich der Hilfe bedürfte, sich auf nichts und niemanden stützen kann. Die *ganze Kultur* lässt einen im Stich, wenn sie spürt, dass man eine andere Sprache als sie spricht. Dasselbe Gesetz, das Schiller in seinem Gedicht *Ode an die Freude* formuliert und das die Ideologie, diese Erfindung des 18. Jahrhunderts, für maßgeblicher als die Rechte der unansprechbaren Einsamkeit hält, zwingt auch Kleist, »sich weinend davonzustehlen«.

»Als ob sein ganzes Bewusstsein zerschmettert worden wäre«, sagt der Erzähler über Jeronimo in *Das Erdbeben in Chili* (II. 145). Ähnlich muss es Kleist unter der Last der → *BILDUNG* und der damit verbundenen, zahlreichen *bürgerlichen* Verpflichtungen ergehen. Doch der oben zitierte Satz steht im Konditional. Unter Jeronimos Füßen bebt die Erde, die Gefängnismauern bekommen Risse, und das ganze Gebäude droht einzustürzen – »nur der, seinem langsamen Fall begegnende, Fall des gegenüberstehenden Gebäudes verhinderte, durch eine zufällige Wölbung, die gänzliche Zubodenstreckung desselben« (II. 146). Das gleiche → GEWÖLBE, das nach dem Zeugnis seines Briefes vom 16. November 1800 Kleist rettet, rettet auch Jeronimo. Es ist der wichtigste Tag in Jeronimos Leben, denn er erwartet seine Hinrichtung. Kleist wiederum schreibt: »Ich ging an jenem Abend vor dem wichtigsten Tage meines Lebens in Würzburg spazieren. Als die Sonne herabsank war es mir als ob mein Glück unterginge. Mich schauerte, wenn ich dachte, daß ich vielleicht *von allem* scheiden müßte, von allem, was mir teuer ist.« (II. 593)

Das → *GEWÖLBE*, das er erblickt, bietet ihm Trost: »Da ging ich, in mich gekehrt, durch das gewölbte Tor, sinnend zurück in die Stadt. Warum, dachte ich, sinkt wohl das Gewölbe nicht ein, da es doch *keine* Stütze hat? Es steht, antwortete ich, *weil alle Steine auf einmal einstürzen wollen* – und ich zog aus diesem Gedanken einen unbeschreiblich erquickenden Trost« (ebd.). So wie Jeronimo durch den Spalt entkommt, der in der Mauer des Gefängnisses entsteht, so findet auch Kleist in der *Tiefe* seines Elends die Öffnung, durch die er vor sich selbst fliehen kann.

Zu Recht mochte Kleist den Eindruck haben, dass ihn das Ideal der bürgerlichen Kultur und der → BILDUNG zum Tode verurteilt habe. Seine ganze Dichtung ist eine gewaltige *Öffnung,* durch die er diesem Ideal entkommen will – ein *Tunnel,* in den er seine Figuren als nüchterne, besonnene, umsichtige Menschen, also als Musterschüler der bürgerlichen Ideale, hineinführt und den sie am anderen Ende alle als → UNVERSTÄNDLICHE, → ENTSETZLICHE, → UNBEGREIFLICHE, verzweifelte Wesen, als »lebendige Leichen« wie Penthesilea (2717) verlassen. *Kleist zersetzt nicht die Welt der → BILDUNG,* sondern lässt sie bestehen und lenkt das Interesse auf eine andere → WELT, die mit ihr auf den ersten → BLICK nichts zu tun hat. Aus der Sicht der → BILDUNG ist dies eine noch unverzeihlichere Geste, als hätte er angefangen, die → BILDUNG zu kritisieren oder gar zu zersetzen. Dann hätte es nämlich trotz aller Gegensätze und Konflikte eine *gemeinsame Sprache* gegeben. So jedoch verweigert Kleist, obwohl er sich scheinbar der Bildungssprache (ihrer Requisiten, ihrer Konventionen) bedient, in Wirklichkeit jede Gemeinsamkeit mit ihr. So wie er auch in den Wilhelmine-Briefen nicht *trotz* der dummen und albernen Beispiele zu tiefen und tragischen Einsichten gelangt, sondern indem er gleichsam in sie hineintauchte, so gelangt Kleist auch in sei-

»Wer kann das Unbegreifliche begreifen?«,

nen Erzählungen und Dramen nicht durch die *Verwerfung* des bürgerlichen Kulturideals zu jenen tragischen Paradoxien, die aus diesem auf Verständnis, → VERSÖHNUNG und *Konsens* beruhenden Ideal begreiflicherweise ausgeschlossen sind, sondern indem er es ernst nimmt und es so mit seiner eigenen Unhaltbarkeit konfrontiert.

Auch sein Ziel ist die Heilung der unter Gegensätzen leidenden, »gebrechlichen« → WELT. Doch scheint ihm dies nicht durch die dialektische → VERSÖHNUNG der Gegensätze (Hegel), nicht durch die pantheistische Abrundung der Existenz (Goethe) und auch nicht durch die Entdeckung der Identität (Schelling) erreichbar, noch glaubt er, im Gegensatz zu Wackenroder, Novalis oder Friedrich Schlegel, dies mithilfe einer jeden Widerspruch überbrückenden (bzw. jeden Gegensatz scheuenden) Kunst verwirklichen zu können, sondern vielmehr durch Verschärfung der Konflikte – so lange, bis sich der Widerspruch in einen unauflösbaren Gegensatz, ein Paradox, verwandelt hat.

Doch ist das Unheilbare heilbar? Dieses Paradox ist der Einsatz, um den es in Kleists Kunst geht. Denn wenn ja, dann wird seine Kunst den Schaden davontragen: Seine Werke werden in die → WELT der → BILDUNG, mit der sie so radikal brechen wollten, zurückkehren. Wenn aber nicht, so erwartet sie ein ähnliches Schicksal: Sie werden gezähmt und zu einem Beispiel »romantischen« Rückzugs erklärt. Kleists Lebenswerk bietet das Beispiel eines Balanceakts, dessen nur wenige (Hölderlin, Georg Trakl) fähig waren: Jeder seiner Sätze erklingt in der *tiefsten Tiefe* des Abgrundes – und doch schwingen sich die gleichen Sätze,

fragt Sylvester in *Die Familie Schroffenstein* (642), und Ottokar sagt: »[W]ozu noch / Das Unergründliche geheimnisvoll / Verschleiern?« (2487–9)

»Sie, mein Freund, reden unserm ökonomischen Vorteil das Wort, und mißraten uns die Paradoxien, z.B. die anscheinende der Penthesilea. Wir dagegen wollen, es soll eine Zeit kommen, wo der Schmerz und die gewaltigsten tragischen Empfindungen, wie es sich gebührt, den Menschen gerüstet finden, und das zermalmende Schicksal von schönen Herzen begreiflich, und nicht als Paradoxie empfunden werde … – Wir fürchten nicht, daß Sie den Phöbus mit dem Athenäum, weder von philosophischer noch poetischer Seite, verglichen werden; ein anderes ist es, paradox erscheinen und paradox sein. Die Paradoxie in dem Athenäum mußte sich selbst mit neuer Paradoxie überbieten.« (Adam Müller an Friedrich Gentz, 6. Februar 1808 – LS 226)

ohne dass ein Bindestrich verrutschte und falsch klänge, begeistert zum *Gipfel* empor, um dort oben von neuem »jauchzend« den Abgrund zu suchen.

Jean Cohen illustriert die Paradoxie anhand folgender Zeile aus Racines Stück *Athalie:* »Pour réparer des ans l'irréparable outrage« (Cohen, 205).

Kohlhaas »jauchzte« »über die Macht [...], die ihm [über den Kurfürsten von Sachsen] gegeben war« (II. 97). Doch damit jauchzte er über seinen eigenen Tod.

PEITSCHE

Sie ist immer zur Hand. Man muss sie nicht suchen; gewöhnlich hängt sie an der → WAND, an einem Nagel oder einem Riegel. Im Zimmer. Manchmal auch im Schlafzimmer. Zum Beispiel in *Der Findling*. Als Nicolo Elvire in ihrem Zimmer vergewaltigen will, greift Piachi, als er eintritt, gleich nach der Peitsche an der → WAND (II. 213). Dann benutzt er sie doch nicht; er flüchtet vom Schauplatz, ohne Nicolo auszupeitschen. Vielleicht hat er das Gefühl, dass er dadurch die Peitsche entweihen könnte. Deren Riemen dürfen nur die Haut seiner Frau berühren.

Die Peitsche *spricht* für sich. Sie fügt sich genauso rätselhaft in den *Text* ein wie jener die Vergewaltigung der Marquise von O.... ersetzende → GEDANKENSTRICH. Auch diese Peitsche peitscht, während sie scheinbar an ihrem Platz (an der → WAND, an einem Nagel) hängt, die Fantasie auf und schafft einen Strudel im Text. Sie peitscht die Geschichte auch rückwirkend auf und lässt ihre Kehrseite sichtbar werden. Schon früh fällt der jungfräulichen Elvire, die die Lockungen des weiblichen Geschlechts für ein »gefährliches Feld« (II. 201) hält, Nicolos »Lüsternheit« auf. Obwohl es für diese angebliche Lüsternheit keinen Beweis gibt – Nicolo macht *einer einzigen* Frau den Hof und hält jahrelang zu ihr. Elvire fürchtet sich *krankhaft* vor der *gesunden* Sexualität des Jungen. Zu Recht, denn ihre eigene Sexualität erscheint in der Erzählung wie eine Fundgrube der Verdrängungen. Sie führt mit ihrem Mann kein Geschlechtsleben, sie ist vielmehr im wahrsten Sinn des Wortes *tödlich* verliebt in einen Toten und pflegt sich vor dessen Bild in ihrem Schlafzimmer nackt selbst zu befriedigen. Im Zimmer befindet sich ein Bett mit Baldachin, ein verhangenes Bild, ein → SPIEGEL (der dann zur Sprache kommt, als Nicolo der → ÄHNLICHKEIT bewusst wird und seine Identität dadurch erschüttert wird) sowie die Peitsche an der → WAND. Wer macht von ihr Gebrauch, und warum? Es gibt nicht viele Möglichkeiten. Entweder Piachi, der damit seine Frau für ihr Fantasieren bestraft. Oder ihre Fantasie auf diese Weise womöglich noch aufpeitscht. Oder Elvire selbst gebraucht sie, um – aus Reue und natürlich, um sich neue Wonne zu bereiten – sich selbst zu peitschen. Es ist jedoch auch nicht ausgeschlossen, dass sie im Rahmen einer sadomasochistischen Séance ihren Mann auspeitscht. Das »Peitschen« hat übrigens schon früher einmal eine Rolle in Elvires Leben gespielt. Als ihr Colino, der junge Edelmann und tote Geliebte, als rettender Engel erscheint, wird der Giebel des brennenden Hauses »vom Winde gepeitscht« (II. 202) und verschließt hinter dem Rücken Elvires, die noch ein Kind ist, den Weg zurück ins Leben. Die »Peitsche« und der »junge Held« verflechten sich in der Vorstellung des 13-jährigen Mädchens für immer miteinander, sodass sie die Wonne wohl auch später hier sucht.

In der *Peitsche* verdichten sich die Momente des *Verzichtens,* des *Todes,* der *Gefahr,* der sexuellen → VERZÜCKUNG, der *Selbstkasteiung,* des *Spielens* und des *Hasses.* Dennoch übt sich der Erzähler niemals in Grausamkeit. Während er mit diesem vorbelasteten Wort den Text aufpeitscht und ihm eine Wunde zufügt, die die Fantasie des Lesers nie ganz heilen kann, *zeigt er niemals* die Peitsche *im Gebrauch.* Weder hier noch woanders.

Kohlhaas will den Junker durch Herse auspeitschen lassen – doch wir sehen Herse niemals mit einer Peitsche in der Hand. In *Die Verlobung in St. Domingo* wurde Babekan vor uralten Zeiten einmal ausgepeitscht – und die *Peitsche* steht hier im Zusammenhang mit ihrer damaligen Schwangerschaft und damit, dass der → VATER, Herr Bertrand, das Kind nicht als sein eigenes anerkennen wollte. Doch »zu sehen« sind nur die längst verheilten Wunden an der → BRUST der Frau. Auch der Graf vom Strahl greift ständig zur Peitsche; den-

Im *allerersten* Brief seines Lebens berichtet Kleist über einen Wegelagerer: »Wir begegneten auf der Fahrt von Gotha nach Eisenach einem Menschen im tiefsten Gebürge, der uns mit einem Straßenräuber nicht viel Unähnliches zu haben schien. Er klammerte sich heimlich hinten an den Wagen; und da dies der Postillion bemerkte so schlug er nach ihm mit der Peitsche. Ganz still blieb er sitzen und ließ schlagen. Der Postillion trat im Fahren auf den Bock, und hieb mit der Peitsche so lange bis er herunter war. Nun fing der Mensch gräßlich an zu schreien. Denken Sie sich nur ein Gebürge; wir ganz allein in dessen Mitte, hier wo man jeden Laut doppelt hört, hier schrie dieser Mensch so fürchterlich. Uns schien es nicht *eine* Stimme, uns schien es ihrer 20 zu sein.« (13. (–18.) März 1793, H-4)

noch wird der Zuschauer niemals Zeuge, wie er Käthchen schlägt. Man kann höchstens sehen, wie er die Peitsche durch das *geschlossene* → FENSTER schleudert – woraus man auf seine *aufgepeitschten* Leidenschaften schließen kann. Kleist lässt nur so viel sehen, dass sich Käthchen vor (oder nach) dem Schlagen unter den Holunderbusch flüchtet (591), wo er sie später wegen der Schläge um Verzeihung anfleht (2045).

Die Peitsche ist der *sichtbare* Ausdruck der → VERWIRRUNG und Zwietracht der Seele. Sie kommt als Peitsche des »Herzens« an die → WAND. Wer sie zur Hand nimmt, versucht damit das Durcheinander in sich zu → ZERSTREUEN. Als suchten Piachi, Elvire, der Graf vom Strahl oder Herr Bertrand mit ihrer Hilfe einen Ausweg aus sich selbst. Mit der Peitsche wollen sie einen Pfad durch die → VERWIRRUNG schlagen, doch zugleich scheint es, als würde jemand auch sie mit einer Peitsche jagen. Und zwar kein anderer als der → TEUFEL selbst, der sich als Zwietracht in die Seelen einnistet. Er ist es, der die Figuren nicht in → RUHE lässt, sie so vorantreibt wie in *Die Familie Ghonorez* (im ausgestrichenen Teil des Manuskripts): »Ins Glück? Alter, es geht nicht, 's ist inwendig zugeriegelt. Komm vorwärts. Es steht ein Teufel hinter dir, der wird gleich peitschen, wir sind bald am Ziele.« (nach 2631) Und was ist das Ziel? Vielleicht die → HÖLLE, in der Piachi endlich Nicolo auspeitschen kann. Vielleicht aber auch das → PARADIES, das der Graf vom Strahl, ebenfalls mit einer Peitsche in der Hand, betritt.

»Wie die Perücke ihm den Rücken peitscht!« (1959), sagen die Figuren in *Der zerbrochne Krug* über Richter Adam, als er wie ein → TEUFEL in der Ferne flüchtet, mit jener Perücke auf dem Kopf, die im Stück eines der Beweisstücke des »Sündenfalls« ist.

PLÖTZLICH

Dort, wo dieses Wort erscheint, sprengt es meist auch die gegebene Szene. Auf den ersten → BLICK hat es den Anschein, als reiße die Zeit der Handlung, weshalb das *Plötzliche* ein Ausdruck des *Unerwarteten* ist. Die Folge des → AUGENBLICKS: Das, was plötzlich geschieht, reißt sich von der Vergangenheit los, bindet sich aber auch nicht an die Zukunft. Es spielt sich in der absoluten Gegenwart ab, die jedoch, da sie nur → AUGENBLICKlich ist, → UNBEGREIFLICH und ohne Ausdehnung bleibt. Etwas, was »es gibt«, »geht vor sich« – während das, »worin« es vor sich gehen könnte, unzugänglich, ja nicht existent ist.

Die Betonung des → AUGENBLICKS, des »Plötzlichen« in den Werken Kleists erweckt den Eindruck, als befreite der Autor an diesen Stellen das »Nichts« selbst. Genauer gesagt, das, was aus der Sicht der Welt der Dauer nichtig erscheint. »Plötzlich« erscheint dem Prinzen von Homburg im Traum ein Königsschloss (142), dessen Tor auf einen → BLITZ hin → RASSELND zufällt (186–7). Der Prinz hat *plötzlich* teil an einem Erlebnis, das ihm ein Gefühl von Reichtum und Fülle vermittelt. Doch beim Erwachen wird er, der → TRÄUMER, vom Kurfürsten nicht in das Traumschloss – das Glück, das → PARADIES –, sondern ins *Nichts* entlassen: »Ins Nichts mit dir zurück, Herr Prinz von Homburg, / Ins Nichts, ins Nichts!« (74–5). Was für den einen die *Ganzheit* bedeutet, bedeutet für den anderen das *Nichts.* Im »Plötzlichen« bekommt nicht nur die Zeit einen Riss, auch auf einen Dialog gibt es keine Aussicht mehr. Der universelle *Konsens,* eine der großen Hoffnungen der bürgerlichen Kultur, zerrinnt in nichts. Und dadurch gerät auch die andere Säule dieser Kultur ins Wanken: das → VERTRAUEN in die Dauer, das die Voraussetzung einer jeden *Anhäufung* bildet. Es wird genauso »plötzlich« erschüttert wie St. Jago in *Das Erdbeben in Chili,* dessen größter Teil »plötzlich« versinkt, »als ob das Firmament einstürzte« (145). Auf den zweiten → BLICK zeigt sich jedoch, dass die Figuren in Kleists Werken, als ihnen »plötzlich« etwas zustößt, weniger mit der Zeit und den Umständen als vielmehr mit sich selbst in Konflikt geraten. Im → AUGENBLICK des »Plötzlichen« reißt weniger die »Zeit«, um deren »Objektivität« sich Kleist nicht viel kümmert (obwohl er in der Episode mit der → ZIGEUNERIN in *Michael Kohlhaas* auch diese infrage stellt), als dass in den Figuren selbst eine bis dahin ungeahnte Kraft zum Leben erwacht. »Plötzlich« kommt es nicht in der Zeit, sondern in der Seele zum Bruch, als dessen Folge sie auch die → WELT nicht mehr verstehen und ihrerseits für die Welt → UNVERSTÄNDLICH werden. Als Kohlhaas beschließt, seinen ganzen Besitz zu verkaufen, sieht ihn sein Nachbar »befremdet« an und fragt ihn, »was ihn plötzlich auf so sonderbare Gedanken bringe« (II. 25). Unterdessen beobachtet ihn auch seine Frau mit → BLICKEN, »in welchen sich der Tod malte« (ebd.). In Kohlhaas' plötzlicher Entscheidung lässt sich bereits der kommende Tod so vieler erahnen. Als Erstes besiegelt er mit seiner Entscheidung das Schicksal seiner Frau. An deren Sterbebett liest er ihr – vielleicht als späte Besänftigung – aus der Bibel vor, doch »plötzlich« betrachtet sie ihren Mann »mit einem finstern Ausdruck« (II. 30). Im »Plötzlichen« findet nach der Tradition der Mystik gewöhnlich die Erleuchtung statt; diesmal ist es jedoch eine *Verfinsterung,* ein Zeichen des bevorstehenden Todes. Die Blässe, bei Kleist zumeist ebenfalls tödlich, »erleuchtet« natürlich die Gesichtsfarbe. Das Ergebnis: eine »Erleuchtung durch Verfinsterung«. Als an jenem → ENTSETZLICHEN → DRITTEN Graf F... eintritt, gerät die Marquise von O...., »indessen Blässe des Todes ihr Antlitz überflog« (II. 140), in den Zustand des »Plötzlichen«; und in *Der Findling* betrachtet Nicolo Elvires »unter dem → KUSS des Todes plötzlich erblassende Gestalt« (II. 212). Sie erblassen genauso »plötzlich«, wie andere plötzlich erröten: der Freiherr von Wenk (II. 73), Graf F... (II. 116), Toni (II. 173), Nicolo (II. 208) oder Penthesilea (69).

Sie sind nicht einfach emotional bloßgestellt. Kleists Figuren sind keine »romantischen« Gestalten: Sie werden nicht zwischen diversen Gefühlszuständen hin und her gerissen. Zwar entschließt sich Kohlhaas »plötzlich«, seinen Besitz zu verkaufen; zwar steckt er Wittenberg, von einem »plötzlichen« Entschluss geleitet, auch ein → DRITTES Mal in Brand; zwar kümmert er sich infolge einer »plötzlichen« Kehrtwendung nicht mehr um seine aus dem Stall geretteten Pferde, um derentwillen er alles in Brand gesteckt hat; zwar verschluckt er vor seiner Hinrichtung aus einem »plötzlichen« Entschluss heraus den Zettel. Und doch ist Kohlhaas trotz dieser vielen plötzlichen Regungen keinesfalls eine wankelmütige Figur: Er ist ein felsenfester, aus einem Block gehauener Charakter. Auch wenn er »plötzlich« etwas tut, »übereilt« er nichts, sondern erweckt den Eindruck einer Puppe, einer Marionette, die durch den Willen eines ihr fremden (und dennoch in ihrem Innersten verborgenen) Maschinisten gelenkt wird. Auch die → ZIGEUNERIN beäugt Kohlhaas, der sie bis dahin noch nie gesehen hat, »plötzlich« (II. 92–3); in ihrem → BLICK spiegeln sich Kohlhaas' »plötzliche« Regungen wieder. Mit dem Plötzlichen bricht nicht einfach der Tod in das Leben der Figuren ein, sondern etwas, was im Vergleich zu ihrem vertrauten Leben radikal anders ist. Auch im → ANBLICK der Marquise von O.... muss es etwas Nicht-Diesseitiges gegeben haben, denn sonst wären die wilden Soldaten bei ihrem → ANBLICK nicht *plötzlich* verstummt. Auch Colino erscheint »plötzlich« (woher kommt er?), um als → CHERUB Elvire dem → FEUER zu entreißen, vor dem es sonst keine Rettung gäbe (II. 202); und ähnlich *plötzlich* erscheint auch die Heilige in *Die heilige Cäcilie,* um die Kirche zu retten.

Im → AUGENBLICK des »Plötzlichen« laden sich die Figuren mit Spannung auf, doch zugleich erstarren sie auch. Sie sind nicht mehr Herr über sich selbst und werden dadurch auch bedrohlich. In *Die Familie Schroffenstein* bezeichnet Johann, der sich in Agnes, die er zuerst nackt erblickt, verliebt hat, diese in seiner Liebesekstase erst als Heilige, dann als Leiche. Dann zückt er »plötzlich« seinen Dolch und bittet Agnes, ihn zu erstechen (1086–9). Er wird vor Liebe *wahnsinnig* und teilt das geliebte Wesen in eine »Heilige« und eine »Leiche« (so wie Penthesilea Achilles oder die Marquise von O.... den Grafen F..., den sie in einen → TEUFEL und einen Engel spaltet und die sich dadurch selbst »plötzlich« in eine rasende → FURIE verwandelt). Unter dem Einfluss des »Plötzlichen« vermag Johann Agnes nicht mehr als *eins* zu sehen und wähnt die Spannung, die natürlich nicht in ihr, sondern in seiner inneren Gespaltenheit wurzelt, nur durch den Tod überbrücken zu können. Den Dolch »zückt' er... / Auf mich« (1090–1), erzählt Agnes. Plötzlich → »ZUCKT« etwas – wie ein elektrischer Funke, über den Kleist gleich zweimal schreibt, wobei er ihn beide Male mit dem »Plötzlichen« in Verbindung bringt (*Über die allmähliche Verfertigung der Gedanken beim Reden,* II. 321, und *Allerneuester Erziehungsplan,* II. 329). Und das *Zucken* hängt auch mit der → VERZÜCKUNG zusammen, die bei Kleist stets einen erotischen Unterton hat. Johann zückt seinen Dolch.

Doch zückt er im Dickicht des Waldes beim → ANBLICK der *nackten* Agnes wirklich nur das?

Johanns Wahnsinn ist jedoch nicht einfach ein Zeichen seiner »Krankhaftigkeit«. Er kann vielmehr mit dem → ANBLICK des *nackten* Mädchens nichts anfangen, da ihm die → WELT beigebracht hat, dass er gerade seine elementaren → BEGIERDEN verleugnen müsse (darunter leidet auch Ottokar in der Umkleidungsszene!). Er verliert deshalb den Verstand, weil er einerseits glaubt, dass man sich in der Welt des Verstandes beim → ANBLICK der Nacktheit abwenden müsse, aber andererseits gerade hierzu nicht fähig ist und daher von Schuldgefühlen übermannt wird, die auch sein Liebesempfinden korrumpieren. Johann ist ein Kind der → NATUR; doch im Gegensatz zu seinen Vorgängern aus dem 18. Jahrhundert nimmt er die → METAPHER der »Natürlichkeit« radikal beim Wort und verliert daher den Verstand. Er wird durch die gleiche Welt in den Wahnsinn getrieben, die ihm auch den Gedanken der »Natürlichkeit« eingepflanzt hat. In Wirklichkeit müsste er mit der Welt abrechnen; stattdessen wendet er die → MORDLUST gegen sich selbst. *Die »Plötzlichkeit« (die plötzliche → MORDLUST, die über ihn Herr wird) ist ein Ausdruck des völligen Scheiterns des Dialogs zwischen dem Ich und der Welt.*

In Bezug auf die Analogie zwischen der → ELEKTRIZITÄT und der Bedeutung des → AUGENBLICKS stellt Karl Heinz Bohrer zu Recht fest: Kleist war »nicht nur am moralischen Gehalt von Emotionen interessiert, sondern an ihrem sozusagen energetischen Ablauf überhaupt«. (Bohrer, 1981, 173) Darüber hinaus teile ich seine Auffassung nicht, wonach dies ein Beleg dafür sei, dass Kleist »metaphysische Deutungsversuche« abgelehnt hat (172). Kleist gebraucht die Analogie der → ELEKTRIZITÄT zur Verdeutlichung, die existenzielle Krise seiner Helden wird dadurch weder erklärt noch gelöst.

Bei Kleist geschieht meist dann etwas »plötzlich«, als in den Figuren miteinander unvereinbare Impulse aufeinandertreffen; sie verlieren daraufhin entweder den Verstand (Johann) oder wollen die ganze Existenz dementsprechend neu ordnen (Kohlhaas, Penthesilea, Homburg). Die »Plötzlichkeit« deutet an, dass sie in einen unversöhnlichen Konflikt mit sich selbst geraten und in zwei Teile zerfallen sind und daher am liebsten einen Teil von sich ausmerzen würden. Kleist sieht keine Möglichkeit, die unterschiedlichen Schichten der Persönlichkeit innerhalb der Welt miteinander zu → VERSÖHNEN, da gerade die Welt (die bürgerliche Kultur und das → BILDUNGsideal) dafür verantwortlich sind, dass so gewaltige Risse entstehen. Doch zugleich findet er auch keinen → GOTT, der das Werk der »Heilung« verrichten würde: denn erscheint → GOTT (Jupiter), so zerreißt die Persönlichkeit genauso. Deswegen ist das »Plötzliche« bei ihm ein Ausdruck der Gespaltenheit und des inneren Ausgestoßenseins. Man kann es nicht »beschönigen«, unter die *erhabenen* Gefühle einreihen, zum Objekt der *Kunst* machen. Das *Erhabene,* schreibt Schiller, bricht gleichsam in die Welt ein: »Nicht allmählich, sondern plötzlich und durch eine Erschütterung reißt [das Pathetische] den selbständigen Geist aus dem Netze los, womit die verfeinerte Sinnlichkeit ihn umstrickte.« (Schiller: *Über das Erhabene,* 283) Hier jedoch dient der *Begriff* des Erhabenen von vornherein dazu, die in der Existenz unübersehbaren Abgründe (psychologisch, ästhetisch) überbrückbar zu machen – durch die *Formulierung* des Problems kommt nicht nur dieses zum Ausdruck, sondern es zeichnen sich auch die Umrisse seiner Lösung ab. Kleist kann die plötzlich auftretenden, »erhabenen« Abgründe nicht beseitigen; wie Kant oder Schiller erlebt auch er, dass die Welt voller unfassbarer Momente ist, die durch keine rationelle Argumentation beseitigt werden können, wie jene sieht auch er, dass das »physikalische«

»Bei dem Schönen stimmen Vernunft und Sinnlichkeit zusammen, und nur um dieser Zusammenstimmung hat es Reiz für uns

und »moralische« Wesen des Menschen zerreißt – doch im Gegensatz zu ihnen findet er nicht in der »Schönheit« den Balsam, der diesen Riss zu beheben vermag, sondern sieht die Grundstruktur der Existenz selbst zerfallen. Das »Plötzliche« lässt sich bei ihm in keine ästhetische Erklärung einfügen. Es ist mehr als nur erhaben. Es treibt die Existenz der Figuren in die Krise.

In den → AUGENBLICKEN des »Plötzlichen« kann das eine Ich nichts mit dem anderen anfangen. Kohlhaas ist bald → ENTSETZLICH, bald → RECHTSCHAFFEN. Bald küsst Penthesilea, bald beißt sie. Graf F… ist bald → TEUFEL, bald Engel. Piachi ist bald ein → RECHTSCHAFFENER Alter, bald ein blutrünstiger Mörder. »Plötzlich« haben sie alle das Verlangen, sich von ihrem bisherigen Selbst zu befreien. Eine → FURIE, ein Dämon verfolgt sie, bis sie selbst dämonisch werden. Penthesilea, deren ganzes Wesen ein einziges gewaltiges → PARADOX ist, da sie »ständig« im »Plötzlichen« lebt, ist die Verkörperung des Dämons: wie eine der Figuren bei Penthesileas erstem Kampf mit Achilles sagt: »Ihr Schatten, / Groß, wie ein Riese, in der Morgensonne, / Erschlägt ihn schon!« (419–21). Wie der Schatten von Goyas Kolossen ist auch Penthesileas *Schatten* eine Projektion der → ENTSETZLICHEN Spannungen der Seele: Derselbe Schatten, der hier auf Achilles fällt, hindert auch Penthesilea selbst daran, mit sich in Frieden zu leben. In dieser Szene entkommt Achilles noch – »urplötzlich« (421) –, später jedoch wird auch er vom Schatten verfinstert. Die plötzliche Finsternis von Kohlhaas' Frau wächst in Penthesilea zu einer selbstständigen Kraft heran. Die Königin ist wie ein

[…] Beim Erhabenen hingegen stimmen Vernunft und Sinnlichkeit *nicht* zusammen, und eben in diesem Widerspruch zwischen beiden liegt der Zauber, womit es unser Gemüth ergreift. Der physische und der moralische Mensch werden hier aufs Schärfste voneinander geschieden.« (Schiller: *Über das Erhabene,* 281)

gewaltiger, sich verselbstständigender Schatten. »Sendet Blicke, bei den ewgen Göttern, / In meinen Rücken hin, als stünd ein Unhold, / Mit wildem Antlitz dräuend, hinter mir« (593–5), sagt sie Prothoe.

Dieser *Unhold* ist der Dämon. Für Penthesilea bekommt, als sie sich »plötzlich« in Achilles verliebt, nicht nur die Zeit einen Riss, vielmehr erwacht in ihr auch ein unbesiegbarer Unhold zum Leben. So wie Johann Agnes in eine Heilige und eine Leiche spaltet, wird auch Penthesilea infolge dieses Konflikts halb → FURIE, halb → GRAZIE. Das, wonach sich das eine Ich in ihr sehnt, will das andere vernichten – und dabei zermürben sich die beiden Ich gegenseitig. »Plötzlich« kann das Ich nichts mehr mit sich anfangen, und die Persönlichkeit zerfällt. Sie wird *dämonisch* – doch nicht in dem Sinn, wie Goethe dachte. Für Goethe gab es im Dämonischen, trotz all seiner Ungreifbarkeit und → UNBEGREIFLICHKEIT, etwas zutiefst Beruhigendes: Seine Unvernunft unterstrich und bewies letztendlich die Vernunft der Existenz. Im Dämonischen offenbarte sich für Goethe die tiefe, gegenseitige Abhängigkeit von Mensch und All; es deutete sich in ihm eine → VERSÖHNUNG mit dem an, womit sich der Mensch sonst nicht → VERSÖHNEN konnte. Bei Kleist hingegen kündet das Auftreten des Dämonischen von der vollständigen Trennung von Mensch und Welt: Seine Figuren stürzen »plötzlich« aus jedem Zusammenhang heraus, wer-

»Alkmene: Hat dir ein böser
Dämon das Gedächtnis
Geraubt, Amphitryon? hat
dir vielleicht
Ein Gott den heitern Sinn
verwirrt [...]?« (839–41)

den unansprechbar, verwandeln sich in leibhaftige → PARADOXE, in abgründige Wesen.

Dennoch kann man Kleists Figuren nicht als »moderne« Persönlichkeiten bezeichnen. Dieses Attribut würde sie eher einschränken. Indem Kleist dem »Plötzlichen« eine bis dahin nicht bekannte Bedeutung verleiht, eröffnet er unbestreitbar Möglichkeiten, derer sich auch zahlreiche andere Schriftsteller bedient haben. Die dämonischen Momente des Plötzlichen sowie die ihren Doppelgängern begegnenden Gestalten bei Gogol oder Hoffmann über Dostojewski oder Kafka bis hin zum Expressionismus bieten reichlich Gelegenheit, die Zusammengesetztheit und die rätselhaften Abgründe der »Persönlichkeit« vor Augen zu führen. Kleist hingegen widmet der »Persönlichkeit«, obwohl auch seine Figuren zusammengesetzt und rätselhaft sind, kein besonderes Interesse. Seine Figuren sind weniger »interessant«, weniger »außergewöhnlich« und auch weniger »romantisch« als die Gogols oder Hoffmanns. Nichts an ihnen ist »kafkaesk«. Im Gegenteil: Verglichen mit den Romanfiguren dieser Autoren, sind sie nüchterner, ausgeglichener, »alltäglicher«. Und dennoch (oder gerade deshalb) haben sie etwas zutiefst Beunruhigendes an sich. In ihnen kommt eine Kraft zum Ausdruck, die sich bei Gogol oder Hoffmann nur vereinzelt andeutet. Kleist ist nämlich nicht von der Rätselhaftigkeit der »Seele«, sondern von jenem Abgrund fasziniert, der sich hinter jeder Persönlichkeit auftut. Während er die Persönlichkeit zeichnet, verlässt Kleist »plötzlich« diese und beachtet nur noch die unpersönlichen (jenseits der Persönlichkeit liegenden) Wurzeln der Persönlichkeit. Während er die Struktur der »Seele« untersucht, wird in Wirklichkeit die Struktur der Existenz zum Gegenstand der Darstellung.

Als Penthesilea mit sich uneins wird, steht sie als eine derart zerrissene und zerrüttete Persönlichkeit vor uns, wie es dafür in der Literatur der letzten zwei Jahrhunderte kaum ein Beispiel gibt. Und dennoch verströmt ihre Gestalt eine → RUHE und Größe, wie man höchstens in Racines Phaedra oder den Frauengestalten der griechischen Tragiker (Medea, Elektra) findet. Sie durchlebt ihre eigene Zerrissenheit und dämonische Gespaltenheit so intensiv, dass »ihr Schatten, / Groß, wie ein Riese« (419–20) auf die ganze Existenz fällt. Sie weitet sich bis zur Unpersönlichkeit und erlebt dies doch als die allerpersönlichste Tragödie. Das, was sich bei anderen Kleist-Figuren nur gelegentlich, bei bestimmten Anlässen ereignet, durchlebt Penthesilea fortlaufend: Das »Plötzliche« bei ihr ist ein unendlich lang angehaltener → AUGENBLICK. Sie fällt »plötzlich« vom Himmel (51), fällt plötzlich aus den Wolken zur Erde hernieder (1880) – und liefert dadurch die ganze Welt der Zwietracht aus. Und zum Schluss des Stückes heilt sie die Welt von dieser Zwietracht. Indem sie sich ihren Momenten des »Plötzlichen« restlos übergibt, konfrontiert sie die Welt mit dieser früher nie erlebten Zerrissenheit – und »bewahrt« sie, indem sie sich selbst opfert, vor einem ähnlichen Schicksal. Aus diesem Grund ist *Penthesilea* eine wahre Tragödie: Die Erstarkung hat bei Kleist den unersetzlichen Verlust zur Voraussetzung. Die Wunde der Existenz (das heißt Penthesileas bloßes Dasein) verheilt zwar bis zum Ende des Stückes – doch diejenige, die sie heilt, stirbt daran, sie verbannt sich durch ihren Tod gleichsam aus der Existenz, aus der ihre Gestalt für immer fehlen wird.

Wegen der Aufgabe, die sie erwartet, erinnert Penthesilea zum Teil auch an Goethes Iphigenie. Der entscheidende Unterschied zwischen ihnen entspricht jedoch dem Unterschied zwischen Goethes und Kleists Auffassung des Dämonischen. Während bei Goethe die latent stets vorhandene Tragödie mit der → VERSÖHNUNG endet, geht es bei Kleist um ein wirkliches Opfer. Im Interesse der → VERSÖHNUNG bewahrt Goethe die Welt vor dem → ENTSETZEN – oder beraubt sie vielmehr seiner. Kleist hingegen, der den Frieden mindestens so sehr herbeisehnt wie Goethe, glaubt ihn nur durch die Steigerung dieses → ENTSETZENS ins Unendliche herbeiführen zu können. Das »Plötzliche« ist der Ausdruck dieser Steigerung. Es tut sich »plötzlich« jener Abgrund auf, in dem die Seele und die Existenz voneinander untrennbar sein werden. Nach Kleists Ansicht lässt sich dieser Abgrund nicht zuschütten. Auch deshalb ist seine Dichtung einzigartig tragisch. Denn während Freud hundert Jahre später nach der → VERSÖHNUNG der gegensätzlichen Aspekte der Persönlichkeit (einem Kompromiss im Interesse des Überlebens – und der Gesundheit) trachtet, lehnt Kleist die → VERSÖHNUNG ab. Nicht weil er ein Anhänger der Krankheit wäre, sondern weil er jedem Kompromiss abgeneigt ist. Lieber reißt er auch die ganze Welt mit in den Abgrund, als zu versuchen, die »zerfallene« Persönlichkeit so zu »heilen«, dass er die Welt dabei unangetastet lässt.

RACHSUCHT

1. Kohlhaas, dieser »grimmige, in seiner Rachsucht unersättliche Kerl« (II. 84). Nur eine Person nennt den Rosshändler so: nämlich der sächsische Kurfürst. Als er sich Kohlhaas' Geschichte der → ZIGEUNERIN angehört und erkannt hat, dass jener den Zettel besitzt, der das Geheimnis seines Schicksals in sich birgt, fällt er zunächst in → OHNMACHT, zieht dann in das nahe Jagdschloss, wo er zwei weitere Male in Ohnmacht fällt und sich die Symptome »eines herannahenden Nervenfiebers« (II. 83) an ihm zeigen. Dann teilt er dem Kämmerer mit, dass er den Zettel ergattern müsse. Kohlhaas dürfe jedoch nicht erfahren, was sie im Sinn hätten, da »alle Reichtümer, die er besäße, nicht hinreichen würden, ihn aus den Händen dieses grimmigen, in seiner Rachsucht unersättlichen Kerls zu erkaufen« (II. 84). Er hat gänzlich vergessen, unter welchen Umständen er Kohlhaas ursprünglich kennengelernt hat; die konfiszierten Pferde interessieren ihn lange nicht mehr; das Schicksal der Fürstentümer von Sachsen und Brandenburg lässt ihn kalt, er verliert jedes Interesse an der Politik. Nicht einmal mehr seine einstige Flamme Heloise vermag ihn aufzuheitern. Kohlhaas' »Rachsucht« richte sich nicht mehr gegen den Wenzel von Tronka, sondern gegen ihn selbst – so glaubt er jedenfalls; und dadurch wird seine Perspektive mindestens so beschränkt wie die Kohlhaas'. Doch während Kohlhaas mit seiner »engstirnigen Sichtweise« das Schicksal ganzer Länder erschüttert und die »Gebrechlichkeit« der → WELT zurechtrückt, wird der sächsische Kurfürst Opfer einer krankhaften Manie. Kohlhaas' »Privatangelegenheit« hat staatliche Dimensionen angenommen. Doch statt mit dieser Staatsangelegenheit beschäftigt sich der Kurfürst ausschließlich mit seinen eigenen, überaus persönlichen Problemen. Er ist in jeder Hinsicht ein Anti-Kohlhaas: Seine Gesundheit ist instabil, er ist von hysterischer Verfassung und vergisst, obwohl er kein Untertan, sondern der Herrscher ist, allzu schnell die Angelegenheiten des Landes.

»Rachsucht«. Anscheinend eine richtige und zutreffende Charakterisierung. Doch indem der Erzähler das Wort dem sächsischen Kurfürsten in den Mund legt, spricht er Kohlhaas von dem Vorwurf auch frei.

2. Congo Hoango, »dieser grimmige Mensch [...] in seiner unmenschlichen Rachsucht« (II 160–1). Hoango war einst genauso → RECHTSCHAFFEN wie Kohlhaas; sein Herr, Guillaume von Villeneuve, schenkte ihm die Freiheit, ja bedachte ihn sogar in seinem Testament. Und dennoch erschießt Hoango im Verlauf der allgemeinen Racheakte nach dem Ausbruch des Aufstandes seinen ehemaligen Herrn als Ersten und beginnt dann seinen Feldzug gegen die Weißen. Auf den Ersten → BLICK dient das Attribut »rechtschaffen« dazu, den Gegensatz zu betonen. Hoangos »unmenschliche« Bosheit ist jedoch keinesfalls eindeutig. Taktik und Strategie seiner Kriegsführung unterscheiden sich kaum von Kohlhaas' (und Nagelschmidts) Feldzug: nächtliche → ÜberFÄLLE, Brandstiftungen, plötzliche → EinFÄLLE, Bewegungen im Verborgenen, Geiselnahmen. Congo Hoango führt einen echten Partisanenkrieg (in 1794!) – ähnlich wie Hermann in *Die Hermannsschlacht,* der von Kleist als ausgesprochen positive Figur dargestellt wird, und ähnlich wie die Spanier, die seit 1808 gegen Napoleon kämpften. Auf das Beispiel der Spanier hin wird auch Kleist ein Anhänger des Partisanenkrieges. Außerdem muss er sich zur Sache des gegen die französischen Kolonialherren kämpfenden Hoango bekennen – es fällt auf, dass der *Franzose* Villeneuve gleich zu Beginn der Erzählung erschossen wird, während Kleist die *Schweizer* (mit Ausnahme Gustavs) ebenso wenig sterben lässt wie Hoango selbst.

Im Mai 1808 verfasst Kleist den Dialog *Katechismus der Deutschen,* als dessen Vorbild die 1809 in Wien herausgegebene deutsche Übersetzung der 1808 in Sevilla erschienenen Schrift *Catecismo civil, y breve compendio de las obligaciones des español conocimiento practico de sa libertad* dient. Im Frühjahr 1809 schreibt Kleist sein Gedicht *An Palafox;* der spanische General José de Palafox y Melci (1776–1847) verteidigte 1808 heldenhaft Zaragoza, scheiterte jedoch an der Überzahl des Gegners. Kleist stellt Palafox in seinem Gedicht in eine Reihe mit Leonidas, Teil und *Armin,*

»Rachsucht«. Auch hier eine scheinbar richtige und gültige Beschreibung. Die politische Kulisse, die als Hintergrund der Liebe zwischen dem Schweizer Gustav und der »Mestizin« Toni dient, lässt nicht zu, dass wir ein eindeutiges Urteil fällen. Die *Grausamkeit* ist offensichtlich, das *moralische Urteil* hingegen ist keinesfalls eindeutig. Es ist charakteristisch fur Kleists ganzes Œuvre, dass er bestimmte Vorgänge (Grausamkeiten, das Erröten, das Erblassen, das Staunen usw.) so schildert, als beschriebe er eine naturwissenschaftliche Beobachtung – das moralische Urteil hingegen, an dem er (gemäß dem Geist des 18. Jahrhunderts) meist festhält, steht nicht unbedingt im Einklang mit den dargestellten Vorgängen. Diese Vielschichtigkeit der parallelen, sich oft gar nicht berührenden Perspektiven nimmt jene »Entlastung« der Literatur vorweg, die nach Roland Barthes seit der zweiten Hälfte des 19. Jahrhunderts in der modernen Literatur um sich zu greifen beginnt.

also Hermann. In seinem Buch *Theorie des Partisanen* bezeichnet Carl Schmitt das 1808 entstandene *Die Hermannsschlacht* als die größte Partisanendichtung aller Zeiten (Schmitt, 15). Zur Bedeutung der Idee des Partisanenkrieges in Kleists Werken vgl. Kittler, 218–324.

»Die Unterbrechung des Zusammenhanges in der neuen lyrischen Sprache instituiert eine unterbrochene Natur, die sich nur blockweise enthüllt [...]. Die Natur wird darin ein Nichtzusammenhängendes von Objekten, die einsam und furchtbar sind [...]; dieser Diskurs ist voller Schrecken, das heißt, daß er den Menschen nicht in Verbindung mit den anderen Menschen setzt, sondern mit den unmenschlichsten Bildern der Natur: dem Himmel, der Hölle, dem Sakralen, der Kindheit, dem Wahnsinn, der reinen Materie etc.« (Barthes, 1982, 59–61)

Infolge dieser Entlastung bricht sich in der Erzählung eigenartigerweise auch das Licht, das auf die Liebesthematik fällt, und wirft beunruhigende Fragen auf. Wenn Congo Hoangos Rachsucht nicht eindeutig negativ ist, muss man auch Gustavs Figur nicht eindeutig positiv sehen. Es ist nicht ausgeschlossen, dass auch ihm der *Mechanismus* von Hoangos Rachsucht nicht fremd ist. Ist es unmöglich, dass Gustav Toni nicht nur deshalb erschießt, weil sie ihn enttäuscht hat, sondern damit er sich, indem er sie, die Mariane Congreve so ähnelt, tötet, endlich an Mariane rächen kann, die sich im → AUGENBLICK ihrer Hinrichtung von ihm abgewandt hat? Und ist es nicht vorstellbar, dass er, indem er sich selbst tötet, an sich selbst Rache übt, weil er

Mariane nicht das Leben gerettet hat? Hoangos Rachsucht lässt sich nicht nur durch seine → GRIMMIGKEIT erklären, sondern hat auch eine politische Bedeutung. Und Gustavs Mord lässt sich nicht nur auf seinen Liebeswahn, sondern auch auf seine verborgene Rachsucht zurückführen.

Sowohl-als-auch. Sowohl Hoango als auch Gustav ist kein einheitlicher Charakter: Sie scheinen aus Mosaiksteinchen zu bestehen, die sich nie zu einem einzigen Gesicht zusammenfügen lassen. Statt an eine »realistische« Charakterisierung erinnert Kleists Vorgehen an die Methode der mittelalterlichen Epik: Es bietet keine *einheitliche* Perspektive, die die einzelnen Charakterzüge miteinander in Einklang brächte. Das im 8. Jahrhundert entstandene und im 10. Jahrhundert niedergeschriebene altenglische Epos *Beowulf* ist zum Beispiel voller Andeutungen, deren Sinn man vergeblich im Rahmen des Werkes suchte. Dennoch schafft die zur symbolischen Denkweise gehörende *allseitige Analogie* Harmonie zwischen den nicht zueinander passenden Aspekten. Dazu schreibt Gurevics: »Die Universalität des Mittelalters machte sich nicht nur in der gesellschaftlichen Praxis bemerkbar, sondern war auch konzeptueller → NATUR. Es begriff die Welt vor allem als ein Ganzes und ging erst dann auf ihre einzelnen Teile ein, da das Ganze die Wirklichkeit war, das Einzelne hingegen ein Produkt dieser Wirklichkeit, das sich somit nur spekulativ deduzieren ließ.« (Gurewitsch, 241) Deshalb können sich in dem in der Mitte des 14. Jahrhunderts entstandenen Werk *Sir Gawayne and the Green Knyght* die vielfältigsten Phänomene aufeinanderschichten, ohne dass zwischen ihnen eine »logische« Ordnung entstünde: Wunder, Grausamkeiten, Entsagung, Hingabe, Erotik, Verwandlung, realistische Beschreibungen folgen aufeinander. Auch Kleists Figuren »zerfallen« in ihre verschiedensten Schichten und bestehen aus miteinander unvereinbaren Eigenschaften. Wie Morgan Le Fay in Sir Thomas Malorys *Morte d'Arthur* (1485), der die unterschiedlichsten Verwandlungen durchmacht und bald vertraut, bald fremd, bald gütig, bald boshaft wirkt, bald dieses, bald jenes Äußere hat, ist auch Kohlhaas → GRIMMIG *und* → RECHTSCHAFFEN, Graf F… ein Engel *und* ein → TEUFEL, Penthesilea eine → FURIE *und* eine → GRAZIE usw. Doch im Unterschied zur mittelalterlichen Vorgehensweise entdeckt man hinter Kleists Figuren keine »göttliche Garantie« (keinen goldenen Hintergrund), die sie aufrechterhält. Hoango, Gustav und auch die anderen Figuren ringen mit dem *Nichts:* Ihre widersprüchlichen Eigenschaften lassen sich »jenseits« der Persönlichkeit nicht miteinander in Einklang bringen. Kleist sieht keinen diesseitigen oder göttlichen Brennpunkt, in dem er sie zusammenbringen könnte (obwohl seine Betonung der Rolle des → UNBEWUSSTEN zeigt, dass auch er den Schlüssel zur Einheit des Charakters gesucht hat). Im »Universum«, in der »göttlichen Ganzheit« finden seine Figuren ebenso wenig eine Heimat wie in der bürgerlichen Gesellschaft. Doch Kleist kann sich nicht damit abfinden, dass seine Charaktere »zerfallen«, und verwandelt ihre »Brüchigkeit« von einem Mangel in eine positive Kraft. Die Figuren sind zwar bruchstückhaft, doch sie erwecken keinesfalls den Eindruck, als seien sie von etwas »abgebrochen«. Sie sind »ganz« – in ihrer Bruchstückhaftigkeit vollständig. Wie Kohlhaas sehen sie keine göttliche Garantie und erachten auch die bürgerliche Gesellschaft als ungeeignet, ihnen eine beruhigende Heimat zu bieten. Darum werden sie *selbst* göttlich und *schaffen* eine neue Welt, die jedoch – und darin hatte Goethe recht – nicht der Gegenwart, sondern der Zukunft angehört. »Hinter« ihnen zeichnet sich eine Zukunft ab, zu deren Verständnis keine Tradition der Vergangenheit einen Schlüssel hat.

Auf das Geschrei der Marquise von O.... eilt Graf F... hinzu, um sie dem Zugriff der »einander selbst bekämpfenden Rotte« zu entziehen – welche Rotte übrigens aus hervorragenden Scharfschützen besteht, die keinesfalls zur niederen Schicht des Heeres gehören. Der Graf zerstreut »die Hunde, die nach solchem Raub lüstern waren, mit wütenden Hieben« (II. 105). Dem Letzten stößt er mit dem Griff seines Degens ins Gesicht, dass jener zurücktaumelt und das Blut aus seinem Mund (und nicht aus seiner Nase!) quillt. Daraufhin reicht der Graf, ohne sich eine Pause zu gönnen, der Marquise seinen Arm, als wollte er sie nur zu einem Spaziergang zu einer → GARTENLAUBE einladen, und beginnt sie nach französischer Art zu hofieren, was ihr wohl fraglos auch imponiert. Und dann –

Kleist schildert das Benehmen des Grafen, als wäre es das Allernatürlichste. Doch während er den Gemütszustand der Marquise beobachtet, kümmert er sich nicht darum, dass das Benehmen des Grafen zumindest merkwürdig erscheint. Erst schlägt er andere blutig, dann hofiert er nach französischer Art, schließlich vergewaltigt er eine Frau. Diejenigen, denen er seinen

Sieg verdankt, jagt er davon, diejenige, die er besiegt hat, entehrt er. Später lässt er wortlos zu, dass jene, die die Marquise *nicht* vergewaltigt und als Scharfschützen viel für den Sieg getan haben, erschossen werden; doch seine eigene Tat weckt Gewissensbisse in ihm, die in keinem Verhältnis zu seiner Heldenhaftigkeit und seinem Mut stehen. Seine Gesten sind nicht harmonisch; sein Benehmen ist von → HEFTIGEN Veränderungen geprägt. Er gleicht einem fehlprogrammierten Automaten. Man weiß nicht, ob irgendeine Rachsucht in ihm arbeitet; doch es ist offensichtlich, dass *die Logik der Rache genauso funktioniert.* Der Graf möchte stets alles wiedergutmachen und verliert gerade dadurch das Maß: Was er auch tut, es erweckt in ihm stets das Gefühl eines tiefen Mangels. Als wollte er sich durch seine Taten für seine eigene Existenz rächen. Eine Verdrängung ringt die andere nieder, und dabei wird keine von beiden aufgelöst.

»Für sein bestes Werk halt' ich die am wenigsten besprochene Hermannsschlacht. Es hat zugleich historischen Wert; treffender kann der hündische Rheinbundsgeist, wie er damals herrschte [...], gar nicht geschildert werden. Damals verstand jeder die Beziehungen, wer der Fürst Aristan sey, der zuletzt zum Tode geführt wird, wer die wären, die durch Wichtigthun und Botenschicken das Vaterland zu retten meinten – an den Druck war 1809 etc. gar nicht zu denken. Sie können denken, daß ich an der Bärin des Ventidius einigen Anstoß nahm. Kleist entgegnete: meine Thusnelda ist brav, aber ein wenig einfältig und eitel, wie heute die Mädchen sind, denen die Franzosen imponieren; wenn solche Naturen zu sich zurückkehren, so bedürfen sie einer grimmigen Rache.« (F. Ch. Dahlmann an G. G. Gervinus, Jena, 26. Oktober 1840, LS 319)

RASSELN

Waffen und Panzer rasseln. Zum Beispiel jener des Grafen vom Strahl, als »der Erzgepanzerte« von seinem Pferd springt (139) oder sich seine Rüstung umbindet (2071). Es rasselt, wenn er sich beeilt: um in den Krieg zu ziehen. Oder wenn er flieht: vor Käthchen. Wenn er → RUHIG ist, ist es still. Doch das ist äußerst selten der → FALL. Der Graf jagt seinem Schicksal hinterher, während dieses hinter ihm ist und ihn jagt.

Das Rasseln ist das Geräusch der Verfolgung, der Verstoßung. Der Unbehaustheit. Näherst du dich unverschämt der Schlosspforte, droht Merkur Sosias, »so rasselt / Ein Ungewitter auf dich von Schlägen« (183–4). Sosias wird von seinem eigenen Doppelgänger aus seinem Zuhause ausgeschlossen; derjenige, der drinnen ist, ist in jeder Hinsicht identisch mit ihm – doch gerade deshalb gibt es niemanden, der ihm fremder wäre. Es ist verständlich, dass Sosias einen → TEUFEL in ihm sieht. Das *Rasseln* ist ein Ausdruck dieser Gespaltenheit: Rasselnd zerfällt die Persönlichkeit in zwei Teile und findet sich außerhalb ihres Selbst wieder. Doch dies ist kein Zeichen von Ekstase, sondern der Verlorenheit. Das Tor, das Sosias nicht passieren kann, verschließt ihm das Zuhause. Drinnen fände er seine → RUHE, könnte im Frieden mit sich leben – könnte zu sich finden. Das wäre für Sosias das → PARADIES. So wie für Ruprecht in *Der zerbrochne Krug* Eves Zimmer das → PARADIES ist, dessen Tür jedoch mit Gewalt aufgebrochen werden muss, damit sie sich rasselnd öffne – und der Krug zerbreche.

Das Tor öffnet sich rasselnd und schließt sich rasselnd. Wer ausgeschlossen wird, hofft drinnen seinen Frieden zu finden – auch wenn er nicht genau weiß, was ihn dort erwartet. Im ersten Auftritt von *Prinz Friedrich von Homburg* wird der in Träumen versunkene Prinz staunend von den anderen umringt. Sie können sich jedoch nicht mit ihm verständigen: In seiner Seele weilt der Prinz in einer anderen → WELT, die für diejenigen, die wach sind, → UNVERSTÄNDLICH und unnahbar ist. Auch deshalb ist der Kurfürst so gereizt: Erst nennt er Friedrich einen Rasenden (68), dann entlässt er ihn → DREIMAL hintereinander ins Nichts (74–5). Zwar teilt er nicht mit, *wo* sich dieses Nichts befindet. Doch bald darauf kehren alle zum Schloss zurück, und »die Tür fliegt rasselnd vor dem Prinzen zu« (78). Der Prinz bleibt draußen im Nichts. Gleich zweifach. Denn im Traum öffnete sich ihm ein Gold und Silber strahlendes Königsschloss (142), das sich nicht viel später ebenfalls schließt und ihn von seiner Geliebten trennt: »Des Schlosses Tor geht plötzlich auf; / Ein → BLITZ der aus dem → INNERN → ZUCKT, verschlingt sie; / Das Tor fügt rasselnd wieder sich zusammen« (185–7).

Das wirkliche und das erträumte Schloss ähneln sich so, wie Merkur und Sosias sich ähneln; und den Prinzen von Homburg erwartet keine geringere Aufgabe, als diese beiden Schlösser miteinander zu vereinen. Träumt er, so ist er aus dem echten Schloss ausgesperrt, befindet er sich hingegen in der Wirklichkeit, vermisst er das silberne und goldene Traumschloss. Am Ende des Stückes werden beide eins: Der → ZERSTREUTE Prinz und der Prinz als *Realpolitiker* fügen sich nahtlos zu einer Persönlichkeit zu-

»Ruprecht: Und geh, und drück, und tret und donnere,
Da ich der Dirne Tür, verriegelt finde,
Gestemmt, mit Macht, auf einen Tritt, sie ein.
Adam: Blitzjunge, du!
Ruprecht: Just da sie auf jetzt rasselt,
Stürzt dort der Krug vom Sims ins Zimmer hin« (966–70).

Zuweilen öffnet sich die Tür auch leise. Nicolo späht durch das → SCHLÜSSELLOCH in Elvires Zimmer (das → PARADIES); doch die Tür öffnet sich sachte, »bei einem Geräusch, das sich ganz leise am Riegel erhob« (II. 207). Das kaum hörbare Schloss schafft sozusagen ein Gleichgewicht zu Elvires → VERZÜCKUNG (Orgasmus) drinnen, die kaum leise gewesen sein kann, da sie Nicolo durch die geschlossene Tür sogar vom Gang aus hören konnte.

sammen, die im Traum gesichtete Idealfrau und Natalie, die Frau aus Fleisch und Blut, werden identisch, der Kurfürst erweist sich zugleich als Herrscher und als → VATER. *Traum* und *Politik* gehen lückenlos ineinander auf. Doch dazu musste Homburg erst die Verstoßung erfahren: Das Traumschloss schloss sich genauso rasselnd vor ihm wie das wirkliche. Und das *Nichts,* in das er verbannt wurde, wurde fast zur Wirklichkeit – in Form des offenen Grabes, das einen immer noch aufnimmt, wenn sich jedes Tor geschlossen hat.

Rasselnd öffnen und schließen sich bei Kleist die Türen. In *Das Bettelweib von Locarno* rennt die Marquise → ENTSETZT aus dem gespenstischen Schloss. »Aber ehe sie [...] aus dem Tore herausgerasselt, sieht sie schon das Schloß ringsum in Flammen aufgehen.« (II. 198) Das Schloss brennt nieder, und in ihm verbrennt ihr Mann (dessen Strafe in keinem Verhältnis zu seiner ursprünglichen Schuld steht). Das Rasseln paart sich hier mit der → HÖLLE: Die Marquise entkommt der → HÖLLE, die von der »Außenwelt« genauso abgeschlossen ist wie das Traumschloss vom wirklichen Schloss. Und dieser Riegel lässt sich nur durchbrechen – rasselnd. An anderer Stelle jedoch deutet dieses Geräusch auf die Nähe des → PARADIESES. Als Achilles bei der Unterwelt und Oberwelt und jedem → DRITTEN Ort schwört (2529–30) und nur Dianas Tempel sehen will, wird dieser Tempel zum Schauplatz des Unmöglichen selbst (oder jenes Nichts, in das der Kurfürst Homburg entließ). Achilles will das Unmögliche betreten – darin eingeweiht sein –, was für ihn zur Folge haben wird, dass er zerrissen und geopfert wird. Doch noch hält er diesen Tempel für himmlisch, über den Penthesilea sagt: »An euer Amt, ihr Priesterinnen der Diana: / Daß eures Tempels Pforten rasselnd auf, / Des glanzerfüllten, weihrauchduftenden, / Mir, wie des Paradieses Tore, fliegen!« (1641–4) Noch assoziiert Penthesilea Dianas Tempel mit dem Glück; doch das *Rasseln* der Pforten kündigt schon im Voraus an, dass man diesen Tempel nur gewaltsam betreten kann und dass denjenigen, der ihn betritt, auch drinnen Gewalt erwarten wird. Und als sie Achilles ihre Liebe gesteht, ruft sie erneut das Bild des sich rasselnd öffnenden und dann schließenden Tempels zur Hilfe: »Geblendet stand ich, als du jetzt entwichen, / Von der Erscheinung da – wie wenn zur Nachtzeit / Der Blitz vor einen Wandrer fällt, die Pforten / Elysiums, des glanzerfüllten, rasselnd, / Vor einem Geist sich öffnen und verschließen.« (2212–6)

Vor dem Geist öffnen sich die Pforten; doch was ihn drinnen erwartet, wenn sie sich hinter ihm wieder geschlossen haben, weiß man nicht. Das Rasseln der Pforten kündet von der gewaltsamen Veränderung, die die »äußere« Wirklichkeit »drinnen« erwartet. In *Penthesilea* artet die Liebe, die drinnen in Erfüllung gehen müsste, in einen Mord aus Liebe aus, der → KUSS wird zu einem Biss. In *Amphitryon* hofft Sosias drinnen seine eigene Identität zu finden – was ihm auch gelingt, nicht jedoch Alkmene. In *Prinz Friedrich von Homburg* geht das Glück in Erfüllung – obwohl der Prinz zuvor fast stirbt und auch im → AUGENBLICK der Erfüllung in → OHNMACHT fällt. In *Die Marquise von O....* stellt die → GARTENLAUBE der in der → EINGEZOGENHEIT lebenden Marquise das → PARADIES dar; doch der »engelhafte« Graf F... kann sich, da er zugleich auch ein → »TEUFEL« ist, darin nicht zu Hause fühlen: Die Marquise schlägt vor seiner Nase die Tür zu, »und der Riegel heftig, mit verstörter Beeiferung, vor seinen Schritten zurasselte« (II. 129). Und wie sehr das ersehnte → PARADIES hinter der → HEFTIG zurasselnden Tür ins → ENTSETZLICHE ausarten kann, zeigt sich am spektakulärsten in *Die Hermannsschlacht. Wie* in *Prinz Friedrich von Homburg* hat das »Rasseln« auch für Hermann eine politische Bedeutung: »Einen Krieg, bei Mana! will ich / Entflammen, der in Deutschland rasselnd, / Gleich einem dürren Walde, um sich greifen, / Und auf zum Himmel lodernd schlagen soll!« (332–5) Die zum *Himmel* lodernde Flamme ist das Zeichen des deutschen → PARADIESES. Doch diese politische Erfüllung zieht hier – im Gegensatz zu *Prinz Friedrich von Homburg* – das völlige Scheitern der Liebe nach sich. Thusnelda, die den Römer Ventidius *wirklich* liebt, lockt ihn in einen von Bergen und hohen Felsen eingeschlossenen Park, worauf dieser, sich im Elysium wähnend (2375) und vor Wonne zitternd, fragt: »Mir wär die Göttliche so nah?« (2379) Doch als er eintritt, bleibt Thusnelda draußen: »Wenn er die Tür hinter sich hat, wirft sie dieselbe mit Heftigkeit zu, und zieht den Schlüssel ab.« (2385–6) Diesmal rasselt die Tür nicht; doch Thusnelda schlägt sie so → HEFTIG (leidenschaftlich) zu, dass sie nicht anders klingt als die Tür zum Haus der Marquise von O.... oder die Pforten zu Dianas Tempel. Statt der Liebe wartet auf Ventidius der Tod: Er verwechselt das → PARADIES mit der → HÖLLE und wird genauso Opfer eines → »VERSEHENS« wie die beiden Liebhaber in *Die Familie Schroffenstein.* Das Rasseln des Tores und des Riegels ist das Geräusch des ungeheueren Missverständnisses, das gewöhnlich nur durch eine neuerliche Ungeheuerlichkeit behoben werden kann. Den Figuren ist die Fähigkeit umfassender Sicht nicht gegeben, und daher versuchen sie, gleich dem blinden → GroßVATER in *Die Familie Schroffenstein*, sich anhand Unheil verkündender Geräusche zu orientieren.

»Sylvius: Wohin führst du mich, Knabe?
Johann: Ins Elend, Alter, denn ich bin die Torheit.
Sei nur getrost! Es ist der rechte Weg.
Sylvius: Weh! Weh! Im Wald die Blindheit, und ihr Hüter
Der Wahnsinn! Führe heim mich, Knabe, heim!
Johann: Ins Glück? Es geht nicht, Alter, 's ist inwendig
Verriegelt. Komm. Wir müssen vorwärts.«
(2625–31)

RECHTSCHAFFEN

Wer sind die Ehrbarsten und Rechtschaffensten? Vor allem natürlich Kohlhaas (II. 9); ferner sein Nachbar, der Amtmann (54); Prinz Christiern (II. 51,67); Johann Mauconduit (*Beispiel einer unerhörten Mordbrennerei,* II. 285); Congo Hoango (II. 160); General Dieringshofen (*Mutwille des Himmels,* II. 265); und die junge Ehefrau aus der Anekdote *Der neuere (glücklichere) Werther* (II. 276).

Aber sie sind nicht nur rechtschaffen. Kohlhaas ist auch der → ENTSETZLICHSTE, Mauconduit von »entsetzlicher Barbarei« (160), Congo Hoango »fürchterlich« (160), General Dieringshofen ein Mann »von manchen Eigentümlichkeiten und Wunderlichkeiten« (265); und die junge Ehefrau heiratet ohne zu zögern denjenigen, der den Tod ihres Mannes verschuldet hat. Allein den Amtmann und den Prinzen kann man »nur« rechtschaffen nennen. Das verdanken sie der Tatsache, dass sie nur für kurze Momente in den Mittelpunkt des Interesses rücken; zudem betont Kleist beider Unparteilichkeit und Unbestechlichkeit, was sie zu außerordentlichen Persönlichkeiten macht.

Die anderen hingegen sind sowohl rechtschaffen als auch → ENTSETZLICH, eigentümlich und außergewöhnlich und damit auch → UNVERSTÄNDLICH – wie jener Johann Mauconduit aus Rouen, der bis zu seinem sechzigsten Lebensjahr rechtschaffen ist und die Hochachtung all seiner Mitbürger genießt. Danach beginnt er → FEUERbrände zu legen: mithilfe einer Batterie setzt er selbst entworfene Zündmaschinen in Brand und schleudert sie auf die Hausdächer – bis er schließlich auch seine eigene Wohnung in Brand steckt. Bezüglich dieses → FALLES verweist Kleist auch auf eine Serie von Brandstiftungen in Berlin und darauf, dass »jedem Gemüte, das Ehrfurcht vor göttlicher und menschlicher Ordnung hat, die entsetzliche Barbarei dieser Greuel unbegreiflich« war (II. 285). Das gilt auch für den → FALL Mauconduit; erst wird er von *allen* geachtet, dann wenden sich *alle* → ENTSETZT von ihm ab. Zunächst ist der Brandstifter Mitglied der göttlichen und menschlichen Ordnung; doch dann stürzt er aus jeder Ordnung heraus und bleibt vollkommen allein. Es gibt keinen Übergang; der Plan der Brandstiftung reift nicht allmählich in ihm, von einem erlittenen Unrecht ist nicht die Rede, seine Tat hat keine Ursache, sie ist nicht durch → RACHSUCHT motiviert (er zündet auch seine eigene Wohnung an). »Von bloßem Vergnügen an Mordbrennerei geleitet«, schreibt Kleist über ihn (II. 285). Er erinnert an jenen Verbannten, von dem Dostojewski in seinem Buch *Aufzeichnungen aus dem Totenhaus* berichtet: Jener lebte still sein Leben zu Hause, bis er eines Tages eine Axt ergriff und, für alle → UNVERSTÄNDLICH, zu morden begann. Auch Mauconduit hat alles satt: Sechzig Jahre lebt er in Ehre und Anstand, und das bietet ihm genügend Zeit zu erkennen, dass sein restliches Leben genauso ablaufen wird. Sich gegen die anderen wendend, revoltiert er gegen das Leben: gegen die menschliche und göttliche Ordnung, die er fortan als Klotz am Bein empfindet.

Mit sechzig Jahren wendet sich auch Congo Hoangos Leben (auch Piachi in *Der Findling* verwandelt sich nach seinem sechzigsten Lebensjahr von einem rechtschaffenen Alten in einen blutrünstigen Mörder). Hoango kam einst von der afrikanischen Goldküste (was auch als Sturz aus dem paradiesischen Zustand gedeutet werden kann – vgl. Reuß, 9), und obwohl er unzählige Wohltaten erfährt, wird er mit dem Alter nicht abgeklärter, sondern stellt sich – auf die erste Nachricht der Aufstände hin – an die Spitze des Gemetzels und ermordet sogleich seinen einstigen Wohltäter. Sein Benehmen ist genauso → UNVERSTÄNDLICH wie das Benehmen Mauconduits. Doch sein → FALL ist noch komplexer: Der → »WAHNSINN DER FREIHEIT« (170) hätte sich auf ihn wohl nicht so verhängnisvoll ausgewirkt, hätte er nicht zuvor selbst an der Freiheit teilgehabt. Er hat von seinem Herren die Freiheit erhalten, und nun lebt er mit seinem Recht. Zwar auf → ENTSETZLICHE Weise – aber er macht von seinem Recht Gebrauch, auch wenn diese »Rechtmäßigkeit« auf sonderbare Weise zum Ausdruck kommt.

Beide wenden sich unerbittlich gegen ihre Umgebung, gegen ihr Leben bis dahin. Am liebsten rechneten sie mit dem Schicksal selbst ab – so wie Kohlhaas, von dem es mehrmals heißt, dass er sich schon *vor* dem Raub seiner Pferde über die gebrechliche Einrichtung der Welt (II. 15–6) im Klaren war. Der Raub der Pferde: Zweifellos der Tropfen, der das Fass zum Überlaufen bringt, eine willkommene Gelegenheit, seinen Rachefeldzug – gegen die ganze Existenz – zu beginnen. Kohlhaas kümmert sich um niemanden: Sein Rechtsempfinden gleicht von vornherein einer Goldwaage (II. 14), auf ihr Gebot würde er jeden opfern. Seine Frau genauso wie das ganze Land. Und das macht ihn in den Augen der anderen so → ENTSETZLICH. Aber auch aus demselben Grund benimmt er sich, als wäre er der Erzengel Michael.

In *Die Heilige Cäcilie* kommentiert der Erzbischof von Trier das Wunder der Heiligen mit den Worten, »daß die heilige Cäcilie selbst dieses zu gleicher Zeit schreckliche und herrliche Wunder vollbracht habe« (II. 227).

Er ist also wie jener → KENTAUR, mit dem Odysseus Penthesilea vergleicht. Ein schrecklicher Engel. In einer später ausgestrichenen Passage von *Die Familie Ghonorez* schreibt Kleist Folgendes: »[…] was meinst du, ist ein Gott? / Nun sieh, der wird das heil'ge Recht beschützen; / Denn eine Welt geht ehr als das Gesetz / Zugrunde, das allein sie aufrecht hält.« (nach Zeile 76) Das ist auch Kohlhaas' Standpunkt. Verglichen mit → GOTT, ist die Welt: ein Nichts. Und deshalb muss man nicht das Gesetz von der Welt einfordern, sondern die Welt selbst im Sinne dieses Gesetzes umformen.

Als Kleist im Sommer 1800 Wilhelmine Aufgaben stellte, mit deren Hilfe sie ihren Verstand schärfen sollte, marterte er sie mit Fragen, die ihn selbst am meisten quälten und die später auch Kohlhaas hätte stellen können. Zum Beispiel: »Darf der Mensch wohl alles tun, was recht ist, oder muß er sich nicht damit begnügen, daß nur alles recht sei, was er tut?« (II. 512), oder etwa: »Darf man sich in dieser Welt wohl bestreben, das Vollkommene wirklich zu machen, oder muß man sich nicht begnügen, nur das Vorhandne vollkommener zu machen?« (ebd.) Die

Kleist brachte seine Leidenschaft für die totale Konfrontation mit der Welt schon früh zum Ausdruck – auch wenn er sie anfangs in rationale Argumente verpackte. »Ach, Wilhelmine, ich erkenne nur ein höchstes Gesetz an, die *Rechtschaffenheit*«, schreibt er Anfang 1800 (II. 504). Im Aufsatz *Über die Aufklärung des Weibes* stellt er fest, dass man, um rechtschaffen zu sein, nur eine einzige Vorschrift befolgen müsse: »*[E]rfülle Deine Pflicht*« (317). Diese sei sogar wichtiger als die äußeren Gebote der Religion, schreibt er, denn wer steht dafür ein, dass sich nicht bald ein neuer Luther findet, der alles umwirft, was jener errichtet hat? Auch Kohlhaas wird auf die Stimme der inneren Überzeugung, des Herzens, hören müssen, als er Luther trifft; und er wird seine bis dahin begangenen Grausamkeiten für genauso gerechtfertigt halten wie Kleist die aufgrund *innerer* Eingebung begangenen Taten von Menschen, die unterschiedlichen Religionen angehören. In diesem frühen Aufsatz schreibt Kleist Folgendes: »Denn mit demselben Gefühle, mit welchem Du bei dem Abendmahle das Brot nimmst aus der Hand des Priesters, mit demselben Gefühle, sage ich, erwürgt der Mexikaner seinen Bruder vor dem Altäre seines Götzen.« (II. 316–7) Er erwähnt das mexikanische Menschenopfer als negatives Extrem; es ist dennoch entlarvend, dass ihm bezüglich des Abendmahles (bei dem man Jesu Körper isst und sein Blut trinkt!) gerade das einfällt. Schon hier stehen das → ENTSETZLICHE und die Rechtschaffenheit Seite an Seite, wenn auch noch als einander ausschließende Pole.

aus innerer Überzeugung begangene Tat und die → WELT, auf die sie abzielt, scheinen schon hier nicht miteinander vereinbar zu sein – was auch Kleists (und Kohlhaas') an die *Gnostiker* gemahnenden Standpunkt kennzeichnet.

Kohlhaas, Congo Hoango, Mauconduit: Sie feiern das Abendmahl im wahrsten Sinn des Wortes – so wie Penthesilea, die denjenigen verzehrt, den sie liebt. Wer bei Kleist rechtschaffen ist, ist zugleich auch → ENTSETZLICH. Beides lässt sich nicht voneinander trennen. Selten treten bei Kleist Menschen auf, die von → NATUR aus gut sind, noch gibt es solche, die von Natur aus böse sind. Es wäre ihm fremd, Figuren zu schaffen wie Matthew Gregory Lewis in seinem Roman *The Monk* oder der Marquis de Sade. Mindestens genauso fremd sind ihm jedoch auch die schönen Seelen des Sentimentalismus. Aber man muss zugleich betonen, dass diese beiden »Eigenschaften«, obwohl sie in seinen Figuren nicht voneinander zu trennen sind, auch nicht miteinander verschmelzen und eine »dialektische Einheit« bilden. Kleist zeichnet keine »realistischen« Porträts, sondern versucht, ein rätselhaftes Gleichgewicht zu erreichen – indem er die Zerrissenheit, die in der Persönlichkeit zum Ausdruck kommt, ins Extrem steigert. Seine Figuren wirken deshalb so → PARADOX, weil sie, obwohl sie selbst keine »einheitliche« Persönlichkeit besitzen, die »gebrechliche« Welt dennoch vor allem in eine Einheit verwandeln wollen. Aber in *dieser* Welt und *diesem* Leben ist das ersehnte Gleichgewicht unvorstellbar. Goethe hatte recht, als er Kleist einen Mann der *Zukunft* nannte; die bürgerliche Kultur kann einen Menschen nicht dulden, der im Gegensatz zu jeder geltenden Ordnung seine eigene Ordnung zu verwirklichen sucht.

»Auch erlauben Sie mir zu sagen […], daß es mich immer betrübt und bekümmert, wenn ich junge Männer von Geist und Talent sehe, die auf ein Theater warten, welches da kommen soll.« (Goethe an Kleist, 1. Februar 1808, LS 224)

Wer rechtschaffen ist, kann nicht → GRIMMIG sein; und wer → ENTSETZLICH ist, kann nicht ehrbar sein. Damit so was möglich wird, muss man zuvor die ganze → WELT in Klammern setzen. Schließlich ist es erst jenseits der → WELT, nach Durchschreitung des Unendlichen vorstellbar, dass sich das, was sich abstößt, zur gleichen Zeit auch anzieht.

»Letzthin saß ich auf einer Bank im Jard, einer öffentlichen, aber wenig besuchten Promenade, und es fing schon an finster zu werden, als mich jemand, den ich nicht kannte, mit einer Stimme anredete, als ob sie P[fuel] aus der Brust genommen gewesen wäre. Ich kann Ihnen die Wehmut nicht beschreiben, die mich in diesem Augenblick ergriff. Und sein Gespräch war auch ganz so tief und innig, wie ich es nur, einzig auf der Welt, kennen gelernt habe. Es war mir, als ob er bei mir säße, wie in jenem Sommer vor 3 Jahren, wo wir in jeder Unterredung immer wieder auf den Tod, als das ewige Refrain des Lebens zurück kamen.« (II. 783) Der Tod, »das ewige Refrain des Lebens«, schreibt Kleist Marie von Kleist im Sommer 1807. Er steht am Ende eines jeden Lebens, um das, was verschieden ist, einander anzugleichen. Als ewige Wiederholung durchdringt er auch das Leben und verleiht dessen unendlicher Vielfalt eine eigentümliche Eintönigkeit. Er macht es unendlich eintönig. Kleist führt den Gedanken weiter: »Ach, es ist ein ermüdender Zustand dieses Leben, recht, wie Sie sagten, eine Fatigue. Erscheinungen rings, daß man eine Ewigkeit brauchte, um sie zu würdigen, und, kaum wahrgenommen, schon wieder von andern verdrängt, die ebenso unbegriffen verschwinden.« (ebd.)

Nicht der »tatsächliche« Tod ist am tödlichsten, sondern die → UNBEGREIFLICHKEIT der Phänomene. Die → KANT-KRISE als Vorbote des Todes? Kleists »Todessehnsucht« ist das dankbarste Thema der Kleist-Philologie. Schon 1910 schrieb I. Sadger, dass der Gedanke des Todes Kleist »Sexualgenuss« bereitete (Sadger, 57). Seine »Liebe« zum »Tod« ist seitdem ein wiederkehrender Gedanke in der Fachliteratur (vgl. Bohrer, 1981, 162–3). Die dem Selbstmord vorausgehenden – und ihn vorwegnehmenden – biographischen Tatsachen, die todesverherrlichenden Briefe sowie die Namensliste jener, mit denen *er gemeinsam* sterben wollte (Pannwitz, Pfuel, Rühle, Fouqué, Marie von Kleist, Henriette von Schlieben, Henriette Vogel), bezeugen zweifellos das Vorhandensein des Freud'schen »Todestriebs«. Wohl zu Recht bringt auch Karl Heinz Bohrer Kohlhaas' Eigensinn, seine Weigerung, den

Zettel, mit dem er sich das Leben erkaufen könnte, dem sächsischen Kurfürsten auszuhändigen, mit seiner latenten Todessehnsucht in Verbindung.

Der Todesgedanke gewinnt seine zentrale Bedeutung für Kleist aufgrund der Uneinnehmbarkeit des Lebens. Am 31. August 1806 macht er Rühle das Angebot, mit ihm gemeinsam zu sterben – doch die erste Hälfte des Angebots bezieht sich auf das Leben: »Komm, laß uns etwas Gutes tun, und dabei sterben!« (II. 768) Zudem geht dem Angebot ein logischer Gedankengang voraus – dessen Logik freilich nicht diesseitig ist: »Wer wollte auf dieser Erde glücklich sein. Pfui, schäme Dich, möcht ich fast sagen, wenn Du es willst! Welch eine Kurzsichtigkeit, o Du edler Mensch, gehört dazu, hier, wo alles mit dem Tode endigt, nach etwas zu streben.« (ebd.) (*Kurzsichtigkeit* verursacht später Elvires Tod in *Der Findling* und Alkmenes Ruin in *Amphitryon*.) Nur *hier unten* endet alles mit dem Tod. Denn das Weltall, so Kleist, währt unendlich. »Myriaden von Zeiträumen, jedweder ein Leben, und für jedweden eine Erscheinung, wie diese Welt! [...] Und dieses ganze ungeheure Firmament nur ein Stäubchen gegen die Unendlichkeit!« (ebd.) Dem Tod glaubt er die Idee des Unendlichen entgegensetzen zu können – aus der Überlegung heraus, dass im Unendlichen alles seinen endgültigen Sinn erlangen werde. Schon zur Zeit seiner sogenannten → KANT-KRISE war Kleist am meisten darüber besorgt, dass das, was man im Leben Wahrheit nennt, nach dem Tod ganz anders heißt (II. 636). Mit anderen Worten, seine Sorge besteht darin, dass die *Dauer* (die Kürze) und die *Fülle* (das Glück) des Lebens nicht miteinander in Einklang zu bringen sind.

So gesehen, ist der Tod wirklich ein »Refrain«. Eine → METAPHER, die in Kleists Wortgebrauch *sowohl* für die Sehnsucht nach Erlangung der Ganzheit *als auch* für die Enttäuschung über die Uneinnehmbarkeit des Lebens steht. Etwas ebenso Anziehendes wie Abschreckendes. Von Kleists Kunst lässt sich auch deshalb behaupten, dass jede seiner Zeilen vom Tod durchdrungen ist, weil jede seiner Zeilen die *Spannung* zwischen Sehnsucht und Enttäuschung ausstrahlt. Für seine Figuren bedeutet der Tod keinen *Exitus*, sondern ist Ausdruck dieser Spannung – ein Seelenzustand. »›Das Leben ist nichts wert, wenn man es achtet‹«, zitiert Kleist 1805 (unrichtig) *Die Familie Schroffenstein* und fügt dann hinzu: »Es ist schon tot, wenn wir es aufzuopfern, nicht stets bereit sind.« (II. 1048)

In diesem Geist *riskieren* seine Helden alles. Ihr vornehmliches Ziel besteht nicht darin zu sterben, sondern – und sei es auf Kosten ihres eigenen Todes – die gebrechliche Welt dauerhaft und stark und zu einem bleibenden (vom Tod nicht bedrohten) Sitz der Wahrheit zu machen. Die radikale Konfrontation mit der Welt ist genauso tödlich für seine Figuren wie für ihre Umgebung. Dennoch *riskieren* sie alle diesen verzweifelten Schritt. Alles oder nichts.

»Das Leben ist viel wert, wenn mans verachtet.« (2368)

Hier ein seltsames – tödliches – Risiko, das Toni am Ende von *Die Verlobung in St. Domingo* eingeht. Eines Nachts kehrt Congo Hoango unerwartet heim, und Toni ist ratlos, wie sie Gustav, ihren schlafenden Geliebten, vor ihm retten soll. Sie fesselt ihn mit einem → ZUFÄLLIG an der → WAND hängenden Strick – auf diese Weise kann sie Congo Hoangos → VERTRAUEN gewinnen und zugleich Gustavs Leben retten. Der Plan gelingt. Doch dabei entsteht eine emotionale → VERWIRRUNG zwischen ihnen, die noch schwerer zu lösen ist als der verknotete Strick. Denn während ihn Toni fesselt, erwacht Gustav; sie kümmert sich jedoch nicht um ihn und *sagt kein Wort.* Zu Recht hält dies Gustav für ein Zeichen von Verrat, zudem bleibt der Entschluss des Erzählers → UNVERSTÄNDLICH, ihr nicht zu erlauben, ihm ihren Plan leise ins Ohr zu flüstern. Offensichtlich wünscht der Erzähler das *Miss-verständnis* – so sehr, dass er dafür sogar seine Figuren voreinander verdächtig werden lässt. *Nicht Toni täuscht Gustav, sondern der Erzähler* – und er schafft damit einen Strudel, in dem zuletzt beide ertrinken werden. Doch vorher entfernen sie sich immer mehr voneinander. Als Toni das Haus verlässt, bemäch-

»Folge Deinem Gefühl. Was Dir schön dünkt, das gib uns, auf gut Glück. Es ist ein Wurf, wie mit dem Würfel; aber es gibt nichts anderes.« (An Rühle, 31. August 1806, II. 770) Die *Kunst* als Wurf mit dem Würfel, durch den der Tod besiegt werden kann, wobei der Wurf des Würfels – in Mallarmés Worten – den → ZUFALL niemals aufheben kann.

tigt sich ihrer »die wildeste Verzweiflung« (II. 187). Sie erinnert sich der verächtlichen → BLICKE Gustavs – den der Erzähler hier nicht *Gustav*, sondern *den Fremden* nennt! – und hat das Gefühl, als stoße man ihr ein Messer ins Herz. Denn kurz zuvor erfährt der Leser – zusammen mit Toni – von einem ähnlichen → BLICK. Als einst Gustavs Geliebte, Mariane Congreve, hingerichtet wurde, wandte sie sich von ihm »mit einem Blick, der mir unauslöschlich in die Seele geprägt ist, [...] ab [...]: diesen Menschen kenne ich nicht!« (II. 174) Der Erzähler lässt hier die Situation genauso in der Schwebe wie auch später: Er schließt genauso wenig die Möglichkeit aus, dass Mariane Gustav *wirklich* nicht mehr erkennen wollte, wie er auch in Tonis → FALL unklar lässt, warum sie ihn nicht anspricht. *(Die Frauen wollen Gustav nicht erkennen.)*

Und als sie sich Gustavs verächtlichen → BLICKES erinnert, richtet sich ihr nächster Gedanke nicht auf seine Rettung: »[E]s mischte sich ein Gefühl heißer Bitterkeit in ihre Liebe zu ihm, und sie frohlockte bei dem Gedanken, in dieser zu seiner Rettung angeordneten Unternehmung zu sterben.« (II. 18 7) Jeder Schritt Tonis zielt auf die Rettung des Mannes ab; doch zugleich bereitet sie sich, durch den Impuls einer entgegengesetzten Kraft, frohlockend darauf vor zu sterben. Was ihr auch gelingt – zumal durch die Hand Gustavs. Obwohl *ein einziges* Wort ausgereicht hätte, und sie wären beide am Leben geblieben. »Ach [...], du hättest mir nicht mißtrauen sollen!«, lauten Tonis letzten Worte (II. 193).

Um stark genug zu sein, hätte sich jedoch das → VERTRAUEN gegen die ganze menschliche Erfahrung bis dahin wenden

Gustav schießt Toni in die → BRUST und sich selbst in den Kopf. Auf ähnliche Weise setzt Kleist seinem eigenen und dem Leben Henriette Vogels ein Ende. Sie werden am kleinen Wannsee so aufgefunden: »[D]ie Mannsperson mit einem braun tuchenen Überrock, weißer Batist-Musselin-Weste, grauen, tuchenen Hosen, und runden Schlappstiefeln, bekleidet, das Gesicht um den Mund herum, jedoch nur wenig, mit Blut beschmutzt; die Frauperson aber in einem weißen Batist-Kleide, blau tuchenen

sollen. Doch das hätte sich vermutlich als genauso tödlich erwiesen wie das Misstrauen. Die innersten Gebote der → WELT und der → BRUST lassen sich nämlich nur im Märchen (und in *Das Käthchen von Heilbronn)* miteinander vereinbaren: Nur dort verwandelt sich der ewige Refrain des Todes in die Melodie des ewigen Lebens.

feinen Überrock, und weißen glassé-Handschuhen, bekleidet, und einem blutigen Fleck von der Größe eines Thalers unter der linken Brust, auf dem Kleide, welches an dieser Stelle auch verbrannt zu seyn schien.« (LS 533)

RUHIG

Er hat das unruhigste Gemüt aller Schriftsteller der Weltliteratur. Dennoch strahlen seine Erzählungen und Dramen eine schreckliche Ruhe aus. Seltsam, gespenstisch ist diese Ruhe – genauso unheilverkündend wie Nicolos starres, ruhiges Gesicht am Anfang von *Der Findling.* Oder wie Kohlhaas' Ruhe, bevor er seinen Feldzug beginnt. Kleist zwingt all seine Schriften in einen Panzer der Ruhe (der Besonnenheit, der Zurückhaltung), doch an den unerwartetsten Stellen sprengt er den Panzer und lässt die Ruhe tiefer Ruhelosigkeit weichen.

Nicht nur Nicolo ist »ruhig«, sondern auch Elvire. Als sie sich einschließt, um sich vor Colinos Bild selbst zu befriedigen, »kleidet sie sich still und ruhig aus« (II. 212). Ruhig sieht sie der Befriedigung entgegen; die Spannung erreicht dadurch ihren Höhepunkt, daß Nicolo sie jetzt vergewaltigen wird (was – gemessen an ihrer Ruhe – auch Elvires geheimem Wunsch entspricht).

Doch so → HEFTIG die Geschichte auch wird, der Erzähler verliert nie seine Ruhe. Kleist beharrt stets auf Einhaltung des Maßes; selbst wenn die Handlung ins Maßlose ausartet, bleibt der Ton des Erzählers maßvoll. An dieser *maßvollen Maßlosigkeit* erkennt man sofort Kleists Sätze. Durch sie entsteht im Text eine Spannung, die noch bedrohlicher ist als ausufernde Leidenschaft. Die Extreme vereinen sich im Text – als hätten Corneille und Artaud die Sätze *gemeinsam* geschrieben.

Diese Ruhe wird nämlich nicht nur von der Leidenschaft, sondern auch von der Angst gesteuert. Schon früh beginnt Kleist, sich in Ruhe zu »üben« – obwohl er anfangs an anderen experimentiert. An denen, die er sich am nächsten wähnt: Ulrike und Wilhelmine. Vor allem Wilhelmine beschwichtigt er gern; seine Briefe sind voll der Aufforderung: »Sei ruhig!«

Lauter Ermahnungen, die eher seine eigene Unruhe kaschieren. Denn gewöhnlich mahnt er sie dann zur Ruhe, wenn er sich selbst in einer Sackgasse wähnt. Es ist entlarvend, wie er zum Beispiel die Wirkung seiner → KANT-KRISE schildert: »Liebe Wilhelmine, ich bin durch mich selbst in einen Irrtum gefallen, ich kann mich auch nur *durch mich selbst* wieder heben. Diese Verirrung, wenn es eine ist, wird unsre Liebe nicht den Sturz drohen, sei darüber ganz ruhig.« (28. März 1801, II. 638) Doch sie kann sich nur einer Sache gewiss sein: *Ja, gerade* das wird ihrer Liebe ein Ende setzen. Denn Kleist beschwichtigt sie nicht deshalb, weil sie unruhig ist, sondern weil er von ihrer Ruhe Balsam für seine eigene Unruhe erhofft. Wie so oft, betrachtet er sie auch hier als Mittel zum Zweck – diesmal als Mittel, um selbst Ruhe zu finden. Und je näher das Ende ihrer Verbindung rückt, umso mehr traut er sich, offen von seiner eigenen Unruhe zu sprechen. Als er sich endgültig von ihr verabschiedet, schreibt er: »[V]on ganzer Seele sehne ich mich, wonach die ganze Schöpfung und alle immer langsamer und langsamer rollenden Weltkörper streben, nach *Ruhe*!« (II. 643)

Hinter den vielen Aufforderungen, ruhig zu sein, könnte auch die Sorge lauern, dass sich Wilhelmine vielleicht gar nicht beunruhigt. (vgl. Weidmann, 82)

»Ach, ich sehne mich unaussprechlich nach Ruhe.« Gleich zweimal schreibt er ihr diese Worte: am 14. April (II. 646) und am 21. Mai 1801 (II. 653).

Als er zwei Jahre später das Manuskript des *Guiskard* verbrennt und Ulrike ankündigt, dass er sich auf den Tod vorbereitet (26. Oktober 1803), vermischt sich bereits sein Wunsch nach Beschwichtigung der anderen Seite mit der Erfahrung der eigenen Unheilbarkeit: »[I]ch stürze mich in den Tod. Sei ruhig, Du Erhabene, ich werde den schönen Tod der Schlachten sterben.« (II. 737) Den Ausdruck »sei ruhig!« gebraucht er nur noch aus Reflex – doch dieser der Verdrängung entspringende Gemeinplatz gewinnt hier allmählich seine eigene Tiefe. Diese Stimme nimmt bereits Penthesileas seltsame Ruhe vorweg, die die Amazonenkönigin ständig verliert, aber – auf einer immer höheren Ebene – immer wiederfindet, bis sie sich zu einer tödlichen Ruhe, zur Ruhe einer lebenden Toten gesteigert hat. Als Prothoe Penthesilea ermahnt, sich zu sammeln: »Sei ruhig, meine Königin« (1582), erwidert Penthesilea: »Ich war so ruhig, Prothoe, wie das Meer, / Das in der Bucht des Felsen liegt; nicht ein / Gefühl, das sich in Wellen mir erhob. / Dies Wort: sei ruhig! jagt mich plötzlich jetzt, / Wie Wind die offnen Weltgewässer, auf / Was ist es denn, das Ruh hier nötig macht?« (1586–91)

Wozu ruhig sein? Prothoe könnte erwidern, weil die Unruhe (der Wahnsinn, der sich schon ein paar Zeilen weiter unten andeutet) allmählich über dem Kopf der Königin zusammenschlägt. Doch Penthesilea selbst hat nicht das Gefühl, dass sie ihre Ruhe verloren hätte. Und daher versteht sie auch nicht, warum man sie beschwichtigt. Wenn sie unruhig ist, so höchstens deshalb, weil man ihre Ruhe nicht bemerkt.

Es gibt die Ruhe, und es gibt sie nicht. Und infolge dieser doppelten Perspektive steigert sich in der Szene weder die Ruhe noch die Unruhe, als vielmehr die Spannung. Kleist behauptet etwas (in diesem → FALL die Ruhe), indem er es mit diametral entgegengesetzten Inhalten auflädt. Die Ruhe steigert er mithilfe der Unruhe, die Unruhe dadurch, dass er die Ruhe bewahrt (und ständig steigert). Keine von beiden wird auf Kosten der anderen dominant – sodass die Szene einzigartig gemäßigt wirkt. Dabei besteht keinerlei Aussicht auf → VERSÖHNUNG – wodurch die Spannung des Stückes der Leidenschaft von Shakespeares oder Racines Dramen ebenbürtig ist. Eine ähnlich gespannte, unerträgliche Ruhe hält in *Amphitryon* auch Jupiter für Alkmene bereit, die zu Recht beunruhigt ist. Nachdem sie das J für ein A gehalten hat, traut sie ihren Augen nicht mehr und lässt auch Jupiter nicht in Frieden: »Warst dus, warst du es nicht? O sprich! du warsts! (1265) Worauf Jupiter erwidert: »Ich wars. Seis wer es wolle. Sei – sei ruhig.« (1266) Seine Antwort lässt sich zweifach verstehen: »Beruhige dich, wer es auch war, er liebt dich«. Oder aber: »Laß mich endlich in → RUHE, quäle mich nicht mehr!« Ersteres spricht der *verliebte,* Letzteres der *befriedigte* Mann. Doch Alkmene hält es so oder so für eine Lüge. Die »Ruhe«, die ihr der → GOTT bietet, ist eine Mischung aus Lügen, Irrtümern,

Missverständnissen und Verdrängungen. *Derselbe Sprechakt verfügt über mehrere Bedeutungen, die alle zutreffend sind, von denen aber keine annehmbar ist.* Deshalb ist der Dialog zwischen Jupiter und Alkmene so ungeheuer gespannt: Glatt fließen die Worte, obwohl sich die Liebenden in der Seele gar nicht verstehen. Das hat die völlige → VERWIRRUNG der Grammatik und der Psyche zur Folge – was Kleist jedoch keinesfalls durch eine wirre als vielmehr durch eine kristallklare Dramaturgie vorführt. Denn erst das Zusammenspiel der → VERWIRRUNG in der Szene mit der Makellosigkeit der Dramaturgie macht die → AUGENBLICKliche Ruhe der Frau wirklich unheilvoll. Und als sie später ausruft: »Amphitryon!«, worauf Jupiter → DREIMAL wiederholt: »Sei ruhig, ruhig, ruhig!« (1574), deutet sich schon ihre einsetzende *Hysterie* an, die ihr vorübergehend die Ruhe der Lethargie beschert. Es ist dies die Ruhe jenes → »ACH!«, das keine *Ergebenheit* (in die → WELT, das Unannehmbare) ist, sondern die Entfaltung des Unmöglichen. Eine *rasende* Ruhe. Nicht die unter größter Mühe aufrechterhaltene Ruhe des jungen Kleist, die vor allem eine Geste der Abwehr und des Zurückweichens ist, sondern die Ruhe des *tragischen Helden,* der – zum ersten Mal seit Shakespeare – nicht mit den Umständen ringt und nicht das Opfer einer auch unabhängig von ihm bestehenden Weltordnung wird (bürgerliche Tragödie), sondern gleichsam die ganze Existenz außer Kraft setzt. Die Ruhe Alkmenes oder Penthesileas: Für einen → AUGENBLICK bleibt das ganze Universum stehen, damit sich – wie im Anfangsstadium des Wahnsinns – der Unterschied zwischen → SCHEIN und Wahrheit, → ENTSETZEN und → HEITERKEIT verwischt. Ähnlich ruhig ist auch der Ton von Kleists Erzählungen: Wie gespanntes Pergamentpapier legt er sich über die Ereignisse und suggeriert gleichmütige Unparteilichkeit und ist dennoch so gespannt, als müsste er jede Sekunde reißen. Eine aggressive, irritierende Ruhe. Und dennoch: eine Ruhe, die dem Leser genauso vertraut (verlockend, unwiderstehlich) vorkommt wie Alkmene Jupiters Ruhe, die sie zwar metaphysisch heimatlos werden lässt, die sie aber wenigstens der Welt, dem beunruhigenden Zugriff der »Realität« entreißt.

SCHACHT

Gleich zwei Figuren lassen sich in den dunklen Schacht hinunter: Penthesilea und Alkmene. Sie sind beide Herrscher; außergewöhnlich und leuchtend. Sie übertreffen alle anderen. Keiner in ihrer Umgebung ist sich seiner Gefühle so sicher wie sie; doch keiner erliegt einer so ungeheuren Täuschung wie gerade sie. Sie sind im Besitz der absoluten Wahrheit; dennoch sind sie dem absoluten Irrtum ausgeliefert. So überaktiv sie auch sind, so hilflos passiv sind sie auch. Sie leben im Licht – sie leuchten, entsenden Licht aus sich selbst. Dennoch fällt auch der Schatten des Unbekannten auf sie. Sie sind überschattete Lichtstrahlen. Verkörperungen des vollkommenen → PARADOXES. Sie sind zerrissen; und doch gibt es keinen, der über einen so festen und einheitlichen Charakter verfügt wie sie. Ihr zerstückeltes Wesen verletzt von vornherein die Erwartung der Welt, dass die Persönlichkeit vor allem einheitlich sein müsse (vgl. Gallas, 95). Doch ihre Zerrissenheit ist so maßlos, dass es nichts gibt, wozu sie in Verhältnis gesetzt werden könnte. Deshalb bleibt ihnen nur ihre Maßlosigkeit als Maß; und so gesehen, sind sie doch einheitlich. Sie sind verschlossen, doch so, dass sie sich dem Universum gegenüber öffnen – »das Offene« ist ihr Zuhause (Hölderlin: *Brot und Wein*). Aus dem → BLICKwinkel der → WELT stehen sie am Rande des *Wahnsinns*. Doch gemessen an ihrer Offenheit für das Nicht-Diesseitige sind sie: *tragische Helden*. Alkmene kann am Ende des Stückes nur → »ACH!« sagen; und auch Penthesilea, die von ihren Gefährtinnen für → UNAUSSPRECHLICH gehalten wird, vermag im 24. Auftritt nur schwer etwas zu sagen. Jede Verbindung zwischen ihnen und der Welt ist abgerissen. Kleist ist nicht bereit, sie der Welt auszuliefern; er widersteht der Verlockung der bürgerlichen Tragödie, die trotz allem noch → VERTRAUEN in die Welt, in ihre Verbesserungsfähigkeit und Dauer hat. Kleist ist misstrauisch. Und deshalb sind seine Heldinnen tragisch; sie wachsen maßlos über die Welt hinaus. Doch indem sie in das Unmögliche eingeweiht werden, bejahen sie die unansprechbare Existenz selbst.

Während Jupiter listigerweise erahnen lässt, wer er in Wirklichkeit ist, versperrt er auch den Weg der Wahrheit. Seine Worte sind alle so wahr, dass sie zugleich auch irreführend sind. Damit treibt er Alkmene in die Verzweiflung. Und als er sie, als Amphitryon sprechend, zur Achtung Jupiters mahnt, also sich selbst mit seinem eigenen Ebenbild tarnt, nennt er ihr auch den Weg, den sie beschreiten muss, um die Wahrheit zu suchen: über »des Herzens Schacht« (1432). In die Schächte des Herzens soll sie hinabsteigen – dorthin, wo sie die völlige Verfinsterung erwartet. Und wo sie – statt → GOTT, Liebe und Erfüllung – vernichtende Gefühle erwarten, die ihr den Horizont der Aussichtslosigkeit des letzten →»ACH!« eröffnen. Die gleichen vernichtenden Gefühle erwarten auch Penthesilea: »[J]etzt steig ich in meinen Busen nieder, / Gleich einem Schacht, und grabe, kalt wie Erz, / Mir ein vernichtendes Gefühl hervor.« (3025–7)

Indem sie in den Schacht des Herzens hinabsteigen, lassen sie sich in das → INNERE hinunter. Doch die Dunkelheit, die sie erwartet, hat mit Innerlichkeit nichts zu tun. Sie würden sich im Schacht des Herzens vergeblich als »umgekehrte Astrologen« betätigen, wie dies Novalis' Bergmann tut: Es gibt hier keinen → AUSBLICK auf etwas, kein oben und kein unten. Dieser Schacht ist die völlige Abwesenheit des Universums. Das Nichts, das den Prinzen von Homburg bedroht, geht hier in Erfüllung – wobei es sich eher um eine Entleerung handelt.

»Ins Nichts mit dir zurück, Herr Prinz von Homburg, / Ins Nichts, ins Nichts!« (74–5)

Diese Entleerung hat jedoch nichts mit der *Kenose* der Mystiker zu tun; sie ist endgültig, ihr folgt keine Aufladung. Alkmene und Penthesilea haben das Gefühl, ins Nichts geraten zu sein; sie sind genauso verloren wie das Kind im Märchen von *Woyzecks* Großmutter, das, als es vom Himmel auf die Erde zurückkehren will, nur einen umgedrehten Topf vorfindet, sich darauf setzt und bitterlich zu weinen beginnt.

SCHEINEN

Am Abend des 15. August 1800 besichtigt Kleist in Berlin das Panorama der Stadt Rom, das Adam Breysig auf dem Gendarmenmarkt ausgestellt hat. Am nächsten Tag berichtet er seiner Verlobten Wilhelmine ausführlich darüber. Damit sie eine Vorstellung davon bekommt, was er gesehen hat, erklärt er ihr zunächst die Bedeutung des Wortes: »Die erste Hälfte des Wortes heißt ohngefähr so viel wie: *von allen Seiten, ringsherum;* die andere Hälfte heißt ohngefähr: *sehen, zu Sehendes, Gesehenes.*« (II. 518) Als er jedoch den → ANBLICK selbst beschreiben will, gibt Kleist seiner Enttäuschung Ausdruck. Damit der Zuschauer wirklich das Gefühl habe, sich in der freien → NATUR aufzuhalten, schreibt er, darf ihn *nichts* an die Täuschung erinnern. Dazu müsse man jedoch das ganze Bild anders gestalten: »Keine Form des Gebäudes kann nach meiner Einsicht diesen Zweck erfüllen, als allein die kugelrunde. Man müsste auf dem Gemälde selbst stehen, und nach allen Seiten zu keinen Punkt finden, der nicht Gemälde wäre.« (ebd.)

Zehn Jahre später, als er über Caspar David Friedrichs Bild *Mönch am Meer* schreibt, kommt ihm erneut der Gedanke des *kugelrunden Raums.* Bei der Betrachtung des Gemäldes hat er das Gefühl, »als ob einem die Augenlider weggeschnitten wären« (II. 327), wodurch sich auch seine Rezeption radikal ändert: »[D]as, was ich in dem Bilde selbst finden sollte, fand ich erst zwischen mir und dem Bilde, nämlich einen Anspruch, den mein Herz an das Bild machte, und einen Abbruch, den mir das Bild tat; und so ward ich selbst der Kapuziner, das Bild war die Düne, das aber, wo hinaus ich mit Sehnsucht blicken sollte, die See, fehlte ganz.« (ebd.) Friedrich hat das erreicht, was Breysig nicht vermochte: Der Zuschauer hat die Täuschung vergessen. Der Preis, den er dafür zahlt, ist jedoch, dass er in das Werk *eintritt* – das heißt die → WELT hinter sich lässt. »Nichts kann trauriger und unbehaglicher sein, als diese Stellung in der Welt« – fährt Kleist fort – »der einzige Lebensfunke im weiten Reiche des Todes, der einsame Mittelpunkt im einsamen Kreis.« (ebd.) Diese Feststellung gilt genauso für den Mönch, der auf dem Bild zu sehen ist, wie für den Rezipienten des Gemäldes. Im »kugelrunden Raum« hört die Täuschung dadurch auf, eine Täuschung zu sein, dass sie *perfekt* wird – es gibt nichts mehr, wozu man sie in Beziehung setzen könnte. Doch statt des erhofften Genusses beschert ihm die Fähigkeit zur »Klarsicht« das Erlebnis des Todes. Kleist wittert eine hoffnungslose Falle: Der einzige Ausweg aus der Täuschung, der Irreführung, besteht nicht in der Annäherung der Kunst an die sogenannte Wirklichkeit, sondern umgekehrt: im vollständigen Aufgehen der Wirklichkeit in der Kunst – in der endlosen Steigerung der Täuschung. Deren Folge nach Kleists Meinung ist keine romantisch gedachte progressive Universalpoesie, sondern der → ANBLICK des Todes. Dadurch, dass die »Mittel« der Kunst, die Täuschung und der Schein, endlos werden, wird der Rezipient, statt in den Besitz der Wahrheit zu gelangen, noch hoffnungsloser in der Wirklichkeit, der wahren Welt der Täuschung, gefangen sein. Die Täuschung wird durch eine höhere Täuschung aufgehoben, die ihrerseits zu einer neuen, noch profunderen Täuschung führt. Einerseits »bereinigt« Kleist die Kunst von allen nicht künstlerischen Elementen und versucht, sie von allen Bezügen, die nicht das Werk betreffen (zum Beispiel von allen direkten Andeutungen auf den Rezipienten und Ansprachen an ihn), zu befreien; andererseits verzichtet er nicht darauf, das Werk in einen »Kontext« zu stellen. Das Kunstwerk spricht den Rezipienten dadurch an, dass es ihn scheinbar nicht wahrnimmt; es lockt ihn gleichsam in seinen »kugelrunden Raum«; und wenn der »kugelrunde Raum« vollkommen (das heißt das Kunstwerk »rein« und absolut) ist, bedeutet das, dass der Rezipient, wenn er in das Werk gerät, ein Universum betritt, das zwar wirklich, aber auch irreal, künstlich, aber auch über die Kunst hinausweisend ist.

Kleist gelangt zu einem eigenartigen Standpunkt. Wenn er über die Kunst spricht, gebraucht er die gleichen Begriffe der *Täuschung* und des *Scheins* wie kurz nach ihm Hegel in seinen *Vorlesungen über die Ästhetik*. Und doch gelangt er trotz der *scheinbaren* → ÄHNLICHKEIT der Worte und Gedankengänge zu einer radikal anderen Einsicht. Während Hegel die Kunst gegen jene verteidigt, die sie der Täuschung und des Scheins wegen ablehnen (Hegel, 1971, 41), bestreitet er nicht den Dualismus (und die Hierarchie) des Scheins und des »dahinter« durchschimmernden »Geistigen«. Im Gegenteil: »[D]er Schein der Kunst [hat] den Vorzug, daß er selbst durch sich hindurchdeutet und auf ein Geistiges, welches durch ihn zur Vorstellung kommen [soll], aus sich hinweist« (ebd. 47). Demnach erfüllt die Kunst ihren Zweck gerade dadurch, dass sie *als Kunst* nicht vollendet wird – das heißt, dass sie aufhört, Kunst zu sein, im Interesse einer Wahrheit, die höher steht als sie.

Auch Kleist hält, ohne sich in philosophische Studien vertieft zu haben, die Problematik des *Scheins* für eine der Grundfragen der Kunst, und auch ihn beschäftigt die Frage nach der Vollendung der Kunst. Doch im Gegensatz zu Hegel hält er den Schein nicht für eine »vernachlässigbare Täuschung«, die für die Kunst zwar *notwendig* ist, zur Erlangung der *Wahrheit* jedoch wie eine Schlangenhaut abgestreift werden muss. Hegel lehnt den Ausschließlichkeit beanspruchenden Schein (»der Schein der sinnlichen unmittelbaren Existenz«) deshalb ab, weil dieser gar nicht täuschen will: »die unmittelbare Erscheinung sich selbst nicht als täuschend gibt, sondern vielmehr als das Wirkliche und Wahre, während doch das Wahrhafte durch das unmittelbar Sinnliche verunreinigt und versteckt wird.« (ebd.) Hingegen radikalisiert Kleist, obwohl er die Täuschung niemals als Wahrheit erscheinen lassen will, den Schein so lange, bis er in ihm nicht nur ein unabdingbares Mittel der Kunst, sondern auch der Wahrheit sieht. Er führt den Gedanken Hegels gleichsam ad absurdum: Die Kunst erlangt ihr wahres Gewicht, wenn vom Gewicht des Scheins nichts mehr übrig bleibt. Mit anderen Worten: Während er wie Hegel die *Wahrheit* sucht, möchte er zugleich auch die *Kunst* retten. Auch er »liefert« die Kunst »nicht künstlerischen« Kriterien »aus«, doch nicht, um auf sie zu verzichten, sondern, im Gegenteil, um sie dadurch zu retten.

Dabei gerät er jedoch in eine Falle, aus der er *sich philosophisch* nicht zu befreien vermag – sondern nur mithilfe von Kunstwerken. Denn wenn er am Gedanken der Täuschung und Verstellung festhält – und das tut er, denn ihm steht nur deren Tradition zur Verfügung –, muss er diese irgendwie mit der Wahrheit vereinbaren. Und das führt dazu, dass die Täuschung und der Schein ebenso ausschließlich, das heißt »wahr« werden wie die Wahrheit selbst. Täuschung und Schein bedeuten nicht einfach die Leugnung der Wahrheit, sondern sind mit der Wahrheit selbst identisch – indem sie es doch nicht sind. Die Täuschung bleibt weiterhin Täuschung, der Schein Schein. Ihre

Wahrheit ist wahr, indem sie nicht wahr ist. Im Gegensatz zu Nietzsche, der sich später ebenfalls gegen Hegel wendet und die Täuschung tiefsinniger, metaphysischer als die Wahrheit und die Wirklichkeit nennt, möchte sich Kleist nicht entscheiden. Er emanzipiert die Täuschung und den Schein, wertet jedoch die Wahrheit und die Wirklichkeit nicht ab. Alles »scheint« – während nur das erscheint, was sichtbar ist, einschließlich der »dahinterliegenden« Wahrheit. Es gibt keine Wahrheit hinter dem täuschenden Schein, der Schein selbst ist die Wahrheit.

Einerseits nimmt Kleist einen radikal antiplatonischen Standpunkt ein: Er unterwirft den Schein keiner übergeordneten Wahrheit oder Idee. Anderseits »teilt« er die Existenz, indem er den Schein für stärker als die Wahrheit hält, doch auf platonische Weise »auf«. Beide Standpunkte sind im Grunde unvereinbar miteinander: Was stärker ist, kann nicht zugleich schwächer sein. Und dennoch werden wir in Kleists Werken ständig damit konfrontiert. Denn bei Kleist ist die Wahrheit keine unbewegliche Idee, nach der man sich richten muss (Kleists → KANT-KRISE wird gerade dadurch ausgelöst, dass er an die Existenz unbeweglicher, platonischer Wahrheiten geglaubt hat), sondern ständige Bewegung. Offenbarung durch Verschwinden. In ihrem ständigen Verschwinden und ihrer ständigen Unfassbarkeit wird die Wahrheit zur Wahrheit – sie ist wahr, weil sie nicht wahr ist. Sie wird zur Wahrheit, indem sie den Boden (die Wahrheit) unter sich wegreißt. Indem sie ihren eigenen Tod vorbereitet, wird sie geboren. Und das ist der Schein: der *Tod,* der wahrhaftiger und wirklicher als alles andere ist, mit dem aber dennoch nichts anzufangen ist. Kleists Helden werden nicht einfach durch »Täuschung« und »Irreführung« in die Verzweiflung getrieben und auch nicht dadurch, dass sie vergeblich die Wahrheit suchen (worüber sich Kleist während seiner → KANT-KRISE so oft beklagt hat), sondern dadurch, dass sie die Wahrheit stets dadurch finden, dass sie Opfer der Irreführung werden. Sie erkennen das als die höchste Wahrheit ihres Seins an, wovor sie sich am meisten fürchten: den Tod. *Klarsicht* ist der im → AUGENBLICK der Wahrheit gewonnene → EinBLICK in die Unmöglichkeit eines Auswegs aus dem Kreislauf von Täuschung, Missverständnis und Irreführung. Dieser → BLICK ist selbst täuschend: Er beschert dem Betrachter weder das endgültige Wissen noch Blindheit, sondern lässt ihn die Unmöglichkeit seiner eigenen Lage spüren. Wenn man den sogenannten »Gefühlsblick« besitzt, den Kleist von → BROCKES erlernt hat, täuscht man sich nie (II. 620); aber das Fehlen von Irrtümern führt Kleist zu keiner glücklicheren Erkenntnis. Im Gegenteil. Am 31. Januar 1801, kurz nach dem Ausbruch seiner → KANT-KRISE, schreibt er Wilhelmine: »Vielleicht hat die Natur Dir jene Klarheit, zu Deinem Glücke versagt, jene traurige Klarheit, die mir zu jeder Miene den Gedanken, zu jedem Worte den Sinn, zu jeder Handlung den Grund nennt. Sie zeigt mir alles, was mich umgibt, und mich selbst, in seiner ganzen armseligen Blöße, und der farbige Nebel verschwindet, und alle die gefällig geworfnen Schleier sinken und dem Herzen ekelt zuletzt vor dieser Nacktheit.« (II. 621)

Deshalb wird die *Nacktheit*, die *Entblößung* in Kleists Dramen und Erzählungen zu einer Quelle völliger → VERWIRRUNG.

Der »kugelrunde Raum«, der dem Menschen im Grunde die göttliche Fähigkeit der Allsicht bescheren könnte, führt zu seiner völligen Ausbeutung: statt göttlich zu werden, breitet sich in ihm der grenzenlose Mangel aus. → GOTT wird als Schein entlarvt, und die »Wahrheit«, die »hinter« ihm zum Vorschein kommen müsste, manifestiert sich als bloßer Mangel. → GOTT »existiert«, denn ohne ihn würde alles in Anarchie ausarten – und doch existiert er nicht, denn seine Existenz ist bloßer Schein und das Sein bloßer Mangel.

Darin liegt die Ursache für Alkmenes Tragödie: Sie kann → GOTT nur bekommen, indem sie ihn im gleichen Moment auch verliert. Gadamer schreibt, den christlichen Aspekt des Werkes vor Augen haltend, dass

In *Die Familie Schroffenstein* verliert Johann beim → ANBLICK der *nackten* Agnes den Verstand; und in der Verkleidungsszene des letzten Aufzugs wird die Entblößung zum Vorspiel einer neuen Verwechslung, die zum absurden Tod der Liebenden führt. Agnes und Ottokar fallen nicht dem Zorn ihrer → VÄTER, sondern dem *Schein* zum Opfer.

Als Jeronimo vor St. Jago erwacht, heißt es: »[F]ürchterlich schien ihm das Wesen, das über den Wolken waltet« (II. 147). So *scheint* es ihm, weil es nicht so ist; doch wie ist es dann? Die Erzählung

nach seiner Meinung »Kleists *Amphitryon* von der Erfahrung der Transzendenz aus und nicht von ihrem Verlust her zu verstehen« sei (Gadamer, 1967, 162). Diese Deutung klammert jedoch die *tragische Seite* des Stückes aus – und versucht damit, die grundsätzlich nicht tragische Weitsicht des Christentums gegen Kleist geltend zu machen. In der Tat untersucht Kleist in dem Werk die zentrale Frage des Christentums: das Mysterium von → GOTTES Menschwerdung. Dieses Mysterium beschert Alkmene jedoch ein Erlebnis, das man nicht anhand des Verhältnisses von Transzendenz und Immanenz deuten kann.

radikalisiert den Anschein → GOTTES und beraubt ihn so jeder »Wirklichkeit«.

In der Tat erlebt Alkmene im Stück die Transzendenz, aber zugleich auch ihren Mangel. Beide *zusammen* stürzen sie in die Verzweiflung. Kleist lässt → GOTT »auferstehen«, doch er »tötet ihn auch«; er erlaubt ihm, Gestalt anzunehmen, und beraubt ihn doch seines Körpers; er lässt ihn erscheinen, doch seine Erscheinung ist reiner Schein. Die »Immanenz« ist ebenso unfassbar wie die »Transzendenz«. Statt sich mit dem Verhältnis zwischen diesen beiden (ihrer → VERSÖHNUNG bzw. ihrem Konflikt) zu beschäftigen, konfrontiert Kleist Alkmene mit dem tragischen Erlebnis, dass die Wahrheit, je mehr sich Alkmene im Besitz ihrer wähnt, umso augenscheinlicher aus ihren Händen gleitet. Doch während sie zweifelt, lässt Kleist die Wahrheit keine Sekunde zweifelhaft werden. Statt wie ein »moderner« Autor sie zu relativieren, hinterfragt er nicht die Gewissheit des Gefühls (vor allem nicht die Alkmenes) – insofern hat Goethe unrecht, wenn er Kleist die → VERWIRRUNG der Gefühle vorwirft (vgl. Braig, 205). Aber im Unterschied zu den

Griechen hat diese Gewissheit bei Kleist keinerlei transzendente Wurzel: → GOTT (die letzte Garantie der Existenz) wird ebenso ein Opfer des Scheins wie Alkmene. So gesehen, könnte das Stück auch ein Lustspiel sein. Der entscheidende Unterschied zwischen Kleists und Molières Versionen besteht nicht darin, dass Jupiter bei Molière eine, wie es gewöhnlich heißt, *gesellschaftliche* Figur ist und bei Kleist eine metaphysische Dimension hat (Gadamer, 163) – sondern darin, dass es Molières Helden kein Problem bereitet, die menschliche und die göttliche Sphäre, den Schein und die Wirklichkeit voneinander zu trennen, während Kleists Jupiter hinter dem *Schein* keinerlei *Wirklichkeit* aufweisen kann. Bei Kleist verliert die Existenz → GOTTES selbst ihre göttliche Garantie. Deswegen hört er nicht auf, ein → GOTT zu sein (denn er ist Jupiter) – aber er kann gerade das nicht vorweisen, was ihm erlaubte, sich einen Gott zu nennen. Seine Identität ist in eine tiefe Krise geraten – und in der Person Alkmenes wird er mit dem Abgrund konfrontiert, in dem er sich selbst entdeckt. → GOTT wird zu einem Abgrund. »*Ich* möchte dir, mein süßes Licht, / Dies Wesen eigner Art erschienen sein« (474–5), sagt er Alkmene.

Das Erscheinen (die Erscheinung) ist meist ein tragödienbeladenes, »göttliches« Phänomen: Nicht nur Kleist nennt → BROCKES oder Pfuel eine »Erscheinung« (II. 619, 748), sondern auch die Marquise von O.... den zuerst als Engel erscheinenden Grafen F... (II. 143) und Penthesilea Achill (2213), den sie sonst niemals beim Namen nennt. Auch Alkmene gebraucht wiederholt das Verb »erscheinen« in Bezug auf Jupiter, der sie das erste Mal in ihrem Zimmer überrascht wie der Heilige Geist die Jungfrau Maria (930–3).

Seine Tragödie spiegelt Alkmenes Tragödie wider. Er möchte in seinem wahren Wesen vor ihr »erscheinen«; das ist jedoch nicht möglich, denn dann würde er in nichts zerrinnen. Und doch erscheint er – und straft damit sein wahres Wesen Lügen. Alkmene wiederum kann in Jupiter ausschließlich den lieben, der mit ihm nicht identisch ist (also Amphitryon) – so wie sie auch in ihrem Mann, Amphitryon, dessen »selbstentfremdetes Ich« liebt. Erst

Nach Max Kommerell wendet Nicolo in *Der Findling* die gleiche List an wie Jupiter: Er möchte als ein ande-

in der *Vollendung des Mangels* wird die Liebe zur *absoluten Gewissheit* – und am Ende des Stückes *zerrinnt deshalb jeder Schein in nichts,* weil der *Schein* siegt.

rer *erscheinen*, als er ist. (Kommerell, 194) Andererseits wird auch Nicolo ein Opfer des Scheins: Indem ihn Elvire für wollüstig hält (»wie es ihr schien«, II. 201), besiegelt sie gleichsam sein (und ihr eigenes) Schicksal.

Statt des komplexen, jahrhundertelang errichteten Systems von Transzendenz und Immanenz, Schein und Wirklichkeit zeigt Kleist, welche Zerstörung dieses System im Leben seiner Protagonisten anrichtet. Zugleich hütet er sich vom Nihilismus genauso wie Goethe oder Hegel: Seine Werke rechtfertigen nicht jene später weitverbreitete Ansicht, wonach sich jedes Zeichen auf ein anderes Zeichen zurückführen lässt, ohne dass man je zu einem letzten Signifikat gelangt, das dann in seiner ganzen Reinheit erscheint.

»Es gibt also keine Phänomenalität, welche das Zeichen oder den Repräsentanten reduziert, um schließlich das bezeichnete Ding im Glanz seiner Präsenz erstrahlen zu lassen. Das sogenannte ›Ding selbst‹ ist immer schon ein *representamen,* das der Einfältigkeit der intuitiven Evidenz entzogen ist ... Das Eigentliche des *representamen* ist es, nicht *eigentlich,* das heißt vollkommen *bei sich* zu sein«, kommentiert Jacques Derrida Peirce (Derrida, 1974, 86).

Kleist stellt einerseits die Lebensfähigkeit der »Metaphysik« infrage (insofern ist er von Goethes und Hegels Warte aus gesehen in der Tat ein Schriftsteller der Zukunft); andererseits weigert er sich, den Tod der Metaphysik zu akzeptieren (insofern gehört er zu den Klassikern). Die tiefe Tragik, die alle seine Schriften durchdringt, die Spannung, die in jeder seiner Zeilen pulsiert, und die → RUHE, die sich in seinem ganzen Werk manifestiert, zeigen, dass die Alternativen, zwischen denen sich das europäische Denken selbst eingesperrt hat (Schein – Wirklichkeit, Metaphysik – Antimetaphysik, Transzendenz – Immanenz, Glaube – Nihilismus, intuitive Evidenz – Mittelbarkeit, unbedeutend – bedeutungsvoll), keineswegs ausschließlich, ja bei bestimmten Erfahrungen und Erlebnissen geradezu irrelevant sind. Er hat die Kunst aus diesen Dichotomien befreit und damit selbst einen Ansatz zur Neuorganisierung des Lebens geschaffen.

SCHLÜSSELLOCH

Zweimal spähen die Protagonisten durch Schlüssellöcher. Oder spähen wir, die Leser? Oder spähen wir nur die Späher aus, während der Erzähler – als dritter Späher – berichtet, was durch das Loch zu sehen ist?

1. Die Marquise von O.... kann endlich ins Haus ihrer Eltern zurückkehren (als wäre sie nicht eine selbstständige Mutter mit mehreren Kindern!), wo sie von ihrem → VATER, der früher noch mit seiner Pistole auf sie schoss und jetzt vor emotionaler Erschütterung in Tränen ausbricht, empfangen wird. Was *sieht* der Erzähler? Mutter und Tochter *unterhalten sich;* der → VATER jedoch *schweigt:* »Der Kommandant beugte sich ganz krumm, und heulte, daß die → WÄNDE erschallten.« (II. 137) Auch später sagt er nichts, nur sein Weinen ist zu hören. Da fällt ihm seine Tochter vor die Füße, und die Mutter, die Angst hat, ihr Mann könnte an seiner → HEFTIGEN Erregung erkranken, entfernt sich, bereitet ihm etwas zur Stärkung und wärmt ihm sein Bett. Der → VATER jedoch wählt *statt des warmen Bettes* das Zimmer seiner Tochter und rührt sich von dort nicht mehr fort. Die Mutter kehrt, als schon zum Abendessen gedeckt ist, zu ihnen zurück. Sie »schlich«, berichtet der Erzähler. Warum wohl? Fürchtet sie sich vor etwas? Ihr Schleichen weckt jedenfalls auch die Neugierde des Lesers: Konnte er bis dahin vieles nicht *sehen* (vor allem nicht die Vergewaltigung der Marquise), so würde er vielleicht jetzt etwas zu sehen bekommen. Erst horcht die Mutter an der Tür und hört Flüstern; dann, »wie sie durchs Schlüsselloch bemerkte, saß sie [die Marquise] auch auf des Kommandanten Schoß, was er sonst in seinem Leben nicht zugegeben hatte.« (II. 138) Daraufhin tritt die Mutter *unbemerkt* ein und sieht »die Tochter still, mit zurückgebeugtem Nacken, die Augen fest geschlossen, in des Vaters Armen liegen; indessen dieser, auf dem Lehnstuhl sitzend, lange, heiße und lechzende Küsse, das große Auge voll glänzender Tränen, auf ihren Mund drückte [...] und [...] mit Fingern und Lippen in unsäglicher Lust über den Mund seiner Tochter beschäftigt war.« (ebd.)

2. Nicolo, der Held von *Der Findling,* wird von Elvire, seiner jungen Stiefmutter, schon früh für ausschweifend gehalten – ob-

wohl er nur eine einzige Geliebte hat, die er obendrein wirklich liebt und der er bis zum Schluss treu bleibt. Nicolo seinerseits findet Elvire rätselhaft: Die junge Frau ängstigt sich, bricht zuweilen grundlos in Tränen aus und wird → FIEBRIG. Nicolo weiß noch nicht, was der Leser bereits erfahren hat: Elvire hatte eine Jugendliebe, einen genuesischen Ritter, der verstarb, und während sie mit ihrem viel älteren Mann lebt, vergöttert sie noch immer ihren toten Geliebten. Inzwischen macht Nicolo verdächtige Beobachtungen. Als er einmal vom Karneval heimkehrt, an dem er als genuesischer Ritter verkleidet teilnimmt, findet er seltsamerweise seine Schlafkammer verschlossen, die ihm Elvire, die bei seinem → ANBLICK in → OHNMACHT fällt, später mit ihrem Schlüssel öffnet. (Pflegt wohl Elvire, die alle Schlüssel des Hauses bei sich trägt, auch durch Schlüssellöcher zu spähen?) Und ein andermal betritt Elvire – ohne anzuklopfen – Nicolos Zimmer, als er gerade Damenbesuch hat, und ihm wird bewusst, wie sehr ihm die tief errötende Frau gefällt. Und einmal hört er → PLÖTZLICH Geräusche aus Elvires Zimmer dringen. Nicolo »beugte [...] sich mit Augen und Ohren gegen das Schloß nieder, und – Himmel! was erblickte er? Da lag sie, in der Stellung der Verzückung« (II. 206–7).

In beiden Fällen *sieht* der Leser etwas, was er eigentlich nicht sehen dürfte. Freilich ist ungewiss, *wer* sieht? Der Autor? Der Erzähler? Eine Figur? Oder etwa der in *Die Marquise von O....* auch namentlich erwähnte Leser, dessen Gestalt gleichsam in den Text mit »eingebaut ist« – a »textually created recipient« (Lanser, 53)? Oder der wirkliche Leser, der aus den *Buchstaben* des Textes auf einen → ANBLICK schließt? Allerdings scheint es hier nicht nur um einen → *ANBLICK*, sondern auch darum zu gehen, dass keiner von denen, die sich vor dem Schlüsselloch drängen, eindeutig bereit ist, sich dafür zu verbürgen, was drinnen geschieht. Zwischen der Marquise von O.... und ihrem → VATER erlebt man eine Zärtlichkeit solchen Grades, wie es wahrscheinlich keiner von beiden *öffentlich* eingestehen möchte – und dadurch gerät auch der Text durcheinander. Und selbst wenn die Intimität der Szene für das zeitgenössische Publikum ein wenig durch das Bewusstsein gemildert worden sein mag, dass Kleist darin Rousseaus Roman *Julie oder die neue Héloïse* (1761) folgt, in dem sich Julie und ihr → VATER ähnlich leidenschaftlich → VERSÖHNEN (1. Bd., 1. Teil, 63. Brief), weckt die Marquise von O...., die mit geschlossenen Augen daliegt, offensichtlich auch sexuelle Vorstellungen im Leser. Und Elvire sehen wir – das heißt sieht Nicolo dank des Erzählers – eindeutig im → AUGENBLICK des Orgasmus, was auch durch die spätere Auskunft belegt wird, dass sie sich stets auszieht, bevor sie sich vor das Bild legt. Die Erzählung, als Gattung der *Öffentlichkeit,* versucht nicht öffentliche → AUGENBLICKE festzuhalten, mit der Folge, dass jeder auf den anderen deutet: der Autor auf den Erzähler, dieser auf eine der Personen, diese auf den fiktiven Leser und dieser wiederum auf den wirklichen Leser. Was auch zeigt, dass sie sich zwar voneinander unterscheiden lassen, aber dennoch zusammengehören. Vor dem Schlüsselloch stehend, erscheinen sie wie Verbündete, die sich nur graduell voneinander unterscheiden. Sie alle sind *Mitwirkende* – deren Seinselement der *Buchstabe,* das *Wort,* der *Text* ist. Indem sie in eine verdächtige Lage geraten (andere ausspähen und beobachten), bringen sie auch den Text selbst in eine verdächtige Lage. Sie bringen die Eindeutigkeit der Perspektive, den Ursprung und die Richtung der → BLICKE durcheinander. Sie stiften → VERWIRRUNG. Sie erotisieren alles um sich.

Denn es geht um *erotische* Szenen. Das Schlüsselloch hat (wie auch die *Schlüssel* in *Der Findling)* eine sexuelle Bedeutung und bietet Gelegenheit, in das → INNERE der beobachteten Figuren zu blicken, ohne die Stellung des Außenstehenden aufzugeben. Diese Lösung verrät natürlich mindestens so viel über die geheimen Fantasien des Erzählers wie über die Privatsphäre der beobachteten Figuren. Gerade dadurch, dass er das unmittelbare Sehen nicht zulässt, verrät sich der Erzähler. Das ist die bevorzugte Methode des Romans im 18. Jahrhundert – vor allem der Werke Richardsons, dessen Roman *Clarissa* Kleist 1803 liest (LS 91); mit Ian Watt gesprochen: Der Leser hinter dem Schlüsselloch »could peep in unobserved and witness rape being prepared, attempted, and eventually carried out«, während »neither the reader nor the author were violating any decorum« (Watt, 206–7).

Durch das Schlüsselloch späht jedoch nicht der allwissende Autor, nicht der Erzähler und auch nicht der Leser, sondern eine Figur, deren Rolle obendrein nicht neutral ist. Der Erzähler lässt keine *unmittelbare* Beobachtung der Szenen zu, sondern wendet sich an die Mutter bzw. an Nicolo um Hilfe und berichtet dem Leser »bloß«, was diese sehen. Das ist auch deshalb bemerkenswert, weil der Erzähler den Leser die zweite sexuell geladene

Szene in *Die Marquise von O....*, die Vergewaltigung der Marquise, *nicht sehen lässt.* Da es niemanden gibt, der die Vergewaltigung heimlich beobachtet, wird sie durch einen → GEDANKENSTRICH ersetzt. Will der Leser oder der Erzähler durch das Schlüsselloch spähen, ist es zugestopft. Dies wiederum erregt den Verdacht, dass, wenn an ihrer Stelle eine Figur etwas sieht, diese vielleicht doch nicht »die Wahrheit« sieht, sondern etwas wahrnimmt, was von ihren Sehnsüchten und Fantasien verfärbt wird – ihren Sehnsüchten, die sich zudem mit den Sehnsüchten des Erzählers und des Lesers vermischen. Als Eve in *Der zerbrochne Krug* vom Spähen durch das Schlüsselloch spricht, betont sie ausdrücklich die Unzuverlässigkeit des Spähens: Was der heimliche Beobachter *sieht,* deckt sich überhaupt nicht mit der Wahrheit, im Gegenteil.

»Pfui, Ruprecht, pfui, o schäme dich, dass du
Mir nicht in meiner Tat vertrauen kannst.
Gab ich die Hand dir nicht und sagte, ja,
Als du mich fragtest, Eve, willst du mich?
Meinst du, dass du den Flickschuster nicht wert bist?
Und hättest du durchs Schlüsselloch mich mit
Dem Lebrecht aus dem Kruge trinken sehen,
Du hättest denken sollen: Ev ist brav,
Es wird sich alles ihr zum Ruhme lösen,
Und ists im Leben nicht, so ist es jenseits,
Und wenn wir auferstehn ist auch ein Tag.
(1164–74)

Beim → BLICK durch das Schlüsselloch brechen sich die verschiedenen Perspektiven auf eigenartige Weise. Im Grunde sieht jede Figur etwas *anderes* – so wie Kohlhaas die Episode mit der → ZIGEUNERIN von Jüterbock anders erzählt als der sächsische Kurfürst –, während der Erzähler selbst jeden Anschein vermeiden möchte, er sei »allwissend«. Natürlich weiß er alles, aber er ist auch schlau: Er engagiert einen anderen, damit jener an seiner Stelle späht – wobei er natürlich auch späht; er späht den Späher aus. Zu seiner *Voll*macht als Erzähler gehört es auch, den Anschein der *Teil*macht aufrechtzuerhalten. Der Erzähler berichtet in der dritten Person Singular, wie sich eine Figur vor das Schlüsselloch beugt – aber auch, was sie darin sieht, also das, was im Grunde jene Figur in der ersten Person Singular mitteilen müsste. Die »äußere Fokussierung« (*external focalization* – Gérard Genette), bei der der Autor alles sieht, bzw. die »innere Fokussierung« (*internal focalization*), bei der eine Figur die Ereignisse sieht, lassen sich meist gut voneinander unterscheiden (vgl. Lanser, 38). Kleist jedoch relativiert beide mithilfe des dramaturgischen Gebrauchs der Schlüssellöcher: Er liefert die Figur dadurch dem Erzähler aus, dass er Letzteren scheinbar in den Hintergrund drängt. Doch obwohl der Erzähler darauf verzichtet, *selbst* zu sehen, verzichtet er keinesfalls auf sein Recht, in *eigenen* Worten zu schildern, was die Figur an seiner Stelle gesehen hat. So verdanken die Schlüssellochszenen ihre Spannung nicht nur dem → ANBLICK »drinnen«, sondern auch dem Verdrängungsmechanismus, der sich in der Art des Schauens zeigt. Während der Erzähler den Anschein von Parteilosigkeit wahrt, ist er genauso seiner eigenen Fantasie ausgeliefert wie die spähende Figur. Einserseits »täuscht« der Erzähler den Leser (er weckt in ihm den Anschein, als würde er alles berichten, obwohl er unter den Bildern, die sich ihm durch das Schlüsselloch bieten, auffällig selektiert), andererseits lässt er sich, ohne gesondert darauf einzugehen, selbst durch die spähende Figur täuschen. Der Leser akzeptiert die Autorität des Autors, die dieser jedoch auf andere Figuren (die Mutter bzw. Nicolo) überträgt. Auf diese Weise gerät der Autor-Erzähler in einen stummen »Dialog« mit der Figur, ohne darüber zu reflektieren. Er tut, als stünde nicht er, sondern nur die Figur vor dem Schlüsselloch – obwohl er selbst auch erregt ist. Seine Erregung lässt ihn nicht mit eigener Stimme sprechen. Er tut so, als ob. Er verhüllt, er führt sich auf, er täuscht auch sich selbst. Letztendlich wird natürlich niemand getäuscht: Der Erzähler ist genauso ein Gefangener dessen, was er erzählt, wie die Figur, die er an seiner Stelle zum Schlüsselloch schickt – und wie der Leser, der in die Geschichte verwickelt wird und den unterschiedlichen Perspektiven der Figuren und des Erzählers ausgeliefert ist.

Das Spähen durch Schlüssellöcher bildet die Ausnahme in Kleists Werken. Doch gerade darin zeigt sich am augenscheinlichsten Kleists eigentümliche Methode, die man so beschreiben könnte, dass er einerseits den Strom der Ereignisse ungehemmt machen will, andererseits alles unternimmt, um ihn zu bändigen. Das Schlüsselloch, dieses Erbe des 18. Jahrhunderts, wird bei Kleist zum Instrument der → PARADOXEN Logik der Leidenschaften und verleiht zugleich auch der Erzählweise ihren eigentümlichen Rhythmus. Einerseits strebt Kleist nach Objektivität und scheinbarer Glaubwürdigkeit wie vor ihm vielleicht nur Daniel Defoe, weshalb er auch vor keiner Umständlichkeit zurückscheut. Er erweckt den Eindruck, als wisse er alles, als habe er die absolute Herrschaft über seine Materie. Andererseits lässt er sich immer wieder von den Ereignissen mitreißen: Er kann den Leidenschaften nicht widerstehen, der Stoff überwältigt ihn. Die gleichen Sätze, die durch unendliche Genauigkeit, Umständlichkeit und Kühle geprägt sind, sind auch abgehackt, zerrissen, hektisch und fiebrig. Sie *stehen* und *rasen* zur gleichen Zeit – der gleiche »rasende Starrsinn« kennzeichnet sie wie Kohlhaas (II. 64). Die Stimme des Erzählers ist von »Selbstbeherrschung« geprägt, doch dem widerspricht die Komplexität der Perspektiven. Und der Erzählton als Ganzes wird in den Erzählungen vom → PARADOXEN Verhältnis des Erzählers zu seinen Figuren bestimmt.

Dabei handelt es sich nicht um »stilistische« Bravour. In Kleists eigenartigem Stil, dem Rhythmus und der Struktur seiner Sätze offenbart sich die Absicht des Erzählers, außerhalb der Geschichte und der Ereignisse zu bleiben, obwohl er in ihnen immer wieder rettungslos wie in einem Sumpf versinkt. Für John M. Ellis vollzieht sich in Kleists Erzählungen »a continual process of interpretation« (Ellis, 176), Günter Blöcker weist bei Kleist auf »mehrstimmige Sprachsätze« hin (Blöcker, 197), und Joseph P. Strelka hebt die Polyphonie des Tons hervor (Strelka, 131). Man kann hinzu-

Als Kohlhaas Luthers Brief bemerkt, wirft

fügen, dass die ständige Deutung bzw. die Mehrstimmigkeit bei Kleist gelegentlich so radikal ist, dass nicht selten sogar die Stimme des Erzählers nur eine unter vielen ist und er durch die Figuren genauso oft »Lügen gestraft« wird wie diese durch ihn. Das kommt in den Erzählungen zum Beispiel in den häufigen und rätselhaften Momenten von Heimlichtuerei zum Ausdruck: Scheinbar hält »der Erzähler« zurück, was er weiß – doch der Strom der Ereignisse, die Unkontrollierbarkeit ihrer Entwicklung beweist rückwirkend, dass er, während er *so tut, als wisse er alles* (sich also bemüht, der herkömmlichen Rolle des Erzählers gerecht zu werden), in Wirklichkeit *genauso ratlos wie seine Figuren ist.*

Auch Kleist geht, als er die inneren Wandlungen seiner Figuren begründen soll, mit einer Geste oder einem *Gemeinplatz* darüber hinweg – etwa so wie Defoe in *Moll Flanders,* der, wenn er die Gefühle seiner Heldin schildern soll, mitteilt, dass er das für überflüssig halte. Bei Kleist dagegen ist die Dichotomie von Leidenschaft und Verdrängung so maßlos, dass der Gemeinplatz bezüglich der Unwissenheit den Text wie ein Strudel aufwühlt und neue Horizonte auftauchen lässt. In *Die Verlobung in St. Domingo* fragt Babekan Toni, warum sie ihre Meinung über Gustav geändert habe; diese »antwortete hierauf nicht, oder nichts Bestimmtes« (II. 179). In *Die heilige Cäcilie* berichtet Veit Gotthelf der Mutter von den Ereignissen und vielen anderen Dingen, »die wir hier, weil wir zur Einsicht in den inneren Zusammenhang der Sache genug gesagt zu haben meinen, unterdrücken« (II. 224). Als Kohlhaas aus Dresden heimkehren will, schiebt er alle möglichen Ausreden, die

der Erzähler ein: »Aber wer beschreibt, was in seiner Seele vorging« (II. 44). Was flüstert Elvire in *Der Findling* in Piachis Ohr, als diesem das Wort im Hals stecken bleibt? (II. 213) Die Frage ist auch deshalb berechtigt, weil es in der Erzählung das *einzige* Mal ist, dass sich der Mann und die Frau aneinander wenden. Und was flüstert Donna Elisabeth in Don Fernandos Ohr (in *Das Erdbeben in Chili),* als sie aufbrechen, um in die Stadt zurückzukehren? (II. 154)

auch der Erzähler übernimmt, vor und fügt hinzu: Es habe vielleicht auch andere Gründe gegeben, »die wir jedem, der in seiner Brust Bescheid weiß, zu erraten überlassen wollen« (II.69). Der Erzähler, als jemand, der über alles Bescheid weiß, tritt vor (in der ersten Person Plural), doch nur um *nicht* mitzuteilen, weshalb er vorgetreten ist.

Die Überlappung bzw. Unvereinbarkeit der verschiedenen Perspektiven führt zu »Kurzschlüssen«, die bis dahin ungeahnte Horizonte eröffnen, ohne dass der Erzähler dorthin aufbräche. Dann beginnt die Geschichte zu »schweben«. Wenn zum Beispiel das → ENTSETZEN oder ein → BLICK → UNBESCHREIBLICH (II. 36, 193) ist, ist das nicht bloß eine sentimentale Übertreibung. Dieses Wort wirkt in Kleists Texten so, als malte ein Maler das »Unmalbare« in sein Bild hinein. Oder so wie ein *Schlüsselloch,* durch das man nirgendwohin blicken kann. Kleist, der übrigens sehr genau beschreiben kann, will mit dem Wort »unbeschreiblich« die Verunsicherung des Erzählers spürbar machen. Als Toni im Sterben liegt, ist nicht nur ihr → BLICK unbeschreiblich, sondern auch die → ÄHNLICHKEIT zwischen ihr und der vom Schafott auf Gustav hinabblickenden Mariane Congreve, die vom Erzähler zwar angedeutet, aber nicht explizit gesagt wird. Die Geschichte ist gerade deshalb so aufwühlend, der Text deshalb so pulsierend, weil sich der Erzähler, obwohl er ständig bemüht ist, seine Neutralität zu wahren, immer mehr in das Schicksal seiner Figuren verwickelt. Es geht nicht darum, dass – wie ein Zeitgenosse Samuel Richardsons in Bezug auf diesen bemerkt hat – »we slip, invisible, into the domestic privacy of his characters, and hear and see everything

Doch Kleist verstummt nicht nur, hin und wieder *überinformiert er* den Leser auch. Als zum Beispiel Nagelschmidt Kohlhaas einen Brief schickt, wird dieser abgefangen, da der Kerl »das Unglück [hatte], in einem Dorf dicht vor Dresden, in Krämpfen häßlicher Art, denen er von Jugend auf unterworfen war, niederzusinken« (II. 74). Aus *Kohlhaas'* Perspektive beinhaltet dieser Satz mindestens drei »überflüssige« Informationen; doch gerade durch sie (wie auch durch das Verstummen) wird die *Geschichte* zerrissen, was letztendlich Kohlhaas' Meinung über die Hinfälligkeit und Gebrechlichkeit der Welt bestätigt. Diese seltsame Methode der *Heimlichtuerei* und des *Alles-Enthüllens* entwickelt Kleist übrigens zum ersten Mal in seinen Briefen an Wilhelmine während seiner Reise nach Würzburg.

that is said and done among them« (nach Watt, 181), sondern der Erzähler selbst verliert den festen Boden unter sich. Zuweilen wird er immer *wortreicher* – was jedoch den Eindruck von *Zerrissenheit* erweckt und die beschriebene Szene immer mehr *verdichtet* (vgl. Graf F...'s → DASS-Gliedersätze in *Die Marquise von O....*, die ein Ausdruck der sadomasochistischen Beziehung zwischen dem Erzähler und seiner Figur sind). Alles gerät ins Wanken – was die oft erwähnte Hinfälligkeit und Gebrechlichkeit der dargestellten Welt belegt. Kleist zeigt die Gebrechlichkeit (und Unzuverlässigkeit) der Welt nicht, indem er sie einer *Kritik* unterzieht, vielmehr manifestiert sie sich in der Gebrechlichkeit der Darstellungs- und Sichtweise selbst.

Aus einem ähnlichen Grund sind auch die Charaktere nicht *einheitlich*. Ihre Beurteilung ändert sich je nachdem, aus wessen → BLICKwinkel wir sie gerade sehen – wobei auch der → BLICKwinkel des Erzählers kein privilegierter, über die anderen erhabener → BLICKwinkel, sondern nur *einer* von vielen ist. Einmal ist Piachi ein → RECHTSCHAFFENER Alter, ein andermal ein blutrünstiger, alter Mann – ohne dass wir entscheiden könnten, wie er wirklich ist. Kohlhaas ist sowohl → RECHTSCHAFFEN als auch → ENTSETZLICH; die Marquise von O.... ist bald wie die Jungfrau Maria, bald wie eine auf gemeine Weise entehrte Frau. Littegarde ist meist jungfräulich enthaltsam, dann wiederum eine echte → FURIE. Graf F... ist bald → TEUFEL, bald Engel. Nicolo desgleichen. Elvire ist die Verkörperung der Jungfräulichkeit; sie hat jedoch auch eine überspannte sexuelle Vorstellungskraft und betrügt in ihrer Fantasie ständig ihren Mann. Der Erzähler jedoch »bemerkt« diesen Mangel an Einheitlichkeit in den Charakteren nicht; er übt keine Kritik daran, sondern ist darüber genauso erstaunt wie seine Figuren. Er ändert ständig die → BLICKwinkel, ohne *mit sich selbst* zu einem Konsens zu kommen. Wie seine Figuren stürzt auch er ständig aus seinen eben eingenommenen Positionen heraus. Die Figuren erleben ihre Lage ständig als »Betroffenheit« (Kommerell, 195) – doch gerät infolge der vielen Formulierungen wie: »es traf sich ...«, »so standen die Sachen, als...« usw. auch der Erzähler von einer unerwarteten Situation in die andere (vgl. Wolfgang Kayser, 21–22). Dann bringt er die Zeiten durcheinander und wechselt unvermittelt aus der Vergangenheit in die Gegenwart; er setzt die Anführungsstriche »ungenau«, wodurch oft ungewiss wird, ob es sich um einen zitierten oder einen nacherzählten Monolog handelt (vgl. Cohen, 1996, 94–7); er »verliert« den Faden der Handlung, sodass diese wie im letzten Drittel von *Michael Kohlhaas* immer verworrener wird; er lässt grundsätzliche Fragen unentschieden, so zum Beispiel, ob die Kirche in *Die heilige Cäcilia* durch die Musik oder die Heilige gerettet (Müller-Salget, in: Müller-Seidel, 1981, 174) wird, oder wie in der Anekdote *Geschichte eines merkwürdigen Zweikampfs* Jakob, den der Erzähler *mit dem Tod straft,* in vier, fünf Stunden 110 Kilometer zurücklegen und zwischendurch auch noch eine Frau vergewaltigen kann usw.

In dieser Anekdote wird die Beziehung zwischen dem Ritter Carouge und seiner Gemahlin so dargestellt, dass ihre überspannte sexuelle Fantasie für Jakobs Tod verantwortlich gemacht werden kann: Sie *wünscht* sich so sehr, dass Jakob sie vergewaltigt, dass sie dies, als sie allein bleibt, *für Wirklichkeit hält* und – vor sich selbst erschrocken – ihren Mann zur Rache gegen den offenkundig unschuldigen Jakob anstiftet.

Beim → BLICK durch das Schlüsselloch gerät alles ins Wanken. Nicht nur die jungfräuliche Marquise von O.... oder Elvire benehmen sich so, wie es keiner von ihnen erwarten würde, sondern auch der heimliche Beobachter und der Erzähler geraten in → VERWIRRUNG. Und auch der Leser, den der Erzähler einmal sogar beim Namen nennt: In *Die Marquise von O....* (II. 127) wendet er sich an ihn wie an einen Komplizen. Obendrein macht er dem Leser in unmittelbarer Nähe der Textstelle zweimal bewusst, dass es sich bloß um eine »Erzählung« (»Erzählung«, »Geschichtserzählung« – ebd.) handelt. Der Leser wird hier von jemandem angesprochen, der wiederholt von seiner Unzuverlässigkeit und Inkonsequenz Zeugnis ablegt. Der Erzähler wendet sich an ihn, als würde er alles klar sehen und wüsste obendrein auch noch, dass alles *bloß eine Erzählung* und nichts wirklich ist. Doch wer spricht dann den Leser an? Wohl kaum der Erzähler, denn er ist bei Weitem nicht so allwissend, wie er scheinen möchte, und unterscheidet sich nicht sehr von den Figuren seiner eigenen Erzählung. In Wirklichkeit spricht ein fiktives Wesen den Leser an und macht ihn darauf aufmerksam, dass das, was er liest, bloß Fiktion ist. Und dadurch stellt er auch den Leser vor eine Entscheidung: Entweder sieht er sich als ein wirkliches Wesen, das im Wort »Leser« bloß ein schlau platziertes *Wort* unter vielen erblickt, oder er versucht sich mit dem angesprochenen, fiktiven Leser zu identifizieren. Welche Wahl er auch trifft, er darf sich in einer Falle wähnen – in der Falle der *Selbsterkenntnis,* in die er auf dem Umweg der Erzählung geraten ist. Denn auch die Erzählung ist ein Schlüsselloch, durch das hindurchblickend der Leser anfangen kann, sich selbst zu beobachten.

SCHWEINEKOBEN

Franz Kafka: *Ein Landarzt.* Er möchte zu einem Kranken eilen, aber er hat kein Pferd: Es ist in der Nacht zuvor infolge Überanstrengung verendet. Das Dienstmädchen bricht in das Dorf auf, um ein Pferd zu borgen, doch vergeblich. Der Arzt ist ratlos. Noch einmal überquert er den Hof; dann »zerstreut, gequält stieß ich mit dem Fuß an die brüchige Tür des schon seit Jahren unbenützten Schweinestalles.« (Kafka, 112) Warmer Stallgeruch strömt heraus, als wären Pferde drinnen. Und dann kriechen sie hervor: »[Z]wei Pferde, mächtige flankenstarke Tiere, schoben sich hintereinander, die Beine eng am Leib, die wohlgeformten Köpfe wie Kamele senkend, nur durch die Kraft der Wendungen ihres Rumpfes aus dem Türloch, das sie restlos ausfüllten.« (ebd.)

Woher kriechen diese Pferde hervor? Natürlich aus *Michael Kohlhaas.* Denn es handelt sich bei ihnen um die beiden Pferde von Kohlhaas, diese werden, als er mit Herse auf der Tronkenburg bleibt (II, 18), in einen Schweinekoben gesperrt; Herse entfernt die Bretter vom Dach des Schweinekobens, um den Pferden zu helfen, worauf sie wie Gänse die Köpfe durch die Öffnung stecken (II, 19).

Auch Herse tritt in Kafkas Novelle hinüber: Ihn erkennen wir in dem Pferdeknecht, der hier bei Weitem nicht so hilfsbereit ist wie in Kohlhaas' Dienst. Er möchte Rosa, die Magd des Arztes, vergewaltigen. »Du Vieh […], willst du die Peit-

Die Pferde erinnern an *Gänse,* deren Füße mit *Schwimmhäuten* bedeckt sind. Schwimmhaut – ein »zartes, entenartiges Häutchen« spannt sich auch zwischen

sche?« – schreit ihn der Arzt an (Kafka, 112). Kafka erinnert sich richtig: Herse wird mit der → PEITSCHE aus der Tronkenburg verjagt (II. 19). Die → PEITSCHE, der Diener, die in den Schweinekoben gesperrten Pferde: lauter → »FENSTER«, durch die Kohlhaas zum Landarzt und dieser zum Rosshändler hinüberschauen kann. So wie bei Kafka die Pferde die Köpfe durch das → FENSTER stecken, um dem Arzt bei seinem Tun zuzuschauen – eine Szene, die an Füsslis Gemälde *Der Nachtmahr* erinnert, auf dem ebenfalls ein Pferd durch das Fenster schaut, um das ohnmächtige (hysterische? nervenfiebrige? delirierende? sich zum Schlafwandeln erhebende?) Mädchen, das manch eine Heldin Kleists vorwegnimmt, in Augenschein zu nehmen.

So auch Käthchen von Heilbronn. Im zweiten Auftritt des vierten Aktes liegt es im gleichen bewusstlosen Zustand unter dem Holunderstrauch wie die Frau auf Füsslis Bild, während der Graf erzählt, wie er Gottschalk erlaubt hat, dem Mädchen Unterkunft zu gewähren. Natürlich in einem *Stall.* Käthchen hat auch früher schon dort gewohnt. Vermutlich in dem Schweinestall (Koben), von dem in Akt III, Auftritt 2 die Rede ist – auch wenn jener nicht zur Burg des Grafen, sondern zu Jakob Pechs Haus gehört.

Pferde, Schweine, Gänse, Schwimmhäute. Ein Mädchen, das in einen Stall gesperrt wird. Und »Neger«, die in einen Stall gesperrt werden. In *Die Verlobung in St. Domingo* wohnen die *befreiten* »Neger« seltsamerweise in einem *Stall.* Congo Hoango, der für sich das Haus der vertriebenen Weißen ausersieht, teilt ihn seinen Gefährten als Unterkunft zu – wodurch die

den Fingern und Zehen des aus dem Königssee in Ungarn gefischten Wassermannes in der Anekdote *Wassermänner und Sirenen* (II. 287). Diesem Wasserwesen wiederum ähnelt später Leni in *Der Prozeß;* zwischen ihrem Mittelfinger und ihrem Ringfinger spannt sich ein »Verbindungshäutchen« (Kafka, *Der Prozeß*, 96). Kafka hat nicht nur *Michael Kohlhaas* geliebt und daraus vorgelesen (NR 421a, 422), sondern auch Kleists Anekdoten, zu deren Veröffentlichung (1911) er eine in Fragmenten erhalten gebliebene Rezension schrieb (NR 241b).
Und wenn wir schon bei den *Schweinen* sind: Am 27. Januar 1911 schreibt Kafka an Max Brod: »Kleist bläst in mich wie in eine alte Schweinsblase.« (NR 420 a)

nicht enden wollende Kette der Erniedrigungen ihre Fortsetzung findet. Erst sperren die Weißen die »Neger« in den Stall, dann fliehen die Weißen vor den »Negern« in die Ställe (II. 170); und schließlich sperren sich die »Neger« gegenseitig in Ställe. Erniedrigungen ohne Ende. Jeder will jemanden erniedrigen. Und der Erzähler schildert alles detailliert, mit sichtlichem Genuss. Wenzel von Tronka erniedrigt die Pferde und damit auch Kohlhaas. Aber die seltsame Wonne, mit der sich Kohlhaas im Gespräch mit Herse das Wort »Schweinekoben« auf der Zunge zergehen lässt, lässt erahnen, dass er eine geheime Freude dabei empfindet: In den Abgründen seiner Erniedrigung stellt er befriedigt fest, dass er auf Erden nicht mehr tiefer sinken kann. Und als der Erzähler berichtet, dass die Pferde, statt wieder in Kohlhaas' Besitz zurückzukehren, erst zum Schäfer aus Wilsdruf und dann zum Abdecker aus Dobbeln gelangen und zwischendurch auch im Besitz des *Schweinehirts* von Hainichen sind, erlebt der Leser nicht nur Wenzels und Kohlhaas' rätselhafte, einander gar nicht unähnliche Genüsse, sondern auch den des Erzählers. Das Schauspiel, das sich auf dem Dresdener Schloßplatz zwischen Herrn Wenzel und dem Abdecker aus Dobbeln abspielt, beweist nämlich, dass der Erzähler mit gleichsam erotischer Wonne in die Abgründe hinabtaucht. Er macht den Text *verrückt*, gerät als Erzähler genauso in den Zustand der → VERZÜCKUNG wie die vor dem Gemälde masturbierende Elvire in *Der Findling*, bezieht → PLÖTZLICH noch nie dagewesene Figuren in die Handlung ein, sucht Fäden, die er danach nicht mehr in die Handlung einbindet. Er scheint Kohlhaas' Geschichte zu *vergessen* und tobt sich bei der Schilderung einer absurden Szene aus, als müsste er danach auf nichts mehr Rücksicht nehmen. Das »Vergessen« ist hier jedoch ein Ausdruck der empfindlichsten Erinnerung. Denn diesmal platzt etwas im Text – so wie zuvor etwas in Kohlhaas' und wieder davor in Wenzels → HIRN platzt. → PLÖTZLICH kann man die Ereignisse nicht mehr mit gesundem Menschenverstand verfolgen – wie es auch → UNBEGREIFLICH ist, warum die Pferde in den Schweinekoben gesperrt werden. Natürlich ist Kohlhaas' Verhalten letztendlich am allerwenigsten zu begreifen. Auf dem Dresdener Schlossplatz nimmt auch der Erzähler die Last der → UNBEGREIFLICHKEIT auf sich. Er *erzählt* nicht nur Kohlhaas' Geschichte, sondern auch der Erzählton, die → VERWIRRUNG der Perspektiven, die Art des Erzählens beginnen so zu werden wie Kohlhaas. Das Schauspiel ist unterhaltsam, in allen Details perfekt aufgebaut und als Ganzes doch absurd. So mag auch Kohlhaas' Verstand funktionieren. Auf dem Schlossplatz, wo Kohlhaas selbst übrigens nicht anwesend ist, beginnen wir mit seinen Augen zu sehen. Seine Geschichte wird endgültig zu einem Strudel. Alle beginnen, ihm zu gleichen. Keiner kann sich mehr von der Geschichte befreien – ob er ein Schäfer oder der Kurfürst von Sachsen ist.

Ein »starkes Schneegestöber« steht am Anfang von *Ein Landarzt* und verstärkt sich im Lauf der Geschichte. Am Ende der Erzählung wird alles vom Strudel – von der »Schneewüste« (Kafka, 117) – verschluckt. »Nackt, dem Froste dieses unglückseligsten Zeitalters ausgesetzt, mit irdischem Wagen, unirdischen Pferden, treibe ich alter Mann mich umher.« (ebd.) Die unirdischen Pferde hat Kohlhaas dem Landarzt vererbt. Und der Geist der Erzählung hat die Absurdität ins Unendliche gesteigert. Als hätten die Pferde den Geist der Szene auf dem Dresdener Schlossplatz mitgenommen. Auch hier sind alle Details logisch und klar, bleibt das Ganze dennoch rätselhaft und → UNBEGREIFLICH. Doch diese → UNBEGREIFLICHKEIT hat nunmehr weder Anfang noch Ende. Statt der komplexen Vielschichtigkeit von *Michael Kohlhaas* rollt Kafka einen bedrohlichen Schneeball vor sich. Der Arzt flieht vor seinem Schicksal; doch scheint ihn der Erzähler selbst am meisten zu bedrohen, der ihn erschaffen hat. So sehr Kafka *Michael Kohlhaas* auch gemocht hat, wäre der unbekannte Herr der beiden Pferde in *Ein Landarzt,* wenn er aus dem Nichts hervorträte, nicht mehr → RECHTSCHAFFEN, sondern nur → ENTSETZLICH, → TEUFLISCH. Wahrscheinlich weckt der Gedanke an ihn jene panische Furcht im Arzt. Auf dem Rücken der Pferde flieht er auch vor dem ursprünglichen Herrn dieser Pferde.

SPIEGEL

In einem der beklemmendsten Momente von *Die Verlobung in St. Domingo* tritt Toni vor den Spiegel. Babekan schickt gerade Gustav in sein Zimmer, wo er sogar das → FENSTER verschließen soll, damit es vollkommen dunkel wird. Die alte Frau will den Mann täuschen: Sie tut, als wolle sie für ihn sorgen, doch in Wirklichkeit will sie ihn Congo Hoango ausliefern. Toni weiß das; sie liebt Gustav, während sie auch an ihrer Mutter hängt. Und als sie ihn in sein Zimmer – in die Dunkelheit, wo *nichts mehr zu sehen ist* – geleiten müsste, tritt sie für einen → AUGENBLICK vor den Spiegel – mit dem Rücken zu Gustav, den der Erzähler hier »den Fremden« nennt. (II. 180)

Ein → AUGENBLICK, nicht mehr. Und trotzdem wird die Handlung → PLÖTZLICH aufgewühlt, als erhöbe sich unerwartet ein Lufthauch in der Windstille. Warum blickt Toni in den Spiegel? Und überhaupt: Wen sieht sie darin? Wahrscheinlich sich selbst. Doch wer ist sie? Erstens die Tochter einer »Mulattin« und eines Weißen – eine »Mestizin«. Weder dies noch jenes – und doch jemand. Ihre Identität entsteht auf dem Umweg der Verneinung. Zweitens ein Kind, das ihre *Mutter* liebt, und zugleich ein Mädchen, das einen *Fremden* liebt, mit dem ihm seine Mutter jeden Kontakt untersagt hat. Drittens jemand, die von ihrer Mutter noch für eine Jungfrau gehalten wird, obwohl sie ihre Jungfräulichkeit schon verloren hat – obwohl ihr das unter Androhung der Todesstrafe verboten wurde. Und viertens das Ebenbild Mariane Congreves, Gustav hingerichteter Geliebten, deren Hautfarbe und europäischer Name harmonischer zusammenpassten als Tonis. Wodurch auch ungewiss erscheint, ob sich Gustav wirklich in Toni verliebt hat oder ob er sich an ihrer Stelle Mariane vorgestellt hat – die er niemals bekommen konnte.

Als sie vor den Spiegel tritt, erblickt Toni mehrere Menschen. Nur eine Person sieht sie nicht: sich selbst. Genauer gesagt, jenes »Ich«, das mit ihr identisch ist und dessen Identität nicht bedroht ist. Natürlich *weiß* und *spürt* Toni genau, dass der innerste Kern ihres Ich fest und einheitlich ist. Doch die Geschichte handelt unter anderem auch davon, dass alle in diesem inneren

Kern etwas anderes sehen und die → WELT Toni, was sie auch tut, immer *missversteht* und *verzerrt sieht,* als spiegelte sich ihr Bild in einem Hohlspiegel wider. Vor dem Spiegel möchte sich Toni selbst sehen – doch auch sie sieht nur das, was die Welt sieht. Ihr inneres Wissen, die Wahrheit der → BRUST, ist nicht sichtbar. Stattdessen erblickt sie ein Zerrbild. Ein *zerstückeltes Wesen.* Und hinter sich sieht sie Gustav, dem sie den Rücken zuwendet und der im Spiegel nicht wie Gustav, sondern wie »der Fremde« aussieht. In der Mitte des Zimmers stehen Gustav und Toni, die beiden Liebhaber – doch im Spiegel betrachten sich ein *Fremder* und ein *Zerrbild.* »Zu viert« müssten sie darum ringen, »eins« zu werden – wobei sie alle noch unzählbare, einander widerspiegelnde und widerlegende Ich haben. Was Wunder, dass ihre Liebe mit einem Fiasko endet. Sie werden ausschließlich in jenem Grab eins werden können, in das sie gemeinsam gelegt werden.

Der Spiegel erscheint bei Kleist in den → AUGENBLICKEN, in denen die Persönlichkeit zerfällt. In *Der Findling* tritt Xaviera Tartini in dem Moment vor den Spiegel, als ihr bewusst wird, dass Nicolo, der gerade seine → ÄHNLICHKEIT mit Colino bemerkt, nicht mehr in sie verliebt ist – für Nicolo wiederum nimmt das Verhängnis damit seinen Lauf, dass er zur gleichen Zeit Colinos Bild erblickt, das ihm so sehr ähnelt, als wäre es sein Spiegelbild (II. 208). Xaviera verliert vor dem Spiegel die Liebe (die sie bis dahin zu einer Einheit machte), Nicolo die Gewissheit seiner Identität. In *Amphitryon* verwechselt Alkmene die Buchstaben A und J miteinander – worauf sie, als ihr Glaube an die eigene Identität erschüttert wird, sich auf die Unzuverlässigkeit des Spiegels beruft (1160). Doch auch Jupiter, der als → GOTT ein *ideales Bild* abgeben müsste, fühlt sich einsam und möchte sich in Alkmenes Seele widergespiegelt sehen. Das führt zum endgültigen → ZerFALL der (ohnehin nicht vorhandenen) göttlichen Identität. Als Sosias Merkur, sein eigenes Ebenbild, erblickt, hat er das Gefühl, als wäre die Luft ein Spiegel (712) – und obwohl er sich selbst sieht, glaubt er zu Recht, dass der → TEUFEL vor ihm steht. Der → ANBLICK Merkurs raubt ihm den Geist (»Hätt ihn die Hölle ausgeworfen, / Es könnt entgeisternder mir nicht sein Anblick sein«, 139–40) – der Anblick seines Spiegelbildes erfüllt ihn mit Angst. Auch in *Der zerbrochne Krug* blickt der → TEUFEL aus dem Spiegel (38), als der Schreiber, dessen Name »Licht« ist, einen Spiegel vor Richter Adam hält, nachdem dieser → geFALLen (der Sünde anheimgefallen!) ist. Vor einem Spiegel probiert er später seine Perücke an, die kurz zuvor als → TEUFELStracht bezeichnet wurde (1863). Und in *Das Käthchen von Heilbronn* wird der Spiegel zum ständigen Zubehör der bruchstückhaften, mosaikartigen Kunigunde, was die knappe – und befremdliche – Bemerkung des Grafen erklärt, wonach Käthchen Spiegel unbekannt seien (1874–5).

Zwar sehen die Figuren beim → BLICK in den Spiegel sich selbst, doch so, dass in ihrem Spiegelbild jener *andere* ihren → BLICK erwidert, der ihnen am allerfremdesten erscheint. Als in *Die Familie Schroffenstein* Rupert in den Spiegel des Flusses blickt, wendet er sich → ENTSETZT von dem → ANBLICK ab, da er wie Sosias den → TEUFEL dann zu erblicken glaubt (2228–9). Der → TEUFEL jedoch ist eine → METAPHER. Rupert erblickt kein im Vergleich zu ihm selbst transzendentes Wesen (das selbst darin noch *ideal* genannt werden kann, wenn es sich um das absolut Böse handelt), sondern er wird mit der *Abwesenheit seines eigenen Ich* konfrontiert. Auch wenn er ihm zum Verwechseln ähnlich ist, kann sich Rupert mit dem, den er erblickt, nicht identifizieren. Dasselbe passiert mit dem jungen Mann aus dem Essay über das *Marionettentheater.* Im großen Spiegel am Flussufer (wie er wohl dorthin gekommen ist?) erblickt er in ein und derselben Sekunde den, der in jeder Hinsicht am vollkommensten (die → GRAZIE), ihm jedoch auch am fremdesten ist. Im Spiegel erscheint ihm ein reales und dennoch unsichtbares Bild – das zudem nicht nur ihm ähnlich ist, sondern auch einer Plastik im Louvre. Und je mehr er diesem Bild entsprechen will, umso weniger gelingt ihm dies, bis er schließlich auch seine restliche Schönheit und → GRAZIE einbüßt.

Der → FALL des in den Spiegel blickenden Jungen ist für Kleists Erzähler ein Beispiel dafür, wie viel Zerstörung das Bewusstsein in der natürlichen → GRAZIE des Menschen anrichten kann (II. 343). Der Spiegel jedoch *(speculum)* ist nicht bloß ein → WERKZEUG des Denkens *(speculare)*, sondern lenkt dieses auch. Während er die Gedanken des vor ihm stehenden Menschen verwirrt, »denkt« er auch selbst. Die Geschichte, die im Aufsatz über das *Marionettentheater* erzählt wird, zeigt, dass der Spiegel nicht einfach nachahmt, sondern auch erschafft: Derjenige, der vor den *Spiegel* tritt, sieht die Selbstverständlichkeit seiner Existenz bis dahin → PLÖTZLICH erschüttert. Das »Denken« des Spiegels ist tiefer und umfassender als das des Gespiegelten: Während dieser *wiedererkennen* will, verwirrt der Spiegel sein *Leben* selbst. Der Gespiegelte möchte sein eigenes Ich bestätigt sehen, der Spiegel jedoch konfrontiert ihn stattdessen mit seiner eigenen Fremdheit. Das Spiegelbild verfügt über einen Überschuss, den der Gespiegelte vergeblich in sich sucht. Statt der Offensichtlichkeit des *cogito* erscheint im Spiegel das keinesfalls selbstverständliche *sum*. Der Spiegel »reflektiert« die sonderbare Lage, die der Mensch in der Welt einnimmt: Er bietet dadurch ein *Gesamtbild,* dass er den Menschen, der durch sein Denken von vornherein der Welt *gegenübersteht,* auch als deren *Teil* zeigt. Das setzt jedoch voraus, dass der Gespiegelte in sich gespalten ist. Erst indem der Gespiegelte die Welt *von außen* sieht, wird ihm bewusst, dass er *in* der Welt ist, wobei das Außensein – wegen des Innenseins – natürlich nur → SCHEIN ist. Der → SCHEIN ist unabdingbarer Bestandteil der Wahrheit (der Wahrheit der Existenz) – zugleich ist diese Illusion, da sie wahr ist, weniger illusorisch als die Wahrheit. Außensein und Innensein spiegeln sich wider und widersprechen sich zugleich: Was verzerrt ist, sieht sich als ganz, die Ganzheit wiederum wird durch die Verzerrung zu einem runden Ganzen. Und so weiter, bis ins Unendliche. Deshalb sprach die Mystik dem Spiegel eine so wichtige Rolle zu: *Am Ende* der *endlosen* Spiegelungen, das heißt an ihrem *jenseitigen Ufer,* wird der Platz der transzendenten Wahrheit sichtbar, auf den auch Herr C... im Aufsatz über das *Marionettentheater* bezüglich des sich im Unendlichen verlierenden Bildes des Hohlspiegels anspielt.

Doch so verlockend die Worte Herrn C...'s auch klingen, der junge Mann in dem Aufsatz kommt beim → ANBLICK seines Spiegelbildes zu Schaden (was auch Herrn C...'s Hypothese überaus verdächtig macht). Beim → BLICK in den Spiegel zerfällt er in drei Teile: in das Bild, das er von sich macht, in sein eigenes Spiegelbild, sowie in das Bild jenes Kunstwerkes, dem sein Spiegelbild ähnelt das er im Spiegel jedoch nicht erblicken kann. Sein restliches Leben wird dadurch ruiniert, dass er einem *idealen, ewig gültigen* Bild ähneln will, das *nicht sichtbar* ist und dennoch durch sein Spiegelbild hindurchschimmert. Seine Lage ist *narzisstisch:* Die im Spiegel zum Vorschein kommende *imago* kann deshalb an ein Idealbild (Kunstwerk) erinnern, weil er sie in das Bild, das er von sich macht, hineinliest – und die Situation wird noch komplizierter dadurch, dass nicht er die → ÄHNLICHKEIT bemerkt, sondern der Erzähler ihn darauf aufmerksam macht, was einerseits beweist, dass der Junge und der Erzähler *identisch* sind, diese Identität aber andererseits auf dem Umweg der Spaltung in zwei Personen aufzeigt. Die Quintessenz der narzisstischen Illusion ist der fetischistische Kult des idealen Ich (vgl. Kearney, 173), was logischerweise zu ständigem → »VERSEHEN« führt. Kleists Helden (von Alkmene über Elvire bis hin zu Penthesilea), die geradezu gesetzmäßig Opfer des → VERSEHENS werden, sind so gesehen auch narzisstische Wesen: Einerseits verfügen sie über ein Ich-Bild, das ihnen hilft, das Chaos um sie zu ordnen (vgl. Boothby, 26), andererseits ist dieses Ich-Bild so mächtig, dass es selbst chaotisch und zerstörerisch wird. Sie sind zugleich *schwach* und *zu stark*. Halb → GRAZIEN, halb → FURIEN, so wie Penthesilea. Ihr Glaube an die »Objektivität« wird erschüttert – wie der des jungen Kleist, der vor seiner → KANT-KRISE noch daran geglaubt hat, dass es nicht an der → WELT liegt, wenn sie verzerrt erscheint, sondern am Spiegel der Seele, in dem sie reflektiert wird (Brief an Wilhelmine – 29. November 1800). Dieser Glaube zerrinnt während seiner → KANT-KRISE: Die Identität (bzw. Ununterscheidbarkeit) von Spiegel und Gespiegeltem führt zur ungeheuren *Spaltung* der Persönlichkeit.

Das Spiegelstadium, das den jungen Mann in dem Aufsatz über das *Marionettentheater* charakterisiert, lässt sich auch auf zahlreiche andere Helden Kleists beziehen. Jacques Lacan schreibt: »[D]as *Spiegelstadium* ist ein Drama, dessen innere Spannung von der Unzulänglichkeit auf die Antizipation überspringt und für das an der lockenden Täuschung der räumlichen Identifikation festgehaltene Subjekt die Phantasmen ausheckt, die, ausgehend von einem zerstückelten Bild des Körpers, in einer Form enden, die wir in ihrer Ganzheit eine orthopädische nennen könnten, und in einem Panzer, der aufgenommen wird von einer wahnhaften Identität, deren starre Strukturen die ganze mentale Entwicklung des Subjekts bestimmen werden.« (Lacan, 67) Das Bild des in Stücke zerfallenen Körpers (*corps morcelé*) erscheint in Kleists Werken nach dem gewaltsamen → ZERFALL, der Zerstückelung und der tätlichen Spaltung. Mehr als hundert Jahre vor Lacans eben zitiertem Artikel schrieb Heinrich von Treitschke 1858 in genialer Voraussicht, dass Kleist bis zu den Grenzen des Menschlichen geht und »zwischen seinem

Urbild und seinem Zerrbild« (Treitschke, 80) schwankt. Die Zerstückelungsfantasie erscheint nicht nur in *Penthesilea,* in dem die Königin Achilles zu verzehren beginnt – zum Teil auf Gebot ihres idealen Ich, zum Teil, um auf diese Weise mit ihm *eins* zu werden und ein rundes Ganzes zu bilden. In *Die Hermannsschlacht* lässt Thusnelda ihren Geliebten Ventidius zerreißen; in *Amphitryon* zerfallen Amphitryon bzw. Sosias von vornherein in zwei Teile; Toni, die vor den Spiegel tritt, wird erschossen, und Gustav wird das → HIRN verspritzt; Nicolo, dem ebenfalls in der Nähe eines Spiegels bewusst wird, wie sehr er einem idealisierten Toten ähnelt, wird ebenfalls das → HIRN verspritzt; und auch die großartige Anekdote *Charité-Vorfall* berichtet ausführlich, wie der Körper eines Menschen infolge (gewaltsamer) → UnFÄLLE Stück für Stück ruiniert wird.

Im Spiegel → BLITZT ein ideales Ich auf – jemand, der ganz *anders* als das gespiegelte Bild ist. Die (bald tätlichen, bald symbolischen) Zerstückelungsfantasien sowie das tragische und schreckliche Schicksal der fantasierenden Figuren rufen in Erinnerung, dass bei Kleist der romantische Gedanke, dass in diesem *anderen* eine Art transzendentales Subjekt zu entdecken sei, nicht zu finden ist (Kearney, 174). Während Kleists Figuren ihre Stellung in der → WELT als unbefriedigend empfinden, finden sie auch keine »höhere« Wahrheit, die sie von sich selbst erlösen könnte. Sie werden erst erlöst, wenn sie an der Erlösung sterben. Sie stürzen in sich zusammen. An der eigenen Haut erfahren sie das Scheitern der christlichen wie auch der bürgerlichen Kultur: Toni, Xaviera, Alkmene, Jupiter, Sosias, Ru-

»Für ein solches Werk erweist sich nach

pert, Kunigunde und dem jungen Mann in dem Aufsatz über das *Marionettentheater* ist es niemals gegeben, jene von Kultur, Religion und → BILDUNG versprochene transzendente Wahrheit zu erblicken. Für sie bleibt nur das Zerrbild der → BILDUNG übrig. Indem sie vor den Spiegel treten, erfahren sie den endgültigen Zusammenbruch der vermeintlichen Wahrheiten.

Wie Toni, die vor den Spiegel tritt, sehen sie *vieles* auf einmal; doch statt des Ideals und der Erfüllung werden die Grausamkeit und der Tod jene Kräfte sein, die die in Stücke zerfallene Persönlichkeit zu einer *Einheit* zusammenschweißen können. Was auch die → VERWIRRUNG und → ZERSTREUUNG erklärt, die sich des Erzählers im Aufsatz über das *Marionettentheater* bemächtigen, als er die verführerischen Worte des selbstsicheren Herrn C... über die endgültige Erfüllung vernimmt.

unserer Meinung das altruistische Gefühl als eitel; wir setzen die Aggressivität ins Licht, welche unter den Aktionen des Philanthropen, des Idealisten, des Pädagogen, sogar des Reformators liegt.« (Lacan, 70)

STARRSINN

Tobend. Rasend. Wütend. Außer sich. Unbändig. Alle Schranken niederreißend. Stürzend. Brausend. Uneinholbar.

Unbeweglich. Starr. Unerschütterlich. Steinartig. Gelähmt. Unansprechbar. Unbeeinflussbar.

»Rasender Starrsinn« (II. 64). Das ist Kohlhaas. Er rast, wahnsinnig und unaufhaltsam. Er hört jedem zu, geduldig, und rast dann weiter. Er verfolgt sein eigenes Ziel, hat nur die innere Ordnung seines Herzens vor Augen (II. 24). Er will die »Unordnung« (ebd.) der Welt beheben; und ihr zugleich seine eigene Ordnung aufzwingen. Er hat eigene Vorstellungen. Und dennoch benimmt er sich, als gehorchte er einer fremden Einflüsterung. Ein Dämon wohnt in ihm. Er ist es, der ihn zu Taten anstachelt, gegen die sich alle seine Sinne wehren. Er grübelt, denkt nach, dann tut er → PLÖTZLICH etwas, was auch ihm selbst → UNVERSTÄNDLICH ist. Am liebsten wäre er immer mit seinen Kindern zusammen; er ließe sie mit den frisch gekauften Krebsen spielen, während er friedlich in ihrer Mitte läse (II. 75). Doch anstelle der Bibel liest er nur aufrührerische Briefe und muss sich deshalb ständig von den Kindern trennen.

Wie ein *Meteor* stürzt er in das politische Leben Brandenburgs und Sachsens ein. Er versteht selbst nicht, wie er in den Strom der Ereignisse hineingeraten ist – obwohl er diese selbst ausgelöst hat. Sein Starrsinn ist → UNVERSTÄNDLICH; seine Frau ist genauso ratlos wie Luther. Die Kurfürsten können nichts mit ihm anfangen. Selbst wenn sich die ganze → WELT zusammenschlösse, könnte sie ihn nicht von seinem Ziel abbringen. Obwohl er nicht viel verlangt – nur, dass zwei Pferde aufgefüttert werden. Doch die Welt ist eine ebenso »gebrechliche« (II. 15) wie »wunderliche Einrichtung« (II. 328) – und daher auch imstande, etwas ihr vollkommen Fremdes hervorzubringen. Kohlhaas ist ein Fremdkörper. Deshalb sehen in ihm viele einen Erzengel. Obwohl er das nicht ist – er funktioniert nur anders als die Welt. Er handelt nach Gesetzen, die ausschließlich seine eigenen sind. Nicht nur sein Starrsinn ist wütend und rasend, sondern auch sein »Eigensinn« (II. 66). Er teilt mit niemandem. Er könnte es auch nicht: Vergeblich lässt er sich auf ein Gespräch mit jemandem ein, vergeblich hört er anderen geduldig zu, in seiner Seele lebt er in einer rätselhaften Welt. Die anderen – »die Welt« – leben nach universell anmutenden, allgemeingültigen Normen. Kohlhaas macht seine *eigene* Norm universell und verbindlich. Er ist der konsequenteste Verwirklicher des kategorischen Imperativs (→ RECHTSCHAFFEN); doch auch die Unmenschlichkeit, die in diesem lauert, bringt keiner so zur Entfaltung wie er (→ ENTSETZLICH). Deshalb urteilen alle über ihn wie Luther: »[R]asender, unbegreiflicher und entsetzlicher Mensch! und sah ihn an.« (II. 46) Kohlhaas kann man nicht einfach ansehen: Wer ihn anblickt, wird von ihm paralysiert, wie vom Gorgonenhaupt. Kant wäre bei seinem → AnBLICK tot umgefallen.

Er steht auf einem Fleck, und dennoch rast er. Er ist → RUHIG wie ein Stein, und dennoch tobt er. Er ist ein zum Leben erwachtes Oxymoron. → GRIMMIG und → RECHTSCHAFFEN. Sanft und → UNBEGREIFLICH. Kalt und leidenschaftlich. Überlegt und rasch. Melancholisch und → HEITER. Der leibhaftige, rasende Starrsinn.

STATT

In seiner Abhandlung über den Roman empfiehlt E. M. Forster den Romanschriftstellern der verschiedenen Epochen, sich einmal an einen Tisch zu setzen und ihre Romane gleichzeitig zu schreiben und darüber zu beraten, was sie ähnlich machen bzw. worin sie sich voneinander unterscheiden (Forster, 21). Es lohnt sich, auch die Figuren in Kleists Erzählungen und Dramen einmal an einen solchen imaginären Tisch zu versammeln. Sie sollen sich gründlich ansehen und entscheiden, worin sie sich ähneln und worin sie sich unterscheiden.

Es gäbe reichlich Anlass zum Staunen. Viele hätten vielleicht auch das Gefühl, in einem → SPIEGELlabyrinth eingeschlossen zu sein. Rupert und Sylvester (*Die Familie Schroffenstein*) merkten schnell, dass sich Agnes und Ottokar zum Verwechseln → ÄHNLICH sind – und zwar nicht nur wegen ihres Kleidertausches: Auch ihre Züge sind auffallend ähnlich. Die Figuren in *Amphitryon* würden noch mehr staunen als im Stück: Jupiter und Merkur fragten mit gleichem Recht, welcher böse Geist sie so verändert hat, dass sie irdischen Wesen zum Verwechseln ähnlich wurden. Käthchen und Kunigunde (*Das Käthchen von Heilbronn*) hätten das Gefühl, als säßen sie vor einem → SPIEGEL. Von Kunigunde hört man im Stück viel Schlechtes; obwohl sie genauso hübsch, anmutig und zerbrechlich wie Käthchen ist. Der Graf ist lange wirklich unfähig, sich zwischen ihnen zu entscheiden, und das Stück gewinnt seine

»[I]hr kleines verwünschtes Gesicht« (790), spricht der Graf über Kunigunde, die ein unwiderstehlich *schelmisches* Gesicht haben muss; »die Waffen ihres klei-

Spannung daraus, dass Kunigundes Gestalt wirklich eine Herausforderung für Käthchen darstellt. Eine hässliche Hexe eignete sich dazu nicht – Käthchen muss sich gegen eine schöne, gewinnende, erotisch anziehende Frau durchsetzen.

Kohlhaas fiele es gleichermaßen schwer, sich zwischen seiner Frau und der → ZIGEUNERIN zu entscheiden; wir wissen zwar, wie die alte Frau aussieht (alt, mit knochiger Hand, hinkend); doch wir wissen nicht, wie seine Frau aussieht – außer dass sie der Zigeunerin auffallend ähnlich sieht. An diesem Tisch säße die Marquise von O.... neben Piachi *(Der Findling)*, und sie könnten sich über die vielen → ÄHNLICHKEITEN ihrer Schicksale unterhalten. Piachi verliert während einer Reise seinen Sohn und gewinnt an seiner Stelle ein engelhaft-teuflisches Kind. Die Marquise von O.... verliert während einer Reise ihren Mann (womöglich ebenfalls in Rom, zur Zeit der Pest?) und gewinnt an seiner Stelle einen anderen engelhaft-teuflischen Mann. Und sie könnten erstaunt die seltsame → ÄHNLICHKEIT zwischen Graf F... und Nicolo feststellen. Nicolo wiederum könnte vom fernen Ende des Tisches eifersüchtig auf Graf F... schauen, dem Colino zum Verwechseln ähnlich sieht – während sich beide wiederum dem → CHERUB ähneln, der Käthchen vor dem → FEUER gerettet hat. Inzwischen könnte die Marquise von O.... ihre Ebenbilder beäugen: Alkmene, die mit einem Kind schwanger ist, dessen (göttliche) Herkunft ebenso geheimnisumwittert ist wie die ihres eigenen Kindes, und Littegarde *(Der Zweikampf)*, die im Gefängnis zum Verwechseln an die Marquise erinnert. Aber nicht nur Nicolo ist eifer-

nen schelmischen Angesichts« (804) fordern ihn auch erotisch heraus. Wäre sie nicht so halsstarrig, könnte man nicht anders, als sie anzuhimmeln.

süchtig auf Colino. Mindestens genauso eifersüchtig beobachtete wohl Colino Piachi, der neben Elvire Platz nimmt – so wie Nicolo Paolos Platz neben Piachi und Colinos Platz in Elvires Fantasie einnimmt. Und genauso zornig wie Nicolos verstorbene Frau, Constanza Parquet, Xaviera beäugen mag, beäugte wohl Piachis verstorbene Frau Elvire. Mit merkwürdigem → BLICK betrachtete wohl auch Nicolo den kleinen Philipp (*Das Erdbeben in Chili*): Auch dieser gerät durch den Tod eines natürlichen Kindes in eine Familie. Und vielleicht weiß Nicolo schon, was Philipps Adoptiveltern noch nicht ahnen können: dass sich das Adoptivkind auf Don Fernando und Donna Elvire genauso verhängnisvoll auswirken wird, wie er selbst seinem → AdoptivVATER und seiner Adoptivmutter, die ebenfalls Elvire heißt, zum Verhängnis wird. Auch andere Adoptivkinder sitzen am Tisch: zum Beispiel Toni, die von dem »Neger« Komar anstelle seines eigenen Kindes adoptiert wurde. Toni würde ihrerseits eifersüchtig von Mariane Congreve beobachtet werden, die sich schon im Voraus freute: Wenn sie schon in Paris *anstelle* Gustavs hingerichtet wird, soll auch Toni mit dem Leben dafür büßen, dass sie ihren Platz an Gustavs Seite eingenommen hat. Währenddessen beäugte Gustav misstrauisch einen schweigsamen Mann, in dem er sein Ebenbild entdeckte: nämlich August, der viermal statt Gustav so genannt wird (*Die Verlobung in St. Domingo*). Und schließlich beobachtete Schwester Antonia (*Die heilige Cäcilie oder die Macht der Musik*) verächtlich eine Heilige: Cäcilie, die als ihr Ebenbild in der Kirche erscheint. Denn damit sie das tun kann, muss sie, Antonia, erst sterben.

Lauter Ebenbilder. Doch trotz aller wundersamer → ÄHNLICHKEIT und seltsamer Übereinstimmung sind sie keine Doppelgänger – obwohl manche Kritiker diesen Versuch gewagt haben (Dettmering, 38). Kleists Figuren leiden nicht an Bewusstseinsspaltung. Nicht sie zerfallen in zwei Teile, sondern die → WELT hat ihre Zuverlässigkeit verloren. Bei den Doppelgängern wird die Persönlichkeit zerrüttet, das seelische Gleichgewicht geht womöglich für immer verloren – doch das Schicksal der → WELT wird davon nicht berührt. Zwar erleben sie ihre Umgebung aus radikal neuer Perspektive – doch ihre Schöpfer (Gogol, Hoffmann) lassen keinen Zweifel daran, dass ihre Umwelt davon unberührt bleibt. Deren Einheit und selbstverständliche »Objektivität« wird durch das Schicksal der an Bewusstseinsspaltung leidenden, verdoppelten Figuren nicht tangiert. Die im Motiv des Doppelgängers verborgene Gesellschaftskritik ist nicht radikal genug, um (wie Kohlhaas) die Welt aus ihrer Bahn zu werfen; stattdessen steigert sie wie ein Bumerang die Qual der leidenden Wesen und macht sie unerträglich.

Kleists Helden haben nichts »Krankhaftes« und »Bizarres« an sich. Auch wenn die Welt um sie zugrunde geht, »lösen« sie sich nicht »auf«. Selbst Penthesilea bewahrt die Einheit ihres Charakters – und Kleist lässt lieber die ganze Welt versinken, als seine Figuren »psychisch« in Zwielicht geraten zu lassen. In seinen Figuren sind Spannungen am Werk, wie es sie höchstens noch in den Stücken Shakespeares gibt; doch Seele und Gemüt, die bestimmender als alles andere sind, gehören bei Kleist nicht nur der Psyche an, sondern sind das Schicksal selbst: Verdüstert sich das Gemüt, so leidet das Schicksal darunter. Indem sie ihre *Ebenbilder* und → SPIEGELUNGEN betrachten, sehen sie sich nicht mit der Verdoppelung ihres Selbst, sondern mit der Unzuverlässigkeit des Schicksals konfrontiert. Sie haben, was ihre eigene Einheit betrifft, keinen Zweifel. Doch Kleist verwickelt die Geschichten so, dass am Ende doch alle »in Stücke« zerfallen. Nicht von innen: Sie werden von der Welt zerrissen. So entsteht jenes seltsame → PARADOX, dass die Umgebung der Helden sie für rasend, → UNVERSTÄNDLICH, monströs oder schlicht merkwürdig hält, während sie selbst durchaus besonnen, umsichtig und verständlich sind. Aus dem → BLICKwinkel der Welt sind sie »gespalten«; doch sie selbst zweifeln ihre Identität nur äußerst selten an. Für Verständnis und → VERSÖHNLICHE »Erklärungen« besteht kein Raum: Die Welt »reizt« die Helden so lange, bis sich die Spannung wirklich entlädt und das → ENTSETZLICHE seinen Lauf nimmt. Sie schlagen ins andere Extrem um. Doch auch das kann nicht »krankhaft« genannt werden, denn in diesen Momenten gibt es auch keine »Gesundheit«. Hier von Kleists Helden Verständnis, Umsicht und Besonnenheit zu erwarten, wäre so, als wollte man das Jüngste Gericht mithilfe logischer Argumente aufschieben.

Seine einander gleichenden, oft beunruhigend identischen Figuren sehnen noch *in diesem Leben jene* → RUHE herbei, die nach der Logik der Geschichten erst nach dem Jüngsten Gericht möglich ist. Diese → RUHE bedeutete nicht nur die Ruhe der Seele, sondern auch der ganzen Schöpfung – und insofern bedeutete sie nicht nur Ruhe, sondern auch den *Tod.* Während die Figuren ihren Ebenbildern begegnen oder mit ihnen kämpfen, fliehen sie vor dem *gemeinsamen Tod.* Sie versuchen, sich in der Schlange gegenseitig den Vortritt zu lassen, als stünde *vor ihnen* irgendwo in der Ferne, jenseits des Jüngsten Gerichts, der Tod. Doch der Tod lauert auch *hinter, neben,* ja sogar *in* ihnen. Der Tod ist das wirkliche Ebenbild. Colino und Nicolo, Toni und Mariane, Jupiter und Amphitryon, Agnes und Ottokar, Elisabeth und die → ZIGEUNERIN: Nicht deshalb ähneln sie sich, weil ihr seelisches Gleichgewicht zerrüttet wird und die *eine* Person in *zwei* Teile zerfällt, sondern weil sich in ihrem Schicksal und in ihren Eigenschaften *derselbe Tod* andeutet. Die Figuren, die einanders Platz einnehmen, haben einen festen, einheitlichen Charakter; es ist die Welt, die infolge ihrer Gebrechlichkeit nicht zulässt, dass diese *innere Einheit* vollständig wird und die ganze Welt umfasst. Sie müssen alle erdulden, dass sich *an ihrer Stelle* der Tod durchsetzt.

Als in *Die Verlobung in St. Domingo* Herr Strömli Hoango aufruft, sich zu ergeben, weil auf ihn sonst der Tod warte, reißt Hoango »statt aller Antwort [...] ein Pistol von der Wand und platzte es [...] los« (II. 189). Das Wort *statt* steht für das *gleichzeitige Drängen und Hinausschieben* des Todes: Gerade wenn seine Figuren glauben, vor ihrem unentrinnbaren Schicksal zu flüchten, eilen sie ihm entgegen. Jeder ihrer Schritte *ersetzt* etwas. Sie schreiten zwar aus, fest überzeugt von ihrer eigenen Identität – doch längst hat sie ihr eigenes, tödliches Ich verdrängt, das gerade das Gegenteil dessen tut, wonach sich ihr lebendiges Ich in Wahrheit sehnt.

STOCKEN

Zuweilen stocken die Figuren. Dann bleibt ihnen die Luft weg – und damit stockt ihnen auch der Herzschlag, bleibt die Zeit um sie stehen, wird auch die → WELT für einen → AUGENBLICK gelähmt. Dann geht alles weiter; doch von da an lässt der → AUGENBLICK des Stockens seine Wirkung spüren und zeigt alles, was dann folgt, in eigenartiger Lichtbrechung. In der Liebesszene zwischen Penthesilea und Achilles stockt → PLÖTZLICH die Königin, als sie im → AUGENBLICK des Zueinanderfindens Achilles' Lächeln gewahrt (2029). Das ist der Moment, in dem die Annäherung endet und die Entfremdung ihren Anfang nimmt. Hier deutet sich im → KUSS der Biss an. In *Das Käthchen von Heilbronn* liegt Käthchens Bewusstsein weit geöffnet da (460–3), obwohl sie nur ihre völlige Unwissenheit bekunden kann: Sie hat keine Ahnung, was sie dazu bewegt, dem Grafen nachzustellen. Je mehr sie dieser ausfragt, umso mehr gerät sie ins Stocken (490, 575), bis sie am Ende der Szene in → OHNMACHT fällt. In *Amphitryon* hat Sosias beim → ANBLICK Merkurs das Gefühl, als stünde der → TEUFEL vor ihm. Tödliche Furcht erfüllt ihn, er glaubt seines Geistes beraubt zu sein – und auch er stockt (138). Kurz vor seiner Hinrichtung erhält Michael Kohlhaas von der → ZIGEUNERIN einen Brief mit der Unterschrift »Deine Elisabeth« (II. 101). Kohlhaas ist »auf das äußerste bestürzt« (ebd.). Der Leser jedoch vernimmt erstaunt, dass ihm der Brief von jenem *Kastellan* übergeben wird, der bis dahin erst einmal erwähnt wurde und den Kohlhaas nun »befremdet« erblickt. Denn er hat Elisabeth den Hof gemacht, bevor sie Kohlhaas heiratete, und nach einer dramatischen Szene (in der sich ihr Mann weigert, auf die unverblümt erotische Annäherung seiner Frau einzugehen) begibt sie sich zu diesem ehemaligen Verehrer, von dem sie dann schon tödlich verwundet heimkehrt. Der Kastellan, den Elisabeth sonst angeblich nicht traf, ist indirekt auch verantwortlich für ihren Tod. Und auf Kohlhaas' Frage, ob er die Frau kenne, die ihm den Brief gab (der Rosshändler interessiert sich hier ganz offensichtlich nicht für die → ZIGEUNERIN, vielmehr ist in ihm die Eifersucht erwacht!), erwidert der Kastellan nur: »›Kohlhaas, das Weib‹ – – und in der Mitte der Rede auf sonderbare Weise stockte, so konnte er, von dem Zuge, der in diesem Augenblick wieder antrat, fortgerissen, nicht vernehmen, was der Mann, der an allen Gliedern zu zittern schien, vorbrachte.« (II. 101) Das *Stocken,* das hier zudem *sonderbar* ist, ist ein Symptom des Zitterns (Warum zittert der Kastellan? Und zittert er wirklich, oder → SCHEINT es nur so?); das Zittern verkündet den Einbruch des Jenseits; außerdem deutet sich in diesem Stocken auch die Rivalität der beiden Männer an. Bis zu diesem Punkt → SCHEINT noch alles in Ordnung zu sein. Kohlhaas ist bereit, sich mit der → WELT zu → VERSÖHNEN (II. 101) – doch das *Stocken* des Kastellans stürzt ihn noch einmal, zum letzten Mal, aus der Welt – und auf die Wirkung des Briefes hin versöhnt er sich doch nicht, sondern treibt den sächsischen Kurfürsten durch eine neuerliche Geste der Rache in die Verzweiflung.

Als die Marquise von O.... den Heiratsantrag des Grafen vernimmt, ist sie völlig ratlos; sie schwankt zwischen Zuneigung und Abneigung (»er gefällt und mißfällt mir«, II. 117) und beginnt zu stocken – wobei infolge der immer häufiger werdenden → GEDANKENSTRICHE auch der Text immer stockender wird: als wüsste der Erzähler am Anfang eines Satzes genauso wenig wie die Marquise, wie er ihn abschließen, wie er einen Punkt ans Ende eines Satzes setzen soll, der zur gleichen Zeit Wollen und Nichtwollen ausdrücken will. Noch weiß die Marquise nichts; doch ihr Zögern und die Struktur des Satzes lassen schon im Voraus erahnen, dass sie allen Grund hat, ins Stocken zu geraten. Sie muss sich zwi-

»In diesem Fall, versetzte die Marquise, würd ich – sie stockte, und ihre Augen glänzten, indem sie dies sagte – um der Verbindlichkeit willen, die ich ihm

schen einem Engel und einem → TEUFEL entscheiden, was unmöglich ist, da beide ein und dieselbe Figur sind. Als sie stockt, beginnt die Marquise schon im Voraus zwischen dem späteren, → HEFTIGEN → NervenFIEBER und dem darauffolgenden himmlischen Glück zu »schweben«.

Das Stocken hat eine eigenartige »dramaturgische« Funktion in Kleists Werken. Es hält die Handlung nicht auf, im Gegenteil: Es macht sie flüssiger. Doch diese Flüssigkeit unterscheidet sich radikal von jener, die seit der Renaissance die Erzähltechnik der europäischen Literatur bestimmt. Der grundsätzlich zielgerichtete Ansatz der neuzeitlichen Epik ließ eine lineare Struktur dominant werden, die vor allem durch Vernunft und Begründbarkeit geprägt ist und die schließlich in der Ästhetik der deutschen Klassik das Ideal der »organischen Einheit« triumphieren ließ. Kleists Erzählungen verletzen die Regeln der englischen realistischen Prosa des 18. Jahrhunderts ebenso wie die der Prosa der deutschen Klassik und Romantik. Denn in seinen Geschichten schafft er mit Vorliebe Situationen, aus denen scheinbar kein Weg führt. Statt diese Situationen mithilfe künstlicher Lösungen zu vermeiden und danach zu streben, seine Figuren über alle Hindernisse hinwegzuhelfen, versagt er ihnen seine Hilfe. Gerade das, was sowohl für die realistische als auch für die romantische Prosa von existenziellem Interesse ist, findet sich bei ihm nicht: eine glaubwürdige Ausführung von Verwicklungen. Diese Ausführung muss nicht unbedingt vernünftig sein (wie in der englischen Prosa des 18. Jahrhunderts). Doch auch wenn die Einführung des Fantastischen (im Schauer-

schuldig bin, erfüllen.« (II. 117) Schuldet sie dem Grafen etwas oder nicht? Wenn ja, warum glänzen ihre Augen? Wenn nein, warum willigt sie trotzdem ein? Während sie über Verbindlichkeiten spricht, empfindet sie Liebe, das Liebesgefühl hingegen erstickt sie mit dem Gefühl der Verbindlichkeit, wodurch sie genauso verwirrt zu sprechen beginnt, wie es demnächst auch ihre Lage sein wird.

roman), die Bevorzugung der Rolle der Kunst (bei Novalis) oder der abenteuerliche Weg des Abstiegs in die Seele (bei Hoffmann), gemessen am Maßstab des »Realismus«, maßlos erscheinen, bleiben sie dennoch insofern glaubwürdig, als dass innerhalb der Rahmen der erzählten Geschichte alles motiviert ist und alle Handlungsmomente sich miteinander in einen organischen Zusammenhang bringen lassen. Der Autor hat eine Autorität, die ihm erlaubt, alles dafür zu tun, dass sich das Schicksal seiner Figuren so entwickelt, wie das von ihm erwartet wird. Als »narrator within the fictional discourse« (Lanser, 132) hält er einerseits fest an der Rolle des allwissenden, neutralen Erzählers, andererseits unterwirft er sich dennoch den allgemeingültigen, nicht nur für die Gattung des Romans lebenswichtigen Regeln der »Glaubwürdigkeit«, der »Begründbarkeit«, der »organische Struktur« usw. und lässt dadurch unbemerkt auch die Stimme des »extrafictional« Autors zur Geltung kommen (Lanser, 128).

Kleists Lösungen, »Überbrückungen«, beinahe schon trivial anmutende Wendungen (»Es traf sich ...«, »So standen die Sachen, als ...«, »Inzwischen ...« usw.) wirken gewollt, ja zuweilen ungeschickt und plump: lauter Wendungen, derer sich ein Autor dann bedient, wenn er nicht vorankommt und die Handlung vom toten Punkt wegbewegen will. In diesen Fällen gehen Erzähler und Autor augenscheinlich auseinander. Statt den Autor hinter dem Rücken des Erzählers verschwinden zu lassen, lässt ihn Kleist vortreten und ermöglicht ihm, die Handlung so anzustoßen, als müsste er einen Karren aus dem Graben ziehen. Er tut das Gleiche, was die Autoren der realistischen Romane tun, mit dem entscheidenden Unterschied, dass er seine »Befangenheit« und seine »Willkür« nicht kaschiert. In dem Moment, als die Handlung einen toten Punkt erreicht, erstarrt alles – einschließlich des Autors, der ratlos ist, wie er die Fäden weiterführen soll. → PLÖTZLICH stockt alles, und der Leser hat den Eindruck, als sei eine Leere in der Existenz entstanden. Als sei auch der Autor gestorben. Oder wenigstens für einen → AUGENBLICK in → OHNMACHT gefallen. In diesen Momenten drängt das Nichts in den Handlungsablauf ein. Und danach ist alles erlaubt. Stellt es für einen realistischen oder romantischen Prosaschriftsteller noch eine elementare Regel dar, das Einströmen dieses zersetzenden »Nichts« zu vermeiden, ist es Kleist gleichsam ein Genuss, alles erstarren zu lassen und danach Situationen zu schaffen, die mit dem, was vorausgegangen ist, in keinem logischen Zusammenhang stehen. Ein gutes Beispiel dafür bietet die Handlung von *Das Erdbeben in Chili:* Die triadische Struktur → SCHEINT Regelmäßigkeit und Gesetzmäßigkeit anzudeuten – und dennoch ist alles irrational. Der Lauf der Welt ist stockend und »stotternd«. Nicht nur die Spalten zwischen den → PLÖTZLICHEN Wendungen – Alltag, → HÖLLE, Himmel, wieder Hölle, wieder Alltag – bleiben unausgefüllt, sondern die ganze Geschichte ist zutiefst »unmotiviert«: Warum rettet Kleist seine Protagonisten auf Kosten so vieler Widrigkeiten, wenn er sie am Ende doch zugrunde gehen lässt?

Die »Unmotiviertheiten« der Kleist'schen Erzählungen, die irrational anmutenden Episoden, die Momente, die sich in keinen Zusammenhang einfügen lassen, die jähen, ziellosen Abschweifungen oder eben die Abwesenheit »einheitlicher« Persönlichkeiten lassen seine Werke dennoch nicht »zerfallen«. Kleists Vorgehensweise erinnert zum Teil auch an die Methoden der Verfasser mittelalterlicher Epen (vgl. → RACHSUCHT), mit der Einschränkung, dass für Kleist die damals schon jahrhundertealte Tradition der neuzeitlichen Prosa bereits unausweichlich war. Ihm standen ausschließlich jene Mittel zur Verfügung, die die realistische und romantische Prosaliteratur geschaffen hatte – und mit deren Hilfe ließ er ein Universum erstehen, in dem sich die neuzeitliche, bürgerliche Welt nur schwer wiederfinden konnte. Aus dem → BLICKwinkel der Figuren ist das bei Kleist so augenfällige *Stocken* ein »Defekt«; doch erst dadurch werden die Geschichten im ganzen »vollständig« und glaubwürdig. Das Stocken intensiviert sich gewöhnlich zu einer essenziellen Eigenschaft der abgebildeten Welt. Indem er eine ihrer Grundregeln, die Flüssigkeit ihres Laufs, verletzt, verrät Kleist mehr über die neuzeitliche, bürgerliche Welt, als hätte er sich diesem Gesetz unterworfen und die Möglichkeit der → VERSÖHNUNG mit der Welt, die Ungestörtheit ihres Laufes und überhaupt die Machbarkeit der Dinge suggeriert (denn auch die sogenannte romantische Unlösbarkeit ist zumeist nichts anderes als eine Spielart der universellen Machbarkeit). Die abgrundtiefe Zusammenhanglosigkeit der Welt steigert sich in Kleists Werken ins Universelle. Der Lauf der Dinge wird durch den → ZUFALL bestimmt, wodurch er genauso unberechenbar wird, wie es die Figuren sind. Doch statt sich (wie die Protagonisten Hoffmanns oder Büchners) im → ZUFALL auszutoben und sich seiner schwindelerregenden Anziehungskraft zu überlassen, versuchen sie mit ganzer Kraft, ihm Widerstand zu leisten. Das Stocken wird ihnen zum Lebenselement: ein widersinniges Aufbäumen gegen eine genauso widersinnige Welt. Das Chaos und der Nihilismus in ihnen werden schöpferisch und produktiv.

In seinem Aufsatz *Über die allmähliche Verfertigung der Gedanken beim Reden* bringt Kleist das Stocken nicht mit der Unterbrechung der Gedanken, sondern vielmehr mit ihrer Entstehung und Vollendung in Verbindung. Er schreibt: »[N]ur ein unverständiger Examinator wird [aus dem Stocken] schließen, daß sie nicht *wissen.*« Und er fügt hinzu: »Denn nicht *wir* wissen, es ist allererst ein gewisser *Zustand* unsrer, welcher weiß.« (II. 323)

Kleists Standpunkt scheint die Hermeneutik vorwegzunehmen: »[E]s [ist] richtiger zu sagen, daß die Sprache uns spricht, als daß wir sie sprechen«, schreibt zum Beispiel Gadamer (*Wahrheit und Methode*, 439 – III.3.b.). Doch der hermeneutische Zirkel wird bei Kleist ständig unterbrochen: Der »sichere Zustand«, der seine Figuren mit Wissen auflädt, erweist sich stets als unzuverlässig. Das Wissen, das er bietet, ist ein Nichtwissen, ein ständiger Irrtum. Oder wie es Paul de Man ausdrückt: Statt zu sprechen, verspricht sich die Sprache. Zwar werden die Figuren sehend, doch ihr Sehen ist ein → VERSEHEN. Sie laden sich auf, doch zugleich entleeren sie sich auch. Mit ihrem eigenen Tod bereichern sie sich.

Der gleiche seltsame Weg des Wissens und des Verständnisses charakterisiert auch die Figuren Kleists: Sie stocken nicht bloß, weil sie ratlos sind (das natürlich auch), sondern weil sie, um ihre eigene Wahrheit, die Wahrheit ihres individuellen, unverwechselbaren Lebens zu erlangen, zuvor das Netz all jener Wahrheiten abschütteln müssen, die nicht die ihren sind. Selbst solche scheinbar findigen Figuren wie Frau Marthe in *Der zerbrochne Krug* verschleiern gelegentlich durch ihre Sprachfertigkeit ihre Ratlosigkeit. Je flüssiger sie reden, umso mehr besteht der Verdacht, dass sie in Wirklichkeit stocken und in der Seele immer wieder innehalten. Am Anfang des sechsten Auftritts überhäuft sie Veit mit einer Unmenge von Wortspielen – in Wirklichkeit jedoch überwindet sie dadurch ihre momentane Konsternation (und ihr Stocken). Denn Veit gibt die »Stichworte« (entscheiden, ersetzen, entschädigen), während Marthe nach jedem Wort auffällig verstummt (stockt) und sich dann – wie ein Automat – in Wortspiele verwickelt. Durch Wortspiele antwortet sie Veit, doch zugleich liefert sie sich dem Automatismus der Sprache aus. Nicht er spricht, sondern die Sprache spricht statt seiner. Sie ist scheinbar Herr der Lage – in Wirklichkeit zappelt sie jedoch im selbst geflochtenen Netz der Sprache. Deshalb haben ihre Wortspiele auch → LOGOGRIPHISCHE Eigenschaften: Sie ist gezwungen, im Niemandsland der Sprache Fuß zu fassen. (Kein Wunder, dass am Ende des Stückes ihr allein keine Gerechtigkeit widerfährt!) Vor diesen *allgemeingültigen* Wahrheiten fliehen Kleists Figuren. Lieber ziehen sie die → UNVERSTÄNDLICHKEIT vor, die wenigstens die ihre ist, als allgemein verständlich zu sein, was ihnen früher oder später das Gefühl vermittelt, als würde man sie würgen. Als sie aus der menschlichen Gemeinschaft herausstürzen, beginnen sie zu *stocken* und stottern. Sie haben niemanden, mit dem sie sich verständigen können, und so arten sie in → UNVERSTÄNDLICHKEIT aus. Sie → SCHEINEN Gefangene des Nichts zu sein; doch in Wahrheit suchen auch sie die Ganzheit, nur eben ganz woanders, als es ihre Umgebung von ihnen erwartet.

»Tausend Bande knüpfen die Menschen aneinander, gleiche Meinungen, gleiches Interesse, gleiche Wünsche, Hoffnungen und Aussichten; – alle diese Bande knüpfen mich nicht an sie, und dieses mag ein Hauptgrund sein, warum wir uns nicht verstehen. Mein Interesse besonders ist dem ihrigen so fremd, und ungleichartig, daß sie – gleichsam wie aus den Wolken fallen, wenn sie etwas davon ahnden [...], schwerlich weißt Du, was oft dabei im Innern mit mir vorgeht. Es ergreift mich zuweilen plötzlich eine Ängstlichkeit, eine Beklommenheit, die ich zwar aus allen Kräften zu unterdrücken mich bestrebe, die mich aber dennoch schon mehr als einmal in die lächerlichsten Situationen gesetzt hat« – schreibt Kleist, der zuweilen *stotterte,* Ulrike am 12. November 1799 (II. 496).

STOSS

Es gibt keine umständliche und ausgefeilte Verführung, kein beharrliches Hofieren, keine Eroberung. Keine Erotik. Hingegen gibt es sexuelle Fantasien, nicht ausgelebte Instinkte und einen lebendigen Geschlechtstrieb. Doch diese finden nicht den Weg der Befriedigung. Deshalb kommt es zu Gewalttätigkeiten. Graf F... vergewaltigt die Marquise von O.... Nicolo vergewaltigt Elvire. Jakob der Rotbart will Littegarde vergewaltigen. Richter Adam wird gegen Eve zudringlich. Jupiter vergewaltigt Alkmene – seine »Verkleidung« entspricht einem Gewaltakt. Auch Penthesilea tut Achilles Gewalt an; so wie die gleichfalls verliebte Thusnelda Ventidius Gewalt antut und ihn durch einen Bären zerfleischen lässt.

Als Kohlhaas seiner Pferde beraubt wird, findet er auch an seiner Frau keine Freude mehr. Die Frau, in deren Gesicht sich der Tod spiegelt, wenn sie ihren Mann anblickt, versucht, ihm zu helfen. Doch vergeblich küsst sie leidenschaftlich seine → BRUST, während ihr eigenes → TUCH schon halb von ihrer Schulter gerutscht ist, mit ihrer sexuellen Anziehungskraft vermag sie nicht mehr auf ihn zu wirken. Da greift sie zu einer anderen Taktik: Sie erzählt ihm, wie ihr früher einer der Beamten des sächsischen Kurfürsten den Hof gemacht hat und ihnen nun Zutritt zum Kurfürsten verschaffen könnte. Da küsst Kohlhaas → PLÖTZLICH und freudig seine Frau, und statt eifersüchtig zu werden, lässt er sie zu ihm fahren, was sie auch tut. Dabei erleidet sie ihren fatalen → UnFALL, an dem sie stirbt: Einer der Wachen versetzt ihr »mit dem Schaft einer Lanze« einen »Stoß« gegen die → BRUST (II. 29). Ein Stoß mit dem Schaft einer Lanze: Das ist das Ergebnis ihrer erotischen Verführung. Das reicht an eine Vergewaltigung heran. Dazu käme es nicht, wenn Kohlhaas der Verführung seiner Frau erlegen wäre. Doch dazu müsste er schmiegsamer, sanftmütiger sein. Wenn er das wäre, käme es auch nach dem Tod seiner Frau nicht dazu, dass er selbst gewalttätig wird – und Sachsen und Brandenburg statt mit der Lanze mit der → KEULE vergewaltigt. Und dann würde er natürlich auch nicht verstoßen werden, wie dies beim Gespräch mit Luther *sieben Mal* erwähnt wird. Diese *sieben* Verstoßungen sind wie die *sieben* treuen Diener, an deren Spitze Kohlhaas als ein Engel des Gerichts über die Welt herfällt. Die Frau bekommt einen Stoß gegen die → BRUST – und Kohlhaas wird aus jeder menschlichen Gemeinschaft verstoßen. In Kohlhaas' Schicksal erlangt die sexuelle → METAPHER metaphysische Tiefe.

Manchmal kann man die Stöße und Schläge abwehren. Doch dazu muss man außerhalb jeder menschlichen Gemeinschaft stehen – wie jener Bär, von dem Herr C… im Aufsatz über das *Marionettentheater* erzählt. Dieser Bär kann jeden Stoß leicht abwehren. Kohlhaas wird siebenmal ausgestoßen (siebenmal getroffen); bezüglich des Bären erwähnt Herr C… → DREIMAL, dass es nicht möglich gewesen sei, ihn zu treffen. Kein Stoß, kein Schlag kann ihm etwas anhaben. Man kann ihn nicht vergewaltigen – obwohl für Kleist, wie *Die Hermannsschlacht* beweist, selbst ein Bär sexuelle Bedeutung haben kann: Die verliebte Thusnelda lässt Ventidius anstelle von sich selbst von einem Bären vergewaltigen, der ihn als Erstes an der *weichen* → *BRUST* (2413) zu zerfleischen beginnt. In der unglaublichen und absurden Geschichte Herrn C…'s erscheint der Bär als ein nicht diesseitiges Wesen: als die Verkörperung jener → GRAZIE, die der menschlichen Welt seines Erachtens von vornherein fehlt.

Diese → GRAZIE ist auch Voraussetzung der Erotik. Denn solange der Mensch über sein Bewusstsein verfügt, sehnt er sich – jedenfalls nach Herrn C… – vergeblich nach der → GRAZIE. Und muss folglich auch auf die Erotik verzichten. Statt über die gegen-

Der bloße → ANBLICK der in sexuelle Verwicklungen geratenen Littegarde erbost (verwirrt?) ihren Bruder Rudolf so → HEFTIG, daß er seine eigene Frau »durch einen Stoß mit dem

seitige Zuneigung, Verführung und raffinierte Eroberung muss er den anderen stoßartig ergattern, und sei es auf Kosten dessen Lebens. In *Die Familie Schroffenstein* bietet Johann, der aus Liebe den Verstand verliert, Agnes' Dolch die → BRUST: »Reich ich die Brust dem Stoß von deiner Hand« (1056). Während ihres ersten Zusammenstoßes versetzt auch Achilles Penthesilea einen *Stoß gegen die* → *BRUST,* der diese zerreißt (1478–9) – und am Ende des Stückes rächt sich Penthesilea auf ähnliche Weise, indem sie ihrerseits Achilles die → BRUST zerreißt.

Griff des Schwertes, der ihr das Blut fließen machte, rasend auf die Seite warf« (II. 237). Schon diese Geste Rudolfs verrät mehr über sein sexuelles Verlangen und über die Intimitäten seines Ehelebens, als hätte es Kleist seitenlang geschildert.

In *Die Marquise von O....* ist Graf F... von vornherein gewohnt, alles im Sturm zu erobern, sei es eine feindliche Burg oder eine widerspenstige Frau. In der Geschichte erscheint er der Marquise von O.... zunächst als Engel. Doch derselbe Engel stößt gleich bei seiner ersten Bewegung einem der Soldaten so → HEFTIG in den Mund, dass jenem das Blut hervorquillt. Und dies ist erst das Vorspiel zu einem anderen »Stoß«, an dessen Stelle ein → GEDANKENSTRICH steht – der als phallisches Zeichen den Text unterbricht (und erneut anstößt). Doch später bekommt der Graf selbst einen Stoß gegen die → BRUST – von der Marquise nämlich, als er ihr einen heißen Kuß auf die Brust drückt; sie »stieß ihn heftig vor die Brust zurück« (II. 129), obwohl sie an ihm, der ihr zweifellos gut gefällt, wahrscheinlich nichts auszusetzen hat.

In *Die Marquise von O....* flieht der → VATER *vor* seiner Tochter ins *Schlafzimmer,* wendet ihr dort den Rücken zu und entlädt, als sie vor ihm auf die Knie fällt, seine Pistole (II. 125). Dieser Schuß, der auch einem Stoß entspricht, ist ein seltsamer Ausdruck der erotischen Zuneigung des → VATERS – eine Zuneigung, die auch bei der → VERSÖHNUNG nur *maßlos* zum Ausdruck kommen kann.

Stoßen – stürzen, vergewaltigen, zu Tode küssen, zerreißen, töten. Kleist kennt keine Übergänge: Wenn seine Figuren etwas wollen, fallen sie ihrer eigenen → BEGIERDE und ihrem eigenen Willen zum Opfer und stellen am Ende erstaunt fest, dass gerade das Gegenteil dessen eingetreten ist, was sie begehrt haben. Glück und Lust erhoffen sie sich, doch sie »schießen darüber hinaus« und verlieren dadurch auch das wenige, was sie anfangs hatten. Ihre Persönlichkeit gerät so → HEFTIG außer sich und schlägt in ihr Gegenteil um, dass die Figuren dadurch wie Opfer einer unbekannten Macht wirken. Sie werden von dem Unbekannten, das in ihnen lauert, vergewaltigt. Der Stoß, den sie anderen versetzen, ist nichts anderes als der Nachhall jenes noch gewaltigeren Stoßes, den sie durch dieses → UNBEGREIFLICHE erlitten haben. Gleichsam hilflos geben sie die Rache ihres eigenen Dämons weiter. Ihre Handlungen scheinen so endgültig zu sein, und es ist sowenig möglich, andere als sie selbst für ihr Verhalten verantwortlich zu machen, dass sie dadurch den Eindruck von Steinskulpturen erwecken. Oder – um den Vergleich aus Kleists erstem, in seinen Ausführungen noch unreifem, aber vieles vorwegnehmendem Aufsatz zu zitieren – »sie erscheinen mir wie Kometen, die in regellosen Kreisen das Weltall durchschweifen, bis sie endlich eine Bahn und ein Gesetz der Bewegung finden« (II. 309). Diese Bahn und dieses Gesetz finden Kleists Figuren nie. Der *Einklang,* die universelle *Harmonie*, ist ihnen nie gegeben. Sie sind allesamt einsame Planeten, die jede *Bahn* verlassen haben – nichts bindet sie, obwohl sie sich nach nichts mehr sehnen als gerade nach Bindungen. Darum kann man ihre Bahn auch nicht als Bahn bezeichnen: Sie gehorchen unregelmäßigen, eines jeden Gesetzes entbehrenden Stößen. Um den oben genannten Aufsatz zu zitieren: »Alle ihre Schritte und Bewegungen scheinen nur die Wirkung eines unfühlbaren aber gewaltigen Stoßes zu sein, der sie unwiderstehlich mit sich fortreißt.« (ebd.)

STUHL

Am Hof des sächsischen Kurfürsten läuft die Besprechung, wie in Kohlhaas' Fall vorzugehen sei. Neben dem Kurfürsten sind Prinz Christiern von Meißen, Graf Wrede, Graf Kaliheim sowie Hinz und Kunz, die beiden Herren von Tronka, anwesend. Die Stimmung wird immer gespannter: Die Meinungen über die Berechtigung von Kohlhaas' Motiven gehen immer weiter auseinander, und die Stimmung wendet sich immer mehr gegen Hinz und Kunz. Da nimmt Hinz für den Prinzen und den Kurfürsten Stühle von der → WAND und setzt sie »auf eine verbindliche Weise ins Zimmer« (II. 51) – und dann teilt er, ohne ein Wort über die Stühle zu verlieren, mit, dass er erfreut sei, dass der Prinz mit ihm übereinstimme. Der Prinz hingegen möchte den Kämmerer von sich fernhalten; er hält den Stuhl in der Hand und setzt, ohne Platz zu nehmen, den Streit fort, der immer → HEFTIGER wird. Auch der Kurfürst setzt sich nicht. Als die Stimmung giftiger zu werden droht, tritt er an den Tisch. Über die Stühle fällt kein Wort mehr. Keiner hat sich gesetzt.

In *Die Marquise von O....* stürmt Graf F..., der schon für tot gehalten wird, in das Haus Herrn G...'s und bittet ihn ohne jede Einleitung um die Hand seiner Tochter. Die Familie kommt gar nicht zu Wort. Als Erster wird der → VATER Herr der Lage: »Der Kommandant sagte: ob er nicht Platz nehmen wolle; und setzte ihm, auf eine verbindliche, obschon etwas ernsthafte, Art einen Stuhl hin.« (II. 110) Der Graf setzt sich und beginnt, ohne auf die bestimmte, wenn auch höfliche Zurückhaltung des → VATERS zu achten, seine Gliedersätze aufzusagen, die sich wie ein Wasserfall über die (vermutlich *stehenden*) Anwesenden → ERGIESSEN. Zwischen den in vier Gliedersätzen eingeflochtenen 32 → DASS-Formulierungen macht er kaum eine Pause. Dann ist er erschöpft. Da teilt ihm der → VATER, die → AUGENBLICKliche Pause nutzend, mit, dass er nach Neapel reisen solle und sie dann sehen würden, was sich daraus ergäbe. »Der Graf saß einen Augenblick, und schien zu suchen, was er zu tun habe. Drauf, indem er sich erhob, und seinen Stuhl wegsetzte« (II. 113), teilt er mit, dass er doch nicht abreisen, sondern als Gast des Hauses dortbleiben möchte.

Die Figuren greifen sich Stühle, setzen sie mitten in der Szene ab und bitten andere herzlich, Platz zu nehmen; diese setzen sich entweder und vergessen das Möbelstück im nächsten Moment, oder sie bemerken es gar nicht, sondern behalten es in der Hand und vergessen es ebenfalls. Der Erzähler hingegen vergisst nicht. Als Vollblutdramatiker weiß er, dass es keine → ZUFÄLLIGEN Requisiten gibt. Auch die langen Monologe und gespannten Dialoge lenken seine Aufmerksamkeit nicht vom Stuhl ab. Er benimmt sich wie jener Schauspieler, über den Diderot in *Das Paradox über den Schauspieler* schreibt: »Er kommt mit blutigen Händen wieder herauf, voll Entsetzen, seine Glieder zittern [...]. Indessen stößt [er] mit dem Fuß ein diamantbesetztes Ohrgehänge, das sich von dem Ohr einer Schauspielerin gelöst hatte, in die Kulisse« (Diderot, 313–4). Mit dem Unterschied, dass der Stuhl bei Kleist ein absichtlich platziertes → ZUFÄLLIGES »Ohrgehänge« ist.

Der Stuhl ist ein Möbelstück, mit dem man das Zimmer einrichtet – das inhaltlich aber keine Rolle spielt. Ein Bühnenrequisit. Er ist dafür da, dass ihn die Figuren in ihrer → *VERWIRRUNG*, wenn ihnen *gerade nichts einfällt*, ergreifen, in der Hand halten, hin und her schieben – und *dabei* überlegen, wie sie das Gespräch fortsetzen sollen.

Es hat die gleiche Funktion wie das → ZUCKEN der → OBERLIPPE des Zeremonienmeisters, bei dessen → ANBLICK sich in Mirabeau endgültig ausformt, woran er bis dahin gar nicht – oder höchstens → UNBEWUSST – gedacht hat (II. 321). Der Stuhl: ein *Gegenstand*, der mit der *Leidenschaft*,

Der Stuhl ist nicht bloß ein überflüssiges Möbelstück! Als sich Herr G... mit der Marquise von O.... → VERSÖHNT, küsst er, auf einem *Stuhl* sitzend, die Lippen seiner Tochter, die auf seinem Schoß sitzt; und seine Frau, die hinter ihnen steht, beobachtet sie, »sich um den Stuhl herumbeugend« (II. 138–9). Der Stuhl ist hier die Hauptfigur – das Postament einer *sentimentalen Laokoon-Gruppe.*

dem alles hinwegfegenden Affekt der Figuren nur äußerlich etwas zu tun hat. Und dennoch lässt er die Zusammenhanglosigkeit der → WELT *innerlich* spüren. So hoffte Kant, dadurch von seiner Melancholie befreit zu werden, dass er strengstens darauf achtete, dass die Ordnung der Stühle in seiner Wohnung gewahrt blieb. Er flüchtete vor den Abgründen, die sich zuweilen in ihm auftaten, indem er sich an Gegenstände klammerte. In Kleists Werken sind dies die Stühle: Zubehör der Sinnlosigkeit. Möbelstücke der Ratlosigkeit. Requisiten der → KANT-KRISE.

Kant »war an den kleinsten Umstand durch seine ordentliche und gleichförmige Lebensart eine lange Reihe von Jahren hindurch so gewöhnt, daß eine Schere, ein Federmesser, die nicht bloß zwei Zoll von ihrer Stätte, sondern nur in ihrer gewöhnlichen Richtung verschoben waren, ihn schon beunruhigten, die Versetzung größerer Gegenstände in seinem Zimmer; als eines Stuhles, oder gar die Vermehrung oder die Verminderung der Anzahl derselben in seiner Wohnstube, ihn aber gänzlich störte, und sein Auge so lange an die Stelle hinzog, bis die alte Ordnung der Dinge wieder völlig hergestellt war.« (Wasianski, 261)

TEUFEL

Anfangs → SCHEINT er ein Engel (Graf F…) oder → GOTTES SOHN (Nicolo) zu sein. Unbemerkt nimmt er Gestalt an. Als träte er aus dem Nichts hervor. Doch dazu bedarf er der Hilfe. Und meist eilen ihm gerade jene zu Hilfe, die sich am meisten vor ihm in Acht nehmen müssten. Sie malen den Teufel so lange an die → WAND, bis er von dort heruntertritt. Und danach können sie ihn nirgendhin mehr zurückschicken.

Richter Adam zum Beispiel tut nichts anderes, als den Teufel heraufzubeschwören. In den ersten drei Auftritten des Stückes ruft er sechsmal aus: »Den Teufel auch!« (38,106,178), »Der Teufel hols« (277) bzw. »Der Teufel soll mich holen« (189, 249). Und der Teufel lässt sich nicht lange bitten. Zum siebten Mal wird er heraufbeschworen, als Walter Adam fragt, wo zum Teufel er seine Perücke gelassen habe (396). Da ahnt er noch nicht, was der Autor schon weiß (sonst würde er den Teufel nicht so oft heraufbeschwören) und was später Adam selbst aussprechen wird: dass nämlich der Teufel selbst eine Perücke zu tragen pflegt. Am Ende des Stückes, als Adam hinkend flüchtet (Pferdefuß!), wird er an seiner Perücke erkannt: »Jetzt kommt er auf die Straße. Seht! seht! / Wie die Perücke ihm den Rücken peitscht!« (1958–9)

Die → METAPHER ist Wirklichkeit geworden. Die Figuren, mit Adam an ihrer Spitze, umkreisen so lange das Wort »Teufel«, bis dieser Gestalt annimmt. Im Stück spielt sich ein doppelter Vorgang ab. Im Verlauf des ersten Handlungsstranges wird der Täter entlarvt. Die verborgene Wahrheit wird erhellt (wobei eine der Figuren, Licht, behilflich ist), das Rätsel wird gelöst. Doch parallel dazu werden wir im Verlauf eines zweiten Stranges Zeugen der Geburt des Teufels. Je offensichtlicher die Wahrheit wird, umso lebensfähiger wird der Teufel. Das Geheimnis wird gelöst, und dadurch degradiert sich das, was die Figuren bis dahin für die Wirklichkeit hielten (dass nämlich Adam unschuldig ist), zum bloßen → SCHEIN. Indessen nimmt der »Schein« (ein harmlos anmutender Gemeinplatz, eine → METAPHER) immer mehr die Gestalt der Wirklichkeit an.

Die bei der Verhandlung versammelten Personen verkennen Adam mindestens ebenso wie die Wahrheit – und zum Teil handelt das Stück ja auch vom Kampf der Missverständnisse. Und gäbe es nicht Walter, der zuletzt alles löst und ordnet, würde die zum Leben erwachte → METAPHER alles besiegen – schließlich lässt Kleist offen, was mit Adam geschehen wird. Vielleicht wird er woanders, in einem anderen Stück, seine Praktiken erfolgreicher verfolgen. Walter kann den Teufel unschädlich machen und verbannen. Doch auch er hat nicht die Macht zu verhindern, dass die → METAPHER zum Leben erwacht. Denn diese Möglichkeit lauert überall. Selbst in der Liebe zwischen Ruprecht und Eve entdeckt Kleist den verborgenen Keim eines Konflikts, doch diesmal lässt er ihn, gemäß den Regeln des Lustspiels, nicht aufgehen.

Schon in *Die Familie Schroffenstein* beweist das → VERSEHEN die → OHNMACHT der Sterblichen gegenüber der Macht des Teufels. Rupert, der die Tochter seines Gegenspielers ermorden will, glaubt beim → BLICK in den Fluss im → SPIEGEL des Wassers einen Teufel zu sehen (2229). Seinen → AUGENBLICKlichen Schrecken niederringend, beschwört er sofort den Teufel – zusammen mit → GOTT. »So fuhr ein Gott / So fuhr ein Teufel sie mir in die Schlingen, / Gleichviel! Sie haben mich zu einem Mörder / Gebrandmarkt boshaft, im Voraus.« (2246–9). Und als er statt Agnes → VERSEHENTLICH seinen eigenen Sohn umbringt, erblickt er im Antlitz des Jungen eine teuflische Visage. Nicht sich selbst sieht er als Teufel, sondern seinen Sohn: »Ein Teufel / Blöckt mir die Zung heraus« (2677–8), sagt er, nachdem er die Leiche mehrmals gründlich angesehen hat. In diesem frühen Stück tritt der Teufel nicht als eine Figur aus dem Lustspiel auf, versehen mit Hufen und Hörnern, sondern als ein Wesen, dessen Haupteigenschaft darin besteht, dass man es nicht – oder nur zu spät – bemerkt. Auf den ersten → BLICK ist Rupert der Teufel des Stückes – denn er ist der Motor jeder Bosheit. Doch das überaus absurde (und insofern fast lustspielhafte) Ende beweist, dass sich der Teufel für Kleist nicht an eine konkrete Figur binden lässt. Am teuflischsten ist nämlich der Verlauf selbst – die Kette der Missverständnisse und → VERSEHEN, in deren Verlauf jeder denjenigen umbringt, den er nicht umbringen dürfte. Der Teufel ist nichts anderes als das → VERSEHEN. Und die Wahrheit des Teufels ist die Unmöglichkeit der Enthüllung der Wahrheit.

Diese Erkenntnis vertieft Kleist radikal in *Amphitryon*. Hier verhindert der Teufel nicht mehr die Enthüllung der (sonst vorhandenen) Wahrheit, sondern macht diese von vornherein illusionär. Am Anfang des Stückes fädelt Jupiter eine harmlos anmutende Intrige ein; doch diese artet alsbald in einem »Teufelsrätsel« (616) aus, dem auch er zum Opfer fällt. Glaubte er noch zu Beginn des Stückes, dass man die irdischen Irrtümer und Illusionen und die transzendenten Wahrheiten voneinander fernhalten könne, so muss er spätestens in der fünften Szene des zweiten Aktes erkennen, dass → *SCHEIN* und *Wirklichkeit, Irrtum* und *Wahrheit* nicht voneinander zu unterscheiden sind. Und das bedeutet den Sieg des *Teufels* – dem Jupiter ebenso zum Opfer fällt wie die Sterblichen. Der Sieg des Teufels bedeutet den Sturz → GOTTES. Es gibt keine Wahrheit, nur den Irrtum – und man kann nicht einmal sagen, womit verglichen sich die Figuren irren. Alle im Stück halten alle anderen für teuflisch; und da die männlichen Hauptfiguren ineinander sich selbst erblicken, erlischt ihre Identität. Alkmene vermutet das Spiel eines »bösen Dämons« (839). Dieser Dämon (Teufel) beraubt Sosias seines Geistes (»Hätt ihn die Hölle ausgeworfen, / Es könnt entgeisternder mir nicht sein Anblick sein«, sagt er beim → ANBLICK Merkurs – 138–9) – doch Sosias bezeichnet ihn, den er anfangs für einen Teufel hält und von dem er sich fernhalten will, bald darauf schon

»Und wär ein Teufel gestern dir erschienen,
Und hätt er Schlamm der Sünd, durchgeiferten,
Aus Höllentiefen über dich geworfen,
Den Glanz von meines Weibes Busen nicht
Mit einem Makel fleckt er!«
(1282–6)

als »Teufels-Ich« (743). Das → VERSEHEN steigert sich zu einem Strudel, dem selbst Jupiter nicht entkommen kann. Als er mit dem Gedanken spielt, dass Alkmene in seiner Person der Teufel begegnet ist, ahnt er nicht, wie recht er hat: Nicht nur Alkmene, sondern auch er, der oberste → GOTT, ist ein Opfer des Teufels.

Und als er am Ende des Stückes mithilfe einer Art *deus ex machina* der irdischen → WELT regelrecht *entflieht*, verweist Alkmenes letztes → »ACH!« nicht nur auf die unmöglich gewordene Situation der Frau, sondern auch darauf, dass der → GOTT nirgendhin mehr zurückkehren kann. Das → VERSEHEN ist universell geworden.

Dieser von Jupiter beschworene Teufel erinnert auffällig an den teuflisch-engelhaften Graf F..., der einmal einen Schwan mit Schlamm bewirft, dem es jedoch genauso wenig gelingt, die Marquise von O.... zu beschmutzen.

Der Teufel triumphiert nicht spektakulär, sondern unauffällig. Nicht der → HÖLLE entsteigt er wie Goethes Mephisto, sondern er wird von den Menschen geschaffen – nach ihrem Ebenbild, durch ständiges → VERSEHEN, Missverstehen, Verfehlen, ständige Verstellung und Selbsttäuschung. Das zeigt sich an der Gestalt Nicolos in *Der Findling,* der von Günter Blöcker als das »grundlos Böse« und von Thomas Mann als »Unheilbringer« bezeichnet wird. Doch Nicolo ist nicht von vornherein bösartig, sondern wird es durch das freudlose, von Unterdrückung geprägte Zuhause – Rolf Dürst sieht ihn von vornherein als Opfer seiner Adoptiveltern (vgl. Linn, 93–101) –, und seine vermeintliche »Sünde« (sich in jemanden zu verlieben, von der er mit vollem Recht annimmt, dass sie ihn liebt) lässt es zweifelhaft erscheinen, ob er überhaupt bösartig genannt werden kann. Und wenn ja, dann sind es die anderen Figuren auch. Denn was Selbsttäuschung, Verdrängung, Lüge und Scheinheiligkeit angeht, übertreffen sie noch Nicolo. Nach einem transzendenten »Bösen« sucht man in Kleists Werken ohnehin vergeblich. Nicht das Böse ist bei ihm transzendent und auch nicht das Gute, *sondern das Fehlen jeder Transzendenz vertieft sich seinerseits bodenlos – zur »Transzendenz«*. Bei Kleist ist der Teufel kein Vertreter »des« Bösen, noch leistet er als entgegengesetzte Kraft dem Sieg »des« Guten Vorschub (wie bei Goethe). Kleist schafft vielmehr eine radikal neue Situation. Seine »Teufel« lassen sich deshalb so schwer mit der christlichen Tradition vereinbaren, weil er »Gott« keine herausragende Rolle zuerkennt. Es existiert nur *eine* → WELT, und damit stellt sein Œuvre auch jede herkömmliche Metaphysik infrage.

»Wir können nicht entscheiden, ob das, was wir Wahrheit nennen, wahrhaft Wahrheit ist, oder ob es uns nur so scheint. Ist das letzte, so *ist* die Wahrheit, die wir hier sammeln, nach dem Tode nicht mehr – und alles Bestreben, ein Eigentum sich zu erwerben, das uns auch in das Grab folgt, ist vergeblich –« (22. März 1801 – II.634)

Diese → WELT, wie die Welt in *Das Erdbeben in Chili,* erscheint bald unendlich gut (in dem Hain bei St. Jago), bald unendlich böse (auf dem Platz neben der Kirche), bald erscheint sie gerecht (wenn sie die Liebenden rettet), bald hält sie mit derselben Willkür Unrecht bereit (sie tötet die Liebenden, lässt die gute Äbtissin sterben und den *bösen* Vizekönig überleben). In Kleists Werken kämpfen nicht das *Böse* und das *Gute* als Vertreter zweier unterschiedlicher Welten gegeneinander, sondern die eine existente Welt ist ein Mischung aus Absurditäten, Unmöglichkeiten, maßlosen Leidenschaften, → UNBEGREIFLICHEN Handlungen und → UNVERSTÄNDLICHEN Schritten; sie *erscheint* einmal gut, ein andermal böse. »Hinter« diesem → SCHEIN gibt es keine »Wirklichkeit«; die Maske verhüllt nichts. Das Antlitz, das zum Vorschein kommt, ist bald engelhaft, bald teuflisch (Graf F...), ohne dass man entscheiden könnte, welchem von beiden zu glauben sei.

Diese Unentschiedenheit ist das Teuflischste bei Kleist – dass nämlich seine Figuren beim Anblick des Teufels keine Ahnung haben, *womit verglichen* dieser teuflisch zu nennen ist. Es ist verständlich, dass viele von ihnen, zuweilen die Besten, ihr eigenes Ebenbild darin erkennen.

TRÄUMERISCH

Als Kohlhaas erfährt, dass die Leute von Tronka seinen Diener Herse verprügelt und seine Pferde zugrunde gerichtet haben, möchte er den nichtswürdigen Schlossvogt im ersten Affekt am liebsten zu Boden strecken. Doch sein Rechtsgefühl, das einer Goldwaage gleicht, wankt noch, sodass er, statt ihn zu verprügeln, »die Schimpfreden niederschluckend, zu den Pferden trat, und ihnen, in stiller Erwägung der Umstände, die Mähnen zurecht legte« (II. 14).

In der ersten, im *Phöbus* erschienenen Fassung der Erzählung, verschluckt Kohlhaas nicht die Schimpfreden, sondern tritt »auf eine träumerische Art« zu den Pferden (II. 896). Er tut das, obwohl er keinen Grund hat, träumerisch zu sein. Im Gegenteil, er möchte den Schlossvogt verprügeln. Und doch beginnt er stattdessen zu träumen. Damit nehmen die Rache, der Feldzug, das Weltgericht und die Kette von → TodesFÄLLEN ihren Anfang. Statt die Lage zu überdenken, beginnt Kohlhaas zu träumen; statt Argumente und Gegenargumente gegeneinander abzuwägen, versinkt er in sich; statt rational zu umreißen, welche Taktik und Strategie die Situation erfordere, schaltet er sein Bewusstsein aus. Und von da an bewegt er sich auf zwei Ebenen: Einerseits lenkt er geschickt, überaus durchdacht und mit perfektem taktischen Gespür die Ereignisse (so wie Homburg die Schlacht), andererseits erweckt er ständig den Eindruck, als wäre er gar nicht anwesend, als handelte ein Automat an seiner Stelle (auch darin nimmt er Homburg vorweg). Das Ergebnis ist ein eigenartiges Durcheinander: Alles gerät in Unordnung, wodurch wiederum, wie das Ende von *Michael Kohlhaas* oder *Prinz Friedrich von Homburg* (oder der Ausgang von Calderons *Das Leben ein Traum)* zeigt, alles eine Lösung findet – so auch die *Politik.*

Was verbirgt sich hinter dieser *Verträumtheit?* In der Endfassung ersetzt sie Kleist durch das Verschlucken der Flüche, was zeigt, dass es ihm von vornherein nicht um sentimentale Träumerei ging. Im Gegenteil. Die Verträumtheit bedeutet hier die *Verdrängung* des erlittenen Unrechts. Doch sie besteht nicht nur aus Verdrängung, sondern auch aus wachsendem → UNWILLEN.

Hier träumt keine schöne Seele, sondern ein aufgebrachter Mann. Noch wankt Kohlhaas' Rechtsgefühl, obwohl der Leser schon ahnt, wohin die Waage ausschlagen wird. Noch träumt Kohlhaas – und der Leser kann in seinem Traum »lesen«. In dieser Verträumtheit, die Kleist leider durch die wesentlich eindimensionalere Verdrängung ersetzt hat, schwirren die frühere *(vergangene)* → RECHTSCHAFFENHEIT, das *gegenwärtig* erlittene Unrecht und der *kommende* Rachefeldzug des Helden unentwirrbar durcheinander. Für einen → AUGENBLICK *stürzt* Kohlhaas *aus der Zeit*. Und dieser zeitlose → AUGENBLICK ist eine Vorwegnahme seines späteren Verhaltens, als er als Engel des Gerichts über die *ganze* → WELT Gericht hält – zumindest über die zeitliche Existenz.

Die Einrichtung der → WELT ist für Kohlhaas vor allem hinfällig und gebrechlich. Diese Gebrechlichkeit kommt in der Verträumtheit zum Ausdruck. Kohlhaas wird für einen Moment gebrechlich (beinahe weiblich), zugleich beginnt er jedoch auch, die Gebrechlichkeit der → WELT klar zu erkennen. Einerseits wiegt ihn der Traum, andererseits härtet er ihn auch ab. Er verhilft ihm zu festen und damit nicht diesseitigen Erlebnissen. In der Verträumtheit deutet sich eine Wahrheit an, die sich mit der irdischen Wahrheit, an deren Existenz Kleist schon während seiner → KANT-KRISE zu zweifeln beginnt, nicht vereinbaren lässt. Indem sie träumen, laden sich die Figuren mit nicht diesseitigen Erlebnissen auf. Und wenn sie diese haben, stellen sich für sie auch die irdischen Vorgänge, die Vernunft der → WELT um. Alles, was in der → WELT wichtig zu sein → SCHEINT, verliert seine Bedeutung, ja, zerrinnt in nichts. Die »Farbe« der Dinge wird unsichtbar. Und dennoch ist alles sichtbar, nur eben in einem radikal neuen, nicht diesseitigen Licht. Es zeigt sich die »Kehrseite« der Dinge, ohne dass ihre »Farbe« zu sehen wäre. Das → UNBEWUSSTE verleiht den Figuren das wahre Wissen – doch dabei haben sie keine Ahnung, wie sie dieses neue Wissen mit ihrem Wissen von früher vereinbaren sollen. Der Prinz von Homburg ist sich im Traum im Klaren darüber, dass er Natalie liebt – doch wenn er wach ist, vergisst er ihren Namen (154–6). Penthesilea träumt, dass Achilles sie besiegt hat, und die Art, wie sie Prothoe ihren Traum schildert, lässt erahnen, dass sie sich in der Tiefe ihres Herzens genau danach sehnt (1556–62). Wenn sie jedoch bei ihrem »gesunden Menschenverstand« ist, ist sie ratlos, wie sie ihn erobern könnte. In *Das Erdbeben in Chili* blickt Donna Elisabeth, die sonst selten in Erscheinung tritt, sich dann aber stets rätselhaft benimmt, Josephe »träumerisch« (II. 151) an – und lässt dadurch auch den Leser ahnen, dass Josephe ein tragisches Ende ereilen wird. Sie ahnt, dass Josephe ein tragisches Ende ereilen wird – doch sie hat keine Ahnung, wie sie ihr helfen könnte.

Traum und Verträumtheit sind bei Kleist niemals unschuldig. Obwohl sie in vielem an die Verträumtheit bei Rousseau erinnern, unterscheiden sie sich dennoch grundsätzlich von ihr: Die Träumerei ist keine Ergänzung (Fortsetzung) des Wachseins (des Rationalismus). Kleists Träumer *richtet sich* nicht nach der Welt bei Tag, sondern *flieht nach vorne.* Bezeichnenderweise wird Kleist selbst erst nach seiner → KANT-KRISE der Bedeutung der Träumerei bewusst (II. 674, 695 – 28. Juli, 10. Oktober 1801) – als es bereits zu spät ist. Während er seinen Freundinnen von der Süße der Träumerei vorschwärmt, schreibt er mit maßlosem Schmerz über all das, was er für verloren hält. Dabei → SCHEINT er die Zukunft vorauszusehen, die für ihn genauso verhängnisvoll enden wird wie für den ebenso verträumten Nicolo in *Der Findling.* Als Nicolo Colinos Namen wiederholt, wiegt sich bei dem Klang »sein Herz, er wußte nicht warum, in süße Träume« (II. 209). Natürlich weiß Nicolo nicht, warum: Er lernt gerade erst die Logik der Träume, die sich radikal von der rationalen Logik der Welt »bei Tag« unterscheidet, kennen. Denn in Nicolos Verträumtheit vermischt sich seine wachsende Zuneigung zu Elvire mit seiner zunehmenden → RACHSUCHT ihr gegenüber. Beides lässt sich nicht miteinander vereinbaren. Die Verträumtheit nimmt auch das schreckliche Ende vorweg, das Nicolo natürlich überhaupt nicht zur Kenntnis nehmen möchte. Und wenn man in *Die Marquise von O....* liest, dass Phantasos bzw. Morpheus, die Söhne des → SchlafGOTTES, der → VATER ihres Kindes sein könnten (II. 109), dann sprechen die Mutter und die Marquise zwar *im Scherz,* doch der Erzähler meint es auch *ernst* (dafür spricht auch, dass in der ersten, im *Phöbus* erschienenen Fassung noch der Traum der → VATER des Kindes ist!). Denn → UNBEWUSST sehnt sich die Marquise die ganze Zeit nach dem Grafen (nach Michael Moering fällt sie zu Beginn der Erzählung deshalb in → OHNMACHT, weil sie in ihm einen Engel sieht – vgl. Moering, 258), doch sie wehrt sich

→ HEFTIG gegen ihr Verlangen, weil es für sie unvorstellbar ist, dass die → WELT bei Tag und die Welt des Traums eins werden. Die *Verträumtheit* stellt für die Marquise die einzige Möglichkeit dar, den Grafen als → VATER ihres Kindes anzuerkennen, ohne deshalb den Mann aus Fleisch und Blut verleugnen zu müssen.

Im Traum und in der Verträumtheit kommt die aus der Umklammerung der gebrechlichen und hinfälligen → WELT befreite, nackte Wahrheit zum Vorschein. Sie ist deshalb nackt, weil sie *nicht sichtbar* ist – zumindest nicht mit den Augen des Tages. In *Die Verlobung in St. Domingo* verweist der Erzähler gleich zweimal auf Tonis Verträumtheit (II. 173) – und gleich darauf lässt er Gustav ihr ihre gespenstische → ÄHNLICHKEIT mit der hingerichteten Mariane Congreve eröffnen und ihr die Unschuld nehmen, die zu verlieren ihr unter Androhung der Todesstrafe verboten ist. In der Verträumtheit verschmelzen die *gerade* erwachende Liebe und der *zukünftige* Tod miteinander. Die → BEGIERDE → SCHEINT sich zu erfüllen. Doch gleichzeitig beginnt die Persönlichkeit des Sehnenden sich in zwei Teile zu spalten, in ein irdisches und ein nicht irdisches (tödliches) Ich. Amphitryon hegt den Verdacht, dass Alkmene nur geträumt hat, er sei zuvor bei ihr gewesen (835–7); und später gesteht Alkmene Charis, dass Jupiter, den sie für ihren Mann hielt, ihr wie in einem Traum erschienen sei (1192). Der Traum bringt hier die Wirklichkeit so radikal durcheinander, dass er selbst zur einzigen Wirklichkeit wird. Erst im Traum wird klar, dass die sogenannte Wirklichkeit nichts anderes als die *Tragödie des → SCHEINS* ist.

Neben *Prinz Friedrich von Homburg* geht der Traum nur in *Das Käthchen von Heilbronn* so in Erfüllung, dass die Wirklichkeit nicht darunter leidet. Hier erscheint der Konflikt zwischen der Annahme und der Ablehnung des Traumes unüberbrückbar. Dass sich Käthchen nicht von der Wirklichkeit beeinflussen lässt, führt nicht nur dazu, dass ihr Charakter felsenfest wird, sondern lässt sie auch den Eindruck einer Schlafwandlerin erwecken. Spräche man sie an, so verlöre sie sofort ihr Gleichgewicht und stürzte sofort ab – in die → WELT hinein. Oder mit dem Aufsatz über das *Marionettentheater* gesprochen: in die → WELT des Bewusstseins und der Reflexion. Eine der Regeln dieser besteht gerade darin, den Traum zu verdrängen und auf bloße Träumerei, bloßes Sich-Wiegen zu reduzieren. Wie Homburg fällt auch

Käthchen deshalb immer wieder in → OHNMACHT, weil der Balanceakt einer übermenschlichen Kraft bedarf. Denn es handelt sich um nichts anderes als darum, bei Aufrechterhaltung des Anscheins von *Besonnenheit* und *Normalität,* sich zugleich in einer → WELT heimisch zu bewegen, die mit diesem Leben der Besonnenheit und Normalität durch keine Brücke verbunden ist. Sie müssen sich benehmen, als wären sie ansprechbar – obwohl ihre innere → WELT ohne Zugang ist.

Die → WELT, die sich im Traum auftut, bildet bei Kleist keine Ergänzung zur Welt bei Tag, sie ist nicht deren »negativer« Abdruck, sondern eine eigenständige, positive Existenz. Sie ist genauso ausschließlich, wie die → WELT bei Tag erscheinen möchte. Es verwundert nicht, dass die Träumer bei Kleist gelegentlich den Eindruck von Wahnsinnigen und Geisteskranken erwecken. Nachdem sich Amphitryon Sosias' Bericht, wie er seinem Ebenbild begegnete, angehört hat, tauchen in ihm drei Möglichkeiten auf: Sosias war *betrunken,* er *träumte* oder er hat *den Verstand verloren.* Es ist unvorstellbar, dass so etwas in der → WELT »bei Tag« passiert. Die → WELT der *Möglichkeiten* schließt das *Unmögliche* aus. Indem er auch dem *Unmöglichen* eine »Möglichkeit« gewährt, stellt Kleist die Tradition des europäischen Rationalismus infrage. Nicht weil er ermöglicht, was bis dahin unmöglich schien (seine Werke haben mit der zu jener Zeit immer beliebteren fantastischen Literatur wenig zu tun), sondern weil er den Begriff des Möglichen selbst unterminiert. Das Unmögliche wird »möglich«, weil das »Mögliche« selbst in unmöglichem Licht zu erscheinen beginnt – die → WELT wird

»So entsinne ich mich besonders einmal als Knabe vor 9 Jahren, als ich gegen den Rhein und gegen den Abendwind zugleich hinaufging, und so die Wellen der Luft und des Wassers zugleich mich umtönten, ein schmelzendes Adagio gehört [zu] habe[n], mit allem Zauber der Musik, mit allen melodischen Wendungen und der ganzen begleitenden Harmonie […], alles, was die Weisen Griechenlands von der Harmonie der Sphären dichteten, nichts Weicheres, Schöneres, Himmlischeres gewesen sei, als diese seltsame Träumerei.« (19. September 1800) Später fügt er jedoch hinzu: »Das *denke* ich – und fort ist das ganze tönende Orchester« (II. 569). Kleist ruft hier offensichtlich das Beispiel *Rousseaus* zu Hilfe und passt seine eigenen Erlebnisse dessen *Die Träumereien eines einsamen Spaziergängers* an. Er glaubt, seine *innersten* Gefühle mithilfe eines *Musters* zum Ausdruck bringen zu können. Daraus lässt sich jedoch nicht folgern, dass seine Gefühle

unzuverlässig. »O! hier im Busen brennts, mich aufzuklären, / Und ach! ich fürcht es, wie den Tod« (1835–6), spricht Amphitryon. Dieser Seufzer nimmt Alkmenes letztes → »ACH!« vorweg: Die *Aufklärung* ist untrennbar verbunden mit dem *Tod.* Bei *Tag* (in der Helligkeit, der Besonnenheit) deutet sich für Amphitryon die *Nacht* (der Traum, der Wahn, der Rausch) an – und was er bis dahin auseinanderhalten wollte, beginnt sich nun in seinem eigenen Schicksal ineinander zu verflechten. In *Amphitryon* zeichnet sich das Scheitern der ausschließlich auf Rationalismus und Aufklärung beruhenden Kultur ab.

Nach Michel Foucault besteht der entscheidende Unterschied zwischen der → WELT bei Tag sowie dem Traum und dem Irrtum bzw. dem Wahn darin, dass während Erstere durch die Struktur der Wahrheit beherrscht wird, die GeistesVERWIRRUNG durch das Subjekt selbst der Oberhoheit der Wahrheit entzogen wird (vgl. Pethö, 130). In Kleists Fall lässt sich beides nicht klar voneinander trennen, denn hier kann sich die Wahrheit von vornherein nur durch den Filter des Irrtums und des → SCHEINS manifestieren (bzw. nicht manifestieren). Die Verträumtheit ist bei ihm die Folge eines Irrtums, der auch → GeistesVERWIRRUNG hervorrufen kann. Der Träumer »zieht sich« nicht in eine abgegrenzte Nische zurück, sondern macht seinen Zustand allein gültig. Wenn sie aus der Welt des Diskurses herausstürzen, suchen Kleists Helden keinen Weg zurück, sondern versuchen ihr nicht diskursives Universum bewohnbar (und damit verständlich, logisch) zu machen. Das wird jedoch von der europäischen Kultur und der → BILDUNG

nicht aufrichtig sind, sondern vielmehr, dass er noch *keine* Sprache gefunden hat, die nicht an die Sprache der Welt des Diskurses gebunden ist. Am liebsten gebrauchte Kleist hier wie auch in seinem Werk die Sprache der *Wahnsinnigen* – und die Spannung in seinen Schriften hat auch darin ihren Ursprung, dass er die Sprache der Normalität wie einen Panzer an Erlebnissen anhängt, die jenseits der Grenze aller Normalität sind. Hinzu kommt, dass auch das Muster – Rousseaus → NATURbeschreibung – *das Erlebnis* nicht *unmittelbar zum Ausdruck bringt.* Mit den Worten Paul de Mans: »Rousseau does not even pretend to be observing. The language is purely figural, not based on perception, less still on an experienced dialectic between nature and consciousness.« (de Man, 1993, 203)

Zu Kleists Lebzeiten wurde *Penthesilea* nicht aufgeführt, allerdings trug Henriette Hendel-Schütz

ausschließlich in Form von Geisteskrankheit – und im günstigsten Fall von »Schöngeisterei« – toleriert. Der Träumer wird in einen »Käfig« (eine Nervenheilanstalt, die Literatur) gesperrt, damit seine *Unberechenbarkeit* die → WELT nicht gefährde. Denn wenn er sich – wie Kohlhaas oder Homburg – losreißt, droht die Gefahr von Chaos. Wenn er nicht im Zaum gehalten wird, versucht der Träumer, die ganze → WELT seinen inneren Wünschen anzupassen – so wie Penthesilea, die in der letzten Szene sowohl den Eindruck einer Träumerin als auch einer lebenden Toten erweckt. Der Blut aus dem Mundwinkel rinnt! Penthesilea, die ihre Gefährtinnen zu dem Zeitpunkt schon für *unnennbar* halten, ist wie jemand unter Hypnose. Mit dem entscheidenden Unterschied, dass während die Hypnose von einem *besonnenen* Arzt geleitet wird, der die Vorgänge in der Hand hält (auch wenn er nicht *Herr* über sie ist, da seine Besonnenheit eine Rolle ist, die die → WELT von ihm erwartet), Penthesilea vom *Unmöglichen* hypnotisiert wird. Sie *halluziniert* nicht, denn es gibt keine verlässliche Wirklichkeit, mit der verglichen ihre Ideen Irrtümer wären. Sie hat jedes Maß verloren, doch nicht, weil sie *krank* wäre, sondern weil auch die → WELT keine Wahrheit mehr kennt. Ihre Gestalt hebt sich nicht vom Hintergrund einer *besonnenen* und *wachen* → WELT ab, die jeden ihrer Schritte überwacht (wie sie das bei Orsina in *Emilia Galotti* oder bei Ibsens Hedda Gabler, Oscar Wildes Salome oder Maeterlincks Melisande tut), sondern vom Hintergrund des Unmöglichen, das sie belebt. Deshalb ist es riskant, sie als hysterisch zu bezeichnen. (Die Hypnose ist das *»Modell der Hysterie«*,

am 23. April 1811 Ausschnitte daraus als *Pantomime* vor. Es ist nicht bekannt, wie ihre Darstellung war. Müsste ich sie mir vorstellen, fielen mir am ehesten die Bewegungen einer Hypnotisierten ein. Seit 1880 ließ man Hypnotisierte auch im *Theater* auftreten. Seit 1903 trat in München und dann in Berlin öfter eine gewisse Madeleine (Madelaine, Magdelaine) D. auf der Bühne auf, die vor Betreten der Bühne von ihrem Arzt hypnotisiert wurde und daraufhin zur Musik von Lehár, Boccherini, Mendelssohn usw. tanzte (vgl. Marx, 28–9). Am 8. Februar 1905 schrieb Alfred Kerr eine Theaterkritik über sie. Wüsste man nicht, dass er über Madeleine G. schreibt, könnte man glauben, dass er über eine Aufführung von *Penthesilea* berichtet: »[I]st Magdeleine G. eine stark hysterische Darstellerin […] oder ist sie eine starke Darstellerin der Hysterie? Wahrscheinlich beides […]. Dieses Tscherkessengesicht mit den Backenknochen, dieser Körper,

schreibt Didi-Huberman – Didi-Huberman, 208.) Oder wenn doch, so ist ihre Hysterie kein *Defekt,* sondern eine positive, schöpferische Kraft. Auch wenn sie ihre Kreativität nur durch Selbstvernichtung und Vernichtung der → WELT (Achilles) zur Geltung bringen kann.

dieses wunderbare Gerüst mit starken neuen Linien, die bald im zuckenden Crescendo nach allen Richtungen zu sprießen zu wachsen scheinen, bald sich ekstatisch zusammenziehen; diese Augen, unsagbar erfüllt; dies Drängen, dieses Greifen, dieses Zusammensinken: – es gibt, in einem wüst großartigen Exemplar der menschlichen Rasse fleischgeworden, ungefähr das Tollste, was die Kreatur zu geben hat. Die Hemmungen sind gefallen [...]. Das Innerste wie nach außen gewendet.« (Kerr, 485–6)

TUCH

Tücher. Taschentücher. Halstücher. Aber auch Laken und Stoffe. Und Decken und Schleier.

In *Die Marquise von O....* sind an jenem gefürchteten → DRITTEN Mutter und Tochter feierlich »wie zur Verlobung angekleidet« (II. 140) und warten, wer sich auf die Annonce meldet. Als zu ihrer Überraschung Graf F... eintritt (ihre Überraschung wäre nicht so groß, wenn sie nicht insgeheim gerade mit ihm rechneten!), versinkt die Marquise vor *Verlegenheit* (!) fast in den Erdboden. Dann reißt sie sich zusammen, »griff nach einem Tuch, das sie auf dem Stuhl hatte liegen lassen«, und bereitet sich auf die Flucht vor (ebd.).

Wie kommt das Tuch auf den → STUHL? Und was ist es für ein Tuch? Und warum greift die Marquise, als sie das Gefühl hat, dass ihr die Wellen über dem Kopf zusammenschlagen und sie bald einen hysterischen → AnFALL erleiden wird, mit der ersten Bewegung gerade nach ihrem Tuch?

Es handelt sich dabei vor allem natürlich um ein *Requisit,* das in jenem *bürgerlichen* Milieu, in dem die Marquise lebt, unentbehrlich ist. (In *Der Findling* ist Elvires → VATER *Tuchfärber,* in *Die Heilige Cäcilie* ist Veit Gotthelf *Tuchhändler.*) Trotz ihres Ranges und ihres Titels ist sie eine *Bürgersfrau,* so wie sich auch ihre Eltern als Bürger benehmen. Graf F... hingegen ist ein wirklicher *Aristokrat:* Die Art, wie er die Frau vergewaltigt und sie dann erneut im Sturm erobert, spielt sich gemäß der Tradition des *deutschen bürgerlichen Trauerspiels* ab. Das Tuch ist hier Symbol der *bürgerlichen Ehrbarkeit:* Indem sie sich an ihr Tuch »klammert«, versucht die Marquise, ihre Ehre zu bewahren. Sie deutet damit ihre Einfachheit, Unverführbarkeit und Reinheit an. Doch diese Reinheit ist zweideutig. Ihre Schwangerschaft ist der Beweis dafür, dass ihre Reinheit befleckt wurde. Dennoch weiß die Marquise, dass ihr Gewissen rein ist – gegen die ganze → WELT beharrt sie darauf, dass man sie für ehrbar hält. Dies wird nur durch eines gefährdet: ihre eigene → INNERSTE → BEGIERDE. Die Vergewaltigung zu Beginn ist kein eindeutiger Gewaltakt: Die Tat des Grafen lässt sich auch so verstehen, dass sie dem geheimsten Wunsch der Marquise entspricht (vgl. Moering, 258) – ähnlich wie im Fall Emilia Galottis, die durch das Nahen des Prinzen nicht so aufgewühlt werden würde, wenn sie sich nicht gerade nach ihm am meisten sehnte. Und wenn die Marquise den anfangs als engelhaft empfundenen Grafen später für einen → TEUFEL hält, dann ist das weniger in Bezug auf ihn als auf sie verräterisch – und *enthüllend.*

»Dieser Roman ist nicht für dich, meine Tochter. In Ohnmacht! Schamlose Posse! Sie hielt, weiß ich, die Augen bloß zu.« (*Die Marquise von O....*)

Als Erstes greift die Marquise nach dem Tuch. Sie will damit ihre *Verlegenheit* verhüllen. Denn sie versinkt fast in den Erdboden, wie der Erzähler im selben Satz, in dem vom Tuch die Rede ist, schreibt. Diese Verlegenheit ist das Durcheinander ihrer inneren → BEGIERDEN – und das Tuch hat damit zu tun. In der Erzählung ist zum ersten Mal vom Tuch die Rede, als die Hebamme anfangs lächelt, dann »ihr das Tuch los[machte]« (II. 124) und schließlich die Schwangerschaft enthüllt.

Die Figur des → VATERS wird unter anderem auch deshalb zweideutig, weil er in der → VERSÖHNUNGSszene bis zum Schluss ein Tuch vor sein Gesicht hält! (II. 137)

Die inneren → BEGIERDEN sind in erster Linie sexueller Art – und das Tuch *verhüllt* wie so oft bei Kleist *sexuelle Begierden.* Allerdings so, wie Veronikas Tuch das Antlitz Christi verhüllt: Obwohl die Figuren ihre → BEGIERDEN durch Tücher verhüllen, schimmern diese durch das Tuch, das Tuch des »Textes« (durch sein Textil, sein Gewebe), hindurch. Dort, wo die *Sprache* auf Tücher kommt, »verknittert« sich auch der Text durch die schlecht verhüllten → BEGIERDEN der Figuren.

In *Der Findling* bedeuten Tücher und Schleier für Elvire das Verhängnis. Ihr → VATER ist ein bemittelter Tuchfärber (II. 202) – darin erinnert er an Veit Gotthelf in *Die heilige Cäcilie,* der ein »berühmter Tuchhändler« ist (II. 220 – vgl. Heubi, 57) –, und Colino, der junge Patrizier, rettet sie aus der → FEUERsbrunst mithilfe von Tüchern, die von den Balken herabhängen.

Die *Bürgerstochter,* die ihr Überleben indirekt dem Handwerk ihres → VATERS verdankt, verliebt sich in den *aristokratischen* Jungen, der kurz darauf stirbt. Als sie Jahre später Nicolo trifft, der Colino zum Verwechseln → ÄHNLICH sieht, erwacht in ihm nicht nur ihre einstige Liebe zum Leben, sondern es taucht in ihr, die sie an der Seite ihres *nüchternen* und *sich jeder Sexualität enthaltenden bürgerlichen* Mannes lebt, erneut die Möglichkeit auf, die *Geliebte eines Aristokraten* zu werden. Das kann offensichtlich nicht *friedlich* vor sich gehen. Als es dazu kommt, dass Nicolo *die ohnmächtige Frau vergewaltigt* (so wie der *Aristokrat* Graf F... die »bürgerliche« Marquise von O.... vergewaltigt), wirft er zuerst ein *schwarzes Tuch* über Colinos Bild (II. 212) und reißt dann, als er die ohnmächtige Frau ans Bett trägt, das Tuch vom Bild herunter. Wahrscheinlich wirft er es auf das Bett. Mithilfe von *Tüchern* rettet Colino das Leben des Kindes Elvire – und nun wird sie auf einem trauerfarbenen *schwarzen Tuch* vergewaltigt, woran sie auch stirbt. Der Erzähler *spricht nichts aus* – die Tücher jedoch sprechen für sich. Sie haben mit Liebe, Überleben, verdrängten sexuellen → BEGIERDEN, Vergewaltigung (Bettlaken!) und Tod zu tun – und der Beruf des → VATERS (Tuchfärber) verleiht den Verwicklungen jene gesellschaftlich-politische Färbung, die in der damaligen deutschen Literatur so selbstverständlich war.

Auch in *Michael Kohlhaas* spielt ein schwarzes Tuch eine Rolle: Kohlhaas lässt den Saal, in dem er seine Frau aufbahren

Im Herbst 1800 und Frühjahr 1801 verkehrt Kleist in Berlin regelmäßig im Haus des Tuchhändlers *Clausius*; einer seiner Vornamen (*Gottlieb*) verweist genauso auf → GOTT wie der Familienname Veit *Gotthelfs*.

Bevor Gustav in *Die Verlobung in St. Domingo* Tonis Unschuld nimmt, nimmt er sein Tuch ab (II. 170), dann bezieht Toni das Bett mit einem weißen Tuch (II. 171), später rückt sie das Tuch an ihrer → BRUST, das verrutscht war, zurecht (weshalb verrutscht es? – II. 173) – und erst dann kommt es zum Liebesakt, den Kleist genauso verschweigt wie in *Die Marquise von O....* (II. 175).

lässt, mit schwarzem Tuch behängen (II. 31). Die Frau musste ihres Mannes wegen sterben – ihr Tod wäre vermeidlich gewesen, wäre Kohlhaas bei ihrem letzten Versuch, ihn zu → VERSÖHNEN, nachgiebiger gewesen. Sie versucht es dabei auch mit *erotischer Verführung:* Sie weint, schluchzt, setzt sich neben ihren Mann, drückt ihn → HEFTIG an sich, bedeckt seine → BRUST mit heißen → KÜSSEN (II. 28) – wobei ihr Tuch schon vorher fast ganz von ihrer Schulter gerutscht ist (II. 26). Hätte Kohlhaas diesem Tuch damals mehr Beachtung geschenkt, müsste er später seine Frau nicht inmitten schwarzer Tücher aufbahren – und müsste sich nicht am Ende der Geschichte am Richtplatz vor seiner Enthauptung das Tuch vom Hals abknöpfen.

Die Tücher verhüllen die → BEGIERDEN und gewähren keinen → EinBLICK in das → INNERE der Seele – in das Kleist stets eindringen wollte. »So viele von Dir empfangene und innig empfundene Wohltaten will ich dadurch zu belohnen suchen, daß ich unaufgefordert und mit der Freimütigkeit der Freundschaft bis in das Geheimste und Innerste Deines Herzens dringe«, schreibt er Ulrike schon im Mai 1799 (II. 488). Hier spricht bereits die Stimme des Autors von *Das Käthchen von Heilbronn* und *Penthesilea:* den anderen entblößen, um jeden Preis, ohne zu fragen, ob er damit einverstanden ist oder nicht. *Doch dabei behält derjenige, der entblößt, die Kleider an und enthüllt sich nicht.* Dadurch wird die Enthüllung zu einer *gewalttätigen* Geste. Ähnlich will später auch Kleist Wilhelmine vergewaltigen. Er will ihr genauso seine Wünsche, seinen Willen und seine Auffassungen aufzwingen, wie Kohlhaas seine Vorstellungen der gan-

Als für sie in *Der Zweikampf* alles in Verwir-

zen Welt aufzwingen will. Doch während sich hinter der Gewalttätigkeit in Kleists frühen Briefen das Bild eines gehemmten, vor Beziehungen zurückscheuenden und sich in Fantasien flüchtenden jungen Mannes herauslöst, steigert sich diese Gewalttätigkeit in den Erzählungen und Dramen ins Maßlose, gleichsam Apokalyptische. Hier ist nicht mehr die Stimme eines gehemmten Menschen zu hören, sondern von jemandem, der daran verzweifelt, dass er in der → WELT keine bleibende Wahrheit zu finden vermag, keinen Halt, der seiner inneren Unruhe ein Ende setzte, kein *Tuch*, das das Fehlen der Wahrheit verhüllte, und der daher der Hoffnung auf eine neue, nicht diesseitige Gewissheit die ganze Welt opfert. Die Gewalt gegen die → WELT verbindet sich mit dem Wunsch nach Enthüllung der Welt.

rung gerät, Littegarde »mit einem Schleier das Haupt verhüllte, und sich, wie in gänzlicher Verabschiedung von der Welt, auf ihr Lager zurücklegte«. (II. 251) Als die Welt enthüllt (→ GOTTES Gerechtigkeit fragwürdig) wird, verhüllt sie sich selbst.

Vor seiner sogenannten → KANT-KRISE erfüllt Kleist das Vorhandensein eines letzten Schleiers, den man niemals von der Existenz heben kann, noch nicht mit Unruhe. Er glaubt, es genüge, die Geheimnisse der physischen und moralischen → WELT zu durchschauen und dann friedlich vor dem ewigen Schleier innezuhalten.

»Wir werden uns selten irren, mein Freund, wir durchschauen dann die Geheimnisse der physischen wie der moralischen Welt, bis dahin, versteht sich, wo der ewige Schleier über sie waltet.« *Aufsatz, den sichern Weg des Glücks zu finden* (II. 310)

Doch nach der → KANT-KRISE findet er sich nicht mit der Existenz dieses Schleiers ab; wie der junge Mann in Schillers *Das verschleierte Bild zu Sais* will auch er um jeden Preis den Schleier heben. Doch die Enthüllung des letzten Geheimnisses der Existenz gewährt ihm keinerlei Gewissheit. Statt einen → BLICK hinter den Schleier werfen zu können, sieht sich Kleist gezwungen, sich mit der immer maßloser werdenden Geste der *Enthüllung* zufriedenzugeben. Kleists ganzes Œuvre ist eine ständige

Enthüllung. Das hat jedoch mit *Kritik* oder *Beurteilung* nichts zu tun. Die ständige, ununterbrochene und gewalttätige Enthüllung in seinen Werken hat sich gleichsam verselbstständigt, sodass das, was vor dem Schleier ist (die Welt), nichtig (hinfällig, gebrechlich) wird, während sich das, was »dahinter« ist, ebenfalls als nichtig erweist.

Es ist verräterisch, dass Kleists allererstes Stück *Die Familie Schroffenstein* eine Verkleidungsszene als Grundidee hatte (vgl. LS 66). Diese bühnenwirksame Szene hat nicht nur eine erotische (und homoerotische) Komponente. Der Kleidertausch zwischen Ottokar und Agnes veranschaulicht die Vergeblichkeit der *Enthüllung* und der *Entblößung.* Der Junge (der sich selbst nicht entkleidet!) zieht dem Mädchen eine Schicht Kleider nach der anderen aus (»drücke kühn / Das Tuch hinweg«, 2477–8), bis am Ende der Schleier der Nacht alles bedeckt (2479–80). Man bedarf keiner Kleider mehr, glaubt er: »[W]ozu noch / Das Unergründliche geheimnisvoll / Verschleiern?«, fragt er (2487–9). Doch der Schleier der Nacht ist der gleiche *schwarze Schleier,* der auch das Ende von Kohlhaas' Frau und Elvire bedeutet. Als sie entblößt sind, erfüllt sich die Liebe für Agnes und Ottokar nicht. Solange sie von Tüchern bedeckt sind, müssen sie sich verbergen – vor der Welt, vor sich selbst, vor ihren eigenen, geheimsten → BEGIERDEN. Als sie die Tücher entfernen, werden sie frei. Doch diese Freiheit ist die Freiheit des Todes.

Allein in *Das Käthchen von Heilbronn* scheint die Enthüllung zum Erfolg zu führen: Erst bindet der Graf Käthchen ein Tuch um den Hals (aus Sorge – in Wirklichkeit jedoch, damit sie möglichst verschleiert vor ihm steht), später jedoch nimmt er es ihr ab, um das Muttermal zu erblicken, das zum Pfand seines Glückes wird.

UMARMEN

Es ist mindestens so Unheil verkündend wie das → UM-DEN-HALS-FALLEN. Ottokar umarmt Johann, worauf dieser seinen Bruder als Schlange von sich stößt (858). Auch Agnes beschwört in sich Ottokars Umarmung herauf: »Und sein Umarmen –«, fügt jedoch hinzu: »Aber still!« (699). Wie mag wohl seine Umarmung gewesen sein, wenn man über sie schweigen muss? (Zudem ist Ottokar anwesend, und obwohl Agnes ihn sieht, tut sie, als bemerke sie ihn nicht. Umarmung – und dabei Versteckspiel, Misstrauen?) Am Ende des Stückes kommt es dann zu einer aufrichtigen Umarmung. Aber nicht zwischen den Liebenden. Die beiden Mütter umarmen sich – über den Leichen der beiden Kinder.

In *Die Hermannsschlacht* umarmen sich die Figuren aus ganzem Herzen; Wolf Hermann, Hermann Thusnelda, die germanischen Führer einander – ja, einmal ruft Hermann alle zu einer allgemeinen Umarmung auf (2282). Doch die Leidenschaft der Umarmung steht in direkter Relation zur → MORDLUST – die gegenseitige Liebe ist eine Funktion des wachsenden Hasses. Dies gipfelt in der Szene mit dem Bären: Die *verliebte* Thusnelda liefert Ventidius einem Bären aus, damit ihn an ihrer Stelle ein blutrünstiges Tier *umarme.* Liebe und Rache verschmelzen im → AUGENBLICK des Mordens zu einer ununterscheidbaren Einheit aus Umarmen und Umbringen (→ KÜSSE – Bisse). Thusneldas *momentaner* Affekt bedeutet für Penthesilea das *ganze* Leben.

Die intime Geste der *Umarmung* ist in den Briefen untrennbar verbunden mit der gewaltsamen Geste der *Trennung.* Kleists → KANT-KRISE vertieft sich, als → BROCKES

Umarmt sie den, so den, so ist das von Anfang an eine Manifestation der Stärke. »Seht! wie sie mit den Schenkeln / Des Tigers Leib inbrünstiglich umarmt!« (395–6), sagt man über die sonst *zerbrechliche, grazile* Frau. Um jemanden umarmen zu können, muss sie erst dessen Widerstand besiegen. Und noch mehr ihren eigenen, inneren Widerstand.

Selbst über Achilles, in den sie sich auf den ersten → BLICK verliebt hat, kann sie nur so sprechen: »Hier dieses Eisen soll, Gefährtinnen, / Soll mit der sanftesten Umarmung ihn / (Weil ich mit Eisen ihn umarmen muß!) / An meinen Busen schmerzlos niederziehn.« (857–80)

Warum muss man mit einer Waffe umarmen? Und warum glaubt sie, dass sie mit einer Waffe über Achilles herfallen und ihn trotzdem schmerzlos besiegen könne? Für Penthesilea toleriert die → WELT nicht, dass man sich auf natürliche Weise liebt – denn auch die Sehnsucht nach Liebe, die sie von innen zerreißt, ist »unnatürlich« groß. Ihre innere → WELT steht nicht im Verhältnis zur Welt um sie. Und als sie ihn schließlich doch umarmt – denn täte sie es nicht, stürbe sie an Unbefriedigung –, besiegelt sie damit auch das Schicksal der → WELT. Bleibt sie jedoch ohne → WELT (Liebe), so hat sie keinen mehr, auf den sich ihre innere Sehnsucht richten kann. Sie wird gezwungen, die Waffe, mit der sie Achilles umarmen will, gegen sich selbst zu richten. Außer sich selbst bleibt ihr nichts, was sie umarmen könnte. Ihr Tod ist die vollendete Umarmung: eine Geste der Liebe, die sich selbst verzehrt.

aus Berlin abreist – er wird von dem *Freund verlassen,* der ihn so oft *umarmt* hat (II. 623, 699). Als er sich von *Heinrich Lohse* verabschiedet, fühlt sich Kleist wie in seiner Todesstunde und möchte ihn noch einmal umarmen: »Ach, höre, willst Du mich nicht noch einmal umarmen?« (II. 710) In seinem schwärmerischen und verzweifelten Brief an Ernst von Pfuel schreibt er: »So umarmen wir uns nie wieder!« (II. 749), und *Rühle* lässt er ausrichten: »Warum können wir nicht immer bei einander sein? Was ist das für ein seltsamer Zustand, sich immer an eine Brust hinsehnen, und doch keinen Fuß rühren, um daran niederzusinken?« (II. 759)

UN-

Unabänderlich. Unangekündigt. Unangenehm. Unangerührt. Unart. Unaufhaltsam. Unauslöschlich. → UNAUSSPRECHLICH. Unbedacht. Unbedingt. → UNBEGREIFLICH. Unbekannt. Unberührt. Unberufen. Unbesiegt. Unbesonnen. → UNBEWUSST. Unbezwinglich. Unbrauchbar. Undankbar. Undenkbar. Unempfindlich. Unendlich. Unerbittlich. Unergründlich. Unerkannt. Unerklärlich. Unermesslich. Unerträglich. Unfehlbar. Ungeduldig ...

Und: ab-, ent-, -los, ver-, ...

Der Terror der Verneinungspartikeln. Sie zapfen jede Bedeutung ab. Sie sind wie Parasiten. Sie haben keine eigene Existenz. Sie heften sich an alles, worin sie Leben spüren, und saugen seine Kraft ab. Die Folge ist ein Universum wie eine Verneinungspartikel: Es hat kein Leben und existiert doch. Etwas Ähnliches zeichnet sich auch in Kleists Œuvre ab. Die Verneinungspartikeln haben keine positive Seinsgrundlage, und doch bleiben sie erhalten. Sie erinnern an das Böse, das in der christlichen Dogmatik keine eigenständige Wirklichkeit besitzt. Und unterscheiden sich dennoch davon, indem sie nicht dem Guten untergeordnet sind. Das Seinselement des Bösen ist die Verneinung. Die Verneinungspartikeln jedoch verneinen nicht, sondern behaupten. Auch wenn daraus nie eine positive Behauptung entstehen kann. Denn diese kann ohnehin nur mithilfe der Verneinungspartikeln erklingen.

Derrida zitiert einen Ausschnitt aus Anatole Frances Schrift *Epikurs Garten:* »Auf drei Seiten von Hegel, die ich zufällig aus seiner *Phänomenologie* ausgewählt habe, habe ich von sechsundzwanzig Wörtern – alles namhafte Satzinhalte – neunzehn negative und sieben affirmative Begriffe gefunden. Die *ab-, in-, non-* agieren noch viel kraftvoller als Mühlsteine. Sie tilgen auf einen Schlag die hervorstechendsten Wörter. Mitunter, um ehrlich zu sein, drehen sie sie nur um und bringen sie völlig durcheinander.« (Derrida, 1988, 208)

Bei Hegel dienen Verneinungspartikeln zur Bekräftigung. Zwei Schritte vor, einer zurück. Aber diesen nach vorne gerichteten Schritt vermag nichts aufzuhalten. Man kann nicht einmal behaupten, er lasse sich nicht von seinem Weg abbringen – denn sein Hauptmerkmal ist, dass man ihm keine Verneinungspartikeln mehr anhängen kann. Die letzte → BESTIMMUNG der Verneinungspartikeln bei Hegel besteht gerade darin, sich selbst aufzulösen. Sie schaffen eine Situation, in der sie selbst unvorstellbar werden. Sie benehmen sich »widernatürlich«: Sie legen ihren Selbsterhaltungstrieb ab und unterwerfen sich einer Sache, die für sie tödlich ist. Sie hoffen auf den endgültigen Sieg des Geistes – obwohl sich gerade das vernichtend auf sie auswirkt. Sie → SCHEINEN zu verneinen; ihre geheime Sendung jedoch besteht darin, sich selbst zu verneinen. Sie müssen ihre eigene Lebensunfähigkeit beweisen. Doch weshalb bedarf man ihrer überhaupt? Warum kann sich der Geist nicht auch ohne sie durchsetzen? Und überhaupt: Warum »bewegt sich« der Geist (mithilfe der Energie der Verneinungspartikeln), statt zufrieden in sich selbst zu existieren, unberührt und unbewegt, wie das »Eine« bei Plotin. Warum ist überhaupt Seiendes und nicht vielmehr Nichts?

Auch an dem »Einen« Plotins hafteten Verneinungspartikeln. Wie Hegels Geist gelangt auch der negative → GOTTESbeweis der Mystik entlang der gleichen, nicht enden wollenden Kette von Verneinungspartikeln dorthin, wo nichts mehr Negatives ist. Am Ende der verzweifelten Anstrengung deutet sich immer die Belohnung an, die den Verneinungen rückwirkend zwar Sinn verleiht, sie jedoch auch auflöst, sinnlos macht. Basilides' Versuch im zweiten Jahrhundert stellt einen der aberwitzigsten Versuche dar: »Es war eine Zeit, da nichts war; doch nicht einmal das Nichts war etwas, sondern im schlichten und ungedeutelten Verstande des Wortes war es schlechterdings gar nichts. [...] Da nun nichts war, weder Stoff noch Wesen, noch Wesenloses, noch Einfaches, noch Zusammengesetztes, noch Unfassbares, noch Unempfundenes, noch Mensch, noch Engel, noch Gott, noch überhaupt etwas Genanntes, durch Wahrnehmung Erkanntes oder Gedachtes, da wollte der Gott, der nicht war, gedankenlos, empfindungslos, willenlos, vorsatzlos, leidlos, begierdlos – die Welt machen. Wenn ich aber sage: ›er wollte‹, so sage ich das nur zur Andeutung von dem Willenlosen, Gedankenlosen und Empfindungslosen. [...] So hat der Gott, der nicht war, die Welt gemacht, die nicht ist, aus dem, was nicht ist.« (Schultz, 139–40)

Gnosis, Christentum, Mystik, Hegel. Die Verneinungspartikeln spielen jedes Mal die gleiche Rolle: die in der Totalität verborgenen Haaradern und Risse sichtbar zu machen und auszuweiten, um sie danach erfolgreich abdichten zu können. Die Totalität muss lückenlos gemacht werden – diesem Ziel ist alles untergeordnet.

Auch Kleist sehnt sich nach nichts mehr als nach → RUHE. Womöglich noch hartnäckiger als Hegel. Auch an der Wahrheit hält er fest wie der eifrigste Gläubige. Und doch verpasst er sie irgendwie jedes Mal. Auch er ruft die Verneinungspartikeln zu Hilfe; er gebraucht sie zu Hunderten. Wenn er etwas sehr möchte, wendet er sich meist an sie. Doch diese lassen Kleist im Gegensatz zu Hegel meist im Stich. Statt zwei Schritte nach vorne und einen nach hinten zu machen, schafft er meist nur einen nach vorne und zwei nach hinten. Er bewegt sich fort wie jene Krebse, mit denen Kohlhaas' Kinder spielen.

Wenn etwas *un-* ist, bedeutet das bei Kleist eine wirkliche Entleerung, der auch keine Aufladung folgt. Deshalb sind seine Figuren so außerordentlich einsam. Selbst wenn sie jemanden finden, erwecken sie noch den Eindruck einsamer Meteoriten. Sie sind nicht wirklich fähig, sich an jemanden oder etwas zu binden. Obwohl sie sich danach am meisten sehnen. Ihr einmaliges, außergewöhnliches Leben verselbstständigt sich, indem es sich jeder Totalität entgegenstellt. Das ist mindestens so bedrückend wie die Verschmelzung mit der Totalität. Denn die gedachte und erhoffte Ganzheit bescherte ihnen wenigstens den Anschein des ewigen Lebens. Ihre Einmaligkeit hingegen erlaubt ihnen höchstens, den Horizont des Todes zu erblicken. Allein die Einmaligkeit ist endgültig. Sie sind so vollkommen, dass sie sich zugleich als bruchstückhaft empfinden – ohne dass sie sich überhaupt ein Ganzes denken könnten, von dem sie abgefallen sind. Der bloße Gedanke daran wäre ihnen ein Trost, und ihre Tragödie hätte einen Sinn. So jedoch scheinen sie im All zu schweben. Sie sind unverbindliche Persönlichkeiten; wie der Dichter in Keats' Sonett »Why did I laugh tonight?« rufen auch sie vergeblich den Himmel, die → HÖLLE und das Herz an. Sie sind umgeben von einer tödlichen, metaphysischen Einsamkeit. Sie werden durch die Verneinungspartikeln wirklich um alles gebracht.

Ihr Leben ist wie eine einzige sich verselbstständigende Verneinungspartikel, die nicht nur die nach außen führenden Fäden zerreißt, sondern ihre Persönlichkeit auch von innen zerfetzt. Sie sind → TRÄUMER, → ZERSTREUT, → RUHIG, → RECHTSCHAFFEN, → HEITER, → ENTSETZLICH, → RACHSÜCHTIG, → VERZÜCKT. Es gibt nichts, was man nicht über sie sagen könnte; andererseits haben sie auch keine Eigenschaft, der man nicht sofort auch eine Verneinungspartikel anfügen könnte. Mit ihrem ganzen Leben negieren sie die innere Sammlung des *cogito;* sie wenden sich gegen alles, was Kultur und → BILDUNG für aussprechbar, formulierbar, beschreibbar halten. Jenseits der Verneinung wollen sie jedoch auch ständig etwas behaupten. Nur haben sie eben keine Sprache dafür, verfügen sie nicht über genau formulierbare Gedanken. Die Kultur, die Totalität, lässt denjenigen, der nicht bereit ist, mit ihr gemeinsame Sache zu machen, wirklich im Stich. Kleists Figuren verwenden ihre ganze Kraft darauf, verständlich zu sein und etwas zu behaupten, ohne sich deshalb in die große Kette der Behauptungen, in die diskursive Ordnung einzugliedern. Es verwundert daher nicht, dass sie in kritischen → AUGENBLICKEN den Verstand verlieren, zu träumen beginnen, → HIRNE verspritzen, in → OHNMACHT fallen oder schlicht erröten. Auch wenn man die Träne in ihren Augen nicht sieht, in der Seele weinen sie alle – wie jene in Schillers *Ode an die Freude,* denen es nicht gelingt, einen Freund, eine Frau oder einen Gefährten zu finden, und die deshalb aus dem Sternenzelt, das sich über das Weltall spannt, fliehen müssen. Sie alle sind Verbannte der Totalität.

UNAUSSPRECHLICH

Und natürlich: → UNBESCHREIBLICH. Tonis → BLICK, als sie sterbend Gustav ansieht, ist unbeschreiblich (II. 193); davor wiederum streicht sich Gustav mit »unaussprechlichem« Gram über die Stirn (II. 192). In unaussprechlicher → HEITERKEIT gehen die Liebenden im Hain bei St. Jago spazieren (II. 153), mit unaussprechlichem → ENTSETZEN erfahren die Menschen von Kohlhaas' Brandstiftungen (II. 41); doch »wer beschreibt, was in seiner Seele vorging«, als Kohlhaas Luthers Brief bemerkt (II. 44). Was unaussprechlich ist, ist auch unbeschreiblich. Und doch nicht. Denn »die ganze Finesse, die den Dichter ausmacht«, besteht, so Kleist, darin, dass er »auch das sagen [kann], was er *nicht* sagt«. (II. 757)

Unbeschreiblich und unaussprechlich *schreibt* und *spricht* der Erzähler mit zuweilen schon verdächtiger Begeisterung. Und indem er diese Attribute niederschreibt, *beschreibt er etwas* und *spricht etwas aus.* Er enthält dem Leser das Wissen nicht vor, das nötig ist, um die geschilderte Situation zu verstehen, vielmehr weiht er ihn in *Hintergrundwissen* ein. Tonis → BLICK ist »unbeschreiblich«, schreibt er; doch wer den Lauf der Ereignisse bis dahin aufmerksam verfolgt hat, weiß genau, dass hier das Attribut deshalb *so wenig* besagt, weil es *zu viel* beinhaltet. Dieser Zwiespalt charakterisiert Tonis ganzes Verhalten. So teilt sie Gustav, während sie ihn fesselt und Hoango übergibt, ihren Plan *nicht* mit – obwohl sie es deshalb tut, weil sie den Fremden *zu sehr* liebt. Und auch Gustavs Kummer ist »unaussprechlich«: *Zu sehr* vertraut er ihr (er hätte beim ersten → ANBLICK sogar Gift mit ihr getrunken), und doch vertraut er ihr *weniger* als nötig wäre – außerdem bewundert er, als er sie verführt und sie zu seiner Geliebten macht, in ihren Zügen ständig *auch* die Züge einer ehemaligen, verstorbenen Geliebten. Er betet Toni an, doch auch die Erinnerung an seine ehemalige Geliebte wird immer lebhafter in ihm.

Ist für Kleist etwas unbeschreiblich und unaussprechlich, deutet das auf eine *Verzerrung* der Ereignisse, Gefühle, Gesten hin. Anfangs freilich gebraucht er diese Attribute noch eher sentimental. In einem Brief an Wilhelmine vom 10. Oktober 1800 erwähnt er »unaussprechliche, aber bittersüße« Freuden (II. 575) – wobei er das Attribut »unaussprechlich« an eine schon damals verbrauchte Wendung koppelt. Wegen ihres stereotypen Charakters fehlt hier der »Bitterkeit« jene Spannung, die ein Oxymoron haben müsste. Die Behauptung bleibt schwach – und das Attribut »unaussprechlich« ordnet sich einem Gemeinplatz unter. Die Wende erfolgt mit der sogenannten → KANT-KRISE: Die Hoffnung auf die »positiven« Wahrheiten zerrinnt, und Kleist wird gerade dadurch zum *Schriftsteller,* dass er den (allgemeinen) Gemeinplätzen den Rücken kehrt und seine eigene, persönliche, spezielle Sprache findet. Statt *allgemeiner* Wahrheiten erlebt er *persönliche* Wahrheiten, deren Quintessenz gerade im Fehlen bzw. im bloßen Anschein einer Wahrheit liegt. Erst dadurch reifen das »Unaussprechliche« und das »Unbeschreibliche« von einem grammatikalischen *Attribut* zu einem existenziellen *Zustand.* »Ich weiß nicht, was ich Dir über mich *unaussprechlichen* Menschen sagen soll«, schreibt er Ulrike am 13. März 1803 und fügt hinzu: »Ich wollte ich könnte mir das Herz aus dem Leibe reißen, in diesen Brief packen, und Dir zuschicken.« (II. 729–30)

Kleist reißt sich das Herz nicht heraus. Das tut an seiner Stelle Penthesilea. Zudem noch das Herz eines anderen. Sie macht am Ende der Tragödie eine sprachliche → METAPHER so wirklich, dass sie tatsächlich daran stirbt. Für Penthesilea ist die *Unaussprechlichkeit* nicht nur ein Problem der Sprache: Sie kann → *KUSS* und *Biss* nicht gleichzeitig *aussprechen,* kann sie sich jedoch auch nicht getrennt voneinander *aneignen.* Versucht sie dennoch, *das Unaus-*

Carol Jacobs hat darauf aufmerksam gemacht, dass Penthesilea in der ersten Fassung des Stückes Achilles' *Lippen* zerbeißt und ihn dadurch der Möglichkeit der Sprache und des Sprechens beraubt (Jacobs, 108–9).

sprechliche auszusprechen, verwandelt sich das Wort in eine Tat: Sie bringt den, den sie lieben möchte, um. Sie selbst stirbt an der Unaussprechlichkeit (und Unbeschreiblichkeit). Diese »Unaussprechlichkeit« tritt im Stück jedoch nicht als Defekt zutage. Wäre sie es, könnte man auch nicht von einer Tragödie, sondern höchstens von einem Trauerspiel sprechen, das zudem – und dann müsste man Goethe recht geben – zuweilen auch komisch wirkt. In *Penthesilea* erlangt das Unaussprechliche dadurch tragische Tiefe, dass es seine *Negativität* abwirft und sich in eine *positive* Kraft verwandelt.

Die Unmöglichkeit sprachlicher Formulierung spornt Penthesilea zu ihren gewaltigen, wenn auch schrecklichen Taten an. Sie ist, dadurch dass *sie sich nicht ausdrücken kann*, scheinbar im Nachteil gegenüber den anderen. Dieser Nachteil ist jedoch auch ein *tragischer Vorteil:* Sie lässt die → WELT (die Welt der anderen) so weit hinter sich, dass sie keine *gemeinsame Sprache* mehr mit ihr hat. Damit sie ihre *eigene* Sprache sprechen kann, muss sie sich einer *anderen,* nicht diesseitigen Sprache bedienen, in die sich die Sprache der Menschen nicht übertragen lässt.

Auch Elvire in *Der Findling* fände erst → RUHE, wenn sie Colinos und Nicolos Namen *gleichzeitig* aussprechen könnte. Dann müsste sie nicht den einen um des anderen willen verleugnen – sie könnte sich befreien – und das tragische Ende ließe sich vermeiden. Doch dazu müsste auch Elvire in einer *nicht diesseitigen* Sprache sprechen können. Das *sprachliche* Problem der Unaussprechlichkeit und Unbeschreiblichkeit vertieft sich zu einem Problem der Seele und darüber hinaus der ganzen Schöpfung. »Die Hölle gab mir meine halben Talente, der Himmel schenkt dem Menschen ein ganzes, oder gar keines«, schreibt Kleist Ulrike am 5. Oktober 1803 (II. 736). Die Spannung zwischen Himmel und → HÖLLE erlebend, sehnt er sich gar nicht nach Menschen. Er fährt fort: »Ich kann Dir nicht sagen, wie groß mein Schmerz ist. Ich würde vom Herzen gern hingehen, wo ewig kein Mensch hinkommt. Es hat sich eine gewisse ungerechte Erbitterung meiner gegen sie bemeistert, ich komme mir fast vor wie Minette, wenn sie in einem Streite recht hat, und sich nicht aussprechen kann.« (ebd.) Um sich ausdrücken zu können, müsste er entweder mit *Tränen* schreiben (II. 745–6) – oder genauso exakt und eindeutig formulieren, als schriebe er mathematische Formeln nieder (II. 750). Denn neben der Dichtung sei, so Kleist, die

Mathematik das andere Extrem der menschlichen Fähigkeiten – und der genaue *Ausdruck* sowie die genaue *Beschreibung* seien nichts anderes als die Verbindung dieser Extreme.

Himmel und → HÖLLE (als vertikale Pole) sowie Dichtung und Mathematik (als horizontale Extreme) bilden das *Kreuz,* auf das Kleist seine Helden schlägt: Deshalb wirken sie – etwa Kohlhaas – *zur gleichen Zeit* → ENTSETZLICH → (TEUFLISCH) und → RECHTSCHAFFEN (engelhaft), sind sie → VERTRÄUMT und → ZERSTREUT (dichterisch) und wägen sie doch genau wie eine Goldwaage (mathematisch) ab. Oder wie die verrückt gewordenen Geschwister in *Die heilige Cäcilie,* die aus Ruten ein Kreuz *flechten,* es in Wachs stellen und dann das Gloria zu singen beginnen – doch nicht mit einer engelhaften, sondern »mit einer entsetzlichen und gräßlichen Stimme [...]. So mögen sich Leoparden und Wölfe anhören lassen, wenn sie zur eisigen Winterzeit, das Firmament anbrüllen«. (II 223)

Die *Unaussprechlichkeit* und die *Unbeschreiblichkeit* schmieden bei Kleist die einander ausschließenden Extreme zusammen. Sie → VERSÖHNEN sie jedoch nicht miteinander. Solange die vier Arme des Kreuzes das Universum *zusammenhalten,* erscheint bei Kleist die *Einheit* der Extreme noch unerträglicher, als wären diese in gebührendem Abstand zueinander. Im Aufsatz *Über die allmähliche Verfertigung der Gedanken beim Reden* stellt er die Sprache in Analogie zur elektrischen Spannung: Wer bis dahin nicht sprechen konnte, reißt auf die Einwirkung eines → BLITZES hin unvermittelt das Wort an sich und bringt etwas → UNVERSTÄNDLICHES zur Welt (II. 323). Das → STOCKEN, die → BLITZartige Erkenntnis, die Lähmung der Sprache und das → PLÖTZLICHE fließende Sprechen, die → UNVERSTÄNDLICHKEIT und die Genauigkeit – *aus alledem* folgert Kleist, dass »nicht *wir* wissen, es ist allererst ein gewisser *Zustand* unsrer, welcher weiß« (ebd.).

Dieser dem *Ich* vorausgehende Zustand ist es, der die Gestalten in Kleists Erzählungen und Dramen zu unaussprechlichen, unbeschreiblichen und → UNVERSTÄNDLICHEN Figuren »verzerrt«. → PARADOXERWEISE sind sie umso mehr mit sich identisch, je mehr jeder Zusammenhang, an dem sie sich festhalten könnten, zerbricht. Die Welt kommt ihnen abhanden, und sie beginnen → PLÖTZLICH zu leben. Ihre Identität finden sie (oder beginnen zumindest, sich ihr zu nähern) gerade durch den Verlust dessen, was sich in der europäischen Kultur bis dahin als Voraussetzung jeder Art von Identität erwiesen hat.

Sie stürzen aus jedem göttlichen und irdischen Zusammenhang heraus und haben keine Ahnung, wo sie sich befinden. Und doch wollen sie an nichts so beharrlich festhalten wie an ihrer eigenen inneren Sammlung. Gewöhnlich verlieren sie nicht den Verstand, werden nicht schizophren, erleiden keine Bewusstseinsspaltung, werden nicht von Doppelgängern heimgesucht. Wie viele seiner Zeitgenossen sah sich auch Kleist mit dem Problem konfrontiert, dass die Grenzen der Persönlichkeit keinesfalls geschlossen sind, sondern dass hinter dem *Ich* Horizonte verborgen sind, die sich nicht genau aufzeichnen lassen. Diese Horizonte erweisen sich als nicht mehr göttlich, weshalb auch die Grenzenlosigkeit nicht → VERTRAUEN einflößt, sondern Schrecken gebärt. Doch verglichen mit seinen Zeitgenossen verschärfte Kleist dieses Problem auf so radikale Weise, dass es dadurch für viele in der Tat → UNBEGREIFLICH wurde. Denn er wollte die Grenzenlosigkeit, die sich hinter dem *Ich* auftat, nicht zu einer artifiziellen (künstlichen und künstlerischen) Ganzheit umdichten, etwa im Namen einer Art »progressiven Universalpoesie« (Schlegel) – und es lag ihm auch gänzlich fern, die hinter dem Ich liegende Fremdheit ins Grauenhafte und Unheimliche hochzustilisieren und dadurch »auf romantische Weise interessant« zu machen.

Kleist wollte der grenzenlosen Fremdheit *auf den Grund gehen;* nicht um des dichterischen oder psychologischen Genusses willen vertiefte er sich in das *Unaussprechliche* und *Unbeschreibliche.*

UNBEGREIFLICH

Die Unbegreiflichkeit von Kleists Figuren fiele nicht auf, wären sie nicht offensichtlich selbst im Klaren über ihre inneren Gefühle. Achilles nennt Penthesilea unbegreiflich (1811), die in Bezug auf ihre Gefühle nie schwankend wird. Die Amazonen ihrerseits halten Achilles für unbegreiflich (1131), wobei natürlich auch Penthesileas Verhalten eine Rolle spielt: Ihre Gefährtinnen glauben, sie benehme sich wohl deshalb so → UNVERSTÄNDLICH, weil derjenige, dem ihre Sehnsucht gilt, selbst unbegreiflich ist. Alkmene hält Amphitryon für unbegreiflich (885), obwohl er ein reines Gewissen hat und sich selbst sehr wohl begreift. Natalie nennt Homburg unbegreiflich (1352) – und zwar gerade als er sein Schicksal zu durchschauen und damit auch auf sich zu nehmen beginnt. Gustav wird von seinen Familienmitgliedern unbegreiflich genannt, als er Toni erschießt (II. 192) – obwohl er das Gefühl hat, gerade dadurch der Kette von Missverständnissen und Täuschungen ein Ende zu setzen. Und auch Luther nennt Kohlhaas unbegreiflich (II. 46), als er erkennt, dass der sich von dem Ziel, das ihm vor Augen schwebt, nicht abbringen lässt.

Unbegreiflich ist etwas, wenn sich seine unterschiedlichen Bedeutungen nicht miteinander in Einklang bringen lassen. Synonyme des »Unbegreiflichen« sind für Luther: »rasender« und → »ENTSETZLICHER« (II. 46); für Natalie: »Rasender« (1359); für Josephe in *Das Erdbeben in Chili* ist die Macht des Schöpfers nicht nur unbegreiflich, sondern auch »erhaben« (II. 154); und Gustav ist in den Augen seiner Verwandten nicht nur unbegreiflich, sondern auch »gräßlich« (II. 192). Rasend, → ENTSETZLICH, erhaben, grässlich. Mit einem Wort: maßlos. Betrachtet aus dem → BLICKwinkel der »Vernunft«, haben die Unbegreiflichen die Wahrheit verfehlt. Aber die Unbegreiflichen selbst, so zum Beispiel Hermann, wissen, dass sie im Besitz der Wahrheit sind, und glauben, dass gerade die »Vernünftigen« die Wahrheit verfehlen, wenn sie meinen, dass eine *gerade* Straße zu ihr führe. Hermann überragt seine Gefährten wie ein → »GOTT« (indem er raffinierte Pläne schmiedet, ist er ihnen immer um einige Schritte voraus). Und auch Kohlhaas' Unbegreiflichkeit hat etwas Jenseitiges an sich. Und der Prinz von Homburg wird in dem Moment unbegreiflich, als er sich mit dem Tod abfindet und ihn der Gedanke der Unsterblichkeit in seinen Bann schlägt. Wird jemand (oder etwas) unbegreiflich, so deutet das in Kleists Werken gewöhnlich auf die Unvereinbarkeit der weltlichen und der jenseitigen Perspektive hin.

Dabei betreten Kleists Figuren, wenn sie sich bis zur Unbegreiflichkeit verzerren, einen Weg, der sie zu sich selbst führt. Dieser Weg jedoch führt über die innere Spaltung. Diese Dramaturgie des »Umweges« entwirft der junge Kleist während seiner Würzburger Reise. Während der Vorbereitungen zu dieser Reise schreibt er Ulrike am 26. August 1800: »Ich teile Dir jetzt ohne Rückhalt alles mit, was ich nicht verschweigen muss« (II. 531). In der Struktur dieses verräterischen Satzes lauert bereits die ganze spätere Problematik der Unbegreiflichkeit, und zwar in der Art, wie Kleist in der zweiten Hälfte des Satzes *zurücknimmt,* was er in der ersten Hälfte behauptet. Als acht Jahre später Hermann von seinen Gefährten als → UNVERSTÄNDLICH bezeichnet wird, sagt Dagobert Folgendes über ihn: »Gleich einem Löwen → GRIMMIG steht er auf, / Warum? Um, wie ein Krebs, zurückzugehn.« (363–4) Auch der junge Kleist benimmt sich wie ein Krebs. Er gibt sich so lange geheimnisvoll, bis er auch vor sich selbst zu einem Geheimnis wird. Die Würzburger Reise wäre nicht so geheimnisvoll, käme sich Kleist nicht auch selbst immer geheimnisvoller vor. Seine Briefe erwecken den Eindruck, als wäre er sich nach einer Weile auch nicht mehr im Klaren, was er will.

Nach Ulrike war das Ziel der Reise politischer Art (LS 40). Am Ende des 19. Jahrhunderts vermutete Max Morris, dass sich Kleist in Würzburg von einer psychischen Impotenz heilen lassen wollte, nach Gerhard

Am 3. September 1800 schreibt er Wilhelmine Folgendes über das Ziel seiner Reise: »Denke nicht darüber nach, und halte Dich, wenn die Unmöglichkeit, mich zu begreifen, Dich beunruhigt, mit blinder Zuversicht an Deinem Vertrauen zu meiner Redlichkeit, das Dich nicht täuschen wird, *so wahr Gott über mich lebt.*« (II. 543) Dieser Satz beinhaltet bereits alles, was er später mit der Unbegreiflichkeit verbinden wird: die Unruhe, das blinde → VERTRAUEN, die Redlichkeit, die Täuschung, die Existenz → GOTTES bzw. die Hoffnung, dass es Gott gibt. Das Ziel der Würzburger Reise wird vielleicht nie ans Tageslicht treten. Doch liest man Kleists Briefe aus der Zeit, zeigt sich, dass die Reise doch einen Sinn hat: dass er dabei das → TEUFLISCHE → PARADOX des gleichzeitigen Verschweigens und Sich-Öffnens ausarbeitet (was ihm auch Gelegenheit gibt, Rollen für sich zu erfinden, die er später in seinen Werken wird verwenden können).

Schmidt wollte er seine Vorhautverengung operieren lassen (vgl. Zimmermann, 100), nach Birkenhauer betrieb er Industriespionage (Birkenhauer, 104), nach Ulrich Gall wiederum war er auf der Suche nach einer Professorenstelle für sich (Gall, 89).

Als sich Kleist am 19. September als Wilhelmines »unbegreiflichen Freund« bezeichnet (568), ahnt er noch nicht, wie sehr diese harmlos anmutende Wendung sein Leben bestimmen wird. Die Unbegreiflichkeit, die er später so oft auf sich selbst bezieht, steht im Lauf der Jahre nicht mehr für irgendein *konkretes Geheimnis,* sondern für sein eigenes Schicksal. Und sein Unglück. In seinem ersten erhalten gebliebenen Aufsatz, der sich mit dem *Glück* befasst, versucht Kleist, dieses mit der Tugend in Verbindung zu bringen. Doch die *Unbegreiflichkeit* der Tugend überschattet von vornherein das erhoffte Glück: »Es erscheint mir nur wie ein Hohes, Erhabenes, Unnennbares, für das ich vergebens ein Wort suche, um es durch die Sprache, vergebens eine Gestalt, um es durch ein Bild auszudrücken. Und dennoch strebe ich ihm mit der innigsten Innigkeit entgegen, als stünde es klar und deutlich vor meiner Seele.« (II. 303–4) Die Tugend sei zwar *unbegreiflich,* aber dennoch erreichbar, also *ergreifbar,* glaubt er. Seine Begeisterung bei der Schilderung der Unbegreiflichkeit verrät jedoch mehr als sein → VERTRAUEN in die Erreichbarkeit der Tugend. Sein Ton bezeugt nämlich, dass er in Wirklichkeit die Unbegreiflichkeit seines innersten → INNEREN bewundert.

In seinem Brief an Christian Ernst Martini, in dem mehrere Abschnitte wortwörtlich mit dem Aufsatz übereinstimmen, ist zu lesen: »Und dennoch strebe ich *diesem unbegriffenen Dinge* mit der innigsten Innigkeit entgegen« (II. 475 – meine Hervorhebung, L. F. F.)

Diese Bewunderung verwandelt sich später in Angst und Schrecken. Solange sich die Unbegreiflichkeit auf »Dinge« bezieht (die → WELT, die Gegenstände, die Begriffe), hat sie noch eine Erhabenheit an sich, durch die alles ein wenig »veredelt« wird. Aber sobald Kleist während seiner → KANT-KRISE allmählich erkennt, dass die Dinge in ihrer »Objektivität« gar nicht existieren, wird für ihn durch die Unbegreiflichkeit das »innerste Innere«, die »Brust«, unerforschlich.

»Wir können nicht entscheiden, ob das, was wir Wahrheit nennen, wahrhaft Wahrheit ist, oder ob es uns nur so erscheint. Ist das letzte, so *ist* die Wahrheit, die wir hier sammeln, nach dem Tode nicht mehr«. (II. 634)

»Wer kann das Unbegreifliche begreifen?«, fragt Sylvester Altdöbern in *Die Familie Schroffenstein* (642); später sagt er zu Jeronimus: »Ich bin dir wohl ein Rätsel? / Nicht wahr? Nun tröste dich, Gott ist es mir.« (1213–4) Aus → GOTTES Unbegreiflichkeit folgt logischerweise die Undurchschaubarkeit der Welt, was wiederum zur Herrschaft des → SCHEINS und des Missverständnisses führt (diesen Standpunkt vertritt Walter Müller-Seidel, der ebenfalls auf den Zusammenhang dieser beiden Äußerungen verweist – Müller-Seidel, 93).

»Es kann kein böser Geist sein, der an der Spitze der Welt steht: es ist ein bloß unbegriffener.« (4. August 1806 – II. 766)

Aus der Unbegreiflichkeit lässt sich aber zweifellos nicht folgern, dass sich Kleists

Figuren damit auch abfinden. Sie → VERTRAUEN darauf, dass sich die Rätsel einst lösen werden, auch wenn ihnen das in ihrem Leben unvorstellbar erscheint (Weidmann, 43–4).

Denn die Herrschaft des → SCHEINS ist für Kleists Figuren deshalb so qualvoll, weil sie sich darüber im Klaren sind, dass der Schein nur Schein ist und nicht die letzte Wahrheit. Für sie ist die Struktur der Welt unbegreiflich; in den Augen der anderen Figuren jedoch sind sie selbst unbegreiflich, da sie dies nicht akzeptieren, sich nicht mit dem Zwiespalt abfinden, dass *die Welt hinfällig und gebrechlich ist, während ihr »innerstes Inneres« so fest und unzerbrechlich* ist Die Beseitigung dieses Zwiespaltes lässt sie so entschlossen und → STARRSINNIG werden. Sie sind nicht nur bereit, für die erhoffte *Einheit* die *Welt* zu opfern, sondern sie schonen auch *sich selbst* nicht. Die Unbegreiflichkeit durchdringt sowohl die Welt als auch sie selbst. Die *Entschlossenheit* jedoch, mit der sie jede göttliche und weltliche Ordnung zurückweisen, ist keinesfalls unbegreiflich. Im Gegenteil: Sie ist Ausdruck einer durchaus verständlichen Sehnsucht – der Sehnsucht nach Seligkeit. Kleists Helden sind bereit, die ganze Existenz aufs Spiel zu setzen, um eine Antwort auf die quälende Frage zu erhalten: Warum ist es ihnen nicht vergönnt, selig zu sein, obwohl dies so naheliegend wäre? Diese fast schon terroristische Sehnsucht nach Seligkeit macht sie asozial, → ENTSETZLICH, schrecklich oder eben erhaben. Im Sommer 1811, kurz vor seinem Tod, bezeichnet sich Kleist in einem Brief als »unbegreiflich unselige[n] Mensch[en]« (II. 873). Diese Unseligkeit macht ihn auch in den eigenen Augen unbegreiflich. In seinen Werken hat er Figuren geschaffen, die sich die Suche nach der Seligkeit zum Ziel gesetzt haben – und die nicht einmal dann davon ablassen, wenn sie erkennen, dass der Weg dahin auf dem Umweg ihres eigenen Todes führt. Indem sie sich gegen die Welt stellen, machen sie den Eindruck nicht irdischer Wesen. »Der Mensch kann groß, ein Held, im Leiden sein, / Doch göttlich ist er, wenn er selig ist!« (1696–7), spricht Penthesilea. Zuvor spricht sie jedoch von jenem tiefen Mangel an Seligkeit, der sie bis zur → UNVERSTÄNDLICHKEIT entstellt hat. Sie verlangt nur *wenig* – Zufriedenheit und Seligkeit; doch dafür würde sie *alles* opfern – selbst Achilles, das Unterpfand ihrer Seligkeit. Indem sie die Unbegreiflichkeit ins Allgemeine steigert, erblickt sie das, was begreiflich ist: das Mysterium der Seligkeit.

UNBEWUSST

»Daß mich die Nacht verschlang! Mir unbewußt / Im Mondschein bin ich wieder umgewandelt!« (115–6) Der Prinz von Homburg wird nicht zum ersten Mal vom Mondschein irregeführt – und vermutlich auch nicht zum letzten Mal. Es geschieht *gegen seinen Willen;* er weiß nichts davon, sagt er. Er *weiß* hingegen, dass er unbewusst im Mondschein umhergestreift ist; doch was ihm dabei zustieß und was in ihm vorging, weiß er auch danach nicht. Dabei wird seine weitere Vorgehensweise nicht zuletzt durch diese »Unbewußtheit« entscheidend beeinflusst. Denn sein Nichtwissen verbindet sich, ohne dass er davon eine Ahnung hätte, mit einem tiefen Wissen. Dieses Wissen jedoch »gehört« ihm nicht. Für sein rationales Wissen vom Tage (sein *cogito*) existiert sein unbewusstes Ich nicht. Und macht dieses Unbewusste sein Recht doch geltend und »erwacht zum Leben«, keimt es zunächst im Nichts auf – in jenem Nichts, in das der Kurfürst Homburg am Ende des ersten Auftritts gleich → DREImal entlässt. Dieses »Nichts« ist jedoch wirklicher als die sogenannte Wirklichkeit. Im → NotFALL hilft es sogar dem Denkenden, wenn er von seiner Rationalität im Stich gelassen worden ist. In kritischen Momenten benimmt sich der Prinz, obwohl er »bei Verstand« ist, wie ein Schlafwandler. Zwar spricht und handelt er selbst, doch die anderen haben bei ihm zu Recht das Gefühl, dass er einem fremden Willen gehorcht. Aber als er am Ende des Stückes seinen letzten Willen äußert, der Kurfürst möge mit den Schweden keinen Frieden schließen, bittet er, ohne sich dessen bewusst zu sein, und obwohl er sich schon mit dem Tod abgefunden hat, doch um sein Leben. Er stellt den Kurfürsten nämlich vor ein unlösbares Dilemma: Hält er sein Versprechen und schließt mit den Schweden keinen Frieden, muss er Homburg am Leben lassen, da es sonst keinen gäbe, der den Feind wieder schlagen könnte. Lässt er ihn jedoch hinrichten, muss er mit den Schweden Frieden schließen, da er sonst das Fortbestehen Brandenburgs gefährdete – dadurch bräche er jedoch das Versprechen, das er Homburg gegeben hat. Homburg *siegt* also – obwohl er *verlieren* möchte. Und damit wiederholt er seinen früheren Sieg, bei dem er, auch ohne nachzudenken, einer → AUGENBLICKlichen Intuition folgend handelte.

Unbewusst erreicht er mehr, als hätte er sich alles genau überlegt. Kleist jedoch – und das muss man hervorheben – behält stets die Kontrolle über die Handlung, spinnt die Fäden äußerst bewusst, überlässt nichts dem → ZUFALL. Er bewegt seine Figuren genauso *sicher* und *bewusst wie* Schiller, berechnet alles genauso exakt wie die Franzosen. Dennoch unterscheidet er sich grundsätzlich von ihnen. Denn bei Kleists Helden suchte man vergeblich nach Ideen, in deren Namen sie handeln. Schillers Figuren entsprechen auch unausgesprochen den *Erwartungen,* die der Autor bereits umrissen hat, noch bevor er die Figuren zum Leben erweckt hat. Kleists Figuren hingegen gehorchen vagen, → UNVERSTÄNDLICHEN Impulsen. Schillers Helden wissen, was sie wollen, und sind sich folglich im Klaren darüber, was sie *nicht* wollen. Kleists Figuren sehen nicht genau, wohin ihr Weg führt; doch das, was sie am Ende erreichen, steht trotzdem im Zusammenhang mit dem, wonach sie sich in der Tiefe ihres Herzens gesehnt haben. Bei Schiller ist die Welt übersichtlich wie ein Schachspiel. Kleist Helden sind sich nicht nur über die Welt, sondern auch über sich selbst im Unklaren (vgl. Müller-Seidel, 154).

Das ist jedoch nicht der entscheidende Unterschied. Trotz aller Unterschiede ähneln Schillers Helden in einem Punkt dennoch Kleists Figuren. Indem sie für Ideen kämpfen und Erwartungen entsprechen wollen, leben sie letztendlich nicht ihr eigenes Leben, sondern stehen im Dienst einer ihnen fremden Macht (Idee, Wille, Ziel, Utopie). Sogar wenn wir ihnen auf den Grund ihres Herzens blicken, sehen wir nicht *ihr* Herz, sondern das, was der Autor (mit uns zusammen) sehen möchte. Schiller *liefert* seine Figuren jeweils einem Interesse *aus* (unterwirft sie ihm), das, so sehr sie sich auch mit ihm identifizieren möchten, nicht in ihnen selbst seinen Ursprung hat, sondern auch unabhängig von ihnen existiert. Darin ähneln sie Kleists Figuren, die sich ebenfalls als *ausgelieferte* Wesen auf der Bühne bewegen. Der entscheidende Unterschied zeigt sich nicht darin, dass Schiller dem klaren Willen und der bewussten Handlung Geltung verschafft, während bei Kleist alles im Dunkel, unbewusst vor sich geht, sondern darin, dass Schiller das Ausgeliefertsein der Figuren nicht zur Kenntnis nehmen möchte, während sich Kleist vor allem dafür interessiert und daraus tragische Tiefe gewinnt. Während er die

Autonomie der Persönlichkeit zu untersuchen → SCHEINT, *unterdrückt* Schiller die Erfahrung des Ausgeliefertseins seiner Helden (über das er, wie *Die Jungfrau von Orleans* beweist, sehr wohl Bescheid wusste); Kleist hingegen versucht, gerade diesen Verdrängungen auf den Grund zu gehen.

Deshalb muss betont werden, dass Kleist *die Handlung genauso in der Hand hält* wie Schiller und genauso *Herr* über die Form ist wie Corneille oder Racine. Innerhalb *strenger* Rahmen, mit *klaren Konturen* zeigt er, wie illusionär dieser Rahmen und diese Konturen sind. → PARADOXERWEISE fallen einem Zuschauer des ausgehenden zwanzigsten Jahrhunderts in Schillers Dramen gerade jene *Verdrängungen ins Auge, die der Autor selbst nicht zur Kenntnis nehmen wollte.* Bei Kleist hingegen kann der Zuschauer, während sich die Verdrängungen und unbewussten Handlungen auftürmen, den Versuch der *Klärung,* der *radikalen Dekonstruktion* miterleben. Während Schiller den Anschein von Autonomie aufrechterhält, bejaht er letztendlich die Verdrängung und das Ausgeliefertsein. Kleist dagegen bejaht auf dem Umweg der Verdrängung und des Ausgeliefertseins vor allem die Autonomie – auch wenn diese Autonomie zuweilen (*Amphitryon, Penthesilea*) die Verdunkelung der ganzen → WELT nach sich zieht. Wie Goethe kämpft auch Schiller gegen das »dunkle« Ich des Menschen und versucht, es unter Kontrolle zu halten. Für Kleist hingegen ist ohne die Hilfe des »dunklen« Ich keine Klärung (Aufklärung) möglich. Goethes *Iphigenie* etwa birgt nicht weniger »Verwirrung« und »Dunkelheit« in sich als ein jedes Stück Kleists (Iphigenie und Orest geraten in die Nähe des Inzests, Orest und Pylades in die Nähe der Homoerotik, und Iphigenie selbst steht kurz davor, Menschenopfer darzubringen). Während sich in *Iphigenie* alles »erhellt«, »verdunkelt sich« in *Penthesilea* alles. Doch die letzte »Dunkelheit« in *Penthesilea* verströmt die gleiche → RUHE wie Goethes »Helligkeit« – und ist umso tiefer, glaubwürdiger und menschlicher, als Kleist das Licht wirklich *aus* der Dunkelheit herauslöst und nicht *im Gegensatz* zu ihr begründet.

Deshalb nimmt das »Unbewußte« bei Kleist tragische Ausmaße an – und auch deshalb lässt es sich nicht auf eine Funktion der Seele (der Psyche) beschränken. Schon in seinem frühen Aufsatz über das *Glück* (1799) wird Kleist nicht an den Stellen wirklich leidenschaftlich, wo er definieren soll, *was* Glück und was Tugend ist, sondern wo er beschreibt, wie *wenig* er fähig ist, eben das in Worte zu fassen (II. 303–4). Der Begriff der »innigsten → INNIGKEIT« verbindet sich mit der *Unmöglichkeit der Widerrede.* Dabei ist nicht entscheidend, *was* Kleist nicht zu sagen vermag, sondern das Erlebnis der *Unmöglichkeit* selbst, wodurch das an sich sentimentale Erlebnis der Innerlichkeit tragische Tiefe gewinnt. Und obwohl Kleist die Tugend mit wahrhaft Schiller'schem Pathos zu »objektivieren« sucht, scheitert er augenfällig. In seinem Brief an Wilhelmine vom 11. Januar 1801 betont er noch immer die Bedeutung der Ideale und beruft sich auf Posa und Max Piccolomini – wobei er sich selbst verrät, als er bemerkt: »Folge daher nie dem dunkeln Triebe« (II. 612).

Zum »dunklen Trieb«: 1925 bekundet Friedrich Braig seinen Verdacht, dass der junge Kleist im Heer verführt worden sei (Braig, 33). 1929 schreibt Gerhard Fricke in Bezug auf Kleist von einem »Urerlebnis« (Fricke, 5), und 1961 erwähnt Heinz Ide in seiner existenzialistischen Kleist-Deutung ein »religiöses Urerlebnis« (Ide, 51).

Hier schreckt Kleist vor seinem eigenen Schicksal zurück (schon im Mai 1799 befürchtet er eine Ausartung seiner → NATUR – II. 487) – da er schon damals vermutet, was bald auch in *Die Familie Schroffenstein* zum Ausdruck kommen wird: dass der »dunkle Trieb« mehr als ein einfacher Trieb ist – dass er eine weltgestaltende Kraft ist, der nicht nur die Seele, sondern auch das ganze Leben ausgeliefert ist.

In *Die Familie Schroffenstein* berichtet Jeronimus Rupert, daß Johann Agnes beinahe erstochen hätte, worauf ihm der Graf mitteilt, daß er das auf sein Geheiß tat (was nicht wahr ist). Jeronimus erwidert: »[A]us seiner Rede / Wird klar, daß dir ganz unbewusst die Tat« (1761–2). Jeronimus hat recht – und doch nicht. Denn »unbewusst« handelte Johann genau nach Ruperts Willen.

Mit diesem »dunklen Trieb« kämpfen Kleists Helden. Den Abgrund im Innersten ihres → INNEREN gewahrend, befürchten sie, ihren Verstand zu verlieren. Hinter (unter) ihrem Tages-Ich spüren sie eine → HÖLLISCHE Dunkelheit, in der sie sich *nirgends* festhalten können – und ihr Wissen *nichts hat, worauf es sich richten könnte.* »Schweig, ich will nichts wissen«, sagt Amphitryon Alkmene (1004). Zwei Zeilen weiter unten wiederholt Alkmene, zu Charis sprechend, mechanisch und halb unbewusst:

»Schweig, ich will nichts wissen« (1006). In dieser Szene (II. Akt, 2. Szene) geraten beide an den Rand des → ENTSETZENS. Ja, aus ihren Worten spricht das → ENTSETZEN selbst: schließlich können sie sich nirgendhin mehr zurückziehen. »Ich will nichts wissen«, spricht auch Eve in *Der zerbrochne Krug* (509) und will damit nicht nur das Geheimnis wahren, sondern will *wirklich* nichts davon wissen, dass sie mit der Figur Adams auch an etwas → TEUFLISCHEM teilgehabt haben soll. »Ich *will nichts* wissen«, sagt auch die Marquise von O.... (II. 129), und Kleist hebt ihre Worte hervor, um sie zu unterstreichen. Die Marquise will wirklich nichts davon wissen, was sie im Innersten ohnehin »weiß«, dass nämlich der Graf, den sie für einen Engel hält, zugleich auch der → TEUFEL ist. Bei Eves und der Marquise »Nicht-Wollen« handelt es sich nicht darum, dass sie das, was sie genau wissen, geheim halten, sondern dass sie *wirklich nicht wissen, was sie wissen.* Denn nicht in ihrem »Tages«-Ich liegt die Mitte ihres Bewusstseins, sondern dort, wo das Licht mit der Dunkelheit verschmilzt. »Wo steht die Sonne?«, fragt Penthesilea Prothoe (1319), worauf sie diese »aufklärt«: »Dort, dir grad im Scheitel« (1320). Prothoe täuscht sich. Penthesileas »Sonne« befindet sich nicht oben in der Höhe, sondern »drinnen« im tiefsten und dunkelsten → SCHACHT des Busens.

»Ich will davon nichts wissen!«, sagt auch Graf vom Strahl (1646) über den Brief, den ihm Käthchen überreichen will. Nicht nur hier möchte der Graf nichts wissen: Während des ganzen Stückes versucht er, das Wissen zu ersticken, das er unbewusst schon von Anfang an hat.

So wie auf zahlreichen Gemälden Caspar David Friedrichs *zwei* Lichtquellen sichtbar sind – die in der Höhe glänzende Sonne und das Licht, das aus dem Kruzifix strahlt –, verfügen auch Kleists Helden über zwei Arten von Wissen. Das eine »erleuchtet« und ist bewusst, das andere hingegen unbewusst und irgendwo im Dunkel. »Denn nicht *wir* wissen, es ist allererst ein gewisser *Zustand* unsrer, welcher weiß«, ist in dem Aufsatz *Über die allmähliche Verfertigung der Gedanken beim Reden* (II. 323) zu lesen; und in dem → PARADOX *Von der Überlegung* schreibt Kleist anhand einer ähnlichen Überlegung, dass nicht *wir uns* überlegen, wie wir zu einem bestimmten Zeitpunkt handeln, sondern dieses *in uns zur Überlegung kommt,* ohne dass wir uns dessen bewusst wären (II. 337).

Dieses tiefe, unbewusste Wissen lenkt die bewussten Schritte und Überlegungen. Deshalb ist eine psychoanalytische Annäherung an Kleists Werke so reizvoll – und sie kann auch Früchte tragen, solange man nicht versucht, *alles* mit dem unbewussten Wirken der Seele zu erklären, sondern die »unbewußten« Elemente dem *literarischen Wesen* der Werke unterordnet.

Schon 1951 machte Lionel Trilling, als er über das Verhältnis von Freud und Literatur schrieb, darauf aufmerksam, dass die große Gefahr der psychoanalytischen Annäherung in der Neigung des Kritikers besteht, das literarische Werk so zu durchsuchen nach »latent and ambiguous meanings, as if it were, as indeed it is, a being no less alive and contradictory than the man who created it« (Trilling, 39). Obwohl das Ziel, wie auch im Falle der in Kleists Werken wirkenden Manifestationen des »Unbewußten«, viel eher darin besteht, aufzudecken, wie sich die auch für eine psychoanalytische Deutung geeigneten Elemente zu einem *Werk* organisieren. Diese »Organisation« kann jedoch nicht mehr ausschließlich Objekt der Psychoanalyse sein. Kleists Zeitgenosse, der Arzt und

Kleists Werke kann man nicht auf weltanschauliche Probleme reduzieren, schreibt Erna Moore; doch statt diesen grundsätzlich richtigen Gedanken zu vertiefen, regt sie eine andere Art weltanschaulicher Reduzierung an: »Statt metaphysischer Verhängnisse liegen am Grund der Vorgänge psychologische Probleme.« (Moore, 276) *Der Findling* verleitet viele Forscher zu einer psychoanalytischen Annäherungsweise (Moore, Ellis, Dettmering, Linn, Müller-Seidel). Aber die *Verdrängungen,* die unbewussten *sexuellen* → BEGIERDEN, die *Projektionen,* die *Symptome von Neurose* spielen auch in anderen Werken eine bestimmende Rolle – etwa in *Die Marquise von O....* (Dettmering, Moering), in *Der Zweikampf,* in den Liebesszenen in *Die Verlobung in St. Domingo,* im Schwanken des Grafen zwischen Käthchen und Kunigunde, im Verhältnis zwischen Kohlhaas und seiner Frau oder in der Anekdote *Geschichte eines merkwürdigen Zweikampfs.*

Maler Carl Gustav Carus schrieb in seinem 1846 erschienenen Werk *Psyche:* »Der Schlüssel zur Erkenntnis vom Wesen des bewussten Seelenlebens liegt in der Region des Unbewußtseins.« (Engelhardt, 1991, 113) Kleist war sich dessen im Klaren, nicht zuletzt dank seiner engen Bekanntschaft mit Johann Gotthilf Heinrich Schubert. Dennoch erwecken seine Werke den Eindruck, als hätte er, obwohl er sich über die Rolle des *Unbewussten* im Klaren war, alles unternommen, um den *Schlüssel,* von dem Carus schreibt, zu verlieren. (Er wollte kein Protopsychoanalytiker sein.) Er schreibt nicht, um bestimmte Erfahrungen und Erkenntnisse zu »verdrängen«, sondern weil es ihm von vornherein unbefriedigend erscheint, das Leben und Verhalten, die Entscheidungen und Reaktionen seiner Helden in Bewusstes und Unbewusstes zu trennen. Statt die Welt (in → SCHEIN *und* Wirklichkeit, Transzendenz *und* Immanenz, von vornherein vorhandenen Idealen *und* dem entsprechenden Denken, Körper *und* Seele, Schöpfer *und* Schöpfung, Bewusstsein *und* Unbewusstes) aufzuteilen, erlebt er das Sein als eine *Einheit.* Doch nicht in einer pantheistischen, sondern in einer tragischen Weise. Das Sein ist nicht deshalb einheitlich, weil jedes seiner Momente vom göttlichen Prinzip durchdrungen ist, sondern weil *jedes Moment die menschliche Existenz zerbricht und zerbröselt.*

Dennoch fiele man der Krankheit der »hermeneutischen Neurose« anheim, wollte man diese Schriften im → SPIEGEL sexuell bedingter Neurosen deuten.

Diese seltsame »Eintönigkeit« (Generalbaß!) zwingt die Figuren zu ihren »unbewußten« Schritten, und sie wollen deshalb nichts von ihr wissen, weil sie ohnehin schon in ihnen wütet.

»[I]ch betrachte diese Kunst [d. h. die Musik] als die Wurzel, oder vielmehr, um mich schulgerecht auszudrücken, als die algebraische Formel aller übrigen [...]. Ich glaube, daß im Generalbaß die wichtigsten Aufschlüsse über die Dichtkunst enthalten sind«, schreibt er Marie von Kleist im Sommer 1811 (II. 875).

In Erweiterung der engen, psychologischen Annäherungsweise bezeichnet

Heinz Ide das tiefe, dem Verstand unzugängliche Ich als »existentielles Selbst« (Ide, 21). Dem ist jedoch nur bedingt zuzustimmen. Denn indem Kleists Helden »unbewußt« handeln, überschreiten sie nicht nur die Grenzen des Ich, sondern auch des tieferen Ich. Indem sich ihr Ich grenzenlos (in Richtung des tieferen Ich, des Selbst) ausweitet, verdichtet sich das ganze Sein in ihnen. Diese »Ausweitung« bzw. dieser Schritt in Richtung des Selbst kann auch zu einer harmonischen Erfüllung führen – wie dies Novalis' *Heinrich von Ofterdingen* und sein Zyklus *Hymnen an die Nacht* zeigen. Die *Verdichtung* (das Einswerden) des Seins ist hingegen tragisch und unerträglich. Mit dieser Unerträglichkeit ringen Kleists Helden. Ihr Schicksal hat ihnen eine übermenschliche Aufgabe aufgebürdet – doch es befiehlt ihnen nicht »von außen« (in Gestalt von → GÖTTERN, Idealen und Ideologien), sondern ist identisch mit dem Innersten ihres → INNEREN. Und um ihrer Aufgabe gerecht zu werden, müssen sie nicht nur ihr Ich »ausweiten«, sondern auch die ganze Welt neu erschaffen. Die Tatsache, dass sich die Figuren in Ermangelung der Wahrheit zu verhängnisvollen, oft rasenden Taten hinreißen lassen, deutet Müller-Seidel als einen Ausdruck der »Selbstentfremdung« (Müller-Seidel, 221). Doch indem Kleist das »Unbewußte« ins Schicksalhafte ausweitet, überwindet er auch die »innere Spaltung«, die so zum bloßen »Rohmaterial« wird – auch wenn man bei ihm kaum etwas anderes erlebt. (Für Hoffmann zum Beispiel ist die innere Spaltung das letzte Wort der Schöpfung, für Kleist dagegen »bloß« ein Umweg, an dessen Ende sich ein neues → PARADIES verbirgt.) Die Entschlossenheit, mit der *sich* seine Figuren dagegen *wehren,* in Stücke gerissen zu werden, und der Radikalismus ihrer Bereitschaft, sich dafür zu opfern, dass sie gesund (eine Einheit) werden, zeigt, dass für Kleist die *Autonomie,* die Schiller (und der Kleist in die Krise treibende → KANT) über alles stellt, wichtiger wird als der Zwiespalt, die Zerrissenheit, das Ausgeliefertsein. Zu Recht mag Kleist seinen Zeitgenossen als Mensch der »Zukunft« vorgekommen sein. Indem er das Bewusstsein zum Unbewussten hin öffnete, zeichnete er nicht die menschliche Seele nach, sondern schlug eine radikal neue Welt vor.

UNVERSTÄNDLICH

In seinem Aufsatz *Über die allmähliche Verfertigung der Gedanken beim Reden* kommt Kleist angesichts der Unverständlichkeit und der verworrenen Formulierungen nicht zu dem Schluss, zu dem jeder mit einem »gesunden Menschenverstand« käme, dass sie nämlich auf die → VERWIRRUNG der dahinterliegenden Gedanken zurückzuführen seien. Im Gegenteil: Es sei möglich, dass gerade die Gedanken, die am verworrensten ausgedrückt werden, am klarsten durchdacht sind (II. 323). Um zu belegen, dass er recht hat, führt Kleist auch ein Beispiel an: Leute, die der Sprache nicht mächtig sind, hüllen sich in Gesellschaft meist in Schweigen – bis sie → PLÖTZLICH »mit einer → ZUCKENDEN Bewegung, aufflammen, die Sprache an sich reißen und etwas Unverständliches zur Welt bringen.« (II. 323)

Kleists Beispiel ist nicht sehr überzeugend, und das wird auch durch seine spätere klare und einnehmende Argumentation nicht wettgemacht. Denn der Sprecher mag sich noch so sehr im Klaren darüber sein, was er sagen möchte, er stottert doch etwas, was den anderen unverständlich bleibt. Aber folgen wir nicht dem weiteren Gedankengang, den schon viele ausschöpfend und überzeugend gedeutet haben (Ernst Cassirer, Max Kommerell, Hans Heinz Holz, Bela Bacsó), sondern verharren wir bei diesem »Unverständlichen«. Das lohnt sich auch deshalb, weil – wie David Wellbery betont – im Grunde nicht einmal der Sprecher verstehen kann, was er stottert, da das, was seine Lippen verlässt, auch ihm vollkommen neu ist. Im Vergleich zu seinen Absichten, Vorstellungen, Plänen ist es ihm etwas vollkommen Fremdes und Heterogenes (Wellerby, 243).

Doch gerade in der *Heterogenität* der »aufkeimenden« Unverständlichkeit, dem in ihr verborgenen *Wahnsinn* (denn die anderen, die Zuhörer, neigen dazu, jemanden, der → PLÖTZLICH zu stottern beginnt, für verrückt zu halten) liegt der Schlüssel. Nicht zum aufkeimenden »Verständnis«, sondern zu der *Szene.* Was auffällt, ist Kleists Weigerung, ein echtes Beispiel anzuführen. Stattdessen schildert er – wie ein Vollblutschriftsteller – eine *Situation,* bekundet unmissverständlich seine

Sympathie für die Figur im Mittelpunkt der Szene (in der man auch ein *Selbstbildnis* erblicken kann) und stempelt die anderen, die ihn umgeben, auch ungewollt zu Unverständigen ab. Doch während er im Lauf der Erzählung *(Diegese)* in eine *mimetisch* abgebildete Szene hineingerät (in der er nach → *ÄHNLICHKEIT* mit der dargestellten Person strebt – vgl. Platon, Der *Staat,* 393d), teilt er seltsamerweise nicht mit, *was das Unverständliche war,* was ihm die Person gesagt hat. Statt das Stottern, die aufgestauten Wörter und unverständlichen Wortfragmente mitzuteilen, oder gar mithilfe von Schriftzeichen (etwa → GEDANKENSTRICHEN) erahnen zu lassen, was gesagt wurde, formuliert er genau und verständlich. Während er sich *innerlich* mit demjenigen, der zu stottern beginnt, identifiziert, *grenzt er sich* durch die genaue Formulierung auch von ihm ab. Inmitten der Mimesis greift er zum Mittel der *Lexis,* mit deren Hilfe *rettet er sich* aus einer Situation, die jede Sekunde gefährlich persönlich werden kann.

»[W]enn ich mich in Gesellschaften nicht wohl befinde, so geschieht dies weniger, weil andere, als vielmehr weil ich mich selbst nicht zeige, wie ich es wünsche [...] Dazu kommt bei mir eine unerklärliche Verlegenheit, die unüberwindlich ist, weil sie wahrscheinlich eine ganz physische Ursache hat.« (An Ulrike Kleist, 5. Februar 1801 – II. 628–9)

Das wirkliche Problem des in lebhafter und redseliger Gesellschaft unruhig werdenden, unverständlichen Menschen besteht nicht bloß darin, den Gedanken mit den zu ihm gehörenden Klangkörpern und Worten in Einklang zu bringen, sondern darin, dass er *seinen Platz nicht findet, obwohl er das Gefühl hat, dass er mehr als alle anderen der Lage gewachsen ist.* Vermutlich deshalb bietet Kleist kein konkretes Beispiel.

Wahrscheinlich sagt die Person im Mittelpunkt der Szene, als sie spricht, überhaupt nichts Unverständliches. Wahrscheinlich spricht sie vernünftig, wenn auch nicht besonders weise. Die anderen verstehen sie –

der Sprecher jedoch hält das, was ihr über die Lippen kommt, für unverständliches Stottern. Die Worte dienen hier nämlich nicht dazu, etwas Sinnvolles mitzuteilen, sondern die in der gegebenen Szene *durchlebte* Unverhältnismäßigkeit zu lösen – das heißt, sich als → BLITZartige Spannung zu entladen und auch den anderen zu verdeutlichen, wovon die Person *innerlich* überzeugt ist. Dass sie selbst nämlich am klarsten begreift, wovon die anderen sprechen – sie, die am meisten in den Hintergrund gedrängt wird.

Verständnis und *klare Formulierung* führen hier zur *Beherrschung* der Situation. Die Macht zu besitzen: Darin liegt das geheime Ziel jedes Sprechens. In der Tiefe der *Unverständlichkeit* lauert der Abgrund zwischen der Sehnsucht nach *Macht* und ihrer *Unerreichbarkeit.* Wer in einer großen, redseligen Gesellschaft etwas Unverständliches »zur Welt bringt«, stellt in Wirklichkeit seine geheimsten Sehnsüchte öffentlich zur Schau. Etwa so wie jener seinem Sohn schreibende Maler *(Brief eines Malers an seinen Sohn),* der das, was er zu sagen hat, in ein unentwirrbares Bild hüllt *(Unverständlichkeit):* »derjenige, der, in einer heiteren Sommernacht, ein Mädchen, ohne weiteren Gedanken, küßt, zweifelsohne einen Jungen zur Welt bringt« (II. 329). Ein *Mann,* der sogar seinen *Sohn* (und nicht seine Tochter!) selbst zur Welt bringen will, ist uneingeschränkter Herr der Lage – in seiner Fantasie. Er spricht allerdings deutlich genug, dass sein Sohn darauf vor ihm zurückscheut.

Nicht die Worte sind unverständlich (die Kleist seiner imaginären Figur nicht in den Mund legt), sondern *die Situation ist unlösbar.* Als Graf F... die Familie der Marquise mit seinen Gliedersätzen bestürmt, spricht er verständlich, ja sogar logisch. Doch könnte der Erzähler in Graf F...'s Schädel hineinschauen und erzählte, was er dort sieht, würde er vermutlich berichten, dass dem Grafen seine eigene Rede vollkommen unverständlich vorkommt. Denn *er sagt fortwährend etwas anderes, als er denkt.* Hierbei geht es nicht um den Grundgedanken des Aufsatzes *Über die allmähliche Verfertigung,* dass nämlich der Gedanke erst während des Sprechens entsteht, das heißt die Rede sich gewöhnlich nicht nach einem vorgegebenen Leitfaden richtet, sondern selbst diesen Leitfaden schafft (zuerst die Antwort erstellt und dann die dazugehörige Frage sucht). Das wirkliche Problem Graf F...'s besteht darin, dass er nicht weiß, wie er über das sprechen soll, was ihn schon vor seinen Tiraden von innen zerreißen will. Das

Wissen um die *Schuld* zwingt ihn in eine unmögliche Situation. Ein anderes Beispiel ist der → FALL Herrn Friedrichs in *Der Zweikampf*; er ist in einer grundsätzlich anderen Situation als Graf F..., aber auch er ringt mit der Unverständlichkeit. Als er den Zweikampf und damit auch die → GÖTTLICHE Gerechtigkeit verloren zu haben → SCHEINT, übermannt ihn völlige Ratlosigkeit. Er ist genauso fest von Littegardes Unschuld überzeugt wie von → GOTTES Gerechtigkeit – doch was soll er tun, wenn das → GOTTESurteil gegen Littegarde entscheidet und er fortan keinen Platz mehr in der Welt hat? Wenn sich zwei sonnenklare Wahrheiten gegenseitig widerlegen, artet alles in Unverständlichkeit aus. Der Aufsatz *Über die allmähliche Verfertigung* handelt noch von → VERWORRENEN Vorstellungen (II. 322); in *Der Zweikampf* verwirren sich die Sinne. Herr Friedrich hat einen rettenden Gedanken, der an Pascals Wette erinnert: »Laß uns, von zwei Gedanken, die die Sinne verwirren, den verständlicheren und begreiflicheren denken, und ehe du dich schuldig glaubst, lieber glauben, daß ich in dem Zweikampf den ich für dich gefochten, siegte!« (II. 254) Doch wie anfällig die Verständlichkeit dieser Annahme ist, zeigt der folgende Satz: Die unerwartete Freude stürzt Herrn Friedrich (und hier trennt sich sein Schicksal von dem Pascals) in Verzweiflung, und er ruft, indem er sein Gesicht in seine Hände vergräbt, aus: »Gott, Herr meines Lebens [...] bewahre meine Seele selbst vor Verwirrung!« (ebd.) Und dann sagt er Folgendes – wobei Kleist mit erstaunlicher Sensibilität vor Augen führt, wie der Mensch noch in der tiefsten Verzweiflung nach einem Strohhalm sucht: »Wo liegt die Verpflichtung der höchsten göttlichen Weisheit, die Wahrheit im Augenblick der glaubensvollen Ausrufung selbst, anzuzeigen und auszusprechen?« (ebd.)

Herr Friedrich weiß nicht, dass in Wirklichkeit er gewonnen hat. Aber *er beschließt, es zu glauben.* Die Erzählung lässt sich auch als Triumph des Glaubens lesen. Herr Friedrich *ergibt sich nicht* beim → ANBLICK der Unverständlichkeit des Seins, ja selbst → GOTTES. Er nimmt sogar die → VERWIRRUNG der Seele – das eigene Unverständlichwerden vor den anderen – auf sich, um die letzte Verständlichkeit zu erlangen, die nicht nur *logische Nachvollziehbarkeit,* sondern die *Durchschaubarkeit der Existenz* – mit anderen Worten: das Finden der *Wahrheit* – bedeutet. Jener Wahrheit, die während der Erzählung ständig von der *Wahrscheinlichkeit* verdeckt, ja widerlegt wird.

Die wirkliche Unverständlichkeit droht dem Menschen nicht vonseiten der Zuhörer, sondern von innen. So auch jenem Menschen, der in dem Essay über die *allmähliche Verfertigung* → PLÖTZLICH → STOCKT und das Wort an sich reißt. Ob ihn die anderen verstehen oder nicht, ist ihm, wie auch den anderen Helden Kleists, zweitrangig. Viel wichtiger ist, dass er der Falle entkommt, in die er infolge des Verlustes der Wahrheit geraten ist. Für ihn bedeutet Verständlichkeit, dass alles, was ihm fremd ist (das Sein), in ihm wieder seinen Widerhall findet und er zugleich zu dessen Widerhall wird. Und das bedeutet die Wiederfindung der verlorenen Identität, die, wie das Beispiel Herrn Friedrichs zeigt, nicht bloß ein Abenteuer der Seele, der Psyche, ist, sondern die Genesung der Existenz selbst. Kleists Figuren arten deshalb in Unverständlichkeit aus, weil sie aus dem Zusammenhang, der sie aufrecht hält, herausgerissen werden. Damit sie wieder in ihn zurückfinden, müssen sie die ganze Existenz von Neuem »konstruieren«. Indem sie verständlich werden, werden sie wieder *unmittelbar* (es trennt sie keine unermessliche Distanz von sich selbst, wie Sosias oder Amphitryon). Sie beginnen wieder → ÄHNLICH zu werden – doch nunmehr ausschließlich sich selbst.

Vgl. die Anekdote *Unwahrscheinliche Wahrhaftigkeiten* (II. 277–81). Und in *Michael Kohlhaas* steht: Die Wahrscheinlichkeit ist »nicht immer auf Seiten der Wahrheit« (II. 96).

Doch was wäre das, wenn nicht die Voraussetzung einer jeden Verständlichkeit?

UNWILLE

Er ist meist mit Erröten verbunden, über das sogar ein eigenes Buch geschrieben wurde (Skrotzki). In *Die Verlobung in St. Domingo* weckt Babekan Toni, damit sie ihr hilft, Gustav in die Falle zu locken. Als sich Toni im Bett halb aufrichtet, überzieht ihr Gesicht »die Röte des Unwillens« (II. 176). Sie hat jeden Grund zu erröten: Sie soll demjenigen eine Falle stellen, dem sie sich wenige Stunden zuvor noch hingegeben hat. Sie hat aber auch Grund zum Unwillen: Sie möchte Gustav retten, hängt aber auch an ihrer Mutter, deren Leben von weißen Männern zerstört wurde. Die *Röte* der Verärgerung und des Widerspruchs, Gustavs *weiße* Hautfarbe, Tonis *kreolisches* Gesicht und Babekans etwas *dunklere* Hautfarbe – der Unwille ist ein Ausdruck des Hin-und-her-Gerissenseins zwischen den unterschiedlichen Hautfarben und widersprüchlichen Zuneigungen. In *Das Erdbeben in Chili* tritt die rätselhafte Donna Elisabeth, über die der Erzähler kaum etwas verrät, »mit Widerwillen« an Don Fernando heran, als dieser mit den anderen in die Stadt zurückkehren will, und flüstert ihm etwas ins Ohr, was Josephe nicht hören soll. Doch auch der Leser »hört« sie nicht – sondern nur Don Fernando, der etwas lauter spricht. Donna Elisabeth flüstert weiter mit verstörtem Gesichtsausdruck, während Don Fernando, dessen Gesicht von der »Röte des Unwillens« überzogen wird, sie zu beruhigen versucht (II. 155). Man *sieht* die Röte des Unwillens, *hört* jedoch nicht die Worte Donna Elisabeths – wodurch der → ANBLICK beider noch unheilvoller und bedrohlicher wird. Die Röte des Unwillens nimmt das schreckliche Ende vorweg, das einen Teil der Figuren erwartet. Don Fernando *weiß* das noch nicht; doch der Unwille auf seinem Gesicht wirkt verräterisch.

In *Der Findling* betritt Elvire – ohne anzuklopfen! – Nicolos Zimmer, als er gerade Damenbesuch hat. Sie öffnet die Tür und schließt sie schnell wieder. Das genügt jedoch, um ihren Ärger gewahr zu werden: »Der Unwille, der sich mit sanfter Glut auf ihren Wangen entzündete, goß einen unendlichen Reiz über ihr mildes, von Affekten nur selten bewegtes Antlitz« (II. 206). Einer der vollkommenen Sätze Kleists. Jedes Wort ist verräterisch –

und als Ganzes nimmt er den Fortgang der Ereignisse vorweg. Der Reiz auf ihrem Gesicht ist (wie auch bei Penthesilea – 2679) ebenso anziehend wie aufreizend; er ist von vornherein ein Ausdruck des Unwillens; die »sanfte Glut« wiederum macht sie, die *vor der Welt* geschlechtsneutral erscheinen möchte, lebendig (glühend) und *weiblich.* Elvire bekommt eine *gesunde Hautfarbe:* denn die Unbeweglichkeit ihrer Gesichtszüge zeigt an, dass die Erregbarkeit ihres Körpers *niedrig* ist, was nach Ansicht des damals in Deutschland modischen schottischen Arztes John Brown ein Symptom versiegender Lebenskraft ist (vgl. Henkelmann, 49).

1811 versuchte man vergeblich, Kleists hartnäckige körperliche Beschwerden mit Browns Methode zu heilen. (II. 758)

Der Unwille verleiht der krankhaft schwächlichen Frau Lebenskraft – und besiegelt zugleich auch ihr Schicksal –, was die Figuren natürlich noch nicht ahnen. Es gibt keinen Mittelweg: Entweder sie ist zu schwach (mit Browns Ausdruck: asthenisch) oder zu gereizt (sthenisch) – was der Erzähler übrigens schon am Anfang der Erzählung andeutet, als er von ihrem »überreizten Nervensystem [...]« (II. 203) spricht. Ihr Unwille ist nicht bloß Ärger, Missmut oder Zorn, sondern die Unfähigkeit, mit dem Leben zurechtzukommen.

In *Michael Kohlhaas* ahnt der sächsische Kurfürst, als er »mit dem Ausdruck zurückgehaltenen Unwillens« die Akten auf seinem Schreibtisch hin und her wirft (II. 87), noch nicht, dass seine Bemühungen vergeblich sind: Kohlhaas wird ihm, dank dem wahrsagerischen Zettel, den er in seinem Besitz hat, immer uneinholbar um einen Schritt voraus sein. Wenn Kleists Figuren in die Angelegenheiten der Welt verwickelt werden, werden sie von Unwillen übermannt; nicht nur die oben erwähnten, sondern auch die Marquise von O...., als Graf F... ankündigt, dass er nicht gewillt ist, nach Neapel zu reisen (II. 116), oder der Marchese, als er das Bettelweib von Locarno hinter den Ofen schickt (II. 196). Das erklärt auch den Ärger Herrn Friedrichs in *Der Zweikampf.* Auf die Mahnung seiner Mutter, nicht mehr so eigensinnig zu sein, da er doch im Zweikampf unterlegen sei, erwidert der Kämmerer unwillig: »Gleichviel!« (II. 248) – ähnlich wie der Prinz von Homburg, der die gleiche Antwort gibt, wenn er bedrängt wird –, und fügt dann hinzu: »Was kümmern mich diese willkürlichen Gesetze der Menschen?« (II. 249) Sein Unwille ist berechtigt. Wie die anderen Figuren Kleists sieht auch er voraus, dass die irdischen Wirren nur dazu dienen, die Aufmerksamkeit von einer anderen, nicht diesseitigen Ordnung abzulenken. Und der Unwille wird umso → HEFTIGER, je mehr sie das Gefühl haben, dass man sie daran hindert, in diese andere Ordnung hinüberzutreten, deren Bild, zwar durch viele, viele → TÜCHER verschleiert, aber dennoch in ihren Herzen lebt.

VATER

Oder vielmehr: die Väter. Sie ziehen sich am liebsten zurück und treten ungern vor. Sie verbergen sich. Und wenn sie sich gelegentlich doch als Väter benehmen müssen, spielen sie ihre Rolle nicht gerade perfekt. Oder besteht womöglich in dieser »Unvollkommenheit« ihre einzige Möglichkeit? Jedenfalls erscheint in Kleists Werken das Gefühl des Mangels, das sich an ihre Existenz knüpft, unaufhebbar und elementar.

Wenn es keinen Vater gibt, ist dem Kind scheinbar viel erlaubt. Und doch fühlt es sich nicht frei. Es stört sich am Bewusstsein, dass es seinen Vater nicht kennt. So ergeht es Nicolo (*Der Findling*), der früh seinen Vater verliert und an dessen Stelle einen rätselhaften, undurchschaubaren Stiefvater bekommt. So wird es auch dem zukünftigen Kind Alkmenes ergehen (*Amphitryon*), dessen Stiefvater (Amphitryon) mit seinem leiblichen, aber unsichtbaren Vater Jupiter nicht identisch ist. So ergeht es Käthchen von Heilbronn, das Theobald für seinen Vater hält, obwohl sein wirklicher Vater der Kaiser ist, den es erst viel später trifft. Und so ergeht es auch dem Sohn der Marquise von O…., der nach seiner Geburt ein Jahr lang, im kritischsten Lebensabschnitt eines Säuglings, seinen Vater, Graf F…, nicht sehen darf. Die Abwesenheit des leiblichen Vaters ist bedrückend. Doch mindestens genauso störend ist es, wenn an die Stelle des Vaters ein neuer Vater tritt (Nicolo, Käthchen, doch auch der Prinz von Homburg) – das Kind belagert und seelisch unterjocht.

Die Väter sind bedrückend. Ihre Abwesenheit ist genauso bedrohlich wie ihre Gegenwart. Sie vernichten gleichsam ihre Kinder – und zuweilen töten sie sie wirklich. In *Das Erdbeben in Chili* wird Jeronimo, nachdem er *seine* → BEGIERDEN *frei ausgelebt hat*, von seinem eigenen Vater »mit einem ungeheuren → KEULENschlage« getötet (II. 158). Meister Pedrillo tötet seine Geliebte Josephe, die er seit seiner Kindheit kennt und deren Vater er sein könnte (vgl. Wichmann, 103) – wofür auch die symmetrische Struktur der Erzählung spricht. In *Der Findling* verspritzt Piachi das → HIRN seines Pflegesohnes. In *Prinz Friedrich von Homburg* will der Kurfürst Homburg, den er für seinen *Rivalen* hält, hinrichten lassen – wogegen Homburg im Kurfürsten seinen *Vater* sieht (das gilt auch für Natalie, die, würde Homburg hingerichtet werden, ihr Unglück ihrem »Vater« zu verdanken hätte). In *Die Marquise von O....* richtet der Vater eine Pistole auf seine Tochter, und es ist nur dem → ZUFALL zu verdanken, dass die Kugel statt ihrer → BRUST die Decke durchbohrt. Ihre spätere → VERSÖHNUNG erscheint mindestens genauso problematisch; statt eine Lösung zu finden, wird das angespannte Verhältnis von Vater und Tochter infolge der übertriebenen und maßlos ausartenden Liebe noch verwickelter. In *Das Käthchen von Heilbronn* hat Käthchen das Gefühl, von ihrem Vater (in Wirklichkeit: Stiefvater) vernichtet zu werden: Indem sie ihm gehorcht, verlobt sie sich mit dem Grab. Die Worte ihres Vaters schlagen sie gleichsam ans Kreuz, dringen wie Messerstiche in sie. Doch nicht in irgendeinen Körperteil, sondern gerade in ihre → BRUST!

Käthchen: »Gott im höchsten Himmel; du vernichtest mich! Du legst mir deine Worte kreuzweis, wie Messer, in die Brust! Ich will jetzt nicht mehr ins Kloster gehen, nach Heilbronn will ich mit dir zurückkehren, ich will den Grafen vergessen, und, wen du willst, heiraten; müsst auch ein Grab mir, von acht Ellen Tiefe, das Brautbett sein.« (1488–94)

In *Die Hermannsschlacht* ist das Messer nicht bloß eine → METAPHER. Teuthold ersticht wirklich seine Tochter und zerstückelt sie anschließend. Er → SCHEINT auf diese Weise die Ehre seiner Tochter wahren zu wollen. Doch wie anders ist dieser Mord als jener in *Emilia Galotti.* Bei Lessing findet sich keine Spur von Sadismus; selbst der Dolch, mit dem der Vater seine Tochter ersticht, gehört ihm nicht; zudem »verfehlt« der Stich »sein Ziel«: Er müsste den Prinzen treffen, sodass der Vater seine Tochter aus bloßer Hilflosigkeit tötet. Es ist eine Art Selbstmord (Kastration – wie in Lenz' *Der Hofmeister),* kein Ausdruck von Kraft (oder moralischer Überlegenheit), sondern von Hilflosigkeit (Benno von Wiese, 41). Kleists Teuthold leidet mindestens genauso wie

Galotti. Doch die Szene, in der er seine Tochter tötet, trieft förmlich vor Blutdurst. Teuthold weint, doch die anderen lecken sich den Mundwinkel wie Hunde in einem Schlachthof. Indem er seine Tochter tötet, beschützt er nicht nur ihre Ehre, sondern befriedigt auch die → BEGIERDE seiner Gefährten, die durch den Geruch des Blutes in Erregung geraten sind.

Meist benehmen sich die Väter wie Despoten. Es gibt Ausnahmen: so Kohlhaas, der ein beispielhafter Vater ist. Als Ehemann ist er das jedoch keinesfalls; ihm verdankt seine Frau ihren Tod, seinetwegen werden seine Kinder zu Halb- und schließlich zu Vollwaisen. Gönnte der Erzähler Kohlhaas genug Zeit, seine Kinder heranwachsen zu sehen, bliebe das Verhältnis zwischen ihnen wahrscheinlich nicht immer so friedlich. Jedenfalls überleben die Kinder die Geschichte als *Waisen,* und es ist ungewiss, ob sie ihrem Vater *vergeben* werden, dass er sie alleingelassen hat. Ähnlich *verwaist* bleibt am Ende von *Das Erdbeben in Chili* auch der kleine Philipp zurück, und Nicolo in *Der Findling* ist vor allem ein *Waisenkind* und nicht ein Findling.

Was auffällt: Die Väter dulden keine Widerrede. Auch der geringste Widerstand bringt sie aus der Fassung, und selbst als ihre Kinder längst erwachsen sind und Familien haben, versuchen sie, sich noch auf despotische Weise in ihr Leben einzumischen. Piachi überwacht die Schritte Nicolos, der bereits verheiratet und dann verwitwet ist, als wäre er noch immer ein kleines Kind. Auch Herr G… in *Die Marquise von O….* verhält sich seiner Tochter gegenüber nicht so wie gegenüber einer Frau mit zwei Kindern. Die Väter erwarten von ihren

Nach Helga Gallas stellen die beiden Kurfürsten in *Michael Kohlhaas* den schwachen und den starken Vater dar; die → ZIGEUNERIN, die von Kohlhaas »Mütterchen« genannt wird, ist die Mutter; und Kohlhaas selbst der Sohn (Gallas, 73). Die Pferde, derer die Väter den Jungen berauben, stehen für den *Phallus,* genauso wie der Zettel, den ihm die »Mutter« als Ersatz für die Pferde gibt. Das → VERSCHLINGEN des Zettels wird so zur Kastration des schwachen Vaters (des sächsischen Kurfürsten), worin ein Zeichen von Kohlhaas' Ödipuskomplex zu sehen ist (74). Das ist ein charakteristisches Produkt der *neurosenorientierten Interpretation;* wer in der Sexualität auf alles eine Antwort sucht, betrachtet die Sexualität stillschweigend

Kindern vollkommene Unterwerfung – und darin genießen sie auch die Unterstützung des *Erzählers.* Der Erzähler hinterfragt nie die Überlegenheit und Übermacht der Väter. Er erkennt die *Ordnung* an, die die Väter repräsentieren. Doch wie alles andere lässt er auch diese so radikal werden, dass das, wofür sie steht, unbemerkt in sein eigenes Gegenteil umschlägt. Bezeichnend ist der → FALL Jupiters mit Alkmene: Er will Liebe, löst jedoch statt dessen → VERWIRRUNG aus. Deren Ursache liegt zum Teil auch darin, dass Jupiter nicht nur ein → GOTT, sondern auch der Schöpfer *(Vater)* ist, der seine eigene »Tochter« (Alkmene) zur Befriedigung seiner → BEGIERDEN gebraucht. Was in der → VERSÖHNUNGSszene zwischen der Marquise von O.... und ihrem Vater nur leise angedeutet wird, wird hier zur schroffen Wirklichkeit: Der Vater (Jupiter) missbraucht seine Rolle als Schöpfer so lange, bis er despotisch und grausam wird. Der Schöpfer liebt sich mit seiner Schöpfung und kann so auch den Vorwurf des Inzestes kaum von sich weisen.

als eine grundsätzlich »reine«, durch nichts beeinflusste Idee, als »Destillat« der Existenz. Auf diese Weise kann es ihm jedoch leicht so ergehen wie Elvire in *Der Findling* (bei dessen Helden, Nicolo, manche ebenfalls den Ödipuskomplex zu entdecken wähnten – Dettmering, 79).

Nicolo wird von seinem Stiefvater getötet – und es lässt sich nur erahnen, welches Schicksal in *Das Erdbeben in Chili* den kleinen Philipp an der Seite Don Fernandos, der ihn adoptiert hat, erwartet.

Wie Jupiters → FALL zeigt, spukt der Vater als »unpersönliche« Macht hinter jeder Figur – selbst wenn sie ihm gerade nicht begegnet. Der Vater bei Kleist: eine Quelle unabwendbarer Gefahr, wobei die größte Gefahr darin liegt, dass man ihn lieben und an ihm hängen muss. Um das zu verstehen, reicht die psychoanalytische Deutung nicht aus. Denn bei Kleist tritt der Vater nicht nur als Elternteil, Rollenspieler und Rivale auf, sondern auch als eine *Kraft,* die die Figuren zu extremem Gehorsam zwingt. In *Die Hermannsschlacht* tritt Hermann nicht nur als Feldherr, schlauer Politiker und ziemlich zwielichtiger Ehemann auf, sondern

Hermann (Arminius) ist so sehr *Vater* der Deutschen, dass Fichte, der ihn im

auch als *Vater* der germanischen Stämme. Alle schulden ihm Gehorsam, denn – und auch davon handelt das Stück – *er hat sogar dann recht, wenn niemand seine Motive durchschaut.*

Zusammenhang mit der Vaterlandsliebe erwähnt, seinen eigenen *Sohn* zu dessen Ehren auf den Namen Hermann tauft (vgl. Kittler, 225).

Diese Vaterfigur kommt in Reinkultur im *Katechismus der Deutschen* zum Vorschein. Formal folgt das Gespräch zwischen Vater und Sohn den platonischen Dialogen. Dennoch kann man nicht von einem Dialog sprechen, da ihm gerade jene »erotisierte Rhetorik« (Barthes, 1988, 22) fehlt, die das gemeinsame Denken prägt. Stattdessen liest man eine Kette aggressiver Fragen und Antworten, in deren Verlauf der Sohn gehorsam das antwortet, was der Vater *von vornherein* von ihm *erwartet.* Der Sohn unterwirft sich in allem seinem Vater, von selbständigen Gedanken fehlt in ihm jede Spur. Deshalb wirken seine Antworten wie lauter → PEITSCHENhiebe – oder Pistolenschüsse –, die er selbst erleidet, auch wenn die Antworten aus seinem Mund kommen. Statt feiner Erotik findet hier ein sadomasochistisches Schauspiel statt. Der Junge *opfert sich* für seinen Vater und natürlich für sein *Vater*land – und zwar so *blindlings,* dass er die beiden gar nicht wirklich voneinander unterscheiden kann. Dieser Vater ist die Verkörperung der Überlegenheit, die nicht hinterfragbare Transzendenz. Um sich natürlich verhalten zu können, müsste der Sohn erst mit ihm abrechnen. Er müsste einen »Vatermord« begehen, was in diesem Fall sogar einem »Gottesmord« gleichkäme. Doch es ist fraglich, ob der Junge *ohne* seinen Vater überhaupt sprechen kann. Der verlassene *Waise* hat keine eigene Sprache – nur die, die er von seinem Vater geerbt hat, die ihm jener aufzwang. Er müsste in einen vaterlosen Zustand zurückfallen – in jenen »Naturzustand«, den etwa Rousseau für so erstrebenswert hielt und den er gerade der Weisheit der Väter entgegensetzte –, dessen eigene, selbstständige, nicht väterliche und nicht diskursive Sprache er selbst jedoch auch nicht kannte (kennen konnte).

»›Allmächtiger Gott, der du den Verstand in deinen Händen hältst, erlöse uns von den Kenntnissen und den verderblichen Künsten unserer Väter, gib uns die Unwissenheit, die Unschuld und die Armut zurück, die einzigen Güter, die unser Glück ausmachen können und dir zur Ehre gereichen.‹« (Rousseau, 79) Rousseau, der sein Stoßgebet selbst in Anführungsstriche gesetzt hat, bezieht das Attribut verderblich (*funestre*) nicht nur auf die Künste der Väter, sondern nennt an anderer Stelle auch das eigene Onanieren verderblich, kläglich (Pethö, 157). Erst als er sich vom Vater befreit hat, kann der Sohn sein eigenes, freies und natürliches Leben führen. Der Vater als Ordnung, Gesetz, Rivale und Sprache hindert ihn daran. Als Nicolo in *Der Findling* erfährt, dass seine attraktive Stiefmutter regelmäßig vor Colinos (d. h. Nicolos) Bild masturbiert, beginnt auch er zu onanieren. Dabei denkt er an Elvire – die sich wiederum Colino (Nicolo) vorstellt. Ihre → BEGIERDE können sie jedoch nicht auf natürliche Weise befriedigen, da Piachi zwischen ihnen steht, der nicht nur Nicolos, sondern auch Elvires *Stiefvater* ist – er ist nicht nur viel älter als sie, sondern benimmt sich auch wie ein Vater ihr gegenüber (er enthält sich jeder Sexualität).

Um frei zu sein, müssen sie sich vom Vater befreien. Doch so extrem ihr Gehorsam ist, so extrem ist auch ihre »Befreiung«. Da der Vater auch in der Seele der Kinder lauert, artet die Befreiung von ihm in Aggressivität und Blutvergießen aus. Die Freiheit ufert in den → WAHNSINN DER FREIHEIT aus. Ende Mai 1809, wenige Tage nach der Niederschrift des *Kathechismus,* verfasst Kleist die Einleitung zur geplanten Zeitschrift *Germania,* an deren Ende er den Geist des Vaterlandes verherrlicht, der mit hochrot glühendem Gesicht in die Schlacht herabsteigt, um den Mut der Kämpfer zu beleben. Doch nicht nur deshalb steigt er herab, sondern auch um nach dem errungenen Sieg die *Jungfrauen* herbeizurufen, »daß sie sich nieder beugen, über die, so gesunken sind, und ihnen das Blut aus der Wunde saugen« (II. 376). Für den *Vater* gibt es keinen schöneren – und *erotischeren* – → ANBLICK.

Indem sie *Blut trinken,* kommen die Jungfrauen seinem Befehl nach, befolgen seinen geheimsten Wunsch.

Doch wer versichert dem Vaterland, dass diese sich wie Penthesilea gebärdenden Jungfrauen, sobald das Blut der Toten ausgegangen ist, nicht ihren Verstand verlieren und sich über ihre eigenen Väter stürzen?

VERSCHLINGEN

Am erbarmungslosesten »verschlingt« Kohlhaas. Am Richtplatz neben dem Richtblock stehend, lässt er seinen → BLICK über die versammelte Menge schweifen und löst sich beim → ANBLICK des sächsischen Kurfürsten die Bleikapsel vom Hals, entnimmt ihr den Zettel, den er von der → ZIGEUNERIN erhielt, liest ihn, steckt ihn in den Mund und verschluckt ihn. (II. 103) Der Kurfürst wohnt der Hinrichtung bei, um später Kohlhaas' Leiche auszugraben und den Zettel, der das Geheimnis des Schicksals seines Herrscherhauses birgt, an sich zu nehmen.

Doch wie kann er die Bleikapsel an sich nehmen? Kohlhaas wird *enthauptet; an seinem Hals* kann sie also keinesfalls hängen. Und wie stellt sich Kleist die Szene vor? Ein *verkleideter* Kurfürst, nachts auf dem Friedhof, mit einem Spaten in der Hand?

Indem er den Zettel verschluckt, *rächt sich* Kohlhaas *endgültig* für das Unrecht, das er erlitten hat. Und das, als sich bereits alles zu regeln schien; er hat seine Pferde zurückerhalten, sich mit seiner Strafe abgefunden und glaubt, die Zukunft seiner Kinder abgesichert zu haben. Doch die Geste des Verschlingens lässt den Lauf der »Ordnung« ins → STOCKEN geraten: Als unwiderrufliche, nicht wiedergutzumachende Tat lässt sie die → VERSÖHNUNG wieder fragwürdig werden. Wie das Dekret, das Piachi in *Der Findling* Nicolo in den Mund stopft, bevor er dessen → HIRN verspritzt, ist auch dieser Zettel ein *unverdaulicher* Bissen. Indem er ihn verschlingt, behindert Kohlhaas die natürliche Verdauung. Der Körper nimmt den Zettel nicht an – der Kreislauf wird unterbrochen, für einen → AUGENBLICK hört die Zukunft auf zu sein. Nicht nur für den sächsischen Kurfürsten, der gerade auf die Zukunft neugierig ist, sondern auch für Kohlhaas. Den Zettel hat ihm einst die → ZIGEUNERIN gegeben, mit der Bemerkung, dass er ihm einmal das Leben retten könnte. Indem er ihn jetzt verschlingt, setzt er seinem Leben ein Ende. Das *Verschlingen* führt zur *Enthauptung*. Kohlhaas, »das Auge unverwandt« auf den Kurfürsten »gerichtet« (II. 103), verschlingt *sich selbst:* Er beschleunigt seine eigene *Zerstückelung*.

Das Verschlingen geht bei Kleist gierig und gewaltsam vor sich. Das zeigt sich am besten an Penthesileas letztem Mahl. Als sie den zu Boden gestürzten Achilles mit den Zähnen zu zerfleischen beginnt, seinen Körper verzehrt und sein Blut trinkt, handelt sie, als nähme sie am Abendmahl teil.

Die Raserei und Ekstase, mit der all das vor sich geht, schließt von vornherein aus, dass *diesem* Verschlingen eine Auferstehung und Erlösung folgen werden. Vielmehr erinnert Penthesilea an Goyas blutrünstigen Riesen *Saturn*, der sich im finsteren All verirrt zu haben → SCHEINT. Dieser Riese wird durch völlige Verzweiflung und Ratlosigkeit charakterisiert. Penthesilea unterscheidet sich jedoch auch von ihm. Nicht nur insofern, als sie ein zerbrechliches, schönes, junges Mädchen ist, sondern weil sie ihre Tat aus *echter Liebe* begeht. Den Biss und den → KUSS verwechselt sie deshalb, weil sie eine Wendung (»Ich liebe dich so, ich könnte dich auffressen«) wörtlich nimmt – und schließlich wird sie auch ihrem eigenen Leben durch eine → METAPHER ein Ende setzen. Als Penthesilea in die → SCHÄCHTE ihrer → BRUST *hinabsteigt* (3025–6), führt sie das Verschlingen genauso radikal aus wie Kohlhaas: Sie verschlingt sich am Ende

Eine »Rolle« göttlichen Ursprungs muss auch der Prophet Ezechiel essen: »Menschensohn, deinen Bauch nähre und deinen Leib fülle mit dieser Rolle, die ich dir gebe. Und ich aß, und sie war in meinem Munde wie Honig so süß.« (Ezechiel 3, 3) Und Johannes verschluckt ebenfalls das Buch, das er vom Engel erhält: »Da nahm ich das Buch aus der Hand des Engels und aß es: und honigsüß war es in meinem Munde; doch als ich es gegessen hatte, brannte es mir bitter im Leibe.« (Offenbarung 10, 10)

»Wahrlich, wahrlich, ich sage euch: Werdet ihr nicht essen das Fleisch des Menschensohnes und trinken sein Blut, so habt ihr kein Leben in euch. Wer mein Fleisch isset und trinket mein Blut, der hat das ewige Leben.« (Joh. 6, 53–54)

des Stückes selbst. Damit erreicht das Verschlingen (Abtauchen) seinen *Höhepunkt.* Im Verlauf des Stückes finden sich mehrere Anspielungen auf das Verschlingen. Schon in der ersten Szene gebraucht Odysseus diese → METAPHER, um auszudrücken, wie schnell sie vorankommen: »Wir verschlingen / Die Straße jetzt« (26–7).

Es finden sich »eine Menge Stellen, wo der Sinn entweder ganz und gar nicht zu finden oder doch sehr verdreht und verschroben ist [...]. Was sagt man zu neuen Worten wie: ... die Straße verschlingen ...« Karl August Böttigers Kritik der im *Phöbus* veröffentlichten Ausschnitte von *Penthesilea (Der Freimüthige,* 5./6. Februar 1808 – LS 225 a).

Die Amazonen wiederum fallen wie ein Wassersturz über die Griechen her und halten sie nicht nur auf, sondern drohen auch, sie zu ertränken (verschlingen) (246–53). Später »verschlingt« auch Penthesilea, als sie über Achilles herfällt, die Entfernung, die sie voneinander trennt: »Mit jedem Hufschlag, / Schlingt sie, wie hungerheiß, ein Stück des Weges, / Der sie von dem Peliden trennt, hinunter!« (405–7)

Während dieser Annäherung beginnt sich die Königin rasch von sich selbst zu entfernen. Die Entfernung »verschlingend«, verzehrt sie ihr eigenes Wesen. Das »Verschlingen« wird zum Ausdruck der inneren Spaltung, des radikalen Identitätsverlustes. »Ich will in ewge Finsternis mich bergen!« (2351), spricht sie, als ihr bewusst wird, dass Achilles nicht ihr gehören wird.

Als Graf F... die Annonce der Marquise von O.... erhält, liegt er »mit ganzer Seele über dem Papier [...], und den Sinn desselben gierig verschlang« (II. 130). Mit dem gierigen Verschlingen beginnt sich sein Schicksal zu vollenden – und er verschlingt das Papier fast wie Kohlhaas den Zettel.

In einer in Kleists Handschrift korrigierten Fassung lautet diese Zeile so: »Daß mich der Erde tiefster Grund verschlänge!« (I. 879) Die »Erhellung« ist untrennbar verbunden mit der »Verfinsterung« – in *Prinz Friedrich von Homburg* wird Natalie in dem Tor, das sich wie das → PARADIES öffnet, von einem → BLITZ verschluckt und unsichtbar gemacht –, was auch ein Ausdruck der entgegengesetzten Bewegung der Figuren ist. Erst indem sie hinabstürzen, können sie sich auch erheben (das gilt zum Beispiel für die bilderstürmerischen

Brüder in *Die heilige Cäcilie),* erst indem sie ihr Schicksal unwiderruflich ruinieren, können sie ihr Leben ordnen (Kohlhaas, Penthesilea). Indem sie etwas *verschlingen, zerreißen sie sich zugleich auch;* das, was sie verschlingen, verzehrt sie wiederum als unverdaulicher Bissen (sei es als Menschenfleisch, als schicksalsträchtiger Zettel, als Abgrund, als Höhle oder als → BLITZ).

»Des Schlosses Tor geht plötzlich auf;
Ein Blitz, der aus dem Innern zuckt,
verschlingt sie;
Das Tor fügt rasselnd wieder sich
zusammen«.

(185–7)

Doch im gleichen Auftritt assoziiert der Prinz das Verschlingen auch mit der Nacht:
»Daß mich die Nacht verschläng!« (115)

In *Amphitryon* hegt Sosias den gleichen Wunsch, als er erkennt, dass ihm seine Identität abhanden gekommen ist:
»Nun wärs gleich viel, wenn mich
Die Erde gleich von diesem Platz verschlänge«

(363–4)

Und dasselbe wünscht sich auch Kunigunde in *Das Käthchen von Heilbronn* (2526), in dem der *Abgrund, die Höhle* eine besondere Rolle spielen.

VERSEHEN

Elvire, die Heldin von *Der Findling,* schließt sich regelmäßig in ihr Schlafzimmer ein, um vor dem Bildnis ihres verstorbenen Geliebten Colino niederzufallen. Sie bewundert das Bild so lange, bis sie in → VERZÜCKUNG gerät. Zuvor pflegt sie sich jedoch immer auszuziehen. Bis sie nichts mehr anhat. Nicht einmal ihre *Brille.* Obwohl sie kurzsichtig ist. Wenn sie etwas näher untersuchen will, muss sie ihre Brille aufsetzen (II. 210). Ausgezogen und ohne Brille liegt sie vor einem Bild. *Was mag Elvire dabei sehen?*

Damit das verschwommene Bild scharf und ihr Orgasmus vollkommen wird, muss sie sich ihren Fantasien hingeben – über einen Mann, der jenem auf dem Bild zum Verwechseln → ÄHNLICH sieht. Das Bild ist Colinos »Ebenbild«, Nicolo wiederum ist das Ebenbild des gemalten Colino. Es ist schwer, die drei voneinander zu unterscheiden. Aber nicht so schwer, dass Elvire nicht regelmäßig durch sie befriedigt werden könnte. Durch alle drei. Wenn sie ihre Brille aufsetzt und ihr Schlafzimmer verlässt, fürchtet sich Elvire vor der Sexualität. In ihrer Fantasie jedoch, als sie keine Brille trägt und nicht scharf zu sehen braucht, liebt sie sich mit gleich drei Männern. Mit einem toten, einem gemalten und einem lebenden Mann. Eigentlich mit einem einzigen, doch da ihre Sexualität → VERWORREN ist, splittert sie diesen einen auf (wie Penthesilea Achilles). In einen toten Engel, einen lebenden → TEUFEL und einen Fetisch. Das ist zugleich Nekrophilie, Fetischismus und sadomasochistisches Fantasieren. (Was sucht die → PEITSCHE an der → SchlafzimmerWAND der jungfräulichen Frau?!) Nackt und ihren Fantasien ausgeliefert: Auch das ist Elvire. Setzt sie ihre Brille ab, sieht sie Colino nur verschwommen, was ihr Befriedigung verschafft; setzt sie die Brille auf, sieht sie Nicolo scharf, doch durch ihn kann sie nicht befriedigt werden, wagt sie nicht, sich befriedigen zu lassen. Ihre Kurzsichtigkeit erweist sich als verhängnisvoll. Als der *verschwommene* Colino und der *scharf umrissene* Nicolo eins werden, fällt Elvire in → OHNMACHT – und Nicolo vergewaltigt sie. Wäre sie nicht kurzsichtig, würde man sie vielleicht auch nicht so radikal ihrer Unschuld berauben – denn es ist gewiss, dass Elvire ihre *Unschuld* im Lauf ihrer über zehnjährigen Ehe nicht verloren hat.

Wäre sie nicht ... Doch sie ist es – und sie könnte gar nicht anders sein. Der Erzähler ist nicht weniger erbarmungslos als Nicolo. Er weiß, dass seine Heldin kurzsichtig – das heißt ihre Sicht *nicht vollkommen* – ist; doch die Geschichte wird gerade dadurch vollkommen, dass sie die Möglichkeit der vollkommenen Sicht ausschließt. Elvire ist kurzsichtig – doch woran gemessen? Wenn sie Colino scharf sieht, sieht sie das Bild und Nicolo nicht; wenn Nicolo, das Bild und Colino nicht; und wenn sie die Brille vor dem Bild aufsetzt, sieht sie die beiden Männer nicht. Ihre Befriedigung reißt sie förmlich auseinander – da sie nicht alle drei *auf einmal* scharf sehen kann. Und doch *findet sie Befriedigung,* hat also teil an der Erfahrung der Vollkommenheit. Diese Vollkommenheit jedoch ist eine Folge der Täuschung und des unvermeidlichen Versehens. Der → SCHEIN ist die einzige Wahrheit.

Alkmene hat in *Amphitryon* an einer ähnlichen Erfahrung teil. Jedes Mal wenn sie sich Jupiter hingibt, wird sie von der gleichen »Verzückung« übermannt wie Elvire. Dabei wird sie immer »ratloser«, mit wem sie sich eigentlich geliebt hat. Mit ihrem Mann? Oder mit dessen Ebenbild? Mit einem → GOTT? Oder gar mit einem → TEUFEL (wie dies Jupiter andeutet – 1282)? Im Gegensatz zu Elvire hat Alkmene keine sexuellen Probleme. Im Gegenteil. Und dennoch: Je größer ihre Wonne ist, umso weniger klar sieht sie. Sie spürt, dass sie von einer Kraft niedergerungen – *vergewaltigt* – wird, gegen die sie machtlos ist. Obwohl sie nichts als ihren Mann sieht, den sie bis ins Letzte kennt. Und doch, je mehr sie ihn betrachtet, umso weniger sieht sie ihn. *Während sich der → GOTT sehen lässt, beraubt er den Sterblichen seiner Sicht.* Du bist kurzsichtig, sagt er Alkmene: »Du wirst über dich, / Wie er dich würdiget, ergehen lassen. / Du unternimmst, Kurzsicht'ge, ihn zu meistern, / Ihn, der der Menschen Herzen kennt?« (1370–3)

Der Mensch wird sich dann zu einem Rätsel, wenn er das Gefühl hat, in der Person des anderen blicke ein → GOTT in sein → INNERES. Geladen mit Wahrheit, gerät er ins Wanken. Je näher er der Vollkommenheit ist, umso mehr gerät er in Zwiespalt mit sich selbst. Alkmene würde vergeblich eine Brille aufsetzen. Sie fällt am Ende des Stückes genauso in → OHNMACHT wie Elvire, als die drei »Männer« in einen Körper schlüpfen: Als sie den → GOTT erblickt, weiß sie, dass sie verloren ist. »Kann sich ein menschlich Auge hier entscheiden?« (2185), fragen die anderen, als sie Jupiter und Amphitryon Seite an Seite erblicken. Doch mit gleichem Recht könnte Jupiter sie fragen: Kann sich ein göttliches Auge hier entscheiden? Wohl nicht. Die Täuschung und das Versehen haben nämlich *göttliche* Dimension – selbst Jupiter ist ihnen ausgeliefert. Er täuscht nicht nur, er wird auch getäuscht. Schließlich liebt Alkmene nicht ihn, sondern ihren Mann; und Jupiter kann sich ihr nur deshalb nähern, weil sie sich versieht. Nur indem er aus sich selbst herausschlüpft, gleichsam durch seine eigene Abwesenheit, kann der höchste → GOTT in Erscheinung treten. Jupiter kann nicht Mensch werden, denn er ist ein → GOTT; als Gott kann er jedoch auch nicht erscheinen, denn dann würde er nicht geliebt werden. → GOTT ist in diesem Stück nicht *unsichtbar* (was den Sterblichen vielleicht sogar → VERTRAUEN einflößen würde!), sondern *verkannt.* Am Ende von *Amphitryon* tut sich der hinter den → GÖTTERN (oder genauer: in ihnen) liegende Abgrund auf. Und das ist nichts anderes als die *universelle Falle,* die jeden – ob Mensch oder → GOTT – dazu verdammt, sich zu versehen. Statt »von Angesicht zu Angesicht« zu sehen, sehen alle alles »gegen den Strich«.

Die zahlreichen »Versehen« und »Versprecher« wirken in Kleists Stücken und Erzählungen *schicksalhaft.* Die Figuren können sich davon nicht befreien, weil sie keine *Wahrheit* haben, mit deren Hilfe sie sagen könnten, woran gemessen die Versehen und Versprecher *Ver*sehen und *Ver*sprecher sind.

Ähnlich radikal stellte sich diesem Problem nur Goethe in *Iphigenie auf Tauris*

»Was! Du nimmst sie jetzt nicht, und warst der Dame versprochen?
Antwort: Lieber! vergib, man verspricht sich ja wohl.«
(Kleist: *Das Sprachversehen)*

(1787): Auch seine Figuren sind dem »tief geheimnisvollen Schicksal« ausgeliefert (1. Akt, 2. Szene), müssen im Stück damit ringen. Sie alle sind Gefangene des → *SCHEINS*, des Versehens und des Missverständnisses, allem voran Tantalus, Iphigenies Urahn, der als Sterblicher mit den → GÖTTERN verkehrte und dabei nicht bemerkte, dass er zwar für einen Menschen zu gewaltig, für einen → GOTT jedoch zu schwach ist. Das »Versehen« steigert sich bis zur Dämonie, bis die Geschwister, Orest und Iphigenie, die einander nicht erkennen, beinahe einanders Geliebte werden oder sich umbringen. Doch Goethe wählt die »aussöhnende Abrundung«, worin seines Erachtens das Wesen der Katharsis liegt und durch die *alles eine Lösung findet:* Sie setzt der Kette von Missverständnissen und Versehen ein Ende.

Aristoteles »versteht unter Katharsis diese aussöhnende Abrundung, welche eigentlich von allem Drama, ja sogar von allen poetischen Werken erfordert wird.« Goethe: *Nachlese zu Aristoteles' »Poetik«* (Goethe, 1972, 122).

Die göttliche – universelle – Wahrheit ist eindeutig und untrüglich. Dadurch jedoch schwächt sich bei Goethe das anfangs tragische »Ver-« zu einem bloßen Irrtum ab und wird, statt die Struktur der Existenz aufzudecken, zu einem dramaturgischen (technischen) Handgriff (Pylades etwa geht ebenso listig vor wie jeder beliebige Intrigant, der aus der Hinfälligkeit des »Ver-« Nutzen ziehen will). An diesem Punkt weicht Kleist von Goethe ab. Bei ihm wird das »Ver-« so maßlos und grenzenlos, dass es dadurch sogar seine Negativität verliert. Es ist nicht bloß ein Irrtum, eine Täuschung, sondern die Voraussetzung jeder Einsicht und jedes Verständnisses. Und somit auch tragisch. Kleists Helden könnte nicht einmal die Psychoanalyse helfen. Denn Sehen und Verstehen funktionieren bei ihm so, dass alles etwas anderes verdeckt und jede Aufdeckung zu einem neuen Verdecken führt, ohne dass man je ein Fundament erreichte, das nicht mehr wackelt, auf dem alles »von Angesicht zu Angesicht« zu sehen ist. Obwohl sich Kleists Figuren gerade danach sehnen. Aber wenn selbst Jupiter ein Gefangener dieses »Schicksals« ist, bedeutet das, dass bei Kleist die ganze Existenz ihre Mitte verloren hat.

Bevor er zu schreiben beginnt, hält Kleist das »Versehen« eher für ein technisches, vermeidbares Problem. Am 11. September 1800 schreibt er aus Würzburg: »Den Lauf der Straßen hat der regelloseste Zufall gebildet [...]. Daher findet man nichts als eine Zusammenstellung vieler einzelner Häuser, und vermißt die Idee eines Ganzen, die Existenz eines allgemeinen Interesses.« (II. 554) In der düsteren (grauen) Vorzeit sei das noch verzeihlich, fährt er fort; doch gegenwärtig so zu bauen, »heißt ein Versehen verewigen« (II. 555). Das *Ganze* ist nicht nur wahr, sondern schließt auch das Versehen aus.

Die Kurzsichtigen »versehen« die Wahrheit. »Welch eine Kurzsichtigkeit, o Du edler Mensch, gehört dazu, hier, wo alles mit dem Tode endigt, nach etwas zu streben«, schreibt Kleist Rühle am 31. August 1806. Seine kurzsichtigen Helden (Elvire, Alkmene) ringen allesamt mit dem Tod – davor scheuen sie zurück, wobei Kleist ihren Rückzug mit blendendem dramaturgischem Gespür als eine nach vorne gerichtete Bewegung erscheinen lässt. Im Versehen liegt ihr Schicksal – ihre Wahrheit. Auch wenn sie eine Brille tragen, auch wenn sie scharf sehen. »Wenn ihr euch totschlagt, ist es ein Versehen« (2705), sagt Ursula am Ende von *Die Familie Schroffenstein.* Doch den Figuren bleibt nichts anderes übrig, als sich totzuschlagen. Das »Versehen« ist ihre einzige Wahl – ihr »Klarblick«. Und auch der Penthesileas. »So war es ein Versehen. Küsse, Bisse, / Das reimt sich, und wer recht von Herzen liebt, / Kann schon das eine für das andre greifen«, spricht Penthesilea (2981–3), und in ihren Worten hallen Ursulas Worte wider. Auch für sie besteht die endgültige Erfüllung darin, sich zu »vergreifen«. Ihre Augen, wie auch ihre Seele, werden trüb (»Ach, meine Seel ist matt bis in den Tod!«, spricht sie schon früher – 1236 – vgl. Artaud über seine eigene Müdigkeit im Kapitel → ACH!), und da ihr die »Brille« der göttlichen Gewissheit fehlt, bringt sie gerade den um, der für sie das Leben bedeutet.

Nach Friedrich Braigs treffender Bemerkung wiederholt sich in Penthesileas und Achilles' Konflikt

Penthesileas Tragödie ist die gleiche wie die Alkmenes oder Elvires: Vergeblich besitzt sie eine innere Gewissheit über die Vollkommenheit, sie findet keine Straße, die zu ihr führte. Nicht weil sie die *Umstände* daran hinderten – in diesem Fall handelte es sich bei dem Stück nicht um eine Tragödie, sondern um ein Trauerspiel! –, sondern weil auch ihre innere Gewissheit nichts anderes als eine Maske der letzten Ratlosigkeit ist. Trotz klarster Sicht stürzen Kleists Helden von einem Abgrund in den anderen. Dieses ständige Stürzen – das ewige Versehen – → SCHEINT die einzige Wahrheit ihrer Existenz zu sein. Und doch: Man würde Kleist missverstehen, wenn man daraus folgerte, dass seine Helden sich damit begnügen. Im Gegenteil. Immer wieder versuchen sie, alles zu überwinden. Sie wollen nicht Übermenschen sein, sondern noch mehr als das: Sie wollen → ÜberGÖTTER sein. Die Welt der Missverständnisse und Versehen hinter sich lassend, können sie, ähnlich wie der → GroßVATER in *Die Familie Schroffenstein,* nur nach vorne gehen; und hinter ihnen steht, wie es in einer ausgestrichenen Zeile von *Die Familie Ghonorez* zu lesen ist, der → CHERUB (380), der sie mit einem flammenden Schwert vorantreibt. Das Ende des Weges ist der Hintereingang des → PARADIESES, wie es im Aufsatz über das *Marionettentheater* heißt. Das ist das heimliche Ziel jeder Figur. Zwar zeigt sich da alles aus umgekehrter Perspektive, doch zumindest gibt es kein Versehen mehr. Daher bedürfen die → CHERUBIM keiner Brille. Ihre Augen sind zuverlässig – der → ANBLICK des → PARADIESES macht ihre Sicht vollkommen. Sogar dann, wenn aus diesen Augen bereits der Tod auf die Welt blickt.

der tragische Konflikt von Tankred und Clorinda (Braig, 256). Dem Versehen kommt auch in Tassos Geschichte eine entscheidende Rolle zu, was nicht nur »dramaturgisch« hervorragend funktioniert, sondern auch der Beziehung der beiden Liebenden existenzielle Tiefe verleiht.

»Zwei solche Augen! Ein Cherub hat sie nicht treuer!«, sagt der → VATER über die Marquise von O.... (II. 132). Wie mag wohl das Auge eines → CHERUBS aussehen? Die Marquise von O.... gerät deshalb in Verzweiflung, weil sie den Grafen »versieht«, und das Bild dadurch fantastische Züge annimmt: Das Negativ (der → TEUFEL) und das Positiv (der Engel) werden gleichzeitig sichtbar.

VERSÖHNUNG

Kleist sehnte sich nicht weniger danach als Goethe. Nach der Versöhnung wie auch nach der Abrundung. Das erklärt zum Teil sogar seine ins Extrem gesteigerte Radikalität: allem *auf den Grund* zu gehen, und sei es auf Kosten des → ENTSETZENS. Aber nicht seinetwegen. Wie die Liebe ist für Kleist auch das → ENTSETZEN kein Selbstzweck, sondern eher ein Umweg. Im Gegensatz zum Werk vieler seiner Zeitgenossen (Sade, M. G. Lewis, Poe, Baudelaire) fehlt seinem Werk der *ästhetische* Genuss der Grausamkeit und des → ENTSETZENS als Selbstzweck. Wenn es freilich darum geht, das Gefühl von Grausamkeit zu vermitteln, bleibt ihnen Kleist nichts schuldig: Das Verspritzen des → HIRNS, die grausame Rache, die Unterjochung der → WELT können bei ihm genauso extreme Züge annehmen wie in manchen Werken Sades. Und doch strömt Penthesileas Kannibalsmahl, Piachis Raserei oder Meister Pedrillos Verblendung vor allem keinen *sadistischen* Genuss aus. Während er die Explosion der Leidenschaften schildert, bewahrt Kleist eine seltsame Kühle und Nüchternheit. *Das Maß wahrend, zeigt er den Verlust des Maßes.* Denn sein Endziel besteht nicht darin, maßlos zu werden, sondern eine Art ruhenden Punkt zu erreichen. Und das gilt genauso für seine Schilderung der Liebe. So sehr sich seine Helden auch lieben (Toni und Gustav, Jeronimo und Josephe, Penthesilea und Achilles, Agnes und Ottokar usw.), erhebt Kleist die Liebe nie auf eine Stufe mit der Religion (wie etwa Novalis, Friedrich Schlegel, Schleiermacher oder Franz von Baader). Bei seiner Schilderung der Liebe vernimmt man eine eigenartige *innere Hemmnis:* Fast mit der Leidenschaftslosigkeit eines Naturwissenschaftlers untersucht er, wie Zuneigung und Liebe »funktionieren«. Auch hier besteht das Ziel nicht in der Erfüllung der Liebe, sondern im Erreichen des eben erwähnten ruhenden Punktes.

Da die Leidenschaften (Hass, Liebe) an diesem ruhenden Punkt jedoch erlöschen, ist es auch ein *toter Punkt.* Als geheimer Zündpunkt in Kleists Werken berührt er nicht nur alles, sondern lässt auch alles erstarren. Die größte Leidenschaft der Figuren richtet sich auf das Erlöschen (und Verlöschen) der Leidenschaften. Das lässt sie leidenschaftlich bis zur Verblendung werden – und dabei so kalt und nüchtern bleiben, als wären sie Maschinen. Das erklärt auch, warum sie mit jedem Schritt auch *gegen* sich selbst handeln. Sie sägen ständig den Ast ab, auf dem sie sitzen. Sie wollen »hoch« emporsteigen, doch vorstellen können sie sich das nur auf dem Umweg des »Abstiegs«; sie wollen »klar«-sehen und häufen doch Missverständnisse auf. Letztendlich sehnen sie sich nach nichts anderem, als friedlich zu leben – doch gerade indem sie dieser Sehnsucht folgen, treten sie den Rückzug aus dem Leben an.

Der Vorgang der Versöhnung bzw. – mit dem schrecklichen und verräterischen Ausdruck aus *Das Erdbeben in Chili* gesprochen – das »Versöhnungsgeschäft« (II. 153) hat als letztes Ziel den »ewigen Frieden«. Etwas Ähnliches schwebte auch Hegel vor, dessen *Phänomenologie des Geistes* im April 1807, drei Monate vor *Das Erdbeben in Chili,* erschien. »[D]ie Versöhnung des Geistes mit seinem eigentlichen Bewusstsein« – Hegel setzte sich in seinen »Erzählungen« das gleiche Ziel wie Kleist (Hegel, 1975, 578). Doch während das letzte Moment für Hegel die »geistige Einheit« (ebd.) ist, glaubt Kleist, die Einheit und den ewigen Frieden nur durch die radikale Trennung von Leben und Tod, Gut und Böse verwirklichen zu können. Statt dialektischer Überleitungen erwarten seine Figuren unüberbrückbare Abgründe. Obwohl sie die »Brücke« alle passieren möchten. In *Die Familie Schroffenstein* sehnen sich gleich mehrere Figuren danach; wie Eustache formuliert, weist → GOTT dem Menschen von vornherein den Weg der Versöhnung (1988), was in diesem Fall die Liebe und geplante Heirat der Kinder ist (1994). Doch der Wohnsitz des *ewigen Friedens* ist nicht das Leben, sondern das Grab; um den ersehnten ruhenden Punkt zu finden, müssen die Figuren ihre Unruhe unendlich steigern – und das kostet sie meist ihr Leben. Das verleiht dem Gedanken der Versöhnung einen *ironischen* Unterton: Wenn sich die Figuren noch in diesem Leben miteinander versöhnen wollen, müssen sie sich immer mehr voneinander entfernen. Je größer die Entfernung, umso größer auch die Hoffnung auf Versöhnung. In *Die Familie Schroffenstein* wird der Kleidertausch der Verliebten zu jenem dramaturgischen Mittel, durch das die → VÄTER auf dem Umweg der Entfernung einander nähergebracht werden. »Gott sei Dank! / So seid ihr nun versöhnt« (2721–2), spricht am Ende des Stückes Ursula, doch darüber kann man eigentlich nur lachen – und in der Tat reibt sich der wahnsinnige Johann lachend die Hände.

Dadurch wird natürlich nicht nur die Idee der Versöhnung ironisch, sondern auch ihre Mittel – in diesem Fall die Liebe. Einer der wichtigsten Handlungsfäden in *Die Familie Schroffenstein* ist die Geschichte der beiden Liebenden. Ihre Liebe ist jedoch höchst problematisch. Nicht so sehr wegen Ottokars seltsamem Benehmen, das vor allem in der Szene mit dem Kleidertausch ins Auge fällt, sondern weil die Liebe in diesem Stück für Kleist das *Mittel* ist, um die → VÄTER miteinander zu versöhnen. Er ordnet die Liebe dramaturgisch der Idee der *Versöhnung* unter – wodurch die Liebe in dem Stück bizarre Züge annimmt. Ottokar wäre nicht so linkisch und verstört, könnte er sich *ausschließlich* Agnes widmen. Doch Kleist knüpft die Fäden so, dass Ottokars Gedanken, während er mit Agnes zusammen ist, woanders weilen. Statt sich – wie Romeo – vor allem seiner Geliebten zu widmen, hält er als *gehorsamer* Junge die Versöhnung der beiden → VÄTER für die Voraussetzung ihrer Liebe. »Sind nur die Väter erst versöhnt, darf ich / Dich öffentlich als meine Braut begrüßen«, spricht er (2421–2). Das meint er so ernst, dass er seine Geliebte vor der Versöhnung der → VÄTER ausschließlich verbal zu lieben traut. Dadurch wird die Liebeshandlung tragisch – oder vielmehr tragikomisch. Die bloße Existenz der → *VÄTER* verdirbt die Liebe – wobei auch die Idee der Versöhnung unbemerkt entlarvt wird. Wenn sie nicht *in der* Liebe, sondern nur *über die* Liebe zu verwirklichen ist, ist sie auch von unmenschlicher Natur. Die Idee der Versöhnung ist genauso despotisch wie die → VÄTER, die sich miteinander versöhnen müssten.

Die beiden Liebenden in *Die Verlobung in St. Domingo* »senkte man« – unter Hinweis auf die *Psalmen* (84,2) – »unter stillen Gebeten in die Wohnungen des ewigen Friedens ein« (II. 195). In *Der Findling* preist ein Priester, um Piachi von der → HÖLLE abzuschrecken, »ihm die Wohnungen des ewigen Friedens« (II. 214). Der »ewige Frieden« bedeutet bei Kleist keine *Ankunft* im ewigen Leben, sondern die *Flucht* aus dem ewigen Unfrieden.

Denn die Liebe kennt keine Versöhnung – und wenn doch, so ist es keine Liebe mehr. Die Liebenden (etwa Eve und Ruprecht in *Der zerbrochne Krug* – 1952) können sich bei Kleist nur dann miteinander versöhnen, wenn sie sich nicht *leidenschaftlich* lieben, sondern Rollen spielen – in diesem Fall die Rolle des Verliebten. Wird die Liebe zur Leidenschaft (bei Kleist: artet sie in Leidenschaft aus), wird sie *ausschließlich,* und das *eigene,* innere Gefühl wird für den Verliebten zum *allgemeinen* Maßstab. Das hieße, der *innere Abgrund* ist Gewähr für die endgültige → RUHE – was jedoch, wie der → FALL Penthesileas, Thusneldas oder Alkmenes zeigt, unmöglich ist. Nach der großen Liebesszene teilt Jupiter Sosias stolz mit: »Alkmene hat sich liebend mir versöhnt« (1582). Die Versöhnung ist jedoch nur → SCHEIN. Für Alkmene bedeutet diese Versöhnung nur eine Steigerung ihrer inneren Zerrissenheit. Und auch am Ende von *Prinz Friedrich von Homburg* versöhnen sich Homburg und der Kurfürst miteinander, so wie in Corneilles *Cid* der König und Rodrigo, der ebenfalls ohne den Befehl des Königs eine Schlacht gewinnt – doch im Gegensatz zu Corneilles Helden missverstehen sich die beiden Helden Kleists beim Friedensschluss ständig.

»[S]o sind wir alle versöhnt«, sagt die Mutter zu Graf F…, als er sich an jenem gefürchteten → DRITTEN auf die Annonce meldet. Doch im gleichen → AUGENBLICK der Versöhnung blickt die Marquise von O…. »mit tötender Wildheit, bald auf den Grafen, bald auf die Mutter ein; ihre Brust flog, ihr Antlitz loderte: eine Furie blickt nicht schrecklicher.« (II. 141)

Die Hoffnung auf Versöhnung lauert in allen Werken Kleists. Adam Müller spornt ihn, gleichsam als sein böser Geist, ständig zur Zuspitzung der → PARADOXE an. Kleist befolgt auch seinen Rat – doch nicht so, wie es Müller lieb ist. Statt sich von vornherein gegen Goethe zu wenden, hört er sich auch den Rat der Klassiker an. Nicht aus Höflichkeit, sondern aus einem inneren Bedürfnis heraus. Während sich

August Klingemann in *Nachtwachen* (1804) wirklich in bodenlose → PARADOXIEN verliert und im Menschen nur eine *Marionette des Nichts* entdeckt, sieht Kleist im Marionettendasein nur *einen* Pol der Existenz, die ohne den *anderen,* den göttlichen Pol keine Gültigkeit besitzt. Nur jemand, der sich wie Kleist vor allem nach Versöhnung sehnt, kann die Welt so abgründig tief machen. Kleist verschließt sich keiner Lösung; im Interesse der Festigung der »gebrechlichen → WELT« ist er auch für Lösungen wie die Iphigenies empfänglich. Doch *trotz* bester Absichten artet bei ihm alles ins Extreme aus. Nicht aus einer (ästhetischen) Vorliebe für das → PARADOXE an sich, sondern weil ihn jede Lösung, die sich nicht mit seinen *individuellen* Erwartungen in Einklang bringen lässt, abschreckt. Er kann die *Idee* der allgemeinen (universellen) Versöhnung, seinen *Glauben* daran, nicht mit der einmaligen und ausschließlichen *Lebensführung* der Figuren vereinbaren. Obwohl seine Figuren die Versöhnung herbeiführen wollen, scheitern sie daran, dass sie an etwas glauben, was ihnen von vornherein nicht gegeben ist. In der Tat steigert Kleist die → PARADOXIEN ins Extrem – doch nicht im Sinne Müllers. Er eignet sich die (universelle, allgemeine) *Idee* der Klassik an, kann jedoch auch auf die *Ausschließlichkeit* des Individuellen, Einmaligen und Außergewöhnlichen nicht verzichten. Doch zwischen beiden Bereichen findet er keinen dialektischen Übergang. Er erlebt die Entfernung zwischen ihnen buchstäblich als *tödlich.* Die *Stille,* die drei Monate nach Erscheinen der *Phänomenologie des Geistes* beim → ANBLICK des toten Kindes und nach dem Zerrinnen jeder Hoffnung auf eine Aussöhnung am Ende von *Das Erdbeben in Chili* sich der Menge bemächtigt, kündet »beredter« als alles andere von der Unvereinbarkeit persönlicher Sehnsüchte und allgemeiner Erwartungen. Nur so kann sich Kleist die Versöhnung vorstellen. Auf dem Umweg unheilvoller Stille und → RUHE. Doch dazu muss erst der Schädel eines Säuglings am Eckstein der Kirche des Glaubens zerschmettert werden.

VERTRAUEN

Jeder vertraut jedem. Ottokar Agnes, Alkmene Jupiter, Penthesilea Achilles, der Prinz von Homburg dem Kurfürsten, die Marquise von O.... Graf F..., Gustav Toni, Herr Friedrich Littegarde. Das Vertrauen ist bedingungslos. Es → SCHEINT mächtiger zu sein als die gebrechliche → WELT. Nicht einmal *handgreifliche Tatsachen* können es erschüttern. »Nimm mir / Das Aug, so hör ich ihn; das Ohr, ich fühl ihn; / Mir das Gefühl hinweg, ich atm' ihn noch«, sagt Alkmene, obwohl sie den handgreiflichen Beweis besitzt, dass sie nunmehr auf nichts mehr vertrauen kann (1161–3). Wenn Kleists Helden an etwas *glauben* und auf etwas *vertrauen, ziehen die Tatsachen den Kürzeren.*

Zerrinnt jedoch das Vertrauen, zerfällt *alles.* Gibt es keine Wahrheit, kann man sich auf nichts verlassen. Die → WELT wird sinnlos.

So blind das anfängliche Vertrauen ist, so blind ist auch das spätere Misstrauen. Es reißt die Figuren genauso *aus der → WELT.* Vertrauen und Misstrauen sind gleichermaßen *jenseits* der → WELT. Sie münden in den Tod. Gustav hat auf den ersten → BLICK so viel Vertrauen zu Toni, dass er mit ihr sogar aus einem vergifteten Becher tränke (II. 168). Ihr gemeinsamer Tod ist nicht nur die Folge des *Misstrauens,* sondern auch dieses anfänglichen Vertrauens.

Das »jenseitige« Vertrauen und Misstrauen können jedoch ausschließlich hier, in der gebrechlichen → WELT zum Ausdruck kommen. Die hinfällige → WELT

»Es wurde über den Atheismus gesprochen, na und selbstverständlich wurde Gott wieder mal kassiert. Sie gröhlten vor Freude [...]. Ja, also, es saß aber auch ein alter, ergrauter Hauptmann dabei, so ein Haudegen ohne Bildung, saß und saß, schwieg die ganze Zeit, sprach kein Wort. Plötzlich stand er auf, blieb mitten im Zimmer stehen, breitete die Arme aus und sagte laut, aber doch wie nur zu sich selbst: ›Wenn es keinen Gott gibt, was bin ich dann noch für ein Hauptmann?‹ Und damit nahm er seine Mütze und ging.« (Dostojewski: *Die Dämonen,* II. Teil, 1. Kapitel, 3).

»windet sich« gleichsam um die Figuren und umschlingt sie. Und nimmt eine Geschichte ihren Lauf, so nimmt auch der *Krieg* zwischen dem Vertrauen und der Verstellung, dem → VERSEHEN, seinen Anfang.

Wie ist die Strategie dieses Krieges?

Das wird am → FALL Ruprechts in *Der zerbrochne Krug* beispielhaft deutlich, der im Labyrinth des Vertrauens und Misstrauens umherirrt und dabei auf der Flucht vor einem echten Krieg ist.

In dem als »Variante« erhalten gebliebenen 12. Auftritt erscheint Eve als Opfer des Vertrauens. Hier erfahren wir, dass Richter Adam in der fraglichen Nacht ihre Unwissenheit ausgenutzt hat. Denn Eve ist *Analphabetin* – und hat deshalb keine Wahl, als dem *gegebenen Wort* zu vertrauen. Adam macht es von ihr abhängig, ob ihr Verlobter Ruprecht in die Kolonien geschickt wird oder nicht. Er wedelt mit dem Bescheid vor ihren Augen und zieht des Nachts unter dessen *Fahne* in ihr Zimmer ein – als vorübergehender Sieger der Schlacht. Als einzige Gewissheit bleibt Eve gerade das, was verfliegt; die Schrift hingegen, die bleibt, ist *unlesbar* – sie hat für Eve keine Beweiskraft. »Wenn er log, ihr Herrn, könnt ichs nicht prüfen. / Ich mußte seinem Wort vertraun«, sagt sie Walter (2151–2), der der Geschichte *auffällig* aufmerksam zuhört. Vielleicht sogar aufmerksamer, als nötig wäre. Im universellen Kampf stehen sich Walter und Adam gegenüber. Adams Praktiken werden entlarvt, und damit gewinnt Walter den Kampf. Doch Walter → SCHEINT Freude daran zu haben, die Vorgänge noch gründlicher zu untersuchen. Obwohl eine solche Haarspalterei *überflüssig* ist. Oder kämpft er etwa deshalb weiter, weil er nunmehr eine Beute vor Augen hat?

Walter erscheint im Dorf als eine übergeordnete Instanz, deren Macht – und damit auch Person – keinen Zweifeln unterliegt. Walter ist die Verkörperung der Souveränität; während Richter Adam ein hinfälliges Wesen ist, das folglich auch → hinFÄLLT, thront Walter als → GOTT über dem Gericht. Er → SCHEINT nicht nur nicht hinfällig zu sein, sondern erweckt nicht einmal den Eindruck eines menschlichen Wesens. Auch seine Güte erscheint nicht diesseitig – was ihn verdächtig macht. Er ist *zu gutmütig.* Walters Wort ist wie das Wort → GOTTES – man kann es nicht anzweifeln. Man kann ihm nur vertrauen. In den Augen der menschlichen → WELT (der Dorfbewohner) ist Walter eine

Säule des Vertrauens. Würde das in ihn gesetzte Vertrauen erschüttert werden, würde die ganze → WELT einstürzen.

Ein *Mensch,* der *als* → *GOTT* vor den anderen erscheint. Zeitgleich mit *Der zerbrochne Krug* schreibt Kleist *Amphitryon,* in dem er zeigt, wohin es führt, wenn → GOTT und der Mensch *eins* werden. Walter in *Der zerbrochne Krug* erinnert an Jupiter – auch wenn Kleist das darin verborgene → PARADOX nicht ausführt. Er reißt es jedoch an, und das verleiht dem 12. Auftritt einen sauren Beigeschmack, der das *Lustspiel* als Ganzes verdirbt.

Eve vertraut dem *gegebenen Wort,* und dadurch gerät alles in → VERWIRRUNG. Nicht nur für sie, sondern auch für die anderen. Im Verlauf des Stückes versuchen sich die Figuren einen Weg durch das verhängnisvolle Dickicht von → SCHEIN und Wirklichkeit, Wahrheit und Lüge zu schlagen, bis hin zu einer Klärung. Eves Gewissen ist natürlich rein. Aber als Ruprecht an ihr zu zweifeln beginnt, muss auch sie sich auf die Macht des

»Pfui, Ruprecht, pfui, o schäme dich, daß du
Mir nicht in meiner Tat vertrauen kannst.
Gab ich die Hand dir nicht und sagte, ja,
Als du micht fragtest, Eve, willst du mich?
[…]
Und hättest du durchs → SCHLÜSSELLOCH mich mit
Dem Lebrecht aus dem Kruge trinken sehen,
Du hättest denken sollen: Ev ist brav,
Es wird sich alles ihr zum Ruhme lösen,
Und ists im Leben nicht, so ist es jenseits,
Und wenn wir auferstehn ist auch ein Tag.«

(1164–74)

Wortes verlassen – sie verlässt sich gerade auf das, was sich als die Quelle des Misstrauens erweist. Eves Liebe gründet auf dem *Wort* und der *Überredung;* und auch als alles aufgeklärt wird, beweist sie die Reinheit ihrer Gefühle nicht durch *Taten,* sondern ausschließlich durch *Worte.*

So gesehen, ist der 12. Auftritt eine Kritik der Worte. Das erreicht Kleist jedoch nur dadurch, dass er auch den Maßstab, den er ansetzt, unzuverlässig werden lässt. Als nämlich Walter Eve über Adams Lüge aufklärt und ihr mitteilt, dass Ruprecht *nicht* nach Batavia geschickt wird, sondern in Holland bleiben darf, glaubt ihm Eve – verständlicherweise – genauso bereitwillig, wie sie früher Adam glaubte. Ruprecht ist viel misstrauischer. »Evchen! hast du dich wohl auch überzeugt?«, fragt er sie (2322); sie stockt und kann → PLÖTZLICH nichts erwidern. Wie hätte sie sich überzeugen können, ob nicht etwas anderes in der Schrift steht, wenn sie nun einmal nicht lesen kann? Doch Walter wirft ein: »Wenn ich mein Wort dir gebe –« (2326). Und auch er gibt ihr sein *Wort* wie zuvor der *verlogene* Adam, worauf Ruprecht von Neuem einwirft: Es sei nicht das erste Mal, dass ihr jemand sein Wort gibt. Wie Adam überlässt auch Walter alles der *Macht der Worte.* Eve dagegen gerät in → VERWIRRUNG, als sie die *Macht* der Worte zu verspüren beginnt. Walter appelliert an ihr *Vertrauen:* »Sieh da! So arm dein Busen an Vertrauen?« (2340) Doch als sich das *Wort* als unzureichend erweist, wendet er sich um Hilfe an eine noch höhere Macht: die Macht des *Geldes.* Wenn Ruprecht doch weggeschickt wird, gehöre ihr das Geld (Walter glaubt also, dass ihr *Vertrauen käuflich* sei), wenn nicht, müsse sie es mit Zinsen zurückzahlen – als Strafe für ihr »Mißtraun«. Beim → ANBLICK des *Geldes* erstarrt Eve genauso wie einst ihr Namensvetter im → PARADIES beim ersten Wort der Schlange. Sie wiederholt Wort für Wort Walters Rede – fünf Zeilen! – und erweckt dabei fast den Eindruck einer hilflosen Marionette – einer *von* → GOTT *verlassenen Marionette* – oder eines winzigen Tieres, das beim → ANBLICK der Schlange erstarrt.

Was soll sie tun? Sie kann nicht lesen, den Worten vertraut sie nicht mehr – das Geld hingegen ist *greifbar.* Beim → ANBLICK der zwanzig Gulden muss sie das *gegebene Wort für bare Münze nehmen.* Und damit beginnt sich eine → METAPHER zu erfüllen – die sich, wie immer bei Kleist, verhängnisvoll auswirken wird. Denn das Geld, dem sie vertrauen muss, ist *falsch.* Ruprecht ahnt vielleicht etwas, denn zu dem Zeitpunkt *glaubt er Walter kein Wort mehr* (»Pfui! 's ist nicht wahr! Es ist kein wahres Wort!« – 2365). Auch Eve will das Geld nicht annehmen. »O Herr Gott!«, ruft sie aus (2368), als lauerte gerade ein *erneuter → SündenFALL* auf sie. Und sie fürchtet sich zu Recht. Denn Walter will die *Wahrheit* (Überzeugungskraft) des Geldes gerade durch seine *Falschheit* beweisen: »Vollwichtig, neugeprägte Gulden sinds, / Sieh her, das Antlitz hier des Spanierkönigs«, sagt er, macht eine Pause und fügt hinzu: »Meinst du, daß dich der König wird betrügen?« (2369–71)

Walter spürt, dass die Liebenden auch ihm schon misstrauen. Da entschließt er sich zu einem waghalsigen Schritt: Er beruft sich auf eine Macht, die noch höher als er, ja sogar *unsichtbar* ist: auf den spanischen König. Der zu dieser Zeit *nicht mehr der König* von Holland ist. Denn das Stück spielt im ausgehenden 17. Jahrhundert (im gleichen Auftritt wird auch auf den Krieg in Batavia angespielt!), wohingegen die Niederlande schon 1648 unabhängig wurden. Die Herausgeber der kritischen Ausgaben des Stückes (Sembdner, 1973; Ilse-Marie und Rudolf Barth, 1991) vermerken diese Stelle als einen *bloßen Anachronismus. Der Hinweis auf den spanischen König ist jedoch keine Unaufmerksamkeit,* sondern eine *dramaturgische Schlüsselstelle;* der »Irrtum« kann wohl – wie im Fall von Shakespeares Böhmen am Meer – als Absicht bezeichnet werden. Zumal Kleist, wie gerade die Herausgeber der kritischen Ausgaben nachgewiesen haben, das geschichtliche Material eingehend gekannt hat – so auch Schillers Werk *Geschichte des Abfalls der Niederlande von der Spanischen Regierung* (1788),

Wolf Kittler weist darauf hin, dass, obwohl nie eine Münze existiert habe, in die das Bildnis des spanischen Königs eingeprägt war, Holland und Spanien zur Zeit der Handlung des Stückes Verbündete gegen Frankreich waren (W. Kittler 94, 98–103) – und die Münze folglich keine Waffe der Bedrohung sein könne. Die philologische Wahrscheinlichkeit deckt sich jedoch nicht unbedingt mit der Wahrheit der Bühne und Dramaturgie: Im Ohr des Bühnenzuschauers, der den historischen Hintergrund wahrscheinlich nicht kennt, hallt beim Hinweis auf den spanischen König vor allem Eves nachdrückliche Feststellung ein paar Minuten zuvor wieder: An Walter gewandt, gebraucht sie betont die Wendung »wir freien Niederländer« (1987).

in dem Schiller die Geschichte des *Unabhängigwerdens* der Niederlande erzählt.

Indem er sich auf den spanischen König beruft, beschwichtigt Walter Eve nicht nur, sondern *droht ihr auch*. Das Mädchen, das sich ohnehin schon fürchtet, traut sich, sobald sie das Bildnis des Königs erblickt, nicht mehr, ihr Misstrauen zu bekunden. *Sie schrickt nicht vor dem König zurück, sondern davor, wie kaltblütig sich Walter auf ihn beruft.* Als versuchte ein *einflussreicher*, deutscher Beamte in den 1990er-Jahren, seinen Mandanten mit *Hakenkreuzmünzen* zum Schweigen zu bringen.

Nicht der spanische König (und auch nicht das Hakenkreuz) ist wirklich bedrohlich, sondern der Beamte, der dadurch zu erkennen gibt, dass er vor nichts haltmacht.

Als Walter Eve das Geld zeigt, beschwichtigt er sie zwar *mit seinen Worten, mit seinen Gesten* lässt er sie jedoch wissen: »[E]s ist besser, du schweigst!« Jetzt entlarven sich die Worte erst recht; Vertrauen ist hier fehl am Platz. Und wenn Eve die *Wahrheit* gerade im → AUGENBLICK der endgültigen Täuschung für vollendet hält (2375), kann sie das nur *in Verbitterung* tun. Das *Gold* und das darin eingeprägte Bildnis sind untrennbar miteinander verbunden: Die Verlockung und Bedrohung bestärken sich gegenseitig. In Shakespeares *The Merchant of Venice* spricht Portias Freier, der Prinz von Marokko, folgende Worte: »They have in England / A coin that bears the figure of an angel / Stamped in gold – but that's insculped upon; / But here an angel in a golden bed / Lies all within.« (II. 7) Kleist kehrt Shakespeares Gedankengang um: Was dort verlockend ist, wird hier abstoßend; während das Gold als Schild (eines Engels) das Mädchen dort noch beschützt, fängt es das Mädchen hier *gewaltsam* in seinem Netz ein. Und damit müsste der wahre Kampf – der *Freiheitskampf* – erst beginnen. Denn solange der spanische König den Frieden der Republik gefährdet, gefährdet auch Walter Eves Seelenfrieden – und solange liegt auch Ruprechts Schicksal in seiner Hand. Doch Eve → SCHEINT des Kampfes überdrüssig zu sein. Sie ergibt sich Walters Versprechen, das nach barer Münze klingt, so wie es die Niederländer den Spaniern gegenüber *nicht* taten.

Und das Endergebnis? Walter darf Eve *küssen*, die seinerseits den → KUSS freudig (?) erwidert. Was Richter Adam nicht gelang, gelingt Walter. *Als Gegenleistung für seine schönen Worte bekommt er → KÜSSE*. Er verwendet die gleichen Mittel wie sein *Rivale* – nur fügt er noch *Geld* hinzu. Das Durcheinander von Vertrauen und Misstrauen findet keine Lösung, sondern wird mit einer gewalttätigen Geste abgewürgt.

Eines bleibt offen: Ruprechts Schicksal. Er ist der Einzige, der die ganze Zeit auf sein *Misstrauen* beharrt, der sich bei jedem Wort entlädt (→ BLITZjunge), dessen kämpferische Art allein eine Gewähr für die *Freiheit* ist. Er weiß am besten, dass die Männer sieben Jahre zuvor schon einmal getäuscht wurden (2329–30). Warum sollte er also auf die Zukunft vertrauen? Wer will ihm versichern, dass sich nicht alles wiederholt? Etwa Walter, der demnächst abreisen wird? Oder das Bildnis des über die *Republik* herrschenden, nicht existenten Königs. Zu Recht befürchtet Ruprecht, dass seine Braut die → KÜSSE noch *oft wird wiederholen müssen,* aber nicht in seiner Gegenwart.

Er hat reichlich Grund, misstrauisch zu sein. Es ist ein Wunder, dass das letzte Wort am Ende des Stückes nicht ihm gehört. Dabei genügte auch ihm, wie Alkmene in *Amphitryon,* ein → »ACH!«

VERWIRRUNG

In der Geschichte Amphitryons beschäftigte die Antiken die Verwirrung der Sinne, in Kleists *Amphitryon* hingegen kommt es auf die Verwirrung des Gefühls an, schreibt Goethe in seinem Tagebuch (LS 182 a). Diese Ansicht lässt sich durch mehrere Zitate belegen: Erst hegt Alkmene den Verdacht, ein böser Dämon oder vielleicht ein → GOTT habe ihrem Mann »den heitern Sinn verwirrt« (841), später nennt sie sich selbst eine »Verwirrte« (1224), und schließlich fleht sie Jupiter an, sie nicht zu verwirren (1454).

Goethe hat dennoch nicht ganz recht. Zwar gerät in *Amphitryon* wirklich alles in Verwirrung, doch Alkmenes innerstes Gefühl, ihre Liebe zu ihrem Mann, wird nie erschüttert (vgl. Braig, 205). Nicht in Alkmenes Gefühlswelt entsteht die Verwirrung, sondern durch die Unvereinbarkeit der *unerschütterlichen Gefühle* mit der *hinfälligen Welt.* Nicht deshalb gerät Alkmene in Verwirrung, weil sie unfähig wäre zu entscheiden, ob sie ihren Mann liebt oder nicht bzw. wen sie überhaupt liebt, sondern weil derjenige, auf den sich ihr Gefühl richtet, → UNBEGREIFLICH ist. Der Ehemann und der → GOTT werden *eins* (was auch die Erfüllung der Liebe bedeuten könnte), doch zu dem Preis, dass sie sich zugleich radikal *entzweien* müssen. Das ist die echte Prüfung Alkmenes. Nicht an der Unzuverlässigkeit und Verwirrung ihrer Gefühle geht sie zugrunde, sondern daran, dass ihr Gefühl in keinem Verhältnis zur Welt steht: Es erweist sich sowohl als Zuviel als auch als Zuwenig. Sie gerät in eine Art → KANT-KRISE. Auch Kleist erklärte einst seine Verirrung mit einer »inneren Verwirrung« (14. April 1801 – II. 647) – aber in den *Werken* tritt diese Verirrung mit einer kristallklaren Logik zutage.

Entsteht in Kleists Schriften eine »Verwirrung«, handelt es sich gewöhnlich nicht um eine Verwirrung der Seele, sondern um den Verlust des Gleichgewichts zwischen dem unerschütterlichen → INNEREN und der zerbrechlichen Welt. Statt Charakterisierungen steht die Struktur der Existenz im Mittelpunkt. Kleists Helden nehmen es auch mit der ganzen Welt auf, wenn sie das Gefühl ihrer inneren Gewissheit gefährdet sehen. Sobald sie ihren schwer erkämpften inneren Frieden durch etwas bedroht glauben, nehmen sie auf *nichts* mehr Rücksicht. Sie werden → STARRSINNIG, entschlossen, sogar hysterisch – wie *Besessene* verlieren sie jedoch nie jenen unsichtbaren Punkt aus dem Auge, nach dem sich ihr → INNERES die ganze Zeit richtet. Der Greis in *Robert Guiskard* charakterisiert die von der Pest Befallenen so: »Die giftgeätzten Knochen brechen ihm, / Und wieder nieder sinkt er in sein Grab. / Ja, in des Sinns entsetzlicher Verwirrung, / Die ihn zuletzt befällt, sieht man ihn scheußlich / Die Zähne gegen Gott und Menschen fletschen, / Dem Freund, dem Bruder, Vater, Mutter, Kindern, / Der Braut selbst, die ihm naht, entgegenwütend.« (509–15)

Entsteht eine Verwirrung, so ist sie weniger eine Verwirrung der Seele als vielmehr der Existenz. Auch wenn die Figuren, zum Beispiel Littegarde in *Der Zweikampf*, die Marquise von O.... oder die verrückten Brüder in *Die heilige Cäcilie*, in Verwirrung geraten, bewahren sie inmitten ihrer inneren Zerrüttung und seelischen »Zerknirschung« (II. 251) eine Art schreckliche, unheilvolle → RUHE. Sie erwecken überhaupt nicht den Eindruck von *Verrückten*. Sie wirken vielmehr wie nicht diesseitige Wesen. Es gibt Momente, in denen sie zu nichts mehr → VERTRAUEN haben. Sie sind dann Gefangene des *Nichts*. Aber sie sind *Gefangene*, deren Innerstes durch das Nichts doch nicht berührt wird; sogar in der tiefsten Verzweiflung wissen sie, dass sie sich befreien müssen, auch wenn sie keine Ahnung haben, wohin sie aus dem Nichts gehen könnten. In *Der Zweikampf* steht die eingekerkerte Littegarde am Rand des Wahnsinns. Herrn Friedrich, der sie besucht, nennt sie erst ihren Geliebten, im nächsten Moment sieht sie in ihm einen → TEUFEL und legt die klassischen Symptome der Hysterie an den Tag. Und doch fällt nicht sie in → OHNMACHT, sondern Herr Friedrich – worauf Littegarde sich ihren Schleier umlegt »und sich, wie in gänzlicher Verabschiedung von der Welt, auf ihr Lager zurücklegte« (II. 251). In diesem → AUGENBLICK ist Littegarde viel eher eine Gefangene des *Nichts* als des *Gefängnisses*, in das sie nach dem Zweikampf eingesperrt wurde. Sie ist von ihrer Unschuld überzeugt – wer wüsste besser als sie, dass ihre Ehre unbefleckt ist? –; und doch befand das → *GOTTESurteil* (der Zweikampf) sie für schuldig. Und → GOTT muss immer recht behalten – sonst kann er nicht Gott genannt werden.

Im Gefängnis erlebt Littegarde das gleiche wie Alkmene oder die Marquise von O....: Sie ist unfähig, ihre innere Überzeugung mit der Ordnung der Welt zu vereinbaren – und fühlt sich zugleich auch aus der göttlichen Ordnung verstoßen. Und dabei beharrt sie auf beiden – und natürlich auch auf ihrer inneren Gewissheit. Kleists Helden wollen weder auf → GOTT (ihr → VERTRAUEN in die universelle Ordnung) verzichten noch darauf, die Welt um sich geordnet zu sehen, noch auf ihre innere Gewissheit. Nicht sie geraten in Verwirrung, sondern es entsteht eine unerträgliche Spannung zwischen den drei Projektionen der Existenz, der *Seele,* der → *WELT* und der *universellen Ordnung* – ähnlich wie in John Keats' Sonett »Why did I laugh tonight?«, das kurze Zeit später entstand und in dem das lyrische Ich vom Himmel, von der → HÖLLE und vom Herzen gleichermaßen im Stich gelassen wird.

Manchen von Kleists Figuren gelingt es, das zu überleben, und dann entsteht jene *Ordnung,* die *im Grunde* unvorstellbar ist und die sich auch durch keine *Dialektik* hervorzaubern lässt. Denn in dieser Ordnung behält das Allgemeine gerade dadurch seine Gültigkeit, dass es das Einzelne und Außergewöhnliche nicht einverleibt oder vernichtet; das → INNERE und Einmalige kommen wiederum unversehrt zur Geltung, ohne die Rechte des Allgemeinen infrage zu stellen. Was Hegel nicht gelang und Kierkegaard nur zum Teil gelang, tritt in Kleists Werk wie selbstverständlich zutage – in *Das Käthchen von Heilbronn,* in *Prinz Friedrich von Homburg* oder in *Die Marquise von O....* Doch dort, wo dieses Gleichgewicht nicht zustande kommt und die Figuren (Kohlhaas, Alkmene) daran scheitern, deutet allein schon die Spannung an, dass Kleist zu keinem Kompromiss bereit ist. Es ist von vornherein ausgeschlossen, dass die »Welt« siegt (im Namen des Realismus), es ist unvorstellbar, dass sich die universelle Ordnung auf Kosten der anderen durchsetzt (im Namen der Religion oder der »progressiven Universalpoesie«), und es → SCHEINT auch nicht möglich, dass sich trotz allem die Seele, das → INNERE behauptet (im Namen der Romantik).

Kommt kein Wunder zu Hilfe, stürzt alles ein und mündet in eine Tragödie. Dabei handelt es sich jedoch nicht um eine *bürgerliche* Tragödie, in der die Ordnung der → WELT eine so bestimmende Rolle spielt, dass sich die Helden, selbst wenn sie subjektiv im Recht sind, objektiv dennoch nach der *weltlichen Ordnung* richten müssen. Vielmehr muss das innere Gefühl bei Kleist nicht nur mit der → WELT ringen, sondern auch mit der universellen Ordnung. Seine Stücke können sich nicht zu bürgerlichen Tragödien »verfeinern«, da nicht »nur« die → WELT auf dem Spiel steht, sondern auch die ganze Existenz. Indem sich seine Figuren gegen *alles* wenden, erscheinen sie auch *eigenmächtig* und erinnern an die Helden des Sturm und Drang oder der romantischen Dramen. Und doch unterscheiden sie sich grundsätzlich von ihnen: Denn so eigenmächtig sie auch sind, sie stellen die Rechte der → WELT und der universellen Ordnung nie infrage – sie kämpfen nicht, um Chaos um sich zu schaffen – wie zum Beispiel Grabbes Helden –, sondern gerade um diesen Rechten Geltung zu verschaffen.

»Aus Nichts schafft Gott, wir schaffen aus
Ruinen! Erst zu Stücken müßten wir
Uns schlagen, eh' wir wissen was wir sind
Und was wir können! – Schreckliches Los! – Doch sei's
Es fiel auch mir und folg ich meinen Sternen.«

Christian Dietrich Grabbe: *Don Juan und Faust*, 1.2. (1829)

Dabei muss man hinzufügen, dass Kleist sich nicht viele Gedanken darüber macht, ob seine Figuren schuldig oder unschuldig sind – die Frage der *Schuld* interessiert ihn nicht. Sogar in *Der zerbrochne Krug* dienen die Aufdeckung der Schuld und die Entlarvung des Schuldigen als dramaturgische Mittel dazu, dem Drama des Misstrauens, der Täuschung und des → SCHEINS Tiefe zu verleihen. Kleist möchte auch nicht entscheiden, ob Kohlhaas schuldig ist oder nicht, denn das ist grundsätzlich nicht sein Thema. Betrachtet aus dem → BLICKwinkel der *universellen Ordnung*, ist er offensichtlich schuldig, aus der Perspektive seines eigenen → *INNEREN* gesehen überhaupt nicht; und in den Augen der → *WELT* ist er ein verstörter, verrückter Mann. Kohlhaas' Geschichte ist zum Teil auch die Geschichte der Angleichung der universellen Ordnung und der inneren Ordnung – auf Kosten der Beseitigung der weltlichen Ordnung. Wobei seine Geschichte wegen der Unvereinbarkeit der verwendeten Perspektiven weder romantisch noch realistisch zu nennen ist.

Toni liegt, nachdem ihr Gustav die Unschuld genommen hat, zwischen dem Gefühl der Liebe und der Furcht vor der Todesstrafe hin- und hergerissen »auf den verwirrten Kissen des Bettes« umher. (II. 337)

Die Verwirrung ist eine Verwirrung der Existenz. Penthesileas *rasende* Tat ist nicht die Tat einer *Rasenden*. Im Gegenteil. Die → RUHE, die im letzten Auftritt über sie Herr wird, ist eine wahrhaft *griechische* Ruhe – im Gegensatz zur → RUHE, die Goethes Iphigenie erfasst, die so wirkt, als würde eine bürgerliche Frau alles unternehmen, damit unter den Gästen in ihrem Salon keine Unordnung entsteht. Penthesilea bringt alles durcheinander – sie verwechselt das Allgemeine mit dem Einmaligen, den → KUSS mit dem Biss –, und doch wird aus dieser Verwirrung eine seltsame Ordnung geboren, die, wie die Ordnung der griechischen Tragiker, den Namen auch dann noch verdient, wenn sie sich ausschließlich auf Kosten des Todes verwirklichen kann. Penthesilea *überlegt nicht*, als sie Achilles umbringt. Nicht weil sie vom Wahnsinn geblendet wird, sondern weil jenes »herrliche Gefühl« sich ihrer bemäch-

»Die Überlegung, wisse, findet ihren Zeitpunkt weit schicklicher *nach*, als *vor* der Tat. Wenn sie vorher, oder in dem Augenblick der Entscheidung selbst, ins Spiel tritt: so scheint sie nur die zum Handeln nötige Kraft, die aus dem herrlichen Gefühl quillt, zu verwirren, zu hemmen und zu unterdrücken.« (*Von der Überlegung*, II. 337)

tigt, welches das Universum, und sei es auf Kosten des Todes, als eine *Einheit* sehen will – wie auch Alkmene sich am meisten danach sehnt, Jupiter und Amphitryon *als eins* zu sehen.

Penthesilea setzt das seltsame Zukunftsbild des Aufsatzes über das *Marionettentheater* in die Tat um: Sie befreit sich aus jener Verwirrung, die über den badenden Jüngling Herr wird, als er sich im → SPIEGEL betrachtet. Bei ihm führt die Verwirrung – die Verdoppelung – zur Verwirrung des Gefühls und der Seele. Penthesilea, Alkmene, die Marquise von O.... und Littegarde ergeben sich nicht so schnell. Ihr Schicksal zeigt, dass Kleist, fände er sich mit der Verwirrung der Seele und des Gefühls ab, dadurch die Herausforderung einer anderen, umfassenderen Verwirrung vergäße. Seinen Heldinnen gesteht er keinerlei Kompromisse zu. Eher lässt er zu, dass sie an der universellen Verwirrung zugrunde gehen, als dass sie mit der Verwirrung in ihrer Seele und ihren Gefühlen weiterleben.

Der Graf vom Strahl fühlt sich vom Wahnsinn *bedroht,* doch auf dessen Grund (dahinter) glaubt er, das Wunder zu erblicken, durch das der Wahnsinn zu einer Prüfung wird: »Mein Geist, von Wunderlicht geblendet, / Schwankt an des Wahnsinns grausem Hang umher!« (2223–4)

Es fällt auf, dass das → PARADOX des Aufsatzes über das *Marionettentheater* (der → SündenFALL als Voraussetzung der Unschuld) in den Briefen des jungen Kleist zum ersten Mal bei der Schilderung eines *geisteskranken* Jungen erscheint, den er im gut ausgestatteten und eingerichteten Krankenhaus von Würzburg sieht: »Es liegt eine Art von Spott darin, erst ganz hilflos werden zu müssen um königlich zu wohnen.« (13. September 1800 – II. 562)

VERZÜCKUNG

Verzückung. Zucken. Zittern. Blitzen. Orgasmus. Stromschlag. Taumel. Ekstase.

Kleist experimentiert mit seinen Figuren so wie eine Generation vor ihm der schottische Arzt John Brown mit seinen Kranken, deren Reizbarkeit er untersuchte, und der auch jenen Gotthilf Schubert zu seinen Anhängern zählte, mit dem Kleist in Dresden nähere Bekanntschaft pflegte. Oder wie kurz darauf Johann Müller, der durch die Verbindung von Eisen und Kupfer zwischen Auge und Zunge eine elektrische Spannung erzeugte, um so den menschlichen Gesichtsausdruck zu studieren. Auch Kleist leitet Strom durch seine Figuren und beobachtet die Wirkung. Die meist kathartisch ist. Hin und wieder sterben die Figuren auch an den Versuchen. Oder es erwarten sie himmlische Freuden. Oder ihnen wird beides zuteil: der Genuss wie auch der Tod. Aber nicht gleichzeitig. Kleist kennt keinen Liebestod. Das Leben ist viel zu schrecklich, als dass es zu einem glücklichen Tod führen könnte; und auch der Tod ist zu schrecklich, als dass Kleist etwas Beschönigendes darin entdecken könnte. Jakob der Rotbart stirbt »unter schrecklichen Zuckungen« (II. 260) – in einem grauenvollen Zustand. Gerade lebt er noch, eine Sekunde später ist er schon tot. Es gibt keinen Übergang: Ein Zucken, und zwei → AUGENBLICKE werden zu zwei Extremen. Die Zeit, die zwischen beiden vergeht, ist kaum messbar; und doch gibt es keine größere Entfernung als die, die Körper und

In den Schlusszeilen von »Lamia« beschreibt John Keats Lycius' Sterben so:

Seele in dieser Zeit zurücklegen müssen. Die Ewigkeit verdichtet sich zu einem → AUGENBLICK, und der Raum weitet sich im gleichen Verhältnis aus. Das Opfer – das Versuchsobjekt – wird zerrissen und stirbt.

»On the high couch he lay! –
his friends came round –
Supported him – no pulse,
or breath they found,
And, in its marriage robe,
the heavy body wound.«

Das Wort »Entzücken« geht aus der mittelalterlichen Mystik in den Wortgebrauch des Pietismus im 18. Jahrhundert über (vgl. Maurer-Rupp, 120) und wird zum unverzichtbaren Gemeinplatz, wenn es darum geht, sentimentale Begeisterung auszudrücken.

Eines der Kapitel in Karl Philipp Moritz' Roman *Andreas Hartknopfs Predigerjahre* (1790) trägt die Überschrift: »Im Entzücken schwimmen«.

In den Briefen des jungen Kleist taucht es oft in dieser Bedeutung auf: bald als Synonym für die »üppigsten« und »innigsten« Freuden (II. 502), bald als Ausdruck der im Schoß der → NATUR, dieser »Kathedrale der Gottheit«, erlebten Wonne (II. 690), bald als Begleiterscheinung des → VERTRAUENS, unter dessen Einfluss er sogar die Niederschrift eines Gedichts in Erwägung zieht (II. 553). Auch in dem 1799 verfassten Aufsatz über das *Glück* versucht er, an der sentimentalen Bedeutung des »Entzückens« festzuhalten. Dennoch erweckt der Aufsatz den Eindruck, als stottere Kleist ständig. Denn obwohl er sich einer sentimentalen Sprache bedient, denkt er überhaupt nicht sentimental. Er hat noch nicht seine eigene Sprache gefunden – doch ist er sichtlich bemüht, dem Attribut »entzückt« eine neue, erweiterte Bedeutung zu verleihen. Über das Glück schreibend, wird Kleist nicht dort wirklich leidenschaftlich, wo er formulieren muss, was das Glück sei, sondern dort, wo er schildert, wie wenig er in der Lage ist, das zum Ausdruck zu bringen, was ihn im → INNEREN entzückt. Statt die positive Ausprägung eines klar umrissenen Phänomens zu sein, ist das »Entzücken«, von dem er in dem Aufsatz mit Vorliebe spricht, ein Ausdruck des innersten → INNEREN, das sich mit nichts verbinden lässt.

Aber Kleist geht nicht den Weg der Mystiker – auch wenn er sich in dieser frühen Studie nicht von ihnen abgrenzt. Die Entzückung sei die Folge → HEFTIGER Eindrücke, schreibt er und assoziiert sie mit dem Großen und Ungeheuren (II. 313) – doch vermag er darin, und wenn er sich noch so bemüht, keine *endgültige* Erfüllung erblicken. Wie die Mystiker findet auch Kleist im Herausbrechen aus dem Gefängnis der → WELT und der Umstände das wirkliche Entzücken; doch damit trennen sich ihre Wege. Für die Mystiker sind die Entleerung und der negative → GOTTESglaube Voraussetzung für die Erfüllung. Kleist hingegen ist, so sehr er sich darum bemüht, nicht fähig, das Herausbrechen und die Entleerung mit irgendeinem positiven Gehalt aufzuladen. Schon damals, im Frühjahr 1799, reift in ihm seine zwei Jahre später ausbrechende sogenannte → KANT-KRISE heran.

Bald darauf erscheint das »Ungeheure« in *Die Familie Schroffenstein* von Neuem – diesmal als das »Unergründliche« (2488). Es handelt sich dabei um eine Manifestation des »Göttlichen« – das hier in der Nacktheit des weiblichen Körpers zum Ausdruck kommt. Und so wie das »Entzücken« später im Aufsatz *Über die allmähliche Verfertigung der Gedanken beim Reden* vor allem zu einem *physikalischen* Phänomen (einer Manifestation der → ELEKTRIZITÄT) wird, ist es auch in diesem frühen Drama ein *körperlicher,* physischer Zustand – was auch für das »Unbegründliche« gilt. Das → *GÖTTLICHE* offenbart sich als *nackter Körper* – und dieser hält, indem er die Männer, die ihn betrachten, mit Entzücken erfüllt, auch tödliche Gefahr für sie bereit. Johann zum Beispiel verspürt Entzücken beim → ANBLICK der nackten Agnes, die er mit der Mutter → GOTTES vergleicht – doch statt göttlicher Erfüllung wird ihm Wahnsinn beschieden, er verliert den Verstand und bittet Agnes, ihn mit jenem Dolch zu erstechen, den er gerade gegen sie richtet: »Dann zog er plötzlich jenen Dolch, und bittend, / Ich möchte, ich ihn töten, zückt' er ihn / Auf mich« (1089–91), erzählt Agnes.

Die Verzückung gehört zum Dolchstich – und hinter diesem wirkt die Angst: Angst vor der nackten Frau, dem natürlichen

Leben. Furcht vor der Erfüllung. Seit *Die Familie Schroffenstein* steht das Entzücken, die Verzückung in Kleists Schriften sowohl für gestörte Erotik als auch für das Herausstürzen aus dem Leben. Es geht gewöhnlich mit Gewalt einher. Kleists Helden sehnen sich so sehr nach Verzückung, dass sie das sogenannte göttliche Erlebnis meist gewaltsam herbeiführen wollen – denn friedlich könnten sie daran nie teilhaben. Das führt jedoch zum endgültigen Verlust des göttlichen Erlebnisses. Statt das zu bekommen, wonach sie sich am meisten sehnen, verlieren sie alles – auch das bisschen, was sie besaßen, bevor sie »gewaltsam wurden«. Das sogenannte »göttliche« Erlebnis, auf das die Figuren hoffen, manifestiert sich als göttliche (grenzenlose) Ausbeutung – und das müssen die → GÖTTER, wenn sie in Erscheinung treten, auch selbst erleiden. In *Amphitryon* leidet Jupiter unter *Einsamkeit* und möchte sich daher in einer irdischen Seele – genauer: im Körper einer irdischen Frau – gespiegelt sehen: »Möcht er sich selbst in einer Seele spiegeln / Sich aus der Träne des Entzückens widerstrahlen« (1524–5). In den Tränen des Entzückens *erwacht* der → GOTT *zum Leben* – wird er empfangen. Auch Alkmene spürt das Entzücken in ihren Gliedern, als sie sich Jupiter hingibt (939–40); doch die erotische Erfüllung reißt sie wie ein → BLITZ aus ihrer vorherigen → RUHE (1443–6), was schließlich auch Jupiter verwirrt und zur Flucht veranlasst. Infolge des Entzückens wird beiden etwas zuteil, was sie bis dahin nicht kannten. Die irdische Frau erlebt die Unsterblichkeit, der → GOTT die Sterblichkeit. Doch dadurch vollendet sich ihre Identität nicht, sondern wird, im Gegenteil, unheilbar verletzt.

In *Penthesilea* eröffnen die Amazonen den Griechen, dass sie sie nicht deshalb in den Eichenhain geleiten, um sie dort zu opfern, sondern um sich mit ihnen zu lieben: »wo eurer / Entzücken ohne Maß und Ordnung wartet!« (984–5). Das maßlose und jede Ordnung überschreitende Entzücken verspricht nichts Gutes. Die den griechischen Kämpfern gewaltsam abgerungene Wonne artet in ein allgemeines Gemetzel aus. Auch Penthesilea erzittert und zuckt jedes Mal vor Wonne und Erotik, wenn sie Achilles begegnet: Als sie ihn zum ersten Mal erblickt, springt sie »mit zuckender Bewegung« von ihrem Pferd (72). Später fällt sie mit ihren Hunden mit »zuckender Wildheit« über ihn her (2408) – und die anfänglich *erotische* Bedeutung des Wortes wird durch die Idee der *Grausamkeit* und des *Tötens* bereichert. Nachdem sie Achilles getötet hat und langsam zu sich kommt, hat sie das Gefühl, im Elysium zu sein. »Zum Entzücken!«, sagt sie über ihren momentanen Zustand (2482). An diesem Punkt verwandelt sich das ursprünglich mystische Entzücken in einen Zustand wirklicher *Entleerung:* Einen noch radikaleren Abschied von der Welt kann es nicht geben. Sie hat Achilles im wahrsten Sinn des Wortes vergewaltigt, und dadurch verliert sie nicht nur ihn, sondern auch ihr eigenes Leben entleert sich restlos.

Bei ihrem ersten Auftritt nähert sich Penthesilea den Griechen mit leerem, ausdruckslosem Gesicht, doch als sie Achilles erblickt, erzittert sie (72). Eine ähnliche Veränderung lässt sich auf den Gesichtern der Figuren in *Der Findling* beobachten. Elvires Gesicht ist meist ausdruckslos, starr, »von Affekten selten bewegt« (II. 206) – doch vor Colinos Bild verfällt sie trotzdem in einen Zustand der Verzückung. Ihr Orgasmus bedeutet jedoch nicht nur Erfüllung und körperliche Wonne, sondern ist auch ein *bedrohlicher* Zustand sowohl für sie als auch für Nicolo. Denn Nicolo, dessen Gesichtsausdruck ebenfalls starr ist (II. 200), beobachtet, »von raschen, heimtückischen Hoffnungen durchzuckt« (II. 206), Elvire »in der Stellung der Entzückung« (II. 207) – und die gegenseitige Verzückung mündet schließlich in den gewaltsamen Tod beider. Die Aufladung (Steigerung der erotischen Spannung) als Folge des Zitterns und Zuckens, der Ekstase und der Verzückung findet keine Erfüllung, sondern erlischt, fällt in sich zusammen und klafft durch den Tod der Figuren als *leeres Loch* in der Erzählung ein Loch, das Piachi mit seiner → RACHSUCHT zu füllen versuchen wird.

In *Die Hermannsschlacht* kommt sich Ventidius, bevor er vom Bären zerrissen wird, im Park wie im Elysium vor: »Thusnelden! Wie du mich entzückst! / Mir wär die Göttliche so nah?« (2378–9) Der → AUGENBLICK des Entzückens: der *gemeinsame* Augenblick des Todes, der Grausamkeit, der Rache, der Enttäuschung, der Befriedigung, des Schmerzes und des Glückes.

Das Entzücken und die Verzückung verlieren bei Kleist jeden transzendenten Bezug – vergeblich sucht man in seinem Werk die göttliche Erfüllung der Mystik. Genauso fremd ist ihm jedoch auch die »weltliche« Verzückung des Sentimentalismus: Wenn seine Figuren aus ihrer gewohnten Lebensweise »herausgerissen« werden – und dieses Schicksal erwartet sie alle –, finden sie in der → WELT nichts, was sie trösten oder entschädigen könnte. Die »verzückten« Figuren sind von → GOTT genauso getrennt wie von der → WELT. Vor ihnen tut sich nur der Abgrund ihres eigenen → INNEREN auf; das gilt zum Beispiel für Kohlhaas: »[M]itten durch den Schmerz, die Welt in einer so ungeheuren Unordnung zu erblicken, zuckte die innerliche Zufriedenheit empor, seine eigne → BRUST nunmehr in Ordnung zu sehen.« (II. 24) Das Zucken der inneren → BLITZE lenkt die Figuren. Und deshalb lässt sich nicht eindeutig sagen, ob sie, während sie von einer Verzückung in die andere fallen, die Wonne suchen oder ihren eigenen Untergang beschleunigen wollen. Deshalb ist ihre Verzückung so → UNVERSTÄNDLICH. So wie sie anfangs selbst nicht wissen, was sie wollen. Aber dann, auf die Einwirkung eines rätselhaften → BLITZES, klärt sich ihnen alles auf. Doch das, was sie zustande bringen, bleibt für die Welt genauso → UNVERSTÄNDLICH, wie ihnen anfangs die Welt unverständlich erschien.

»Man sieht oft [...] Leute, die sich, weil sie sich der Sprache nicht mächtig fühlen, sonst in der Regel zurückgezogen halten, plötzlich mit einer zuckenden Bewegung, aufflammen, die Sprache an sich reißen und etwas Unverständliches zur Welt bringen.« (II. 323)

WAHNSINN DER FREIHEIT

Der Wahnsinn der *Freiheit.* Er verbreitet sich wie ein → LAUFFEUER auf den Plantagen St. Domingos, bemächtigt sich der »Neger« und Kreolen und veranlasst sie, sich fürchterlich für das erlittene Unrecht und die grausame Behandlung zu rächen. Aber die Freiheit, in deren Namen sie mit dem Blutvergießen beginnen, erkämpfen sie nicht für sich: Sie wird ihnen geschenkt. Genauer: Congo Hoango bekommt sie geschenkt, den der Erzähler mit dem gleichen Attribut versieht wie Kohlhaas: In seinen jungen Jahren ist er ein → RECHTSCHAFFENER Mann. Seine Güte dankt ihm sein Herr mit der Freiheit, ja, in seinem Testament hinterlässt er ihm sogar ein Erbteil. Doch Congo Hoango missbraucht die Freiheit: »[B]ei dem allgemeinen Taumel der Rache, der auf die unbesonnenen Schritte des National-Konvents in diesen Pflanzungen aufloderte« (II. 160), jagt er als Erstes seinem Herren eine Kugel in den Kopf. Und damit nimmt »der Wahnsinn der Rache« (II. 170) seinen Anfang. Das heißt seinen weiteren Lauf. Denn eigentlich springt er von Frankreich auf die Kolonie über. Herr Villeneuve würde seinen Sklaven nicht befreien, würde es zu Hause in Europa nicht in Mode kommen, die Menschenrechte zu verkünden. Villeneuve wird ein Opfer dieser Rechte: denn Hoango würde ihn nicht töten, wenn man ihn nicht zuvor befreite, ihn seiner Rechte bewusst machte. Und Hoango als gefürchteter Herr der Insel verschont auch seine eigene »Rasse« nicht: Er selbst besetzt das Haus des weißen Plantagenbesitzers, die übrigen »Neger« lässt er jedoch in die Ställe ziehen. Am Ende der Erzählung bleiben die »Neger« allein auf der Insel; und es lässt sich nur erahnen, was aus dem Wahnsinn der Freiheit wird, und wie sich die »Neger« gegen Hoango erheben werden. Congo Hoangos »Freiheitskampf« läuft genau nach der Choreographie ab, die Edmund Burke in seinem Buch *Reflections on the Revolution in France* beschreibt, das 1790 auf Englisch und 1793 unter dem Titel *Betrachtungen über die französische Revolution* auf Deutsch erscheint – in der Übersetzung jenes Friedrich Gentz, mit dem Kleist später in persönlichen Kontakt tritt und Briefe wechselt (vgl. LS 265b). Burkes Name taucht auch in den *Berliner Abendblättern* auf: Auch er habe sein Werk mit → FEUER geschrieben, heißt es über ihn, »wie man die Schriften [...] jedes Mannes, der für eine abweichende Meinung mit Kraft auftritt, Feuerbrände nennen könnte.« (II. 457)

Burke wittert in den Ideen der Aufklärer, die das alte System zerstören wollen, die Gefahr der totalen Ausuferung der »Ambitionen«: »Sie [d. h. die Aufklärer] haben unter ihrem Boden eine Mine gegraben, die in einem furchtbaren Ausbruch alle Beispiele des Altertums, alle Observanzen, alle Statute, alle Parlamentsakten in die Luft sprengen soll. Sie haben ›*die Rechte des Menschen*‹. Gegen diese findet keine Verjährung statt, gegen diese kann kein Vertrag binden: bei diesen gelten keine Einschränkungen, keine Vergleichsvorschläge; die geringste Abweichung von der Strenge ihrer Forderungen ist Betrug und Tyrannei [...]. Sie liegen im ständigen Krieg mit allen Regierungen, nicht um Mißbräuche anzugreifen, sondern bloß, um die Frage nach Befugnis und Vollmacht zur Herrschaft abzuhandeln.« (zitiert nach Krienen, 77) Die Menschenrechte verfügen, so Burke, über eine gefährliche Dynamik, die sich nicht aufhalten lässt: Den entfesselten Kräften fallen am Ende auch jene zum Opfer, die sie freisetzen. Alle erheben sich im Namen der als unanfechtbar geltenden Freiheitsrechte gegen alle anderen: »Die Kolonien verlangen eine freie Konstitution und einen freien Handel: man muß sie durch Truppen zu Gehorsam bringen. Aber in welchem Kapitel des Gesetzbuches der Rechte der Menschen steht denn geschrieben, seine Industrie gehemmt zu sehen, damit andre in einem entfernten Weltteil davon Nutzen

In seinem Pamphlet *Über die Rettung von Österreich* erwähnt Kleist den → *FEUERbrand* als Beispiel für etwas, was die Demokratie vorübergehend notwendig macht (II. 380). Der → *FEUERbrand* hat eine politische Bedeutung in *Die Marquise von O....*, *Das Käthchen von Heilbronn*, *Michael Kohlhaas* und sogar in *Der Findling* (zwischen dem bürgerlichen Mädchen und dem aristokratischen Jungen kann sich die Liebe erst infolge eines → FEUERbrands entflammen).

ziehen? So wie die Bürger der Kolonien sich gegen ihr Mutterland erheben, so erheben sich ihre Neger wider sie selbst. Neue Truppen hingeschickt! Blutvergießen, Torturen, Martern aller Art. – Das sind also Eure Menschenrechte? Das sind die Früchte metaphysischer Deklamationen, mutwillig ausgegeben, mutwillig zurückgenommen?« (ebd. 78)

Burke reißt der Französischen Revolution den Schleier der *metaphysischen* Bekundungen ab, hinter denen sich die politischen Ziele verbergen. In Kleists Schriften lassen sich ähnliche Entlarvungen beobachten. Auch daher überrascht es, dass manche Kleist-Forscher, wie der außerordentlich sensible und aufmerksame Günter Blöcker, Kleists *politische* Ansichten erneut hinter *metaphysischen* Schleiern zu verbergen suchen – auch wenn sich »Metaphysik« hier nicht auf die Verkündigung der abstrakten Menschenrechte bezieht: »Kleists politischer Wille war [...] auf etwas durchaus Überpolitisches gerichtet, etwas Absolutes, Metaphysisches [...]. Seine eigentliche Kraft [...] nahm er aus der völligen Voraussetzungslosigkeit, aus der selbstgesetzten Freiheit, die es ihm erlaubte, in das Reich des Unbedingten, einer zeit- und milieuenthobenen All-Menschlichkeit vorzudringen.« (Blöcker, 81) Indem Blöcker (im Geist der ausgehenden 50er-Jahre) Kleist zu einem existenzialistischen Schriftsteller stilisiert, möchte er unausgesprochen auch der imperialistischen und nationalsozialistischen Kleist-Deutung der ersten Jahrhunderthälfte den Boden entziehen. Nach dem politisch umgedeuteten und überinterpretierten Kleist-Bild, dessen Geschichte Rolf Busch gründlich aufgearbeitet hat, wirkt Blöckers Monographie aller Einseitigkeit zum Trotz erquickend. Das Gleichgewicht zwischen der politischen und der existenzialistischen Deutung herzustellen, bleibt die Aufgabe von Mathieu Carrière und Wolf Kittler in den 80er- sowie von Roland Reuß und Peter Staengle, den Herausgebern der sogenannten Berliner (Brandenburger) Kleist-Ausgabe, in den 90er-Jahren, obwohl Rudolf Köpke schon 1862, über hundert Jahre zuvor, auf die *stilistische* Einheit von Kleists *politischen, epischen* und *dramatischen* Werken hingewiesen und daran erinnert hat, dass es die gleiche Person ist, die bald als Mystiker, bald als Realist, bald als Geisteskranker, bald als Politiker in Erscheinung tritt (vgl. Kanzog, 233).

Der »Wahnsinn der Freiheit« ist sowohl für die »metaphysisch« als auch für die politisch ausgerichtete Deutung ein dankbares Thema. Beide lassen sich schwer gegeneinander ausspielen – und insofern hat Köpke recht. Indessen lassen sie sich auch nicht miteinander gleichsetzen: Aller Verwandtschaft zum Trotz kann man die beiden Schichten gut voneinander trennen. Die → PARADOXIEN, die Kleists ganzes Œuvre prägen, lassen ihre Wirkung auch in diesem Bereich spüren: Die gegenseitige Abhängigkeit der politischen und der metaphysischen (existenzialistischen) Deutungen führt zu einem unlösbaren Konflikt, der den Zwiespalt zwischen dem »realpolitischen« und dem »apokalyptischen« Kleist vor Augen führt. In dem → PARADOX *Von der Überlegung* (das nach Kittlers Meinung von vornherein für die *Soldaten* geschrieben wurde – Kittler, 325) ist zu lesen: »Wer das Leben nicht, wie ein [...] Ringer, umfaßt hält, und tausendgliedrig, nach allen Windungen des Kampfs, nach allen Widerständen, Drücken, Ausweichungen und Reaktionen, empfindet und spürt: der wird, was er will, in keinem Gespräch, durchsetzen; vielweniger in einer Schlacht.« (II. 338) Genau das kennzeichnet Kleists Methode: Die Figuren seiner Erzählungen und Dramen verwickeln sich immer tiefer in die Ereignisse, fühlen sich zunehmend als Gefangene (Marionetten) und müssen bei ihrem Versuch, sich zu befreien, allmählich auch mit der ganzen Welt brechen. Der »Wahnsinn der Freiheit«, die *gebändigte Uferlosigkeit* der Affekte, wirkt sich auch in der Struktur der Kleist'schen Sätze aus. Es findet – auch ohne Kriegshandlungen – ein ständiger *Krieg* statt. Die Protagonisten kämpfen: mit ihrem Milieu, ihren → BEGIERDEN, ihren Instinkten – und auch mit der *Sprache*, die ihnen zur Verfügung steht.

Das gilt zum Beispiel für Graf F..., der sich in endlose *Gliedersätze* verheddert, sich in Dutzenden von → »DASS«-Sätzen verfängt und immer verzweifelter darum ringt, den Anschein aufrechtzuerhalten, er sei Herr der Lage. Die vielen → »DASS«-Sätze sind ein Ausdruck von sprachlichem Wahnsinn. Die Szene wird dadurch wirklich bizarr, ihre stilistische *Unförmigkeit* dadurch *perfekt*, dass Graf F... als *Sieger des Krieges* verwirrt wird. Mit seinen Truppen erobert er die Festung, lässt den → VATER der Marquise erst frei, als ihm dieser sein Ehrenwort gibt (II. 107) – und handelt, als er die Marquise vergewaltigt, doch nur wie jeder beliebige siegreiche russische Soldat. Und doch: In der genannten Szene erscheint der *Sieger* als *Besiegter* – und die Lage wird von den *Besiegten beherrscht.* Am Ende von *Das Erdbeben in*

Chili bricht der gleiche *Wahnsinn* aus wie in St. Domingo: Das *Volk wird verrückt,* wie auch Don Fernando bemerkt (II. 156) – was nichts anderes bedeutet, als dass es seine Rechte geltend macht. Das Volk tut genau das, was zuvor durch den Monarchen, die Kirche und die Gesetzgebung sanktioniert wurde: Es vollzieht das bereits legal verkündete Urteil. Und dass das Blutvergießen vor der *Kirche* stattfindet, ist keine Ironie seitens des Erzählers. Denn der Platz vor der Kirche ist hier die Bühne der *gesellschaftlichen Öffentlichkeit,* die Agora, wo die *Demokratie* ungetrübt zum Ausdruck kommt.

Nach Luthers Beobachtung befindet sich Kohlhaas »im Wahnsinn stockblinder Leidenschaft« (II. 42) – dieser jedoch begründet seinen Entschluss damit, dass er der *Freiheit* beraubt wurde, sein Recht auszuüben (II. 28). Der entfesselte und uferlos gewordene Freiheitskampf führt jedoch zum Tod von Unschuldigen: → STATT des schuldigen Junkers sterben seine unschuldigen (höchstens unverschämten) Diener eines gewaltsamen Todes, die Häuser friedlicher Bürger brennen ab, und es kommen auch solche zu Schaden, die in der Sache auf Kohlhaas' Seite stehen. Das verdeutlicht, dass Kohlhaas einen Partisanenkrieg führt, dessen Idee gerade im Krieg gegen Napoleon Bedeutung erlangt (Kittler, 310) – und so gesehen, erkennen wir in Kohlhaas einen Verwandten des noch viel blutrünstigeren Hermann – und Kleists Stück über Letzteren nennt Carl Schmitt in seinem Buch über die Theorie des Partisanen die größte Partisanendichtung aller Zeiten (Schmitt, 15).

Kohlhaas' bzw. Hermanns (oder Hoangos) Kampf ufert nicht deshalb aus, weil sie – mit Luthers Worten – verblendet sind. Die politischen und rechtlichen Ziele, für die sie kämpfen, verlieren sie niemals aus den Augen. Er ufert deshalb aus, weil sie die praktischen Ziele auf dem Umweg der Befriedigung tieferer metaphysischer → BEGIERDEN zu erreichen suchen. Manchen von ihnen glückt das auch: zum Beispiel dem Prinzen von Homburg, der ein *vollkommener Feldherr* ist – während er die Ereignisse aus einer *unirdischen* Perspektive betrachtet. Homburgs Geschichte ist das mahnende Beispiel, dass sich der Wirkungskreis von Kleists Figuren weder auf ausschließlich politische noch auf rein metaphysische Kriterien beschränken lässt. Aus der → PARADOXEN Mischung aus *Politik* und *Metaphysik,* die in fast allen seinen Werken zu finden ist, schafft er einen neuen

Menschentyp, dessen Wahrnehmung und Sensibilität sich radikal von dem unterscheidet, was in der europäischen Tradition vorhanden war. Jene »Umwälzung der Weltordnung« (II. 122), die bei Kleist eine bestimmende Rolle spielt, lässt die ganze europäische Kultur durch eine eigenartige Lichtbrechung sichtbar werden. Er entlarvt die Tradition der → BILDUNG ebenso wie die Zerbrechlichkeit der bürgerlichen Ordnung. Kleists Standpunkt als Publizist hat deutlich antiliberale und nationalistische Konturen (vgl. Kittler, 255). Aber er ist auch in seinen belletristischen Werken *reaktionär,* und zwar im wortwörtlichen Sinn. So wie die politischen Ideologen Frankreichs im 18. Jahrhundert den ursprünglich naturwissenschaftlichen Gedanken von Kraft und Gegenkraft aus Newtons *Principia* übernehmen (vgl. Lilla, 4), hat auch Kleists reaktionäre Haltung »materielle« Wurzeln. Die »Reize«, die in seinem Werk eine so bedeutende Rolle spielen und die auch die Figuren »gereizt« machen, haben in seinen literarischen Schöpfungen *sowohl* einen *ästhetischen* Bezug (er charakterisiert die Schönheit – zum Beispiel Elvires Schönheit in *Der Findling* – mit dem Wort *Reize) als auch* eine *medizinische* Bedeutung (Elvires Nervensystem ist *»überreizt«* [II. 203] – ist sie etwa deshalb so schön? Jedenfalls könnte man sie der Heilmethode des schottischen Arztes John Brown unterziehen, so wie man auch Kleist selbst mit Browns Methode behandelt hat, dessen medizinische Theorie den Reizen die allergrößte Bedeutung zumisst – vgl. Henkelmann, Neubauer) – *als auch* eine *politische* Rolle (denken wir an Kohlhaas, Hermann oder etwa an die Gestalt Penthesileas als Feldherrin).

Kleists reaktionäre Haltung offenbart sich in der ständigen Unverhältnismäßigkeit der Kräfte und Gegenkräfte. Und doch verdanken seine Werke gerade diesem Verfehlen des rechten Maßes ihr vollendetes Maß. Denn in Kleists belletristischen Werken werden der Reiz (und der Gegenreiz), die Reaktion (und die Gegenreaktion), der Antiliberalismus (und der Liberalismus) und der Nationalismus (und der Kosmopolitismus) einer umfassenden Sichtweise untergeordnet, die sich nicht in Pole teilen lässt. Goethe hat zum Teil recht, als er in Kleist den Menschen der Zukunft erblickt: Kohlhaas, Homburg, Graf F… oder Herr Friedrich gebrauchen das Mittel der *Politik,* um das Reich der Politik auszudehnen, dessen *Grenzen* niemals nach politischen Kriterien gezogen werden. Kleists Helden wenden sich nicht ab von der

Politik, aber sie erkennen sie auch nicht als bestimmend an. Sie wollen das, was *jenseits* der Grenze liegt, innerhalb der *Grenzen* durchsetzen – einmal mithilfe des Terrors (Hermann), ein andermal mithilfe der Legitimität (Kohlhaas), wieder ein andermal mithilfe der Liebe (Homburg). Daher erscheinen sie sowohl → ENTSETZLICH als auch → RECHTSCHAFFEN – es ist eine Frage des → BLICKwinkels, wie sie von den anderen beurteilt werden. Der Erzähler selbst schwankt jedoch immer: Bald sieht er sie so, bald so, denn die europäische Kulturtradition hat keine Perspektive geschaffen, aus der die Welt, die Seele und die universelle Ordnung *gleichzeitig* sichtbar wären, und zwar so, dass alle drei auch restlos zur Geltung kämen. Wenn jemand wie Kleist doch versucht, das zu verwirklichen, liefert er seine Figuren ständigen Lichtbrechungen, »dem Wahnsinn der Freiheit« aus. Sie sind, um sie mit einem Wort zu charakterisieren: → *KENTAUREN* – wie Penthesilea, die *Krieg führt* und sich dabei auch gegen ihre eigenen → BEGIERDEN erhebt. Sie alle sind Helden einer kommenden Epoche, die sich erst dann verfestigen kann, wenn die ganze europäische Kultur endgültig untergegangen ist. Sie sind, mit Ernst Jünger gesprochen, die Vorboten des titanischen Zeitalters. Sie entlarven jene humanistische Illusion, der gemäß Kämpfe und Katastrophen einer Sache *dienen* – dem Frieden, der endgültigen Harmonie usw. Sie kündigen das Scheitern der → BILDUNG an. Jene *Launenhaftigkeit,* mit der sich in *Das Erdbeben in Chili* Himmel und → HÖLLE abwechseln, lässt nämlich nicht auf eine Vorsehung (die Allmacht des Verstandes) schließen, sondern auf das, was Michel Foucault so formuliert hat: »Humanity does not gradually process from combat to combat until it arrives at universal reciprocity, where the rule of law finally replaces warfare; humanity installs each of its violences in a system of rules and thus proceeds from domination to domination.« (Foucault, 1977, 151)

WAND

Was hängt an den Wänden?

In *Michael Kohlhaas* Luthers Brief. Jedenfalls reißt ihn Kohlhaas von dort ab – obwohl der Brief nach Angaben des Erzählers ein paar Zeilen weiter oben nicht an die Wand, sondern »an den Torweg des Schlosses«, an den »Pfeiler« angeschlagen ist (II. 43–4). Doch Kohlhaas ging schon immer mit dem Kopf durch die Wand; er sieht sogar in einem Pfeiler eine Wand, die man nicht umgehen, sondern nur berennen kann. Kurz darauf, in Luthers Heim, nimmt dessen Famulus den Hausschlüssel von der Wand, um Kohlhaas herauszulassen – der das abgeschlossene Haus folglich ohne Schlüssel betreten hat (II. 36).

Kohlhaas kam entweder durch das *geschlossene Tor* – oder durch die *Wand:* »Er kehrte [...] in ein Wirtshaus ein, wo er [...] zu Luthern ins Zimmer trat.« (II. 44) Kleist treibt Kohlhaas so sehr voran, dass er sogar das Gewebe des Textes verknittert.

In *Die Marquise von O....* reißt der → VATER eine Pistole von der Wand seines Zimmers und erschießt beinahe seine Tochter (II. 125) – deren Porträt an der gleichen Wand hängt (II. 131). Später heult der → VATER so laut, »daß die Wände erschallten« (II. 137). Und als sich an jenem gefürchteten → DRITTEN Graf F... auf die Annonce meldet, greift die Marquise, um den → TEUFEL zu verjagen, in ein Gefäß mit Weihwasser (II. 141), das, in welcher Voraussicht auch immer, an der hinteren Tür des »Besuchzimmers« befestigt ist (II. 140). In *Das Erdbeben in Chili* betet Jeronimo zu dem Marienbild, das an der Gefängniswand hängt, und will sich anschließend mithilfe eines Strickes, »den ihm der → ZUFALL gelassen hatte«, erhängen – vermutlich an der Wand, an der der Strick wohl hängt. In *Die*

Verlobung in St. Domingo fesselt Toni Gustav mit einem Strick, der, »der Himmel weiß durch welchen Zufall, an dem Riegel der Wand hing« (II. 185). Später reißt Congo Hoango eine Pistole von der Wand, obwohl er in der Mitte des Zimmers steht (II. 189). Und schließlich hängt nach Gustavs Selbstmord sein → HIRN zum Teil auch an den Wänden umher (II. 194). In *Der Findling* verschmiert Piachi Nicolos → HIRN ebenfalls an der Wand (II. 214) – nachdem er zuvor eine → PEITSCHE von der Wand (II. 213) genommen hat, von der auch nur der Himmel (und das → UNBEWUSSTE des Lesers) erahnen kann, wie sie in die Schlafkammer seiner jungfräulichen Gattin gekommen ist. In *Der Zweikampf* reißt auch Rudolf, Littegardes Bruder, sein Schwert in seiner ersten Erregung von der Wand (II. 237) und versetzt seiner Frau mit dessen Griff einen Schlag auf die → BRUST (→ STOSSEN), dass sie zu bluten beginnt. Als der Graf in *Das Käthchen von Heilbronn* Käthchen verjagen will, nimmt er die → PEITSCHE (1660) von der Wand und wirft sie später durch das geschlossene → FENSTER, wobei die Scheibe zerbricht. Und schließlich nimmt der Kaufmannsdiener in der Anekdote *Der neuere (glücklichere) Werther* die Pistole von der Wand, mit der er sich (ohne Erfolg) zu erschießen versucht (II. 276).

Die Wand: ein Requisit der Gewalttätigkeit. *Innerhalb* der Mauern toben die Leidenschaften, und da die Figuren nicht aus ihren vier Wänden ausbrechen können, müssen sie etwas an den Wänden suchen, woran sie ihre Spannung abreagieren können. Es ist → *ZUFÄLLIG* immer etwas zur Hand; und die Folgen sind → *ZUFÄLLIG* immer: Blut, → HIRN, Weinen, Auspeitschung, Erhängen, Erschießung. Die Wand, die *einschließt,* erlaubt keinen → *AUSBLICK;* stattdessen gewährt sie einen → BLICK ins → *INNERE* des Körpers.

Man muss etwas von der Wand nehmen – denn die Wände kann man nicht einreißen. Obwohl das oft am naheliegendsten wäre. Penthesilea klettert über Felsenwände, um Achilles einzuholen (307) – gelänge ihr das, eröffnete sich ihr das Elysium selbst, in dem keine Wand mehr der Erfüllung ihrer Wünsche im Wege stünde. In *Das Erdbeben in Chili* wird Jeronimo durch das Erdbeben gerettet, das *alle* Wände des Gefängnisses einstürzt (II. 145) – und somit auch die, an der er sich vermutlich erhängen wollte (und an der auch das Marienbild hängt!). Und auch für Kohlhaas bedeuten die Wände das größte Hindernis. Denn hinter ihnen verbirgt sich der Junker, der Auslöser seines Feldzugs. Deshalb ist es auch zweckmäßig, *alles* niederzureißen und ganz Wittenberg in Brand zu stecken. Kohlhaas wird nicht von *blinder* Rache vorangetrieben, sondern von der Hoffnung auf *Klarsicht:* Wenn alles zu Staub verbrannt ist, wird er »hinter keiner Wand [...] zu sehen brauchen, um ihn zu finden« (II. 36). Das Erstaunen der Bewohner ist verständlicherweise »unbeschreiblich« (ebd.): Wer hat je gehört, dass jemand aus *praktischen* Gründen *Weltgericht* hält?

WELT

Die Welt hätte Kohlhaas in seliger Erinnerung behalten sollen. Doch in einer seiner Tugenden ist er ausschweifend (II. 9) und wird deshalb von der Welt verstoßen (II. 45). Während sich Kohlhaas Luther gegenüber darüber beklagt, versucht er, ihn auch unausgesprochen davon zu überzeugen, dass seine Verstoßung der Vertreibung aus dem → PARADIES entspricht. Und dass er kein anderes Ziel hat, als wieder ins → PARADIES zurückzugelangen. Mit anderen Worten: die Welt so umzugestalten, dass darin auch für ihn Platz ist.

Die Welt verstößt Kohlhaas wegen einer seiner extremen Tugenden. Diese extreme Tugend zielt auf eine Umgestaltung der Welt ab – das heißt, Kohlhaas hat sehr wohl eine *Vorstellung* davon, wie die Welt sein müsste, doch lässt sich seine Vorstellung nicht mit der wirklichen *Einrichtung* der Welt in Einklang bringen. Zwischen der Vorstellung, dem *Plan,* und der wahren *Wirklichkeit* hat sich ein unüberbrückbarer Abgrund aufgetan. Und deshalb nimmt auch Kohlhaas' *Tugend,* sein Rechtsempfinden, solche überirdische Dimensionen an. Das, was die Welt für Mord und Plünderung hält, hält Kohlhaas für das Weltgericht; das, was die brandenburgische und sächsische *Politik* als Störung der Ordnung abstempelt, bildet aus Kohlhaas' Sicht den Anfang der *Apokalypse.*

Zwischen beiden Seiten kann – allen Bemühungen Kohlhaas' zum Trotz – kein Dialog zustande kommen. Doch die Lage artet *nicht allmählich* aus. Wiederholt deutet der Erzähler an, dass Kohlhaas schon *vor* der Konfiszierung seiner Pferde dazu neigte, sich *gegen* die ganze Welt zu stellen. Zur Tronkenburg kehrt er zum Beispiel »ohne irgend weiter ein bitteres Gefühl, als das der allgemeinen Not der Welt« (II. 13). Diese Empfindung wird später als »ein richtiges, mit der gebrechlichen Einrichtung der Welt schon bekanntes Gefühl« beschrieben (II. 15–6) – und das Wort »schon« bezieht sich auch auf die Zeit vor dem → ZWISCHENFALL bei der Tronkenburg. Sein »Herz, immer auf die trübsten Ahnungen gestellt«, heißt es an anderer Stelle (II. 34). Das Attribut »immer« macht klar: Der → VORFALL mit den Pferden ist *nicht Auslöser,* sondern nur *Bestätigung* für Kohlhaas' ursprünglichen Missmut. Wie Hamlets Melancholie hat auch Kohlhaas' Missmut zwei Gesichter: Ihre ursprüngliche Melancholie veranlasst sie, etwas zurechtzurücken (und sei es die ganze Welt) – während ihre Melancholie doch keinen anderen Grund hat als die Wirrnis der Welt.

Im Kontext der Handlung lässt sich dieser Missmut auch als »Erbsünde« deuten. Das → SCHEINT auch deshalb begründet, weil der Erzähler nicht um jeden Preis ein schlechtes Bild von der Welt zeichnen will: »Seine von der Welt wohlerzogene Seele«, heißt es zum Beispiel über Kohlhaas in Bezug auf sein ungeduldiges Warten (II. 24). Doch die gleiche Welt ist auch hinfällig und gebrechlich. Ihre Hinfälligkeit zeigt sich darin, dass sie unfähig ist, alles *eins werden* zu lassen: Manche Menschen erzieht sie zum Guten (Kohlhaas), manche zum Bösen (Wenzel von Tronka). Erst beim → ANBLICK der hinfälligen Welt wird Kohlhaas' Missmut übermächtig; und nach der Konfiszierung seiner Pferde verleiht ihm gerade die »Gebrechlichkeit« der Welt seine übermenschliche Kraft. Letztendlich reißt ihn gerade die Einrichtung der Welt aus der Welt heraus; seine Schuld (sein → FALL) ist ein Ausdruck der Schuld der Welt (ihrer Gefallenheit). So gesehen, erinnert Kohlhaas an die frühen *Gnostiker.* Doch seine Geschichte ist zugleich auch ein Versuch zur Wiedergutmachung des → FALLES. Mit anderen Worten: Er nimmt die Schuld der Welt auf sich, büßt gleichsam an ihrer Stelle. So können die äußere → VERWIRRUNG und die innere Ordnung zum Ausdruck ein und derselben Seinsbefindlichkeit werden: »[M]itten durch den Schmerz, die Welt in

»Sie haben mich immer in der Zurückgezogenheit meiner Lebensart für isoliert einer so ungeheuren Unordnung zu erblicken, zuckte die innerliche Zufriedenheit empor, seine eigne Brust nunmehr in Ordnung zu sehen.« (II. 24)

von der Welt gehalten, und doch ist vielleicht niemand inniger damit verbunden als ich.« (An Marie von Kleist, Juni 1807, II. 782)

Die radikale Andersartigkeit der Welt und des → INNEREN lässt sich nicht von ihrer tiefen, gegenseitigen Abhängigkeit trennen.

So einseitig es ist, den Konflikt in *Michael Kohlhaas* ausschließlich nach politischen, rechtlichen oder geschichtlichen Kriterien zu deuten, so einseitig ist es auch, diese Gesichtspunkte zugunsten einer existenziellen Deutung zu verdrängen (vgl. Müller-Seidel, 194). Jede Einseitigkeit ist nicht nur deshalb problematisch, weil dadurch die *Komposition* der Erzählung, ihr *literarischer Charakter*, das *Gewebe des Textes*, unausweichlich ausgeklammert wird (die Geschichte müsste dann entweder als Streitschrift oder als philosophische Stellungnahme gelesen werden), sondern weil dadurch unausgesprochen die Kleists ganzes Œuvre bestimmenden → PARADOXE auch unausgesprochen zu vermeintlich lösbaren Gegensätzen abgeschwächt werden. Kleists »Weltbild« weicht radikal von der optimistischen Haltung des Aufklärungszeitalters ab, die den grenzenlosen Fortschritt und die Perfektionierbarkeit verkündete (er bricht unter anderem auch mit den Vorbildern seiner Jugend, Wieland und Wünsch). Aber sein Œuvre bietet auch keinen Anlass zu einem radikal pessimistischen Weltbild (obwohl man seinen kurzen Artikel *Betrachtungen über den Weltlauf* auch so lesen kann). Für ihn ist die Welt vor allem launisch, rätselhaft; man kann aus ihr herausstürzen, aber auch ungeahntes Glück in ihr entdecken. Sie ist Wiege und Grab zugleich.

»[D]ie Welt nannt er [Graf Strahl] ein Grab, und das Grab eine Wiege, und meinte, er würde nun erst geboren werden.« (*Das Käthchen von Heilbronn*, 1161–3)

Sie birgt zahlreiche »emanzipatorische« Elemente in sich und schließt doch die Hoffnung auf jede Emanzipation aus. Das Verlässlichste in Kleists »Welt« ist die Unberechenbarkeit; und der → ZUFALL ist so unerschütterlich, dass nur die innere Härte und Entschlossenheit der Helden mit ihr wetteifern kann.

Kohlhaas nennt sich »einen Reichs- und Weltfreien, Gott allein unterworfenen Herrn« (II. 36) und nährt damit jene Auffassung, die jede Verbindung zwischen der Welt und dem → INNEREN leugnet. Der Erzähler jedoch entzieht ihm seine Sympathie und kommentiert seine Selbstbeschreibung mit den Worten: »eine Schwärmerei krankhafter und mißgeschaffener Art« (ebd.). So schleicht sich die Unversöhnlichkeit auch in den Ton der Erzählung hinein: Der Erzähler straft gerade jenen seiner Helden Lügen, für den er voller → VERTRAUEN Partei ergriffen hat. Der Erzähler lässt gegen seinen Helden die Perspektive der *Welt* zur Geltung kommen, obwohl jener gerade die Ungültigkeit dieser Perspektive zu beweisen sucht. Kohlhaas will, um von seinem Missmut geheilt zu werden, mit der ganzen Welt abrechnen – und da nimmt der Erzähler → PLÖTZLICH Luthers Standpunkt ein (um sich danach mit Kohlhaas zu identifizieren und Luther genauso zurückzuweisen). Ein ähnlich unversöhnlicher Zwiespalt zeigt sich später auch in Kohlhaas selbst. Als ihm Nagelschmidt eine Botschaft ins Gefängnis schickt, brandmarkt er seinen ehemaligen Kumpel so wie zuvor der Erzähler ihn: »Kohlhaas [...] würde den Gauner gewiß unter andern Umständen beim Kragen genommen, und den Landsknechten [...] überliefert haben« (II. 75). Dennoch macht er von Nagelschmidts Angebot Gebrauch, da »er sich vollkommen überzeugt hatte, daß nichts auf der Welt ihn aus dem Handel, in dem er verwickelt war, retten konnte« (II. 76). Kohlhaas gerät in die gleiche Falle wie zuvor der Erzähler: Er misst Nagelschmidt mit dem Maßstab der Welt und versucht so, die *Messbarkeit* an sich seiner eigenen *unmessbaren* Situation anzupassen. Der Versuch einer solchen Quadratur des Kreises lässt sich auch während eines Gesprächs zwischen der → ZIGEUNERIN und Kohlhaas beobachten. Auf ihren Vorschlag, sein Leben mithilfe des Zettels zu retten, antwortet Kohlhaas: »nicht um die Welt, Mütterchen, nicht um die Welt« (II. 97), worauf sie Kohlhaas' jüngstes Kind auf den Schoß nimmt und erwidert: »nicht um die Welt, Kohlhaas, der Roßhändler; aber um diesen hübschen, kleinen, blonden Jungen!«

(ebd.) Der Mann aus *Fleisch und Blut* weist die Welt zurück, die einem *jenseitigen Wesen* ähnelnde Frau beruft sich auf die Welt – und zudem steht die → ZIGEUNERIN hier eindeutig auf Kohlhaas' Seite. Was diesen nur in → VERWIRRUNG stürzt (II. 97–8); er beruft sich darauf, dass auch seine Kinder, wenn sie einmal erwachsen sind, die Tat ihres → VATERS gutheißen werden.

Die Hinfälligkeit und Gebrechlichkeit der Welt bedeutet nicht unbedingt, dass sie *schlecht* ist. Auch wenn Kleists Helden gelegentlich nur ihre bösen Seiten wahrnehmen wollen. Würde jedoch der Erzähler ihren Standpunkt restlos übernehmen, müsste er alles in das starre Schema des *guten* → *INNEREN* und der *schlechten Welt* zwingen (in *Die Hermannsschlacht* kommt es zuweilen zu einer solchen Verzerrung, die zum Glück durch Thusneldas Entzweiung mit der Welt *und* mit sich selbst aufgewogen wird).

»Geh, geh, ich bitte dich!
Verhaßt ist alles,
Die Welt mir, du mir, ich:
laß mich allein!« (Thusnelda, in: *Die Hermannsschlacht,* 1818–9)

In diesem Fall könnte man die Handlung in der Tat entweder auf Gesellschaftskritik reduzieren oder sie ausschließlich existenziell deuten. Der Erzähler geht jedoch viel differenzierter vor als seine Helden – denen er seine Sympathie übrigens auch dann nicht entzieht, wenn er sie Lügen straft. Deshalb wird das Attribut »gebrechlich« gelegentlich durch das Attribut »wunderlich« ersetzt – welches natürlich genauso wenig *nur* positiv ist wie »gebrechlich« nur *negativ* ist

»Die Welt ist eine wunderliche Einrichtung« (*Brief eines Malers an seinen Sohn,* II. 328).
»Straft um den Wunderbau der Welt ihn nicht« (*Käthchen von Heilbronn,* 2336).
»Ja, die Welt ist eine wunderliche Einrichtung!« (An Sophie Müller, 20. November 1811, am Tag vor seinem Selbstmord – II. 885–6)

Denn ob gebrechlich oder wunderlich: Die Welt ist vor allem → UNBEGREIFLICH und → *PARADOX* – was schon im paradoxen Verhältnis zwischen dem Erzähler und seinen Helden, in der gelegentlichen Unvereinbarkeit ihrer → BLICKwinkel zum Ausdruck kommt.

Es ist ratsam, »in dieser wandelbaren Zeit so wenig wie möglich an die Ordnung der Dinge zu knüpfen«, schreibt Kleist im März 1799 (II. 485), denn es sei gewiss, fügt er hinzu, dass das sichere, unerschütterliche Glück woanders zu finden ist. Gelingt es einem jedoch, dieses Glück zu finden, wird er davon → ENTZÜCKT sein. Es wirkt wie ein → BLITZ, zerreißt das → INNERE. Und das Ergebnis ist wieder die völlige Gebrechlichkeit, die Unvereinbarkeit der Phänomene der Welt. Zur extremen Leidenschaftlichkeit gesellt sich bei Kleist ein ebenso extremer Gleichmut. Einerseits dient alles, was existiert, dazu, das → INNERE → aufzuPEITSCHEN. Andererseits zeigt sich auch immer wieder die völlige Gleichgültigkeit der Welt: Sie hat, wie *Das Erdbeben in Chili* zeigt, kein Ziel, keine Richtung. Die Persönlichkeit *will* ständig etwas, *strebt* nach etwas und bewegt sich dabei doch nach den Gesetzen des → ZUFALLS wie ein unberechenbarer Automat. Die Welt tritt in ihrer bloßen *Sachlichkeit* in Erscheinung, ohne dass sich ihre Phänomene *bewerten* ließen. Und um ihrer Verlorenheit Herr zu werden, versuchen die Figuren ihrerseits, sachlich zu sein. Sie versuchen, die Welt mit ihren eigenen Waffen zu schlagen. Das Ergebnis ist die Gebrechlichkeit der Seele: Die Persönlichkeit findet keine Übereinstimmung zwischen sich und der Welt und muss doch erfahren, dass beide aufeinander angewiesen sind und dass es aus diesem Zwang kein Entkommen gibt.

Am Ende von *Die Marquise von O....* wird dem Grafen »um der gebrechlichen Einrichtung der Welt willen« verziehen, (II. 143). Diese »Gebrechlichkeit« stellt kein moralisches Urteil dar, sondern steht für die → UNVERSTÄNDLICHKEIT dessen, dass jemand *gleichzeitig* → TEUFEL und Engel sein kann.

So ist die Welt bei Kleist: Eine Gebrechlichkeit verdrängt die andere. Das ist das einzig Bleibende an ihr. Bald zerstört die alles erleuchtende Kraft des → BLITZES die gewohnte Ordnung *(Amphitryon)*, bald verschlimmert sich die gewohnte Gebrechlichkeit der Welt so sehr, dass alles in Stücke zerfällt *(Das Erdbeben in Chili)*, bald prallen das fest anmutende »→ INNERE« und das als wankend erlebte »Äußere« aufeinander *(Michael Kohlhaas)*, bald kämpfen das »Gute« und das »Böse« miteinander *(Die Hermannsschlacht)*. Doch jedes Mal ist das Ergebnis eine völlige Ratlosigkeit in Bezug auf die Frage, warum die Welt so ist, wie sie ist, obwohl alles, was existiert, gerade diese Beschaffenheit widerlegt und zu verunmöglichen sucht?

WERKZEUG

Schon sein Klang ist grausam. Und Grausamkeit hält es auch bereit. Auch wenn es anfangs harmlos anmutet. In *Die Hermannsschlacht* erzählt die verliebte – und naive! – Thusnelda ihrem Mann empört, was Ventidius, ihr römischer Verehrer, sich erlaubt hat. Hinter ihrem Zorn spürt man freilich Stolz und die Eitelkeit der Frau. Kümmerte sich Hermann nur halb so viel um die Gefühle seiner Frau wie um den Krieg gegen die Römer, hätte er jeden Grund zur Eifersucht. Ventidius erbittet sich von Thusnelda eine Locke, was sie ihm verwehrt. Doch dann wendet Ventidius eine List an: »Inzwischen ich auf jenem Sessel mir / Ein Lied zur Zither sang, löst er, / Mit welchem Werkzeug, weiß ich nicht, bis jetzt, / Mir eine Locke heimlich von der Scheitel, / Und gleich, als hätt er sie, der Törichte, / Von meiner Gunst davongetragen, / Drückt' er sie, glühend vor → ENTZÜCKUNG, an die Lippen, / Und ging, mit Schritten des Triumphes, / Als du erschienst, mit seiner Beut hinweg.« (630–8)

Die Germanin spielt auf der Zither, und der römische Fetischist raubt eine Locke. Damit → SCHEINT ein *komisches Epos* seinen Anfang zu nehmen, wie in Alexander Popes *The Rape of the Lock* (1714); dessen Werke zusammen mit einem Lexikon zur Erläuterung schenkt Kleist Pfuel im Sommer 1805. Doch bei Kleist nimmt die Idylle unbemerkt eine Wende zum Ernsthaften. Und zwar wegen der Rätselhaftigkeit des *Werkzeugs.* Was für ein Werkzeug gebrauchte Ventidius? Thusnelda weiß es nicht. Doch ihre Neugierde lässt ihr keine → RUHE, sonst würde sie nicht sagen, dass sie noch immer nicht wisse, mit welchem Werkzeug der Römer hinter ihrem Rücken hantiert hat. Was mag Thusnelda so beunruhigen? Ihren schönen blonden Haaren verdankt sie ihre sexuelle Anziehungskraft. Wird ihr eine Locke abgeschnitten, ist das so, als hätte man sie fast schon vergewaltigt. Aber Thusnelda sehnt sich nicht nach diesem Werkzeug der Gewalt. Statt sie *von vorne* anzugreifen und das *lebendige* Werkzeug seiner Männlichkeit hervorzuholen, beschleicht Ventidius die sich ihm darbietende (Zither spielende!) Frau *von hinten* und beginnt, mit einem bloßen *Gegenstand* zu hantieren.

Hermann hätte jeden Grund zur Eifersucht. Durch ihre vorgetäuschte Empörung verrät sich seine Frau selbst. Und so geht der Mann zum Gegenangriff über. Kurz darauf beginnt er von Neuem, die noch immer naive Frau zu necken, und teilt ihr vielsagend mit: Das römische Heer verfolgt kein geringeres Ziel, als Thusneldas Haar zu erbeuten. → ACH, geh! Du *Affe,* sagt sie zu ihrem blutrünstigen Mann (1020), worauf sich dieser in Beteuerungen ergeht und den → FALL einer Germanin erzählt, die von drei Römern *niedergerungen* wurde. Die Geschichte erregt Thusnelda – handelt sie doch auch von einer Art Vergewaltigung. Worauf Hermann fortfährt: »Nun ja! Und ihr nicht bloß, vom Haupt hinweg, / Das Haar, das goldene, die Zähne auch, / Die elfenbeinernen, mit einem Werkzeug, / Auf offner Straße, aus dem Mund genommen.« (1026–9)

Dass auch ein *Körperteil* ein *Werkzeug* sein kann, beweist Kleists Theaterrezension »Ton des Tages«, die er im Oktober 1810, zwei Jahre nach *Die Hermannsschlacht* verfasste (II. 408).

Sexuelle Gewalt artet in *Verstümmelung* und dem *Zerfetzen* des Körpers aus. Das → PEITSCHT Thusneldas Fantasie vollends auf. Aus ihren erstickenden Worten lässt sich kaum feststellen, ob sie durch den → FALL abgeschreckt oder eher sexuell erregt wird. Wahrscheinlich beides zugleich: Ihr Mann, der sich ausschließlich um die Römer kümmert, lässt sie sexuell unbefriedigt, und ihre Zuneigung zum Römer Ventidius darf sie, obwohl sie in ihn verliebt ist, nicht offen zeigen. Daher kommt ihr die Geschichte mit der Verstümmelung gerade recht. Während sich ihr Mann mit dem Krieg befasst, beginnt auch sie einen Feldzug. Es nimmt eine sexuelle Eroberung ihren Anfang, die, genauso pervers wie Thusneldas erotische Fantasie, wirr und voller Verdrängungen ist. Und dazu bedarf sie eines weiteren *Werkzeugs.*

Nämlich des Schlüssels zu jenem Garten, in den sie Ventidius locken wird. Der junge Römer – der vielleicht wirklich in Thusnelda verliebt ist! – glaubt, das Himmelreich zu betreten. Doch der Bär, dem er sich gegenübersieht, reißt ihn aus seinen → TRÄUMEREIEN. Das Stelldichein kommt zwar zustande – das Werkzeug der Liebe, der Bär, versenkt seine Krallen in Ventidius' weiche → BRUST (2413) –, doch dieser stirbt daran. Thusneldas Gefährtin Gertrud will ihn retten und bittet ihre Herrin zwei Mal um den Schlüssel. Dabei sagt sie nicht Schlüssel, sondern *Werkzeug* (2418, 2420). Und damit vollendet sich die Bedeutung des Wortes.

Lebensrettender Schlüssel. Schere (?). Werkzeug der Gewalttätigkeit. Geschlechtsorgan. Werkzeug zur Amputation. Das alles zusammen. So viel lässt sich gar nicht aushalten. Die Figuren des Dramas halten es auch nicht aus. Ventidius kostet die Verführung das Leben, Thusnelda wiederum fällt beim Stelldichein in → OHNMACHT. Ventidius' gewaltsamer Tod versetzt sie in einen ekstatischen Zustand (Orgasmus). → STATT den lebenden *Schlüssel* zu ihrer Sehnsucht zu erlangen, beobachtet sie, durch ein → SCHLÜSSELLOCH spähend, Ventidius' *Sterben* – so wie Nicolo in *Der Findling* Elvires Befriedigung beobachtet. Das Spähen führt in beiden Fällen zum Tod: → STATT mit lebendem *Fleisch* hantieren die Figuren mit toten *Werkzeugen*.

Endlich bekommt Thusnelda, wonach sie sich gesehnt hat, woran sie jedoch – wegen der Gegenwart ihres Mannes und der politischen Konflikte – auf geradem Wege nicht teilhaben konnte. Durch den Tod des jungen Römers wird die Politik der Germanen auch erotisiert. Oder verrät sich erst darin, wie die germanische Erotik in Wirklichkeit ist? Das ist genauso unentscheidbar wie das Werkzeug, mit dem Ventidius Thusneldas Locke abschneidet, rätselhaft ist.

ZERSTREUT

Graf F... in *Die Marquise von O....* zeichnet sich durch einen → HEFTIGEN, sich auf einen Punkt richtenden Willen aus. Seit seiner Vergewaltigung der Marquise drehen sich alle seine Gedanken darum, wie er sein Vergehen wiedergutmachen könnte. Auf alles andere achtet er so wenig, dass er zunehmend den Eindruck eines zweibeinigen Automaten erweckt. Schon bei der »Brautwerbung« fällt er so ungestüm in das Haus Herrn G...'s ein, dass er nicht einmal mit Gewalt daran gehindert werden könnte. Aber nicht allein durch seine → HEFTIGKEIT löst er allgemeine Konsternation aus. Das würde der Marquise vielleicht sogar imponieren. Aber während er sich in seine verschlungenen → DASS-Gliedersätze verheddert, wird der Graf unansprechbar. Als wäre er in der Seele gar nicht zugegen. Er weiß genau, was er will – er hat nichts anderes als seinen *Willen.* Und doch benimmt er sich die ganze Zeit wie jemand, der auf fremde Einflüsterung hin handelt. Ein entschlossener Schlafwandler. Er ist → INNERLICH gesammelt – und doch »zerstreut«. Zerstreut – er will von der Welt nichts wissen.

Die Entschlossenheit schließt die Zerstreutheit nicht aus. Im Gegenteil. Betrachtet man Kleists Helden, kann man beide gar nicht voneinander trennen. Kohlhaas macht sich gerade auf, Leipzig in Schutt und Asche zu legen, und das Volk weicht ihm schüchtern aus. Auf einem mit goldenen Quasten verzierten karmesinroten Kissen trägt man ein großes → CHERUBSschwert vor ihm, als sei er ein Herrscher – doch statt sich seinem »Volk« zu widmen, ist er *zerstreut* (II. 44). Er ist in Gedanken ganz woanders. Man weiß nicht, wo. Natürlich kümmert er sich um seine Aufgaben. Er tut gar nichts anderes. Aber er tut es mit einem *Diensteifer,* der ihn gar nicht merken lässt, was um ihn ist – einschließlich Luthers Aushang. Sein *Wille* ist selbst wie ein → CHERUBSschwert: Er spaltet die → WELT und erlaubt ihm nicht, seine Aufmerksamkeit einer Sache zu widmen. Und da seine Aufmerksamkeit durch nichts abgelenkt wird, »schießt« sie über die Welt »hinaus«.

Die »Zerstreutheit« von Kleists Helden unterscheidet sich grundsätzlich von jener Zerstreutheit, die sowohl in der Mystik als auch im Pietismus eine bestimmende Rolle spielt. »Wer der tiefsten Innerlichkeit angehören will« – schreibt Heinrich Seuse in der ersten Hälfte des 14. Jahrhunderts – »muß sich aller zerstreuender Vielheit entschlagen. Er muß auf all das verzichten, was das Eine nicht ist.« Luther wiederum schreibt: »das man damit das herz zusamen halte, das es nicht zurstrewet werde.« (Jacob und Wilhelm Grimm: *Wörterbuch,* Artikel: *zerstreuen)* Für die Mystiker bedeutet die Zerstreuung, die Zerstreutheit das Erlöschen jener Aufmerksamkeit, die sich auf das *Eine* richtet. Die Aufmerksamkeit wird, wenn sie sich in die Angelegenheiten der Welt verwickelt – und sich zerstreut – zum Gefangenen des *Vielen.* Der in das → INNERE führende Weg, dessen Ziel der → *GOTT* (das Eine) ist, schließt sich. Die Zerstreutheit schließt die innere Sammlung aus, die wiederum Voraussetzung des → GOTTESerlebnisses ist. Sie lenkt den Menschen *von sich selbst* ab – von jenem »inneren Ich«, das, als Selbst, die Seele mit dem verbindet, was jenseits der Seele ist: die Seele der Seele, der Geist.

Bevor er zum Schriftsteller heranreift, versucht auch Kleist, seine Gedanken und Gefühle dem Einen unterzuordnen. Dabei knüpft er weniger an die Tradition der Mystik als an die des Pietismus an und versucht zugleich, auch den Erwartungen des Rationalismus Genüge zu tun. Während seiner sogenannten → KANT-KRISE, als er die Illusion verliert, die letzte Wahrheit sei greifbar, muss er erfahren, dass alles, was für ihn bis dahin das *Eine* ausgemacht hat (Tugend, → BILDUNG, → BESTIMMUNG, Glück), in nichts zerronnen ist – zu nichts *zerstreut wurde.* »Es war eine Zeit, wo ich nicht glaubte, daß diese Seele jemals einen andern Gedanken bearbeiten würde, als einen einzigen, jemals ein anderes Gefühl lieb gewinnen könnte, als ein einziges«, schreibt er am 28. Juli 1801, wenige Monate nach seiner Krise. Ohne das *Eine,* fährt er fort, verliert das Leben selbst seinen Sinn: »[W]enn ein unruhiges Schicksal uns zerstreut [...], dann erst verwelkt das Leben, dann bleicht es aus, dann verliert es alle seine bunten Farben.« (II. 672) Was jedoch durch das Schicksal zerstreut wird, fügt sich → PARADOXERWEISE neu zusammen – in den Werken. Während Kleist die Zerstreutheit radikal auslebt und sich ihr (gegen seinen Willen) hingibt, »findet er seine innere Sammlung« gleichsam auf ihrem anderen Ufer wieder. Als »Gegenmystiker« schöpft er seine Kraft gerade aus der Zerstreuung, der Zerstreutheit.

Sahen die Mystiker in der Zerstreutheit noch den Gegensatz des transzendenten Einen, so wird bei Kleist, nachdem sein Glaube an diverse letzte Wahrheiten zerronnen ist, die Zerstreutheit selbst zu einem Ausdruck der Transzendenz. Nicht wie jemand, der im Besitz des »Gottesglaubens« ist, blickt er auf die → WELT zurück, sondern er findet in der zerfallenen (zerstreuten) Welt neue Erfüllung – eine durchaus göttliche Gewissheit. Aus dem Nichts errichtet er eine neue → WELT. Das erklärt auch die in der Weltliteratur beispiellose Eigenart von Kleists Helden: Sie finden zwar nicht ihren Platz in der → WELT und sehen auch nicht die Möglichkeit einer »jenseitigen« Erfüllung – und doch suchen sie ihre Heimat mit solcher Entschlossenheit, dass sie überhaupt nicht wie verlorene Wesen, wie zerfallene (zerstreute) Persönlichkeiten wirken. Ihre Lage ist kafkaesk, aber sie selbst sind keinesfalls kafkaeske Wesen: Gerade ihre Ausgeliefertheit, ihre Zerstreutheit verleiht ihnen ihre außergewöhnliche innere Sammlung. Sie wollen sich gerade dem am wenigsten fügen, was sie am meisten gefangen hält – ihrem Schicksal. Ihr eigenes »Gegen-Schicksal« errichtend, erfüllen sie ihre geheime Berufung. Das Ergebnis ist das Mysterium der Zerstreuung: eine Erfüllung, die zugleich alles zum Erlöschen bringt.

Deshalb bedeuten Zerstreuung und Zerstreutheit bei Kleist nicht, dass die gegebene Figur ein Gefangener des »Vielen« ist. Zerstreutheit bedeutet keinesfalls die Zersplitterung der Aufmerksamkeit. Und selbst wenn das der → FALL ist – wie zum Beispiel in jener Szene von *Prinz Friedrich von Homburg,* in der Homburg während des

Im Mai 1800, noch vor seiner sogenannten → KANT-KRISE, erklärt Kleist ausführlich, wie man die *zerstreuten* Gedanken zu einer logischen Kette zusammenfügen kann (II. 507). Später jedoch leidet er gerade dann am meisten, wenn er alles mit allem gewaltsam in Zusammenhang bringen muss. Seine schwere seelische Erkrankung (Psychose?) von 1803 erklärt er später so: »Ich hätte bei einer fixen Idee einen gewissen Schmerz im Kopfe empfunden, der unerträglich heftig steigernd, mir das Bedürfnis nach Zerstreuung so dringend gemacht hätte, daß ich zuletzt in die Verwechslung der Erdachse gewilligt haben würde, ihn los zu werden.« (24. Juni 1804 – II. 738) Kleists Zerstreutheit fällt übrigens vielen auf (vgl. LS 30, 33a, 50a, 309). Seinem Mainzer Arzt Wedekind gegenüber beschreibt ihn Wieland so: »Unter mehreren Sonderlichkeiten, die an ihm auffallen mußten, war eine seltsame Art der Zerstreuung, wenn man mit ihm sprach,

Kriegsrats auffallend zerstreut wirkt und sich nichts merken kann –, lässt sich noch eine tiefe, umfassende Aufmerksamkeit erkennen.

Homburg achtet nicht auf die Befehle, weil ihn noch immer die Szene seines Traums beschäftigt. Hohenzollern sagt ihm auch ins Gesicht, dass er ihn für zerstreut hält (419), was Homburg auch nicht bestreitet. Doch er ist nur deshalb so zerstreut, weil ihn eine andere, noch offensichtlichere Zerstreutheit (das Schlafwandeln) beschäftigt – und er sich ausschließlich ihr widmet. Homburg konzentriert seine ganze Kraft darauf, alle Bruchstücke der Traumszene zu *einem einzigen* Ganzen zusammenzufügen. Erst dadurch könnte er der Zerstreutheit »bei Tage«, aber auch der Zerstreutheit »im Traum« ein Ende setzen – und nebenbei auch die Welt in Ordnung bringen und Erlösung von sich selbst finden. Auf Hohenzollerns Vorwurf erwidert er: »Zerstreut – geteilt; ich weiß nicht, was mir fehlte« (420). Die Zerstreutheit erlebt er als *Qual;* als Geteiltsein, was beinahe so ist, als wäre er gekreuzigt.

Das ist den Erwartungen der Mystiker nicht fremd. Kleist jedoch gelangt – um bei der → METAPHER des Kreuzes zu bleiben – nicht zur Findung »Gottes«. Dieser Gedanke kommt seinen Figuren gar nicht. Sie sind zwar gekreuzigt und werden aus der Welt herausgerissen – aber sie wissen nicht, wozu sie eigentlich diese Qual auf sich nehmen. *Jenseits* der → WELT (des Vielen), aber *diesseits* des → GÖTTLICHEN (des Einen): Das ist das Niemandsland der Seele, das an sich schon einer Kreuzigung gleichkommt. Und das ist der wahre Ausdruck der Zerstreutheit. Als Jupiter Alkmene zu → BE-

so daß z.B. ein einziges Wort eine ganze Reihe von Ideen in seinem Gehirn, wie ein Glockenspiel anzuziehen schien, und verursachte, daß er nichts weiter von dem, was man ihm sagte, hörte und also auch mit der Antwort zurückblieb.« (LS 89)

John M. Ellis macht darauf aufmerksam, dass der Kurfürst in *Prinz Friedrich von Homburg* während des Kriegsrats mindestens genauso zerstreut ist wie Homburg und seine Aufmerksamkeit genauso zwischen seinen Befehlen und anderen zweitrangigen Sachen (Ellis, 94) hin und her springt.

RUHIGEN versucht, erwidert sie: »Du hast dies Wort, ich weiß es, hingeworfen, / Mich zu zerstreun – doch meine Seele kehrt / Zu ihrem Schmerzgedanken wiederum zurück.« (1376–8) Erst in ihrem Schmerz wird Alkmene wirklich zerstreut. Sie wird nun nicht mehr von ihrem bisherigen Leben in Anspruch genommen, ihre Aufmerksamkeit gleitet über dessen Beschwerlichkeiten hinweg – aber auch das, wonach sie sich sehnt (das → GOTTESerlebnis), rückt immer weiter weg. Am Ende des Stückes ist sie ganz entleert – und doch hat sie das Gefühl, als zerspränge ihre → BRUST unter dem Eindruck von Erlebnissen, deren Ursprung ihr unbekannt ist. Sie erlebt zur gleichen Zeit die *Kenose* und das *Pleroma* – ohne diese unterschiedlichen Erlebnisse miteinander → VERSÖHNEN zu können. Im Gegensatz zur Mystik bildet die Entleerung bei Kleist nicht die Voraussetzung für die Aufladung, sondern eine *jeder Fortsetzung entbehrende, endgültige Leere,* wie auch das Ganzheitsgefühl nicht die Folge innerer Sammlung und entsprechender geistiger Übungen ist, sondern *eine jeder Voraussetzung entbehrende → PLÖTZLICHKEIT.* Seine Figuren stürzen von einer Situation in die andere – hängen in der Luft zwischen den verschiedenen Erlebnissen. Ihre *Zerstreutheit* ist eine Folge des fehlenden Übergangs.

Das erklärt zum Beispiel auch Gustavs → UNVERSTÄNDLICHE Zerstreutheit, als er Toni von der seltsamen → ÄHNLICHKEIT zwischen ihr und Mariane Congreve zu erzählen beginnt. Er wird in diesem → AUGENBLICK zwischen unvereinbaren Eindrücken aufgerieben, die seine Seele gleichsam kreuzigen (II. 173). Aber schon bevor er Toni und anschließend sich selbst erschießt, wirkt Gustav zerstreut (II. 192): Einerseits versteht er nichts, andererseits ist das, was er versteht, ein Missverständnis, und drittens ist das, was er vorhat, vollkommen sinnlos. Durch seine Zerstreutheit zieht er sich an den eigenen Haaren aus der Welt heraus, ohne dadurch irgendeine Erfüllung zu finden. Auch die Marquise von O.... sieht ihren → VATER, nachdem sie im Grafen einen → TEUFEL erblickt hat und ein → HEFTIGES → FIEBER sie niederstreckt, zerstreut an (II. 142) – was ein »Symptom« ihres Rückzugs aus der Welt ist (und wodurch der Erzähler natürlich auch den → VATER verdächtig werden lässt). In *Der zerbrochne Krug* bemerkt Walter Richter Adams Zerstreutheit (557) – und das ist einerseits ein Beweis für die Schuld des Richters, andererseits lässt es sich unmittelbar mit jenem Traum Adams in Verbindung bringen, von dem er kurz zuvor erzählt hat: Er träumt, dass er als Angeklagter vor dem Richter steht, der ebenfalls er selbst ist (269–73).

In der Zerstreutheit gerät die Persönlichkeit in → VERWIRRUNG oder spaltet sich sogar. Wer bei Kleist zerstreut ist, steht immer vor einer entscheidenden Wende. Das Unbekannte bricht dann in den bewussten Teil der Persönlichkeit ein. Doch statt diese zu erweitern und zu bereichern, bringt es alles durcheinander, wühlt alles auf. Um eine Erklärung für die »Einheit« der Persönlichkeit zu finden, kann sich Kleist an keine Mythologie oder Religion um Hilfe wenden. Er will die Persönlichkeit *aus ihr selbst heraus* deuten. Er enthält sich jedoch auch jeder psychologischen Deutung. In der Seele erkennt er Kräfte, die sich nicht durch das eigenartige Wirken der Seele erklären lassen. Gerade wenn seine Figuren zerstreut sind, erwecken sie den Eindruck von Schlafwandlern oder Maschinenmenschen. Sie sind fremden Kräften ausgeliefert, können diese jedoch nicht sehen oder beim Namen nennen. Im → AUGENBLICK der Zerstreutheit laden sie sich mit ihrer eigenen Fremdheit auf; und der Boden entgleitet unter ihren Füßen gerade in dem Augenblick, als sie glauben, zu sich gefunden zu haben.

Als der Erzähler im Aufsatz über das *Marionettentheater* die logisch anmutenden Ausführungen Herrn C...'s hört, macht sich *Zerstreutheit* bei ihm breit (II. 345). Doch dadurch erscheint es fraglich, ob er mit seinem Partner wirklich einer Meinung ist. Deshalb kann man den Gedanken des erneuten → SündenFALLS auch als ironische Übertreibung auffassen. Fügt er deshalb ein neues, logisches Glied an Herrn C...'s Gedankenkette an, weil er nicht seiner Meinung ist? Wenn ja, so bemerkt Herr C..., der bis dahin stets überlegen ist, nicht die Ironie und unterliegt am Ende der Unterhaltung. Seine Wahrheit wird dadurch widerlegt, dass man sie übertreibt.

ZIGEUNERIN

Was geschieht auf dem Jahrmarkt von Jüterbock?

Die Szene wird von gleich zwei Personen erzählt: von Kohlhaas und dem Kurfürsten von Sachsen. Die Geschichte nähert sich immer rasanter ihrem Ende, Kohlhaas wird bereits zu seiner Hinrichtung nach Berlin gefahren, nichts → SCHEINT mehr den Lauf der Ereignisse beeinflussen zu können. Doch augenscheinlich gibt sich der Erzähler damit nicht zufrieden: als genügte es ihm nicht, nur die diesseitigen Ereignisse lückenlos werden zu lassen. Er möchte auch das »Jenseits« miteinbeziehen und greift als Erstes unvermittelt zur Anachronie. Er »unterbricht« die Ereignisse und macht mithilfe eines – mit Genette gesprochen – analeptischen Verfahrens eine zeitliche Kehrtwende. Der Erzählvorgang gerät durcheinander (doch war er nicht schon vorher kompliziert genug?), der Leser wird zeitlich sieben Monate zurückversetzt – und bleibt doch im Besitz seiner späteren Erfahrungen. Wir befinden uns am Tag nach der Beerdigung von Kohlhaas' Frau.

Oder am → DRITTEN Tag danach?

Am Anfang der Geschichte sagt der Erzähler, es sei am → DRITTEN Tag danach gewesen (II. 31). Gegen Ende der Geschichte meint jedoch Kohlhaas: am Tag danach (II. 82). Und Kleist schweigt sich darüber aus. Und lässt durch sein Schweigen den genauen Zeitpunkt offen. Durch dieses »Offenlassen« treibt er jedoch den Leser in das Labyrinth der widersprüchlichen Mei-

Das »Versehen« bezüglich des Datums erinnert an das »Versehen« des Prinzen von Homburg, der, als er verbundenen Auges zur Hinrich-

nungen. Er sperrt ihn aus der »Wahrheit« aus und sperrt ihn mit den »Vermutungen« ein. Statt Klarsicht bietet er das → VERSEHEN – das er (wie sein Werk bezeugt) für die bitterste Wahrheit des Lebens hält.

Der Erzähler behauptet etwas anderes als eine seiner Figuren. Ist es da zu erwarten, dass seine Figuren miteinander übereinkommen?

Der Kurfürst von Sachsen, der sich übrigens nicht allzu viel um Kohlhaas' → FALL kümmert, hält sich bei der Jagd an der sächsischen Grenze auf, als Kohlhaas dort vorbeigeführt wird. Der Kurfürst, der gerade seiner ehemaligen Geliebten Heloise den Hof macht, ist → HEITER gelaunt. Allzu → HEITER. Er möchte sich um jeden Preis zu Kohlhaas begeben – und ahnt nicht, dass seine → *HEITERKEIT* der Vorbote von → NervenFIEBER und wiederholter → OHNMACHT ist. Ohne seine Identität zu lüften, tritt er mit Heloise an den Rosshändler heran, der die Fragen seiner vornehmen Besucher anfangs wortkarg beantwortet. Da erkundigt sich der Kurfürst – »da sich grade nichts Besseres zur Unterhaltung darbot« (II. 82) – bei Kohlhaas, was er für eine Kapsel um den Hals trage. Dieser erzählt daraufhin, wie er zu der Kapsel kam (II. 82–3). In 47 Zeilen berichtet er von seiner Begegnung mit der Zigeunerin *am Tag nach* der Beerdigung seiner Frau. Als er seinen Bericht beendet hat, fällt der Kurfürst in → *OHNMACHT.* Was anfangs ein → ZUFALL ist (»da sich grade nichts Besseres […] darbot«), verdichtet sich infolge der Geschichte zu einem *Schicksal.* Und folglich verändert sich alles. Kohlhaas' Schicksal wird für den Kurfürsten zur Seinsfrage, er beginnt sich nun wirklich für die *Politik* zu

tung geführt wird, um eine duftende Nelke bittet und sagt: »Ich will zu Hause sie in Wasser setzen.« (1845) Das ist die → RUHE der Ekstase, in der Mögliches und Unmögliches nicht mehr voneinander zu trennen ist. Wie der Erzähler in *Michael Kohlhaas* – gerade in Bezug auf die Zigeunerin! – sagt: »[D]ie Wahrscheinlichkeit [ist] nicht immer auf Seiten der Wahrheit« (II. 96).

interessieren (insofern als Kohlhaas' Leben auch von Wien und Berlin abhängt), sein Leben hat nunmehr ein *Ziel:* sich den hellseherischen Zettel zu verschaffen.

In dem Maß wie er sich mit der Beschaffung des Zettels befasst, gerät auch der Erzähler unter seinen Einfluss. Als verfolgte man die Entwicklung von diesem Punkt an nicht mehr aus dem → BLICKwinkel des Erzählers, sondern des Kurfürsten. Seltsamerweise beschäftigt sich von da an auch Kohlhaas sichtlich mehr mit seiner Rache am Kurfürsten als mit dem Schicksal seiner Pferde oder mit Wenzel von Tronka (vgl. Gallas, 67). Die Handlung, die bis dahin *abgerundet* ist und *einen* Brennpunkt hat (die Geschichte der Pferde), bekommt → PLÖTZLICH einen *zweiten* Brennpunkt (die Prophezeiung der Zigeunerin) und wird dadurch *elliptisch.* Um das strukturell umzusetzen, gibt der Erzähler auch dem sächsischen Kurfürsten Gelegenheit, die Episode von Jüterbock aus seinem eigenen → BLICKwinkel zu erzählen. Es wird nicht nur Kohlhaas' Geschichte als Ganzes elliptisch, mit zwei Brennpunkten, sondern auch die Episode in Jüterbock. Und so wie die Geschichte der Zigeunerin mit der Geschichte der Pferde sowohl etwas zu tun hat als auch nicht, sind sich die beiden Versionen der Episode in Jüterbock sowohl ähnlich als auch nicht.

Dem Kurfürsten gewährt der Erzähler schon 110 Zeilen, um seine Geschichte wiederzugeben (II. 90–93). Auch er macht eine genau Zeitangabe: Der → FALL ereignet sich am → DRITTEN Tag nach seiner Begegnung mit dem Kurfürsten von Brandenburg. Das heisst: 1. *entweder am ersten Tag von Kohlhaas' Feldzug* (wenn wir dem Erzähler Glauben schenken) 2. *oder am Tag nach der Beerdigung.* Also *treffen sich* die beiden Kurfürsten *entweder am Tag des Ultimatums* (1) oder *zwei Tage davor* (2), als Elisabeth noch am Leben ist. Wie auch immer, gewiss ist, dass Kohlhaas *unmöglich* am Marktplatz von Jüterbock sein konnte. Denn ob es am Tag nach der Beerdigung zur Prophezeiung kommt oder am zweiten Tag danach, Kohlhaas überfällt an dem *Abend,* an dem die angebliche Begegnung mit der Zigeunerin stattfindet, gerade die Tronkenburg in Sachsen. Denn zur Prophezeiung kommt es, wie Kohlhaas erzählt, gegen Abend. Dem widerspricht der Bericht des sächsischen Kurfürsten: Er verweist ausdrücklich darauf, dass die Zigeunerin ihre Hand vor der Sonne geschützt hat (II. 92).

Was fehlt aus Kohlhaas' Bericht? Der Rehbock, der die Wahrheit der Prophezeiung verbürgt – ohne ihn bleibt die Zigeunerin in der Tat eine »wunderliche« Frau (II. 82). Es fehlt auch das, worauf sich die Prophezeiung bezieht: Kohlhaas weiß *nicht,* was auf dem Zettel steht, und weiß somit auch nicht, wie er sich damit das Leben retten kann. Auch weiß er nicht, dass der Kurfürst nach seinem Bericht in → OHNMACHT fällt und mit → FIEBER erkrankt. Er ahnt also nicht, welche Möglichkeit er in seiner Hand hat (um seinen Hals trägt). Bevor sie Kohlhaas zur Rede stellen, verbirgt Heloise die Kette am Hals des Kurfürsten; wodurch Kohlhaas' »Halskette« später erst recht zu funkeln scheint. Diese Halskette könnte ihn davor bewahren, dass sein Kopf später von seinem Hals abgetrennt wird. Der Erzähler jedoch schweigt – das heißt, er klärt seine Figur nicht auf, obwohl er sie (als Miterzähler oder – mit Gérard Genettes Ausdruck – als *intradiegetische* Figur) so in die Geschichte miteinbezieht, als wäre sie gleichwertig mit ihm. Andererseits weiß Kohlhaas, was der Kurfürst nicht weiß: dass ihn die Zigeunerin beim Namen nennt und sie somit durch geheime, aber überaus enge Bande miteinander verbunden sind. Kohlhaas kommt der → FALL seltsam und → UNBEGREIFLICH vor; er durchschaut nicht die Zusammenhänge des Ganzen. Er kann sie ebenso wenig mit seinem praktischen Problem (die Wiederbeschaffung der Pferde) in Einklang bringen, wie man das Jenseits mit der irdischen Welt vereinbaren kann.

Welches Mehr beinhaltet der Bericht des Kurfürsten? Vor allem die Geschichte des Rehbocks. Er teilt auch mit, dass Kohlhaas auf seinem Kopf einen Federhut trägt (als er seine eigene Version erzählt, hat Kohlhaas eine lederne Mütze an – am Ende der Erzählung, am Richtplatz stehend, trägt wiederum der Kurfürst einen Federhut). Und er deutet wiederholt an, dass zwischen ihm und dem Kurfürsten von Brandenburg Spannungen bestehen, die durch die unterschiedlichen Prophezeiungen nur vertieft werden. Daraus lässt sich – rückwirkend – schließen, dass die Begegnung der beiden von vornherein *politischer* Natur sein muss (sie verweilen dort, so Kohlhaas, »um einer Verhandlung willen, die mir unbekannt ist«, II. 82). Kohlhaas' *persönliche* Tragödie und sein *politisch* gearteter Feldzug sind genauso gegenseitig bedingt, wie die *politisch geartete* Beratung der Kurfürsten auf dem Jahrmarkt von Jüterbock durch eine *persönlich gefärbte* Episode ergänzt wird. Und so wie sich Kohlhaas unter dem Eindruck der persönlichen Tragödie (des Todes seiner Frau) für den politischen Schritt entscheidet, stürzt sich auch der sächsische Kurfürst seiner persönlichen Angelegenheit (der Prophezeiung) wegen von Neuem in das politische Leben.

Kohlhaas trägt seine Geschichte bis zum Schluss arglos vor. Der Kurfürst hingegen ist voller unheilvoller Ahnungen. Und die Zigeunerin, die wieder in Erscheinung tritt (wo kommt sie eigentlich her? Etwa aus dem Vorspiel zu Schillers *Die Jungfrau von Orleans*), verknüpft die Geschicke beider Männer miteinander. (Und wohin verschwindet sie? Wird sie etwa zur Titelfigur von *Das Bettelweib von Locarno?*) Sie ist eine seltsame, → UNBEGREIFLICHE Gestalt: Denjenigen, den sie retten könnte, lässt sie in sein Verderben rennen, denjenigen, dessen Ende sie voraussagt, lässt sie am Leben. Warum wohl? Warum mischt sie sich nicht ein? Wenn sie jedoch so »passiv« ist, warum räumt ihr der Erzähler in der Handlung so viel Platz ein? Zudem zeigt der Erzähler, obwohl er die Begebenheit gleich zweimal schildern lässt, keinerlei Neigung, dem Leser den Inhalt der Prophezeiung mitzuteilen. Gewiss, weil er selbst nicht weiß, was sie beinhaltet. Wie er auch nicht weiß, ob sie wahr ist oder nicht – schließlich wird der Rehbock als Beweis nur in einem der beiden Berichte erwähnt. Der Wahrheitsgehalt der Prophezeiung ist also zumindest fragwürdig. Hinzu kommt der unbestimmbare Zeitpunkt von Kohlhaas' Feldzug. An welchem Tag bricht er auf? Der Erzähler bringt die Zeitangaben durcheinander, sodass sich die »Wahrheit« schließlich nicht mehr ermitteln lässt. Die »Fabel« des Kurfürsten stimmt mit Kohlhaas' Fabel sowohl überein als auch nicht: Es ist, als erzählte er nicht die »Wahrheit«, sondern wiederholte von Neuem Kohlhaas' Geschichte, sie dabei ausmalend, verzerrend. Statt der Reihenfolge der Ereignisse lernt der Leser die Hindernisse kennen, die sich bei der Erzählung einer Geschichte ergeben.

Doch zu dem Zeitpunkt ist nicht nur Kohlhaas' und des Kurfürsten Glaubwürdigkeit zweifelhaft geworden, sondern auch die des Erzählers. Er → SCHEINT die Wahrheit genauso wenig zu kennen wie Kohlhaas und der Kurfürst. Doch während sich deren Unwissenheit auf die Prophezeiung bezieht, bezieht sich die des Erzählers auf die Unerforschlichkeit des Schicksals. Um sich zu verschleiern, lässt der Erzähler anstelle von sich selbst zwei Figuren auftreten. Innerhalb der *Fabel* lässt er zwei voneinander abweichende *Fabeln* aufeinanderprallen, damit die *Wahrheit* ans Tageslicht tritt. Doch das, wovon beide Fabeln handeln (die Zigeunerin, der Jahrmarkt, die Prophezeiung, die Kapsel usw.), weicht auffallend davon ab, was beide Fabeln – als Geschichten innerhalb der Geschichte – bedeuten. Der Erzähler möchte seinen Lesern, gemäß der Tradition der realistischen Epik, die *Wahrheit* bewusst machen. Doch er ist ratlos, wie er dabei vorgehen soll. Und deshalb ruft er, statt aus der Handlung »herauszutreten« und als allwissender Erzähler mitzuteilen, was seine Figuren nicht wissen (oder eben nicht beachten), diese selbst zur Hilfe. Dass sich die Perspektive des Erzählers mit den anderweitig ausgerichteten Perspektiven der Figuren (die außerdem auch in sich verschieden sind) vermischt, ruft in Erinnerung, dass in dieser Geschichte, deren höchster Einsatz die *Wahrheit* ist, gerade die Wahrheit von niemandem für sich beansprucht werden kann. Kohlhaas erwirkt zwar seine Wahrheit im *rechtlichen* Sinn, doch dabei beginnt unbemerkt die *epische* Wahrheit zu zerbröckeln. In den Augen Kohlhaas' und des Erzählers ist der sächsische Kurfürst ein Fantast. In den Augen des Kurfürsten und des Erzählers ringt Kohlhaas mit inneren Widersprüchen. In den Augen Kohlhaas' und des Kurfürsten ist der Erzähler ein unzuverlässiger Berichterstatter, der seine eigenen Figuren Lügen straft. Die radikale Trennung der Perspektiven erweist sich als die einzige greifbare Wahrheit. Und statt alle Fäden in der Hand zu halten, erweckt der Erzähler, der für das alles verantwortlich ist, eher den Eindruck, als spähte er durch ein → SCHLÜSSELLOCH, um dem Leser anschließend *nicht* mitzuteilen, was er gesehen hat. Die Episode mit der Zigeunerin: ein → SCHLÜSSELLOCH im Text, zu dem gerade jener Schlüssel fehlt, der das Schloss öffnen und das Rätsel lösen könnte.

Das ist die unauslotbare Bewertung der Ereignisse auf dem Jahrmarkt von Jüterbock; hinzu kommt die diesmal auffällige Verschwiegenheit des Erzählers, die ihrerseits eine Art (verdächtige) Meinung nahezulegen → SCHEINT – doch beweist das nicht schillernder als alles andere »die gebrechliche Einrichtung der Welt« (II. 15), über die sich Kohlhaas schon lange *vor* der Geschichte mit den Pferden im Klaren ist?

Das Schicksal des Marchese, der Hauptfigur von *Das Bettelweib von Locarno,* wird dadurch besiegelt, dass er *zufällig* das Zimmer betritt, in dem für die kranke, alte Frau Stroh auf dem Boden ausgelegt wurde. → UNWILLIG befiehlt er ihr, sich hinter den Ofen zu verziehen – und damit nimmt die Handlung ihren Anfang, die über den Tod der Alten zum Tod des Marchese und zum völligen Untergang des Schlosses führt.

Ein Zufall. Wie jenes Eselsgeschrei, das Ulrikes und Heinrichs Pferde bei ihrer Fahrt nach Paris erschreckt: Der Wagen kippt in den Graben, sie stürzen heraus und verlieren um ein Haar ihr Leben.

»Und an einem Eselsgeschrei hing ein Menschenleben? Und wenn es nun in dieser Minute geschlossen gewesen wäre, *darum* also hätte ich gelebt? Darum? *Das* hätte der Himmel mit diesem dunkeln, rätselhaften irdischen Leben gewollt, und weiter nichts?« (18.Juli 1801 – II 666)

Sollte alles von einem Zufall abhängen? Anscheinend. Doch warum hält es der Erzähler für einen *Zufall,* dass der Marchese das Zimmer betritt? Teilt er doch im gleichen Satz mit, dass jener sein Gewehr in dem Zimmer abzusetzen *pflegt* – und er gerade von der Jagd heimgekehrt ist. Eher könnte man es einen Zufall nennen, dass das Stroh für die Alte gerade dort ausgelegt wurde (Strelka, 125). Und dennoch nennt der Erzähler unmissverständlich den Eintritt des Marchese einen Zufall. Die *Gewohnheit* führt den Schlossherren in das Zimmer. Wenn hier also etwas zufällig ist, dann nicht sein Eintreten, sondern dass ihm die Gewohnheit, die Gesetzmäßigkeit ein unerwartetes Ereignis bereithält. Die Gewohnheit beginnt sich mit Ungewohntem aufzuladen. Der Zufall lässt sich im Innersten der Gewohnheit, der Ordnung, der

»Und eben begann der häßlichste Mensch zu gurgeln und zu schnauben, wie als ob etwas Unaussprechliches aus ihm heraus wolle; als er es aber wirklich bis zu Worten gebracht hatte, siehe, da war es eine fromme seltsame Litanei zur Lobpreisung des angebeteten und angeräucherten

Notwendigkeit nieder. So wie sich auch das Bettelweib irgendwo niederlassen wollte. Sie ist in Wirklichkeit der Zufall: die Verkörperung des Unerwarteten, das rasch zu einem Schicksal und dann zu einem unabwendbaren Verhängnis anschwillt. Von dessen Nahen kündet der Zufall. Es hat etwas Notwendiges an sich. Das sich am Ende der Erzählung vollendende Schicksal, der Tod des Marchese und das Niederbrennen des Schlosses, bezeugt es: Die Kette der Ereignisse → SCHEINT unaufhaltsam zu sein. Der Zufall (die Alte) drückt seinen Stempel auf alles, was provisorisch ist: Am Anfang der Erzählung brechen die Knochen der Alten – und am Ende bleiben von der → WELT, die sie betritt, nur Knochen übrig. Die weißen Gebeine des toten Marchese. Alles, was dazwischen liegt – das Schloss, die Pläne, die Bemühungen, das Wachen und selbst das Leben des Marchese –, zerrinnt in nichts. Alles wird durch die Knochen eingeklammert. Das Leben wird durch den Tod eingeklammert, die Wirklichkeit wird dem Zufall ausgeliefert.

Der Zufall: *Anfang* und *Ursprung* von allem – die Erbsünde. Und doch eignet er sich wegen seiner Unberechenbarkeit nicht, in irgendeine Kette von *Ursache und Wirkung* eingefügt zu werden. Die Erbsünde, die zugleich auch das Weltgericht ist. Anfang wie auch Ende, Ursache wie auch Wirkung. Ein Ausdruck der durcheinandergeratenen Ordnung der Welt – doch so, dass die Welt gerade durch dieses Durcheinander geordnet wird. Der Zufall: Er enthüllt, indem er als → TUCH alles verhüllt, was selbstverständlich und durchsichtig zu sein → SCHEINT. Er »wirkt« wie Veronikas → TUCH: Das Negativ und das Positiv legen

Esels.« (Nietzsche, *Also sprach Zarathustra,* in: Nietzsche, IV. 388)

sich untrennbar und doch gut unterscheidbar übereinander. Das Bettelweib ist die Vorderseite des → TUCHES (Schleiers), der Marchese seine Rückseite. Zwei *Tote* sind vonnöten, damit das → TUCH, der Text und das Gewebe der Geschichte, zum *Leben* erwacht.

Die Notwendigkeit erzeugt den Zufall, der wiederum zur Quelle einer neuen Notwendigkeit wird. In *Das Erdbeben in Chili* kann Jeronimo durch einen »glücklichen Zufall« (II. 144) wieder Verbindung mit Josephe aufnehmen, mit der ihm jeder Kontakt verboten wurde. Dieser Zufall setzt eine Kette von Ereignissen in Bewegung, deren jedes Glied wie ein Zufall anmutet, die jedoch im Ganzen notwendig ist. Der Zufall wird Jeronimo zum Verhängnis. Seine Geliebte wird zum Tode verurteilt und er selbst ins Gefängnis geworfen, wo er seinem Leben ein Ende setzen will. Da eilt ihm ein neuer Zufall zu Hilfe: Er findet im Gefängnis einen Strick, »den ihm der Zufall gelassen hatte« (II. 145).

In *Die Verlobung in St. Domingo* fesselt Toni Gustav mit einem Strick, »welcher, der Himmel weiß durch welchen Zufall, an dem Riegel der Wand hing« (II. 185).

Und auch der nächste Zufall erweist sich als → GlücksFALL: nämlich das Erdbeben, infolge dessen ein Großteil der Stadt versinkt. »Versank« – die Stadt stürzt in die Tiefe, fällt hinab. In einem → AUGENBLICK verwandelt sich die Welt um Jeronimo in einen gewaltigen → *FALL:* Alles wird zu *einem einzigen* Fall. Auch das Gefängnisgebäude, das, würde es einstürzen, Jeronimo erschlüge. Doch gerade die → *FÄLLE* verhindern, indem sie einander stützen, den Einsturz: »[D]er ganze Bau neigte sich, nach der Straße zu einzustürzen, und nur der, seinem langsamen Fall begegnende, Fall des gegenüberstehenden Gebäudes verhinderte, durch eine zufällige Wölbung, die gänzliche Zubodenstreckung desselben« (II. 146).

Der Zufall ist die *Folge* der → FÄLLE. Aber nicht nur das: Der Zufall *richtet sich* – als heil gebliebene Mauer, Wölbung – *auf* und verhindert gerade den Einsturz (→ FALL). Wie in *Das Bettelweib von Locarno* erzeugt auch hier die Notwendigkeit den Zufall, der sie selbst widerlegt und der wiederum eine neue Kette von Notwendigkeiten einleitet. Der Zufall ergibt sich bei Kleist nicht aus einem *Mangel* an Regeln oder ihrem → *ZER-FALL* (diesen Standpunkt vertritt Werner Hamacher, in: Wellenberg, 154), sondern im Gegenteil: Er bestätigt die Regeln und Notwendigkeiten – allerdings erst *im Nachhinein,* nach den Katastrophen. Deshalb spielt der Zufall eine so herausragende Rolle. In *Der Findling* zum Beispiel zieht Nicolo zufällig das Kostüm an, in dem ihn Elvire als Colino erkennt (II. 204), erblickt Piachi zufällig Xavieras Zofe (II. 205), ergeben die Würfel zufällig Colinos Namen – so zufällig, dass Nicolo sich nicht nur wundert, »wie er noch in seinem Leben nicht getan«, sondern diese Übereinstimmung »schien ihm mehr als ein bloßer Zufall« (II. 210). Lauter Zufälle. Doch Kleist macht so konsequent von ihnen Gebrauch, ihm geht so sehr jede Art »ästhetisierenden« Genusses ab, er vermeidet so sehr jede »Romantisierung«, dass die Zufälle in *Der Findling,* wie schon in *Die Familie Schroffenstein,* zu Manifestationen des Verhängnisses werden. Aus den Zufällen errichtet Kleist eine Festung, die gerade seine »allein gebliebenen«, nirgendhin passenden Figuren vor den Zufällen schützt.

Aus der Gebrechlichkeit, der Hinfälligkeit Kraft zu schöpfen und sich dem Zu-

»Aber diese Unempfindlichkeit gegen das Wesen und den Kern der Poesie, bei der, bis zur Krankheit, ausgebildeten Reizbarkeit für das Zufällige und die Form, klebt deinem Gemüt überhaupt, meine ich, von der Schule an, aus welcher du stammst.« (*Brief eines Dichters an einen anderen,* II. 348) Gemeint ist die mit Friedrich Schlegels Namen versehene romantische Richtung.

fall zu überlassen: Das erscheint Kleist im Lauf seiner sogenannten → KANT-KRISE der einzig mögliche Ausweg aus der Ratlosigkeit, die nach dem Zerrinnen der sogenannten höchsten Wahrheiten über ihn Herr geworden war. In dem im Frühjahr 1799 entstandenen Aufsatz über das *Glück* vertritt er, unter dem Einfluss der rationalistischen, teleologischen Tradition, noch die Meinung, dass Glück und Zufall miteinander unvereinbar sind (II. 302): Der Mensch muss, um sich ein sicheres Fundament zu verschaffen, alles Zufällige aus seinem Leben verbannen. Indem er die ganze Kette von Ursachen und Wirkungen kennenlernt, verschafft er sich auch unausgesprochen göttliche Fähigkeiten: »[W]ir durchschauen dann die Geheimnisse der physischen wie der moralischen Welt«, schreibt er vertrauensvoll (II. 310).

»Was der Reiseplan dem Reisenden ist, das ist der Lebensplan dem Menschen. Ohne Reiseplan sich auf die Reise begeben, heißt erwarten, daß der Zufall uns an das Ziel führe, das wir selbst nicht kennen.« (Mai 1799, H-490)

Kleist beharrt augenscheinlich auf diesem keinesfalls originellen Gedanken (zu dessen Tradition vgl.: Weidmann, 58). Auf die *völlige Durchschaubarkeit* der Existenz → VERTRAUEND, hofft er, sich von den in ihm tobenden → UNVERSTÄNDLICHKEITEN befreien zu können – von all der Furcht und Angst, die ihn, wie seine Briefe bezeugen, schon damals quälen. Von der Logik erhofft er sich Heilung – und glaubt in der restlos rationellen Erklärung eine Therapie gefunden zu haben.

Er setzt seine ganze Hoffnung auf die *totale Notwendigkeit* – und dies zeugt bei ihm weniger von der Vertrautheit mit der aufklärerischen, teleologischen Tradition des 18. Jahrhunderts (die er nur unsystematisch, oberflächlich und aus zweiter Hand kannte), als davon, dass er deshalb so beharrlich an diese Tradition festhält, weil er

Schiller, der 1795 in seinem vierten Brief über die ästhetische Erziehung über die Übereinstimmung zwischen der physischen und der moralischen Notwendigkeit schreibt, beurteilt deren Unmöglichkeit wesentlich realistischer: Sie kann sich ausschließlich in einem absoluten Wesen verwirklichen,

auf diese Weise von sich selbst befreit zu werden hofft. Ein »Spiel des Zufalls, eine Puppe des Schicksals« zu sein: Davor fürchtet er sich am meisten (II. 490). Der stereotype Wortgebrauch seiner frühen Briefe entspricht offensichtlich nicht den ihn quälenden Zweifeln: *Er möchte da vor allem seine innere Stimme nicht vernehmen.* Doch seine → KANT-KRISE (Anfang) muss gar nicht erst ausbrechen, damit er schon im Herbst zu der Einsicht kommt: Selbst wenn es eine universelle Notwendigkeit gäbe, gäbe es darin keinen Platz für ihn. »Tausend Bande knüpfen die Menschen aneinander, gleiche Meinungen, gleiches Interesse, gleiche Wünsche, Hoffnungen und Aussichten; – alle diese Bande knüpfen mich nicht an sie, und dieses mag ein Hauptgrund sein, warum wir uns nicht verstehen […] und ich werde mich dazu bequemen müssen, es [mein Interesse] tief in das Innerste meines Herzens zu verschließen« (II. 496).

Hier gewinnt für Kleist die Frage nach dem Zufall existenzielle Tiefe. Er sieht vor allem sich selbst als einen Zufall, der sich mit den vorhandenen Notwendigkeiten nicht in Einklang bringen lässt. Anders gefragt: Warum kann er nicht glücklich und ausgeglichen sein, wenn es doch (anscheinend) alle anderen sind? Der Zufall (seine eigene, einmalige und doch unumgängliche Persönlichkeit) wird für ihn unentrinnbar – ohne dass ihm das Freude oder (ästhetischen) Genuss bereitete. Im Gegensatz zu den Jenaern Romantikern – oder etwa zu Baudelaire – will er vor allem das beseitigen, was er als charakteristischste Manifestation der Existenz sieht. Das Durchleben dieser → PARADOXIE lässt ihn zu einem Schriftsteller heranreifen. Der

wohingegen »die Bestimmungen des menschlichen Willens immer zufällig bleiben, und […] nur bei dem absoluten Wesen die physische Notwendigkeit mit der moralischen zusammenfällt.« (Schiller, 1980, 336) Obwohl er zugibt, dass »jeder individuelle Mensch […] trägt, der Anlage und Bestimmung nach, einen reinen idealischen Menschen in sich« (367), gesteht Schiller in der prosaisch gewordenen Welt nur den absoluten Wesen (→ GÖTTERN) das Recht auf restlose Vereinigung zu – wobei der junge Kleist *in jedem* einen potenziellen Gott sieht. Diese Haltung legt er auch als Schriftsteller nicht ab – und deshalb setzt er auch seine sich als → GÖTTER gebärdende Figuren dem ins Göttliche (Unendliche) gesteigerten Zufall aus.

grenzenlos zerbrechliche Zufall wird zum festen Bindemittel seiner Werke. Seine Helden sind allesamt zufällige Persönlichkeiten: Sie lassen sich weder mit der Welt noch mit der göttlichen Ordnung – noch mit sich selbst – in Einklang bringen. Dennoch erwecken sie den Eindruck fester, unerschütterlicher Wesen: Sie rücken von ihrer einmal eingenommenen Position nicht mehr ab, auch wenn es oft den Eindruck hat, als hätten sie in das bloße Nichts Wurzeln geschlagen. Sie versuchen, das ganze Sein ihrer als zufällig erlebten Existenz anzupassen, bis sich später alles zu einem einzigen – tödlichen – Zufall verdichtet. »Es traf sich, daß …«, heißt es wiederholt. Damit von etwas behauptet werden kann: es sei ein Zufall, muss es sich zuerst ereignen – es muss zufallen. Es muss zu einem → FALL werden, um ein Zufall sein zu können – seine Zufälligkeit verdankt es dieser unausweichlichen Notwendigkeit. Kleist wendet diesen »Fall« so radikal an, dass die Zufälle in seinen Werken von vornherein wie *notwendige* → *FÄLLE* auftreten. Während der Zufall *einzigartig* und *individuell* ist, entlarvt er die »Fall-Struktur« der Welt. Bei Kleist ist die Welt *als Ganzes* ein gewaltiger → *FALL, einzigartig und zufällig.* Deshalb erweckt er in allen seinen Werken den Eindruck, als offenbarte sich durch ihn das Verhängnis selbst: Die Geschichte Nicolos, Kohlhaas' oder der Marquise von O…. schreitet von *Zufall* zu *Zufall* voran, obwohl vom ersten → AUGENBLICK an klar ist, dass sich die Handlung *so und nur so* entwickeln kann. Kleists Zufälle und die zufälligen Abenteuer seiner Figuren wirken deshalb schicksalhaft, weil der Zufall nicht einzigartig und außergewöhnlich bleibt,

Novalis, der zugibt, dass der Zufall eine

sondern durch ihn und in ihm die Struktur der → WELT aufgedeckt wird. Die Zufälle reißen den Menschen in Kleists Werk aus dem Zusammenhang, doch gerade das belegt ihre Sehnsucht nach dem Zusammenhang. Indem sie die Notwendigkeit verneinen, bestätigen sie sie. Nach einer Reihe bodenloser Notwendigkeiten fällt Licht auf die Düsternis und Gebrechlichkeit der Welt – deren notwendigen und unerlässlichen Zeugnisse sind die Zufälle. Wie der Aufsatz *Über die allmähliche Verfertigung der Gedanken beim Reden* zeigt: Die sinnvollsten Gedanken entspringen einem unerwarteten, durch nichts begründeten → *Ein*FALL (vgl. Wellbery, 247). Am vernünftigsten ist gerade das, was am wenigsten vernünftig zu sein → SCHEINT. Der Zufall bei Kleist: die Entfesselung des am Grund der Welt lauernden Wahnsinns. Doch nicht, damit die Welt am Wahnsinn zugrunde geht, sondern damit sie endlich von ihren Verdrängungen, die die Maske der Notwendigkeit aufgesetzt haben, geheilt wird. Erst durch die Einwirkung der zerbrechlichen Zufälle gewinnt die hinfällige und zerbrechliche Welt wirklich an Kraft.

Die Welt in Kleists Werk ist ein einziger gewaltiger Zufall. Deshalb erscheint sie zerbrechlich und gebrechlich. Sie ist wie das von Kleist in Würzburg erblickte und in *Penthesilea* beschriebene → GEWÖLBE: Das *Ganze* steht nur deshalb, weil jeder *einzelne* Stein einstürzen möchte. Erst nachdem ihre Zerbrechlichkeit, Hinfälligkeit und Zufälligkeit ins Extrem gesteigert werden, gewinnt die Welt in Kleists Werken an Kraft. Doch die → *PARADOXE* Natur des → GEWÖLBES ruft auch in Erinnerung, dass der Zufall die Notwendigkeit nicht nur be-

Art Mysterium ist, ordnet ihn letztendlich dennoch → GOTT unter (»Alles was wir Zufall nennen ist von Gott«). Kleists radikale Deutung des Zufalls steht der späteren »Pataphysik« Alfred Jarrys näher, für den die Welt nicht nur vom Zusammenspiel von Ursache und Wirkung regiert wird – oder der Sicht der späteren Dadaisten, etwa von Hans Arp: »Das Gesetz des Zufalls, das alle Gesetze in sich begreift und uns unfaßlich ist wie der Urgrund, aus dem das Leben steigt, kann nur unter völliger Hingabe an das Unbewußte erlebt werden. Ich behaupte, wer dieses Gesetz befolgt, erschafft sein Leben.« (Zitiert nach Richter, 56) Die durch den Zufall entstehende Sammlung lässt sich jedoch nicht vom totalen → ZERFALL unterscheiden: »Der Dadaist vertraut mehr der Aufrichtigkeit von Ereignissen als dem Witz von Personen. Personen sind bei ihm billig zu haben, die eigne Person nicht ausgenommen. Er glaubt nicht mehr an die Erfassung der Dinge

zeugt, sondern sie auch verneint. Bei Kleist geht der Zufall weder eine dialektische Einheit mit der Notwendigkeit ein, noch »verselbstständigt« er sich, noch wird er zur pyrotechnischen Manifestation eines absurden Universums. In Kleists Werk *zerfällt* die Welt *nicht, allerdings kann sie auch nicht eins sein.* So wird der Zufall zum unerlässlichen (notwendigen) Beweis dafür, dass die Welt nicht notwendig ist. Und das bedeutet, dass die Welt (als alles überspannendes → GEWÖLBE) deshalb steht, weil jedes ihrer Elemente zufällig ist. Das Schicksal von Kleists Figuren zeigt, dass die Welt für sie umso *fester* ist, je mehr sie ihre Zerbrechlichkeit und Hinfälligkeit durchleben (durchleiden). Erst dadurch kann ihnen die unendlich gesteigerte Zufälligkeit als unabänderliche Notwendigkeit erscheinen.

aus *einem* Punkte, und ist doch noch immer dergestalt von der Verbundenheit aller Wesen, von der Gesamthaftigkeit überzeugt, dass er bis zur Selbstauflösung an den Dissonanzen leidet.« (Arp, 92)

LITERATUR

I. Ausgaben und Primärliteratur

Sämtliche Werke und Briefe I-II. Hrsg. Helmut Sembdner, München 1952. (1993, 9. Ausgabe) (Bei Zitaten aus dem ersten Band gebe ich die Seitenzahl, bei den Dramen die Zeile an.)

Sämtliche Werke und Briefe, 1–4. Hrsg. Ilse-Marie Barth, Klaus Müller-Salget, Hinrich C. Seeba, Frankfurt/M. 1987–1998.

Wörterbuch zu Heinrich von Kleist. Sämtliche Dramen und Dramenvarianten, bearbeitet von Helmut Schanze, Nendeln 1978.

Wörterbuch zu Heinrich von Kleist. Sämtliche Erzählungen, Anekdoten und kleine Schriften, 2., völlig neu bearbeitete Auflage von Helmut Schanze, Tübingen 1989.

Heinrich von Kleists Lebensspuren (LS). Hrsg. Helmut Sembdner, München 1996.

Heinrich von Kleists Nachruhm (NR). Hrsg. Helmut Sembdner, München 1996.

Folgende Bände aus *Erläuterungen und Dokumente* (Stuttgart): *Der zerbrochne Krug* (Hrsg. Helmut Sembdner, 1983), *Amphitryon* (Hrsg. Helmut Bachmeier und Thomas Horst, 1992), *Penthesilea* (Hrsg. Hedwig Appel und Maximilian Nutz, 1992), *Das Käthchen von Heilbronn* (Hrsg. Dirk Grathoff, 1994), *Prinz Friedrich von Homburg* (Hrsg. Fritz Hackert, 1994).

II. Sekundärliteratur

Beda Allemann, »Sinn und Unsinn von Kleists Gespräch ›Über das Marionettentheater‹«, in: *Kleist-Jahrbuch 1981/82,* S. 50–65.

Hans Arp, *Die Flucht aus dieser Zeit,* Luzern 1946.

Antonin Artaud, *L'Ombilic des Limbes,* in: *Oeuvres Complètes I.,* Paris 1976.

Ders., *Der Nabel des Niemandslandes,* in: *Frühe Schriften,* München 1983.

Ders., *A könyörtelen sztnhaz,* Budapest 1985.

Ders., *Das Theater und sein Double,* München 1996.

Bacsô Béla, »›Denn nicht wir wissen …‹. Das Problem der Sprache bei Heinrich von Kleist«, in: *Die Unvermeidbarkeit des Irrtums. Essays zur Hermeneutik,* Cuxhaven – Dartford 1997, S. 79–85.

Bârczi Géza, »A finnugor szókezdô *p különféle magyar megfeleléseihez«, in: *Magyar Nyelv LVI* (1960), S. 240–2.

Roland Barthes, »Die alte Rhetorik«, in: *Das semiologische Abenteuer,* Frankfurt/M. 1988.

Ders., »De l'oeuvre au texte«, in: *Oeuvres complètes II.* (ed. Eric Marty), Paris 1994, S. 1211–17.

Ders., *S/Z,* Frankfurt/M. 1976.

Georges Bataille, *Die Literatur und das Böse,* München 1987.

Johannes Bathe, *Die Bewegungen und Haltungen des menschlichen Körpers in Heinrich von Kleists Erzählungen,* Tübingen 1917.

Gottfried Benn, *Prosa und Autobiographie in der Fassung der Erstdrucke,* Frankfurt/M. 1984.

Anke Bennholdt-Thomsen, »Die Tradierung einer unbewiesenen Behauptung in der Kleist-Forschung«, in: *Euphorion LXXVI* (1982), S. 169–173.

Klaus Birkenhauer, *Kleist,* Tübingen 1977.

Günter Blöcker, *Heinrich von Kleist, oder Das absolute Ich,* Frankfurt/M. 1983.

Hans Blumenberg, *Paradigmen zu einer Metaphorologie,* in: *Archiv für Begriffsgeschichte,* Band 6, Bonn 1960.

Paul Böckmann, »Kleists Aufsatz über das Marionettentheater«, in: *Euphorion XXVIII* (1927), S. 218–253.

Gottfried Boehm, »Die Wiederkehr der Bilder«, in: Boehm (Hrsg.), *Was ist ein Bild?,* München 1994.

Karl Heinz Bohrer, »Augenblicksemphase und Selbstmord. Zum Plötzlichkeitsmotiv Heinrich v. Kleists«, in: *Plötzlichkeit. Zum Augenblick des ästhetischen Scheins,* Frankfurt/M. 1981, S. 161–179.

Ders., *Der romantische Brief. Die Entstehung ästhetischer Subjektivität,* München 1987.

Richard Boothby, *Death and Desire. Psychoanalytic Theory in Lacan's Return to Freud,* Routledge, New York – London 1991.

Friedrich Braig, *Heinrich von Kleist,* München 1925.

Hans-Horst Brügge, *Die Briefe Heinrich von Kleists,* Zürich 1946.

Alan Bullock, *Hitler und Stalin. Parallele Leben,* Berlin 1991.

Edmund Burke, *Über die französische Revolution. Betrachtungen und Abhandlungen* (Hrsg. Hermann Klenner), Berlin 1991.

Rolf Busch, *Imperialistische und faschistische Kleist-Rezeption, 1890–1945. Eine ideologiekritische Untersuchung,* Frankfurt/M. 1974.

Mathieu Carrière, *Für eine Literatur des Krieges. Kleist,* Basel – Frankfurt/M. 1981.

Ernst Cassirer, *Heinrich von Kleist und die Kantische Philosophie,* Berlin 1919.

Jean Cohen, »Alakzatelmélet«, in: *Az irodalom elméletei I.,* Pécs 1996, S. 171–215.

Dorrit Cohn, »Kleists ›Marquise von O....‹: The Problem of Knowledge«, in: *Monatshefte LXVII* (1975), S. 129–144.

Samuel Taylor Coleridge, *Lectures on Shakespeare and Milton,* in: *Shakespearean Criticism,* London 1967.

Jeffrey Cox, »The Parasite and the Puppet. Diderot's ›Neveu‹ and Kleist's ›Marionettentheater‹«, in: *Comparative Literature XXXVIII* (1988), S. 256–269.
Hermann Davidts, *Die novellistische Kunst Heinrich von Kleists,* Berlin 1913.
Paul de Man, *The Rhetoric of Romanticism,* New York 1984.
Ders., *Blindness and Insight. Essays in the Rhetoric of Contemporary Criticism,* London 1993.
Jacques Derrida, *Grammatologie,* Frankfurt/M. 1974.
Ders., »Sporen. Die Stile Nietzsches«, in: *Nietzsche aus Frankreich* (Hrsg. Werner Hamacher), Frankfurt/M. 1986, S. 129–168.
Ders., »Die weiße Mythologie. Die Metapher im philosophischen Text«, in: *Rundgänge der Philosophie* (Hrsg. Peter Engelmann), Wien 1988, S. 205–258.
Peter Dettmering, »Die Psychodynamik in Heinrich von Kleists ›Michael Kohlhaas‹«, in: *Psyche XXIX* (1975), S. 154–170.
Denis Diderot, *Erzählungen und Gespräche,* Leipzig 1953.
Georges Didi-Huberman, *Erfindung der Hysterie,* München 1997.
John Martin Ellis, *Heinrich von Kleist. Studies in Character and Meaning of his Writings,* Chapel Hill 1979.
Dietrich von Engelhardt, »Der Bildungsbegriff in der Naturwissenschaft des 19. Jahrhunderts«, in: *Bildungsbürgertum im 19. Jahrhundert* (Hrsg. Reinhart Koselleck), Stuttgart 1990, S. 106–116.
Ders., »Romantische Mediziner«, in: *Klassiker der Medizin. Zweiter Teil* (Hrsg. D. v. Engelhardt und Fritz Hartmann), München 1991, S. 95–118.
Emil Ermatinger, *Das dichterische Kunstwerk,* Leipzig – Berlin 1921.
Ottokar Fischer, »Mimische Studien zu Heinrich von Kleist«, in: *Euphorion XV* (1908), S. 488–510.
E. M. Forster, *Aspects of the Novel,* London 1970.
Michel Foucault, »Nietzsche, Genealogy, History«, in: *Language, Counter-memory, Practice,* New York 1977, S. 139–164.
Ders., »Theatrum Philosophicum«, in: Deleuze – Foucault, *Der Faden ist gerissen,* Berlin 1977, S. 21–58.
Elizabeth Freund, *The Return of the Reader. Reader-Response Criticism,* London – New York 1987.
Gerhard Fricke, *Gefühl und Schicksal bei Heinrich von Kleist,* Berlin 1929.
Thomas Fries, »The Impossible Object: The Feminine, the Narrative (Laclos' *Liaisons Dangereuses* and Kleists *Marquise von O....*)«, in: *Modern Language Notes CXI* (1976), S. 1296–1326.
Kurt von Fritz, »Tragische Schuld und poetische Gerechtigkeit in der griechischen Tragödie«, in: *Antike und moderne Tragödie,* Berlin 1962.
Hans-Georg Gadamer, »Der Gott des innersten Gefühls«, in: *Kleine Schriften II. Interpretationen,* Tübingen 1967.
Ders., *Wahrheit und Methode,* Tübingen 1975.
Ulrich Gall, *Philosophie bei Heinrich von Kleist,* Bonn 1985.
Helga Gallas, *Das Textbegehren des »Michael Kohlhaas«,* Hamburg 1981.

Pierre Gassier – Juliet Wilson, *Francisco Goya. Leben und Werk,* Frankfurt/M. – Berlin – Wien 1971.
Sander L. Gilman, *Wahnsinn, Text und Kontext,* Frankfurt/M. 1981.
Johann Wolfgang Goethe, »Nachlese zu Aristoteles' ›Poetik‹«, in: *Kunsttheoretische Schriften und Übersetzungen II,* Berliner Ausgabe, Band 18., Berlin 1972.
Ilse Graham, *Heinrich von Kleist. Word into Flesh,* Berlin – New York 1977.
Friedrich Gundolf, *Heinrich von Kleist,* Berlin 1922.
Aron J. Gurevics, *A közepkori ember világkepe,* Budapest 1974.
Georg Wilhelm Friedrich Hegel, *Die Vernunft in der Geschichte,* in: *Sämtliche Werke,* Bd. XVIII A (Hrsg. J. Hoffmeister), Hamburg 1955.
Ders., *Vorlesungen über die Ästhetik I-II,* Stuttgart 1971.
Ders., *Phänomenologie des Geistes,* Frankfurt/M. 1975.
Arthur Henkel, »Erwägungen zur Szene II. 5. in Kleists *Amphitryon*«, in: Müller-Seidel, 1981, S. 200–222.
Thomas Henkelmann, *Zur Geschichte des pathophysiologischen Denkens. John Brown (1735–1788) und sein System der Medizin,* Berlin – Heidelberg – New York 1981.
Wilhelm Herzog, *Heinrich von Kleist. Sein Leben und sein Werk,* München 1911.
Albert Heubi, *Heinrich von Kleists Novelle »Der Findling«,* Zürich 1948.
Hans Heinz Holz, *Macht und Ohnmacht der Sprache. Untersuchungen zum Sprachverständnis und Stil Heinrich von Kleists,* Frankfurt/M. – Bonn 1962.
Heinz Ide, *Der junge Kleist,* Würzburg 1961.
Carol Jacobs, *Uncontainahle Romanticism. Shelley, Bronte, Kleist,* Baltimore – London 1989.
Hans Robert Jauß, »Von Plautus bis Kleist: Amphitryon im dialogischen Prozeß der Arbeit am Mythos«, in: *Kleists Dramen. Neue Interpretationen* (Hrsg. Walter Hinderer), Stuttgart 1981, S. 114–143.
Franz Kafka, *Der Prozeß,* Frankfurt/M. 1986.
Ders., *Erzählungen,* Frankfurt/M. 1986.
Klaus Kanzog, *Edition und Engagement. 130 Jahre Editionsgeschichte der Werke und Briefe Heinrich von Kleists,* Band I: Darstellung, Berlin – New York 1979.
Ders., »Heinrich von Kleist«, in: *Poetik und Geschichte* (Hrsg. Dieter Borchmeyer), Tübingen 1989, S. 349–362.
Wolfgang Kayser, »Kleist als Erzähler«, in: *German Life and Letters, NS VIII* (1954–5), S. 19–29.
Richard Kearney, *Poetics of Imagining. From Husserl to Lyotard,* New York – London 1993.
Alfred Kerr, »Magdeleine G.«, in: *Gesammelte Schriften,* Band V, Berlin 1917, S. 484–486.
Sören Kierkegaard, *Der Begriff Angst,* in: *Gesammelte Werke* 11–12, Düsseldorf 1965.
Friedrich Kittler, *Aufschreibesysteme 1800–1900,* München 1995.

Wolf Kittler, *Die Geburt des Partisanen aus dem Geist der Poesie. Heinrich von Kleist und die Strategie der Befreiungskriege,* Freiburg i. Br. 1987.

Werner Kohlschmidt, *Form und Innerlichkeit,* München 1955.

Heinz Kohut, »Überlegungen zum Narzißmus und zur narzisstischen Wut«, in: *Psyche* XXW (1973), S. 513–554.

Hermann Koller, *Die Mimesis in der Antike,* Bern 1954.

Max Kommerell, »Die Sprache und das Unaussprechliche. Eine Betrachtung über Heinrich von Kleist«, in: *Geist und Buchstabe der Dichtung,* Frankfurt/M. 1940, S. 180–254.

Ders., *Lessing und Aristoteles. Untersuchungen über die Theorie der Tragödie,* Frankfurt/M. 1957.

Richard von Krafft-Ebing, *Psychopathia sexualis,* München 1984.

Hans Joachim Kreutzer, *Die dichterische Entwicklung Heinrich von Kleists,* Berlin 1968.

Dag Krienen, »Revolutionäres gegen Revolution. Reflexionen zu Edmund Burkes ›Betrachtungen‹«, in: *Etappe 11* (1995), S. 59–97.

Erika Kultermann, »Die Bedeutung der Pantomime in den Dramen Heinrich von Kleists«, in: *Maske und Kothurn III* (1957), S. 70–81.

Kunszery Gyula, »Egy elfelejtett magyar käromkodäs«, in: *Filologiai Közlemenyek XVI* (1970), S. 217–219.

Gerhard Kurz, *Metapher, Allegorie, Symbol,* Göttingen 1982.

Robert Labhardt, *Metapher und Geschichte,* Kronberg 1976.

Jacques Lacan, »Das Spiegelstadium als Bildner der Ichfunktion«, in: *Schriften I,* Olten 1973, S. 61–70.

Philippe Lacoue-Labarthe, »Hölderlin szinhaza«, in: *Enigma* 13, Budapest 1997, S. 47–63.

George Lakoff – Mark Johnson, *Metaphors We Live By,* Chicago – London 1980.

Susan Snaider Lanser, *The Narrative Act. Point of View in Prose Fiction,* Princeton, New Jersey, 1981.

Frank Lentricchia, *After the New Criticism,* Chicago, 1980.

Mark Lilla, »A Tale of Two Reactions«, *The NewYork Review of Books,* XLV (1998) Nr. 8, S. 4–7.

Stefan Majetschak, »Vom Sprechen und Hören des Wortes«, in: *Vom Magus im Norden und der Verwegenheit des Geistes. Ein Hamann-Brevier,* München 1988, S. 231–257.

Märton Läszlö, *Az ›igazi‹ szereplö ›igazi‹ törtenete,* Liget 1995/6.

Matthew G. Lewis, *The Monk,* London 1973.

Rolf N. Linn, »Kleists ›Der Findling‹ – The Pitfalls of Terseness«, in: Ugrinsky (Hrsg.), S. 93–100.

Michael Maar, »Verzehrende Liebesraserei. Todestrank aus neuer Quelle: Heinrich von Kleists Einfluß auf Richard Wagner«, in: *Frankfurter Allgemeine Zeitung,* 28. Oktober 1995.

Henry Marx, »Madeleine«, in: *The Drama Review XXII* (1978) Nr. 78, S. 27–31.

Bernd Mattheus – Axel Matthes (Hrsg.), *Ich gestatte mir die Revolte,* München 1985.
Hans Mayer, *Heinrich von Kleist. Der geschichtliche Augenblick,* Pfullingen 1962.
Michael Moering, *Witz und Ironie in der Prosa Heinrich von Kleists,* München 1972.
Erna Moore, »Heinrich von Kleists ›Findling‹: Psychologie des Verhängnisses«, in: *Colloquia Germanica VIII* (1974), S. 275–297.
Adam Müller, *Reden über Beredsamkeit. Die Lehre vom Gegensatz,* in: *Kritische-ästhetische und philosophische Schriften I–II,* Neuwied – Berlin 1967.
Heiner Müller, »Jenseits der Nation«, Berlin 1991.
Walter Müller-Seidel, *Versehen und Erkennen. Eine Studie über Heinrich von Kleist,* Köln – Graz 1961.
Ders., »Kleists Weg zur Dichtung«, in: *Die deutsche Romantik. Poetik, Formen und Motive,* Göttingen 1967.
Ders., (Hrsg.), *Heinrich von Kleist. Aufsätze und Essays,* Darmstadt 1973.
Ders., (Hrsg.), *Kleists Aktualität. Neue Aufsätze und Essays, 1966–1978,* Darmstadt 1981.
Walter Muschg, *Heinrich von Kleist,* Zürich 1923.
Robert Musil, *Tagebücher* (Hrsg. Adolf Frisé), Hamburg 1983.
Ludwig Muth, *Kleist und Kant. Versuch einer neuen Interpretation,* Limburg/Lahn 1954.
Ivan Nagel, *Dannecker: Ariadne auf dem Panther,* Frankfurt/M. 1993.
John Neubauer, *Bifocal Vision. Novalis' Philosophy of Nature and Disease,* Chapel Hill 1971.
Friedrich Nietzsche, *Sämtliche Werke. Kritische Studienausgabe 1–13* (Hrsg. Giorgio Colli – Mazziono Montinari), München 1980.
Nicolas James Perella, *The Kiss. Sacred and Profane: An Interpretative History of Kiss Symbolism and Related Religio-Erotic Themes,* Berkeley 1969.
Pethô Bertalan, *Elomérkozések posztmodern csatározásokhoz,* Budapest 1995.
Herbert Plügge, »Grazie und Anmut. Ein biologischer Exkurs über das Marionettentheater von Heinrich von Kleist«, in: Sembdner, 1967, S. 54–75.
Heinz Politzer, »Über Kleists Würzburger Reise«, in: *Euphorion LI* (1967), S. 383–399.
Heinz Politzer, »Der Fall der Frau Marquise: Beobachtungen zu Kleists ›Die Marquise von O….‹«, in: *Deutsche Vierteljahrsschrift für Literaturwissenschaft und Geistesgeschichte LI* (1977), S. 98–128.
Helmut Prang, *Irrtum und Missverständnis in den Dichtungen Heinrich von Kleists,* Erlangen 1955.
Sigismund Rahmer, *Heinrich von Kleists Briefe an seine Schwester Ulrike, mit einem Anhang aus dem Tagebuche Ludwig von Brockes,* Berlin 1905.

Sigismund Rahmer, *Heinrich von Kleist als Mensch und Dichter,* Berlin 1909.

Eleonore Rapp, *Die Marionette im romantischen Weltgefühl,* Bochum 1964.

Roland Reuß, *Die Verlobung in St. Domingo – Eine Einführung in Kleists Erzählen,* Berliner Kleist Blätter 1, Basel 1988.

Otto Reuter, »Heinrich von Kleists Ideenmagazin, sein Tagebuch und die Geschichte seiner Seele«, in: *Jahrbuch der Kleist-Gesellschaft 1923–24,* S. 86–106.

Hans Richter, *Dada, Kunst und Antikunst,* Köln 1966.

Jean-Jacques Rousseau, *Abhandlung über die Wissenschaften und die Künste,* in: *Kulturkritische und politische Schriften,* Bd. 1 (Hrsg. M. Fontius), Berlin 1989, S. 49–82.

Frank Ryder, »Kleists ›Findling‹: Oedipus Manqué?«, in: *Modern Language Notes XCII* (1977), S. 509–524.

Isidor Sadger, *Heinrich von Kleist. Eine pathographisch-psychologische Studie,* Wiesbaden 1910.

Richard Samuel, »Kleists ›Hermannsschlacht‹ und der Freiherr von Stein«, in: *Jahrbuch der deutschen Schillergesellschaft 3* (1961), S. 64–101.

Ders., »Heinrich von Kleist und Neithard von Gneisenau«, in: *Jahrbuch der deutschen Schillergesellschaft* 7 (1963), S. 352–370.

Friedrich Schiller, »Über das Erhabene«, in: *Schillers Werke,* Band 15, Berlin o. J.

Ders., »Über die ästhetische Erziehung des Menschen«, in: *Werke in vier Bänden,* Band IV, Herrsching 1980.

August Wilhelm Schlegel, *Kritische Schriften und Briefe I-IV,* Stuttgart 1963.

Friedrich Schlegel, »Über Lessing«, in: *Charakteristiken und Kritiken I,* Kritische Friedrich-Schlegel-Ausgabe, II. Band, München – Paderborn – Wien 1967.

Gerhard Schmidt, »Der Todestrieb bei Heinrich von Kleist«, in: *Münchner Medizinische Wochenschrift 10* (1970), S. 762–768.

Herminio Schmidt, »Heinrich von Kleists Poetic Technique: Is it Based on the Principle of Electricity?«, in: Ugrinsky (Hrsg.), S. 203–213.

Carl Schmitt, *Theorie des Partisanen. Zwischenbemerkungen zum Begriff des Politischen,* Berlin 1963.

Ders., *Politische Romantik,* Berlin 1982.

Wolfgang Schultz, *Dokumente der Gnosis,* München 1986.

Sebök Zoltän, »Närcisz tükre«, in: *Speculum* (Katalog), Budapest 1994.

Helmut Sembdner (Hrsg.), *Kleists Aufsatz ›Über das Marionettentheater‹. Studien und Interpretationen,* Berlin 1967.

Ders., *Kleist. Geschichte meiner Seele,* Frankfurt/M. 1977.

Helmut Sembdner, *Das Detmolder ›Kätchen von Heilbronn‹. Eine unbekannte Bühnenfassung Heinrich von Kleists,* Heidelberg 1981.

Ders., *In Sachen Kleist. Beiträge zur Forschung,* München 1984.

Ditmar Skrotzki, *Die Gebärde des Errötens im Werk Heinrich von Kleists,* Marburg 1971.

Emil Staiger, »Rasende Weiber in der deutschen Tragödie des 18. Jahrhunderts«, in: *Stilwandel. Studien zur Vorgeschichte der Goethezeit,* Zürich 1963, S. 25–74.
Martin S. Staum, *Cabanis. Enlightenment and Medical Philosophy in the French Revolution,* Princeton 1980.
Joseph P. Strelka, *Einführung in die literarische Textanalyse,* Tübingen 1989.
Heinrich von Treitschke, »Heinrich von Kleist«, in: *Historische und politische Aufsätze,* Leipzig 1871, S. 73–110.
Lionel Trilling, *The Liberal Imagination,* London 1951.
Alexej Ugrinsky (Hrsg.), *Heinrich von Kleist-Studien,* Berlin 1980.
Jakob von Uexküll, *Kompositionslehre der Natur,* Frankfurt/M. 1980.
Rudolf Unger, *Herder, Novalis, Kleist. Studien über die Entwicklung des Todesproblems in Denken und Dichten vom Sturm und Drang zur Romantik,* Frankfurt/M. 1922.
Wolfgang Wackernagel, »Subimaginale Versenkung. Meister Eckharts Ethik der bildergründenden Entbildung«, in: *Was ist ein Bild?* (Hrsg. G. Boehm), München 1994, S. 184–208.
Ehregott Andreas Christoph Wasianski, *Immanuel Kant,* in: *Ein Leben in Darstellungen von Zeitgenossen,* Berlin o. J.
Heiner Weidmann, *Heinrich von Kleist – Glück und Aufbegehren. Eine Exposition des Redens,* Bonn 1984.
Harald Weinrich, »Metapher«, in: J. Ritter – K. Gründer (Hrsg.), *Historisches Wörterbuch der Philosophie,* Basel – Stuttgart, 1971–1984, Sp. 1179–1186.
Hermann F. Weiss, »Precarious Idylls: The Relationship between Father and Daughter in Heinrich von Kleists ›Die Marquise von O....‹«, in: *Modern Language Notes XCI* (1976), S. 538–542.
Hermann F. Weiss, »Heinrich von Kleists Freund Ludwig von Brockes«, in: *Beiträge zur Kleist-Forschung,* 1996, Kleist-Gedenk- und Forschungsstätte, Frankfurt (Oder), S. 102–132.
David E. Wellbery, »Contingency«, in: *Neverending Stories. Toward a Critical Narratology* (hrsg. A. Fehn – I. Hoesterey – M. Tatar), Princeton 1992, S. 237–257.
Michael Wetzel, »Ein Auge zuviel«, in: Jacques Derrida, *Aufzeichnungen eines Blinden,* München 1997, S. 129–155.
Edmund White, *Jean Genet,* München 1993.
Thomas Wichmann, *Heinrich von Kleist,* Stuttgart 1988.
Christoph Martin Wieland, »Agathon. Dritter Teil«, in: *Wielands sämmtliche Werke,* Band 11. Leipzig 1819.
Benno von Wiese, *Die deutsche Tragödie von Lessing bis Hebbel,* Hamburg 1955
Fritz Wittels, »Heinrich von Kleist – Prussian Junker and Creative Genius«, in: *American Imago XI* (1954), S. 11–31.
Christa Wolf, *Kein Ort. Nirgends,* Darmstadt – Neuwied 1979.
Hans Dieter Zimmermann, *Heinrich von Kleist. Eine Biographie,* Reinbek bei Hamburg 1991.

Inhalt

PERSONENREGISTER

Diese Übersetzung ins Deutsche erfuhr eine finanzielle Förderung seitens FRANKFURT '99 Kht., Budapest.

László F. Földényi, geb. 1952 in Debrecen (Ungarn), ist Kunsttheoretiker, Literaturwissenschaftler und Essayist. Er zählt zu den bedeutendsten ungarischen Intellektuellen und leitet als Professor den Lehrstuhl für Kunsttheorie an der Akademie für Theater und Film, Budapest. Er ist Herausgeber der gesammelten Werke von Heinrich von Kleist in ungarischer Sprache und u. a. Friedrich-Gundolf-Preisträger. Seit 2009 ist er Mitglied der Deutschen Akademie für Sprache und Dichtung. Für sein Werk *Lob der Melancholie. Rätselhafte Botschaften* wird er mit dem Leipziger Buchpreis zur Europäischen Verständigung 2020 ausgezeichnet.

Matthes & Seitz Berlin . Paperback . 25

Erste Auflage dieser Ausgabe 2020

Göhrener Straße 7 | 10437 Berlin
info@matthes-seitz-berlin.de

Umschlaggestaltung: Pauline Altmann, Berlin
Satz: psb, Berlin
Druck und Bindung: GPP Media GmbH, Pößneck
ISBN 978-3-95757-920-1
www.matthes-seitz-berlin.de